에로틱한 가슴

문명을 초월한 가슴의 문화사

Der Erotische Leib

by Hans Peter Duerr

에로틱한 가슴

문명을 초월한 가슴의 문화사

한스 페터 뒤르 지음 • 박계수 옮김

한길사

에로틱한 가슴

문명을 초월한 가슴의 문화사

지은이 · 한스 페터 뒤르
옮긴이 · 박계수
펴낸이 · 김언호
펴낸곳 · ㈜도서출판 한길사

등록 · 1976년 12월 24일 제74호
주소 · 413-756 경기도 파주시 광인사길 37
　　　www.hangilsa.co.kr　E-mail: hangilsa@hangilsa.co.kr
전화 · 031-955-2000~3 팩스 · 031-955-2005

상무이사 · 박관순 | 총괄이사 · 곽명호
영업담당이사 · 이경호 | 관리이사 · 김서영 | 경영기획이사 · 김관영
기획 및 편집 · 배경진 서상미 김지희 이지은
전산 · 한향림 | 마케팅 · 윤민영
관리 · 이중환 문주상 김선희 원선아

인쇄 · 예림인쇄 | 제본 · 한영제책사

제1판 제1쇄 2006년　1월　5일
제1판 제2쇄 2013년 11월 20일

값 24,000원
ISBN 978-89-356-5638-7 04900
ISBN 978-89-356-6899-1 (전3권)
• 잘못 만들어진 책은 구입하신 서점에서 바꿔드립니다.

• 이 도서의 국립중앙도서관 출판시도서목록(CIP)은
e-CIP 홈페이지(http://www.nl.go.kr/ecip)에서 이용하실 수 있습니다.
(CIP제어번호: CIP2013022958)

가슴을 노출하는 것은 대체적으로 에로틱한 시선으로부터 자유로울 수 없다. 그러나 단하나, 기능적인 노출이 있음을 주목해야 한다. 그것은 바로 아이에게 젖을 먹이기 위해 가슴을 노출하는 것이다. 모든 시대와 대부분의 사회에서 아이에게 젖을 먹이는 어머니의 가슴에는 성적인 의미가 제거되었다. 그러나 젖을 먹이는 가슴 역시 언제나 에로틱한 시선으로부터 자유로웠다고는 말할 수 없다.

레오나르도 다 빈치, 「리타의 성모」

가슴을 노출한 창녀들. 국가와 민족은 달라도 여성의 가슴으로 남성을 유혹하는 것은 어느 문화권이나 비슷하다. 엘리자베스 시대 런던 창녀들은 유방에 칠을 하고 다녔고, 16세기 암스테르담에서는 상반신 노출 차림으로 서비스를 하는 술집이 있었으며 후기 르네상스의 고급 창녀들은 자기 집 벽에 가슴을 드러낸 초상화를 걸어놓았다. 그다음 세기에도, 그리고 오늘날까지도 가슴을 드러내는 것은 유곽과 거리 창녀의 특징으로 남아 있다.

데콜테의 여러 유형. 여성들이 가슴을 드러내는, 이른바 데콜테는 시대와 지역에 따라
그 정도가 제각각이었으며 그것에 대한 논란도 갖가지였다. 어느 시대에는 성인 여자
에게는 무조건 가슴이 파인 목선의 옷이 요구되었고, 어느 시대에는 강력하게 여성의
노출을 금지시켰다. 그것은 여성의 노출을 그 시대와 남성들이 어떻게 보느냐에 따라
달라졌다. 그러나 이제 이런 데콜테는 여성의 아름다움을 강조하기 위한 패션의 형태
로 굳어졌다.

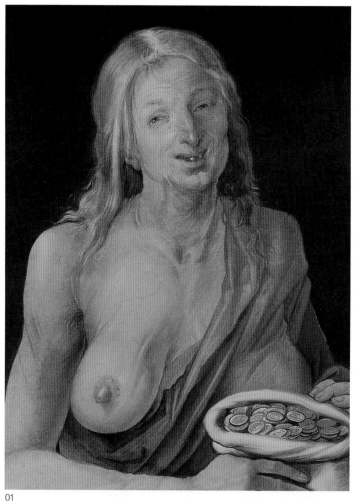

01

여성의 노출된 가슴은 수치심의 대상이었으며 대부분 정숙한 여성들은 가슴을 가림으로써 자기 몸을 지킬 수 있다고 생각했다. 물론 이것은 가슴이 축 늘어져 더 이상 어떤 성적인 매력도 발산하지 못하는 나이 든 여자들과 달리 젊은 여자들에게만 해당되는 이야기다.

01 뒤러, 「젊은 남자」의 뒷면 | 02 라파엘로, 「라 포르나리아」

02

노출된 가슴을 탐하는 남성들. 완전히 노출했든, 반만 노출했든 여성의 가슴은 남자들에게 그것을 만지고 싶은, 거의 저항할 수 없는 매력을 발휘한다고 사람들은 생각했다. 특히 누군가의 손이 닿지 않은 젊은 여자의 가슴은 남자를 유혹하면서 동시에 진정시키는 매력을 지닌 것으로 인식되었다.

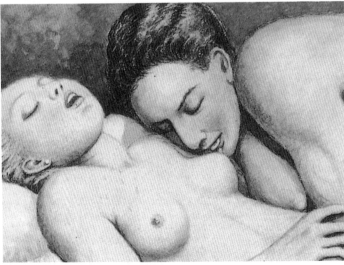

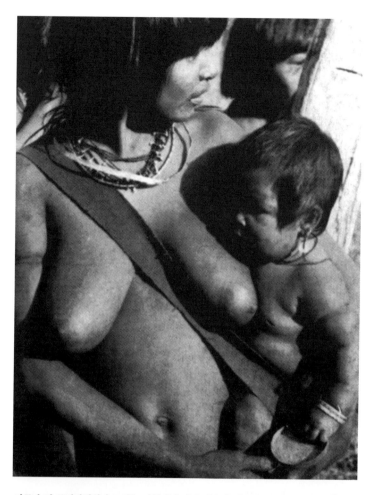

이른바 덜 문명화되었다고 하는 사회에서 여자 가슴의 에로티시즘과 수치심의 연관성에 관해 잘못된 생각을 하게 된 데는 분명 나체나 적어도 반나체로 돌아다니는 젊은 여성들의 사진이나 그림이 기여한 바가 크다. 그러나 그들이 언제나 그렇게 벗고 다닌 것은 아니었다. 아직 덜 성숙한 소녀는 벌거벗은 채 사방을 뛰어다녀도 부끄러워하지 않지만 성적으로 성숙한 처녀들은 그들이 몸이 성숙하면 덮개를 받았고 결혼을 해서 아이를 낳을 때까지는 그것으로 몸을 가리고 다녔다. 그녀들이 다시 벌거벗는 것은 아이를 낳고 젖을 먹이게 되었을 때에나 가능한 일이었다.

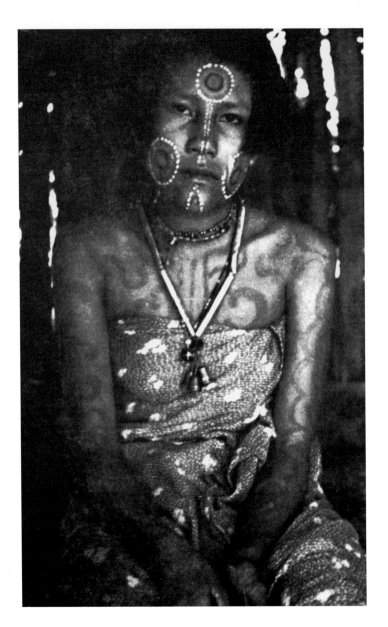

등이 깊이 파인 데콜테는 한때 가슴의 노출보다 훨씬 더 인기가 있었다. 이런 옷을 입은 여자들과 춤을 출 때 남자들은 어느 때보다 여성의 노출된 피부와 직접적으로 접촉했으며 이로 인해 열광했다. 그러나 같은 이유로 청교도들은 벌거벗은 등이 상점에 걸려 있는 고깃덩어리처럼 쇠파리를 유혹한다며 등 데콜테를 비난했다.

에로틱한 가슴

책을 펴내며

이 책은 근대 인간들이 그 이전의 인간들보다 '동물적 본성'을 더 잘 통제하고 있다는 생각이 오늘날의 '서구' 사회 및 전통 사회에 관한 잘못된 이미지에 따른 것임을 증명하고자 하는 나의 저서 가운데 제4권이며 끝에서 두번째 책이기도 하다. 이 책에서 나는 과거 1천 년이 지나는 동안 유럽 사회가 어떻게 여성 육체의 성적 매력 발산을 점점 더 강하게 제한하고 조형해왔는지, 그리고 유럽 외부의 전통 사회에서는 유럽 사회보다 여성 육체의 성적인 '상품화'가 덜 이루어졌는지에 관한 문제에 답하고자 한다. 그러면서 본질적으로 여성의 상체, 즉 가슴의 매력 발산이라는 점에 집중하고자 한다. 머리와 얼굴, 가슴, 팔, 다리, 엉덩이 등의 성적인 속성 및 남성 육체의 성적인 속성에 관한 문화사와 민속학에 관해서는 다른 곳, 다른 맥락에서 상세히 다루도록 하겠다.

관대하게도 나에게 1년 반의 안식년을 허락해준 브레멘 대학에 감사의 뜻을 전한다. 특히 시파노이아 저택에서 이 책을 저술할 수 있도록 초청해준 피에솔레 산 도메니코 수도원의 유럽대학연구소에 감사한다. 전해오는 이야기에 따르면 이 저택은 '덤불과 나무에 가려져 있으며' '시내에서 2마일밖에 떨어져있지 않은' '쾌적한 작은 성'(페스트 때문에 피난온 『데카메론』의 신사숙녀들이 첫째날 재미있는 이야기를 나눈 곳이 바로 이곳이다)이 있던 자리에 15세기에 지어졌다고 한다.

내가 머무는 동안 숙녀들이 '나뭇잎을 엮어 화관'을 '만들지도', 더 이상 '여러 가지 사랑의 노래'도 부르지 않았다. 그들은 진지한 얼굴로 '젠더 연구'를 했다. 그럼에도 내가 여성 몇 명과, 그리고 그곳의 남성들과 나누었던 대화의 주제는 650년 전 보카치오의 유쾌한 일행들이 즐겁게 나누었던 주제와 비슷했다.

이런 대화를 함께 나누어준 데 대해 특히 안젤라 솅크, 로렌스 폰테인, 루치아나 부테라, 보 슈트로트, 하이메 라이스, 미카엘 뮐러와 모니카 뮐러, 이언 프레이저, 키르티 쇼두리, 유리 카체포르, 미르코 슬라데크 그리고 페리 앤더슨, 사나즈 나지마바디, 그리고 내 친구 엘리 프랑코에게 감사한다. 그리고 서늘한 브레멘으로부터 기후도 따뜻하고 인간적으로도 따뜻한 이탈리아로 나와 함께 옮겨온 아내와 딸, 아들에게도 고마운 마음을 전한다.

1996년 여름 피렌체에서
한스 페터 뒤르

그는 그가 말하는 야만인 대부분보다 훨씬 더 야만적이다.

• 비트겐슈타인

에로틱한 가슴 | 차례

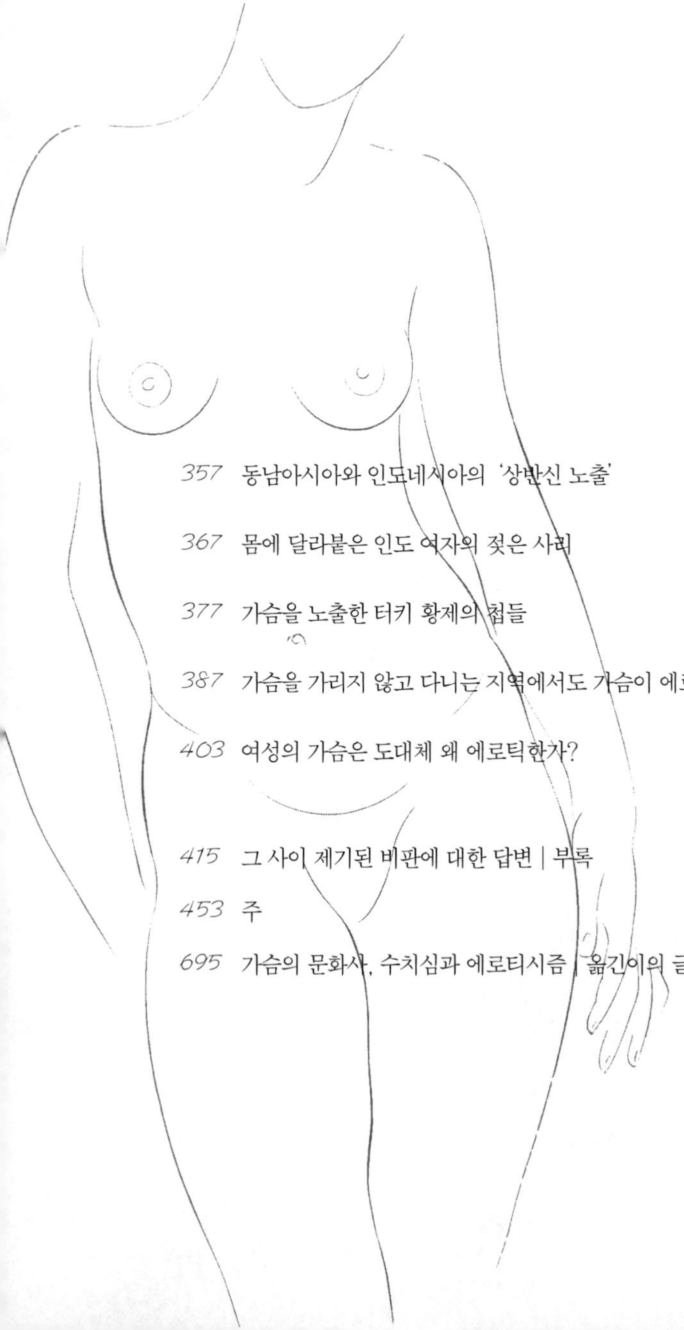

효력 잃은 패러다임, 문명화이론에 대한 이론적 언급

피렌체에서 에트루리아 사람들의 소도시인 피에솔레로 올라가다보면 대략 중간쯤에 도시 경계선 지나자마자 콰트로첸토(이탈리아의 성기 르네상스 시기 중 15세기를 뜻하는 말—옮긴이) 초기에 설립된 산 도메니코 수도원을 만나게 되는데 이 수도원에서 수련하던 안젤리코 수도사가 나중에 이 수도원의 원장이 되었다고 한다.

수도원과 비스듬히 건너편 도로변에 있는 피자 식당에 들어가보면 다음과 같은 일을 겪게 될 가능성이 높다. 정중하게 '안녕하십니까?'라는 인사말을 하며 식당에 들어가도 주인이나 종업원들은 한번 쳐다보지도 않는다. 그 인사에 대답해주는 사람은 더더구나 없다. '중간 것 하나'를 주문하면 잠시후에 약간 뚱뚱한 남자가 창구 뒤에서 나와 말 한마디 하지 않고 쳐다보지도 않은 채 판매대 위에 탕 소리를 내며 맥주를 내려놓는다. 그리고 물론 '손님'에게 잠시 눈길도 주지 않은 채 '4천이요'라고 중얼거린다. 그러고서 종업원 중 한 명에게 항암 선전을 위해 만들어진 것처럼 보이는, 진열유리창 뒤의 살짝 그을린 초소형 피자가 당일 만들어진 것인지를 물어보면 처음으로 인간적인 반응을 만날 수 있다. 종업원은 옆에 서 있는 부인에게 경멸적인 어조로 '쿠에스토 스포론조 치에데 세 레 피제테 소노 프레셰!'라고 말할 것이다. 그것은 대략 '이 녀석이 이 피자가 신선한지 묻는데!'라는 의미이다. 그가 그러고 나서 마음을 진정시키고 방금 콧구멍 속에 집어넣었던 검은 때 낀 손톱으로 '초소형 피자' 한쪽을 낚아채 데운다면 운이 좋았다고 말할 수 있다.

어떻게 이런 '비문명화된' 행동방식이 정중함과 사랑스러움에서 분명 다른 많은 나라 사람들의 본보기가 되는 이탈리아 사람들에게서 나타날 수 있는지 곰곰 생각하게 된다. 그리고 왜 이런 교양없는 행동이 매일 수많은 사람들, 여행객, 유럽연구소의 학생들과 직원들, 인접한 지역인 피렌체와 피에솔레 출신의 지역주민이 식사를 하는 바로 그런 곳에서 발견되는가 하는 질문 또한 제기될 수 있다.

노르베르트 엘리아스(Norbert Elias)는 사회적 발전이 진행되면서 '인간 기능의 분화가 진전'되면서 '개개인을 구속하는' 그리고 처음에는 '비교적 짧았'던 '행동의 사슬들'이 점점 길어진[1] 것을 보여주지 않았던가? 달리 표현하자면 '점점 더 많은 인간들이 점점 더 서로 의존하며 살게 되었'[2]음을 보여주지 않았던가? 그리고 엘리아스는 이런 이유에서 인간들이 그들의 행동을 더욱 섬세하고 지속적으로 조정해야 했다는 것, 그리고 인간들이 '점점 자주 점점 더 많은 인간들을 고려하도록' 강요받았으며 그럼으로써 '자신과 다른 사람을 더 정확하고 더 주의깊게 관찰'해야 할[3] '필요성 역시' 커졌다는 것을 증명하지 않았던가?

엘리아스는 이렇게 상대적으로 단순한 사회를 수많은 사람들이 '분주하게' 살아가는 현대의 대도시와 대비시키면서, 대도시 주민들은 전통사회의 개인들보다 훨씬 더 강하고 지속적인 '자기통제' '지속적인 자기 감시, 행동에 대한 가장 세분화된 자기 조절'[4] 능력을 가지고 있다고 보았다.

이것이 대도시 주민들의 태도를 제대로 묘사한 것일까? 오히려 아주 쉽게 거칠고 공격적인 행동으로 전환될 수 있는 '이면에 숨겨진 반감을 가지고 있는 신중함'을 대도시 주민의 전형적인 특징으로 확인한[5] 게오르크 지멜(Georg Simmel, 1858~1918, 독일의 사회학자)의 말이 옳지 않을까? 그리고 이런 행동에서 드러나는 것은 거대한 '사회적 냉담함'이 아닐까? 베를린에 머문 후에 '공허함을 바라보게 되는 곳'이라는 제목의 기사를 썼던[6] 브라질 사람처럼 전통사회에서 살던 많은 방문자들에게는 충격을 주는 그런 '무심함'이 아닐까?

카메룬 출신의 야운데족 사람은 마지못해 나에게 이렇게 말했다. "나도 알고 있소. 그건 아주 점잖지 못한 짓이지. 당신에게 미안하긴 하지만 당신이 민속학자이고 그런 일들에 관심이 있기 때문에 어쩔 수 없군요. 유럽인은 언제나 우리를 야만인이나 원시인이라고 불렀소. 고백하건대 나도 나 자신이 당신 나라에서는 야만인처럼 느껴졌던 적이 있고 부끄러웠던 적이 있었소. 이를테면 예의가 부족한 점, 사람들하고 있을 때 재치가 부족한 점, 자신의 몸을 보여주는 것에 부끄러워할 줄 모르는 점 말이오. 그러나 하이델베르크의 네카어 강가에서 겨우 주요부분만 가리고 다리를 벌린 채 햇빛 아래 누워 있는 젊은 여자를 처음으로 보았을 때 나는 수치심으로 차라리 죽고 싶었소."

그리고 오랜 시간 가족과 함께 인도의 한 마을에서 살다가 미국으로 귀향한 어느 민속학자는 이렇게 쓰고 있다. "우리가 샌프란시스코로 가는 제트기에 올라탔을 때 그 비행기는 냉담하고 지칠 대로 지친 얼굴들로 가득 차 있었다. 사람들은 우리 아이가 마치 그들에게 해라도 끼칠 듯 쳐다보았다. 어느 누구도 우리 아이를 안아보거나 칭찬하거나 말을 걸지 않았다. 우리 아이는 샌프란시스코에서 할머니를 보자 눈물을 터뜨렸다. 우리는 왜 그렇게 사람들이 거리를 두고 냉정하게 대하면서 마음을 열지 않는지 이해할 수가 없었다. ……신뢰와 온정이 사람들의 삶에서 사라지고 대신 냉정함과 비인간적인 것이 그자리를 차지한 것처럼 보였다."[7]

대부분 오랜 시간 전통적이며 '단순한' 사회, 즉 많은 비난을 받았던, 페르디난트 퇴니에스(Ferdinant Tönnies, 1855~1936, 독일의 사회학자)가 '공동사회'라고 불렀던 그런 사회에서 살아본 후에야 비로소 제대로 의식하게 되는 그런 '냉정함과 비인간적인 것'의 원인은 무엇일까?

현대사회와 '우리가 잃어버린 세계'를 구분하는 것은 무엇보다 현대사회에서는 인간 사이의 비인간적인 관계들이 개인적인 관계보다 우세하다는 점이다. 즉 전통사회가 개인적이지 않은 관계를 개인적인 관계로 전이시키는 경향이 특징적이라면(예를 들면 낯선 사람을 친척으로 여기면서), '현대성'은 개인적인 것의 억제와 차단으로 특징지어진다.[8] 개인적이지 않은 관계의 전형은 지멜이 말했듯이 '냉정한 객관성'으로 표현되는[9] '순수한 사무적인' 관계이다.

막스 베버는 이렇게 말했다. "이런 관계로서의 시장공동체는 인간들이 함께 맺을 수 있는 비개인적이며 실제적인 삶의 관계이다." 왜냐하면 시장공동체는 "특히 사무적이며, 오로지 물물교환할 물건에 대한 이해관계에만 집중하기 때문이다. 시장이 시장 고유의 법칙성에 내맡겨지면 시장은 오로지 물건의 겉모습에만 관심을 가질 뿐 개인의 외모나, 형제애, 경건의 의무, 개인적인 공동체에 의해 유지되는 소박한 인간관계에 관해서는 전혀 알지 못한다……. 그런 절대적인 객관화는……인간관계의 모든 소박한 구조형태에 반한다."[10]

산 도메니코 피자식당의 주인과 종업원들의 행동은 그들이 손님에 대해 조금의 개인적 관심도 가지고 있지 않음을 보여주었다. 낯선 사람들은 그들에게 단기간이긴 하지만 인간적인 관계를 가져야 할 그런 특별한 사람들이 아니라 임의의 다른 사람으로 대치될 수 있는 돈을 지불하는 사람일뿐이다. 이미 초기 르네상스에 이런 성향을 비판한 사람이 있었던 피렌체에서도 그런 것이다. 마키아벨리가 전하듯이 1372년에 한 피렌체 시민은 이렇게 한탄했다. "모든 이탈리아 도시의 일반적인 도덕적 타락(corruzione)이 우리 도시를 타락시켰으며 계속 타락시키고 있다. 첫째로 시민들 사이에 화목도 없고 우정도 없다(né unione né amicizia). 공동체에 어떤 비열한 행위(scelleratezza)를 하거나, 그들의 도시 혹은 어떤 개인(privati)에 대해 반대하는 사람들은 빼고 말이다. 그리고 모든 인간들에게서 종교와 신에 대한 경외심이 사라져서 맹세와 약속(il giuramento e la fede)은 이득을 가져다줄 때만 가치를 지닌다."[11]

'공적인 세계의 풍기문란'은 물론 현대의 인간들이 점점 더 '행위자로서가 아니라' '각자 자신의 이익만을 추구하는'[12] '판매자와 구매자로서' 대치된다는 사실 때문만은 아니다. 서로 전혀 모르거나 혹은 아주 피상적으로만 알고 있으며 서로에 대해 어떤 개인적인 책임감도 느끼지 않는 개인들 사이의 점점 길어지는 상호의존 고리 역시 *심리학적인 의미에서* 개인들의 *해체*를 의미하지, 결코 얽힘을 의미하는 것은 아니다.[13]

에밀 뒤르켐(Emile Durkheim, 1858~1917)은 이미 100년도 더 전에 고도로 분업화된 사회에서 이러한 상호의존성의 형태는 다른 사람에 대한 도덕심이나 '동정의 감정'을 불러일으킬 수 없음[14]을 암시한 바 있다. 그리고 문명화이론의 추종자들이 믿고 있듯이 이런 '인간 상호작용의 확장'이 고양된 '공감이나 동정'[15]으로, 혹은 '다중적 동일시의 증가'[16]로 이끌어진다는 것은 아주 잘못된 생각이다.

현대 대중사회에서 특징적인 점은 엘리아스와 그의 추종자들이 말한 것과는 반대로 개인들이 대부분의 인간들, 즉 긴 상호의존 사슬의 개개 고리들과 아주 표면적이며 비개인적인 관계를 가진다는 것이다. 개인은 단기적으로 산 도메니코 피자식당의 손님처럼 *서로 교환될 수 있으며* 그들에 대해 어떤 구속력도 가지지 않는 인간의 단편들과 만나게 된다. '산업사회에서 대부분의 인간관계는 어쨌든 관계로만 남아 있다 할지라도 인간은' 극단적인 경우에 '관계만을 알게 된다. 가끔 인간은 수많은 결합을 할 수 있는'(물론 결합하지 않지만) '분자 같은 느낌을 불러일으킨다'[17] 이런 관계에서 인간은 개개인이 원칙적으로 다른 것으로 대치될 수 있는 그런 무리나 단체의 일원과 비슷해진다.[18]

서로 결합되어 있지 않다고 느끼며 상호간에 어떤 책임도 느끼지 않는 인간들의 교제에 우리는 거의 제약을 가할 필요를 느끼지 못한다. 어느 인터뷰에서 젊은이들은 이렇게 말했다. '우리는 저녁에 디스코장에서 여자를 유혹할 때'만은 '제멋대로 행동할' 수 있다. "왜냐하면 우리는 그녀를 더 이상 보지 않게 될 것임을 알기 때문에 이런 경우에는 본능에 전념할 수 있다. 그녀를 모욕하든 어떻든 상관없이."[19]

단기간 '관계'를 맺는 인간들의 대다수는 익명이고 특징이 없기 때문에 우리는 그들에 대해 도덕적인 책임감을 거의 느끼지 못하거나 아니면 지크문트 바우만(Zygmunt Bauman)이 표현했던 것처럼 "도덕성은 나와의 인간관계가 얼마나 가까운가 하는 사실과 밀접한 연관성을 갖는다. 그것은 마치 시각의 범죄처럼 작용한다. 눈에 가까우면 큰 덩어리처럼 보이지만 거리가 멀어지면 다른 사람에 대한 책임감은 줄어드는 것이다."[20]

이런 인간적인 거리감은 상대방에 대해 수치와 곤혹스러움을 별로 느끼지 않는다는 것을 의미하기도 한다. 얼마 전 TV에서 자신의 발기불능에 관해 밝혔던 어떤 남자가 그렇게 공개적으로 은밀한 것을 말하는데 수치심을 느끼지 않느냐는 질문을 받자 그의 옆에 앉아 있는 여자가 그를 대신해 대답했다. 그런 일에 관해 수백만 익명의 시청자 앞에서 말하는 것이 개인적으로 알고 있는 사람들 앞에서 이야기하는 것보다 훨씬 쉽다고.[21] 도쿄에 있는 어느 병원의 산부인과 진료실에서는 여자 환자들이 다리를 벌리고 나란히 복도 같은 홀에 누워서 질을 진찰받게 하거나 인공수정을 한다. 계속 수많은 여환자, 의사, 간호조무사, 그리고 다른 사람들이 지나다니지만 이들은 전혀 부끄러워하지 않고 부인과 의사들의 안내를 따른다. 왜냐하면 인구가 1천 8백만이나 되는 도시에서 실제로 그런 기회에 아는 사람을 만날 확률은 거의 없기 때문이다.[22]

투아레그족 사람들은 낯선 사람들 앞에서는 코와 입까지 보이도록 자주 얼굴의 베일을 아래로 내린다. 이것은 종족 내에서는 절대 허용할 수 없는 파렴치한 행동이다.[23] 그리고 히마족 여자들은 그들이 알지 못하는 남자들 앞에서는 주저하지 않고 상체를 벗는다. 같은 종족, 특히 같은 씨족의 남자들 앞이라면 절대 그렇게 하지 않을 것이다.[24] 1856년 미국인 의사 새뮤얼 그레고리(Samuel Gregory)가 보고한 바에 의하면, 여환자들은 검진하는 의사를 개인적으로 알고 있을 경우 특히 그들의 가슴을 드러내는 것을 부끄러워했다[25]고 한다.

그리고 오늘날 '상반신을 노출하는' 해변에서도 상황은 비슷하다. 예컨대 습관적으로 가슴을 드러내고 해변에 누워 있곤 하던 24세의 한 여자는 이렇게 말했다. "잘 모르는 사람들, 넌 신경쓰지 않지. 다시는 볼 일이 없을 테니까. 그러니 정말 아무 상관없어. 넌 남자친구들에게 네 가슴을 보여주지는 않지. 그건 바로 관능적이고 비밀스러운,

애인에게만 보여주고 싶은 너의 한 부분이기 때문이야." 그리고 또다른 여자는 갑자기 아는 사람이 나타나면 자신뿐만 아니라 그 상대도 부끄러워했다고 말했다. "그 사람은 나를 쳐다보지도 않을 거야. 감히 볼 수도 없지. 행여 나를 바라본다고 해도 아마 얼굴이 온통 붉게 달아오를 걸." 그리고 평상시에 해변에서 여자들의 벗은 가슴 관찰하는 것을 매우 즐기던 어떤 남자는 사회학자에게 이렇게 말했다고 한다. 그의 아내가 데려온 여자친구가 상체를 벗자마자 그의 즐거움은 끝장났다고. 왜냐하면 '그녀는 아내의 여자친구이므로'[26] 그가 난처해지기 때문이었다.

"넌 신경쓰지 않지." 낯선 남자들이 벗은 가슴을 보는 것은 여자들에게 전혀 문제가 되지 않는다. 왜냐하면 그들은 이 남자들을 절대 다시 볼일이 없기 때문이다.[27] 그들은 모두 긴 사회적 상호의존 사슬의 수많은 익명의 개개 고리들이며, 이 사슬은(*그것을 인식하지 못했다는 것이 엘리아스 문명화이론의 첫번째 결정적인 실수이다*) 숫자가 점점 증가하고 길이가 길어짐으로써 규범화시키는 힘을 잃어버리게 된다.[28]

엘리아스는 현대화과정의 결과에 대한 잘못된 해석을 보충하기 위해 전통사회에 대해 왜곡된 상(象)을 만들어냈다. 이것은 캐리커처라고도 할 수 없는데 그 이유는 그것이 그런 사회의 본질적인 것을 과장해서 묘사한 것이 아니라 완전히 틀리게 묘사했기 때문이다. 엘리아스는 '원시시대의' 인간들은 적대적인 맹수처럼 *우리 현대인들보다 상호간에 사회화된 정도가 훨씬 약하다는* 잘못된 생각에서 출발한다. 예를 들어 이른바 사회발전의 초기 단계에서 그룹들 상호간의 '폭력의 형태가 어쨌든 지속적인, 심지어 지배적인 존재조건으로까지 간주되고 있으며 일종의 생활방식으로' 여겨지는 경우가 드물지 않다[29]고 엘리아스는 썼지만, 이는 우리가 오래전부터 초기 구석기 시대의 수렵민과 현재의 수렵민에 관해 알고 있는 모든 것과 모순된다. 빙하시대의 수렵꾼들이 당시 전쟁의 분규에 휘말렸다는 증거는 전혀 없다. 그리고 남자 수렵민 그룹과 여자 채집민 그룹에서 현장조사를 실시했던 민속학자들은 모두 그룹 상호간의 공격성이 거의 없다는 점을 강조했다.[30]

엘리아스는 한편으로는 수렵민들이 사냥감을 '추격하는 야수처럼' 살았으며[31] '총체적인 불안과 부상의 위협' 및 '항상 존재하는 고통과 죽음에 대한 가능성'[32]을 안고 살았다며 비현실적인 공포의 무대를 만들어내는 한편으로 보스니아 시민전쟁이 일어나기 전날 밤 평화를 사랑하는 현대인에 대한 찬가를 흥얼거린다. "유럽에서는 누구도 더이상 전쟁으로 위협하지 않는다. 우리는 그것을 장점으로 여겨야 한다. 우리는 철이 들었다."[33]

수렵민들에게서 집단 간의 갈등이 거의 폭력으로 전이되지 않는다면 집단 內에서 이런 경우는 더더욱 드물 것이다. 예를 들어 쿵족 사회에서 모든 개인은 특정한, 대치될 수 없는 다른 개인들과 밀접한 연관관계를 가지고 있기 때문에 모두 '나쁜 소문'에 대해 두려워한다. 그것이 조화로운 사회적 상호작용을 깨뜨릴 수 있기 때문이다. 그래서 그런 소문이 나지 않도록 아주 조심스러워한다. 말하자면 그들에게서 우리가 '오늘날 어린아이들에게서만 솔직하게 관찰할' 수 있는 '감정이 더 강하게 실린 행동방식을' 볼 수 있다[34]며 그런 사회를 엘리아스식으로 특징짓는 것은 전혀 맞지 않는다.

쿵족 및 다른 수렵민의 아이들은 아주 어릴 적부터 '애처럼' 행동하지 말고 서로 나누고 심지어 놀이를 할 때도 경쟁하지 말라는 교육을 받는다. "왜냐하면 음식과 소유물을 교환하는 것은 사회적 상호작용을 증진시키는 데 아주 필수적이기 때문이다."[35] 감정적 분출, 강한 흥분의 표현, 특히 공격성이나 탐욕스러움의 표현은 조롱의 대상이 된다. 그렇기 때문에 예를 들면 식사할 때 매우 조심스럽게 행동한다.[36] 이들은 절대 음식을 공동체 모르게는 먹지 않을 것이다. 공동체 모르게 식사를 하게 되면 자제력을 잃고 음식을 마구 집어삼키거나 좋은 음식을 다른 사람한테 나눠주지 않으려 한다는 의심을 받을 수 있기 때문이다. "혼자서 먹는다거나 나누지 않는다는 생각은 쿵족에게는 충격적인 것이다. 그들은 그러한 생각에 대해 불편하게 웃으며 비명을 내지른다. 사자는 그렇게 할 수 있지만 사람은 그렇게 해서는 안 된다는 것이다."[37]

코족 역시 어린아이들처럼 직접적인 욕구를 만족시키려 하지 않고 높은 자기 통제력을 보여준다. "오래전부터 내가 부시먼의 행동에서 아주 특별하다고 생각해온 것 중에 하나는 그들이 자신의 감정, 특히 사회적으로 나쁘다고 여겨지는 감정을 숨기기 위해 어이없을 정도로 많은 시간을 들인다는 사실이다. 그들은 배고픔, 목마름, 겁, 참을성 없음 같은 감정들을 절제하면서 혹은 무표정으로 견뎌내도록 요구받는다."[38]

서로 얼굴을 맞대는 상호작용을 토대로 하는 작은 사회에서 보통 전형적인 것으로 간주되는 것, 말하자면 '배려하고 조심스러워하는 분위기를 조성'[39]하는 것은 특히 수렵민 집단에 딱 들어맞는 말이다. 수렵민의 기질은 엘리아스가 꾸며낸 수렵민의 기질과는 정반대이다. 온순하면서 사랑스러운 남자, 동시에 영리한 사냥꾼은 쿵족의 젊은 여자로부터 결혼 상대자로 선택받는다. 반면 거만하고 이기적이고 배려할 줄 모르는 '마초', 허풍선이, 다른 사람을 얕보는 남자는 여자한테서 거절당한다.[40]

이는 현대사회에서는 "마케팅적 사고와 이윤창출의 동기가 점차 사회적 상호성의 기본이 되는 인간적인 협동관계의 모형을 점점 대체"[41]하는 반면, 수렵민과 원시 채집민들에게는 '사회적 접합체'를 의미하는 친척관계와 친구관계의 구속력이 있기 때문이다. 그래서 예를 들어 쿵족은 물물교환에 대해 심한 거부감을 가지고 있다. 그들은 그들끼리 거래하는 것을 체면이 깎이는 반사회적인 것으로 간주한다. 왜냐하면 물물교환은 쿵족이 두려워하는 감정과 정서를 불러일으키기 때문이다.[42] 현대의 거래가 "시장이 양도한 것을 비개인적으로 회수하는 것이라면 수렵민의 경우 선물과 상품의 교환은 *이익 지향적이 아니라 구속 지향적이다.*"[43] 그렇기 때문에 교육의 기본원칙은 '모든 구속된 행동의 장려'이며 남을 도와주려는 이타적인 마음과 친절이 기본도덕이다.[44]

원한다면 우리는 수렵민 사회를 현대의 '자아 중심적' 사회와는 반대 의미로 '사회 중심적'인 것으로 특징지을 수 있다. 수렵민 사회에서 개인들은 자기 자신보다 공동체에 의해 비교할 수 없을 정도로 강하게 규제되기[45] 때문이다. 이것은 강한 대세순응주의로 이어졌으며,[46] 그것은 아마도 머릿속으로는 수렵민의 삶을 복잡한 사회의 삶보다 더 선호하는 대부분의 낭만주의자들로 하여금 대면(對面) 공동체에서 살아가는 것을 참아내기 힘들게 했을 것이다.[47]

'공동사회'가 점점 더 '이익사회'로 전이되고 동시에 '사회적인 좌절감'[48]이 생기게 되면 '현대에서 느끼는 불쾌감'이 더욱 커지고 그로 인해 사회가 해체될 때도 거기에 해방과 그에 따른 행복의 순간이 내재해 있을 수 있다[49]는 사실을 평가절하하려는 경향도 더욱 강해질 것이다. 그래서 벌써 19세기에 리차드 도지(Richard Dodge) 대령은 북미 인디언 캠프에 대한 험담과 그 냉혹함에 대한 소문들을 보고하고 있다.[50]

그리고 아라와트족은 가족들이 일정 기간 동안 거주지보다 훨씬 더 편안하게 긴장을 풀 수 있는 공원으로 이주하는 경우가 많다고 한다. 거주지에서는 '마을의 눈'이 그들의 모든 생활을 감시하기 때문이다.

공원에서 아라와트족은 자유로이 이야기하고 마을에 있었더라면 이웃들의 험담과 조롱에 시달릴 그런 행동을 할 수 있다. 그래서 아직 자녀를 두지 않은 젊은 부부들은 아피히피하(apíhipihā), 즉 친구들 사이에 서로 상대를 교환하곤 했다. 마을에서라면 이런 일은 절대 불가능했을 것이다.[51]

어느 민속학자의 보고에 의하면 '다모클레스의 칼'(환락에 늘 존재하는 위험에 대한 비유—옮긴이)처럼 발리의 마을에는 개개인에 대한 마을 사람들의 의견을 적어서 걸어놓는다고 한다. '그들', 즉 이웃들은 모든 실수에 대한 비웃음(kedek), 희생자 등 뒤에서 하는 험담(ngumpet) 등으로 개개인을 지속적으로 통제한다. 발리의 마을 문화는 갈등, 싸움, 대치상태를 아주 금기시하기 때문에 사람들은 그런 모욕을 견뎌내야 한다. 어느 것도 확대되어서는 안 된다. 그리고 자신을 방어하더라도 웃으면서 낮은 목소리로 화를 가라앉히고 대수롭지 않다는 듯 한발짝 뒤로 물러서면서 방어해야 한다.[52]

또 다른 관점에서도 엘리아스는 수렵민과 채집민들의 생활양식을 19세기 진화주의자들과 사회다윈주의자들과 동일한 방식으로 오해하고 있음을 명확하게 보여준다. 이들에 관해 뒤르켐은 이미 이렇게 말한 바 있다. "그들은 허기와 갈증이 유일한 욕망이었을 그 원초적인 인간성을 가장 우울한 색조로 우리에게 보여준다."[53] 엘리아스 역시, 후기 구석기시대의 부족들은 아마도 '지속적으로' 함께 살아남기 위해 부족한 자원 때문에 싸웠으며,[54] 인간들이 '어린아이들처럼 그들의 육체와 생명이 통제 불가능한 알 수 없는 힘에 내맡겨져 있기'[55] 때문에 '위험의 수준과 개인적인 불안감'이 오늘날보다 훨씬 높았다는 생각을 가지고 있다. 그리고 다른 진화주의자, 즉 위르겐 하버마스(Jurgen Habermas)도 '고대 사회의 기본적인 경험'은 정복당하지 않은 주위세계의 우발성에 무방비상태로 내맡겨진 상태[56]라는 똑같은 말도 안 되는 이야기를 하고 있다.

당시의 인간들이 계속 적대적인 전투에 휘말리고 힘들게 양식을 구하러 나가야 하는 아주 위험하고 고통스런 삶을 근근이 이어갔다면, 그들이 벌써 3만 2천 년도 더 전에 프랑스 쇼베 동굴 같은 동굴 성지를 어떻게 조성했으며, 달력을 어떻게 만들었으며, 2밀리미터 지름의 상아 구슬 구멍을 뚫을 수 있는 수준의 복합적인 장신구 산업이 어떻게 발전할 수 있었는지 이해할 수 없다. 개개의 그룹들이 틀림없이 유동적인 영토 경계선을 가지고 있었으며 그들이 선물을 교환하면서 상당히 멀리 떨어진 다른 그룹에까지 구속력을 행사했다는 것을 오늘날 우리는 알고 있다.

농부나 유목민과 같은 다른 종족 그룹에 의해 황량한 지역, 즉 반사막이나 극지대로 추방당했던 오늘날의 수렵민조차 생계 확보를 위해 '진보된' 사회의 인간들보다 훨씬 적게 일한다[57]는 것이 이미 확인된 이상, 마지막 빙하시대의 말기 무렵에는 오늘날보다 양식자원이 훨씬 많았기 때문에 당시의 인간들도 마찬가지로 양식을 얻기 위하여 많이 일할 필요가 없었음을 알 수 있다. 당시 인간들은 아직 어떤 식물도 경작하지 않았으며, 그렇기 때문에 그들에게 필요한 칼로리를 그 이후 사회의 소속원들보다 훨씬 빠르게 조달할 수 있었다.[58]

게다가 그들은 창과 함께 야수 사냥에 아주 효과적인 도구를 갖추고 있었다.[59] 그래서 선사시대의 화석 유물 역시 정착해서 사는 후기 민족들이 빙하시대의 수렵민들보다 영양상태가 좋지 않았음을 보여준다.[60] 또한 정착민들은 유동성이 미미하기 때문에 수렵민이나 채집꾼들보다 훨씬 더 극적인 형태로 기아의 곤궁에 빠지게 된다. 이런 사실들은 엘리아스나 하버마스가 주장했던 것과는 반대로 확실히 더 큰 위험에 내맡겨진 후기 사회에서의 존재의 두려움이 초기 사회보다 훨씬 더 컸으리라는 것[61]을 의미한다. 그리고 현존하는 수렵민들과 함

께 생활하는 현장 조사자들 모두 이런 사실을 확인해주고 있다.[62]

엘리아스는 또한 '주로 양식을 찾는 데 전념했던' 초기 유목민들이 아직 '자연이 부여한 소재를 비바람을 막을 수 있는 주거지 건축을 위해' 사용할 줄 몰랐기[63] 때문에 '자연 동굴에서 은신처를 찾았다'는 왜곡된 상을 만들어내고 있다. 테라 아마타의 호모 에렉투스 무리가 40만 년도 더 전에 오두막을 지었다는 것, 혹은 후기 구석기시대의 사냥꾼들이 매머드의 뼈와 해골로 뼈대를 만들고 추측컨대 동물의 가죽을 뒤집어씌운 훌륭한 주거지에 거주했음을 생각한다면 이는 그릇된 생각이다.[64]

게다가 더욱 납득이 안 가는 점은 엘리아스가 이런 인간들의 인식 능력에 관해 말한 대목이다. 엘리아스는 이들이 "이 세계가 인간의 세계와 자연의 세계로 분리된 것임을, 즉 '주체'와 '객체'로서 지각하지" 못했고[65], 꿈과 현실을 명확하게 구분할 수 없었으며[66], '살아 있는 존재와 생명이 없는 사건 진행 사이의 차이에 관해 아무런 지식'도 가지지 '못했다'[67]고 말한다. 그리고 우리와 비교할 때 그들은 감정적으로 거의 자제할 줄 몰랐기 때문에 '땅과 암석 위에' 사냥할 동물의 그림들을 그려서 '그림 속의 사냥감'을 죽였다고 한다. "그것들이 실제 존재하는 것이 아닌데도 말이다."[68]

후기 구석기시대의 수렵꾼과 여자 채집꾼들이 실제로 그렇게 생각하고 그렇게 인지했다면 우리는 인간종이 그 시대에 사멸되지 않은 데 대해 아주 경탄해야 할 것이다. 그들이 꿈과 현실을 구분할 능력이 없었다면, 예컨대 상대 짝이 간통하는 꿈을 꾸고 나면 가족이 해체되었을 것이기 때문이다. 그 집단이 엄청나게 많은 양식을 가지고 있는 꿈을 꾸었다면, 그들은 여자들로 하여금 채집 원정을 떠나지 못하게 했을 것이다. 수렵꾼들이 자기 자신, 즉 '주체'와 매머드, 즉 '객체'를 구분할 능력이 없었다면 그들은 더 이상 툰드라에서 야영지로 되돌아오지 못했을 것이며, 그들이 사냥감을 '그림 속에서' 죽일 수 있다고 생각했다면 그것으로 그들은 꼬르륵거리는 배를 확실하게 채울 수 있었을 것이다.[69]

엘리아스는 (모든 진보주의자들처럼) 역사는 '모든 인간 개개인이 성장하면서 그 과정을 축약된 형태로 거쳐야'만 하는 어떤 것이라고[70] 확신했다. 그리고 그는 주위환경에 가장 잘 적응한 것으로 보이는 수렵꾼과 채집꾼들을 인류의 일종의 유아단계로 보았다. 그는 이들이 마치 빙하시대의 툰드라를 표류하는 유아집단인 것처럼 쓰고 있다. 그러나 그들이 그런 인간들이었다면, 오늘날의 유아들이 냉혹한 숙명에 의해 그런 지역으로 가게 되었을 때 일어날 그런 일이 그들에게도 일어났을 것이다.

이런 생각들은 엘리아스가(하버마스도 비슷하다) 특히 빅토리아 시대의 학자들처럼 고대의 '마술적인' 의식들이 원시적인 학문이며, 아주 비현실적인 처리방식과 비슷한 것이었다고 주장하는 데서도 드러난다.[71] 하버마스는 인간들이 당시 위험에 대적해서 어떻게 해야 할지를 몰랐기 때문에 이런 위험이 '사라지도록 주술을 외거나' 아니면 마술적인 '기술'로 이 세계에 영향을 미치려고 시도했다[72]고 생각한다. 그리고 엘리아스의 말도 이와 일치한다. 즉 엘리아스의 주장은 이렇다. 그들은 자신의 무능력을 '희망적 관측'과 '환상적인 그림들' 및 '마술적인 작용'으로 변화시켰으며, 그들이 허황된 생각에 빠져 있기 때문에 '우연이 아니라'면 '그들의 약속을 실제로 지킬' 수 없었다고 한다. 그렇기 때문에 과거 인간들의 두려움은 실제로는 줄어들지 않았으며, 그에 비해 오늘날 우리는 현실과 일치하는 지식을 가지고 있기 때문에 '생명 보호에서 거대한 발전'을 이루었다는 것이다.[73]

엘리아스와 하버마스는 이러한 상세한 설명을 통해 당시의 인간들이 이른바 학자와 기술자이기를 원했지만 *아직 그런 능력이 없었다고*

전제하면서 그런 '마술적인' 의식들이 실제로 어떤 의미를 지녔는지 자신들이 전혀 이해하지 못했음을 명확하게 보여준다. 이런 의식들은 본질적으로 자연에 영향을 미치기 위한 기술이 아니었다. 그 의식들은 *마술*이 아니라 *미메시스*이며 인간이 자연의 순환에 *적응*하는 것이다.[74] 비트겐슈타인이 다음과 같이 기술했을 때 그는 아주 명확하게 이런 사실을 파악했다. "마술을 학문적으로 증명하고자 할 때 오류가 생긴다. 아이를 입양할 때 어머니의 옷을 통과하게 하는 절차를 밟게 한다고 해서 여기에 오류가 존재하며 그녀가 그렇게 해서 아이를 낳았다고 생각하는 것이라고 말한다면 그것은 미친 짓이다."[75] 그리고 구석기 시대의 수렵꾼이 동굴 벽에 들소를 그리면서 그 들소를 죽인 것으로 생각했다고 말한다면 그 역시 '미친 짓이다'.

엘리아스와 하버마스가 그렇게 주장한다면, 비트겐슈타인이 제임스 조지 프레이저(James George Frazer, 1854~1941, 영국의 인류학자, 민속학자)에 관해 언급했던 것이 그들에게도 적용된다. "프레이저의 정신적 삶의 옹졸함이라니! 그래서 그는 자신이 살던 시대 영국의 삶 이외의 다른 삶을 전혀 이해하지 못한다!" 그리고 "프레이저는 그가 말하는 야만인 대부분보다 훨씬 더 야만적이다. 그 야만인들은 정신적 사건을 이해하는 데서 20세기의 이 영국사람처럼 그렇게 무능력하지 않다. 원시적 관습에 대한 그의 설명은 이런 관습 자체보다 훨씬 더 야만적이다."[76]

자신과 다른 생활양식을 이해하는 데서의 무능력은 엘리아스가 초기 사회 단계 인간들의 '비현실적인 지식'과는 반대로 *우리 현대인*은 '현실과 연관된 지식'을 가지고 있기[77] 때문에 고대의 인간들과는 달리 특정 무생물들에게 생명이 없음을 알고 있다고 주장하는 대목에서도 드러난다. 여기에 대해서도 비트겐슈타인의 의문을 변형해서 제기할 수 있다. "사흘 동안 황야에서 체류한 후에 돌이 그에게 '말을 걸었다는' 테톤다코타족의 예언자는 오류를 저지른 것인가?"[78] 그가 학문적 교양이 부족해서 돌이 전혀 말을 할 수 없는 무생물의 물질임을 착각한 것인가? 자신의 '동물 본성'을 인식하는 의식상태에 빠진 에스키모 샤먼이 자신이 '동물로 변신했다'는 말로 이런 상태를 묘사한다[79]고 해서 그가 엘리아스가 생각했듯이 오류를 저지른 것인가?[80]

예컨대 '현실과 일치하는' 우리의 지식이 오래전에 돌과 제자는 동일한 것이 아님을 밝히고 있으므로 돌을 가리키면서 제자에게 '타트 밤 아시', 즉 '이것이 너다'라고 말하는 신비주의자는 단순히 착각에 빠진 것이라고 주장한다면, 그는 학문에서 일종의 이데올로기를 만들어내고 있는 것이다. 왜냐하면 그는 사물을 보고 인지하는 *아주 특정한* 하나의 관점만을 인정하고 다른 모든 관점들은 '거짓' 혹은 '유아적'인 것으로 과소평가하기 때문이다. 엘리아스가 특유의 겸손함으로 "자신이 발견하는 것에 대해 어떤 두려움도 가지지 않은 나 같은 사람들이 많을 것이다"[81]라고 말한다면, 그들이 직접 발견하지 않은 것에 대해 어떤 두려움도 가지지 않은, 게다가 세계를 다른 관점에서 지각할 태세가 되어 있는 학자들도 많이 있을 것[82]이라고 덧붙여서 말할 수 있다.

결국 엘리아스가 초기 사회와 다른 사회의 인간 심성을 파악하는 데서 무능력했던 이유 가운데 하나는 그가 숭배했던 루시앵 레비브릴(Lucien Lévy-Bruhl, 1857~1939, 프랑스의 철학자)[83]과 비슷하게 사람들이 '이국주의'라고 불렀던 것에 대한 그의 애착, 말하자면 근본적으로 '이국적'이 아니라 매우 친근한 현상들의 지나친 소외에 대한 애착 때문이었다. 그래서 그는 초기 사회와 다른 사회의 인간들은 '좀더 유동적이며 덜 확고하게 조직화되어 있는' 정체성을 가졌으며 그런 사실을 예를 들면 그들이 성년식 이후에 '다른 이름'을 가진

'다른 사람'이 되었다고 믿거나 아니면 그들이 갑자기 '그들의 아버지와 동일하'게 되었다고 생각했다는 점에서 인식할 수 있다고 말했다.[84]

그러나 그러한 어떤 것이 실제로 우리에게 '낯선 일인가'? 예를 들면 대학 조교가 교수로 발령받은 후에 '교수님'이 되었으며, 갑자기 행동을 달리 하고 얼굴표정을 다르게 하고서 그 지방을 돌아다닌다고 해서 그가 현대인보다 '더 유동적이고 덜 확고하게 조직화된' 정체성을 가지고 있다고 엘리아스는 말할 수 있을까? 아니면 아버지 회사를 물려받아 어느 정도 시간이 지난 후에 회사원들로부터 과거의 아버지처럼 '사장님'이나 '뮐러'라고 불리는 사람에 대해 그렇다고 말할 수 있을까? 당혹스러워하는 민속학자들에게 자신들이 앵무새라고 말했던 보로로 인디언들은 자신이 사자라고 말하는 「1860 뮌헨」의 배우와는 다른 '더 고대적인' 의식구조를 가진 것인가?

빅토리아 여왕 시대 사람들과 데콜테

빌헬름 2세(1888~1918년 재위) 시대의 엄격한 브레멘에서 사교계 여자들에게는 화류계 여자로 여겨졌던 클레르(Claire) 양과 같은 여가수를 상류 시민계급의 저녁식사에 초대하려면 브레멘 영사인 퓌르히테봄(Fürchtebohm)과 같은 용기가 필요했다.

당시 가족 대우의 하녀로 일했던 줄리 슈라더(Julie Schrader)의 기억에 따르면, 그 여자는 우선 제시간에 오지 않아 사람들을 기다리게 했다. "그리고 나서 마침내 그녀가 왔다. 우리는 너무 당황했다. 그녀는 상체를 거의 가리지 않아서 가슴이 밖으로 튀어나와 있다고 말할 수 있을 정도였다. 마틸데는 숨이 막혔다. 그리고 영사 부인은 제정신을 차려야 했다. 키펜베르크 가 사람들도 그 자리에 있었기 때문이다." "그 가문 사람들은 이런 종류의 사건과는 아주 어울리지 않았다. 그녀는 보라색 크레프(표면에 주름이 생기도록 가공한 직물—옮긴이)로 만든 옷을 입었으며, 자신을 식사에 초대해주니 퓌르히테봄은 아주 사랑스런 사람이라고 그에게 말했다. 키펜베르크 부인은 바닥을 쳐다보았다. 아래 바닥이 꺼지는 것처럼. 그녀는 선갈퀴(유럽의 많은 숲에서 자라는 식물—옮긴이)로 만든 디저트만 먹고 바로 일어섰다."[1]

부인들이 경악하고, 추측컨대 그 창녀로 인해 기분이 상한 것은, 당시 사람들이 그런 모임에 나올 때는 '목까지 가리는' 옷을 입었을[2] 뿐 아니라 브레멘 여자들이 오래전부터 아주 예의바르고 정숙하게 여겨져왔다는 사실과 관계가 있었다. 예를 들면 1835년 하이네켄(Heineken)이라는 의사는 이 한자동맹 도시에 대해 "그 도시처럼 가슴과 목, 팔을 그렇게 감싸며, 약간의 노출마저 가리는 크거나 작은 숄들을 그렇게 많이 사용하는 도시는 아마 거의 없"[3]을 것이라고 말했다. 그전 1587년에 이미 아놀드 판 부헬(Arnold van Buchel)이 브레멘 여자들에 관해 그들이 목에 두르는 장신구와 두건으로 몸 전체와 머리를 가리고 있다고 보고한 바 있다. 물론 그는 이것을 정숙한 체하는 것으로 본 듯하다. 이 호색한은 다음과 같이 언급하기를 잊지 않았기 때문이다. 그에게는 벨기에 여자들이 더 좋았으며, 벨기에 여자들이 옷을 벗으면 그는 기꺼이 그들의 벗은 가슴을 잡았을 것이라고.[4]

19세기에도 적지 않은 남자들이 일부 매우 깊은 데콜테(Dekolleté, 깊이 파여 목과 어깨가 많이 드러나는 네크라인—옮긴이)와 관련하여 그런 몽상에 빠져 있었다. 예컨대 비더마이어 시대의 어느 평론가는 이렇게 말했다. "여자들이 거의 배꼽까지 노출했을 때 우리가 그들의 벗은 가슴을 잡는다고 해서 그것을 나쁘게 여길 것이며 나쁘게 여길 수 있겠는가? 그들 자신이 그런 뻔뻔스러운 행동을 하도록 자극하거나 심지어 요구하고 있는데."[5]

분명 세계의 다른 지역에 사는 여자들도 가슴을 드러내었지만 그들은 별다른 생각없이 순진무구하게 그랬던 것으로 보인다. 어느 여행자가 보고한 대로, 유럽인들이 호텐토트족(남아프리카의 혼혈종족―옮긴이) 여자의 벗은 가슴을 만지고, 이들 여자들이 그가 어떤 생각을 품고 있는지를 물어대며 킥킥거리는가? 이런 점에서 그들은 유럽 여성들과는 아주 다르다. 유럽 여자들은 탐욕스런 수소가 '그곳'을 쳐다보고 손을 뻗치도록 마구간 문을 열어놓는다.[6) 그래서 이런 식으로 옷을 입는 여자들은 의식적 혹은 무의식적 노출증으로 비난을 받았다.[7) 그리고 관찰자들은 많은 여자들이 무도회에서 남자들이 자신의 가슴을 볼 수 있도록 몸을 수그리고 남자들은 이를 '즐거워한다'는 것을 확인해준다.[8)

특히 1960년대 초 이후로 많은 여자들이 거의 젖꼭지를 둘러싼 검은 피부 가장자리까지 파인 이브닝드레스를 입었다.[9) 그리고 1867년 『새터데이 리뷰』(Saturday Review)는 여자들이 '의복에서는 최소한에, 뻔뻔스러움에서는 최대한에' 이르렀다고 쓰고 있다. 신사 두 명이 오페라를 보다가 시선이 바로 밑에 앉아 있는 여자에게 닿자 이렇게 말했다. "당신은 저런 걸 본 적이 있소?" 그러자 다른 남자가 말했다. "젖을 떼고 난 후에는 전혀 보지 못했는데요."[10)

혁명 이후와 비더마이어 시대[11), 제1차 세계대전 직전[12)을 제외하고는 수백년 전부터[13) 데콜테는 축제 같은 행사에만 그리고 이브닝드레스의 구성요소[14)로만 이용되었기 때문에 1865년 테오필 당티모르(Théophile d'Antimore)는 이렇게 격한 목소리로 물을 수 있었다. "당신들 중에 누가 감히 무도회 복장으로 거리를 나다니며 대중 앞에 나설 수 있단 말인가? 아무리 대담한 사람이라도 그렇게 행동하지 않을 것이다. 대중의 야유로 당장 몸을 숨길 수밖에 없을 것이며, 거리의 부랑아들이 쓰레기와 돌을 던질 것이기 때문이다. 게다가 경찰이 와서 그들을 체포하여 '감화원'(tribunal correctionnel)에 집어넣을

1. 「휴, 얼마나 자유로운가!」, 캐리커처, 1926.

것이다. 공중도덕을 손상시킨 죄로 말이다."[15]

예를 들면 19세기 영국에서는 17세의 귀족 처녀들이 여왕에게 자신을 소개하는 궁정무도회에 참여하고 나면 숙녀가 되었다. 이렇게 '커밍아웃'하는 자리는 동시에 그리고 아마도 최우선적으로 중매시장의 역할을 했으며, 거기서는 '좋은 부분'만 보여주어야 했다. 그래서 1898년 카를스루에 출신의 알렉산더 폰 베르누스(Alexander von Bernus)는 "귀족 출신의 멍청한 젊은 여자들이 전시되고 있다"[16]고 쓰고 있다. 많은 빅토리아 여왕 시대 사람들이 '파리 패션'이 몸을 너무 많이 노출시키기 때문에[17] 딸들에게 그런 옷을 입히는 것을 거부했음에도, 이제 막 가슴이 나오기 시작하는 젊은 처녀들이 생전 처음으로 '반나체로' 대중의 면전에 나타나는 것이다. 이는 남자들로 하여금 자신의 몸을 유심히 살필 수 있도록 하기 위해서였다.

그렇게 성장(盛裝)을 하고 나타나는 것을 대부분 여자들은 아주 '과감한 것'으로 생각했다. 그리고 많은 여자들이 (그들이 나중에 기술한 것처럼) 진짜 충격을 받았다.[18] 예를 들면 올리브 바턴(Olive Barton)은 첫번째 무도회에 참석하기 전에 언니들에게 '많은 사람들 앞에 반쯤 벗은 채로 방으로 걸어 들어가는 것이' 어떤 종류의 '센세이션'을 불러일으킬지 걱정스레 질문을 했다. 그리고 어느 신사는 일기에 이렇게 기록하고 있다. 그가 하녀인 한나에게 여주인의 이브닝 드레스를 입어보라고 하자 그녀가 "갑자기 내 팔에 뛰어들었다. '……오, 주인님……저더러 벌거벗으라구요!'"[19] 그리고 1873년 나탈의 매리너 킹(Marina King)은 자신의 첫번째 데콜테 이브닝드레스를 재단하고 난 후에 이렇게 생각했다. "나는 나의 어깨와 팔이 아름답다는 것을 알고 있다. 이 드레스는 그것을 보여주기에 용이하다. 그러나 이 사랑스런 드레스를 디자인하는 것과 그것을 입는 것은 다른 일임을 알았다. 무도회를 위한 의상, 나는 나의 대담함에 놀랐다……어떻게 내가 아버지에게 인사를 할 수 있겠는가. 아버지는 절대 나를 나가지 못하게 할 것이다. 나는 다시 드레스를 벗었다."[20]

젊은 처녀들만 구혼의 목적을 위해 자신이 가진 것을 보여주어야 했던 것이 아니라 성인 여자들에게는 무조건 가슴이 패인 목선의 옷이 요구되었다. 예를 들면 1908년 베를린 궁정무도회를 위한 규정은 이랬다고 한다. "어깨를 드러내는 둥근 목선의 옷을 착용해야 한다. 짧은 소매는 허용된다."[21] 그리고 5년 후 빌헬름 2세는 그가 개인적으로 참석하는 베를린의 오페라 공연을 관람하는 모든 여자들은 데콜테를 착용해야 한다[22]고 규정했다. 이미 처음의 규정이 나온 이후, 특히 독일과 '적대적인 민족'인 프랑스는 튜턴(태도나 모습이 전형적인 독일사람을 말함—옮긴이) 황제를 웃음거리로 삼았다. 한 풍자시는 이 황제가 무도회에서 다양한 형태의 가슴을 관찰했으며 이어서 무도

2. 「우리는 우리가 가진 것을 보여준다」, 프랑스 캐리커처. 1908년경.

회장을 유모를 위한 시설로 만들 결심을 했다고 말하고 있다. "빌헬름 2세가 말했다. 키가 작은 사람들, 뚱뚱한 사람들, 근육질의 사람들, 흐느적거리는 사람들, 우리는 취향이 다 다양해. 에드워드 7세(영국 원저 왕가의 왕, 1901~10년 재위) 때는 그렇지가 못했지. 명령하노니 아름다운 가슴을 드러내도록 하라. 강력히 주장하건대 짐은 가슴의 황제이니까!"[23]

이는 좀 부당했다. 왜냐하면 빅토리아 여왕의 궁정에서처럼 그녀 후계자의 궁정에서도 이미 데콜테가 강요되었기 때문이다. 단지 '병이 들거나 허약하거나 혹은 나이가 들어 현재 궁정에서 입는 많이 파인 의상이 적절하지 못한 그런 여성들만' 의료 진단서를 제출한 후에 목까지 올라오는 드레스를 착용할 수 있는 허가를 신청할 수 있었다.[24] 19세기에도 많은 예법서들이 너무 납작하거나 너무 작은 가슴을 가진 젊은 처녀들, 특히 가슴이 처지거나 주름진 중년의 부인들에게도 네크라인이 깊이 파인 이브닝드레스를 입지 말도록 권하고 있다. 그래서 예를 들면 1859년 바상빌(Bassanville) 백작부인은 중년 부인들에게 '더 이상 그들이 나이에 걸맞지 않는 화장을 하지 않는다

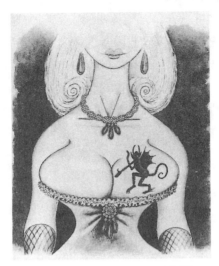

3. 『여인의 얼굴』(*Le visage de la femme*)의 삽화.

는 것을 보여주기 위해 망사 베일이나 스카프를 쓰'[25]도록 권했다.

성직자가 손님으로 올 경우에 예의상 여자들은 더욱 '목깃이 높은 부인복을 입고 와야' 했다. 왜냐하면 "어떤 성직자도 여자들이 몸을 드러내고 있는 모임에 가면 오래 있지 않을 것이기 때문이다."[26] 고위 성직자인 비처(Beecher) 같이 "어떤 처녀나 부인에게나 적당하다고 여겨지는 드레스는 예의바른 정숙한 여성임을 드러내는 것이지, 자기 몸을 드러내는 것이 아니다"[27]라는 확신을 가지고 있는 남자들을 반이나 드러낸 가슴으로 측면 공격할 수는 없었다. 그리고 이것이 빅토리아 여왕이 고위 성직자들을 절대 저녁 무도회에 초대하지 않았던 이유[28]이기도 했음을 추측할 수 있다.

목과 어깨가 깊이 파인 옷에 대한 비판은 교회와 이런 관습적인 부도덕함에 반대해 정당한 캠페인을 주도했던[29] 여성해방론자들뿐 아니라 하인리히 푸도르(Heinrich Pudor) 같은 나체주의자들에 의해서도 제기되었다. 푸도르는 '잘못 형성된 감각과 나쁜 영향을 받은 관능주의를 쥐어짜내는 대도시인들을 더욱 자극하기 위하여' 만들어진 그러한 패션에 분노했다. "독일 처녀들이 그것을 위해 자신을 걸고 있다! 여성의 가장 은밀한 매력이 가장 공개적인 방식으로 가장 야만적인 전시수단인 쇼윈도에 미끼처럼 진열되는 데 대해 여성들의 마음속에 분노, 수치, 혐오감, 적어도 놀라움이 전혀 존재하지 않는단 말인가?"[30]

'수줍음이라는 옷'을 입은 벌거벗은 여자가, 남자들을 성적으로 자극하고 유혹하기 위하여 옷에서 가슴이 튀어나오도록 한 여자보다 훨씬 더 순진하게 여겨졌다. 1885년 『타임』의 독자편지 코너에서 특히 여성 예술가와 남성 예술가 사이에 왕립아카데미의 나체화 전시를 둘러싸고 일어난 싸움이 한창일 때, 어느 독자는 '옷을 벗은 여자'의 비외설적인 그림이 깊이 파인 데콜테를 입은 여자나 '요즘 무도회장의 화려한 반누드주의자 무리'보다 근본적으로 더 정숙해 보인다[31]고 언급했다.

어느 문화인류학자는 다른 문화의 사람들이 그런 공공연한 여체 감상에 대해 어떻게 생각하겠느냐는 질문을 제기하고는 그에 대해 답을 했다. "페르가나에서 온 경건한 이슬람교도는 우리 무도회에서 우리 아내와 딸들의 노출을 보고 우리 춤을 거의 포옹이나 다름없는 것으로 여기고서 죄에 빠지기 쉬우며 부도덕한 이 종족에 대해 오랫동안 유황불을 내리지 않은 알라의 관용에 조용히 감탄할 것이다."[32]

그러면 여자는 어느 정도까지 가슴을 노출시킬 수 있었을까. 유두와 유두를 둘러싼 검은 피부의 공공연한 노출은 절대적인 금기로 남아 있었다. 1842년 '블랙컨트리'(영국의 광대한 중공업 지대—옮긴이)에서 석탄 광산을 감독하던 샤프츠버리(Shaftesbury) 경은, 그곳에서 일하는 젊은 여성이 상체를 노출한 채 갱부 마차를 끌고 있는 그림이 그려진 목판화를 보고서 그런 그림이 '어떻게 품위 있고 우아한 숙녀의 규방으로 들어가게 되었는지' 경악했다.[33]

그보다 앞서 영국 의회 사절단이 요크셔 석탄 광산을 시찰하다가 대낮에 제대로 옷을 입지 않고 일하던 젊은 여자들과 마주쳤다. 그들은 이미 육체적으로 성숙한 상태였음에도, '사프츠버리 위원회'의 보고에서 알 수 있듯이, '허리까지 벌거벗은 상태'였다. 그리고 그들이 사내아이들처럼 '바지'를 입고 있어서 "그 가슴에 의해서만 그들의 성을 알아볼 수 있었다". "이보다 더욱 넌더리날 정도로 음란하고 불쾌감을 일으키는 광경은 거의 상상하기 힘들 정도이다. 어떤 매음굴도 그들을 당할 수 없다."[34]

이 '보고서'로 인해 물의가 빚어지자 의회는 이들 처녀와 부인들이 작업하는 것을 금지시켰다. 그리고 이것은 비인간적인 작업조건 때문이 아니라 여러 가지 음탕한 행위를 야기시킬 수 있는 부도덕한 노출 때문이었다.[35] 다른 보고서에는, 랭커셔에서도 성인 여성들이 혹독하게 일했는데 그들의 복장은 앞쪽으로 아주 넓게 파져서 작업 중에 가끔 가슴이 바깥으로 빠져나올 정도였다고 적혀 있다.[36] 그것이 프리드리히 엥겔스(Friedrich Engels)로 하여금 영국의 돌석탄 광산과 철광석 광산에 관해 좀 과장하여 이렇게 개괄하게 했다. "성관계에 관해 언급하자면, 갱내에서는 그곳의 열기 때문에 남자, 여자, 아이들이 가끔은 완전 나체로, 대부분은 거의 벌거벗은 채 일한다. 어둡고 사람이 없는 갱내에서 어떤 일이 일어날 것인지에 관해서는 각자 스스로 상상할 수 있을 것이다."[37]

1887년 오스카 와일드는 탄광 처녀들이 몸을 제대로 가리지 않는 것에 대해 그 합리성을 지적하면서 그것을 정당화하고자 했다. 그러면서도 그는 빈정대듯 그곳 여자들만이 그렇게 몰염치하게 옷을 입는다[38]고 언급했다. 그러나 그의 생각은 실제와는 거리가 멀다. 궁핍에

굴복할 수밖에 없었던 여자 노동자들 역시 자신들의 노출을 굴욕적이며 수치스럽게 느꼈다는 것이 여러 자료에서 드러나기 때문이다.[39]

2

자유, 평등, 외설

19세기 시민계급에서 축제 때 데콜테의 착용이 일반화된 후, 가슴 윗부분의 공공연한 노출은 원래 귀족의 특권이었다는 사실을 잊어버리기 쉽다. 사람들의 말에 의하면 프랑스에서 대혁명 이전에는 '시민계급까지 가슴을 가렸다'고 한다.[1] 시민이 마침내 지배계급으로 출세하면서 그 유행을 받아들였으며, 자기들보다 낮은 사회계급에게는 이런 권리를 주지 않으려고 했다. 그래서 예컨대 1835년 빈에서 발간된, 하녀가 될 사람들을 위한 지침서에는 목과 가슴이 드러난 옷을 입지 말라고 강조하고 있다. "그것은 모든 예절에 어긋나는 것이며 너의 주인과 너 자신이 책임져야 할 존경심에 위배되는 것이다."[2] 그리고 1914년에도 메리 오거스터 래셀(Mary Augusta LaSelle)은 뉴욕의 댄스홀에서 젊은 처녀 노동자들이 '깊이 파인 데콜테'를 입는 것을 '대부분 수입이 많은 여자들의 비싼 의상을 맹목적으로 모방한 것'[3] 이라고 비난했다.

물론 시민계급의 여자들도 주제넘게 벌써 수백년 전부터 귀족에게서 이 특권을 빼앗으려 했다. 예를 들어 1615년 고토르퍼의 규정에는 이렇게 되어 있다. "우리는 정숙한 시민계급의 부인과 처녀들이 귀족과 고위직의 부인과 처녀들처럼 옷깃을 풀어 목을 드러낸 채 뽐내는 것을 부끄러워하지도 않는다는 보고를 받게 될 것이다."[4] 그리고 30년 전쟁이 끝난 후 저지독일어 시인인 라우렘베르크(Lauremberg)는 이런 발전에 뒤처지게도 "시민계급의 딸들이/귀족들이 가슴을 드러내고 다니는 것을 알게 되자마자/목과 등을 반은 드러내고 다니고 있다"고 비난한다. 그때 여성 시민들은 아마도 이렇게 생각했을 것이다. "왜 우리는 우리의 아름다운 가슴을 비난해야 하는가?/왜 우리는 그것을 숨기고 어두운 풍속에 맡겨야 하는가?/우리는 훔친 것이 별로 없다/왜냐하면 나는 재단사에게 재단한 대가를 지불할 수 있기 때문이다./그가 나를 위해 옷의 목선을 깊이 파서/사람들이 나의 가슴과 드러난 연약한 피부를 볼 수 있도록 한 데 대해."[5]

시민계급의 딸들이 그 정도였으니 다른 여자들은 말할 필요도 없었다. 그리고 1640년에 이미 하노버에서 '의사의 부인들이 만찬에서 남자를 영접할 때 귀족 부인들의 가슴을 드러내는' 권리를 시샘해서 그들과 똑같이 행동한다는 불평이 제기되었다.[6] 이는 '정숙한'(modest) 것이 아니었는데 그것도 그 단어의 이중적 의미에서 그러했다. 그것은 부끄러움도 겸손함도 모르고 뻔뻔스럽고 교만한 것이었다. 이러한 것은 중단되어야 했다. 그래서 예컨대 1653년 바이에른 선제후인 마리아 안나는 '많은 사람들이 불쾌감을 느낄 정도로 일반적인 의복에서 지배적이 되어'버린 '목 주변의 파렴치한 노출'을 금지했다. 그리고 이것을 지키지 않을 경우 공식적인 '교정' 및 12제국탈러의 벌금을 부과하겠다고 위협했는데 이는 소 반 마리 값에 해당하는 것이었다.

이것이 개인의 신분과 상관없이 모두에게 적용되었을까? 바로 선제후 재무국의 한 의원이 위임통치령의 초안을 위해 다음과 같은 내용의 글을 선제후에게 급히 올렸던 것을 보면 틀림없이 일부 부인들은 감정이 상했던 모양이다. "선제후 폐하께서 현재 행해지고 있는 노출과 여성의 부도덕한 옷차림에 반대하는 엄격한 금지령을 이 법령에 추가하려 하신다면, 폐하께서는 지금까지 자유롭게 노출할 수 있는 특권을 누리던 고위층 인사의 부인들과 심각한 갈등을 겪게 될 것입니다."[7]

물론 17세기와 18세기에는 대부분의 시민계급 여자들이 깊은 목선으로 인해 드러나는 부분들을 적어도 숄이나 데콜테 깃으로 가렸다.[8] 그러나 점점 더 많은 부인과 처녀들이 피슈(fichu, 어깨와 가슴을 감고 등에서 묶는 삼각보—옮긴이)를 사용하지 않게 되자 1793년『숙녀의 장서』(*The Ladies' Library*)는 이미 가슴과 어깨를 드러낸 처녀와 부인들이 앞으로는 몸의 어느 부위를 또 드러낼 것인지 물었다.[9] 18세기가 지나면서 치마는 더욱 짧아지고 데콜테가 더욱 깊어지자[10] 에드워드 무어(Edward Moore)라는 사람은 이렇게 단언했다. "윗부분이 많이 파이고 치마가 짧아지는 것을 묵인할 수는 있지만 이 두 부분이 서로 만나는 것은 어떤 여성한테도 허용되지 않을 것이다."[11]

유럽이 프랑스혁명에 가까워질수록 적어도 대도시에 있는 많은 부인들은 로코코 의상을 점차 유행에 뒤떨어진 것으로 느꼈으며 가볍고 얇은 슈미즈 드레스를 입기 시작했다. 이것은 영국에서 처음에는 여자아이들만 입었지만[12] 1780년부터는 성인 여성들도 점점 많이 착용하게 되었다.『황야의 어느 코스모폴리탄의 목소리』(*Stimme eines Kosmopoliten in der Wüste*)라는 소책자의 저자는 이 시기 젊은 베를린 여성들에 대해 불평하고 있다. "저기 그녀가 간다. 비단 천을 두르고 (뻔뻔스러운 걸음걸이와 표정으로) 눈으로는 이리저리 곁눈질하면서 남자를 사로잡고 경박한 멋쟁이 남자들을 끈끈이 막대로 유혹하기 위해 가슴을 노출한 채."[13] 그리고 파리에서도 곧 많은 여자들이 '옛날에 입었더라면 얼굴을 붉혔을'[14] 그런 드레스를 입었다고 한다.

영국 궁정에서는 허리선이 높게 올라간 슈미즈 드레스가 허용되지 않았다.[15] 그리고 프랑스에서도 지방귀족들은 이를 자제했다. 그럼에도 1783년 5월 파리의 살롱에서 엘리자베트 비제 르브룅(Élisabeth Vigée-Lebrun, 1775~1842, 프랑스의 화가)이 그린 마리 앙투아네트의 초상화가 전시되었는데, 그림에 그려진 앙투아네트 왕비는 소박한 흰색 모슬린 원피스를 입고 있었다. 많은 방문자들은 루이 16세의 왕비가 속옷 차림으로 그려졌다고 생각해서 그 그림을 보고 격분했다. 그래서 이 그림이 전시회에서 제외되어야 한다는 격렬한 논쟁이 벌어졌다.

물론 이 스캔들로 인해 얇은 모슬린 소재의 드레스는(원래 더운 서인도와 루이지애나의 프랑스 이주민 여자들이 입던 것이어서 처음에는 '크리올 드레스'라 불렸다) '왕비의 속옷'으로서 엄청난 인기를 끌었다. 이 드레스는 이미 존재했던 여성복의 비공식화 경향을 강화시켰으며, 이 옷이 여자들에게 좀더 많은 행동의 자유를 주었기 때문에 후세에 평등주의와 '여성해방'의 성향이 있는 것으로 의심받는 경우가 많았으나[16] 많은 여자들이 이 옷을 착용했다.

혁명 자체가 우선은 절제를 하게 했다.[17] 단기간 존속했던 공화국 혁명 연합의 여자 지도자들인 테루아뉴 드 메리쿠르(Théroigne de Méricourt)나 클레르 르콩브(Claire Lecombe)와 같은 진보적인 여자들은 대부분 프랑스 삼색기의 세 가지 색으로 된 정숙한 피슈를 입었다.[18] 그러나 1780년대의 발전에 이어서 자코뱅파의 '도덕적 공포 정치'에 대한 반작용으로 1794년에 이미 다시 '두 팔과 가슴이 드러나는 옷'을 입기 시작했다. 더욱 대담해진 많은 여자들이 이제는 살색

4. 「'왈츠'를 추는 '미녀'와 '야수'」, 1794년경.

의 비단 트리콧 직물로 만든 코르셋형 조끼와 함께 '야만적인' 드레스를 입었고, 슈미즈 드레스를 통해 코르셋이 어슴푸레 비쳤다.『파리의 새 지도』(Nouveau Tableau de Paris)에 씌었듯이 더 이상 지금까지처럼 '비밀스런 매력'을 예감하게 하는 게 아니라 보게 했던 것이다.[19] 이런 노출은 여전히 점잖지 못한 것으로 여겨졌지만, 시민 여성들의 가슴 데콜테와 등 데콜테가 단번에 관철되는 데 도움이 되었다.[20]

특히 중년 부인들은 뒤에도 깊이 패인 목선 위에 가슴장식 레이스나 피슈를 걸쳤다.[21] 그러나 젊은 부인들, 이들 가운데서도 특히 그것을 감당할 수 있었던 부인들은 점점 이런 것을 걸치지 않게 되었다. 파리에 온 한 프랑크푸르트 시민은 열광적인 어조로 집으로 편지를 썼다. 이 도시에서는 전혀 방해받지 않고 여성의 매력을 즐길 수 있다고. "왜냐하면 미인들이 사방에서 그들에게 쏟아지는 탐욕스런 눈길에 자부심을 느끼기 때문이다."[22]

1796년부터 여성복의 목선은 아주 깊게 파이고 솔기는 아주 헐렁

5. 제임스 길레이, 「최근 유행하고 있는 정숙함」, 1976.

한 경우가 많아 여자들의 어깨 위에서 쳐다보거나(그림5), 여자들이
몸을 숙일 때면 가슴 전체가 다 들여다보일 정도였다.[23] 그 다음해에
『고통받는 인류의 연대기』(*Annalen der leidenen Menschheit*)의
저자는 '팔을 어깨까지 노출시키며 가슴을 드러내고 다니는 것은 정
부(情婦)들에게나 어울리는 것'[24]이라고 했다.

같은 해, 즉 1797년에 어느 패션잡지는 '독일에서의 야만적인 의
상'에 대해 조롱하면서 이렇게 말하고 있다. 심지어 '거의 50세나 된
여자들이 이런 옷을 입고 있는 것을 보는 것'은 '모든 우스꽝스러운
것의 극단'이다. 화가는 그들의 노출된 목과 가슴에서 탁월하게 해부
학 공부를 할 수 있을 것이다. 그럼에도 다행히 이런 유행은 일반적인
것은 아니며 비난은 단지 특정 부류의 여성들에게만 해당된다.[25] 그
런 옷을 실제로 입은 것은 특히 파리나 런던 같은 대도시의 비교적 젊
은 여성들이었다는 사실을 무시해서는 안 된다.[26] 오래전부터 모든
여자들이 그런 옷을 착용한 것은 절대 아니다. 그리고 데콜테도 보통

은 단정한 수준에 머물렀다. 그렇다. 어떤 창녀는 심지어 여행자에게 불평했다. 그녀와 그녀의 동료들이 "절대 노출이 심한 채로 나다닐 수 없다고. 그랬다가는 틀림없이 예의바른 시민들로부터 모욕을 당할 테니까."[27]

그런데 많은 문화사가와 패션사가들이 주장하듯이, 정말로 집정내각(1795~99년)의 '야만적인' 시대에 목선의 솔기가 밑으로 넓게 파여서 심지어 젖꼭지까지 노출하고 다닐 정도였던가?[28] 이미 1793년

6. 「1794년의 미, 우아, 기쁨을 상징하는 세 자매 여신 중 한 명」.
깊이 파인 데콜테를 보여주는 캐리커처.

초여름에 18세의 샤를로트 캠벨(Charlotte Campbell)이 몸에 딱 달라붙는 하이웨이스트의 슈미즈 원피스를 입었다고 하지 않은가? "가슴이 완전히 보이도록 해서, 가슴 바로 아래의 허리띠에 의해 가슴이 받쳐져 앞으로 튀어나오고 노출된 상태로 말이다." 그리고 이어서 바로 다음해에 『스포팅 매거진』(*The Sporting Magazine*)에 이렇게 언급되어 있지 않은가? "현재 유행하는 여성 드레스는 아마도 이 나라에서 지금까지 보아온 것 중에 가장 부도덕한 것일 것이다. *가슴을 거의 다 보여주고 있으니까.*"[29]

당시의 문맥과 여러 가지 보고와 그림에서 우리는 '가슴의 완전한 노출'이나 '완전히 벌거벗었다'는 것은 그런 의상을 입은 젊은 여성들이 피슈나 가슴장식 레이스를 포기했다는 것, 즉 데콜테를 가리지 않고 입었다는 것을 의미함을 명확하게 알 수 있다. 그래서 집정내각 시대의 파리 여자들은 '가슴 절반을 드러내놓는' 옷을 입고 대중의 면전에 나타났다고 누차 강조되었다.[30] 만약 여자들이 가슴을 노출한 모습으로 그려졌다면 그것은 알레고리(그림9)거나 아니면 풍자화(그림6) 혹은 유곽에서 가끔 '상반신 노출'로 손님들을 즐겁게 해주던(그림8) 공창을 그린 것이다.[31] 그리고 로베르 파간(Robert Fagan) 같은 예술가가 1803년 가슴 밑까지 오는 옷을 입고 있는 자신의 젊은 아내를 그렸을 때 그 옷은 '오직 사적인 관람'만을 염두에 둔[32] 그 그림에서만 착용한 가상의 연회복이다. 파간 부인이 그런 원피스를 입고 대중의 면전에 나타났다면 그러한 대담함 때문에 그녀는 의심의 여지없이 감옥에 갇혔을 것이다.

거의 모든 '풍속사'에는, 1798년 바트 피르몽트에서 여성들의 옷을 관찰한 어떤 사람이 표현했듯이 '정치적 정신적 육체 속에 자유의 제국과 함께 육체를 위한 자연의 제국 역시 나타났'던[33] 혁명 후의 시대에 어떤 여자들은 '상반신을 노출한' 채 거리를 다녔다고 씌어 있

7. 요한 하인리히 리프즈, 「거리의 여자」, 1780.

다. 예를 들어 스위스 은행가의 아내인 하멜린 부인도 상체를 노출한
채 샹젤리제 거리를 산책하지 않았는가? 그리고 폴 프랑수아 장 니
콜라스 바라스(Paul-Francois-Jean-Nicolas Barras, 1755～1829,
프랑스의 정치가)의 여자친구인 탈리앵 부인도 마찬가지였지 않았
는가?[34]

　실제로 하멜린 부인은 1798년 10월에 친구와 함께 당시에도 극도
로 과감했던 '몸에 꽉 맞게 재단된 옷'을 입고 산책을 했다. 이것을 보
고 수많은 보행객들이 분노했다. 사람들이 젊은 두 부인에게 아주 심
한 욕을 퍼붓자, 결국 두 사람은 마차를 타고 지름길로 해서 집으로
갔다. 물론 민중의 분노를 샀던 이들은 '상반신이 노출'된 옷이 아니
라 '모든 움직임을 입체적으로 부각시키며 몸의 숨겨진 부분들을 전
부 어슴푸레 내비치는' 반쯤 투명한 원피스를 착용했다.[35]

　일반적으로 당시 여자들은 얇은 모슬린 옷 밑에 살색의 실크 트리

8. 「유곽에서」, 익명의 동판화. 1799년경.

콧 소재로 된 일종의 '바디'를 착용했다.[36] 민소매의 가슴이 깊게 파
인 이런 속옷은 물론 많은 경우에 카르댕 드 라 모트 푸케(Cardine
de la Motte Fouqué)가 묘사했듯이 몸의 형태를 '기분이 나쁠 정도
로 그대로' 드러낼[37] 뿐 아니라 특히 피부색이 검은 여자들은 유두
를,[38] 극단적인 경우에는 치모까지 그대로 드러내었다. 교태를 부리
는 많은 젊은 여자들이 심지어 트리콧을 증기로 다림질하거나[39] 젖은
모슬린 원피스를 입어 옷이 몸에 더 착 달라붙게 해서 몸의 상세한 부
분이 더 잘 보일 수 있도록 했다. 그런 식으로 옷을 입고서 빛을 받으
면 옷 속이 완전히 비쳐 보였다.[40] 그렇게 되면 그녀는 사실 몸에 딱
붙는 트리콧만 입고 대중 앞에 나서는 것과 같았다.

앞에 언급한 산책하던 부인들도 바로 그런 경우였던 것으로 보이며
탈리앵 부인으로 더 잘 알려진 테레자 카바뤼스(Thérésa Cabarrus)
의 경우도 마찬가지다. 유명한 '화류계 여자'로 '테르미도르의 성모'
라고도 불렸던 그녀는 오페라하우스의 무도회에서(틀림없이 공화국

의 알레고리[그림9]와 비슷하게) '그리스식으로 옷을 입고'[41] 나타났다. 그것도 무릎길이의 인도 모슬린으로 된 투니카를 입었는데 그 안에는 얇은 속옷만 걸쳤다. 그래서 한 여성 목격자가 보고하듯이 '더 이상 바랄 것을 남겨놓지 않았다.'[42] 그러나 그녀의 두 가슴은 가려져 있었다. 그녀는 다른 모임에서 "디아나(로마 신화에서 들짐승과 사냥의 여신─옮긴이)처럼 옷을 입고 가슴을 반쯤 드러낸 채" 등장했다[43]고 한다. 아마도 그녀가 로마 여신처럼 한쪽 가슴을 드러냈다고 이해할 수 있을 것이다.

예절범절에 대한 이런 유의 도전은 대부분 사람들의 주목을 끌었다. 그래서 1803년, 예를 들면 메클렌부르크 슈베린 영주의 시의인 포겔(Vogel)은 함부르크에서 "가슴을 드러내고 산책하던 두 명의 여자가 심하게 욕을 먹고 분노한 사람들에 의해 쫓겨났다고"[44] 보고하

9. 앙투안 장 그로스, 「공화국」, 1794.

고 있다. 그리고 3년 후 한 영국 여성이 쓴 바에 의하면, 무도회에 참석한 젊은 여자 두 명이 가슴을 레이스장식만으로 가려서 사람들 입에 오르내릴까 두려워했다[45]고 한다. 그리고 1827년에도 빈에서는 '두 명의 사랑스런 자매'가 '가벼운, 속이 들여다보이는 망사처럼 얇은 옷을 입고 그 안에 속옷을 입지 않아 자연의 상태에 가까워지고자' 했으며 '밝은 대낮에 그런 복장으로 거리를 돌아다녔다'고 전해진다. 하지만 그리 오랫동안 돌아다니지는 못한 것으로 보인다. 그 '빈 숙녀 두 명' 바로 경찰에 구속되었기 때문이다.[46]

물론 이것은 지나친 대응으로 소란이 일어날 것을 고려한 것이며 특히 프랑스 인접지역에 있는 여성 주민 대부분이 부도덕한 '노출 패션'을 따라하지 못하게 하기 위함이었다. 1804년에도 『주간 장크트갈렌』(St. Gallische Wochenblatt)에는 그 사이에 "모든 딸들이 이미 최신유행에 따라 끌리는 옷자락과 투니카를 입고, 짧게 깎은 고수머리와 남자 신발을 신고 뽐내면서 반나체로 벌거벗고서 시대의 정신 속에서" 돌아다닌다[47]고 불평하는 기사가 실린 바 있다. 그리고 몇 년 후 오귀스트 랑바인(August Langbein)은 향수에 젖어 이렇게 시를 썼다. "할아버지가 할머니와 결혼했을 때/그때는 여전히 예의바르게 베일로 가린 수치심이 존재했지./사람들은 정숙하고 우아하게 차려입었으며/그리스식 나체로 거리를 돌아다니는 것을 아름답다고 생각하지 않았지."[48]

독일어권 국가의 시민계급 여자 대부분은 프랑스 여자들과는 반대로 가슴이 파이지 않고 손목까지 오는 단색의 면 원피스나 캘리코 원피스를 입었다. 짧은 퍼프소매일 경우 일반적으로 긴 장갑을 착용했다. 특히 신발 끝만 보이는, 거의 바닥까지 닿는 치마는 걸을 때 다리가 드러나지 않도록 재단되었다.[49]

파리에서도 집정내각의 전성기 때와는 다른 바람이 일었다. 나폴레옹이 첫번째 집정관이 된 이후 그의 첫번째 걱정은 몰염치한 복장에 관한 것이었다. 그래서 그는 이렇게 선언했다. "누구든지 단정치 못한 옷을 입고 나타나면 모욕을 주어 튈르리 궁전에서 쫓아낼 것이다."[50] 1793년 리옹이 포위되었을 때 그곳의 비단산업은 가동이 정지되었다. 최초의 집정관인 나폴레옹은 그 산업에 새로운 도약의 기회를 주기 위해 외국의 양모 모슬린 수입금지 조치를 내렸다. 그래도 영국산 망사는 매번 밀수품으로 '밀수선'(smugglers)이라 불리는 배에 실려 운하를 거쳐 들어왔다. 하지만 수입금지조치는 시간이 지남에 따라, 더욱 투명해진 모슬린 소재가 타프트, 금란, 벨벳 같은 좀더 두꺼운 소재로 바뀌는 데 영향을 미쳤다.[51]

이러한 발전 역시 패션에서도 도덕적인 경향을 강화시켰다. 옷은 다시 불투명해졌고 데콜테 가장자리는 다시 위로 올라갔다. 1810년 경 처음에는 가벼운 '니농식 코르셋'이라 불렸던[52] 코르셋을 다시 착용하기 시작했다. 그리고 나서는 결국 무거운 고래수염 코르셋이 유행해서 1813년 3월 바이마르의 『사치와 유행의 잡지』(*Journal des Luxus und der Moden*)에는 이런 글이 실렸다. "숙녀들이 그들의 몸매를 코르셋으로 왜곡시키지 않았던 아름다운 시대는 이제 다시 지나갔다. 그리고 우리는 이제 상당히 많은 여자들이 원래 보유하고 있는 가벼움과 품위를 졸라맴으로써 숨기고 통제하는 것을 볼 수 있다."[53]

3

17세기의 '역겹고 몰염치한 가슴 노출'

물론 로코코 시대에도 많은 여성들이 가슴을 드러내지 않았다. 18세기 전에도 이런 패션은 사람들의 분노를 두려워해야 했다. 새뮤얼 피프스(Samuel Pepys, 1633~1703, 영국의 일기작가, 해군행정가)는 예를 들어 1666년 11월 22일자 일기에 아내가 거의 가슴골이 보일 정도로 목 레이스를 너무 많이 떼어내서 그 때문에 아내와 입씨름을 했다고 쓰고 있다. "정오에 집에서 점심 만찬을 들 때 아내와 크게 싸웠다. 아내는 레이스로 된 드레스의 목부분이 아주 많이 파인 옷을 입고 있었고 난 그게 마음에 들지 않았다. 너무 많이 파여서 가슴이 거의 노출될 정도였는데, 아내는 이유없이 단지 그게 유행이라면서 따르는 것이었다."[1]

피프스 부인의 생각이 물론 아무런 근거가 없는 것은 아니었다. 왜냐하면 17세기 유럽의 많은 지역에서 귀족계급과 유복한 시민계급의 부인들이 목선이 깊이 파인 옷을 점점 더 많이 입었기 때문이다. 그래

서 야코브 카츠(Jadob Cats, 1577~1660, 네덜란드의 작가)는 네덜
란드에 만연되어 있는 관습을 '목과 가슴의 상당 부분을 벌거벗은 채
방치하는'[2]것이라고 몹시 비난했다. 그리고 『퀸첼자우어 연대기』
(Künzelsauer Chronik)에는 1680년경 상당수의 여성들이 가슴을
너무 많이 노출해서 "어느 성실한 남자는 그것을 보고 부끄러워"할
정도였다[3]는 내용이 들어 있다.

한스 야코브 크리스토프 폰 그리멜스하우젠(Hans Jacob Christoph
von Grimmelshausen, 1621~76, 독일의 소설가)의 짐플리치시무
스(그의 연작인 『짐플리치시무스』의 주인공—옮긴이)는 주인이 그에
게 이렇게 물었다고 말한다. "어떻게/너는 이 여자들이 원숭이라고/
믿는가? 나는 대답했다/그들이 지금은 원숭이가 아니라 하더라도/곧
원숭이가 될 거니까요./나의 주인이 물었다/내가 무엇을 보고/이들이
원숭이가 될 거라는 것을 아느냐고? 나는 대답했다/우리 원숭이는 엉
덩이를 벌거벗고 다닙니다./그런데 이 부인들은 가슴을 드러내놓고
다니니까요./다른 여자들은 평상시에 그런 걸 가리지요."[4]

아브라함(Abraham a Santa Clara)은 빈에서 행한 설교에서 '벌
거벗은 가슴을 뽐내고' 다니는 '상류층 독일 여자들'은 '방탕한 더러
운 여자'이며 욕할 가치조차 없다고 호통을 쳤다. 왕비가 그 소식을
듣고서 그 다음 주일에 빈의 궁녀들이 받은 모욕을 다시 회복시키라
고 신부에게 압력을 넣었다. 다음 설교에서 아브라함은 실제로 이렇
게 말했다고 한다. 그는 일주일 전에 데콜테 복장을 한 부인들이 욕먹
을 가치도 없다고 주장했는데 이런 주장을 취소한다. 그들은 욕먹을
만한 가치가 있다.[5]

그렇게 비난한 사람은 그 혼자만이 아니었다. 부르고뉴 출신의 신
부인 피에르 쥐베르네(Pierre Juvernay)는 이미 1637년에 노출된 가
슴 사이에 십자가 목걸이를 매다는 데 대해 부끄러움조차 느끼지 못

하는 그런 부인들을 공식적으로 비난했다. 그는 거기에는 두꺼비나 까마귀의 상을 달고 다니는 것이 훨씬 의미있을 거라고 했다. 왜냐하면 이 동물들은 쓰레기 더미 속에 살고 있으며 사람들은 "그것들의 마음이 오물 같다"[6]고 말하기 때문이었다.

그리고 로마에서 교황이 데콜테를 불투명한 피슈로 가리지 않은 모든 부인들을 파문하겠다고 위협한 데 대해 1680년 초여름 베를린의 『일요일의 메르쿠리우스』(Sonntagische Mercurius)는 이렇게 쓰고 있다. "도팽(1350~1830년 프랑스의 왕위계승자에게 붙이던 칭호—옮긴이) 왕비의 초상화를 교황에게 보여주었다./그리고 교황은 그 그림을 칭찬했다./그러나 바로 약간 비난했다./그림에 가슴이 너무 많이 드러나 있다고./그곳에 있던 프랑스 사람들은 그것을 보고 비웃었다."[7]

그 다음호 신문에 적혀 있는 대로 교황의 데콜테 금지령에 별로 개의치 않았던 일부 로마 여자들은 고초를 겪어야 했다. "고위층의 아주 아름다운 부인 몇 명이 며칠 전에 등받이가 있는 마차를 타고 산책을 하려 했을 때/이탈리아 경찰들이 거리에서 마차를 세우고 그들을 체포했다./왜냐하면 그들이/교황이 발표한 금지령을 위반했기 때문이다./그들은 가슴이 너무 많이 노출된 옷을 입었다."[8] 1년 전에는 경찰이 교황의 명령에 따라 목선이 깊게 파인 옷이나 소매가 짧은 옷들을 압류하기 위하여 세탁부들을 일제단속하기까지 했다.[9]

물론 17세기에는 이탈리아 이외의 다른 국가에서도 일반적으로 거리에서 데콜테를 드러내고 다니지는 않았다. 1630년경 한 젊은 영국 여자가 파리의 프랑스 풍속을 오해하여 데콜테를 가리지 않고 거리를 돌아다녀 그녀와 그녀의 동반자가 몰려든 사람들로 해서 거의 압사당할 정도의 혼란을 불러일으켰다.[10] 왜냐하면 거리에서 깊이 파인 목선을 목도리나 레이스로 테를 두른 넓은 삼베 깃으로 가리지 않은 여자는, 이런 액세서리가 시간이 지나면서 그 기능을 잃었음에도 하나의 도발을 의미했기 때문이다. 그런 액세서리들은 물론 여러 지역에서 아주 투명해져서 데콜테가 더욱 에로틱한 매력을 지니게 되었다. 그래서 예컨대 1662년 브라운슈바이크 의회는 부인들이 가슴을 '투명하고 얇은 망사로 덮는 시늉을 했'지만 [11] 그럼에도 '역겹고 몰염치한 가슴 노출'을 금지했다.

다른 도시에서도 관계당국은 '역겨운 노출'을 반대했다. 그래서 예를 들면 1698년 로텐부르크 옵 데어 타우버[12]에서, 또는 그보다 앞서 1637년 바젤에서 시의회는 남자들이 부인들의 벗은 가슴을 보지 못하도록 목선이 너무 많이 파이지 않아야 하고 소재는 몸에 딱 달라붙는 것이어야 한다[13]고 규정했다. 브라이스가우의 프라이부르크에서는 도처에서 독일의 부도덕함으로 간주되던 '정숙하지 못한 의복'을 1667년 금지했다. 그 옷이 "그 밑에 숨겨진 풍만한 가슴, 생각, 그리고 허용치의 극단을 암시하기" 때문이었다.[14]

그동안 벨슈란트(이탈리아, 프랑스, 혹은 프랑스어가 사용되는 스위스 지방—옮긴이)에서도 유방암(chancre)으로도 비유되던 깊이 파인 목선(échancrure)에 대해 논란이 없었던 것은 아니었다. 궁정에 걸린 그림에 깊이 파인 데콜테를 덧그리게 했던 루이 13세에 관해서는 이런 이야기가 전해지고 있다. 푸아티에에서 공식 만찬이 벌어지는 동안 그는 처음에는 조심했다. 그 식탁에 젊은 여자가 목선이 깊이 파인 옷을 입고 있었기 때문이다. 그는 식사를 마치고 나서 포도주를 한숨에 들이켜고 젊은 부인의 가슴을 훔쳐보았다. 함께 훔쳐보던 신사가 무심결에 이렇게 말했다고 한다. "드러난 저 가슴이 포도주를 마시게 하는 데 크게 기여하고 있군." [15]

루이 14세는 이와 관련하여 아주 다른 입장을 취했다. 1667년 '상류사회 복장', 즉 깊이 파인 데콜테 드레스의 착용이 태양왕의 궁정에

10. 「퐁탕제(17세기 말 높이 치켜올려 장신구와 댕기로 꾸민 머리장식—옮긴이) 악마와 '수치를 모르고 드러난 가슴」, 1691.

서는 심지어 의무사항이 되었다. 이것은 모든 여성에게 해당되었다. 산부이든 병치레하는 사람이든 상관없이, 부끄러워하든 그렇지 않든 상관없이, 어느 계절이든 상관없이. 궁전의 방들이 난방이 잘되지 않았기 때문에 그로 인해 특히 마른 여자들의 가슴은 시퍼렇게 얼었다.[16] 예를 들어 매섭게 추운 1695년 2월 3일에 팔츠의 리젤로테가 깊이 파인 목선을 숄로 가리고 이를 벗기를 거부해서 궁정 성당에서 열린 미사에서 쫓겨났다.

리젤로테가 가슴과 목을 드러내고 사람들 앞에 나서기를 꺼려한 것은 겨울의 추위 때문만은 아니었다. 그녀는 1706년 여름 선제후 소피에게 이렇게 편지를 썼다. "파리의 모든 여자들은 정말 구역질날 정도로 깊이 파인 데콜테 옷을 착용합니다. 거의 배꼽이 보일 정도입니다. 여자들이 그런 모습으로 돌아다니는 것보다 더 어리석은 짓은 없을 겁니다." 그리고 아주 많은 궁정대신들을 동성애로 몰아넣는 것은 바로 이런 부인들의 몰염치함이라고 덧붙였다. "나는 남자들이 여성들을 경멸하고 그들끼리 서로 사랑하는 것에 적지 아니 놀랐다."[17] 아주 많은 궁녀들이 '코르셋을 입지 않은 채 목과 가슴을 노출하고' 나타났기 때문에 리젤로테는 가능한 자기 방에 머물렀다. 그리고 방을 나설 때면 '낡은 검은 단비 모피'를 목과 가슴에 둘렀다. 이것이 결국은 '여성용 모피 목도리'로서 다른 궁녀들 사이에서 유행하게 되었다.[18]

그런데도 그녀는 1715년 편지에서 이렇게 쓰고 있다. "나는 남자들은 많이 만나지만 여자는 만나지 않습니다. 여자들은 내 방에 오려고 하지 않아요. 왜냐하면 나는 여자들이 오를레앙 부인이나 뒤바리 부인처럼 목과 가슴을 가리지 않고 내 방에 들어오는 것을 참을 수가 없기 때문입니다. 젊은 사람들은 존경심이 어디서 나오는지 알지 못하고, 제대로 된 궁정을 한번도 보지 못했지요. 고백하건대 아주 단정치 못한 그 존재들이 끔찍할 정도로 내 마음에 들지 않아요."[19]

리젤로테처럼 부끄러워하는 태도가, 궁녀들 사이에서 아주 드물었던 것은 아니었던 듯하다. 그래서 예를 들면, 1674년 마담 뒤 티앙주 (Du Thianges)는 더 이상 데콜테 옷을 착용하지 않고 립스틱도 바르지 않기로 결심했다. 그녀에게는 이 두 가지가 비도덕적으로 보였기 때문이다.[20] 그리고 왕의 애첩이었던 맹트농(Maintenon) 후작부인인 프랑수아즈조차도 어린 나이에 과부가 되고 난 이후 일찍이 피슈로 목과 가슴을 가렸다. 자신이 남자들을 유혹하려 한다는 비난을 하지 못하도록 하기 위함이었다. 그녀가 한번은 너무 더워서 숄을 벗자 리슐리외(Richelieu) 공작부인이 그녀에게 말했다. "당신은 정말 아주 아름다운 가슴을 가졌군요. 나는 당신 가슴에 병이 있을 것이라고 생각했어요. 그래서 당신이 그렇게 조심스럽게 가슴을 감추었던 거라고요."[21]

그녀는 1622년 남편이 죽고 난 후 연인에게 가슴이 노출되어 있는 그림을 그리게 했다. 그럼에도 그녀는 자신의 이러한 용기로 인해 사람들의 구설수에 오르게 될까 두려워했으며, 잘 그려지지 못한 그림을 보고 사람들이 그녀를 알아보지 못하자 기뻐했다. 그녀의 연인인 루이 드 빌라르소(Louis de Villarceaux)는 그 그림을 성에 보관했지만 맹트농 부인은 그럼에도 그 그림이 다른 곳으로 옮겨질까봐 30년 동안이나 걱정했다.[22]

'프랑스식'으로 깊이 파인 데콜테 패션은 심한 저항에 부딪쳤음에도 파리에서 유럽의 여러 나라로 퍼졌다. 예를 들어 릴(프랑스 북동부의 도시—옮긴이) 시가 루이 14세 군대에 의해 점령되고 프랑스에 의해 강점당했을 때 그곳 신부는 강단에 올라 비난했다. "당신들의 가슴을 가리십시오. 가슴을 그렇게 완전히 내놓고 있으면 돌아가신 오스트리아 왕태후 안나가 암에 걸렸듯이 당신들도 암에 걸리지 않을까 조심하셔야 합니다."[23] 그리고 1707년 힐라리우스 폰 프로이트베르크(Hilarius von Freudberg)의 『바보들의 소굴』(Narren-Nest)에는 이렇게 적혀있다. "그리고 너는 얼굴만 뻔뻔스럽게 드러내는 게 아니라 두 개의 젖가슴도 마치 저주받은 겔뵈(Gelboe)에 산처럼 드러내는 그런 복장을 하고 있다. 너는 마치 바람주머니가 달린 두 개의 피리처럼 주머니와 끈이 달린 그것을 부풀어오르게 하고서 약초시장 여자들이 썩으면 암돼지에게 던져버리는 두 개의 표주박처럼 가슴을 내보이고 있다."[24]

1644년 폴란드 궁정에서 처음으로 데콜테 옷을 입은 여성들이 등장했을 때 스캔들이 일었다. 목선이 깊이 파인 드레스는 그전에도 존재했다. 그러나 데콜테는 여성용 셔츠(giezlo)로 채워졌으며 목은 옷깃(gorgiere)으로 가려졌다.[25]

에스파냐 궁정이 가장 저항이 심했던 궁정 가운데 하나였다. 그러나 에스파냐 궁정 역시 1700년에 모든 비판에도 불구하고 이 유행을 받아들였다. 그보다 100년 전 적어도 귀족들의 모임에서는 연판을 올려놓음으로써 가슴의 발달을 억제시키거나, 특히 가슴이 풍만할 경우에는 이미 발달한 가슴을 납작하게 만들려고 하는 경우가 많았다. 그래서 "튀어나온 굴곡 대신 오히려 움푹 들어간 것을 볼"[26] 수 있을 정도였다. 그리고 오누아(d'Aulnoy) 백작부인은 이베리아 반도 여행을 끝낸 후에 상류계급의 부인들에 관해 이렇게 쓰고 있다. "가슴이 전혀 없는 여자들 중에 미인이 있어요. 여자들은 가슴이 생기는 것을 막으려고 일찌감치 미리 대비하죠. 가슴이 이제 막 생기기 시작할 때 여자들은 가슴 위에 납으로 만든 작은 배지를 답니다. 그리고 아기를 포대기로 감싸는 것처럼 가슴을 붕대로 감기도 합니다. 사실 그들은 아무 줄도 쳐 있지 않은 종잇장처럼 가슴이 거의 없는 것이나 다를 바 없습니다."[27]

프랑스 백작부인이 17세기 에스파냐의 미의 이상이 절벽 가슴이었다고 일반화시켜 결론짓는다면 그것을 잘못된 일이다. 특히 안달루시아에서는 레몬으로 비유되던 풍만한 가슴이 열망의 대상이었다.[28] 카스티야와 다른 지역에서도 많은 부인들이 납작하거나 아주 작은 가슴을 면이나 모 소재로 채웠다.[29] 그리고 17세기가 지나면서 목선은 마침내 가슴골이 보일 정도까지 점점 깊게 파였다. 사람들은 물론 이를 계속 엄청난 부도덕으로, '공창'으로 느꼈다. 그리고 후안 자발레타(Juan Zabaleta)라는 사람은 여자들이 완전히 옷을 벗는 게 더 정숙해 보일 거라고까지 말했다.[30]

에스파냐의 공창들은 격리되었던 과거와는 달리 이제 대도시의 거리를 돌아다니게 되었다.[31] 그들은 가슴을 반쯤 드러내고 호객행위를 했다. 점점 많은 여자들이 창녀들의 옷차림을 따라하자 1639년 마드리드에서는 '공적으로 몸을 팔아 생계를 유지하는 여자들'만 데콜테(escotadas) 옷을 가리지 않고 착용할 수 있다는 명령을 내렸다.[32] 물론 에스파냐에서도 많은 부인들이 반투명한 가슴받이를 해서 이런 규정을 위반했다. 1677년 몽펠리에의 존 로크(John Locke)는 아름다운 '카예탄 공주, 즉 에스파냐 여자'가 그녀의 (매우 깊게 파인 듯한) 데콜테 옷 위에 '스카프 비슷한 것'을 걸치고 있는 것을 보았다. "그러나 그것은 너무 얇아서 마치 검은색 레이스처럼 보였으며 누구나 그녀의 피부를 아주 노골적으로 들여다볼 수 있었다." 그래서 이 철학자는 "뒤로는 그녀의 겨드랑이 아래로 한 뼘 정도까지, 앞으로는 우리나라 여자들 가슴보다 더 아래로 처져 있으면서 더 작은 그녀 가슴의 상당 부분을"[33] 보았다.

4

처녀 여왕

바로크 시대에 도처에서 행해졌던 여성들의 '몰염치한' 가슴 노출에 관한 비판에 대해 이제는 누구도 놀라지 않을 것이다. 그럼에도 수많은 문화사가들과 사회학자들은 엘리아스의 문명화 이론의 의미에서, 점점 강해지는 성욕의 억제로 인해 노출된 가슴이 처음으로 '성적 환상'을 자극하게 되었기 때문에 17세기부터 비로소 '가슴을 가렸다'는 것을 당연한 사실로 주장해왔다.[1] 그들에 의하면, 그러므로 '가슴의 금기화'는 '16세기 이후 시대'[2]에 와서야 시작되며 '17세기부터' 비로소 '수치심으로 여성의 가슴을 감싸게 되었다.'[3] 그래서 17세기가 지나면서 가슴에 대한 수치심이 생겨나 가슴을 점점 가리기 시작했음을 확인할 수 있다고 주장했다. "여자들이 최근에 와서 가슴을 더 많이 감싸는 경향이 있다."[4]

이 모든 주장들의 진위를 검증해보기 위해 우선 16세기를 관찰해보면, 근세 초기에도 그 이후 시대와 마찬가지로 여성들의 데콜테에 관한 불평들이 있었다는 사실이 눈에 띈다. 이미 루터는 비텐베르크의 많은 젊은 여성들이 목선이 깊게 파인 옷을 입는 것에 아주 당혹스러워했다. 그래서 그는 결코 다시 이 도시로 돌아가지 않겠다고 선언했다.[5] 그리고 1551년에 프리드리히 데데킨트(Friedrich Dedekind)는 이렇게 비난했다. "당신들은 아주 고귀한 자들이라고 자칭하지 않는가? 당신들의 가슴이 얼마나 열려 있는지 보라. 당신들은 마치 밖에서 잠을 자는 젊은 암탉 같다."[6]

그보다 반세기 전에 부르타뉴의 대중 설교가인 올리버 마야르(Oliver Maillard)는 '젊은 여자들'에 대한 견해를 밝히고 그들에게 추방당한 자들처럼 '방울'(clicquettes)을 달고 다니라고 권고했다. 도덕적인 인간들이 그 소리를 듣고 그들을 피해갈 수 있도록 말이다. 다른 설교에서 그는 데콜테 옷을 입은 여자들을 먹이를 유혹하기 위해 집에서 반쯤 기어나온 탐욕스러운 달팽이에 비유했다.[7] 16세기 후반에 어느 비평가는 '수치를 모르는' 여자와 개종 전의 마리아 막달레나를 비교하면서 성서에 나오는 죄지은 여자들처럼 완전히 옷을 벗으라고 했다. "오 사랑하는 나의 여인들이여, 그대들이 이 방면의 대가인 허영에 차고 사치스러운 그 여자를 흉내낸다면 결국 그 여자가 했던 짓을 똑같이 하게 될 것입니다."[8]

특히 영국에서는 이 시기에 비교적 젊은 여자들이 데콜테 옷을 가리지 않고 입었다. 그래서 그것이 '영국식' 패션이라고 불렸다.[9] 그러나 그것을 보는 영국 사람들의 감정도 복합적이었다. 16세기가 시작되던 무렵 벌써 그것에 관해 '깨끗하지 못한 여자들만 가슴을 드러낸다'고들 말했다. 그리고 이것을 나이어린 소녀들에게는 허용했던 것으로 보인다. 그러나 젊은 부인이나 런던의 아름다운 토마지나 보이즈(Thomasina Boyes) 같은 과부에게는 용납하지 않았다. 1592년 그녀는 '젊은 여자들의 패션을 따라' 스캔들을 불러일으킬 정도로 목선이 깊이 파인 옷을 입었다고 한다. "그녀는 너무 깊이 파인 옷을 입어서 사람들은 그것을 앞터짐(Kodpiece) 가슴이라고 불렀다."[10] 'Kodpiece' 혹은 'codpece'는 남자들 바지의 앞터짐을 의미하는 영어 단어이며[11] 아마도 그것은 거의 그 여자의 치모까지 드러났다는 의미였을 것이다. 이 단어는 그 시대의 한 비평가가 특정 여자들을 비난하면서 사용했다. "얼굴은 멋을 내고 화장을 한 벌 같고/가슴 부분이 많이 노출되어/남자가 드레스 밑으로/여자의 물건(lady ware)을 거의 볼 수 있을 정도였다."[12]

'lady ware' 혹은 'commoditie'라는 단어는 외음부에 대한 점잖은 표현이며(이 표현은 창녀[Hure]로 전이된다) 물론 이 묘사는 극도로 과장된 것이다.

정말 극도로 과장된 것일까? 1597년 프랑스 왕의 특별사절인 앙드레 위로(André Hurault, Sieur de Maisse)는 영국 여왕 엘리자베스를 두 번 접견하고서 그녀의 기이한 행동에 관해 이렇게 쓰고 있다. 첫번째 접견에서 그녀는 은빛 직물로 된 긴 겉옷을 입고 있었다. 그런데 앞의 단추가 너무 많이 열려 있어서 당황한 프랑스인이 '그녀의 가슴 전체'를 볼 수 있을 정도였다. 대화를 하는 동안 그녀는 아주 더운 것처럼 옷을 더욱 넓게 풀어헤쳤다고 한다. "그녀의 가슴은 상당히 주름이 많았다. 가슴 아래의 살은 눈에 보이는 데까지 아주 하얗고 부드러웠다." 두번째 접견에서 엘리자베스는 검은색 타프타 드레스를 입었다. 그녀는 그 옷을 점점 넓게 벌려서 사절은 마침내 그녀의 배꼽까지 볼 수 있었다. "그녀는 고개를 들 때마다 두 손을 옷 위에 놓고서 그녀의 배 전체를 볼 수 있도록 그것을 가능한 한 넓게 벌리는 습관이 있었다."[13] 그리고 그 다음해에 독일인 파울 헨츠너(Paul Henzner)는 왕비와의 만남에 관해 이렇게 썼다. 그녀의 "가슴이 드러났는데 바로 그것이 고귀한 영국 여왕의 처녀의 표징이지요. 결혼한 여자는 가

11. 「엘리자베스 1세」, 페데리코 추카리의 그림을 복사한 동판화, 1599년경.

습을 은밀히 감추거든요."[14]

이 경우에는 여왕이 영국 귀족 처녀들의 관습에 따라 깊이 파인 데 콜테 옷을 가리지 않고 입었다고 말할 수 있지만, 프랑스 사절의 보고는 잘 이해가 되지 않는다. 그가 당황했다는 것은 엘리자베스 여왕이 이상하게 행동했으며, 그녀의 노출성향을 결코 16세기 여성들에게는 가슴에 대한 수치심이 없었다는 예로 사용할 수 없음을 보여준다. 그러면 그녀의 노출성향은 무엇을 의미한단 말인가?

사람들은 그에 대한 답변으로 1575년경 완성된 초상화에서 엘리자베스 여왕 가슴에 펠리컨이 그려진 작은 메달이 매달려 있는 사실을 지적한다. 이 새는 비상시에는 사랑하는 새끼들에게 양식을 주기 위하여 부리로 자신의 가슴을 판다고 한다.[15] 그러니까, 엘리자베스 여왕은 자신이 자신의 젖으로 양육할 준비가 되어 있는 민족의 어머니임을 과시하기 위해 그렇게 가슴을 드러냈다[16]는 것이다. 그러나 어떻게 자신의 처녀성에 그렇게 큰 가치를 두었던 왕비가 자신의 민족을, 아무리 상징적이라 해도 전혀 젖이 나오지 않는 가슴으로 양육할수 있단 말인가? 그리고 그녀는 왜 하필이면 가슴이 이미 시들고 주름이 진 중년의 나이에 그런 행동을 했을까? 다른 해석에 의하면 엘리자베스는 솔직하게 그녀가 (궁정의 소문과는 반대로) *처녀성을 지닌* 여왕임을 보여주려 했다는 것이다. 그녀가 레스터 백작과 그녀의 경호대장인 크리스토퍼 해턴(Christopher Hatton)뿐 아니라, 탐험여행가이며 1587년 해턴의 자리를 대신한 월터 롤리(Walter Raleigh)와도 은밀한 관계에 있었다고 사람들이 수군거렸기 때문이다.[17]

실제로 중세와 근세 초기에는 처녀성을 잃게 되면서 여인들의 가슴이 탄력을 잃으면서 부드러워진다고 믿었다. 그리고 가슴의 탄력을 시험하는 장면은 외설적인 그림에 자주 애용되던 핑계거리이기도 했다(그림12)[18]. 의심스러운 처녀의 부도덕함은 실제로 '가슴을 보고 해석함으로써' 진단되었던 것이다.[19] 1540년 헨리 13세가 '플랑드르 계집'인 안나 폰 클레베(Anna von Kleve)와 첫날밤을 지낸 후에 크롬웰이 네번째 아내가 이전의 아내보다 마음에 드느냐고 묻자 왕은 이렇게 대답했다. "아니오, 크롬웰 경, 아주 마음에 들지 않소. 가슴과 배로 보아 그녀가 처녀가 아님을 알 수 있었기 때문이요. 그녀의 가슴과 배를 만졌을 때 그런 생각이 들었고 나머지 것을 검사할 마음도 용기도 없어져버렸소."[20] 그리고 1647년 바젤에서 야코브 모저(Jakob Moser)라는 사람이 법정에 섰을 때, 그는 자신을 고발한 여자의 침대로 가서 그녀의 가슴을 잡은 것은 사실이지만 바로 그녀가 처녀가 아니라는 생각을 하게 되었다고[21] 고백했다.

물론 엘리자베스는 16세기 말에 결혼을 위해 처녀성을 유지해야 하

그림12. 코르넬리스 판 하를렘, 「수도사와 베긴파 수녀」, 1591.

는 그런 나이를 훨씬 넘어 있었다. 위로가 말했듯이 그녀의 '주름진' 가슴은 아무도 만지지 않다고 보기는 힘들었을 것이다.

또 하나의 가정은 결국 엘리자베스 여왕이 진짜 여자가 아니라 (이른바 잔 다르크와 비슷하게[22]) '페미나 클라우자'(femina clausa), 즉 가성 남녀추니이며, 모든 소문에도 불구하고 자신이 진짜 여자임을 증명하기 위해 자신의 가슴을 보여줬다는 것이다. 그녀의 애인인 로버트 데버루(Robert Devereux)는 경솔하게도 엘리자베스의 비너스 산에 치모가 없으며 질 대신에 오로지 오목한 곳밖에 없어서 자신의 음경을 삽입할 수가 없었다고 소문을 퍼뜨렸다.[23]

벤 존슨(Ben Jonson)은 어느 날 작가인 윌리엄 드러먼드(William Drummond)에게 이렇게 이야기했다. "그녀는 얇은 막을 가지고 있네. 그것 때문에 남자와 관계를 맺을 수 없지. 그녀가 쾌락을 위해 여러 번 시도했음에도."[24] 그럼에도 이 모든 것은 이런 이야기들이 '단

골손님들의 수다거리'였으며 믿을 만한 정보는 아님을 암시해준다.

게다가 엘리자베스가 에스파냐 왕 펠리페 2세와 결혼할 것인지 아닌지가 중요한 문제였던 시기에 런던의 에스파냐 사절인 고메스 데 페리아(Gomez de Feria) 백작은 왕궁재정부의 직원들을 매수했다. 바로 왕비의 특정 육체적 기능에 대한 상세한 정보를 얻기 위해서였다. 예를 들면 엘리자베스가 정기적으로 생리를 하는지에 관한 정보를 얻기 위해 세탁부를 매수했다. 그리고 실제로 에스파냐 사절은 영국 왕비가 '출산능력이 없는 것으로 보인다'(entiendo que alla no terna hijos)[25]고 왕에게 전했다.

다른 한편으로 엘리자베스는 이미 아이 때부터, 그리고 나중에 처녀가 되어서도 외국 왕들의 결혼상대자로서 고려되었다. 그리고 엘리자베스가 육체적으로 비정상적이라면 하인리히 8세와 에두아르트 6세의 사절들은 그녀의 출산능력에 관해 확신을 가질 수 없었을 것이다.[26] 엘리자베스가 질을 가지고 있지 않았다면, 그녀를 검진했던 산파와 귀부인들에게 그런 사실을 완전히 숨길 수 없었을 것이다. 예를 들어 1579년 45세의 왕비가 알랭송(Alençon) 공과 결혼해야 했을 때, 그것도 이 결혼에서 아이가 태어나야 하기 때문에 벌리(Burghley) 경은 엘리자베스의 시의 및 그녀와 친한 시종들에게 물었다. 그들은 모두 "자녀의 생산에 필요한 물건의 타고난 기능 결핍"에 대한 어떤 증거도 발견할 수 없었다고 말했다.[27]

엘리자베스 왕비가 왜 자신의 몸을 드러냈는가에 대한 좀더 확실하고 단순한 설명은, 내가 보기에는 그녀의 허영심과 시들어가는 아름다움에 대한 실망을 떨쳐버리려는 그녀의 노력에 있는 것 같다. 현대의 해변가에서 한 젊은 여자는 이렇게 말했다. 약간 나이 들어 보이는 여자들이 가슴을 드러내 보여준다. 그것도 남성들에게 여전히 매력적인지를 시험해보기 위해서 말이다. "여자들은 여전히 자신이 다른 사람의 환심을 살 수 있다는 것, 여전히 매력적이라는 것을 보이고 싶어 한다."[28]

엘리자베스는 극도로 자신의 몸과 유행에 민감했다. 그녀는 자신의 겉모습, 데콜테의 영향력과 자신의 매력이 서서히 쇠퇴해가는 데 끊임없이 관심을 두었다. 나이가 들면 들수록 그녀는 생물학적 의미의 처녀성보다 젊음에 중요한 의미를 두었다. 자주 그녀는 젊은 여자처럼 머리를 풀어헤치고 다녔다. 그리고 머리가 하얗게 센 후로는 물들인 말의 갈기를 흉내낸 오렌지색 가발을 쓰고 다녔다. 그녀는 위로 또한 찬양했던 대로 자신의 흰 살결에 특히 자부심을 느꼈다. 그렇기 때문에 나이가 상당히 들어서도 가능한 한 목선이 깊이 파인 옷을 대담하게 입었다.[29]

그리고 리차드 퍼트넘(Richard Puttenham)은 1589년 고령의 왕비를 다음과 같은 시구로 찬양했다. "두 입술은 루비석으로 만들어졌고/잎처럼 닫히고 열리네./ 왕자의 방으로 들어가는 입구의 문처럼/호박의 입속에는 황금빛 혀/패리스 회반죽처럼 매끄러운 그녀의 가슴/설화석고로 만든 두 개의 공처럼 우뚝 솟아 있네."[30]

1955년에 그려진 니콜러스 힐리어드(Nicholas Hilliard, 1547~1619)파의 초상화에서도 엘리자베스는 유두를 둘러싼 검은 피부의 가장자리까지 파인 데콜테 드레스를 입고 있다.[31] 그러나 실은 이 시기에 두 개의 '설화석고 공'은 더 이상 둥글지 않고 주름투성이라서 왕비는 얼굴과 뚜렷하게 드러나는 목뿐 아니라 가슴에도 지속적으로 두꺼운 메이크업을 했다.[32]

엘리자베스 튜더, 사람들이 부른 대로 '노련한 처녀'(Professional virgin)[33]였던 그녀는 한 가지 영향을 미쳤다. 16세기 중반에는 결혼한 영국 부인들이 데콜테 옷을 착용했다 하더라도, 소수의 예외만 제외하면 목까지 올라오며 작은 주름장식으로 둘러쳐진 가슴장식 레이

13. 프랑스 하워드, 「서머셋 백작부인」, 1615년경.

스로 그것을 완전히 덮었다.[34] 엘리자베스 통치 시대 말에 처음에는
많은 궁녀들이, 그 다음에는 궁정 밖의 결혼한 부인들이 처녀 여왕의
본을 따라 아무 것으로도 가리지 않은, 목선이 깊이 파인 옷을 입었
다. 이러한 경향은 제임스 1세 시대에 더욱 강화되었다.[35] 그의 아내
인 덴마크 출신의 아나는 특별히 눈에 띄는 데콜테 드레스를 입고 대
중 앞에 나타났다.[36] 그리고 가슴장식 레이스의 끝을 마무리짓는 주
름장식은 엄청나게 커지는 경우가 많았다. 그리고 주름장식은 독립되
었다. 드러낸 매력을 감추었던 숄로서의 기능이 이미 사라진 때문이
었다(그림13).

개혁과 반동의 시대에 여자들이, 예를 들어 독일에서는 대부분의
처녀들 역시 턱까지 올라오는 코르셋 안으로 가슴을 숨겼기[37] 때문에
여성적 매력을 그런 식으로 노출하는 것은 바로 비난을 사지 않을 수

없었다. 1617년 피네스 모리슨(Fines Moryson)은 "처녀 못지않게 결혼한 젊은 부인들도 가슴을 노출시켜 보여주었다"고 분노함으로써 당시 수많은 예법서의 저자들과 같은 대열에 서게 된다. 1620년 익명의 저자가 저술한 『이 여자』(*Hic Mulier*)가 출간되었는데 이 책은 '가슴을 노출시켜 유혹하는 것'을 반대하며 여자들에게 이렇게 요구하고 있다. "이런 옷차림들, 이 보기 흉한 모습을 하지 마시오. 이 부자연스러운 그림들과 점잖치 못한 노출들. 그런 부분들은 보지 못하게 가리시오. 그것은 손으로 만져서는 안 됩니다!" 이에 대해 존 다우네임(John Downame)은 그것은 바로 여자들이 근본적으로 원했던 것이라고 답했다. "그렇지만 그런 모습을 보여주는 사람이 단지 보여주기만을 원하는 걸까요?"[38]

이런 맥락에서 결정적인 사실은, 갑자기 극단화되는 분노가 엘리아스의 '문명화과정'의 개념에서 말하는 수치심의 기준이 변화한 증거가 아니라 우리가 250년 전부터 더 이상 체험할 수 없었던 '노출물결'에 대한 반작용이라는 점이다.[39]

1700년경 어느 작가가 물었다. "왜 처녀들은 결혼한 부인들보다 가슴을 더 많이 드러내는 것일까?"[40] 왜 사람들은 대부분 결혼하지 않은 젊은 여자들의 가슴 노출을 부인들의 가슴 노출보다 훨씬 더 관대하게 바라보는가? 예를 들면 1395년경 취리히 의회 규정은 의복 예절에서 근본적으로 결혼한 부인들보다 처녀들에게 더 많은 것을 허용하고 있다.[41] 그리고 16세기에도 처녀들에게 '가슴과 목의 노출'을 허용한 지방이 있었다.[42]

이런 물음에 대해 이미 1597년 베네딕투스 수도회의 피에르 밀라르(Pierre Milhard)가 답을 했다. 게다가 이 성직자는 '가슴이나 유방을 노출시켰던' 부인들에게 유죄 판결을 내렸다. 그러나 그는 다음과 같은 차이를 두었다. 한 여자가 데콜테 옷을 입고서 남자로 하여금 부정을 저지르게끔 유혹하려 한다면 그녀는 사형을 당해야 한다. 그러나 그녀가 이성의 마음에 들려는 욕심에서 그랬다면 그것은 용납할 수 있는 죄이다. 어쨌든 처녀가 이러한 유행을 관습으로서 따르거나 '적합한 결혼상대자를 구하기 위하여' 그런다면 그것은 전혀 죄가 아니었다.[43]

그래서 젊은 여자들에게는 영업전략으로서, 가족 구성이라는 선한 목표를 위한 수단으로서 이런 노출이 허용되었다. 1680년 로이틀링의 의회 규정에 '더 이상 다른 사람의 관심을 끌지 못하는'[44] 그런 여자만 목선이 깊이 파인 옷을 입고 다녀도 된다고 되어 있지만, 그리고 이 시기에 펜롱(Fénelon)은 나이든 딸에게 영혼을 위험에 빠뜨리지 않으려면 그런 복장으로 모임에 나가선 안 된다고 경고했지만,[45] 이

14. 줄루족의 결혼한 여자(왼쪽)와 처녀.

런 관습은 원칙적으로 오늘날까지 유지되고 있다. 오늘날에도 사람들은 일반적으로 짧은 치마나 가슴이 드러나는 딱 달라붙는 티셔츠를 나이든 부인들보다는 젊은 여자들에게 더 허용하기 때문이다.

이런 현상은 다른 사회에서도 과거에도 관례였고 현재에도 그러하다. 예를 들면 구자라트의 초드리족은 처녀들만 가슴을 드러낸다. 반면 결혼한 여자들은 카파디(kapadi), 즉 등이 트여 있고 짧은 소매가 달린 일종의 브래지어를 착용했다.[46] 미얀마 북부의 팔라웅이나 푸마니족의 경우 처녀는 결혼하자마자 치마를 가슴 위까지 끌어올려서 끈이나 갈대끈으로 고정시켰다.[47] 아마 송대의 것으로 추정되는 오래된 자료에는 루팅의 야만족에 관해 이렇게 씌어 있다. "처녀는 결혼하자마자 바로 가슴을 묶는다. 그들은 '로펜'(벌거벗은 자)이라 불린다."[48] 인도차이나 반도, 동아시아[49]나 아프리카의 많은 지역에서도, 예를 들면 줄루족(그림14), 스와지족, 코사족도 결혼하지 않은 여자들만 구애의 목적으로 가슴을 드러낸 채 대중 앞에 나타날 수 있었다.[50] 그리고 가슴을 납작하게 눌렀던 오버하우젠의 '가슴이 절벽'인 슈벨머 여자들은 처녀들에게도 목선이 깊이 파인 옷을 허용하지 않았다. 그러나 그들이 '크네프딩'이라 불렀던 재킷의 단추 세 개를 푸는 것은 눈감아주어서, 처녀들은 '이제 막 발달한 가슴을 정숙하게' 암시할 수 있었다.[51]

5

중세 후기의 '가리지 않은 젖통'

이제 우리는 근세 초기, 즉 16세기에도 이미 여성의 가슴은 수치심과 관련이 있으며, 가리지 않은 여성들의 데콜테가 문제가 되었음을 인정할 수 있을 것이다. 그러나 이 모든 것이 중세에는 전혀 그렇지 않았다고 주장하는 사람도 있을 것이다. 엘리아스를 추종하는 어느 역사학자는 이렇게 말했다. "중세 때 깊이 파인 데콜테가, 여성들이 부도덕하다고 비난받지 않으면서 받아들일 수 있는 일반적으로 수용되었던 미의 이상이었다면, 가톨릭교회는 성에 대한 억제를 강화하여 코르셋 끈을 더욱 강하게 졸라맸다. 16세기와 17세기가 지나면서 나체는 금기시되었다. 그리고 여성의 가슴은 수치심으로 가려졌다."[1]

물론 실제로는 이와 전혀 달라 보인다. 왜냐하면 이미 고딕 양식 초기에 (물론 극도로 정숙한) 데콜테가 존재했지만 드러난 목과 가슴은 불투명한 가슴받이로 가려졌다.[2] 어쨌든 원래 데콜테, 즉 그 이름이 말해주듯이 옷의 목트임은 존재했으며 이것을 죔쇠로 여겼다. 로보르스 드 블루아(Robors de Blois)가 13세기에 『아른거리는 여성의 아름다움』(*Chastoiement des Dames*)에서 말했듯 남자가 젊은 여인의 흰 맨살을 볼 수 없도록 하기 위함이었다.

맨살이 많이 보이지는 않았을 것이다. 그러나 몰염치한 남자들이 여자가 방심하는 순간에 그곳을 만질 수도 있을 것이었다. 그래서 그런 쥠쇠가 필요했다.[3]

물론 이미 이 시기에도 원래는 숨겨야 하는 부분을 드러내는 젊은 부인들이 가끔 있었을 것이다. 왜냐하면 1246년경 빈첸츠 폰 보베(Vinzenz von Beauvais)는 목과 목덜미를 드러내는 여자를 비난하고 있기 때문이다.[4] 그리고 1279년 벨레트리와 오스티아의 주교였던 라티누스 말라브랑카(Latinus Malabranca)는 여자들이 코르셋 앞쪽을 약간 여는 것과 18세 이상의 처녀들이 얼굴을 가리지 않고 대중 앞에 나타나는 것을 금지해야 할 필요성을 느꼈다. 1318년 페루자 시는 최초로 성벽 안에 거주하는 모든 여자에게 데콜테 옷을 입는 것을 금지시켰다. 그럼에도 작가 조반니 피오렌티노(Giovanni Fiorentino)는 적어도 피렌체에서 많은 여자들이 '영국식 패션을 모방해서'(Alle guisa inghilesa) 가슴을 충분히 가리지 않는 것에 대해 불평한 바 있다.[5] 같은 시기에 단테는 그들이 죽은 후에 연옥에서 전혀 좋은 일이 일어나지 않았다고 쓰고 있다. 그리고 그는 연옥에서 피렌체의 신부에게 설교단에서 고향의 부인들에게 데콜테 옷을 금지시켜달라고 요구했다. 왜냐하면 그들은 스스로 (야만인과 사라센의 아내들과는 달리) 그런 몰염치한 행실을 그만두려 하지 않기 때문이었다.[6]

'영국식 패션'이란, 추측컨대 이미 11세기에 노르망디 지방의 영향을 받아 몸매를 강조하며 목이 약간 드러나는, 영국 귀족 출신의 일부 젊은 부인들이 입던 복장을 의미했던 것 같다(그림15). 독일에서도

15. 11세기 후반의 노르망디 귀족 출신 처녀와 부인들, 19세기의 그림.

13세기 레겐스부르크의 베르톨트(Berthold)는 추위에도 목을 드러
내는 젊은 부인들을 신랄하게 비난했다. "부끄러운 사랑에 사로잡힌
여자들은 얼마나 불행한가. 목이 파인 옷과 반짝이는 구두를 신고 교
회에 서 있는 모습이라니. 그들은 얼고 싶어하며 나병에 걸리고 싶어
한다. 그들은 목이 파인 옷을 입고 마치 열병이나 오한으로 인해 떠는
것처럼 벌벌 몸을 떨고 있다"[7]

그리고 프랑스에서 1328년 이전에 출간된 『여성의 예절』(*La
Contenance des Fammes*)의 저자는 이런 '가슴과 목의 노출'(Or
monstrera poitrine et col)[8]을 비난했다. 그로 인해 트레첸토(14세
기)의 이탈리아에서 이런 극단적인 패션을 '영국식'뿐 아니라 '프랑
스식'으로도 부르게 되었다. 어쨌든 나중에 마키아벨리는 1343년 피

렌체 여자들은 "예절을 전혀 존중하지 않고 수치심도 없어 프랑스식으로 옷 입는 것을 모방한다"(sanza avere riguardo al vivere civile o alcuna vergogna)고 쓰면서 "피렌체 시민들의 수치심 상실"(ogni civile modestia)에 대해 분노했다.[9]

이 시기에 들어와서야, 즉 유럽에 페스트가 전염되기 바로 직전에야 '데콜테 유행'이 퍼져서 많은 부인들은 가슴이 시작되는 부분, 곧 젖가슴이 시작되는 부분을 볼 수 있을 정도로 많은 부분을 노출했다.[10] 그래도 1388년 피아첸차의 조반니 데 무시(Giovanni de Mussi)는 아직까지는 많은 부인들이 정숙하고 목까지 올라오는 옷을 입는다고 인정했다. 그러나 일부 여자들은 뻔뻔스러운 치프리아네(cipriane), 즉 "허리띠 위쪽으로 몸에 딱 달라붙으며 데콜테가 아주 큰 옷을 선호했는데, 그 옷을 보고 사람들은 유방이 튀어나올 것 같다고 생각할 정도였다"(tam magnam, quod ostendunt mammillas & videtur, quod dictae mammillae velint exire de sinu earum).[11]

이는 극도로 과장된 것으로, 당시 사람들이 젊은 여성의 가슴이 시작되는 부분을 대중 앞에서 보는 데 얼마나 적응이 안 되어 있는지를 보여준다. 실제로 트레첸토 시기에 묘사되고 있는 아주 몰염치한 행동들은 17세기와 18세기, 19세기에는(우리 시대는 두말할 것도 없고) 누구의 관심도 끌지 못하는 정도의 것이었다. 14세기에 이렇게 목선이 깊이 파인 옷을 착용하는 이들이 극소수의 젊은 부인들에 불과했으나[12] 곧 여러 도시에서 그에 반대하는 지방 의회 법규가 제정되었다. 1342년 페루자가 최초로 데콜테가 어느 정도까지 깊어질 수 있는지를 규정한 후,[13] 얼마 뒤에 페스트가 창궐하는 동안 슈파이어 의회는 여성 시민들에게 명했다. "누구도 어깨가 드러나도록 목선이 넓게 파인 옷을 입어서는 안 된다. 어깨는 목선으로 잘 가려야 한다.

16. 암브로시오 로렌체티, 「처녀의 퇴장」, 시에나 푸블리코 궁전, 14세기 전반.

목선이 어깨 위에 놓여 있어야 한다."[14]

목선은 말하자면 더욱 깊어졌을 뿐 아니라 어깨가 드러날 정도로 더 넓어졌다(그림17). 그것은 설교하기 좋아하는 사람들을 대단히 흥분시켰다. 그래서 예컨대 프란체스코 수도회의 오르페우스 데 칸셀라리스(Orpheus de Cancellariis)는 어깨의 노출을 (토마스 아퀴나스가 그랬던 것처럼) 용서할 수 있는 죄가 아니라 돌이킬 수 없는 대죄로 간주했다.[15] 게다가 그 사이에 어깨는 아주 넓게 노출되어 여자들이 특정 동작을 할 때면 겨드랑이를 볼 수 있었으며, 또한 속옷을 통해 위로 밀어올려진 가슴을 볼 수 있었다. 그래서 알츠베르트 마이스터는 「블라우스」(Der Kittel)라는 시에서 이렇게 격분했다. "소매구멍이 너무 넓어서 집 한 채가 들어갈 정도네. 팔 아래 겨드랑이가 들여다보인다네. 가슴도 잘 볼 수 있지. 구멍의 폭이 추측컨대 손가락세 개 정도 된다네. 옷은 몸에 딱 달라붙네. 가슴은 위로 밀어 올려져서 그 위에 촛대 하나를 얹을 수 있을 정도네."[16]

17. 1350년경의 귀족 여성과 젊은 기사, 19세기의 소묘.

18. 나르본 벽화의 「'지옥의 창'이 난 옷을 입은 요한나 폰 부르봉 왕비」, 1375년경.

다르게 해석할 수 있는 가능성도 있었다. 여자들이 착용하는 민소매 '서코트'(surcot, 13, 14세기에 유럽의 남녀가 입던 겉옷—옮긴이)나 '수케니'(suckenie)는 소매구멍이 좁으면서 헐렁하게 떨어지는 상의였는데 암홀이 14세기 초에 아주 넓어져서 '속옷'(cotte)의 대부분을 볼 수 있을 정도였다. 이 속옷은 몸에 딱 달라붙게 재단된데다 허리띠를 매는 경우가 많았기 때문에 가슴 굴곡이 정확하게 드러났다.[17]

이른바 말하는 '부르고뉴' 패션[18]의 이런 '지옥의 창' 혹은 '악마의 창'은 일반적으로 무도회나 의식 같은 축제 때만 착용했지만[19] 사방에서 사람들의 분노를 불러일으켰다.[20] 그래서 여러 지방의 의회 법규에는 암홀의 폭이 정확하게 제한되었다. 예를 들면 1343년 피렌체의 알리사라는 부인은 5 ₤ 라는 상당한 액수의 벌금을 선고받았다. 그녀의 서코트 암홀이 규정에 맞지 않았기 때문이다.[21]

특히 유별난 몇 명의 부인이 속옷에 트임을 만들어서 종종 배꼽까지 내려오는 암홀을 통해 맨살이 드러나자 결국 분노는 그 정점에 이르렀다. 그들의 암홀은 당시 공창들이 입던 옷의 암홀처럼 그렇게 넓지는 않았다. 그래서 고객과의 관계 촉진을 위해 전혀 '속옷'을 입지 않았던 듯한 공창들은 경우에 따라 벌거벗은 가슴이 바로 '지옥의 창'을 통해 밖으로 빠져나왔다(그림19). 1370년 『장미의 기사 이야기』(*Romaunt of the Rose*)에는 이렇게 적혀 있다. "실크로 되어 있는 그녀의 속옷을 통해/그녀의 살이 우유처럼 하얗게 보였다."[22]

14세기 및 15세기에도 깊이 파인 등 데콜테[23]와 가슴 데콜테가 (더 자주) 비판의 주요 대상이 되었다. 그리고 많은 도시에서는 시당국이 규정을 통해 여성이 가슴을 어느 정도까지 내보여도 좋은지를 정확하게 명시했다. 예를 들어 취리히에서는 데콜테가 1357년 완전히 금지되고 난 후에[24] 일정 기간동안 계속 수정되었다. "어깨 위에서 두 개

19. 슈트라스부르크의 「뮌스터 제비」, 석상. 14세기.

의 손가락 넓이로 트여 있는 옷은 어떤 것이라도 더 이상 착용해서는
안 된다."[25] 그리고 15세기 중반 뉘른베르크 지방 의회 법규에는 이렇
게 규정되어 있다. '이 도시에 살고 있는 여성들' 중 누구도 '똑바로
일어섰을 때 앞으로는 목부분 아래 손가락 두 개 이상 파이고 뒤로는
목에서 1/8엘레(독일의 옛 치수로 대략 55~85센티미터) 이상 내려
간' 그런 옷을 만들거나 착용해서는 안 된다. '그리고 허리띠로 끄르
지 않는' 모든 의복은 '특히 잠금장치를 하거나 그렇지 않으면 완전
히 꿰매야 한다.'[26]

이탈리아에서도 트레첸토 후기와 친퀘첸토(16세기) 초기 사이에
밀라노, 제노바, 피렌체 같은 도시에서는 12세 이상의 소녀나 부인들
은 '가슴 위 두 개의 뼈'를 볼 수 있을 정도로 깊이 파인 옷을 입어서

96

는 안 되며, 어깨 역시 '정숙한 여성미'를 위해 적어도 비단 모슬린으로 가려야 한다고 규정되어 있다.[27]

이런 의회 법령들이 정기적으로 반복해서 나왔다고 해서 많은 역사학자들이 그렇듯 그 규정들이 전혀 지켜지지 않았다거나 거의 지켜지지 않았다고 생각해서는 안 된다. 행정당국은 사람들이 그것을 잊어버릴까봐 걱정스러워했고 이런 이유에서 그런 규정들을 매번 상기시켰다.[28] 그리고 때때로 처녀들이나 부인들이 '부끄러워해야 할' 그런 풍습을 따랐다고 적혀 있더라도 그것이 모든 혹은 다수의 도시 여성들이(시골 여성들은 생각할 수조차 없다) 데콜테 옷을 전혀 가리지 않고 착용했음을 의미하지는 않는다.[29] 오늘날 해수욕장에 가본 사람들 가운데 '모든' 혹은 '거의 모든' 여자들이 해변에서 '상반신을 노출'한 채 돌아다닌다고 말하는 경우가 많다. 그들이 이런 유행에 긍정적이든 아니든 상관없이 말이다. 이런 진술을 확인해보면 실제로는 17에서 50세 사이 여성 가운데 대략 1/10만이 상체를 벗고 있음을 확인하게 된다.[30] 하지만 그런 여자들은 가슴을 가린 여자들보다 더 많이 눈에 띄는 법이다. 그렇기 때문에 사람들은 그들의 비율을 과대평가하는 경향이 있다.

예를 들어 에르푸르트 의회가 1354년에 정숙하지 못한 데콜테를 금지했을 때, 얼마 후 연대사가 하르퉁 카머마이스터(Hartung Cammermeister)는 이렇게 기록했다. "처녀와 부인들이 커다란 가장자리 장식이 달린 딱 달라붙는 치마를 엉덩이에 두르고 다닌다. 그리고 목 주위에 아무것도 걸치지 않아 가슴이 전혀 가려지지 않았다."[31] 그래서 실제로 얼마나 많은 부인들과 젊은 처녀들이 그러했는지는 평가하기가 쉽지 않다.

그렇다 할지라도 그 시대의 여성들은 당국의 규정을 통해서뿐만 아니라 품위와 수치감에 대한 도덕적 요구를 통해서도 더욱 정숙하게 옷을 입도록 유도되었음을 확인할 수 있다.[32] 피렌체에서 사보나롤라(15세기 이탈리아의 그리스도교 설교가, 종교개혁자)는 아르노 강 주변 도시의 거리에서 처녀들이 암소처럼 젖통을 드러내고 배회한다고 그들에게 수치심을 느끼게 함으로써 그런 성과를 거둘 수 있었다.[33] 그리고 마크데부르크 시의 연대사가는 1454년에 이렇게 묘사했다. 프란체스코 수도회 수도사인 요한네스 데 카피스트라노(Johannes de Capistrano)가 라틴어로 여러 시간동안 회개 설교를 했으며 그것은 바로 독일어로 번역되었다. 그의 설교를 듣고서 바로 많은 부인들이 정숙치 못한 의복들을 가져와 모두 노이에 광장에서 불태웠다고 한다.[34]

이 시기에는 이러한 종류의 불평과 비난이 가득하다. 하인리히 데어 타이흐너(Heinrich der Teichner) 같은 남자는 모든 것이 더 좋았던 옛날에는 여성의 명예가 '사람들이 여자의 가슴이나 몸매를 볼 수 없도록' 요구했었다고 했다.[35] 요한 폰 인데르즈도르프(Johann von Indersdorf)는 부인들이 최후의 심판 날에 '목을 드러내고' '음탕한 가슴'을 하고서 심판관 앞에 섰을 때 일어날 수 있는 곤혹스런 상황을 상상했다. 그리고 헤롤츠의 『불손한 의복』(De superbia vestium)에는 어느 신부가 제단 옆에서 환상을 보는 장면이 나온다. 그 환상에서 그는 두 악마에게 사로잡힌 자신의 어머니를 보았는데 어머니가 데콜테 옷을 입은 적이 있어서 그의 벌거벗은 가슴 위에 기름진 두꺼비가 앉아 있더라는 것이었다.[36]

비평가들은 특히 영양상태가 좋아 가슴이 풍만한 귀족 부인들이 남성들로 하여금 자신과 '자고 싶은 생각이 들도록'(de vouloir avec eux gesir) 성적으로 자극하려는 의도로 이런 유행을 따랐음에 틀림없다고 말한다. 포도주를 팔려고 하지 않는 사람은 포도주를 선전하지 않기 때문이다. "포도주를 팔려고 하지도 않으면서 왜 집 앞에 간판을 내걸고 있겠나?"[37]

그래서 1481년 프란체스코 수도회 수도사인 마야르(Maillard)는 이런 부인들이 간통을 한다고 결론지었다. 그리고 그는 황소처럼 둔해서 아무것도 눈치채지 못하는, 아내가 바람난 남편들을 동정했다.[38] 반면 베르나르디노 데 시에나(Bernardino de Siena)는 무엇이 여자들로 하여금 대중 앞에 창녀처럼 옷을 입고[39] 나타나게 하는지에 대해 다음과 같이 곰곰이 생각했다. 여자들은 남편이 젊은 남자와 침대로 가지 않도록 하기 위해 남편에게 매력적으로 보이게 하려고 그런다고 한다. 하지만 그들은 그런 가슴 노출이 모든 여성적인 것을 증오하는 이런 남색가들에게 더욱 혐오감을 준다는 것은 생각하지 않는 걸까? 풀밭에서 자신의 몸을 가리지 않고 보여주는 것은 그런 취향을 가진 남자들에게 여자들이 충분한 영양섭취로 살이 쪘거나 아니면 지금 생리 중이라고 말하는 것과 똑같은 영향을 미친다.[40]

알프스 북쪽과 서쪽의 비교적 큰 도시에서 동성애는 문제가 아니었다. 변화하는 사회조건 하에서 점점 자주 발생하는 강간이 문제였다.[41] 1380년 시인인 외스타슈 데샹(Eustache Deschamps, 1346~1406)은 데콜테 옷을 입는 부인과 처녀들은 남자들이 그들을 성폭행하기 위해 노리고 있다 해도 그렇게 놀랄 일이 아니라고 생각했다. 왜냐하면 그들 자신이 몸을 관대하게 드러내어 바로 그것을 요구한 것이나 마찬가지이기 때문이다. 데샹은 그런 '도발'이 개인이나 젊은 패거리들에 의해 처벌받지 않는다면[42] 하나님의 심판이 임할 것이라고 말한다. 예를 들어 『성 디오니시우스의 연대기』(*Chroniques de Saint-Denis*)에 상술되어 있듯이 1346년 8월 25일 영국과의 크레시 전투에서 전혀 예상치 않았던 프랑스 기사들의 패배는 그 원인이 뻔뻔스러울 정도로 깊이 파인 데콜테에 있었다고 한다. 프랑스 여자들이 그것으로 남자들을 분노케 한 까닭이었다.[43]

6

중세에도 '상반신 노출' 패션이 있었을까?

요한네스 후스(Johannes Hus)의 심한 불평에서 알 수 있듯이, 1400년경 많은 여자들이 "목선으로 거의 가슴 절반을 노출시켜 매끄러운 피부를 드러내놓고 사람들이 들여다볼 수 있을 정도로 넓고 깊이 파인 옷을" 입었다. "그나마 가려져 있는 부분은 인위적으로 확대되어 마치 가슴에 난 두 개의 뿔처럼 불룩 튀어나와 있었다." 이것이 그 시기에 많이 쏟아지던 비판이었다. 그리고 후스가 '여자들'이 길거리와 시장에서도 그랬지만 우선은 폐쇄된 공간에서('집에서') 데콜테 옷을 입었음을 언급하지 않았다면[1] 이 비판은 거의 주목할 가치도 없을 것이다. 신을 두려워하는 많은 사람들이 유감스럽게 생각하겠지만 '하느님의 사원'도 폐쇄된 공간에 속한다. 카오르 대학의 법학과 교수는 제자들이 단지 여자들의 깊이 파인 목선을 볼 수 있다는 이유 때문에 교회에 갔다고 의심을 했다.[2]

이런 장면은 산드로 보티첼리(15세기의 이탈리아 화가)의 그림에서 볼 수 있다. 긴 탁자에 결혼식에 참석한 여자 하객들이 나란히 앉아 있다. 그들의 예복은 거의 예외없이 목까지 올라와 있다. 블론드 머리의 젊은 여자만이 데콜테가 아래로 뾰족하게 깊이 파인 연초록색 옷을 입고 있는데, 그녀는 드러난 목과 가슴을 왼손으로 가리고 있다. 이는 틀림없이 그녀와 마주보고 앉은 젊은 남자가 그녀의 가슴을 더 잘 들여다보기 위하여 탁자 위로 몸을 수그렸기 때문일 것이다.[3]

남자가 가까이 다가올 때면 목선이 깊게 파인 옷을 입은 부인들이 드러난 목과 가슴을 손이나 수건으로 가리는 것은 르네상스 시대 이탈리아 도시에서 일반적이었던 것으로 보인다. 어쨌든 1494년 수상 도시인 베네치아를 방문한 사람은 이렇게 적고 있다. 독일 예루살렘 순례자의 진술에 따르면, '뻔뻔스럽고' 노련했던 아름다운 베네치아 여자들은 그들의 벗은 가슴을 가능한 한 많이 보여주려고 했다. "그렇기 때문에 남자가 예기치 않게 그들에게 다가가도 몸을 가리기 위해 전혀 서둘지 않았다."[4] 그리고 요스트 암만(Jost Amman)의 『민속 의상』(Trachtenbuch)에는 목선이 깊이 파인 옷을 입은 16세기 '피렌체 여자'의 모습이 그려져 있으며, 그녀에 관해 약간은 순진하게 이렇게 말하고 있다. "피렌체의 어느 아름다운 부인은/그렇게 그녀의 육체에 옷을 입혔다/그녀는 가슴을 노출하고 있지만/그것은 그녀의 남편만을 즐겁게 해준다./다른 사람들은 눈을/낯선 부인으로부터 돌려야 한다/그녀의 남편이/그 안에 숨어 있기 때문이다/그것은 벌거벗은 동시에 가려져 있다."[5]

많은 문화사가들이 중세 후기의 데콜테는 때로 가슴을 완전히 드러냈으며,[6] 많은 부인들이 '토플리스 창시자인 루디 게른라이히(Rudy Gernreich)가 질투심에 얼굴이 창백해질'[7] 그런 옷을 착용했다고 주장한다. 어떤 문화사가는 심지어 '여성의 상체를 가리는 것'은 '유럽에서 세기 전환기 이후에야 나타난 현상'이며 '궁녀들의 그림'은 '19

세기까지도 여성적 자의식의 상징으로서 벌거벗은 가슴을'[8] 보여주었다고 말한다.

우선 이런 주장 일부는 '가슴 노출'이라는 주제를 오해한 데서 비롯된 것으로 보인다. 즉 이 주제를 데콜테 패션과의 연관성 속에서 단지 가슴 윗부분의 노출로만 간주하고 있다는 사실을, 빈의 의사인 레오폴트 플레클레스(Loepold Fleckles)가 1832년 동시대의 여성 패션에 대해 어떻게 비난했는지를 생각해보면 쉽게 알 수 있다. 그는 이렇게 확인하고 한다. "그들의 견갑골 및 가슴을 공적인 장소에서 노출하는 것은 여성에게 아주 정숙하지 못한 것이다."[9] 이때 당연히 그가, 여자들이 비더마이어 시대에 '상반신을 노출'한 차림으로 거리를 돌아다녔음을 말하려 했던 것은 아니다.

그러나 중세 후기와 근세 초기에 그려진 많은 그림들이 당시의 패션이 적어도 때에 따라서는 가슴을 완전히 드러내었음을 증명하지 않는가? 예를 들어 어느 복식사가는 16세기 초 데콜테가 가끔은 유두까지 드러냈다는 주장에 대한 증거로 1599년 덴마크 교회 설교단에 조각된, 두 개의 가슴트임이 있는 옷을 입은 여자 조각상을 제시한다.[10] 그러나 이 조각상을 자세히 관찰해보면 이것은 음탕함의 의인화인 룩수리아를 그녀 특유의 에로틱한 가슴[11]과 함께 교훈적으로 묘사한 것임을 알 수 있다. 그것은 실제로 입는 옷을 입은 여자를 묘사한 것이 아니다. 그리고 두 개의 옷트임으로 가슴이 약간 나와 보이는 성모 마리아가 그려진 15세기의 그림 역시 중세 후기의 '상반신 노출' 패션이 존재했다는 증거로 사용될 수 없다. 어느 문화사가는 심지어 그런 종류의 패션이 '가톨릭 국가에서 절대 반대'에 부딪치지 않았다[12]고 언급하지 있지만, 그것은 어머니가 아이에게 젖을 먹일 때만 여는 가슴트임이 있는 수유복이었다.

그러나 패션사와 문화사에 관한 많은 서적에는 1450년 사망한 샤

20. 로슈 성에서 필리페 코마이라스(1850년경)가
요한 푸케의 그림 사본을 따라 그린 소렐의 초상화.

를 7세의 연인인 아그네스 소렐(Agnès Sorel)이 '상반신 노출' 패션
을 프랑스 궁정에 도입했다고 적혀 있지 않은가?[13] 그리고 가슴을 드
러낸 왕의 정부가 그려진, 소렐의 유명한 초상화를 통해 이것이 확인
되지 않았는가?(그림20)

　물론 그 자료에 관해서는 논의의 여지가 없다. 조르주 샤틀랭
(George Chastellain)은 소렐을 비난하면서 그녀가 '어깨와 가슴,
젖가슴까지 드러냈다'[14]고 적고 있다. 그것은 대략 1865년경 빅토리
아 여왕의 궁정에서 착용하던 깊이 파인 데콜테와 일치한다. 샤틀랭
이 계속해서 보고하는 바에 의하면, 유감스럽게도 프랑스 부인들과
부르고뉴 부인들이 그것을 본보기로 삼아 그녀들의 수치심을 상당
부분 잃어버렸다고 한다. 샤를의 궁정에서 대부분의 부인들이 그런
뻔뻔스러운 유행에 동참하는 것을 거부했지만[15] 몇몇 여자들은 과감
하게 받아들였던 것으로 보인다. 왜냐하면 1445년 우르신의 성직자

21. 피터 렐리, 「옥스퍼드 백작부인 다이내너 커크」, 1650년 경.

인 장 위베날(Jean Juvenal)이 방금 수상인 된 자신의 형제 기욤(Guillaume)에게 그런 종류의 몰염치한 행동들을 중단시키도록 왕에게 영향력을 행사해야 한다고[16] 편지를 보내고 있기 때문이다.

결국 이 초상화는 실제 가슴을 완전히 드러내는 데콜테를 묘사한 그림이 아님을 쉽게 알 수 있다. 오히려 소렐은 코르셋을 벌린 모습으로 그려져 있으며 노출된 그녀의 왼쪽 가슴은 아마도 그녀가 어린 딸셋을 수유하는 어머니임을 말해주거나 아니면 처녀의 여신인 디아나나 아마조네스로서 자신을 증명하고 있는 듯하다. 16세기부터 비더마이어 시대까지 많은 여자들이 알레고리로서 혹은 신화의 인물로서(그림21) 가슴을 노출한 채 묘사되었지만[17] 많은 문화사가들이 주장하는 것처럼[18] 여자들이 그런 모습으로 대중 앞에 나타났음을 의미하지는 않는다.

특히 르네상스 시대의 가슴을 드러낸 여자들은 그 이후에 가슴을 드러낸 여자들과는 달리 대부분 평판이 의심스러운 여자들로, 예컨대 고급창녀나 정부(情婦)였다. 이런 경우가 아니라면, 예를 들어 상류층 신랑이 주문했던 이탈리아의 한 '결혼식 그림'의 경우 신부가 모델을 선 것이 아니었다. 상체를 벌거벗은 채 화가로 하여금 초상화를 그리게 하는 것은 14세기와 16세기에는 어떤 정숙한 부인도 감행하지 못할 일이었다. 그랬다면 그들은 자신의 명예를 포기해야만 했을 것이다. 이럴 경우 예술가는 다른 모델, 곧 어떤 의미에서 신부에게 몸을 빌려주었던[19] 공창이나 창녀를 이용했다.

중세 후기에 때에 따라서 왕궁에서는 여자들이 '상의를 벗고' 다녔다는 데 대한 실제적인 증거가 하나도 없는 걸까? 바이에른의 이사벨라는 1405년에 '심지어 배꼽까지 드러냈다'(discoperta usque ad ombilicum)[20]고 전해지지 않은가? 그렇기 때문에 설교가인 자크 레그랑(Jacques Legrand)이 왕비에 대해 곤혹스러움을 토로하지 않았던가? 그리고 사람들은 그때부터 그런 종류의 옷을 '목' 또는 '가슴'(gorge)과 '돼지' 또는 '음탕한 녀석'(gorre)이라는 말을 가지고 하는 말장난인 '커다란 가슴 드레스'(robes à la grand' gorre)라고 부르지 않았던가?[21]

이사벨라가 착용했으며 그때부터 '음탕한' 것으로 지칭되었다고 하는 데콜테는 그럼에도 유방을 드러낸 것이 아니라 두 개의 유방 *사이* 오목하게 들어간 곳을 드러낸 것이었다. 물론 배꼽까지 이르렀다는 것과는 근본적으로 거리가 먼 V자 목선은, 예를 들면 15세기 프랑스 세밀화에서 볼 수 있다. 이 그림에는 전쟁에 출정하는 귀족이 침실에서 그의 아내와 헤어지는 장면을 담고 있는데, 아내는 목선이 극단적으로 깊이 파인 속옷을 입고 있으며, 그럼으로써 남편이 전장에서 자신을 그리워하도록 상기시키고 있다(그림22). 문에 있는 두 명의 전사들은 여주인의 매력을 마음껏 쳐다보고 있는 것처럼 보이는데, 이

22. 프랑스 삽화, 1450년경.

것이 중세 후기에 여자가 그렇게 노출한 채 대중 앞에 나타났으리라고 추측하게 한다. 그러나 이 그림은 당시 일반적이었던 동시묘사기법에 의거해 그려진 것이다. 즉 두 남자가 반나체 차림의 부인 침실에 들어서려는 것처럼 보아서는 안 된다. 그들은 관찰자에게 그 집 주인의 지휘 하에 명예의 전장으로 인도되기 위하여 군대가 그를 기다리고 있음을 보여줄 뿐이다.

바이에른의 이사벨라는 그러므로 유방은 가렸지만 가슴을 드러낸 데콜테를 입고 있었으며 그것이 비단망사로 되어 있는지 아니면 다른 직물로 되어 있는지는 전해지지 않는다. 그러나 추측컨대 그런 복장을 하고 다른 사람 앞에 나타나는 여자들은 '음탕한 여자'로 여겨졌으며 공창과 비교되었다.[22]

그러면 문화사적인 자료에서 '젊은 바젤 여인의 민속의상 그림'으로 일컬어지는 젊은 처녀의 초상화(그림23)는 어떤 관계가 있는가?[23] 적어도 바젤의 처녀들이 근세 초기에 코르셋 밖으로 젖꼭지가 보이도

23. 무명의 거장이 그린 그림을 한스 홀바인이 복제한 것.
「깃털모자를 쓴 바젤의 창녀」. 1516년경.

록 옷을 입었다는 사실을 명확하게 보여주지 않는가?

전체의 노출과 얼굴 표정뿐 아니라 특히 돈주머니가 매달려 있는 끈을 쥐고 있는 것, 게다가 도덕을 구체화하는 허리띠를 흘러내리게 한 동작 등으로 보아 이 그림은 단순히 '젊은 바젤 여인'을 그린 것이 아니라 호객하러 나선 공창을 그린 것임이 분명하다.

그렇다 해도 시장 및 시의원 혹은 주민들 역시 창녀들이 골목길에서 가슴을 완전히 드러내도록 허용했다고 생각하기는 어렵다. 그러나 때에 따라서는 정숙한 처녀가 그럴 수 있는 것보다는 더 극적인 방법으로 호객행위를 하는 것을 허용했음은 확실하다. 예를 들어 1420년 지방의회규정은 파리의 창녀들에게 '목을 드러낸' 의복의 착용을 금지했다. 그러나 벌써 15세기 말경에 올리버 마야르는 그들의 옷을

'허리까지 풀어헤친'(apertas usque ad zonam) 창녀들을 마구 비난했다.[24] 그리고 프랑수아 비용(Francois villon, 15세기 프랑스의 서정시인)은 파리의 "여자들이 남자들을 더 많이 유혹하기 위해 가슴을 드러냈다"고 보고하고 있다.[25] 1488년 취리히의 풍속 규정은 공창들을 특히 '데콜테 규정'에서 제외시켰다. "거기에서 양쪽 창녀집, 즉 크라츠와 그라벤에서 허가받은 창녀들은 제외되며 면제된다. 그러나 이들 이외의 다른 사람은 면제되지 않는다."[26] 그것은 물론 천한 여자들로 하여금 그들의 일을 쉽게 해주기 위해서 그렇게 한 것이 아니었다. 진짜 이유는 이런 방식으로 목선이 깊이 파인 복장을 창녀의 징표로 만들어서 정숙한 부인들로 하여금 이런 패션을 따라하는 것을 방지하기 위함이었을 것이다.

이탈리아 도시에서도 그 시기에 창녀들이 자주 깊이 파인 데콜테 옷을 입었다. 16세기에 어느 프랑스 여행객은 베네치아에서 가슴(즉 바이에른의 이사벨라와 비슷하게)을 '거의 배까지' 드러낸 여자들을 보았다고 보고하고 있다.[27] 이는 추측컨대 창녀였던 것 같다.[28] 왜냐하면 콰트로첸토에 이미 그런 복장을 한 여자들은 창녀임을 알아볼 수 있었기 때문이다.[29]

게다가 문화사가의 기본 레퍼토리로 매번 인용되는 이야기가 있다. 15세기 중반 당국은 지나가는 젊은 남자들을 동성애적 쾌락에서 벗어나게 하려고 베네치아 창녀들에게 상체를 노출한 채 카람파네 근처의 테테 다리(Ponte delle Tete)에 서 있도록 독려했다는 것이다.[30] 그러나 실은 이 '젖꼭지 다리'라는 이름의 해석은 오래된 민속어원학적 설명이 가장 개연성 있어 보인다.[31] 그리고 당시 거기서 창녀들이 벌거벗은 가슴을 보여주었다는 사실을 이 어원으로 증명할 수는 없다.[32] 그 시기에 그 직업에 오래 종사한 한 늙은 여자가 방금 그 일을 시작한 여자에게 상체의 매력을 아껴야 한다. 그렇지 않으면 재산을 하나도 모을 수 없다고 충고했다고 한다. "젖가슴을 아주 아껴야 한다. 많은 여자들이 그것을 허투루 쓰며 마치 떼어내버리려는 것처럼 보여. 그렇게 가슴을 코르셋과 옷 밖으로 내보이고 있어."[33]

그렇다고 물론 유곽 내에서는 창녀들이 정숙한 복장으로 일을 했음을 의미하지는 않는다. 엘리자베스 여왕 시대의 런던에서는 많은 창녀들이 유방에 '칠을 하고' 다녔다고 한다. 즉 왕비처럼 하얗게 화장을 하고 게다가 더 잘 보이도록 젖꼭지에 루주를 덧칠했다고 한다.[34] 그리고 16세기 암스테르담에는 심지어 '상반신 노출' 차림으로 서비스를 하는 술집도 있었다고 한다.[35] 콰트로첸토에 안토니오 베카델리 (Antonio Beccadelli)는 유곽의 창녀에 관해 이렇게 기술했다. "클로디아는 화장한 젖가슴을 드러낸 채 곧 뛰어왔다."[36] 그리고 후기 르네상스의 고급창녀들은 자주 자기 집 벽에 가슴을 드러낸 초상화를 걸어놓았다.[37]

그 다음 세기에도 아주 깊이 파인 데콜테는 유곽의 창녀와 거리 창

24. 헨드리크 테르 부르겐, 「창녀와 떠돌이 악사」, 1625년경.

녀의 특징으로 남아 있었다. 1720년 빈의 창녀들에 관해서는 이렇게 전해진다. 그들은 '파스테즈'로 남자들을 사냥하러 나갔으며 그들이 유혹해온 남자들을 가까운 곳에 위치한 외곽의 유곽으로 끌고 갔다. 그들은 '옷가지를 비롯한 잡동사니들을 공개적으로 바깥에 놓아두었다.' 그것은 '치모와 별 중요하지 않은 물건을 더 빨리 팔아치우기' 위해서였다.[38] 그리고 프라터(오스트리아의 빈에 있는 공원─옮긴이)의 술집에서 일하는 임시 창녀와 천박한 여자들에 관해서는, 그들이 가슴부분이 깊이 파인 헐렁한 옷을 입고 음식이 차려진 탁자에서 의도적으로 아주 깊숙이 몸을 수그려 남자들이 그들의 젖꼭지를 보게 만들고 이어 그것을 '물게 했다'는 보고가 있다. 이런 이유에서 마리아 테레지아는 1774년 앞으로는 술집의 웨이트리스 채용을 처벌하겠다는 칙령을 내렸다.[39]

메르시에(Mercier)는 이 시기의 파리 또한 창녀들이 저녁 9시 이후 사냥개 떼처럼 '가슴을 드러낸 채' 잠재적인 고객을 따라다니는 경우

25. 파리의 창녀. 1970년대 후반.

26. 체코 거리의 창녀, 1993.

가 드물지 않았다고 보고했다. 그리고 1789년 프랑스 혁명이 일어나기 전날 밤에 로랑 피에르 베랑제(Laurent-Pierre Berenger)는 이렇게 쓰고 있다. "짧은 치마를 입은 아가씨들이 교태를 부리며 발코니 앞에 다리를 꼬고 앉아서 가슴을 과시하고 있다."[40]

15세기에도 젊은 남자가 콘스탄츠 '술집에서 늦은 저녁에' 시간을 때우기 위해 우연히 창녀 집에 들른 이야기가 전해지고 있다. 그는 거기서 창녀 하나를 만났는데, "그녀는 남자를 유혹하기 위해 아주 아름답게 화장을 하고 가슴 위에 작은 비단 수건을 걸쳤으며 팔은 네덜란드 여성처럼 아름다운 장식을 했다"[41]고 한다. 이른바 정숙하다고 하는 19세기 대도시의 홍등가 지역에서도 이와 관련하여 아주 상스러운 관습이 지배하고 있었다. 그래서 예를 들어 플로라 트리스탄(Flora Tristan)은 빅토리아 여왕 시대 초기의 런던 워털루 거리에 있던 유곽 창녀들에 관해 이렇게 보고했다. "여자들은 뜨거운 여름날 저녁에 창

112

가나 혹은 문 앞에 앉아 있다. 반만 옷을 입었으며 그들 중 몇 명은 엉덩이부터 무언가를 걸쳤다."[42] 좀 나중에 노턴 거리 창녀들은 나체로 그곳 '유곽'의 열린 창문에서 단정치 못한 자세를 취했으며, 고객을 유혹하기 위해 유방을 창문턱 위에 걸어놓고 있었다[43]고 전해진다.

이와 관련해서 우리 시대에도 본질적으로 달라진 것은 없다. (언제나 그렇듯이) 약간의 정도 차이는 있겠지만 말이다. 예를 들어 매일 밤 50번까지 '콘베이어벨트처럼 연속적으로 관계'를 했던 1930년대 파리의 싸구려 술집 창녀들은 술집에서 상체를 노출하거나 심지어 완전 나체로 돌아다녔지만, 상류층을 상대로 하는 고급 유곽 창녀들은 "투명한 이브닝드레스와 리본과 레이스로 장식한 비단 가운을 입고 있었으며, 깊게 파인 데콜테는 가슴이 시작되는 부분과 어깨 전체를 드러내었다."[44] 1950년대 만하임의 루피넨 거리에서는 창녀들이 가슴을 브래지어 밖으로 내놓고 낮은 1층 창가에 앉아서 김나지움 학생들이 가격을 흥정하면서 젖꼭지를 만지게 했다.[45]

'젖가슴이 튀어나왔다'

1749년 5월, 베네치아 사절이 래닐러 가든에서 자선 목적으로 개최한 가면무도회에서 웨일스 공주의 궁녀인 엘리자베스 처들리(Elizabeth Chudleigh)가 상체를 완전히 노출하고, 즉 '아무것도 입지 않고' 등장했다고 한다. 엘리자베스 몬터규(Elizabeth Montagu) 부인은 그것을 보고 다음과 같이 평했다. "처들리 양의 복장, 아니 복장이라고 하기 힘든 그 옷은 주목을 끌만했다. 그녀는 희생제물이 된 이피게니아였는데 몸을 너무 많이 드러내서 제사장이 희생물의 몸속을 쉽게 검사할 수 있을 정도였다" [1]

당시 수십년 동안 언론에 매번 오르내렸으며 나중에 '풍속사'의 저자라면 누구도 빼놓지 않았던 이 일화에서, 나중에 킹스턴 공작부인이 되는 이 여자의 가면은 시간이 지남에 따라 점점 해설자와 삽화가의 상상력 속에서 사라져버리고 결국은 그녀의 성기 부위에만 무화과잎으로 만든 화관이 덮이게 되는(그림29) 과정을 관찰할 수 있다.

27. 래닐러의 가면무도회나 축제 무도회에 처들리가
이피게니아 분장을 하고 나타난 모습. 1749.

의심스러운 것 이상으로 평판이 좋지 않았으며 아주 이상하고 외설
적인 사람으로 여겨졌던[2] 처들리 양은 틀림없이 당시 쇼킹한 가면을
썼으며 그녀의 상전인 공주는 자신의 궁녀가 그런 옷차림으로 나타나
자 순간적으로 그녀에게 숄을 덮어주었다.[3] 그러나 실은 이 '이피게
니아'가 절대 벌거벗은 것은 아니었으며 반나체라고도 할 수 없었다.
오히려 그녀는 서머싯 하우스에 등장할 때 살색 비단 소재의 상체에
딱 달라붙는 원피스를 입었다. 그로 인해 그녀의 가슴이 마치 아무것
도 입지 않은 것처럼 두드러졌을 것이다(그림27).[4]

게다가 18세기 초반의 가면무도회는 외설적이었다. 그것은 '드루
어리 자매'(Sisterhood of Drury), 즉 공창들의 놀이터로 여겨졌다.
한 동시대인은 "그날 밤에는 한 명의 '요부'도 사랑이나 돈으로 살 수
없었다. 모두가 가면무도회에 열중하고 있었기 때문이다"라고 언급했
다. 그리고 많은 '정숙한' 부인들 역시 거기서 성적인 자유를 누렸다.

28. 이피게니아 분장을 한 웨일스 공주의
궁녀인 처들리 양. 1765년경.

그들은 남편 없이 참여했고 가면을 써서 거의 익명이었기 때문이다.[5]
하지만 처들리 양이 착용했던 복장은 그런 장소에서도 너무 깊이 파
였던 것으로 보인다. 그리고 『감정가』(Connoisseur)는 몇 년 후 '옷
을 벗으려는' 여자들의 현재의 유행 경향에도 불구하고 '다른 이피게
니아들이 즉각 그러지 못'한 것이 놀라운 일[6]이라고 논평했다.

물론 그런 모임들은 어느 정도 '시대 밖의 시대'에 일어난 사건들
이었으며, 거기서는 어떤 한계 내에서 일상에서는 아주 커다란 분노
를 불러일으킬 수 있는 그런 상스러운 언행들이 가능했다. 특히 부인
들이 이상하게 제멋대로 행동하는 비슷한 경우도 정기적으로 반복되
는 이런 대목장에서였다. "여자들은 그날 특히 뻔뻔스러웠다." 예를
들면 대니얼 디포(Daniel Defoe)는 켄트 영주지에 속한 찰스턴의
'10월 축제'에 관해 이렇게 쓰고 있다. "그날에는 마치 모든 종류의

29. 처들리 양, 『램블러즈 매거진』에서, 1788.

음란하고 무례한 짓거리에 자유롭게 몸을 내맡겨도 좋은 날처럼 행동
했다. 비난도 받지 않고 다른 때 같으면 그런 행동들이 당연히 받게
될 그런 제재도 없었다." 그리고 19세기 켄트 영주지에 속하는 링컨
셔의 '투우장'(bull-running)을 지켜보았던 한 관찰자는 그곳에 있
던 여자들에 관해 이와 비슷하게 표현한 바 있다.[7]

　중세 후기와 근세 초기의 그런 행사에서 이루어지는 경주에 참여하
는 여자들은 대부분 공창이었음에도 상체를 가렸던 반면[8], 18세기와
19세기 전반에는 그렇지 않은 경우가 많았다. 그래서 1744년 6월 『페
니 런던 모닝 애드벌타이저』(*Penny London Morning Advertiser*)
는 '속옷 팬티만 입고 달리는' 젊은 여자들의 '속옷 경주'를 선전하고
있으며, 1805년 3월 『스포팅 매거진』은 그런 종류의 달리기를 하는
여자들에 관해 이렇게 쓰고 있다. '자신들의 매력을 마음껏 자랑'하고

'늘 하는 식으로 관대하게 자신들의 아름다움을' 드러냈는데 '그것을 묘사하는 것보다는 상상하는 것이 더 쉽다.'[9]

물론 매우 드물게 열리긴 하지만 선수들이 간단한 셔츠 하나만 착용한 여자 복싱 경기 역시 많은 관중을 끌었다. 상대 여자선수의 젖가슴이 목선 밖으로 나와 출렁거리는 경우가 많기 때문이었다.[10] 물론 나중에 그런 위험은 사라졌는데, 1889년에 그려진 한 그림을 신뢰할 수 있다면 이 시기에 적어도 파리에서는 여자 격투 경기 선수들은 이미 처음부터 '상반신을 노출한' 차림이었기 때문이다.[11]

중세 후기 이후로 깊이 파인 데콜테가 에로틱한 의미를 지니기보다는 오히려 예의바르고 우아하게 행동해야 하는 의무를 수반했다. 그렇지 않으면 젖가슴이, 특히 다소 풍만할 경우 흔들릴 수 있으며 코르셋에서 빠져나올 수 있었기 때문이다. 여자들이 뛰거나 달리는 경우 '젖통이 완전히 밖으로 빠져나오'곤 했다.[12] 그리고 하인리히 폰 비텐바일러(Heinrich von Wittenweiler)가 보고했던 바와 같이 이런 곤

30. 「그들은 서로를 때린다. 머리가 흩날리고 가슴이 출렁거리도록」,
『릭』에서, 1977년 12월.

혹스런 상황은 처녀들이 미친 듯이 춤을 출 때도 일어났다. "그들은 목이 넓게 파인 옷을 입는다. 그래서 춤출 때 젖가슴이 튀어나왔다. 춤에 대한 열망이 그들을 그렇게 만들었다."[13] 이것은 모든 남자들은 아니지만 '많은 남자들의 마음을 즐겁게' 해주었다. 남자들은 '탐욕스런 몸짓과 달콤한 박자에 따라 발로 기이한 소리를 내'었다. 예를 들어 1526년 박학다식한 아그리파 폰 네테샤임(Agrippa von Nettesheim)은 이렇게 분노했다. "경박한 노래와 뻔뻔스런 시구를 모방하여 젊은 여자들의 몸을 더듬었다(그림31). 그리고 성실한 선원들이 정숙하지 못한 손, 키스, 음탕한 주변세계에 몰두했다. 평상시에는 자연이 숨기고 정숙함이 가려주었던 것이 이런 경박한 행동을 통해 드러났다."[14]

물론 그런 경우 여자가 어떤 코르셋을 착용했는지가 중요했다. 우선 코르셋이 젖가슴을 밀어올리고 젖꼭지를 드러내는지(그럴 경우 젖꼭지는 가슴받이나 레이스로 가려졌다[15]) 그리고 그것이 몸에 얼마나 딱 달라붙는지, 즉 격렬한 활동을 할 때도 가슴을 얼마나 확실히 고정시켜주는가가 중요했다. 많은 코르셋들은 가슴을 높이 밀어올리는 것이 아니라 오히려 가슴이 없어 보이도록 졸라매는 것처럼 보이며, 그렇기 때문에 예절에 대한 보증물로 여겨졌다. 그래서 18세기 중반 스위스에서 신부들은, 이런 옷을 착용하는 것이 아주 부담스러운 임신부라 할지라도 코르셋을 입지 않은 여자는 교회 안으로 들여보내지 않았다. 빈에서는 상황이 약간 달랐던 것으로 보인다. 1740년에 성직자들은 어떤 신부도 선한 양심을 가지고는 도무지 눈을 뜰 수 없다고 불평했다. 왜냐하면 많은 부인들이 '코르셋을 입지 않고 단지 레이스만 걸치는 경우 적잖게 노출을 한 채' 예배나 모임에 오는 경우가 많았기 때문이다.[16]

이어지는 19세기에도 대부분의 코르셋이 가슴을 아주 납작하게 눌렀다. 그로 인해 사방에서 '가슴을 졸라매고 꽁꽁 묶는 것이' 많은 부

31. 젊은 남자 무용수가 상대 여자 가슴을
옆에서 쥐고 있는 모습, 1485년경.

인들의 수유능력을 해치거나 아니면 적어도 영향을 미치는[17] 그런
'코르셋'에 대한 반대 여론이 거세어졌다. 이런 이유에서 록시 앤 캐
플린(Roxy Anne Caplin) 부인은 소위 말하는 '임산부 코르셋'을 개
발했으며 이에 관해 1856년 이렇게 썼다. "임신 중에는 코르셋의 모
양이 임산부의 몸의 변화에 따라 변형되어야 한다. 가슴 부위에 충분
히 구멍을 뚫어 젖꼭지가 눌리지 않도록 해야 한다."[18]

물론 특히 18세기에, 그리고 19세기에도 임신부나 수유하는 사람
들을 위한 것이 아니더라도 많은 코르셋이 가슴 대부분을 드러냈다.
그래서 예를 들면 1785년 피터 아돌프 할(Peter Adolf Hall)은 자신
의 딸 아델라이데 빅토리네(Adélaide-Victorine)를 그렸는데 그녀는
삼각 목도리를 하지 않아서 젖꼭지가 드러나 있다.[19] 좀 뒤에, 프랑스

32. 로니 르 죈의 동판화에 묘사된 코르셋, 18세기.

혁명기간 동안 온건한 중산층의 대변자였던 아르몽 드 라 뫼즈 (Harmond de la Meuse)는 여자들이 가슴받이를 잃어버리거나 떨어뜨리면 여자에게 치욕을 의미한다고 묘사했다.

마라를 살해한 샤를로테 코르데(Charlotte Corday)를 심문했던 샤보(Chabot)는 이 젊은 여자의 가슴에 숨겨진 종이를 발견하고 그것을 꺼내려 했다. 살인자는 이 종이를 여전히 자신의 몸에 지니고 있었다는 사실을 잊어버린 듯했다. 그래서 이 남자가 자신의 가슴을 만진다고 생각했다. 두려움과 수치에 가득 차서 그녀는 몸을 뒤로 뺐으며 그러면서 어깨를 아주 강하게 뒤로 젖혀 웃옷의 실이 터지고 핀이 떨어졌으며 삼각 목도리도 풀어졌다. "그녀의 가슴은 그런 식으로 드러났다. 그녀가 사람들의 시선을 피하려고 아무리 재빠르게 머리를 두 무릎 사이로 구부린다고 해도 그녀는 수치심을 가혹하게 견뎌낼 수밖에 없었다. 그녀를 둘러싼 사람들의 완벽하게 단정한 옷차림이 아니었다 해도."[20]

다른 여자들, 특히 겉으로 보기에 전성기가 이미 지난 여자들은 별로 부끄러워하지 않았으며 그들의 깊이 파인 목선을 삼각 목도리로 가리지도 않았다. 오히려 가슴을 더욱 드러냈다. 사람들이 자신에게 관심을 보이도록 하기 위해서였다. 그래서 예를 들면 바이로이트의 빌헬미네(Wilhelmine) 백작부인은 18세기 초 친척인 작센 마이닝겐 공작부인에 관해 이렇게 썼다. "그녀는 살찐, 축 늘어지고 주름진 가슴을 그대로 보여주었다. 사람들의 관심을 그곳으로 끌기 위해 계속해서 가슴을 손으로 만지작거렸다."[21]

그리고 롤랑 부인은 감옥에서 '드러내놓고 음탕한' 브누아 부인을 기억했다. '사람들의 마음에 들고자 하는' 그녀의 '희망'은 '다소 성과'가 있었다. "그런 것을 기대할 수 있는 나이가 훨씬 지났음에도 그녀의 눈빛은 정염으로 불타올랐다. 그녀의 젖가슴은 대개 비밀스런 신비를 포함한 채 작은 장미꽃 바로 위까지 노출되었으며 심하게 출렁거렸다." 이런 유의 몰염치한 데콜테는 앙시앵 레짐의 몰락기에도 결코 일상적인 것이 아니었다. 롤랑 부인은 지금까지 그런 것을 산책길에 '상스러운 복장이 그들의 직업을 충격적으로 드러내주는 쾌락의 여사제'[22]들에게서만 보았다고 덧붙이기를 잊지 않았다.

그래서 이런 식으로 가슴이 파인 옷을 입은 여자들이 주로 포르노 문학에 등장한다는 사실은 놀라운 일이 아니다. 예를 들어 『러시아 무회의 기억』 같은 포르노 문학에는 이런 내용이 나온다. "반짝이는 아마 소재의 코르셋은 속옷처럼 깊게 파여서 유두와 함께 젖가슴이 목선 밖으로 나와 있다. 가슴이 정말 풍만했기 때문에 두 개의 살덩어리 공은 난간 위에 퍼진 채 매달려서 한쪽 발에서 다른쪽 발로 무게중심을 옮길 때마다 함께 춤을 추었다."[23]

8

중세의 가슴에 대한 수치심

물론 중세 초기 여자들도 가끔은 가슴이나 다른 매력적인 육체 부위를 '노출하지 않고도 보여줄 수' 있었다. 옷 소재를 통해 육체의 굴곡을 어느 정도 명확하게 드러나도록 재단함으로써 그것이 가능했다. 그러나 카롤링거 왕조 시대(7~8세기)에는 육체의 굴곡을 일반적으로 1피트 길이의 넓은 튜니카(고대 로마의 소매 없는 긴 옷—옮긴이) 밑에 숨겼다. 게다가 어깨를 거쳐 등까지 내려오는 무거운 두건이 매력적인 머리를 가렸다.[1] 그럼에도 당시 벌써 여성복을 좀더 육감적으로 만들려는 경향이 있었던 것으로 보인다.

774년 롬바르드 영주인 아이기스(Aegis)는 사치스런 젊은 과부들에 대해 격분했고, 808년 카롤링거 왕조는 정숙하지 못한 노출을 금지하는 의복 규정을 선포했다.[2] 젊은 과부들은 손에만 하얗게 분을 바른 것이 아니라 얼굴도 '아름답게 했다.' 즉 화장을 했을 뿐 아니라 자주 욕탕에 들러서 부끄러운 줄도 모르고 '아름다운 자태를 보여주

고 자신의 자태가 사람들 눈에 띄기를' 바랐다.[3]

물론 이런 부인들은 중세 초기에는 몇몇 소수였던 것으로 보인다. 티트마르 폰 메르제부르크(Thietmar von Merseburg)가 10세기 말 표현한 대로 그들은 "육체의 모든 부위를 상세하게 부도덕적인 방식으로 노출해서 모든 연인들에게 자신의 몸을 팔려고 내놓은 물건처럼 보여준다. 세상에는 혐오와 치욕으로 보여지는데도 그들은 어떤 수치심도 느끼지 못한 채 모든 사람들에게 보여주기 위해 유유히 걷는다."[4]

틀림없이 티트마르의 '노출'이라는 단어는 예컨대 데콜테를 착용했을 때처럼 벌거벗은 맨살을 보여주었다는 의미가 아니었을 것이다. 그 시대에는 데콜테가 오로지 목만 드러낼 수 있었기 때문이다. 그 단어는 아마도 몸에 딱 달라붙은 소재로 몸매를 다소 두드러지게 했다는 의미일 것이다. 여자의 튜니카는 당시 아직 허리 재단이 들어가지 않았다. 특히 12세기 중반부터 튜니카는 상체에 딱 달라붙으면서 가슴 굴곡이 드러나도록 졸라맸다. 예를 들어 12세기 후반 헤라트 폰 란츠베르크(Herrad von Landsberg)는 『사랑하는 식물』(*Hortus deliciarum*)에서 학문의 알레고리를 묘사하고 있는데 그 의복이 아주 '은밀하게' 육체에 달라붙어서[5] 엉덩이뿐 아니라 가슴 전체를 정확하게 볼 수 있다.[6]

바로 『사랑하는 식물』에 나오는 여성 인물들에서 우리는 당시 사람들이 인간의 육체와 성적인 면에 대해 비교적 자유로우며 유아적이고 단순한 관계를 지니고 있었다는 엘리아스와 다른 많은 학자들의 주장이 얼마나 잘못된 것인지를 확인할 수 있다. 왜냐하면 부활한 사람들 중에 나체인 여자들은 옷을 입지 않고 있지 않아 항상 부끄러운 듯 팔로 가슴을 가리고 있으며[7] 이브조차도 인류의 원죄 *이전*에 가끔 이런 태도를 취했던 반면, 이 알레고리들은 세련된 방식으로 의복을 통해

126

보여서는 안 되는 것들을 보여주고 있기 때문이다.

이런 이유에서 예를 들면 베긴파 수녀들은 육체의 어떤 부분에라도 딱 달라붙는 옷은 착용하지 않았다.[8] 궁녀들에게도 육체를 강조하는 의복은 여전히 음탕한 것으로 간주되었다.

그래서 13세기 콘라트 폰 뷔르츠베르크(Konrad von Würzburg)는 이렇게 분노했다. "그때 그 아름다운 여자는 실크 드레스를 입었는데 그녀에게 아주 잘 어울렸다. 내가 그녀를 보았을 때 그녀의 육체는 아주 아름다웠으며 옷을 통해 마치 신선한 새우처럼 그녀의 흰 피부가 반짝이는 것을 볼 수 있었다. 그녀의 육체는 옷안에서 양쪽으로 금실로 졸라매어져 있었다. 그녀의 부드러운 가슴이 두 개의 사과처럼 아주 아름답게 봉긋 솟아 있는 것이 보였다. 그녀의 옷은 재단이 이상하게 되어서 그녀의 몸에 딱 달라붙어 사람들 눈에 띄었기 때문에 불쌍한 이 여자가 허리띠 옆으로 완전 나체이며 벌거벗었다고 확신할 정도였다."[9]

십자군 전쟁 시기에 이슬람교도 남자들은 그리스도교 교회에 가는 것을 좋아했다. 그리스도교 교회는 몸에 딱 달라붙는 옷을 입은 '유럽' 여자들을 멍하니 바라보는 동시에 그들에 대해 분노할 수 있는 유일한 장소였기 때문이다. 그래서 이븐 알카이사라니(Ibn al-Qaisarani)는 고향인 알레포의 성 바바라 교회 예배에 참석하는 여자들에 관해 이렇게 적고 있다. "그들은 허리에는 딱 달라붙는 허리띠를 졸라매고 신축성 있는 비단 드레스를 입고 몸을 이리저리 흔들었다."[10]

다른 지역에서, 예를 들어 여자들이 전통적으로 넓은 옷을 입었던 프리슬란트(독일 니더작센 주의 한 지역—옮긴이)에서는 육체의 굴곡이 천을 통해 두드러지거나 천을 통해 비치면 여자에게 커다란 치욕이었다. 예컨대 남자가 옷을 벗기기 위해 여자를 덮쳤을 경우, 그로 인해 여자가 딱 달라붙는 얇은 속옷만 입은 채 그 남자 앞에 서게 되었을 경우, 사람들은 이를 여자가 몸매를 '드러내었다'고 했다. 여자에 대한 이런 모욕은 중죄로 간주되었으며 범죄자는 1마르크라는 엄청난 벌금을 물어야 했다. 그리고 희생자가 세상을 등졌다면 파렴치함이 더해지기 때문에 벌금은 1배 반 더 높아졌다.[11]

그에 비해 대도시에서는 14세기부터 많은 여자들의 의복이 가슴뿐 아니라 엉덩이가 명확하게 드러나도록 재단되었다. 그래서 예를 들면 영국 연대기 작가인 존 리딩(John Reading)은 1334년 많은 여성복들이 너무 딱 달라붙어서 엉덩이의 갈라진 틈이 드러나지 않게 하려면 엉덩이 사이에 여우꼬리를 붙여야 한다고 말했다. 제프리 초서(Geoffrey Chaucer, 1342~1400, 런던의 대표적 시인) 역시 그런 사실을 확인해주고 있다. 그는 좀더 점잖게 여자들이 '너무 딱 달라붙은 옷을 입어서 옷안에 여우꼬리를 달아야 한다고'[12] 했다. 쥘 드 뮈이지(Gilles de Muisi)는 '몸에 딱 달라붙어서 그들의 벌거벗은 몸매를 보여주는' 그런 의복을 몰염치할 뿐 아니라 음탕하다고 했다. 그 옷이 남자들을 음란하게 유혹하기 때문이었다.[13]

그리고 속세를 떠난 많은 여자들조차 후자는 아니라 할지라도 전자에는 해당되었던 것으로 보인다. 어쨌든 1370년 마르부르크 근처의 프레몽트레 수도회 하히보른의 수녀들에게는 육체를 아주 강조하는 복장을 착용하는 것이 금지되었다.[14] 그리고 1514년 쾰른 수녀원 마리엔가르텐의 여자 수용자들의 검열 규약에는 앞으로 몸에 딱 달라붙는 의복을 포기하라는 요구가 포함되어 있다.[15]

성처녀조차 가끔은 성처녀인지 알아보기 힘들게, 처녀의 가슴이 상세히 드러날 정도로 몸에 딱 달라붙는 옷을 입고 있다는 것이 얼마나 놀라운 일인가(그림33).

성녀들 역시 가끔은 이런 방식으로 묘사되었다. 그렇기 때문에 어느 수도원장은 마치 벌거벗은 것처럼 가슴이 아주 강조된 성 제노베

33. 콘라트 마이트의 작품으로 여겨지는
「아이를 안고 있는 성모 마리아」, 대리석, 1525년경.

바(Genoveva)의 동상에 속옷을 입혔다가 결국은 클라메시에 있는
성 마르틴 성당의 외진 구석으로 옮겨놓았다.[16] 주지하다시피 이미
사보나롤라는 피렌체 화가들에게 그들 시대의 정숙한 복장을 착용한
성녀를 묘사하도록 요구하고 있다. 그는 또한 성녀를 콰트로첸토의 몰
염치한 복장과, 그를 통해 여성 육체의 굴곡을 묘사하기 위한 수단으
로 삼지 말도록[17] 요구했다. 그리고 토마스 무르너(Thomas Murner)
는 그런 그림과 관련하여 우리가 실제로 교회에 있는 건지 아니면 창
녀 집에 있는 건지 더 이상 알 수가 없다고 말했다. "성녀를 위해 그린
여자 그림을 보면 의복과 가슴이 창녀 같이 그려졌으며 아주 몰염치
하게 묘사되고 있다. 그래서 나는 가끔 내가 성녀를 위해 그것을 존중
해야 할지 아니면 그것이 창녀 집에서 나온 것으로 여겨야 할지 알 수
가 없었다."[18]

항상 주장되어오던 것과는 반대로 북유럽에서도 일반적인 상황에

서 여자가 가슴을 노출하고 대중 앞에 나타나면 명예가 실추되었다. 게다가 타키투스(Tacitus, 로마시대의 작가, 역사가)에 따르면, 게르만 여자들은 팔, 어깨 '그리고 가슴의 윗부분을'(et proxima pars pectoris) 드러내는 긴 아마포 겉옷을 입었다.[19] 게르만 여자들의 의복에 대한 이런 묘사는 어깨 위에서 두 개의 장식용 끈으로 고정되었던, 유틀란트 반도 홀트레모제에서 출토된 철기시대 민소매 여성복과 일치한다.[20]

그렇지만 스키르타(skyrta)라고 불렸던 북부 게르만 여자 속옷의 목선은 가슴받이로 단정하게 가려졌다.[21] 예를 들어 1세기의 이른바 투스넬다 대리석상이 왼쪽 어깨 위의 장식용 끈이 풀려서 왼쪽 가슴이 드러난 게르만 여자를 묘사한 것이라면, 그것은 절대로 부분적인 '상반신 노출' 복장이 아니다. 왜냐하면 로마 사람들은 자주 게르만 여자들을 아마조네스, 즉 당시 그들이 세상의 변두리에서 살고 있는 것으로 알았던 야만적인 여자들로 묘사했기 때문이다. 이는 근세 초기에 스코틀랜드 고원의 호전적인 켈트족 여자들을 묘사한 것과 비슷하다(그림34).

게르만족이 그런 동상이나 수채화를 보았다면, 그들은 틀림없이 그것이 간통한 여자를 묘사한 거라고 확신했을 것이다. 왜냐하면 그들은 정절을 잃은 여자들을 징벌하기 위해 가슴을 노출시키곤 했기 때문이다.[22] 그리고 그들이 북부 유틀란트의 야외 민속 박물관을 방문했다면 아마도 그들의 선조도 대략 비슷하게 생각했을 것이다. 여름에 그 박물관을 방문할 때 가장 흥미로운 점은, 하체는 가죽 쪼가리로 아주 궁색하게 가리고 젖가슴을 드러낸 채 '석기시대 생활'을 하는 덴마크 여대생들을 볼 수 있다는 것이다.[23]

대중 앞에서 가슴을 드러내는 것이 파렴치한 짓으로 여겨졌다는 점은 중세 때도 변함이 없었다. 그래서 예를 들어 1145년 노르망디의

34. 존 화이트, 「픽트족(고대 스코틀랜드의 동부에 살던 종족—옮긴이)의
여전사」, 수채화, 1590년경.

피에르 쉬르 디브(Pierre sur Dives)의 수도원장이 투트베리 수도사
들에게 보내는 편지에서 신자들 중에 '모든 수치심을 잊어버린 채' 치
료에 대한 희망을 가지고 성처녀의 제단 앞에서 상체를 노출시킨 채
바닥에 누워 있는 여자들이 있다는 데 대해 불평했다.[24] 정숙한 여자
는 남자들이 있는 자리에서는 이런 행동을 하지 않기 때문이다. 그래
서 아라벨(Arabel)은 주교와 다른 성직자들이 있는 자리에서(그림
35) 세례를 받는 동안 가슴을 가렸으며, 아니면 이런 경우 남자들은
그 자리에 참석하지 못하게 되어 있었다.

　예를 들어 오토 폰 밤베르크(Otto von Bamberg)는 이방의 폼메
른 사람들에게 세례를 베풀었을 때 남자와 여자와 아이들을 서로 분
리시켰을 뿐 아니라 신부가 여성이 세례를 받는 것을 보지 못하도록[25]
휘장을 쳤다. 나중에 울리히 폰 튀를린(Ulrich von dem Türlin)이

35. 아라벨의 세례, 볼프람 폰 에셴바흐의 『빌레할름』에서, 1320.

주장하듯이 여자의 세례는 여자들만 볼 수 있었다. "정숙한 여자일 경우에만 키부르크(Kyburg)가 나체로 있는 것을 볼 수 있었다. 다른 경우에는 절대 그녀를 보아서는 안 된다."[26]

테오도르 고트리프 폰 히펠(Theodor Gottlieb von Hippel)이 18세기에 '벌거벗은 여자'는 '다른 부위를 가리는 것이 더 필요하다 할지라도 우선 가슴을(시선이 우선 가슴으로 향하기 때문에 상륙에 앞서 해안을 가림으로써 자기 몸을 지킬 수 있으므로) 손으로 가려야 한다'고 말했다 하더라도 이것이 새로운 시대의 변화된 수치심의 기준을 말해주는 것은 아니다.[27] 왜냐하면 중세에도 다른 사람을 보고 놀란 벌거벗은 여자는 적어도 한 손으로는 가슴을, 다른 한 손으로는 하체를 감추었다(그림36)는 것을 알 수 있기 때문이다. 예슈테(Jeschute)가 맨살이 보일 정도로 나뭇가지와 가시에 찢긴 속옷차림으로 말을 타고 가다가 남자를 만났을 때 그랬던 것처럼 말이다. "손과 팔로/그녀는 자신의 몸을 가리기 시작했다/영웅인 파르치팔 앞에서."[28]

132

36. 프라이부르크 사원의 낙수구,
13세기.

37. 그레고르 에르하르트,
「바니타스」, 15세기 후반.

물론 가슴이 축 늘어져서 더 이상 어떤 성적인 매력도 발산하지 못
하는 나이든 여자들과 달리 젊은 여자들만 그랬다. 이후의 문화에서
젊은 여자들은 노출과 가림이 세련되게 혼합된 부끄러움의 몸짓을 일
부러 취하곤 했다(그림37).

이제 벌거벗은 가슴의 성적인 *과시*는 무례한 것으로 간주되었음을
인정할 수 있을 것이다. 예를 들어 15세기 전반 윈체스터 주교의 수행
원이 젊은 하인리히 6세를 초대해서 상반신을 노출한 무희를 등장시
키자 하인리히 6세는 충격을 받아 자신을 초대한 사람에게 자기가 알
고 있는 가장 나쁜 저주를 퍼부었다. "과연, 참으로, 빌어먹을!"[29] 그
러나 우리는 여성 상체의 노출이 필요할 뿐 아니라 보편적이기도 했
던 다른 '에로틱하지 않은' 상황들은 없었는지 확인해볼 필요가 있다.

38. 알폰소 5세의 딸인 주안나 공주, 1470년경.

예를 들어 용병대장 프란체스코 스포르차(Francesco Sforza)의 아들은 만토바 백작 프란체스코 곤차가(Franceco Gonzaga)의 맏딸과 약혼하고 난 후에 불행한 신부인 수산나가 앞으로 어머니로서의 임무를 제대로 수행할 수 없는 육체적인 결함이 있다는 사실이 확인되었다. 그래서 두 가문은 그녀를 그녀의 여동생인 도로테아로 대체하기로 결정했다. 그러나 스포르차는 다시 약혼을 하기 전에 도로테아가 동일한 '결점'을 가지고 있지 않음을 확인할 수 있도록 두 명의 의사로 하여금 그녀를 검진할 수 있게 해달라고 백작에게 요청했다. 그런 검사를 하려면 적어도 도로테아는 상체 일부를 노출해야 했을 것이다. 두 가문 사이에는 그녀의 수치심을 상하지 않게 하면서 그녀를 얼마나 노출시켜야 하는가 하는 문제를 두고 불쾌하면서도 격앙된 긴장이 감돌았다. 곤차가는 딸에게 그런 굴욕을 당하게 하고 싶지 않았으며 결국 그 혼사는 무산되었다.[30]

39. 어린 소녀 시절 두 명의 결혼한 부인들과 함께 있는 루크레치아 토르나부오니(왼쪽),
도메니코 기를란다요의 그림, 1488년경.

이런 연관성에서 특히 가슴의 크기와 형태는 중요했지만 그 시대에
검사를 하기 위해 가슴을 완전히 노출하도록 요구하는 것은 무례한
일이었던 것으로 보인다. 헨리 7세는 이와 관련해서 운이 좋았다. 왜
냐하면 1503년 아내가 사망한 후에 재혼을 생각하고 있던 그가 페르
난도 2세의 미망인인 나폴리의 젊은 왕비를 면밀히 관찰하기 위해서
친지 세 명을 에스파냐로 보냈을 때 이베리아 반도의 궁정 여자들은
데콜테가 깊이 파인 옷을 착용했기 때문이다. 그래서 영국 왕은 사절
에게 가능한 한 왕비의 목선 안을 자세히 들여다보는 임무를 주었다.
"큰지 작은지 그녀의 가슴과 젖꼭지를 주목하라."[31]

예를 들어 로마에서의 상황은 (적어도 콰트로첸토의 특정 기간 동
안에는) 피렌체(그림39)에서보다 더 불리했다. 왜냐하면 피렌체 여자

인 루크레치아 토르나부오니(Lucrezia Tornabuoni)는 1467년 로마에서 남편인 피에로 데 메디치(Piero de' Medici)에게 아들 로렌초의 아내가 될 클라리체 오르시니(Clarice Orsini)에 관해 이렇게 편지를 썼다. "우리는 그녀의 가슴을 볼 수 없었어요. 젊은 여자들이 여기서는 완전히 목까지 감추고 있기 때문입니다. 그러나 그들의 몸매는 매우 아름답다는 인상을 받았어요."[32]

당시 신부가 반쯤 옷을 벗고 검사를 받는 것이 얼마나 생각하기 힘든 일인지는 모루스(Morus)의 『유토피아』(Utopia)에서도 명확하게 드러난다. 거기서는 이와 관련해서 한 여자가 젊은 남자에게 상체를 노출한, 앞으로 신부가 될 여자를 관찰하도록 데려다주고, 한 남자는 나체의 신랑을 신부에게 인도하는 일이 아주 자연스럽게 일어난다(나중에 나온 판에 삽입된 삽화[그림40]에서는 동시원칙 때문에 그것이 분명하지 않다). "아내와 남편을 선택할 때 그들은 진지하고 엄격하게 하나의 관습을 따르고 있었는데 그 관습은 우리에게는 상당히 어리석고 우매하게 보였다. 왜냐하면 지혜롭고 정직한 보모는 청혼자에게 처녀, 과부 구별하지 않고 여자를 나체로 보여주었기 때문이다. 마찬가지로 지혜롭고 분별있는 남자도 청혼자를 나체로 여자에게 선보였다."[33]

유토피아 이편에서는 물론 아주 많은 여자들이 다른 여자 앞에서 가슴을 드러내는 것도 부끄러워했다. 말하자면 17세기 잘츠부르크에서 마녀를 사냥하는 곤혹스런 심문이 벌어지는 동안 '사형집행인 야글(Jaggl)이 작은 막대기로 그 여자의 오른쪽 가슴을 찌르고 나서 확인했다'고 한 젊은이가 말하자, 법정은 앞으로는 여자 정리(廷吏)가 그들의 가슴을 조사하도록 명령했다. 27세의 '여자'는 그것을 치욕적으로 느꼈던 것으로 보이며 그래서 그녀는 '가슴'의 노출을 막기 위해 악마가 그녀의 '팔을 잡았다'고 고백했다.[34]

40. 모루스의 『유토피아』 파리판의 삽화. 1730.

페시아의 테아티노 수도회 수녀원장인 베네데타 카를리니(Bene-detta Carlini)는 1619년 환상을 보았다. 그녀가 환상 중에 성녀들의 수행을 받고 있는데(그 중에는 그녀가 가장 좋아하는 성녀인 카타리나도 있었다) 예수가 나타나더니 그녀에게 가슴을 드러내라고 요구했다. 예수가 전에 꺼냈던 그녀의 심장을 다시 집어넣기 위해서였다. 그러자 그녀는 주저했다. "여기 이렇게 많은 사람들이 보는 데서 옷을 벗고 싶지 않습니다!" 그럼에도 예수는 그녀를 진정시켰다. "내가 있는 곳에는 수치도 없다." 수녀원장은 바로 그녀의 왼쪽 가슴을 드러냈다. 나중에 교회의 검열위원회는 이른바 예수라 하는 사람과의 만남은 '그 자체로 성스러운 것이라기보다는 오히려 외설적이다'는 결론을 내렸다.[35]

9

'……가슴을 만지고 싶다……'

　　그렇다면 중세나 근세 초기에는 결혼한 부인이든 결혼하지 않은 젊은 여자든 일반적으로 대중 앞에서 가슴을 드러내는 것을 부끄러워했다는 사실이, 자주 제기되는 주장, 즉 여자가 젊고 결혼하지 않았으며 아주 낯선 사람이 아닐 경우 '16세기 전반에 걸쳐' '인사로서 여성의 가슴을 잡는 것이 남성들에게 허용되는' 관습이 있었다는 주장과 어떻게 일치할 수 있단 말인가?

　　"당시 젊은 여자들은 가슴을 비교적 관대하게 노출시켰기 때문에 사람들은 이런 관습을 오늘날보다 더 쉽게 실천할 수 있었다." 적어도 이론적으로는 이런 습관이 '에로틱하지 않은 것으로' 간주되었으며 오늘날의 악수처럼 느껴졌다[1]는 것이다. 이것은 근세 초기에도 여자들의 벗은 가슴이 오늘날의 손보다 더 에로틱하지 않았다는 문화사가의 주장과 일치하지 않는가? 게다가 심지어 18세기에도 대중 앞에서 젊은 여자의 젖꼭지에 입을 맞추는 것이 '일반적으로 허용되었'음을 암시하고 있지 않은가?[2]

실제로 16세기에 펠릭스 플라터(Felix Platter)의 보고가 있지 않은가? 그 보고에는 이런 내용이 들어 있다. "당시 바젤에는 추한 관습, 그것도 가슴을 만지는 그런 관습이 있었다. 귀족 가정에서도 그것은 흔한 일이었다. 집주인이 하녀에게 이런 명예로운 행위(?)를 가해서 하녀가 집을 나가지 않는 경우는 아주 드물었다."[3]

벌써 작가의 단어 선택에서 이 텍스트가 반어적으로 쓰여졌음을 알 수 있다. 집주인으로부터 가슴을 애무당하는 것은 하녀에게 전혀 '명예'가 아니었다. 그리고 그것은 물론 사회적으로 인정받은 '관습', 즉 인사의 관습을 다룬 것이 아니라 우리가 오늘날 '성적 희롱'이라 부를 수 있는 그런 것이었다. 당시에도 오늘날처럼 여자의 가슴을 '더듬는 것'을 가만 놔두는 젊은 여자들이 있었음은 마찬가지이다. 그래서 예를 들어 무르너는 1512년 손버릇이 나쁜 탐욕스런 젊은이가 하는 대로 가만 놔둘 뿐 아니라 코르셋 끈을 풀러 그녀의 '젖가슴'이 그의 손에 쥐이도록 한 깜찍한 젊은 여자에 관해 이렇게 적고 있다.

"'손대지 마.' 내가 말했다. '이 나쁜 녀석아!'/그가 내 가슴을 만지려 하면 나는 큰소리로 외칠 거야./'나쁜 녀석!/너같이 제멋대로 구는 녀석은 처음이야!'/그녀는 손으로 남자의 힘에 저항했다. 젖가슴이 그 어리석은 녀석의 손에 들어갈 정도로./그녀는 저항하고 반항하면서/몰래 손으로 속옷 고리를 잡고 고리를 푼다./젖가슴이 밖으로 드러난다./'아 불쌍한 젖가슴이여'/ 네가 어떻게 나를 이렇게 노출시킬 수 있단 말인가!/사람들이 와서 우리를 볼 것이다./사람들에게 무어라고 말해야 할까?"[4]

물론 어떤 남자에게 '욕정을 품거나' 아니면 그를 유혹하기 위해 '본의 아니게' 가슴을 노출했던 여자들이 분명 있었다.[5] 그러나 이런 일은 자주 그들의 의지와는 상관없이 일어나는 경우가 많았다. 그래

41. 정을 통하고 있는 남녀. 콘라트 볼슈타터의
운명을 점치는 책의 삽화. 1460년경.

서 16세기 후반 다마수스 뒤르(Damasus Dürr) 신부는 골목길을 지
나가면서 친구와 이야기를 나누던 한 젊은 여자의 '가슴받이를 배에
서'(원문 그대로이다!) 잡아채어 가슴을 볼 수 있게 했던[6] 뻔뻔스런
젊은이를 비난했다. 그리고 1589년 제인 앤저(Jane Anger)라는 여
자는 여자들이 깊이 파인 데콜테를 포기한다 해도 그것이 여자들에게
별 도움이 되지 않을 거라고 적고 있다. 왜냐하면 목까지 올라오는 의
복을 입어도 남자들이 여자들의 가슴을 만지는 일이 일어날 수 있기
때문이다. "우리가 가슴을 감춘다면 그것은 가죽으로 감춰야 한다. 천
은 그들의 손으로부터 우리 가슴을 지켜줄 수 없다."[7]

도상학적으로 볼 때 남자가 여자의 가슴을 잡는 것은 수천년 전부
터 성교를 의미했다(그림41). 즉 그것은 외음부를 잡는 것에 비해 좀

고상한 표현이었다. 그리고 낯선 남자가 실제로 하지 않았다 할지라도 자신을 이런 식으로 건드리는 것을 그냥 놔두는 여자는 절대 정숙한 여자가 아니었다.[8]

새뮤얼 피프스가 1664년 11월 13일 그의 일기에 기록했듯이, 그가 정숙한 여자임을 확신한 여자가 자신이 가슴을 만지작거리게 놔두었다는 데 대해 그는 무척 놀랐다. "페닝턴 부인은 옷을 벗고 속옷만 걸치고 불 옆에 앉아 있었다. 그녀는 기꺼이 내가 그녀의 가슴을 마음대로 만지고 오랫동안 그 짓을 하도록 허용했는데 나로서는 아주 기분이 야릇했다."

이에 용기를 얻은 피프스는 2주 후에 더 마음대로 할 수 있었다. 그녀는 그로 하여금 마음껏 자기 가슴을 만지도록 한 후에 거의 그에게 수음을 해줄 준비가 되어 있었던 것이다. "나는 자정이 넘도록 그녀와 이야기하고 장난치면서 단 둘이 있었다. 그녀는 내내 내가 원하는 대로 자기 가슴을 만지도록 허락했다. 그리고 그녀로 하여금 나의 성기를 만지도록 했다. 그녀는 내가 원하는 대로 거의 다 해주었고 거절하지 않았다."[9]

피프스와 같이 여자의 '가슴을 쥐는 사람'이 당시에 있었으며(오늘날에도 마찬가지이다) 대도시에는 어디든 있었다. 그러나 젊은 여자들은 대부분 뻔뻔스런 남자들의 손을 모자를 고정하는 장식핀으로 찔러 방어했다.[10] 그런 일은 200년 후 황야의 서부에서도 실제로 자주 일어났다. 어쨌든 당시 어느 북아메리카 목장주가 다코타 남쪽의 피에르에서, 그 지역의 '정숙한 여자'는 그들을 '건드리려는' 남자들의 손을 찌르기 위해 어두워지기 시작하면 긴 모자 장식핀을 가지고 다니는 경우가 많다고 쓰고 있다.[11]

전체적으로 볼 때 엘리아스 같은 이론가들이 주장하는 바, 반복되는 문명화 충동 때문에 남자들은 시간이 지남에 따라 점점 더 낯선 여

42. 「다른 남자가 가슴을 만지도록 허락하는
아내의 모습을 보는 남편」, 목판화, 1483.

자들에게 '장난치는' 것을 자제하게 되었다는 것이 옳다고는 거의 생각되지 않는다. '사람들이 여자의 팔을 잡지 않'는 '여성에 대한 배려'의 형식이 중세 말기 '전사들이 공손해지고자 하는 첫번째 커다란 충동' 때문이었다[12]고 말하는 것이 맞지 않는 것처럼, 남자들이 근세 초기 이후 수백년 동안 이와 관련해서 좀더 강한 충동 통제에 예속되어 있었다는 말도 맞지 않는다.

예를 들어 1728년 슈바벤에서는 이런 불평이 제기되었다. 즉 몇 년 전 『인정받지 못하는 세상의 죄들』(*Unerkannte Sünden der Welt*)의 저자가 '음란하게 손으로 만지기'라는 장에서 겉으로 보기에 아주 수줍어하는 여자들이 '미혼이든 기혼이든 남자들로 하여금 그들의 가슴을 만지고, 벗기고, 키스하게 한다는 등'의 내용으로 글을 썼는데, 그 후에 젊은이들이 젊은 처녀들을 십자가 위에 눕혀놓고 그들의 가슴을 벗겼다고 했다.[13] 그 책의 내용은 이렇게 이어진다. "오늘날 성

43. 「오스탕드 해변에서 목욕하는 하녀」
(배경에 목욕을 돕는 하인이 젊은 여자의 가슴을 쥐고 있다), 1843.

직자들은 그런 경박한 일이 얼마나 일반적인지 거의 매일 듣게 된다. 어떤 남자가 와서 아내를 비난한다. 그가 뜻밖에 아내를 다른 곳에서 만났는데 그녀의 가슴에 손을 집어넣었더니 가만히 참더라고 말이다. 아니면 아내가 와서 남편을 고발한다. 남편이 어떤 여자의 가슴을 만졌으며, 심지어 다른 곳에도 손을 갖다댄 일을 알게 되었다고 말이다."[14]

공적인 삶의 뒤편에서만 이런 일들이 벌어질 거라고 생각되는 1858년 빅토리아 여왕 시대에 런던의 한 음식점에서 중년의 남자들은 자주 '염치없이' 여자 종업원의 가슴을 잡았다고 한다.[15] 한편 어떤 남자들은 발레 무희들의 벗은 가슴을 관찰하고 '느끼기 위해서' 탈의실을 찾아가기도 했다.[16]

그런데 벌거벗은 젊은 여자가 함께 목욕통에 앉은 프랑스 왕 앙리 14세의 정부인 가브리엘 데스트레(Gabrielle d'Estrées)의 젖꼭지를

144

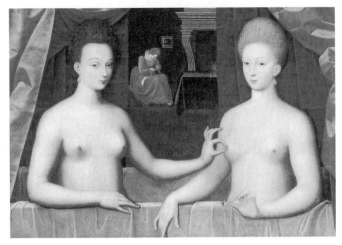

44. 미지의 여인과 욕탕에 있는 가브리엘. 1599년경.

손가락 끝으로 만지고 있는 유명한 그림은 근세 초기에도 여성의 가슴을 '주저없이' 만질 수 있었다는 주장을 뒷받침해주는 것이 아닌가? 그림44뿐만 아니라 레즈비언으로 추정되는 이런 장면이 심지어 '공식적인' 그림에서 묘사될 수 있었음을 이 그림이 보여주는 것은 아닌가?

우선 우리는 수많은 문화사가들의 주장, 즉 이 그림에서 두 여자의 사랑의 장면이 묘사되었다는[17] 말을 뒷받침해줄 어떤 근거도 존재하지 않는다는 점을 밝혀야 한다. 추측컨대 이러한 해석은 특별히 페미니즘 성향을 지닌 여류 역사가들에 의해 제시된, 어쨌든 잘못된 주장이 그 전제가 되었다. 즉 '음경을 질에 삽입하는 것이 아닌' 여성들 간의 성적 행위는 그 시기에 성적인 것으로 받아들여지지 않았으며[18] 그렇기 때문에 사람들은 그것을 아무런 문제없이 묘사할 수 있었다는 주장은 잘못된 것이다.

45. 조안 안드레아의 성애 그림 사본, 콰트로첸토.

　사람들은 (나중에도) 저명한 여자들의 명예를 훼손시키기 위하여 동성애 행위를 했다고 죄를 씌웠으며, 이런 행위들이 성애 그림에서 묘사되었다. 그래서 예를 들어 마리 앙투아네트가 특히 폴리냐크 (Polignac) 공작부인, 발비(Balbi) 부인과 성적인 관계를 맺는 내용의 작품들이 많이 창작되었으며, 수많은 대목에서 프랑스 왕비가 위에 언급한 부인들의 치마 아래로 손을 집어넣고 어떻게 손가락으로 그들을 만족시켜주는지 묘사되고 있다.[19]

　여성의 동성애 행위가 중세 때는 극도로 음탕하게,[20] 뒤의 르네상스 시대 때는 좀 덜 음란한 것으로 묘사되었다는 데 대해서는 이론의 여지가 없을 것이다(그림45).[21] 가브리엘이 동성애적 취향을 가지고 있으며 그런 행동을 보였음을 증명해주는 것은 아무것도 없다. 그럼에도 그녀는 국민들로부터 극도로 미움을 샀다. 그래서 풍자문학에서 조롱의 대상이 되었고, 더구나 그녀의 몸짓은 특별히 *부정적인 성*

46. 얀 반 비예르트, 「비너스와 아모르」, 17세기.

적 함의를 지니게 되었다.

예를 들어 얀 반 비질레르트(Jan van Bijlert)의 그림(그림46)은 *단순히* 비너스에 의해 대변되는 성만 의미하는 것이 아니라 아모르를 통해 부여된 이성의 사랑, 특히 임신과 결혼으로 이끌어지는 이성의 사랑을 의미한다. 칼리스토(칼리스토는 디아나 여신이 사냥을 할 때 시중드는 요정 가운데 하나로, 결혼하지 않고 처녀로 남아 있겠다고 서약했다. 그러나 칼리스토는 제우스의 사랑을 받게 되었고, 일부 전설에 따르면 제우스나 디아나 또는 헤라가 칼리스토를 곰으로 만들어 버렸다고 한다—옮긴이)의 임신을 알게 되는 장면이 묘사되어 있는 대리석 부조도 이러한 것을 보여준다(그림47). 디아나의 요정 중 하나가 칼리스토의 임신한 배를 가리키는 한편으로, 여신을 수행하는 여인들 가운데 수줍어하는 한 여인은 엄지와 검지로 그녀의 젖꼭지를 잡으며 칼리스토를 임신하게 한 정숙하지 못한 행위를 암시하고 있다.

47. 피에르 에티엔 모노, 카셀 오랑제리의 대리석 욕탕 속 부조, 1729.

몽소(Monceaux) 후작부인 데스트레는 앙리 4세의 아이를 임신했으며, 유산 후 1599년 4월 10일 고통 중에 사망했다. 그녀가 독살당한 건지 아니면 '내생적인' 임신중독의 희생물이 되었는지는 확실하지 않다. 어떻게 되었든지 간에 모든 상황이, 젊은 여자가 에스트레의 젖꼭지를 잡고 있는 손동작은 그녀가 앙리 4세의 아이를 임신했음을 표현하려 했음을 알려준다.[22] 특히 에스트레는 동일한 손동작으로 왼손으로 반지를 잡고 있다. 이 반지는 틀림없이 앙리가 1593년 왕으로 기름부음 받은 것을 계기로 상징적으로 국가를 아내로 맞아들인다는 징표였을 것이다. 왕은 그 다이아몬드 반지를 1599년 부활절 다음 첫

48. 화장 중인 미지의 젊은 부인. 프랑스, 16세기.

번째 일요일에 공식적으로 결혼하겠다는 약속의 징표로 마르디 그라스에 있는 연인에게 보냈다. 그리고 에스트레가 반지를 끼지 않고 손가락으로 붙잡고 있는 것은 아마도 그녀가 왕을 사랑하지만 아직 법적으로는 결합하지 않았음을 의미할 것이다. 반지를 그렇게 붙잡고 있는 것은 당시 사랑의 표시였다.[23]

그리고 이와 마찬가지로 그림48의 젊은 부인도 아마 신부를 의미할 것이다. 추측컨대 그녀는 이미 약혼자와 잤고(거울 지지대가 나체로 서로 껴안은 남녀 한 쌍으로 마감되고 있다), 그리고 아마도 임신했을 것이다. 그렇기 때문에 넷째손가락과 가운뎃손가락이 그녀의 가슴을 향하고 있다. 그러나 그녀는 아직 결혼을 하지 않았다. 그렇기 때문에 오른손 손가락으로 반지를 잡고 있으며 아직 끼지는 않고 있다.[24]

검지와 엄지로 실제의 물건이나 상상의 물건을 잡을 때 '손가락 끝'은 원을 형성한다. 이는 어떤 둥근 것, 특히 인도 게르만 사회에서는 여성의 질 입구, 그럼으로써 간접적으로 성교를 상징한다.[25] 그래

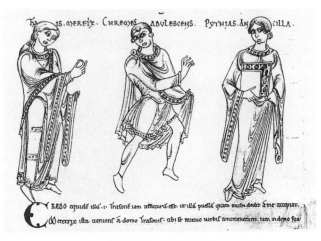

49. 호객하는 창녀. 1150년경.

서 이미 젖가슴을 드러낸 창녀들이 아잔타 암석사원 벽화에 이런 자세를 취했다는 것, 그리고 그림49에서 볼 수 있듯이 유럽의 중세 중기에도 공창들이 이런 식으로 고객을 유혹한 것[26]은 놀랄 일이 아니다.

에스트레 역시 프랑스 궁정에서는 '창녀'로 간주되었으며 앙리 4세와 내연의 관계를 맺기 이전에 이미 여러 남자들의 연인이었다. 왕의 정부를 그린 이 그림에서도 그런 의미가 의도된 것인지는 알 수 없다. 왜냐하면 이 그림을 주문한 사람이 누구인지 알지 못할 뿐 아니라 누가 그 그림을 그렸는지, 그림의 기능이 무엇이었는지도 모르기 때문이다. 어쨌든 에스트레 생전에 민중들은 파리의 골목길에서 이렇게 노래를 불렀다. "부인, 그대의 가슴을 감추시오, 분홍빛 젖꼭지도 함께. 누군가 그대 가슴에 손을 얹으면 다른 것도 거기에 올려놓고 싶어할 테니까."[27]

완전히 노출했든 반만 노출했든, 가슴은 남자들에게 그것을 만지고 애무하고 싶어하는, 거의 저항할 수 없는 매력을 발휘한다고 중세와 근세 초기 사람들은 생각했다. 예를 들어 1230년에 나온 『카르미나 부라나』(Carmina Burana, 13세기의 세속적 시집의 필사본으로 내용은 10~13세기 서유럽에서 환락을 찬양하는 노래와 시들을 지어 유명했던, 학생 방랑시인들이 쓴 것으로 보인다—옮긴이)에도 이렇게 적혀 있다. "그들의 가슴을 보고 싶다/그것을 손으로 만지고 싶다/노출된 가슴을 만지고 싶다(simplicibus mammis ut alluderem)./그 생각이 정욕을 불러일으킨다./그녀의 얼굴이 수치로 붉어진다(sedit in ore rosa cum pudore)."[28]

대략 같은 시기에 콘라트 폰 뷔르츠베르크는 '여자들'의 즐거움을 위해 '남자들에게' 그들의 전시품을 만지는 것을 용납해야 한다고 했다. "그렇게 그는 열정적으로 손으로 여자를 잡고 사과처럼 매달린 그녀의 가슴을 만졌다. 이런 행위에도 그녀는 화를 내지 않았다. 그럴 때 그녀는 기뻐했다……."[29] 그리고 오스발트 폰 볼켄슈타인(Oswald von Wolkenstein)은 1417년 결혼이 예정되어 있던 마르가레테 폰 슈반가우(Margarethe von Schwangau)의 가슴을 만지자 그녀가 교태를 부리며 이렇게 말했다고 한다. "연인이여, 그렇게 나는 만족을 느껴요. 그리고 당신 손이 내 가슴을 만질 때 나는 빨리 당신만의 아내가 되고 싶어요."[30]

노출된 가슴이 어떤 매력을 발산하는지는 예를 들어 『가웨인 경과 녹색 기사들』(Sir Gawain and the Green Knight)에서 마녀가 '앞쪽에는 가슴을 노출한 채로, 그리고 뒤도 마찬가지로 노출한 상태로' 주인공을 유혹하려 했던[31] 데서도 알 수 있다. 그리고 100년 후 카르투지오 수도회의 어느 수도사는 설교단에서 악마가 여자의 노출된 가슴을 가지고 그로 하여금 수도원 생활을 그만두게 만들려고 하는 환상을 보았다. "그리고 그는 여인을 팔에 안고 그녀의 가슴과 배꼽까지 노출된 모습을 보여주었다."[32]

가슴은 단순히 시각적이며 촉각적인 면에서 매력적일 뿐 아니라 후각적인 관점에서도 그러하다. 그것도 우리가 기대하듯이 수유하는 어머니의 가슴이 아니라 누군가의 손이 닿지 않은 젊은 여자의 가슴이 그렇다. 가슴은 우리가 생각했듯이, 유혹하면서 동시에 진정시키는 냄새를 발산한다. 그래서 12세기의 필리페 디 타온(Philippe di Thaon)은 처녀가 젖가슴을 옷 밖으로 내놓음으로써 부끄러워하는 유니콘의 감각을 마비시켜 그것을 잡을 수 있었다고 한다.[33]

10

'기능적인' 가슴 노출, 치욕스러운 징벌과 젖먹이 수유

과거에 여자를 이런 방식으로 처벌하기 위해 대중 앞에서 가슴이나 심지어 상체 전체를 노출시켰던 그런 경우는 없었을까? 그리고 수치와 곤혹스러움의 기준과 관련하여, 중세와 18세기 사이에 노출된 여성의 상체가 '선정적인 것이 되면서' 동시에 (어느 정도 비례하여) 공적인 삶의 뒤편으로 사라지는 그런 문명화 과정이 존재했다는 사실이 여기서 밝혀지지는 않을까?

물론 치욕을 주는 징벌이나 다른 식의 처벌을 할 때도 예절 규정들이 전혀 고려되지 않은 것은 아니었다. 킬의 병약자 요양소, 즉 빈민 구호시설의 규정에는 1301년부터 남자든 여자든 성적인 범죄는 벌거벗긴 상체를 채찍질한다고 되어 있다. 그러나 여자들에게 이 벌을 집행할 경우 남자가 그 자리에 있어서는 안 된다.[1] 1404년과 그 이후의 자료에서 런던 감옥에서 여자들의 상체를 벗겨 그 위에 무거운 추를 올려놓음으로써 고문하는 경우가 많았음을 알 수 있다. 그러나 고문

받는 여자들 가운데 많은 이들이 집정관과 그의 조수들 앞에서 가슴을 노출하게 하는 몰염치한 행위에 대해 격분하여 저항했다. 그래서 예를 들면 마르가레트 클리테로(Margaret Clithero)라는 여자와 관련해서 이런 얘기가 전해진다. "그녀가 기도한 뒤에 보안관은 간수들에게 그녀의 죄수복을 벗기라고 명령했다. 그녀와 네 명의 여자들이 무릎을 꿇고 여성으로서의 체면을 위해서 그것만은 면제해달라고 요청했지만 허락되지 않았다. 그러자 그녀는 여자 간수가 옷을 벗기도록 하고 그들의 얼굴을 돌리게 해달라고 요청했다."[2]

르네상스 시기의 이탈리아에서는 '마녀들'(lestrige)에게 모욕을 주기 위하여 가슴을 노출하게 하고 얼굴은 당나귀 꼬리를 향한 채, 치욕의 당나귀 위에 거꾸로 앉혀서 도시 전체를 끌고다니는 경우가 많았다. 그런 여자가 마술을 했다면 그녀는 (『신앙교의 성성의 시성 조사 과정』[*Prattica per procedere nelle cause del S. Offizio*]에 적혀 있듯이) 이렇게 노출을 한 채 회초리로 맞았다.

그러나 종교재판소는 특히 죄를 지은 여자가 결혼적령기의 딸을 가졌을 경우에는 그런 방식으로 대중 앞에서 모욕을 주지 않는 경우가 많았다. '그 치욕은 딸에게로 전이되며'(Perchè ridonda in igno-minia delle figliole), 그래서 딸이 결혼할 남자를 만나지 못할까봐 염려한 까닭이었다. 결혼한 여자의 경우라도 종교재판소는 남편들이 아내가 그런 치욕을 겪는 것을 보고서 아내에 대한 사랑을 잃는 것을 원치 않았다.[3]

결혼하지도 않고 나이든 딸도 없는 여자의 경우도 대중 앞에서 치욕을 겪는 것은 막아보려 하거나 아니면 적어도 사람들이 자신의 얼굴을 알아볼 수 없도록 얼굴을 가려달라고 부탁했다. 후자의 은혜는 자주, 아마 거의 일반적으로 베풀어졌던 것으로 보인다. 왜냐하면 베네치아의 악마의 정부(情婦)로 판결받은 베타 민치오니(Betta

Minchioni)의 경우에도 법정은 그녀의 "얼굴을 가리도록"(faccia scoperta) 했기 때문이다.[4]

17세기에도 사람들이 여자의 '실제적인 명예'를 무시한 채 공공연하게 상체를 벌거벗긴 채 벌을 주는 경우가 많았다. 그리고 분명 그것이 많은 남성 관객들이 그런 볼거리를 보려고 달려갔던 이유 가운데 하나일 것이다. 그래서 예를 들어 1636년 이른바 마녀로 여겨진 안나 아멜둥(Anna Ameldung)은 오스나브뤼크에서 상체를 벌거벗긴 채 채찍질을 당했다.[5] 그보다 6년 전 런던에서는 '조앤이라는 여자가' 간음죄로 '내일부터 일주일 후 12시에서 1시까지 시장거리에서 허리까지 벌거벗겨진 채 매를 맞'았다.[6]

그럼에도 대부분의 경우 그런 벌의 집행이 법관에게도 너무 몰염치한 것으로 보였다. 그래서 좀 명망있는 여자들은 관중들이 배제된 상태에서 대부분 여성에 의해 채찍질을 당했다. 1610년 위벌링겐의 한 판사는 판결문에서 '형리'는 '그녀의 상반신을 노출시켜서' 벌을 주어야 한다고 규정하고 있기는 하나, 그런 여자들이 형리에 의해 끈에 묶여 시내를 끌려다니면 사람들은 거의 대부분 가슴을 가릴 수 있도록 수건을 던져주었다.[7]

영국에서는 이 시기에 법규를 어긴 여자들을 대중 앞에서 상체를 벌거벗긴 채 끌고다니거나 공개적으로 채찍질하는 것을 금지했다. '성에 관한 예의범절로 인해 여자의 몸을 보이게 하거나 공공연하게 몸을 험하게 다루는 것이 금지되었기'[8] 때문이다. 그러나 이런 규정은 때로 지켜지지 않은 것으로 보인다. 어쨌든 네드 워드(Ned Ward)는 1698년 반나체의 여자를 채찍질하는 데 대해 이렇게 썼다. "여성이 자신의 몸을 남자나 소년들 앞에 보여주는 것은 부끄러운 일이라고 생각한다. 그렇게 하면 마치 구경꾼들로 하여금 즐기도록 하는 것과 같다. 그보다는 잘못된 해악을 올바로 고치고 관습을 개량하는 것이 목적이어야 한다. 따라서 여자들은 여자들 앞에서만, 그리고 여자들의 손에 의해서 벌을 받는 것이 훨씬 더 적절하고 타당하다고 생각한다."[9]

그러나 18세기에도 영국에서는 여자 도둑, 창녀, 다른 불쌍한 여죄수들이 번번이 남자들과 소년들 앞에서 가슴이 벌거벗겨진 채 회초리로 매를 맞았다.[10] 그래서 함부르크에 있는 영국 공사의 비서였던 토머스 레드야드(Thomas Ledyard)는 1726년 브레멘 광장에서 주인과 관계를 맺은 객실 청소부를 채찍질하고 치욕을 주는 것을 보고 사람들이 분노하는 것에 대해 의아하게 생각하지 않을 수 없었다. "잠시 후 아름답고 젊은 여자가 어깨 위로 머리를 풀어헤친 채 나타났다. 그녀는 허리까지 벌거벗은 상태였으며 그녀의 손은 묶여 있었다." 게다가 노끈으로 그녀의 팔을 높이 잡아올려 다른 면에서는 그렇게 정숙하다고 여겨지던 브레멘의 관중들이 그녀의 양쪽 가슴을 자유로이 쳐다볼 수 있었다. "그것은 겉으로 드러난 도덕, 예절과 전혀 일치하지 않았다." "나는 그 장면 전체가 극도로 충격적이었음을 고백하지 않을 수 없다."[11]

물론 브레멘의 법정도 분명 그와 같이 느꼈을 것이다. 그러나 당시 사람들은 특히 풍기문란의 경우 '모범으로 삼을 만한 처벌'을 적용해야 한다고 생각했다. 그래서 젊은 여자가 간음죄로 공적 수치심을 유발하면, 사람들은 그녀의 가슴을 드러내어 그녀에게 수치심을 느끼게 함으로써 그것을 '보상했다.' 인디언 여자들의 '벗은 가슴'[12]과 아내의 데콜테를 충격적으로 받아들이는 뉴잉글랜드의 청교도들이 간통한 여자를 상체를 벗긴 채 공개적으로 모욕을 주었다는 것 역시 그렇게 이해할 수 있다.[13]

18세기와 19세기의 사회가 '대면'적 성격을 잃어버릴수록, 범법자들을 징벌하는 데서 그들을 일시적으로나마 사회적으로 '의도적으로

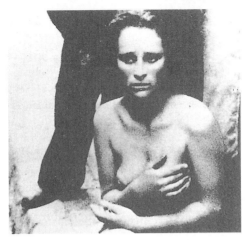

50. 렘베르크의 우크라이나 민병대에 의해
살해되기 직전의 유대인 여자. 1942.

무시된 인물'(Unperson)로 낙인찍는 식으로 모욕을 주는 비중은 점
점 줄어든다. 그래서 최근에 여자 가슴을 강제로 노출시키는 일이 '국
가' 사법기관에서 점점 사라지고 있는 것은 당연하다. 그래서 그런 종
류의 모욕은 거의 소수민족 박해(그림50)나 미국 군인들이 마을에 들
어서면 거의 습관적으로 여자들의 상의를 찢어발겼던[14] 베트남전과
같은 전쟁에서, 아니면 쉽게 파악이 가능한 소규모 인간집단의 '인민
재판'에서나 볼 수 있다.

16세기 모스크바의 '가옥대장'인 『도스모스트로이』(Dosmostroi)
에서는 가장이 상체를 벗겨 아내를 채찍질하도록 하고 있다. 물론 '끔
찍하고 중요한 반항'일 경우에만 아내에게 그런 방식으로 굴욕을 주
어야 한다고 제한적으로 적어놓긴 했다.[15] 이런 처벌들은 특히 간통
의 경우에는 일반적이었던 것으로 보인다. 예를 들어 남편이 외국에
서 일을 하기 때문에 부재중이라면, 대표적으로 마을공동체가 부정을
저지른 여자의 가슴을 벗겼다.[16] 러시아의 많은 지역에서, 예를 들면

오룔 지방에서는 19세기에도 마을의 중년 부인들이 결혼 전에 부정을 저지른 여자의 머리를 자르고 그녀의 옷을 찢어서 그녀의 가슴이 노출되도록 했다. 그 여자는 그렇게 옷이 벗겨진 채 치욕스럽게 마을 전체를 끌려다녔다.[17]

이것이 우선은 창피를 주는 데 중점을 두었던 전통적인 '민중재판'이라면 '국가'의 사법기관은 특징적이게도 이런 방면에는 별로 큰 가치를 두지 않았다. 그래서 예를 들어 크리스티안 고틀로브 취게(Christian Gottlob Züge)는 18세기 중반 러시아에서는 오로지 남자 범법자들만 상체가 벗겨진 채 매를 맞았다고 보고하고 있다. "그러나 여성은 속옷을 입게 했다. 그로 인해 여자들은 벌을 집행하는 군인만 매수할 수 있으면 사람들 눈에 거의 눈에 띄지 않게 이런 징벌을 받을 수 있다. 어느 독일 이주민이 어떤 죄를 지었는지는 모르겠지만 이런 벌을 선고받았고, 그녀는 속옷 아래 조끼형 코르셋을 입고 있었다." 물론 이는 발각되었다. 왜냐하면 코르셋 위를 때리자 속옷만 입은 등을 때릴 때와는 다른 소리가 났기 때문이다.[18]

19세기에 오스트레일리아로 이민자들을 실어나르던 영국 배에서도 '선의에 거스르는 행동'(restive conduct)이 눈에 띄는 여자들은 상체를 벗겨 갑판에서 선원들과 나머지 남자들 앞에서 왔다갔다하게 함으로써 처벌했다.[19] 거기다 그 여자가 죄수라면 사람들은 그들의 수치심을 거의 고려하지 않은 채 대중의 면전에서 벌거벗은 가슴 위를 채찍질했다.[20]

처벌을 집행할 때의 이런 종류의 노출이 항상 언급되듯이 중세와 근세 초기에도 그렇게 아무렇지 않았다는 점을 인정한다면, 우리는 16세기까지 불쾌감을 주지 않는 '기능적인' 노출이 있었음에 주목해야 한다. 그것은 바로 아이에게 젖을 먹이기 위해 가슴을 노출하는 것이다. 그리고 엘리아스의 '시종'이라 할 수 있는 한 학자 역시 공적인

장소에서의 수유는 16세기와 17세기가 지나면서 '몰염치한 것으로 여겨졌다'고 말하고 있다.[21)

나중에 알게 되겠지만 모든 시대와 대부분의 사회에서 아이에게 젖을 먹이는 어머니의 가슴 이외에 '성적 의미가 제거된' 가슴은 거의 존재하지 않았다는 점은 명백한 사실이다. 그럼에도 중세에도 그런 '성적 의미'가 완전히 '제거'되지 않은 것처럼 보인다는 점을 확인하는 것은 중요하다.

이는 예를 들면 다음과 같은 사실에서 잘 알 수 있다. 즉 19세기 전반에 오트프리트 폰 바이센부르크(Otfried von Weißenburg)는 *특히 훌륭한* 어머니, 즉 성모가 아들에게 공개적으로 수유하는 것을 부끄러워하지 않았다는 점을 강조했다. 마리아는 죄가 없었고 *그렇기 때문에* 부끄러워하지 않고 낯선 남자들 앞에서도 가슴을 노출시킬 수 있었다.[22)] "거기 그녀는 기쁨으로 아이에게 젖을 물렸다. 가슴을 노출하고 하나님의 아들에게 젖을 먹이는 것을 방해하지 말라."[23)]

물론 사람들이 많은 자리에서 젖을 먹일 수밖에 없는 여자들은 대부분 그 자리에 있는 남자들에게서 몸을 돌렸을 것이다. 게다가 젖을 먹이는 가슴은 사람들에게 그리 많이 드러나지도 않았다. 왜냐하면 가슴 위 끈으로 묶은 옷트임을 젖먹이가 젖꼭지를 물 수 있을 정도만 벌렸고 그러고 나면 아이에 의해 젖꼭지가 가려졌기 때문이다. 젖을 먹이는 여자가 덜 정숙하면, 그리고 그 트임을 너무 넓게 벌리면, 사람들은 바로 그녀가 남자를 유혹하고 싶어하는 것이 아닌지 의심했다. 그리고 나중에 그녀가 지옥에서 그 벌로 유방에 끈이 묶여 매달리는 것을 상상했다.[24)]

『탈무드』의 전통에 따르면 사람들이 많은 곳에서 아이에게 젖을 먹이는 것은 몰염치한 짓이며, 메이어(Meir, 서기 2세기에 활동) 랍비는 여자가 그런 짓을 저지른다면 남자는 아내와 헤어져야 한다고 말했다.[25] 중세와 근세 초기의 그리스도교인들은 이런 관점에서 덜 엄격했지만 몇몇 지역에서는 공개적인 수유를 일반적으로 동물들만 하는 것으로 생각했다. 예를 들어 북부에서 바이에른으로 이주한 어떤 여자가 공개적인 장소에서 수유를 했을 때 바이에른 지방 여자들은 이 여자를 '더럽고 추잡하다'고 했으며, 그녀의 남편은 그녀에게 이런 '추한 습관'을 버리지 않는다면 단식투쟁을 벌이겠다고 말했다[26]고 한다.

1541년 영국에서는 특정 부인들이 젖먹이는 모습을 남들에게 보이고 싶어하지 않는 이유 중의 하나로 '우아한 자태'(Delicacy)를 들었다.[27] 그보다 약간 늦게 앙리 4세의 아내인(앙리 4세와의 사이에 자녀가 없었다) 마르가레트 발루아(Margarete Valois), 즉 '순수한 마고'는 몽스에서 한 여성들의 모임에서 영접을 받았을 때 그 지방 총독의 젊은 아내인 랄렝(Lalaing) 백작부인에게 큰 신뢰감을 표명해 그녀를 기쁘게 했다. 처음에 마르가레트는 그녀를 무척 낯설어했다. "그녀는 모유로 아들을 키웠다. 그 다음날 축제에 그녀는 나하고 같은 테이블에 아주 가까이 앉아 있었다. 그곳은 모든 사람이 더없이 솔직하게 서로 이야기를 나누는 장소였다." 백작부인은 '수유를 하기에 적당한 옷', 즉 단추로 열 수 있는 수유 구멍이 있는 옷을 입었다. 그녀는 "편하게 단추를 풀고서 젖꼭지를 아기에게 물렸다. 다른 사람에게 몰상식하게 보일 수도 있는 행동이지만, 그녀는 우아하고 순진하게 아기에게 젖을 물렸다. 마치 그녀의 모든 행동이 아기와 함께 일어나는 것처럼, 그녀에게 기쁨도 되면서, 또 그만큼 그에 대한 찬사도 받아들일 것처럼."[28]

이것은 부인들만 모여 있을 때 경우지만, 친밀한 가족이 아닌 다른 사람 앞에서의 수유는 '무례한'(incivilite) 것으로 여겨졌던 것으로 보인다. 프랑스에서도 그랬다. 하지만 근세 초기의 프랑스 여자들은 이런 면에서 비교적 자유로우면서 다른 사람의 시선을 별로 개의치 않았던 모양이다. 그래서 1630년 아일랜드인 여행자는 프랑스에서는 여자가 '아무런 해명도 하지 않고 가리지도 않은 채 아이에게 젖을 물릴' 수 있지만, 영국에서는 그런 일이 '예의를 어긋나는 것'이라고 하면서 놀라움을 감추지 못했다.[29] 예컨대 링컨 백작부인은 이 시기에 이렇게 말했다. "정숙한 사랑하는 어머니에게 물어보라. 그들이 어린 자녀에게 젖을 먹이기 위해 얼마나 많은 문제를 고려해야 하는가를."[30]

네덜란드의 풍속화에서 젖먹이는 장면을 살펴보면 어머니들이 일반적으로 그 일을 얼마나 부끄럽고 신중하게 생각하는지 놀라게 된다. 1635년경 히지스베르트 시빌라(Gijsbert Sybilla)의 그림에 보이는 것처럼 개혁교회에서 예배드릴 때 혹은 키리진 반 브레켈렌담(Quirijin van Brekelendam)의 그림에 나오는 것처럼 의사에게 진료받을 때나 혹은 재단실에서, 젖을 먹이는 어머니들은 항상 다른 사람으로부터 몸을 돌리고서 가슴을 가능한 한 조금만 노출시켰다.[31]

그러나 다리를 음란하게 벌리고 뻔뻔스럽게 자신의 가슴을 잡고 있는 깃털 달린 모자를 쓴 남자에게 웃음을 던지는 얀 스텐(Jan Steen, 17세기 네덜란드의 풍속화가)의 「즐거운 모임」(Lustige Gesellschaft)에 그려진 젖먹이는 여자처럼, 여자가 젖을 먹이면서 완전히 가슴을 노출하고 남자를 향해 몸을 돌린다면 그것은 바람둥이 여자를 묘사한 것이다. 이 그림의 배경이 되고 있는 침대와 문란한 성관계의 상징인 고양이를 통해 그것은 더욱 명확해진다.[32]

집시 여자들 역시 아주 드러내놓고 아이들에게 젖을 먹였던 것으로 보인다.[33] 게다가 젖먹이를 데리고 있는 집시 어머니들은 여름에 가슴을 완전히 열어놓고 다니는 경우가 많았다. 그것이 많은 예술가들에게 강하게 영향을 미쳐서 예술가들은 중세 후기부터 가슴을 노출시킨 집시 여자들을 자주 묘사하고 있다. 분명히 집시를 다루고 있는 알브레히트 뒤러(Albrecht Durer, 르네상스 시대 독일의 화가이자 판화가)의 동판화 「터키 가족」, 한스 부르크마이어(Hans Burgmaier)의 「집시 가족」[34], 혹은 스텐의 그림 「사람들이 있는 풍경」(이 그림에서는 네덜란드 남자가 젊은 집시 여인의 벌거벗은 가슴에 정신이 팔려 어린 집시 아이가 자신의 돈지갑을 훔치는 것을 알아채지 못하고 있다, 그림51) 등이 그 예이다.

18세기 프랑스 혁명 이전에 벌써 직접 젖을 먹는 것이 다시 유행했다. 그럼에도 사람들이 많이 모인 곳에서의 수유는 적어도 시민사회에서는 계속 극도로 무례한 것으로 간주되었다. 그렇기 때문에 1783년 라크루아(Lacroix)라는 남자는 국가가 젖먹이는 어머니들이 언제든 방문할 수 있는 특별한 공공장소를(공중 화장실과 비교할 수 있는) 마련해야 한다고 제안했다.[35] 여자들이 아이들에게 직접 젖을 먹

51. 얀, 스텐, 「사람들이 있는 풍경」, 1650년경.

여야 한다고 주장하는 바로 그 사람들이, 하지만 그것이 여성의 '해 방'에 유익하지는 않으리라고 염려했다. 왜냐하면 수유는 외관상 보기 싫게 가슴을 처지게 할 뿐 아니라 여자를 '젖소'로 비하시키면서 '동물화하기' 때문이다. 그리고 그것은 특히 여성들로 하여금 사회적 교제로부터 멀어지게 한다. 낯선 남자들 앞에서 가슴을 노출시키는 데 대한 수치감 때문에 교제를 꺼리게 되기 때문이다.[36]

그럼에도 대략 18세기 중반부터 예절상 사람들이 보는 데서 아이에게 젖을 먹이는 것을 점점 더 금하게 된다. 1774년 2월 1일 프랑크푸르트 『저널』(*Journal*)의 통신원은 이렇게 썼다. "프랑스의 최신 유행을 좋아하는 사람들은 아주 새로운 유행을 기대해도 좋다. 그것은 우리 도시의 어머니들이 아이들에게 직접 젖을 먹이기 시작했다는 것이다. 내가 리옹에 있을 때 나는 점잖은 젊은 부인이 어린 아들에게 젖을 먹이고 있는 것을 보았다." 그 부인의 오빠가 통신원에게 말했다. 이것이 "여기 파리에서는 통상적인 일이며 다른 도시에서는 유행이 되었다. 우리는 이에 대해 루소에게 감사해야 한다……"[37](그림52).

자녀를 행복하게 하기 위해 이제 집뿐 아니라 거리나 혹은 공원에서도 '자연스럽게' 가슴을 내놓는 '행복한 어머니'(L' Heureuse mere)(그림53)가 독일에서도 분노보다는 경탄을 불러일으켰다. 그리고 베를린 동물원에 갔던 한 여행자는 이런 감정을 이용하는 젊은 여자 걸인에 대해 보고했다. "거의 8일 동안 항상 이곳에서 볼 수 있었던 한 여자가 가장 많은 동냥을 받았다. 그녀는 조용히 길에서 몇 발자국 떨어져 나무에 기대어 앉았다. 그녀는 창백하고 아파 보였다. 그리고 두 어린아이를 품에 안고 있었다. 그 둘에게 그녀는 동시에 젖을 물렸다. 그 광경은 아주 감동적이었다. 젊은 여자들이 그 앞에서 멈추지 않고 그냥 지나치는 경우는 아주 드물었다. 그들은 말을 걸고

52. 오귀스탱 클로드 르 그랑, 「장 자크 루소 혹은 자연 인간」, 1785년경.

적선을 했다. 그녀는 하루 종일 같은 자세로 앉아 있었다. 그 전체가 훌륭한 볼거리임을 증명한 셈이었다."[38]

새로운 세대의 젊은 여성들에게, 사람들이 모여 있는 곳에서의 수유에 대한 이런 생각의 변화가 일어났던 것으로 보인다. 그에 비해 많은 남자들의 영혼은 '자연으로의 귀의'를 거부했다. 그래서 예컨대 1780년 페스탈로치는 순진한 농촌 젊은이는 그런 광경을 보면서 영혼 구원의 위험을 전혀 느끼지 않을 것이라고 말했으나 그런 자연스러움이 도시에는 존재하지 않을 것이라고 의심했다. 왜냐하면 도시의 젊은이들 눈은 훨씬 빨리 트이며 게다가 이들이 처음으로 보는 벌거벗은 여성의 가슴은 대부분 젖먹이는 어머니의 가슴이 아니라 하녀의 매력적인 가슴이기 때문이다. "그리고 거실이라는 신성한 장소에서 젖먹이는 어머니는 성숙한 아들을 부끄러워하지 않는다. 그들은 매일 해야 하는 의무의 완수와 관련해서 그 어떤 안 좋은 것도 두려

164

53. 세르쟁 마르소, 「행복한 어머니」, 동판화, 1799년경.

위하지 않는다. 수유하는 어머니 옆에서 아침 기도와 저녁 기도를 드리는 농부의 아들은 천천히 성숙한다. 그리고 젖먹이를 데리고 침실로 피해 방의 빗장을 지르는 도시 어머니의 아들은 하녀에게 코르셋을 끄르는 데 대한 대가를 지불하고 창녀의 가슴을 보며 타락한다."[39]

그에 비해 다른 사람들은 신을 경외하는 농부의 아들조차 도무지 믿지 않는다. 그리고 『팔터와 게르트라우트, 시골 농부들을 위해 씌어지다』(*Valter und Gertraud, für das Landvolk auf dem Lande geschrieben*)에는 새로운 시대를 거부하는 농촌의 모범적인 부부에 관해 이렇게 씌어 있다. "그들은 자녀를 순결하게 키우기 위해 매우 신경을 썼다. 그리고 그들의 여린 영혼을 더럽힐 수 있는 모든 것을 멀리했다. 그들은 아주 순수한 행동을 통해서도 아이들에게 불쾌감을 주지 않으려고 조심했다. 게르트라우트는 다른 자녀들이 없을 때 아기에게 젖을 먹이거나 아기를 돌보았다."[40]

물론 시민사회에서도 적지 않은 젊은 어머니들이 이런 경건한 제안에 따랐던 것으로 보인다. 그래서 요한 크리스티안 지데(Johann Christian Siede)는 1796년 소책자인『아름다운 가슴의 보존과 획득을 위한 이성적이고 입증된 수단』(*Vernünftige und bewährte Mittel zur Erlangung und Bewahrung einer schönen Gorge*)에서 이렇게 비난했다. "아주 많은 여자들이 결혼한 후에 바로 순수한 수치심을 잃어버린다. 그리고 우리는 거의 매일 공공연하게 가슴을 가능한 한 넓게 벌리고 아이들에게 젖을 먹이는 어머니들을 볼 수 있다. 그들은 그런 행동이 이웃의 눈에 띌 수 있다는 것은 조금도 생각하지 않는 것처럼 보인다."[41]

또 다른 해설자는 이렇게 생각했다. 그런 여자들이 단순히 무심하거나 생각이 없어서 그런 것이 아니다. 그 반대이다. 그들이 실제로 코르셋의 단추를 풀어서 남자들에게 자신의 벌거벗은 가슴을 보여줄 수 있는 시간은 아주 짧다. 그리고 1795년 한 독일 의사는 젖을 먹이는 어머니들을 이렇게 평가절하했다. 수유가 그들을 성적으로 자극하고 그러면서 그들이 죄에 빠지기 쉬운 생각을 억제할 수 있기 때문에 자녀들에게 젖을 준다고 말이다.[42]

11

성모 마리아와 젖먹이는 부정한 여인들

1540년대 말 샤를 7세의 재무장관이면서 왕의 정부인 아그네스 소렐의 유산관리인인 에티엔 슈발리에(Estinne Chevalier)는 자신이 후원하던 화가인 요한 푸케에게 성모 마리아가 어린 아들에게 젖을 먹이기 위해 가슴을 드러내고 있는 그림을 주문했다.[1] 곧바로 그려진 믈룅에 있는 접을 수 있는 이 두폭제단화의 성모 마리아는 실은 왕의 정부를 묘사한 것으로 보인다. 왜냐하면 이 마리아의 얼굴이 로슈의 소렐 무덤에 있는 동상의 얼굴과 매우 흡사하기 때문이다.[2]

이런 '풍만한 가슴을 가진 마리아' 위에는 짙은 잉크가 덧칠해져 있다. 그리고 한 엘리아스의 문명화이론 추종자는 그런 사실에 대해 쓰면서 다음과 같은 결론을 내렸다. "그녀의 코르셋은 풀려 있고 한쪽 가슴이 완전히 드러났으며 다른쪽 가슴의 윤곽도 옷을 통해 알 수 있다. 이 그림이 가지는 공적인 특성을 고려할 때 우리는 이른바 '마터 락탄스'(mater lactans), 즉 가슴을 드러내고 아이에게 젖을 물리는

어머니가 일반적인 현상이었음을 추론해낼 수 있다.'[3]

중세 후기에 고위층 남자들이 자신의 애인을 (일부는 반나체로) 그림으로 남기는 일은 흔했다. 그래서 예를 들어 포르노보 전장(戰場)의 프랑스 기사 시체에서 귀족들의 수많은 연인들이 '자연 그대로' 그려진 소책자가 발견되었다.[4]

「믈룅의 성모」는 그런 종류의 사적인 성격은 가지지 않은 것으로 보이지만, 바로 그렇기 때문에 이 그림은 프랑스 궁정에서 볼 수 있는 그런 그림들 사이에서 추문이 생길까봐 신경을 써야 했다.[5] '이런 커다랗고 탱탱한 가슴'과 어린아이 사이에 아무런 연관성도 없다는 사실 및 성처녀가 하필이면 부정한 여자의 얼굴을 하고 있다는 사실은 (그녀의 극도로 깊은 데콜테는 주지하다시피 동시대 사람들을 동요하게 만들었다) 이 그림이 실은 에로틱한 그림이지, 성스러운 그림이나 막 아이에게 젖을 물리려는 어머니에 대한 솔직한 묘사가 아니라는

54. 요한 푸케, 「믈룅의 성모」, 1448년경.

사실을 분명하게 해준다.

예를 들어 엘리아스가 15세기의 그런 그림들이 '외설적인 것에 집착하지만 삶에서는 거부된 소망을 충족시켜주거나 자극하려는 그런 경향과는'[6] 아무런 상관이 없다고 주장한다면, 그는 그런 그림을 주문한 사람들이 어떤 엉큼한 생각을 가졌는지, 게다가 이 그림들이 그 시대의 관찰자들에게 어떤 영향을 미쳤는지를 제대로 평가하지 못한 것이다.

12세기 이후로 '마돈나 락탄'(Madonna lactan) 모티프, 즉 그녀의 순결을 근거로 대중의 면전에서 아들에게 젖을 물릴 수 있었던[7] 성모 마리아라는 모티프가 분명 존재했으며, 성모 마리아는 일반적으로 아주 정숙한 자세로 젖을 물렸다. 그러나 '젖을 먹이는' 가슴이 점점 더 많이 노출되고 중세 말기의 예술에서 점점 강해지는 사실주의 경향으로 인해 심지어 젖꼭지를 둘러싼 검은 피부 위의 유선출구까지 보이게 그려지는 경우가 많아서[8] 아주 다른 성격을 지닌 그림이 탄생하게 되었다. 사랑하고 배려하면서 아이에게 젖을 먹이는 성모 마리아의 주제는 단지 젊은 여자의 벌거벗은 가슴을 매혹적으로 묘사하기 위한 구실밖에 되지 않았다는 사실이 여기서 명백해진다.[9]

츠빙글리는 이렇게 한탄한다. "여기에 막달레나는 창녀처럼 그려져 있다. 그것을 모든 신부들 역시 보았고 이야기했다. 이곳이 어떻게 예배를 드릴 수 있을 만큼 경건하단 말인가."[10] 르네상스 시대의 이탈리아에서도 산 카를로 보로메오(San Carlo Borromeo, 16세기의 추기경이자 대주교로 이탈리아의 반종교개혁을 이끈 주요인물 가운데 한 사람—옮긴이) 같은 비평가들은 성모 마리아가 틀림없이 그 시대의 이탈리아 여자가 그러곤 했듯 아주 정숙한 방식으로 아이에게 젖을 물렸다면 절대 젖을 먹이는 성모 마리아를 그리는 것을 반대하지 않았을 것이다. 그들은 성처녀 마리아를 '창녀처럼' 묘사해서 경건함보다는 쾌락을 더 자극하는 데 분노하고 그것을 치욕으로 느꼈다.[11] 그래서 1520년경 슈트라스부르크에서 출간된 『새로운 카르슈탄스』(Neu-Karsthans)에는 이렇게 씌어 있다. "사람들이 교회에서 오르간 소리에 맞추어 노래를 부를 때면 젊은 나는 실제로 춤을 추고 싶은 욕망이 일어났다. 그리고 노랫소리를 들었을 때 내 몸은 감동을 받았지만 정신은 그렇지가 않았다. 제단에 있는 여자의 그림을 보았을 때도 나쁜 생각이 들었다. 왜냐하면 어떤 음란한 여자도 이 그림에서 묘사된 성모 마리아, 성 카타리나와 다른 성녀들보다 더 풍만하지 않을 것이며 그보다 더 몰염치하게 옷을 입거나 꾸미지는 않을 것이기 때문이다."[12]

이런 이유에서 심지어 행정당국이 에로틱한 그림을 그린 화가에 대해 단호한 조치를 취하는 경우도 가끔 있었다. 예를 들어 1511년 4월 25일 슈트라스부르크 의회는 오버 가의 화가 요스트(Jost)가 그런 유의 치욕적인 성녀 그림을 그렸다는 소식을 듣고는 그 사건을 조사해서 요스트가 성모 마리아의 가슴을 벌거벗은 모습으로 그린 것이 사실로 입증된다면 앞으로 그에게 그림 그리는 일을 금지시키도록 지시했다.[13]

아직 '토플리스' 해변도 없었으며 가판대나 벽에 하나 건너 붙어 있는 포스터에 나체 혹은 반나체의 여자 가슴을 아직 못했던 그런 시대에 젖을 먹이는 성모 마리아가 얼마나 에로틱한 영향을 미쳤는지는, 마리아 상에 관해 명상한 유명한 중세의 한 수도사 이야기에서 명백해진다. 어느 날 갑자기 마리아가 '새벽에 핀 꽃보다 더 활짝 피어나고 오월의 이슬보다 더 맑은 모습으로' 그에게 나타났다. 그녀는 주저하지 않고 그에게 다가와서 '가슴 밖으로 부드러운 유방을 꺼내어 그에게 젖을 물렸다. 그랬더니 상처가 치유되었다.'[14]

그런 식으로 '젖을 먹이는 것'이 순수한 것이 아니라 성적인 행위를

170

55. 세발트 베함, 「시몬과 페로」, 1544.

묘사한다는 것을, 우리는 레다가 황홀한 표정으로 백조에게 젖을 빨리고 있는[15] 결혼식 함 위에 그려진 그림뿐 아니라 근세 초기의 그림에서도 알 수 있다. 이 그림에서는 페로가 지하실에 족쇄로 묶여 기아로 죽어가고 있는 아버지를 구하기 위해 아버지에게 젖을 먹이고 있다(그림55). 젊은 여자의 자세, 그녀가 아버지에게 두른 팔 및 늙은 남자의 수치심을 누그러뜨리려는 것처럼 보이는 오른쪽 무릎은 이 그림이 부모에 대한 딸의 사랑이 아니라 부녀간의 근친상간을 묘사하는 것임을 보여준다.[16]

베함의 이 그림이 포르노그래피의 초기 형태임은 그의 그림과 동일한 주제를 다룬 중국의 작품과 비교해보면 명백해진다(그림56). 여기서는 젊은 여자가 굶주린 아이들에 우선해서 노인에게 젖을 먹이고 있다.[17] 유럽에서도 늙고 연약한 사람에게 여자의 젖을 먹이는 경우가 있었다.[18] 그럼에도 이것은 젖을 주는 사람이나 먹는 사람이나 대부분

56. 굶주린 아이들 앞에서 노인에게 젖을 먹이고 있는 중국 여인.

곤혹스럽게 받아들였던 것으로 보인다. 그래서 예컨대 중세 후기에 로도비코 백작의 아내인 파올라 감바라 코스타(Paola Gambara-Costa)는 한 병든 여자의 기운을 회복시키기 위하여 그녀에게 '젖을 먹이는 것'을 아주 부끄러워해서 그녀의 남편이 강요해야만 했다고 한다.[19] 그리고 특히 성인 남자에게 젖을 먹이는 것은 16세기 후에도 성애 미술이 애용하는 주제 중의 하나로 남아 있다는 점은 별로 놀랄 게 아니다.[20]

그러면 이전 시대와는 반대로 근세 초기에 여성의 가슴은 수치심으로 둘러싸이게 되었기 때문에 중세 말기 이후로 젖을 먹이는 여자가 그림에서 더 이상 주제가 되지 못했다는 것이 사실일까? 엘리아스의 '문명화과정' 추종자들이 '집중적인 조사에도 불구하고' '16세기에는 가슴을 노출하고 있는 성모 마리아를 전혀 찾을 수 없었다'고 주장하지 않았는가?[21]

언제나 그랬던 것처럼 그들의 조사는 *아주* 집중적이지는 않았던 것으로 보인다. 왜냐하면 16세기와 그 이후에도 아들에게 젖을 주는 성처녀는 수많은 예술가들에 의해 묘사되고 있기 때문이다.[22] 그러나 성처녀가 로마네스크 양식의 그림과 초기 고딕 양식의 그림에서는 아주 정숙한 자세로 젖을 주었던 데 비해(어린아이가 손으로 가슴을 가리거나 아니면 가슴이 옷에 의해 완전히 덮이거나 어린아이가 가슴을 잡는 시늉을 하고 있다[23]) 후기 고딕 양식에서는 완전 노출로까지 점점 확산되며 심지어 고양되기까지 했다(그림57).[24]

곧 순수한 성처녀와 성모 마리아뿐 아니라 '죄를 지으며 사는' 여자들이 그림과 판화, 파이앙스(독일, 프랑스, 에스파냐, 스칸디나비아에서 만든 주석 유약 도기—옮긴이) 및 도자기 조각상에서 젖을 주는 모습으로 묘사되었다. 그리고 공포의 대상이던 도둑인 신더한네스(Schinderhannes)의 애인조차 감옥에서 가슴에 아이를 안은 채 아이의 아버지와 함께 있는 모습으로 행복한 가정의 귀감으로서 그려졌

57. 조코모 세르포타, 젖을 먹이는 성모 마리아, 조각, 18세기 초.

58. 신더한네스와 그의 연인인 율헨 블라지우스, 동판화, 1803.

다(그림58).[25) 빅토리아 여왕 시대에도 젊은 촌부나 시민계급 또는 귀족출신의 여자들이 소렐처럼 그렇게 가슴을 많이 드러낸 채 묘사된 그림들이[26) 대규모 미술전람회에서 전시되었으며, 게디가 관객들은 당시 그에 대해 아무런 공격도 하지 않았다. 그래서 예를 들면 코프 (Cope)의 「젊은 어머니」는 1846년 왕립아카데미에 전시되었으며, 1895년에는 젊은 부인이 양쪽 가슴으로 아이에게 젖을 먹이고 있는 그림인 뒤에즈(Duez)의 「허약한 아이들에게 젖을 먹이는 시간」 (L'heure de la tétée chez les enfants débiles)이 파리의 '살롱'에 전시되었다.[27)

어쨌든 사람들은 이와 관련된 19세기의 수치심의 기준에 관해 잘못 생각하고 있는 경우가 많다. 적어도 영국의 대부분 중산층 여자들에 게 낯선 남자 앞에서 아이에게 젖을 먹이는 것은 틀림없이 곤혹스러 운 일이었다. 그렇기 때문에 기차에 젖먹이를 데리고 타는 어머니들 을 위한 특별 칸이 마련되었다.[28) 그렇지만 노동자계급의 여자들은

174

이에 관해 달리 생각하는 경우가 많았다. 1845년경 맨체스터의 한 관찰자의 보고에 의하면, 그곳 '뮤직홀'에서는 관객 중의 노동자와 수공업자의 '정숙한' 부인들이 아이들에게 젖을 물렸다고 한다.[29] 그럼에도 공개적으로 수유를 한 것이 '노동자계급'만은 아니었다. 왜냐하면 빅토리아 여왕 시대의 여자들도 상당수 공개적으로 젖을 먹였기 때문이다. 그래서 칼라일 백작부인은 '이탈리아 교회와 화랑을 관광하는 동안' 어린 딸에게 젖을 물렸다. 그리고 젊은 프랑스 오르네(Frances

59. 메리 커샛, 「젖 먹이기」, 1891년경.

Horner) 부인은 친지들과 소풍을 하는 동안에도 '길가 돌 위에 앉아서'[30] 아이에게 젖을 주었다.

여자들이 정숙한 방식으로 젖을 먹일 수 있도록 가슴을 코르셋에서 꺼내지 않거나 가슴이 다 보이도록 옷을 넓게 벌리지 않아도 되는(그림59), 단추로 열 수 있는 수유 코르셋이 개발되었다(그림60). 그리고 영국에서는 19세기 중반에 가슴 위에 트임이 있으며 후크와 고리

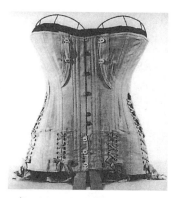

60. 북아메리카의 수유용 코르셋. 1908.

가 달린 '수유복'이 개발되었는데, 이는 중세에 착용했던 수유복과 흡사했다.[31] 그래서 1851년 런던의 수정궁(1851년 만국박람회용으로 영국 런던에 세워졌던 조립식 철골유리 구조물─옮긴이)에서 '평소의 골칫거리와 불편을 모두 없앤' '유모 코르셋'이 소개되었다. 그것은 '코르셋의 가느다란 뼈대 두 개를 뒤로 밀어내면서 옷섶 전체를 움직이게 해서' 아이에게 정숙한 방식으로 젖을 먹일 수 있었다.[32]

정숙함의 고향인 미국에서 19세기 말경에 젖을 먹이기 때문에 여성의 사회적인 유동성이 줄어들었다는 불평이 제기되었다. "대중의 면전에서는 가장 정숙한 자세로 젖을 먹이는 것조차 생각할 수 없었기 때문이었다."[33]

그리고 그에 대한 대응책을 강구하기 위해 미국에서는 '젖먹이는 어머니들을 당혹스럽지 않게 하는 장치'를 개발하여 1910년 특허권을 받았다(그림61). 그것은 고객들에게 다음과 같이 소개되었다. "이 새로운 발명의 주된 목적은 젖먹이 아이를 키우는 엄마들에게 좀더 개선된 고안품을 제공하는 것이다. 특히 엄마들이 공공장소에서 젖을 먹이기 위해 가슴을 불필요하게 보여야 하는 난처하고 창피스런 상황

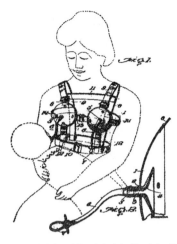

61. 젖을 먹이는 어머니를 당혹스럽지 않게 하는 장치, 미국, 1910.

을 피하기 위해 디자인되었다. 이 고안품은 기본적으로 가슴 위를 덮는 부분과 젖꼭지와 튜브(원하는 길이대로)로 되어 있고 탈부착이 가능하며 이용하기에 따라 한 개나 두 개를 사용할 수 있다. 셔츠나 겉옷 밑에 착용할 수 있으며 아이에게 젖을 먹일 때 젖꼭지만 밖으로 살짝 내밀면 되기 때문에 가슴을 모두 노출하는 것을 피할 수 있다."[34]

물론 당시 여자들이 이런 기구를 사용했는지는 확실치 않지만, 그것은 아마도 당시에도 기괴하고 우스꽝스러운 발명품이었을 것이다. 이는 정액루를 앓는 환자를 위해 만들어진 것으로 사정할 때 전류를 통해 종이 울리게 했던 '페니스 고리'와 비교할 수 있을 것이다. 많은 문화사가와 성을 연구하는 학자들은 그런 고리들이 자위를 방해하기 위한 수단으로서 널리 사용되었다고 주장하지만, 빅토리아 여왕 시대의 사람들은 실은 자연스런 몽정을 억제하기 위한 그런 기구를 기괴하게 느끼고 조롱했다.

게다가 공개적인 수유를 미국만큼 곤혹스럽고 수치스럽게 생각한

나라는 아마도 이 세상에 거의 없을 것이다.[35] 그렇다고 미국의 모든 지역과 모든 사회층에서 그랬다고 하면 그것은 너무 과장되었다고 할 수 있다. 특히 남부에서는 백인(그림62) 및 흑인 여자들이 성장기 소년들이 있는 자리에서도 아이들에게 젖을 물렸다. 특히 가슴이 풍만한 여자가 가슴을 완전히 노출했다면 성장기 소년들은 적잖이 열광했을 것이다. "그녀는 당당했으며 풍만했다. 그녀가 릴 조지에게 젖먹이고 있을 때 보니 가슴이 수박만큼 컸다." 한 남자는 1930년대 초 앨라배마에서 볼 수 있었던 그런 장면을 회상한다. "우리는 이미 전에 젖을 먹이는 여자들을 보았지만 우리가 보았던 이 가운데 그 누구도 샐리만큼 가슴이 크지 않았다. ……우리 모두는 암소를 연상했다. 탱탱한 젖꼭지를 잡고 따뜻한 우유를 양동이에 짜내는 것, 그리고 그 젖이 우리의 손목과 손바닥을 통해 흘러내리는 것을 느끼는 것은 특별한 것이 아니었다. ……그럼에도 샐리의 거대한 가슴을 보는 것은 성장기의 소년인 우리를 열광시켰으며 우리는 점차 우리 속에 남성의 힘이 솟아오르는 것을 느꼈다."[36]

공개적인 수유가 미국이나 영국에서보다 훨씬 일상적이었던 19세기 프랑스에서도 여자가 이런 목적을 위해 가슴을 완전히 노출시킬 때면 많은 젊은 남자들을 황홀경에 빠뜨린 것으로 보인다. 그래서 플로베르는 1836년 한 젊은 여자가 아이에게 젖을 먹이는 것을 보고는 이렇게 썼다. "그건 갈색 피부에 푸른 정맥이 보이는 풍만하고 둥근 가슴이었다. 그때까지 나는 한번도 여자의 벗은 몸을 본 적이 없었다. 오! 그 가슴을 보는 것만으로도 얼마나 기이한 황홀경에 빠졌던가! 내가 얼마나 그 가슴을 탐욕스럽게 쳐다보았는지, 한번만이라도 그 가슴을 만져보기를 얼마나 바랐는지 모른다. 만일 내가 그 가슴에 입술을 갖다댄다면 그만 이빨로 가슴을 미친 듯이 물어버릴 것 같았다. 내 마음은 그 입맞춤으로 느끼게 될 관능적인 쾌락을 생각하면서 황

62. 젖을 먹이는 미국 남부 오클라호마의 부인, 1936, 도로테아 랑게의 사진.

홀한 즐거움으로 녹아내렸다."[37]

　이런 이유에서 그 시기 시골 여자들은 자주, 특히 젊은이들 앞에서 젖을 먹이는 것을 피했다. 그리고 공의인 발츠(Walz)는 뷔르템베르크의 도나우 강 유역에서는 '성장한 자녀들에 대한 부끄러움 때문에 젖을 먹이는 일을 마구간에서 한다'고 전해준다.[38] 케른텐(오스트리아 남부의 주—옮긴이)의 여자들 역시 이런 점에서 매우 주저했다. 해서 젊은이들이 처음 여자의 벌거벗은 가슴을 볼 때면 프랑스 작가인 플로베르처럼 열광했다. 한번은 '상의의 단추를 풀어헤친' 여자가 '위의 도시에서' 케른텐 출신의 젊은 일꾼을 맞이해서, 그 젊은이는 플로베르가 꿈만 꾸었던 것을 현실에서 얻게 되었다. "봉긋하게 솟아오른 가슴은 나의 호기심을 일깨웠다. 나는 자주 여자들의 굴곡 뒤에 숨겨진 게 어떤 것인지를 생각해보았다. 학교에서 신부들의 아프리카 선교활동에 관한 보좌신부의 슬라이드 강의에서 상체를 벌거벗은 여자들을 볼 수 있었는데 그들은 아주 빠르게 지나갔다. 그 여자는 내 손을 따뜻하고 부드러운 부위로 가져갔다. ……그러면서 나는 많은 것을 해치운 것처럼 느껴졌다."[39]

어머니의 역할에 좀더 높은 가치를 부여하려 했던 나치 시대에는, 실제 습관과는 반대로 '아리아족의 순진함'으로 가슴을 노출한 채 자녀에게 젖을 먹이는 건장한 젊은 '촌부'를 표현한 그림과 사진들이 수없이 많이 발표되었다. 빌헬름 슈타펠(Wilhelm Stapel)이 1935년에 그의 잡지 『독일 민중』(*Deutsche Volkstum*)에서 자녀에게 젖을 먹이기 위해 풍만한 가슴을 드러낸 여자의 그림이 들어 있는 그해의 반관반민의 '농사력'(Bauernkalender)을 비판하자 '검은 셔츠단' (Schwarzes Korps)이 바로 이런 '독일인에 대한 모욕과 모든 아름다운 것과 고귀한 것의 계획적인 파괴'에 대하여 강력하게 항의했다. 그러자 친위대 중앙 지도자 기관은 '타락한 호색한'만이 아이에게 젖을 먹이는 이런 어머니에 대해 분노할 수 있다고 다음과 같이 강조했다.

그런 음탕함의 책임은 첫째로 인간의 육체를 부정한 것으로 보고 '젊은 어머니의 고귀함'을 모르는 '셈족의 배후조종자'들에게 있으며, 둘째로는 교회를 통해 전달되는, '우리 여자들의 자존심'을 꺾었던 그리스도교와 같은 '낯선 이론'에 있었다. "여자는 그들의 자연스런 규정 속에서 우리에게 성스럽다. 그리고 모든 남자는 그들의 천직에 대해 경외심을 갖는다. 그들이 독일 종족의 수호자이며 그들의 본질은 순수하다! 여자는 독일 남자의 하녀가 아니라 인생의 동료이며 동지이다."[40]

물론 모성의 기쁨을 위한 선전이라기보다는 아름답고 풍만한 가슴을 보여주기 위한 변명[41]이라는 의심이 들 정도로 가슴을 많이 노출시켰던 그런 그림과 사진들은 일반적으로 불쾌감을 불러일으켰다. 이미 19세기에 상체를 상당히 노출시키고 젖을 먹이는 아라비아 여자의

63. 카를 라르손, 「가슴에 브리타를 안은 카린」, 아콰렐(수채화 중에서 특히
투명 수채화 물감으로 엷게 그리는 기법—옮긴이), 1893.

사진이 매우 인기를 끌었다.[42] 사람들은 그것을 통해 남을 훔쳐본다
는 비난을 받지 않고도 여성 해부학을 상세히 공부할 수 있을 정도였
다. 사진 속의 이런 여자들은 아마도 그렇게 관대하게 노출한 데 대해
돈을 지불받았던 것으로 보인다. 많은 아라비아 지역에서 공공장소에
서의 수유가 일반적임에도 젊은 여자들이 극도로 정숙한 태도를 취하
고 있기 때문이다.

예를 들어 팔레스타인에서 어머니의 가슴은 '성적 측면이 없었다.'
그들은 '가슴은 이제 아이에게 속한다'고 말한다. 그리고 남편은 사랑
의 애무를 할 때도 더 이상 만져서는 안 되었다. 그리고 낯선 남자는
젖을 먹이는 여자가 있으면 다른 곳을 쳐다보아야[43] 했다. 모로코의
아라비아 여자들 역시 아이를 뒤로 돌려서 젖을 물리고 가슴을 가능
한 한 가린다.[44] 이집트의 농민 여자들은 가끔은 다른 여자들 및 아주
가까운 친척 남자들이 있을 때도 젖을 먹이지만 그럴 때도 가슴은 젖
먹이의 머리로 완전히 가린다.[45]

많은 사회에서 적어도 과거에는[46] 여자들이 가족 구성원이 아닌 사

람들 앞에서 젖을 물릴 때면 될 수 있으면 정숙하게 하려고 애를 썼다.[47] 특히 남자들은 시선을 돌리거나 아니면 적어도 '못 본 척'[48]해야 했다. 심지어 아이가 있는 젊은 부인들이 상체를 가리지 않고 다니는 지역에서도 이런 관습이 있다. 콩고 근처의 로앙고 지역에서, 예를 들면 바피오테족 어머니들은 젖을 먹일 때 남자들한테서 몸을 돌린다. 젖먹이가 없을 경우라 할지라도 남자가 똑바로 쳐다볼 때면 '메디치 가의 비너스'처럼 가슴을 팔로 가린다.[49]

12

'몸매 손상'에 대한 두려움과 고딕식 S라인

자주 제시되었던 의견과는 반대로, 중세와 근세 초기에도 유럽 대부분 지역에서 다수의 여성들이 직접 젖을 먹었던 것으로 보이지만,[1] 특히 귀족과 도시의 세습귀족 계급에서는 이런 일을 유모에게 위임한 부인들이 적지 않았다.[2] 이런 관습은 이미 중세 전성기에 교회, 의사, 법관, 그리고 학자들에 의해 잘못된 것이며 자연을 거스르는 것으로 비난받았다.[3] 귀족 부인이 유모의 가슴을 검사하는 장면이 그려져 있는 13세기 세밀화의 방주에서 볼 수 있듯이 수도사가 특유의 얼굴표정으로 유모에 대한 거부감을 표현하고 있다(그림64).

그런 일은 근세 초기에 틀림없이 특히 프랑스에서 만연했을 것이다.[4] 그리고 17세기 말에 점점 더 많은 영국, 독일, 네덜란드 부인들이 그것을 모방했다.[5] 네덜란드에는 야코브 카츠(Jacob Cats, 1577~1660, 작가)가 말했다는 유명한 격언이 있다. 아이를 낳기만 하는 여자는 절대 진짜 어머니가 아니며, 아이에게 직접 젖을 먹이고 나서야

64. 유모를 검사하는 귀족 부인. 13세기.

완전한 의미에서 어머니라고 할 수 있다는 것이다. "아이를 낳은 여자는 부분적으로 어머니일 뿐이다. 아이에게 젖을 먹이는 여자가 진짜 어머니이다."[6]

특히 18세기와 19세기에 답답한 조끼형 코르셋 때문에 함몰된 유두로 인해 젖을 먹일 수 없었던 여자들이(이런 의무를 기꺼이 수행하고 싶었음에도) 틀림없이 있었을 것이다. 그래서 예를 들어 1706년 랭커셔의 의사인 에드워드 베이나드(Edward Baynard)는 유행에 따라 옷을 입고 싶어서 젖꼭지가 '납작하고 평평해지는' 것을 감수하는 여자들을 비난했다. 나중에 맨체스터 의사인 찰스 화이트(Charles White)는 이렇게 설명했다. "이 옷은 가슴과 젖꼭지를 지속적으로 눌러주기 때문에 가슴을 납작하게 만든다. 때문에 젖꼭지가 원추 형태

65. 「부르고뉴 공작의 유모」, 1682.

의 가슴 끝에 원래 모양대로 있지 못하고 눌려서 가슴에 묻혀버린다."
이런 식으로 가슴은 아무런 소용이 없게 될 뿐 아니라 화이트가 현명
하게 덧붙여 말했던 것처럼, 그 아름다움도 잃게 된다.[7]

그리고 19세기에는 결국 가슴을 너무 꽉 조여 맴으로써 유두가 함
몰되거나 아니면 젖이 나오지 않는 부인들에게 산파, 늙은 부인, 남
편, 혹은 앞발을 묶은 젊은 개로 하여금 빨게 해서 가슴에서 젖꼭지를
빼내도록 권하고 있다.[8] 물론 부인들은 유두 함몰이나 납작한 가슴보
다는 처진 가슴에 더 큰 두려움을 가졌던 것으로 보인다. 그리고 이것
이 많은 부인들이 젖먹이에게 직접 젖을 먹이지 않으려는 주요 이유
중의 하나였을 것이다.

이미 13세기 프로방스의 시에서 젊은 여자가 두려움에 사로잡혀 나
이든 여자에게 결혼해야 할지 아니면 아이를 낳지 않고 그냥 있는 것
이 더 나을지를 묻고 있다. 왜냐하면 아이를 낳으면 '가슴이 처지고

배에 주름이 지고 보기 싫어져서'[9] 그 자체가 징벌이기 때문이다. 14 14년에 마페우스 베기우스(Mapheus Vegius)는 허영심 많고 비인간 적인 부인들에게 단지 '사람들 앞에서 아름답고 젊은 가슴을 유지하 기 위하여'[10] 자녀들을 더 이상 가슴에서 내치지 말도록 강력하게 주 장했다. 그리고 좀 뒤에 무르너는 그런 부인들을 조롱했다. "아이들은 다른 여자의 젖을 빤다./그녀의 육체에 달린 가슴이/부드럽게 그대로 매달려 있도록 하기 위하여."[11]

다른 비평가들은 주름진 가슴은 싫고 탱탱한 가슴만 만지고 싶어서 아내에게 직접 수유를 금하고 (또한 젖 냄새가 나서 방해가 되기는 하 지만 유모와도 성관계를 맺기 위해서) 유모를 집안으로 들이는 남편 들이 나쁘다고 보았다. 그래서 1587년 의사인 로랑 주베르(Laurent Joubert)는 이렇게 비난했다. "또 자기 아내에게 젖을 먹이는 것을 허 락하고 싶어하지 않는 남자들이 있다. 여자의 젖꼭지가 좀더 예쁘게 그대로 남아 있도록 하기 위해서이며, 또한 말랑말랑한 젖꼭지를 만 지는 걸 좋아하기 때문이다. 여자 가슴에서 젖 냄새가 나는 것을 싫어 하는 또 다른 남자들이 있다. 그들은 정말 아주 까다로운 남자들이다. 그렇게 말하는 사람들 대부분은 자기 부인보다는 유모와 더 자주 사 랑을 나눈다."[12]

탄력있는 가슴이 시들고 처진다는 것은, 특히 크고 무거운 가슴을 가진 여자들한테 공포였다. 왜냐하면 우선 젖의 생산으로 가슴이 커 지고 이어서 늘어져 처지게 되기 때문이다. 그렇기 때문에 많은 부인 들이 젖이 만들어지지 않도록 가슴에 붕대를 팽팽하게 감았다. 그런 데 몇몇 부인들을 너무 팽팽하게 붕대를 감아서 의사인 보들로크 (Baudelocque)가 보고하듯이 뇌졸중을 일으키기도 했다. 이런 이유 에서 많은 사람들이 가슴의 탄력을 유지시켜준다는 연고나 팅크제를 사용했다. 앙드레 르 푸르니에(Andre Le Fournier)는 1530년 '젖가슴을 위해서……그리고 예쁘고 작고 단단한 젖꼭지를 만들기 위해' 부인들에게 조제를 해주었다. 그리고 1612년 자크 듀발(Jacques Duval)은 임신과 수유의 결과 '젖가슴이 늘어지는 것을 막기 위한' 여러 가지 약제를 제조했다.[13]

같은 해에 마르크 레카르보(Marc Lescarbot)라는 사람이 자녀를 시골의 유모에게 보낸 대부분 부인들은 가슴을 남자와 애정관계를 맺는 데만 사용하려고 그런 거라고[14] 비난했다. 실제로 수세기 동안 많은 아내와 남편에게 가슴의 두 가지 기능, 즉 양육 기능과 성적 기능은 서로 양립할 수 없는 것처럼 보인다. 스웨덴의 여성 예언자인 비르기타(Bridget)는 남편과 성관계를 맺고 난 후에 어린 딸인 카테리나가 자기 가슴을 거부했다고 했다.[15] 그리고 1740년 출간된 소설에서 한 남자는 자기 어머니가 가슴을 '쾌락을 위해 더 많이 쓰려고' 해서 자신에게 주려 하지 않았다고 이야기한다.[16]

남자들을 유혹하려는 그런 여자들은 자연에 위배되는 행동을 한 것일까? 1721년에 나온 언급처럼, 여자들이 유감스럽게도 너무 많이 퍼져버린 '망상', 즉 '창조자가 여성의 아름다움을 완성하기 위하여 심장 위에 봉긋한 가슴을 심어주었다'[17]는 망상에 집착하는 것이 아닐까? 잘츠만(Salzmann)은 이렇게 격분해서 묻는다. 여자들 '가슴'의 '모양'이 모든 여자에게 '자녀에게 직접 수유하라는 신호'[18]가 아니었던가?

적어도 사회 고위층의 많은 신사 숙녀들이 자연의 그런 신호를 오래전부터 이해하지 못했던 것으로 보인다. 그래서 1752년 한 비평가는 젖을 먹이려 하지 않는 가문의 영국 여자들에게 이렇게 말했다. "가슴이 훌륭한 영양분의 원천이 되도록 여성 가슴의 훌륭한 모양에 완벽한 자부심을 부여했던 자연의 의도와는 반대로, 이런 부인들에게 가슴은 유용한 목적을 위해 사용되는 것이 아니라 단지 장식품이나 장난감으로서만 사용되는 듯하다."[19]

그러나 그동안 그런 종류의 논거로는 몸매 유지에 관심있는 부인들로[20] 하여금 자녀들에게 직접 젖을 먹이게 할 수 없었기 때문에 청교도들은 젖을 먹인다고 해서 가슴이 처지는 것은 절대 아니며 오히려 가슴을 탱탱하게 하고 싱싱하게 탄력을 유지시켜준다고 주장했다.[21] 그리고 1748년에 의사 윌리엄 캐더건(William Cadogan)은 아주 영향력이 컸던 저서에서 '젖이 나오는 가슴을 갑자기 말리는 것'이 가슴이 늘어지게 할 뿐 아니라 모든 병의 원인이 되기도 한다고 썼다.[22]

19세기와 20세기에 들어와서도 이런 논쟁은 사라지지 않았다. 왜냐하면 대부분 여자들은 계속 젖을 먹이는 것이 몸매를 손상시킨다고[23] 확신했기 때문이다. 1909년 산부인과 의사인 프란츠 폰 빙켈(Franz von Winckel)이 여자들은 후세의 여성들에게 나쁜 유산을 물려준 책임을 져야 한다며 그들의 양심에 호소했음에도 소용이 없었다. 그의 주장은 이렇다. 여자들이 젖을 먹이지 않음으로써, 말하자면 여러 세대가 지나면서 가슴의 발육이 정지되며 그것이 마침내 완전히 사라질 것이다. 그 손실은 "남성과 여성, 양성에게 틀림없이 고통스럽게 느껴질 것이다. 왜냐하면 자연이 부여한 장신구의 하나가 아내한테서 사라졌기 때문이다."[24]

'봉긋한' 가슴은 이미 고대부터 이상형이었다. 그러나 여자의 엉덩이가 볼륨이 있고 살이 많아야 했던 것과 달리 가슴은 너무 커서는 안되었다. 그러면서도 마르멜로(유럽 모과)나 사과처럼 둥글고 탱탱해야 한다. 그리고 움직일 때 그것이 출렁거리면 특히 관능적인 것으로 여겨졌다.[25]

중세 때도 아름다운 유방의 이상형은 유방이 가능한 한 흉곽에서 높게 자리잡고 있어야 한다는 것만 제외하면 거의 다르지 않았다. 그래서 제프리 초서 이후로 매력적인 여자는 '넓은 엉덩이와 둥글고 높은 가슴을 가지고 있어야 했다.[26] 1276년경에 씌어진 『나뭇잎 유희』(*Jeu de la Feuillée*)에는 '단단하고 작고 높고 완전하고 뾰족한 가슴'에 관해 적혀 있다. 그리고 예슈테의 가슴 역시 높으면서 탄력있고 둥글며(sinewel) 눈이 부실 정도로 하얗다.[27] "그 부인은 말을 타고 가면서 계속 울었다. 그래서 눈물이 그녀의 가슴을 적셨다. 그녀의 가슴은 마치 선반세공 작업을 한 것처럼 반짝이며 높고 둥글었다. 어떤 선반공도 절대 그렇게 빨리 작업하지는 못했을 것이다. 그리고 누구도 그보다 더 잘 세공하지는 못했을 것이다."[28]

가슴은 특히 작아야 했다. 13세기 초에 나온 사랑 이야기에서 강제 이송된 이슬람 여자 니콜레테(Nicolette)의 '팽팽한 가슴'처럼. "그녀의 옷은 마치 두 개의 아름다운 호두가 들어 있는 것처럼 약간 들려 있었다."[29] '마치 두 개의' 작은 사과[30]나 혹은 '낙원의 사과'처럼(고트프리트 폰 슈트라스부르크의 이졸데의 가슴도 그렇다[31]) 아니면 그 위에 각자 앵두 하나씩 얹은 두 개의 상아 공처럼.[32]

마찬가지로 풍만하고 무거운 가슴들, 특히 그러면서 처진 가슴은 여자를 볼품없게 만드는 결점으로 간주되었다. 그래서 예컨대 14세기 에스파냐의 한 시(詩)에는 원시적인 양치기 여자가 묘사되고 있는데, "그녀의 가슴은 힘이 아주 세서 사람들이 그녀를 영국 여자인 줄 알 정도였다"(Et ac cascuna nanela/Tan gran que semblet Englesa).[33] 『침머 연대기』(*Zimmerische Chronik*)에는 다음과 같은 곤혹스런 일화가 보고되고 있다. "한번은 젊은 수녀가 다른 수녀들과 함께 이리로 온 적이 있었다. 그녀의 앞쪽 가슴 혹은 젖가슴은 커다랬다. 그 원인이 무엇인지 누가 알겠는가? 당시는 한여름이었고 날씨는 아주 뜨거웠다. 그래서 선한 백작부인은 수녀들의 가슴이 원래 큰 것이 아니라 아마도 너무 옷을 두껍게 입은 것이라고 생각했다. 그래서 백작부인은 그들에게 동정심을 느끼고 필요 없는 코르셋이나 옷을 벗으라고 권하면서 그렇게 하는 데 대해 부끄러워할 필요가 없다고 말했다. 그러자 착한 수녀는 아주 부끄러워하면서 그것이 옷이 아니며 그녀는 신의 의지를 위해 아무것도 할 수 없다고 고백했다. 그러자 선한 백작 부인은 아무 말도 하지 않았으며 그에 대해 이야기한 데 대해 몹시 후회했다."[34]

그런 경우에 구제책으로 두 가지 방법이 있었다. 이미 11세기 후반에 안젤름 캔터베리(Anselm Canterbury)는 영국 여자에 관해 이렇게 이야기하고 있다. "그들은 풍만함을 조금이라도 축소시키기 위하여 가슴을 인위적으로 조형한다."[35] 그리고 『트리스탄』(Tristan)에서도 가슴이 '너무 큰' 여자들은 가슴을 꽉 졸라맸다는 이야기가 나온다 ("Z'ir senften linden brusten/Twanc si in vil harte n1hen").[36] 아니면 카이저스페르크의 한 호색한의 약간 상스러운 말로 하자면 이렇다. "가슴이 너무 클 경우 그들은 가슴을 묶어 꽉 졸라맸다. 그렇지 않으면 가슴이 부드러운 치즈처럼 빠져나오기 때문이다."[37]

남자가 '부드러운 치즈'를 만지는 '진실의 순간'을 두려워한 젊은 처녀와 부인들은 실제로 가슴을 수축시키고 딱딱하게 만드는 방법을 썼다. 사람들은 처녀들에게 잘라낸 멧돼지 고환의 피로 부풀어오른 가슴을 문질러야 한다고 했다.[38] 그리고 콰트로첸토 전반기에 조반니 사보나롤라는 풍만한 가슴을 가진 젊은 여자에게 동정을 표했다. 그는 그런 '적당하지 않은' 가슴으로 인해 여자들이 좋지 않은 평판을 얻게 되리라는 것을 알았다. 그런 여자들은 젊은 남자들로 하여금 가슴을 꽉 누르게 해서 길게 늘려야 한다. 그렇기 때문에 그는 무엇보다 '쉽게 늘어날 수 있는 건조한 직물로 만든' 반창고를 추천했다. 그것으로 흔들거리는 무거운 가슴을 '축소시키며 흔들리지 않게' 할 수 있을 거라고 말이다.[39]

이른바 '고딕식' 자세, 즉 중세 후기의 많은 부인들에게서 볼 수 있

66. 베리 공작의 『풍요로운 시간』의 세밀화, 1416년 이전.

는 자세(그림66)도 이러한 사실과 일치한다. 15세기 중반에 약간 완화되었던 이런 자세를 보면 여자는 (가능한 한 마른) 어깨 및 (가능한 한 길고 가는 목 위에 얹힌) 머리를 앞으로 누르거나 내밀었다. 그래서 흉곽은 들어가고 가슴은 적당하게 나왔다. 이런 자세를 한 중세 후기의 여자는 자라나는 가슴을 아직 자신의 '육체'에 통합하지 못하고 가능한 한 숨기고 싶어하는 미성년의 여자와 비슷하며,[40] 마르고 비교적 가슴이 없어 보이기를 원하는 패션쇼의 모델과 비슷하다.[41]

가슴이 너무 커 보이는 여자들 역시 어깨를 앞으로 움츠림으로써 가슴을 숨기고 싶어했음을 확인할 수 있다.[42] 그리고 경험이 많은 한 나체주의자는 나체주의 안내책자에서 '토플리스' 해변, 특히 나체 해변에서 부끄러워하는 젊은 여자와 부인들에게서 동일하게 관찰되는 것을 보고하고 있다. "아주 많은 부인들이 나체로 돌아다닐 때면 마치 수영복이라는 첨부물에 의해서만 지지되는 것처럼 그렇게 몸을 앞으로 늘어뜨리는 것이 눈에 띄었다."[43]

사람들은 고딕식의 '겸손한 자세'에 관해 많이 이야기한다. 그리고 실제로 중세 후기의 부인은 '가슴을 내밀거나' 혹은 '가슴을 펴는' 여자는 없었다. 오히려 그들의 자세는 성장기 소녀들에게 특징적인 불확실함과 머뭇거림을 보여준다. 그리고 그들은 마찬가지로 모델과 비슷하게 유혹하는 듯 배를 앞으로 내밀었다. 마치 이런 식으로 하체 쪽

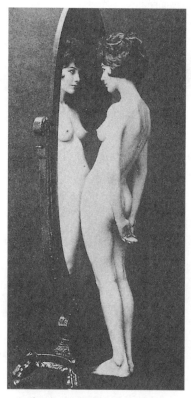

67. 윙게이트 페인의 사진. 1965년경.

으로 사랑의 욕구를 끌어들이려는 듯(그림67).[44] 여자들은 엉덩이를 앞으로 내미는 동시에 배 또한 앞으로 내밀어서(많은 부인들이 페티코트 밑에 패드를 넣어서 그것을 강조했다) 동시대 포르투갈의 비평가가 표현했듯이, 마치 임신상태에 있는 것처럼 보였다.[45]

배가 둥글었다 하더라도 작았을 것이며 마찬가지로 엉덩이도 그렇게 보였을 것이다. 물론 엉덩이가 여성 같지 않게 평평한 여성들은 가짜 엉덩이, 즉 나중에 '투르뉘르'(Tournure, 스커트 뒷자락을 떠받치기 위해 허리 바로 아래에 받쳐 입는 것─옮긴이) 혹은 '파리의 엉덩이'라고 불렀던 구조물로 자연을 은폐했다. 15세기 초『악마의 올가미』(Des Teufels Netz)에는 이렇게 적혀 있다. "엉덩이가 널빤지같이 평평한 여자는 그것을 크고 두툼하게 만들 수 있다. 밤에는 그것

68. 프랑스 책의 삽화, 1470년경.

을 막대기에 매달아놓는다."[46]

따라서 중세 후기의 여자는 틀림없이 젊은 여자였으며, 반항하는 여자가 아니라 성교할 준비가 되어 있음을 보여주려는 그런 여자였다. 프랑수아 비용(François Villon)의 '황금 투구' 유곽의 창녀 마리처럼. 그녀는 자신에 대해 이렇게 말했다. "밝은 빛 상아인 나의 어깨에서/백조처럼 부드럽고 하얀 나의 목/그러고 나면 작고 탄탄한 가슴, 나의/사랑하는 두 개의 사과, 불타는 듯 뜨겁다./모든 불이 붙을 정도로, 그는 그 위에 키스를 했다/게다가 홀쭉한 엉덩이와 작은 배/금빛 치모의 미르테 화관/그리고 그 안에 붉은 빛 조개……."[47](그림68)

동시에 '임신한 것처럼 보이는' 작은 배는 재생산능력과, 그럼으로써 어머니가 되려는 준비성을 보여주었다. 이런 S라인[48]은 14, 15세기의 '소년 같은 여자'[49]와 다른 시대의 젊은 여자, 곧 1920년대의 여자들과는 달랐다. 1920년대의 해방된 여자 역시 어깨를 앞으로 움츠려 등이 구부정했으며 그럼으로써 가슴이 더 작게 보이도록 했다. 그리고 그들 역시 머리를 앞으로 내밀었다. 그렇지만 이들은 고딕시대 여자와는 반대로 재생산을 위해 남자들에게 자신의 몸을 제공하지 않았다. 이들의 배와 엉덩이는 평평했으며 다리는 뒤로 물러서지 않고 성큼성큼 걸을 준비가 되어 있음을 보여주었다.[50]

13

가짜 가슴

　중세 말기에도 이랬다고 한다. "그들 중 많은 이들이 두 개의 가슴 주머니를 만들어서 그것을 꽉 졸라맸다. 자신이 아름다운 가슴을 가졌음을 모든 사내아이들이 볼 수 있도록. 가슴이 너무 큰 여자는 딱 달라붙는 주머니를 만들었다. 그녀가 너무 큰 가슴을 가졌다는 소문이 시내에 돌지 않도록 하기 위함이었다."[1] 근세 초기에는 약간 더 풍만한 형태가 선호되었으며, 그래서 15세기와 16세기 사이에 '처녀'가 '부인'으로 성숙한 것처럼 보인다.

　이미 에네아 실비오(Enea Silvio)는 바젤 여자들이 작은 발과 풍만한 가슴에 신경쓰는 것을 알았다. 그리고 틸레만 치렌베르거(Tilemann Zierenberger)는 1494년 브라운슈바이크의 여성 시민들에 관해 동일한 내용을 보고하고 있다.[2] 그러나 그런 진술들은 중세 말기에 극단적인 '꽃봉오리 가슴'이라는 이상이 지나간 것임을 명확히 해줄 뿐이다. 왜냐하면 많은 문화사가들이 말한 것과는 반대로 근세 초기에도 사람들은 '처녀 같은' 가슴을 좋아했기 때문이다. 1530년의 프랑스 문헌에 의하면 가슴은 '작고 탄력이 있어야' 했다. 6년 후 『여성의 의복』(*Il costume delle donne*)에 나오는 이상적인 부인은 두 개의 '작은 가슴' 위에 '붉은색 젖꼭지'를 가지고 있다. 그리고 1587년 가브리엘 드 미뉘(Gabriel de Minut)는 카타리나 데 메디치(Katharina de'Medici)에게 헌정된 『아름다움에 대하여』(*De la beauté*)에서 '아름다운 폴'이라는 이름을 가진 아주 아름답다고 인정받는 부인의 '젖꼭지'는 '사랑스러웠다'(fines)고 썼다.[3]

'루벤스(16~17세기 플랑드르의 미술가)의 형태'를 떠올려도 좋은, 17세기에도 아름답다고 여겨지던 가슴은 크지 않았다. "가슴은 한 뼘 정도 되어야 하며 젖꼭지는 유방 위에 작은 딸기처럼 얹어 있어야 한다"[4]고 전해진다. 폴 루벤스의 그림에 그려진 여성의 가슴 크기도 이로써 설명되는 것으로 보이는데, 이런 가슴은 1950년대 후반 미국의 영화 스타에게서는 거의 기대할 수 없는 것이다. 루벤스 자신은 지나치듯 이렇게 표현했다. 젖가슴은 '부드럽지도 물렁물렁하지도 않아야' 하고 '가슴에서 봉긋 솟아올라야' 한다.[5]

그 시기에 네델란드 시민들 가운데 상류층 남자들은 작은 가슴을 선호해서 터질 듯한 큰 가슴을 좋아하는 농부들을 비웃었다. 그래서 예를 들면 상인인 뢰머 피셔(Roemer Visscher)는 바터란트 출신의 '엉덩이로 나무통을, 젖통으로 대야를 채울 수 있었던' 농가 처녀를 비웃었다. 그의 딸인 안나의 가슴도 대략 이런 형태였음에도 말이다.[6] 이런 대단히 큰 가슴은 그것이 '서 있는 동안'에는 어느 정도 괜찮지만 처지기 시작하면 상황이 아주 빠르게 변했다. 그렇기 때문에 많은 여행자들이 '매력'이 있는 것은 *젊은* 네델란드 여자뿐임을 알게 되었다. 그리고 그 시기 영국에는 이런 격언이 있었다. "네델란드에는 돼지는 예쁜데 암퇘지는 못생겼다."[7]

이렇게 돌출한 '보루' 같은 가슴이 시민계급이나 귀족계급의 취향에는 맞지 않았지만 17세기에는 '작은 가슴'(petits tétins)의 시대가 지나갔다. 그리고 루이 13세와 태양왕의 통치기간을 거치면서 사람들은 점점 더 어느 정도, 물론 과장되지 않은 '풍만한 가슴'[8]을 높이 평가하게 되었다. 1600년경에는 가슴을 작아 보이게 하는 방법들을 생각해냈다면[9], 이제는 가슴이 납작한 여성을 위해 커 보이게 하는 방법들이 있었다.

첫째로 가슴을 문지르는 팅크제가 있었는데, 물론 아무런 효과도 없었을 것으로 보인다. 예를 들어 파리의 궁녀는 팅크제를 공급해준 여자에게 그것을 발랐는데도 '문지르면 문지를수록 가슴이 더 작아진다'[10]고 불평했다. 둘째로 가짜 가슴과 삽입물, 즉 '나무로 만들고 왕겨로 채운 삼각 봉지'[11] 혹은 헝겊 쪼가리, 혼융지(펄프에 아교를 타서 말려 굳힌 것—옮긴이), 면으로 채운 삼각봉지가 그것이다.[12]

그래서 1640년 요한 미하엘 모셔로시(Johann Michael Moscherosch)는 교태를 부리는 한 귀부인에 관해 이렇게 썼다. "곧 그녀는 얼굴을 반만 드러냈다/그러고서 일어났다/가슴받이를 집어들고/그것으로 덮으려는 것처럼/그때 설화석고보다 더 희어 보이는/그녀의 가슴이 약간 드러났다./그녀는 숨을 쉬고 나서 어린 생쥐처럼 자신의 가슴을 더듬었다." 그러나 이 모든 것은 허상일 뿐이었다. 왜냐하면 그녀가 가진 것은 솜이었기 때문이다. "그것을 잡고 만지려 한다면 그것이 그녀의 브래지어와 몸, 치마를 가득 채운 판지나 거친 범포, 삼베, 낡은 헝겊조각임을 알게 될 것이다."[13]

그럼에도 '처녀들은 아마 저항할 수 없었을' 것이다. 그리고 아무도 그들의 '젖통'을 잡지 않아도 그들은 극히 곤혹스런 상황에 빠졌다. 그래서 저지 독일의 풍자가인 요한 라우렘베르크(Johann Lauremberg)는 이 시기에 작은 가슴 위에 혼융지로 만든 '평평하지 않고 둥근/한 쌍의 젖통을' 붙인 젊은 여자에 관해 이렇게 쓰고 있다. "그녀가 한번은 급하게 몸을 굽혀서 무릎 아래로 흘러내리는 스타킹 끈을 올리려 했을 때 그녀의 종이 가슴이 제대로 자리를 잡지 못했다. 그녀가 아래로 몸을 숙이자마자 두 개의 젖이 철퍼덕 하는 소리와 함께 땅에 떨어졌다. 그것은 두 개의 커다란 겨자 접시처럼 바닥에 떨어졌고 모든 사람들이 그것을 보고 웃었다."[14]

중간 크기 가슴이라는 이상형은 18세기에도 거의 변하지 않았다. 티소(Tissot)는 1783년 여성의 가슴은 '사과 형태이고 눈처럼 하얗고 그녀의 손으로 가릴 수 있을 정도의 크기일 때'[15] 가장 아름답다고 썼다. 가슴이 근본적으로 '더 크다면' 그것은 쉽게 남자들의 불쾌감을 불러일으켰다. 남태평양을 여행하는 프랑스 사람들이 폴리네시아 여자들에게 느꼈던 것처럼 말이다.[16] 그리고 요한 블루멘바흐(Johann Blumenbach, 18, 19세기 독일의 생리학자이자 비교해부학자)는 '학문적 지식'으로 큰 가슴을 부정과 방탕의 증거로서 지지했다. 즉 성을 너무 일찍 그리고 과도하게 즐기는 것이 가슴을 부풀어오르게 하며 무겁고 풍만한 가슴을 가진 런던의 어린 창녀들이 그런 사실을 증명해준다[17]는 것이다.

납작하고 작은 가슴 역시 큰 가슴 못지않게 추한 것으로 간주되었다. 그것은 예를 들어 에피네(Epinay) 부인의 상체에 대한 루소의 묘사에서 드러난다. "그녀는 극도로 마르고 창백했다. 그리고 그녀의 가슴은 내 손바닥처럼 평평했다. 이것만으로도 그녀는 내 몸을 얼음덩어리처럼 만들기에 충분했다. 나의 감정도, 나의 감각도, 가슴이 전혀 없는 그런 존재를 여자로 받아들일 수가 없었다. 내가 여기서 언급할 필요가 없는, 또 다른 사정 하나도 그녀가 곁에 있어도 항상 나로 하여금 그녀의 성을 잊게 만들었다."[18]

가슴이 더 많이 튀어나오도록 하기 위해 우선 코르셋을 등에서 아

69. 인공 가슴의 배달, 1800년경.

주 높게 졸라매서 견갑골이 평평해지고 어깨가 뒤로 젖혀지게 했다.[19] 둘째로 신발의 뒷굽을 높였다. 콩테 드 보방(Comte de Vauban)이 그의 비망록에서 표현했듯이 뒷굽은 유행을 따르는 많은 '인형들'이 코를 박지 않으려고 많은 노력을 기울여야 할 정도로 높았다.[20]

　이런 방식으로도 별 도움이 되지 않았던 여자들, 자연이 가슴을 완전히 혹은 거의 거부했던 그런 여자들은 18세기에도 '가슴 제조업자' 들의 도움을 받았다. 이는 좀 다르기는 해도 여전히 관례적인 방식에 따랐으며, 물론 점점 개량되었다. 18세기 중반경 빈의 『사치의 잡지』 (*Journal des Luxus*)에 적혀 있듯이, 함부로 발설하지 않는다면 '100개의 눈이 있는 아르고스조차도 악의없는 이 소박한 사기를 거의 눈치채지 못할 정도로'[21] 아주 '딱 맞게 조정'되는 '밀랍의 인공 대리 물'이 만들어졌다. 물론 마리아 테레지아 역시 그에 관한 소문을 들었 다. 그리고 그녀에게는 이런 사기가 그리 소박하고 악의없는 것으로 보이지 않았기 때문에 그녀는 1753년 '밀랍 첨부물'과 없는 가슴을 있는 것처럼 보이게 하는 속을 채운 코르셋을 금지하는 법규를 발표했다.

그럼에도 이 '대리물'은 큰 호응을 얻었다. 4년 후에 토비아스 라인하르트(Tobias Ephraim Reinhard)라는 사람은 이렇게 분노했다. "가슴을 외관상 더 눈에 띄게 하려는 여자는 유방이 있는 거의 완전히 밀랍으로 만들어진 기구를 시든 가슴에 갖다붙인다. 마치 유방이 욕망으로 인해 튀어나오려는 듯 자연스러워 보이기 때문에, 사랑하는 당신들은 더욱 높이 솟아오르고 부풀어올라 모양이 더 좋아지기를 바란다."[22]

16세기 초 이후 시민계급의 부인들이 데콜테 옷을 입을 때 드러난 목과 가슴을 주름진 속옷이나 가슴받이로 가렸다면[23] 앙시앵 레짐이 끝나갈 무렵, 즉 후기 로코코 시대의 여자들은 깊이 파인 목선을 '풀먹인 머슬린 숄'로 채웠다. 그것은 크레키(Créqui) 후작이 말한 것처럼 '배까지 내려오며, 그 주름으로 가슴이 아주 풍만해 보이게 했다.'[24] '가짜 피슈'(fichu menteur) 혹은 '가짜'(trompeuse)라 불렸던[25] 이런 부풀린 가슴받이 밑에다 '매력적인 가슴'이 갑자기 무너지지 않도록 얇은 철사세공물을 장치했다.[26] 『사치와 유행의 잡지』의 한 통신원은 1785년 런던에서 이렇게 기사를 쓰고 있다. "가슴을 숄로 특히 높이 세우고 풍만하게 만드는 것이, 말하자면 여자들 사이에서 유행이 되었다. 사람들은 결국은 숄 속에 철사로 만든 옷걸이와 뼈대를 착용했다."[27]

물론 여자들은 항상 어디서나 그런 구조물을 달고 돌아다닐 수는 없었다. 그렇기 때문에 동시에 솜을 넣은 가슴, 즉 '비너스 가슴'(Gorges de Vénus) 혹은 '로마식 가슴'(Gorges a la Romaine)[28] 및 밀랍으로 만든 '가짜 유방' 혹은 '가슴 첨가물'을 준비했다. 이것들은

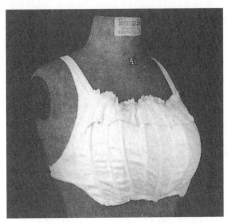

70. 고래수염뼈로 만든 뼈대와 내부에 조절이 가능한 띠가
들어 있는 흰색 면으로 된 '인공 가슴', 1910년경.

그 안에 스프링이 들어 있어 심호흡을 하거나 심장이 강하게 뛸 때면
움직이기도 했다. 그리고 필요한 경우에 심지어 색깔이 붉어지는 그
런 모델로 있었던 것으로 보인다. 어쨌든 1805년 파리의 장신구 제조
공이 붉은빛을 띤 아주 고급 가죽에 파란색 핏줄을 그려넣은 가짜 가
슴, 어깨 그리고 등을 선전했다는 것은 사실이다. 비밀 '전문영역'의
도움으로 젖가슴을 출렁이게 할 수 있었던 이런 인공 신체 장구의 가
격은 7나폴레옹도르에 달했다.[29] 이미 1799년 『타임』은 그런 자연의
교정을 다음과 같은 말로 언급했다. "가짜 가슴을 위한 패션 유행은
적어도 한 가지 점에서는 실용적이다. 왜냐하면 유행을 쫓는 여성들
이 무엇인가를 입게 하기 때문이다."[30]

이런 종류의 밀랍과 고무 가슴들, 다른 소재로 만든 '가슴 모조품'
(그림70) 역시 19세기 후반과 20세기 초에 없어서는 안 되는 인기상
품이었다. 예를 들어 벨에포크('좋았던 시절'이라는 뜻으로 19세기
말과 20세기 초에 걸쳐 프랑스가 유례없는 풍요와 번영을 누린 시기

를 말함—옮긴이)의 심하게 달라붙는 블라우스는 여자들의 가슴이 너무 평평하거나 작으면 그것을 채우기 위해 속을 넣어야 하는 경우가 자주 있었다. '증폭제'(amplificateur)라 불렸던 주름장식이 있는 캐미솔과 '원하는 사이즈로 천을 덧대거나 여러 형태로 변형이 가능한 왁스를 사용할 수 있도록 되어 있는 내부 포켓'이 있는 '가슴 코르셋' 역시 그런 용도로 사용되었다.[31)

제2차 세계대전 후 특히 북미에서 '큰 가슴'이라는 이상이 점점 널리 퍼지기 시작하자 미국 회사들은 부풀릴 수 있는 수많은 '인공 유방'과 삽입물이 들어간 면 브래지어뿐 아니라 자국에서만 100만 개가 넘는 고무 가슴을 생산했으며(영국에서는 1년에 20만 개가 생산되었다) 밖으로 새어나가는 파라고무 냄새를 막기 위하여 장미향이나 제비꽃 향을 집어넣었다.[32)

독일에서는 큰 가슴의 이상이 아주 천천히 그리고 약화된 형태로

71. 마릴린 먼로, 1950년대 후반.

72. 소피아 로렌과 제인 맨스필드.

전파되었다. 1953년 봄 디오르가 소개한 '튤립선'(엉덩이를 강조한 딱 달라붙는 치마 및 깊이 파인 데콜테)은 가슴을 강조했지만 과도하지는 않았다.[33] 그 다음해에 여성 잡지인 『콘스탄체』(*Constanze*)는 다음과 같이 단언했다. "먼로와 이탈리아, 프랑스 여배우들의 지나치게 강조된 몸의 굴곡과 곡선은 현대 중부 유럽의 미적 감각과 일치하지 않는다. 우리의 이상은 오히려 가냘프고 우아하며 마르고 심지어 소녀 같은 여자이다."[34]

미국 사람과 이탈리아 사람들이 이 시기에 '지나치게 강조된 굴곡'을 사랑했다는 것은 맞는 말이었다. 그러나 마릴린 먼로는 (제인 맨스필드Jayne Mansfield와는 반대로) 어떤 방식으로도 이런 이상(그림 71, 72)과 일치하지 않는다. 그래서 나중에 사람들은 그녀가 섹스 심벌로 1950년대 초에 데뷔한 것이 행운이었다고 말하기도 한다. 당시 10년 동안은 그렇게 풍만한 가슴이 그리 환영받지 못하던 때였다.[35]

그녀의 죽음 이후에 그녀를 방부처리한 사람 중의 하나가 공개했던 대로 먼로는 나중에 유두를 강조한 고무가슴을 사용했다. 이런 '가짜'를 그녀는 가슴을 고정시키는 브래지어 안에 착용했다. 그 유명한 고무젖꼭지는 '그녀의 몸에 딱 붙은 스웨터 밑에는 순수한 자연 이외에 아무것도 없다'[36]는 인상을 불러일으켰다.

가슴을 '마지막 날까지 매끈하고 주름살 없게' 유지하기 위하여 1970년대에는 '탄력있어 보이게 하는 덧칠 방식'이 개발되었는데, 이는 탄력을 잃은 피부 위에 '특별 박판'을 붙이는 것이었다.[37] 물론 이런 '방법'으로 가슴이 중력의 법칙에 따르는 것을 막을 수는 없었다. 그래서 1990년대에 처음으로 미국에서 '커브'(Curves)가 시장에 나왔다. '눈에 보이지 않는 가슴 강화물'(The Invisible Breast Enhancer), 즉 진짜 가슴과 동일한 무게와 형태를 지닌 이 실리콘 가슴은 한 쌍에 1만 4천 990달러였다. 이런 '가짜'는 이식하는 것이 아니라 직접 가슴 위에 착용했으며 수많은 톱 모델과 TV 스타들을 포함한 사용자들의 진술에 의하면, 마치 가슴에 차가운 죽은 생선을 올려놓은 것 같은 느낌이 든다고 한다.[38]

14

납작한 가슴과 '바비 인형 가슴'의 이상

필리베르 드 코메르송(Philibert de Commerson)은 1771년 마다가스카르에 체류할 때, 어느 날 벌거벗은 상체를 보여달라고 대략 30세 정도의 여자를 설득했다. "나는 그녀의 가슴을 유심히 살펴보았다. 마치 10세 소녀의 가슴에 달린 것 같은 그런 젖꼭지밖에 보이지 않았다. 그녀의 젖가슴은 이미 늙어서 쭈그러들었다고 생각할 수도 있을 정도로 전혀 피부의 탄력이 느껴지지 않았다."[1]

놀랍게도 젖가슴이 아니라 두 개의 젖꼭지밖에 볼 수 없었던 이 프랑스 여행자는 거대한 섬의 남부에 위치한 이 지역 사람들이 큰 가슴을 높이 치지 않으며, 그렇기 때문에 가슴이 형성되자마자 따뜻하게 데운 대나무 원통으로 납작하게 누르거나 다른 수단으로 그것의 '성장을 억제하려고 한다'는 것을 알았다.[2]

다른 사회에서도 이와 비슷한 방법들을 이용했다. 그래서 예를 들어 체로키족은 두드러진 여성의 가슴을 부끄러운 것으로 여겨서 납작한 돌을 그 위에 얹어 그 성장을 억제하려고 했다.[3] 아무런 굴곡이 없는 완전히 평평한 가슴을 좋아하는 체르케스족과 오세트족들은 젊은 여자의 발달한 가슴은 혼전 성관계의 증거[4]라고 생각했다. 그래서 여자아이들은 10세가 되면 가슴이 생기지 않게 하려고 가슴을 가죽 코르셋으로 졸라맸으며 이 코르셋은 벌거벗은 상체에 딱 달라붙게 꿰매어 신혼 첫날밤 남편에 의해서 처음으로 벗겨졌다.[5]

독일에서도 여자아이는 어릴 때부터 막 솟아나오는 가슴을 이런저런 방식으로 납작하게 눌렀다. 브레겐츠에서는 어머니가 딸에게 접시 모양의 나무판을 흉곽 위에 조여 매주었으며[6] 다하우 지방에서는 처녀들을 앞모양이 널빤지와 비슷한 좁고 평평한 코르셋에 억지로 죄어 넣었다.[7] 그리고 19세기 북부 티롤 지방에서는 의사가 이렇게 말했다. "독일 티롤 지방을 여행하는 모든 외국인에게는 그 지방 여자들의 납작한 가슴이 눈에 띨 것이다. 사춘기 시절부터 여성의 흉부는 나무 갑옷이라 부르면 딱 맞는 그런 코르셋으로 꽉 조여진다. 다른 나라에서는 여성의 자부심인 잘 발달된 가슴이 티롤에서는 육체적인 자랑거리가 아니다. 가슴은 너무 심하게 압박해서 위축 증세를 나타내기까지 한다."[8] 가슴의 발달을 완전히 막기 위하여 어머니들은 저녁에 딸의 흉곽에 수퇘지 고환에서 얻은 질척거리는 액을 바른다.[9] 다른 지역에서는 중세에 그런 일들이 일반적이었다.

아우구스부르크의 여자들에 관해 1774년 한 여행자는 이들이 코르셋의 도움으로 가슴의 굴곡을 눌러 없앤다고[10] 보고하고 있다. 그리고 100년 후 오버슈바벤 여자들에 관해서는 이렇게 전해진다. "대부분 지역에서 가슴은 가슴 흉갑 안에 가두어놓는다. 그래서 그렇지 않았으면 태어났을 때부터 아주 아름다웠을 여인의 몸매가 이상하게 왜곡된다."[11]

이렇게 여성의 몸매가 두드러지지 않도록 하는 것은 아주 다른 시기의 여러 다양한 사회에서도 발견할 수 있다.[12] 서구 사회의 농경 지역 및 코린트 북쪽의 사라카차니(이 민족의 젊은 여자와 부인들은 가슴의 굴곡을 손목에서부터 목까지 올라오는 두껍고 검은 블라우스와 양모 재킷으로 숨긴다[13])와 같은 계절 이동 목축지역뿐 아니라 종교적 공동체에도 있었다. 가슴이 두드러지지 않도록 하기 위해, 예를 들면 셰이커교도 여자들은 '목수건'이라 불리는 가슴받이를 착용했다.[14] 그리고 동일한 이유에서 경건주의자들의 코르셋 앞면은 널빤지 모양으로 재단되었다. 얼마 전에도 아주 늙은 여자가 '내 손으로 가슴을 납작하게 만들어야 했다'며 이렇게 가슴을 납작하게 누르는 것이 수유능력을 아주 약화시켰다고 확인해주었다.[15]

이러한 거의 모든 경우에 부끄러움이 그 원인이었다면, 20세기 초 가슴을 작고 납작하게 했던 일반적인 유행경향은 아주 다른 의미를 지닌다. 처음에는 우선 풍만한 '모노 가슴', 즉 19세기처럼 더 이상 코르셋으로 위로 밀어올리지 않은, 처진 어머니의 가슴이 당시 유행한 이상형이었다. 그러다 세기 전환기에 아주 다른 이상형, 즉 남자가 손으로 잡을 수 있을 만큼[16] 작은 가슴이 이상형이 된다. 이 시기에 성 연구가인 이반 블로흐(Iwan Bloch)는 이렇게 언급했다. "마르고 부드러운 '라파엘 전파의' 여성 몸매에 관한 현재의 열광이 어느 정도 가슴에 대한 부정적인 강조로 이끌렸다."[17]

그리고 나중에 슈테판 츠바이크(Stefan Zweig)는 제1차 세계대전 *이전*의 베를린과 1920년대에 들어서면서 비로소 시작된 게 아니라 당시 벌써 지배적이었던 '젊음 예찬'을 다소 긍정적으로 그리고 덜 보수적으로 다음과 같이 회상했다. "여자들은 가슴을 싸매었던 코르셋을 벗어 던졌다. 그들은 양산과 베일도 포기했다. 더 이상 공기와 태양을 두려워하지 않기 때문에. 그들은 테니스 칠 때 다리를 좀더 잘 움직이기 위하여 치마를 짧게 입었다. 그리고 잘빠진 체격을 남에게 보여주는 데 더 이상 부끄러워하지 않았다."[18]

이미 세기말에 전통적인 '빅토리아식' 코르셋은 점점 수요가 줄어들었고 전환기 이후 20세기에는 풍만한 가슴을 가진 많은 부인들이 이런 부분을 강조하거나 '지탱하는' 것이 아니라 납작하게 만드는 흉부 붕대를 착용했다.[19] 미국에서는 마침내 1913년 여름에 엄청나게 짧은 치마뿐 아니라 목선이 V자로 극단적으로 깊이 파인 반투명 블라우스가 사람들의 분노를 불러일으켰다.[20] 그리고 제1차 세계대전이 일어나기 몇 달 전 미국 잡지인 『딜리니에이터』(Delineator)는 "얼굴이 아무리 예뻐도 어린 소녀의 몸처럼 일직선이면서 유연하지 않으면 아무 소용이 없다"[21]고 이러한 경향을 개념적으로 확인했다.

물론 이 '직선'의 인기는 1920년대 초가 되어서야 전성기를 맞는다. 그리고 블로흐가 당시(오늘날도 마찬가지이다)에 그랬던 것처럼, 특히 남성 해설가들은 이런 패션을 여성적인 가슴의 거부로 오해했다. 그래서 예를 들어 다른 유행 현상인 '구성주의'의 한 추종자는 '1920년대 말괄량이' 가슴의 '성의 구별이 없는 밋밋함'의 이상은 (모든 다른 육체 부위들처럼) 여성 가슴의 에로티즘이 '완전히 사회적으로 짜맞추어진 것'임을[22] 보여준다고 말했다.

그리고 1920년대 사람들 중에도 풍만한 가슴을 좋아했던 많은 사람들은 새로운 이상을 '성의 구별이 없으며' 에로틱하지 않다고 생각했다. 그래서 예를 들면 1926년 실망한 한 남편은 유명한 여류 성 상담역인 마리 스토프(Marie Stopes)에게 편지를 썼다. "그는 아내가 '유행을 쫓아 마르게 보이고 몸의 곡선을 가리기 위해서' 착용하는 '브래지어 코르셋'에 대해 한탄했다."[23]

『짐플리치시무스』에는 약간 경직된 동시대인이 '가슴이 없는' 젊은 부인에 관하여 신부에게 이렇게 풍자한다. "현대 미의 이상은 도덕적인 관점에서 긍정적으로 평가된다. 거기서 예절에 벗어나는 변종은 완전히 사라졌다."

베를린 레뷰(동시대의 인물과 사건들을 묘사하거나 때로는 풍자하는 노래, 춤, 촌극, 독백 등으로 이루어진 가벼운 오락극—옮긴이)인 「조짐이 있다」라는 풍자 서창 가곡의 가사는 다음과 같이 조롱조의 심술궂은 어투이다. "인류의 창문에 전시되어 있다/움직이지 않는 마른 여자가/의상이라고 하기에는 천이 부족하다/위로 그녀가 보여주는 것은 빈약하다./그녀는 뽐낼 수가 없다 그녀는 *가슴*이 없다./코르셋은 육체의 껍데기이다./그녀는 엉덩이가 없다 그녀는 의욕이 없다./한 여자의 이런 재고품이라니!"[24]

'새로운 여성'을 이보다 더 잘 이해할 수는 없을 것이다. 왜냐하면 짧은 머리, 희미하게 그린 붉은색 입술, 허리 아래 세 뼘 정도 미끄러진 허리띠와 무릎길이의 치마를 입은 '새로운 여성'은 에로틱하지 않고 아무런 의욕이 없기 때문이다. 그런 시대에 여성 상체의 '성적 측면을 제거'하려는 경향[25], 즉 일종의 문화적인 거식증(Anorexia nervosa)이 지배적이었다고 한다면 그 역시 잘못된 것이다. 왜냐하면 이때 '아웃'된 것은 그런 가슴이 아니라 질 높은 수유를 할 수 있는 풍만한 어머니의 가슴과 '분만을 기뻐하는' 여자의 풍만한 엉덩이이기 때문이다.

젊은 여자, 혹은 더 정확하게 말하자면 '해방된 여성'의 선을 가진 '어린 계집아이'[26]는 가슴이 없는 것이 아니다. 오히려 그녀는 아주 에로틱한 소녀 가슴을 가지고 있다. 옷을 입지 않은 쇼윈도의 마네킹처럼 말이다. 조리스 카를 위스망스(Joris-Karl Huysmans, 1848~1907, 프랑스의 작가)는 이미 1886년에 바티뇰 가의 가게에서 마네킹을 보고 아주 황홀해하며 이렇게 썼다. "여기에 사내 같은 소녀의 뾰족한 가슴이 있다. 작은 물거품, 그 위에 엷은 붉은색 포도주 한 방울, 작고 뾰족한 촉에 의해 구멍이 뚫린 매력적인 배. 막 피어나기 시작하는 이런 사춘기는 우리 안에서 이제 방금 시작된 것에 관해 무한한 상상력을 일깨워준다."[27]

Ohne Scham und ohne Schande
penn ich mit der ganzen Bande,
nicht nur mit dem Einzelherrn,
hemmungslos ist jetzt modern!

73. 시대정신에 대한 풍자적인 논평, 1925년경.

1925년 한 보수적인 여류 평론가는 대부분의 카바레(춤, 노래 등으로 정치적이거나 시사적인 풍자 등을 하는 무대예술—옮긴이) 예술가와 심리분석가들보다 훨씬 더 탁월하게 설명하고 있다. 그녀의 말에 의하면, 사내 같은 여자는 아이를 낳고 젖을 먹이는 데 흥미가 없기 때문에 큰 가슴을 거부한다는 것이다.[28] 그러나 그들의 작은 가슴은 분명 그들 할머니들의 풍만한 가슴보다 더 섹스를 위해 존재한다(그림73).[29] 그리고 젊은 여자들은 자주 레즈비언으로 고발당했는데,[30] 짧은 머리를 하고 작은 가슴을 갖고 싶어한 까닭이었다.[31]

그러나 이미 1919년 브레멘에서 간행된 『북독일의 자유로운 견해』(*Norddeutsche Freie Meinung*)에는 이런 경탄의 글이 실려 있다. "바로 소녀들이 남자를 독촉하고 남자를 유혹하는 첫걸음을 내딛었던 사람들이다. ……그들이 운동으로 성적 특징을 만들듯이 운동 역시

74. 게르하르트 리비케, 「디아나 여신」, 1927년경.

그들의 성적 특징이 된다."[32] 수치도 모르고 두려움도 없는 이런 여자들이 하는 모든 것의 배경에 성적인 것이 있는 것이다. 그들이 공공장소에서 담배를 피우는 것조차 젊은 남자와 펠라치오를 하고 싶은 욕구를 과시하는 것이다.[33]

그리고 1924년에 『데일리 익스프레스』(*Daily Express*)는 이렇게 요약했다. "짧은 머리, 킬트(스코틀랜드 남자들이 입는 짧은 스커트—옮긴이)보다 조금 더 긴 치마, 좁은 엉덩이, 별로 드러나지 않는 가슴, 이런 모습으로 자신감있고 활동적이며, 게임을 좋아하고, 능력있으며, 가사일을 꺼리는 인간형이 나타났다. 이 같은 변화는 중성적인 형태로서 여성적인 신체부위를 드러나지 않도록 억제함으로써만 가능했다."[34]

1920년대 여성의 가슴은 성적 측면이 제거된 것이 아니라 단지 다른 이상적인 형태를 지향한 것임을 수많은 자료를 통해 추론할 수 있다. 벗은 다리가 관심의 핵심이었던 비교적 옷을 입었다고 할 수 있는 여자 댄서와는 달리, 팬티밖에 입지 않았던 그 시대의 '스트립걸'은 틀림없이 남자들의 시선을 벌거벗은 가슴으로 집중시켰다.[35] 그래서 예를 들어 베를린에서 1919년부터 이른바 '미인들의 밤'이 있었는데, 거기서는 셀리 데 라이트 무용단(Ballet Celly de Rheidt)의 젊은 무용수들이 고대의 키톤을 모방해 만든 투명한 레이스 옷을 입고 등장했다. 여자들은 외견상 판토마임을 하지만 실은 작은 가슴을 '껑충껑충 뛰게' 한다. 그리고 이것이 남자들이 비싼 입장료를 지불하는 이유이기도 했다. 1922년 주최측이 이런 '스트립쇼' 때문에 높은 벌금을 구형받은 후에 무용수들은 가슴을 완전히 가려야 했다. 그러고서 입장객 수가 급격히 줄어들었다.[36]

같은 해에 미국 여성인 플로렌스 커네티(Florence Courtenay)는 『육체미: 발달시키고 유지하는 방법』(*Physical Beauty: How to Develop and Preserve It*)이라는 안내책자에서 이렇게 쓰고 있다. 이상적 형태는 "유연하고 모양새있는 곡선, 우아하면서도 육감적이라

75. 「해변가의 미국 흑인의 춤」, 1925.

할 정도로 풍만하지 않은 형태이다. 둥글고 단단하며 모양새있는 중간 크기의 가슴이라면 더 이상 바랄 것이 없다." 그리고 4년 후 파리에서 출간된 『미인의 새로운 예절 지침서』(*Nouveau Bréviaire de la beauté*)에는 눈에 띄게 하얗고 탄탄하며 아름다운 모양의 가슴보다 더 매력적인 것은 상상할 수 없다고 씌어 있다. 같은 시기 미대생들을 위한 런던의 교과서에는 '가슴이 작다고 해서 결점은 아니다'[37] 라고 되어 있다.

그런 작고 탄력있는 가슴으로 아니타 베르버나 여배우 페른 안드라와 같은 동성애 경향이 있는 여자들도 남자들을 흥분시켰다. 프랑크 베데킨트(Frank Wedekind)는 후자에 관해 이렇게 썼다. "그녀는 깊게 파인 옷을 입었다. 뒤는 허리 끝까지, 앞으로는 무의식까지."[38] 그리고 1924년 제임스 클라인(James Klein)의 레뷰 「그것을 이 세상은 아직 보지 못했다」에는 이런 내용이 나온다. "여자들이 짧은 치마를 입고 지나갔다/그리고 다리를 보여주었다, 가끔은 흰 다리를/그들이 다리를 숨긴 후에는/소매도 없이 돌아다닌다./가슴이 들여다보인

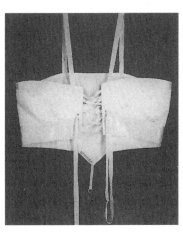

76. 가슴을 납작하게 하는 분홍색 비단 새틴으로 만든 브래지어, 1925년경.

다./사람들은 놀라서 외친다. '지금, 지금, 지금!'/그러면 그들은 벌거 벗은 등을 보여준다./그리고 앞에서 다시 단추를 채운다."[39]

커다란 가슴은 천한 것으로 간주되었으며(영국에서는 '가슴은 *천 하다*'고 했다고 한다[40]), 아주 풍만한 가슴을 가진 여자는 계속 코르 셋을 착용했다. 반면 약간 말랐지만 그럼에도 가슴만 풍만한 여자들은 대부분 속옷 위에 착용하는, 더 이상 가슴을 '지탱하는' 것이 아니라 납작하게 눌러주는 천 브래지어인 '세레트'를 사용했다(그림76).[41]

작은 가슴을 가진 사내 같은 여자는 그와는 반대로 대부분 그런 가 슴 코르셋을 포기했다.[42] 그래서 젖꼭지가 두드러지는 경우가 많았 다. 그렇기 때문에 1927년 '성처녀 마리아 의복 및 품행 개혁단'은 찢 어진 짧은 치마뿐 아니라 '브래지어를 하지 않는 데'도 반대했다.[43]

특히 수많은 젊은 여자들은 헐겁게 달라붙는 깊이 파인 데콜테 및 더 극단적인 경우에는 반투명 원피스(그림77)를 통해 자신들의 '바비

77. 33세의 릴리 브릭. 알렉산더 미하일로비치 로드첸코의 사진. 1924.

78. 에른스트 하일레만의 캐리커처, 1907.

79. '음란한' 수영복을 입은 여자의 체포, 시카고, 1922.

가슴'[44])을 보여주었다. 그래서 1921년 버지니아 주는 (목에서부터 계산하여) 3인치보다 더 깊이 파인 드레스를 착용해서는 안 된다는 규정을 만들었다. 오하이오 주는 같은 해에 주교가 여자들의 어깨가 드러낸 데 대해 격분하자 2인치만 허용했으며, 특히 투명한 소재 및 '여성 몸매의 선을 강조하거나 과도하게 보여주는 의상'[45])을 금지했다.

수십년 전부터 화근은 항상 깊이 파인 데콜테의 여성 수영복이었다. 수영복의 소재는 젖은 상태에서 가슴에 딱 달라붙어서 가슴의 상세한 부분까지 두드러지게 드러나게 했다(그림78). 그래서 젊은 부인들이 점점 더 그런 수영복을 입고 해변에 나타나게 된 이후로(그림79) 1920년대에 일리노이 주와 다른 주에서는 이에 대한 법 제정이 더욱 첨예화되었다.

미국과는 반대로 유럽의 금지령과 규정은 국가 정부보다는 성직자들에 의해 만들어졌다. 그래서 예를 들면 1926년 2월 25일 아침에 파사우의 교회에 다음과 같은 글이 적힌 플래카드가 걸렸다. "부인과 처녀들은 위로는 목까지 올라와서 꼭 여며져 있으며 밑으로는 무릎까지 닿고 불투명한 천으로 된 옷을 입어야만 예배에 참석할 수 있다."[46])

같은 해 양제의 주교는 비슷한 방식으로 주교의 교서에서 교회에 오는 모든 여자에게 긴 소매, 무릎까지 덮이는 치마 및 목까지 올라오는 블라우스를 입으라고 규정했다. 신부와 신랑만이 예외였다. 그들에게만 '정숙한 데콜테'(decolletage a la vierge)라 불리는 아주 단정한 네크라인을 허용했다. 결혼 예복이 소매가 없는 경우에는 적어도 팔을 베일로 가려야 했다. 이 주교는 교회 이외의 공공장소에서는 '둥근 데콜테'를 허용했다. 그것은 최대한 가슴뼈까지 파여도 되었고, 그러면서 물론 소재는 딱 달라붙는 것이어야 했다. 앞으로 몸을 숙이는 여자의 가슴이 절대로 드러나지 않도록 말이다.[47])

15

'가슴에 대한 열광', 미국 스타일

1920년대 말경에 『펀치』(*Punch*)에는 젊은 여자가 납작한 가슴의 엄마에게 무릎이 드러나는 치마를 입고 이렇게 말하는 풍자화가 실렸다. "나는 엄마가 그렇게 근대적이지 않기를 바래요, 엄마. 그건 정말 시대에 뒤떨어진 거예요."[1] 그리고 실제로 1927년경 작은 '바비 가슴'은 다시 풍만해졌다. 그것은 예를 들면 코르셋 제작자가 '콩비네르'(combinaire), 즉 거들과 브래지어를 조합하면서 가슴을 위해 두 개의 오목한 부분을 만들었다는 데서도 드러난다. 아직은 가슴을 심하게 강조하지는 않았지만 인정하기는 했다.[2]

아마도 1920년대 중반부터 말까지는 소녀 같던 여자가 더욱 성숙해지고 나이가 들었다. 그리고 나체 사진을 찍는 이들은 이에 상응하게 풍만한 어머니의 가슴이 아니라 젊은 여자의 약간 더 커지고 더 둥글어진 가슴을 보여주었다(그림80~82).

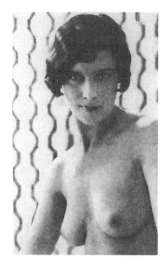

80. 나체 사진. 1930년경.

'여자들은 모두 어린 소녀처럼 옷 입는 데 싫증이 났다'고 1930년 주간지인 『숙녀』(*Die Dame*)는 공표했다.[3] 한 영국 잡지는 이렇게 썼다. "당신은 다시 한번 여성처럼 보여야 한다. 이번에는 정말 여성적으로. 우아한 곡선, 자연스런 허리선, 그리고 긴 스커트와 함께."[4] 그리고 『당신의 아름다움』(*Votre beauté*)은 다음과 같은 구호를 내놓았다. "더 낮아진 가슴! 유행은 자연으로 돌아간다."[5]

1930년경의 여성복 유행에서 특징적인 것은 등 데콜테였다. 그리고 당시 사람들도 이를 느끼고 있었다. 동시대의 한 논평가는 이렇게 확인하고 있다. "가슴은 오늘날의 유행에서 등에 완전히 정복당했다."[6]

「우리는 당신의 등을 보게 되어 기쁩니다, 아가씨」라는 인기있던 유행가가 증명하듯이, 이미 1916년에 등을 깊이 판 옷이 등장했다. 그러나 당시에 거의 모든 여자들이 이런 데콜테를 숄로 가렸다.[7] 하

218

81. 나체 사진, 미국, 1936.

지만 이제는 등 데콜테가 허리선까지 파였을 뿐 아니라 전혀 가리지 않았다.[8] 이런 여성복을 입은 여자들과 춤을 출 때 남자들은 어느 때보다도 더 많이 여성의 노출된 피부와 접촉했다. 그러나 그뿐이 아니었다. 어떤 사람은 이렇게 회고했다. "뺨을 마주 대고 춤을 추는 동안 당신의 오른손이 마치 우연인 것처럼 약간 아래로 미끄러져 내려가면 그것은 끔찍한 유혹이었다." 왜냐하면 긴 이브닝드레스는 특히 엉덩이에서 아주 딱 달라붙어서 엉덩이의 윤곽이 아주 상세하게 두드러졌기 때문이다. 상의는 목 주위에 하나의 끈으로 고정되었다. 그리고 가끔 일어나는 일이지만 춤추는 동안 이 끈이 풀리고 여자 파트너가 브래지어를 착용하지 않았을 경우에(이런 일 또한 마찬가지로 가끔 일

82. 디아나 슬립의 코르셋. 파리. 1932.

어났다) "당신은 그녀를 위해 드레스를 올려 잡고 있어야 한다. 그녀가 휴대품 보관소까지 갈 때까지."[9]

1930년 10년 동안 예컨대 백금발의 섹스 스타인 진 할로(Jean Harlow)처럼 중간 크기의 가슴이 미의 이상이었다면, 제2차 세계대전 동안 특히 북미에서는 1950년대의 '가슴에 대한 열광'이 이미 그 부정적인 영향을 미치고 있었다. 서구 세계에서 20세기 미국처럼 가슴에 대한 수치심과 풍만한 가슴을 선정적으로 만드는 것 사이의 독특한 짜맞추기를 찾아볼 수 있는 나라는 거의 없다.[10]

그러면서도 물론 여성의 가슴에 대해 수치심을 많이 느끼는 것이 미국의 전통이었다. 그래서 청교도 목사인 벤저민 워즈워스(Benjamin Wadsworth)는 아주 '비청교도적으로' 그의 양들에게 용기를 주었다. "아내와 함께 젊음을 즐기시오! 그녀의 가슴으로 하여금 항상 당신을 만족시키게 하시오."[11] 이런 만족은 눈으로 하는 만족일지라도 오직 결혼생활에서만 얻어야 했다.

그래서 청교도들은 끊임없이 가슴과 등 데콜데를 비난했다. 예를 들어 코턴 마더(Cotton Mather)는 그런 식으로 자신의 흰 피부를 과시하는 한 부인이 '남성 관람객에게 어리석은 정욕의 불을 붙이려고' 그랬을 것이라고 의심하고는 하늘의 복수가 임할 거라고 그녀를 위협했다.[12] 어떤 사람들은 '상점에 걸려 있는 고기 덩어리처럼 쇠파리를 유혹하는 벌거벗은 가슴'을 비난했다.[13] 그리고 1695년 퀘이커교도 연합인 뉴저지 주 벌링턴의 '우먼 프렌즈'는 여성 소속원들에 대한 진지한 훈계를 책으로 출간했는데, 거기에는 이런 말이 씌어 있다. "우리는 가슴이나 목을 드러내고 외출하는 데 익숙해지지 말아야 한다."[14]

그럼에도 뉴잉글랜드의 초기 주민들이 *커다란* 가슴에 대해 특별한 관심을 가지고 있었다는 증거는 없다. 1693년에 한 관찰자는 '코르셋으로 꽉 졸라' 여성들의 '가슴이 작아'지게 되었는데, '그것이 대부분 자연스러운 일이 되었다'[15]고 말하고 있다. 18세기 중반에 미국 여자들은 가슴을 납작하게 누르는 코르셋을 더 이상 착용하지 않았던 것으로 보인다. 보스턴의 한 신문은 1755년에 심지어 패션 유행이 완전한 나체의 방향으로 가고 있다고 확인했다.[16] 그럼에도 버지니아의 필립 피티언(Philip Fithian)은 최근 유럽에서 수입되고 있는 '코르셋'은 '우리가 여성의 하얀 목을 전혀 볼 수 없도록 목깃이 위로 높이 올라오게 제작되었다'고 불평했다.[17]

유럽에서는 그 어느 때보다도 여자들이 육체를 많이 노출했던 18세기 말과 19세기 초에 많은 미국 여자들은 가슴을 납작하게 만들려고 했던 것으로 보인다. 그래서 예를 들면 아이작 캔들러(Issac Candler)는 이렇게 쓰고 있다. 여성들의 몸매에 관한 한 어디도 북미만큼 아름다운 곳이 없지만 다만 유감스럽게도 북미 여성들의 가슴은 거의 발달하지 않았으며 틀림없이 이는 당시의 미의 이상과 일치할 것이다.

이미 18세기 말경에 모로(Moreau de St. Mery)는 젊은 처녀들이 가능한 한 가슴을 납작하게 눌렀다고 보고했다.[18] 그리고 1828년에도 영국 여자 프랜스 트롤럽(Frances Trollope)은 미국 여자들의 '가슴 형태에서 일반적인 결함'을 확인했다. 그녀에 따르면 "실제로 풍만하거나 우아한 형태를 가진 경우가 드물었다."[19]

그럼에도 미국에서는 고대 양식을 모방하는 '나체 패션'을 따르는 젊은 여자들이 있었다. 그리고 이미 18세기 말 저녁식사에 초대된 손님이 그 자리에 함께 있던 여자 둘 때문에 분개했다. "그들 중 두 명은 가슴을 많이 노출시켰다. 나는 공화주의자들 중에 이런 정숙하지 못한 사람들이 있다는 데 화가 났다."[20] 젊고 대담한 여자들이 그들과 마주하고 있는 모든 '시건방진 놈들'(foppling)에게 '육체를 훔쳐보도록' 했다는 데 사람들은 분개했다. 여자들은 이제 가슴뿐 아니라 다리에도 매우 관대해졌다. "끝에 레이스 장식이 달린 살색의 피크닉 실크스타킹이 아주 유행하게 된 이유는 아무것도 신지 않은 듯한 인상을 주기 때문이었다. 나체가 너무 선호되었던" 것이다.[21]

물론 대부분의 젊은 여자들은 절대 데콜테 안을 들여다볼 수 없게 했다. 거의 모든 여자들이 가슴받이로 '얌전이 조각'(modest bit)이라 불리는 무명 붕대를 착용했기 때문이다. 그래서 그들은 별 위험 부담 없이 허리를 굽힐 수도 있었다. 그리고 동시대의 한 시인은 그에 관해 시를 지었다. "당신이 보는 그들의 가슴이 있는 곳에/오, 내가 진실을 천명하노니!/거기에는 모두가 얌전이 조각을 대어놓고 있다오/오, 속옷을 입고 있지 않을 때라도 그렇다오!"[22] 게다가 감리교 목사인 존 얼리(John Early)는 1808년 젊은 시골 부인들의 솔직함('노출된 가슴')을 비난했다.[23]

그러나 많은 사람들이 그렇게 선정적으로 옷을 입었던 것 같지는 않다. 어쨌든 볼티모어 출신의 부유한 상인의 딸인 베치 패터슨

(Betsy Patterson)이 나폴레옹의 형인 제롬 보나파르트와 결혼하고 나서 1804년 1월 워싱턴에서 제국시대 양식의 의상을 입고 공공장소에 모습을 나타냈을 때 전 도시는 그녀의 의상에 대해 입을 다물지 못했다. 한 동시대인은 이렇게 언급했다. "그녀는 여기에서 크게 소문이 났다. 한 무리의 소년들이 그녀가 멋지게 행진하는 주위로 몰려들어 내가 이 나라에서 자주 일어나지 않았으면 싶은 장면을 보려 했다. 그것은 거의 전라의 여자 모습이었다." [24]

여성 가슴의 미학에 관한 한 19세기 미국에서는 두 개의 서로 대치되는 이상이 균형을 유지하고 있었다. 1920년대와 1930년대의 외국인 방문자들은 한편으로 18세기의 방문자들처럼 여성들의 가슴이 눈에 띄게 '납작하다'고 보고한다. 그 이유는 가슴을 인위적으로 납작하게 압박했기 때문이다.[25] 그리고 1850년에도 너대니얼 호손(Nathaniel Hawthorne)은 『주홍글씨』(*The Scarlet Letter*)에서 과거의 청교도 여자들과는 반대로 오늘날의 미국 여자들은 '잘 발달된 가슴'을 가지고 있지 않다고 불평했다.[26] 다른 한편으로 이와는 달리 이미 19세기 초에 젊은 여자들이 가슴을 납작하게 누르지 않고 관대하게 가슴을 드러내거나[27] 아니면 가슴이 아직 없을 경우에 심지어 인위적인 물품의 도움으로 가슴이 있는 것처럼 하는 것을 유감스러워하는 사람들도 있었다. 토머스 브래너건(Thomas Branagan)은 미국 처녀들에 관해 이렇게 확인했다. "자연이 그들에게 진짜를 제공하기 전에 그들은 대용품으로 인공가슴을 진짜처럼 하고 다닌다."[28]

1930년대에는 특히 여배우 및 공창들이 가슴과 엉덩이를 돌출시켜 보이도록 하기 위하여 삽입물을 집어넣었다고 한다. 그런데 커 보이게 하는 이런 속임수는 1940년대에 일반적인 패션에서 점점 더 큰 구성요소가 되었다. 1861년 『완벽한 미인이 되기 위한 숙녀들의 지침서』(*The Ladies' Guide to Perfect Beauty*)에는 이렇게 적혀 있다.

"가슴이 너무 작은 여자들은 위쪽 옷 부분을 보이지 않게 겹치는 방식으로 또는 다른 방법을 통해 가슴을 크게 만든다."[29] 그리고 헨리 콜린스 브라운(Henry Collins Brown)은 이 시기에 많은 부인들이 '뻔뻔한 사기꾼', 즉 바람을 넣어 크게 할 수 있는 고무가슴을 착용했다고 뒤에 회상했다. 가끔은 고무가슴이 저녁 식사시간 중에 터져서 그것을 착용한 사람을 경악시키고 다른 여자 손님들을 즐겁게 해주었으며 불편한 소음을 내기도 했다.[30] "여기서는 작은 가슴을 숨기기 위해 모든 가능한 크기의 인위적인 가슴들이 공개적으로 제공되고 있다." 시민전쟁이 끝난 직후 북미의 대도시에 온 여행자는 놀라서 썼다.[31]

그러나 속이 빈 고무가슴은 그것을 착용하는 데 너무 큰 위험 부담이 있었기 때문에 대부분은 차라리 작은 솜을 데콜테 안에 집어넣거나 두꺼운 탄성고무로 된 반원을 가슴 위에 얹었다.[32] 물론 고무 '젖받이(가슴을 크게 보이기 위한)'를 착용할 경우 숨을 제대로 쉴 수가 없었으며 날씨가 더울 때면 하체로 땀이 흘러내렸다. 그래서 드레스 밑에 착용하는 반구 모양의 철구조물이 만들어졌다. 그것은 '땀으로 젖지 않았으며' 그럼으로써 '짜증나지 않게 해주었다'(그림83).

물론 그런 인공 가슴과 깊이 파인 데콜테는 서로 배타적이다. 1871년 미국 사람들이 여성의 커다란 가슴에 열광했다[33]고 한다면, 가슴이 납작한 여자들은 목까지 올라오는 옷으로 가슴의 볼륨을 주장할 수밖에 없었다. '프랑스식 나체 패션'의 막간극 이후에 대부분 미국 여자들이 다시 정숙하게 가슴을 숨겼다 하더라도(1830년 뉴멕시코를 여행한 미국 동부의 여자들이 히스패닉계 여성들이 목선이 깊게 파인 옷을 입은 것을 보고 경악했다[34]는 보고가 있다) 깊이 파인 데콜테는 곧 다시 되돌아왔다. 그리고 나폴레옹 왕자('플롱플롱〔Plon-Plon, 총알 겁장이라는 뜻. 1854년 사단장격으로 크림 전쟁에 참가

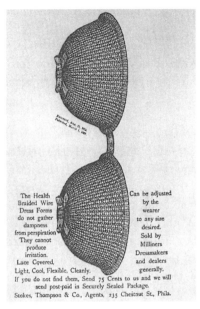

The Health
Braided Wire
Dress Forms
do not gather
dampness
from perspiration
They cannot
produce
irritation.
Lace Covered,
Light, Cool, Flexible, Cleanly.

Can be adjusted
by the
wearer
to any size
desired.
Sold by
Milliners
Dressmakers
and dealers
generally.

If you do not find them, Send 75 Cents to us and we will
send post-paid in Securely Sealed Package.
Stokes, Thompson & Co., Agents, 235 Chestnut St., Phila.

83. 철망으로 만든 '양재용 인체 모형', 미국, 1885.

했는데 그를 겁쟁이로 여긴 휘하 병사들이 그를 '총알 겁장이'라는 뜻의 '플롱플롱'이라는 별명을 붙였다—옮긴이]) 같은 프랑스 사람조차 1861년 미국 여자들이 심지어 매일 어깨와 가슴을 드러내는 것을 보고서 충격을 받았다고 한다. 그것은 그의 고향에서는 불가능한 일이었다.[35]

이런 대담함은 물론 미국에서도 수치스러운 것으로 끊임없이 비판받았다. 그리고 1873년에 의복 개혁자인 엘리자베스 스튜어트 펠프스(Elisabeth Stuart Phelps)는 사람들이 한편으로는 젊은 여자들에게 수줍어하고 조신하게 행동하도록 교육시키면서 다른 한편으로는 저녁 모임에서 대담하게 흰 살을 과시하는 것을 기대한다고 지적했다.[36] 그리고 제1차 세계대전 동안 성병의 전염을 방지하자는 캠페인의 여성 대변자 중 한 명인 캐서린 베멘트 데이비스(Katharine Bement Davis)는 여자들이 남자들을 성적으로 자극하는 노출을 그만두어야 한다고 생각했다. 그녀는 다음과 같은 문구가 들어간 플래카드를 만들었다. "적당하지 않은 복장은 통제하기 힘든 감정을 일깨움으로써 해가 될 수 있다." 그리고 수줍게 목까지 가린 이브닝드레스와 가슴이 깊이 파인 이브닝드레스가 그려져 있고 후자의 그림 밑에 이렇게 씌어 있었다. "이런 드레스는 군인들을 위한 파티에 부적당하며 어울리지 않는다."[37]

이후에 가슴의 성적 측면이 얼마나 강조되었으며 가슴이 수치심과 관련있는 것이었는지는 트루먼 커포티(Truman Capote, 1924~84, 미국의 소설가, 극작가)의 사촌이 이야기한 일화를 통해 잘 알 수 있다. 그는 1932년 미국의 해변에서 젊은 여자 친척의 수영복 윗부분을 끌어내리게 되었다. "어머니는 놀라서 잠에서 깨었다. 그리고 릴리 마에스의 탄력있는 흰 가슴이 태양 속에서 원을 그리고 있는 것을 보았다. 아버지는 아무 말 없이 뚫어지게 바라보는 것 외에 어찌할 도리가 없었다. 어머니는 아버지보고 몸을 돌리라고 옆구리를 팔꿈치로 찔렀다. 그러나 아버지는 거기서 눈을 뗄 생각을 하지 않았다. 거기서 있던 넬과 나는 믿을 수 없을 정도로 놀랐다. 나는 전에 성장한 여자의 가슴을 한 번도 본적이 없었다. 트루먼은 단지 킥킥거렸을 뿐이다. ……다음날 집으로 와서 어머니와 아버지는 릴리 마에스의 작은 볼거리 때문에, 그리고 아버지가 그녀를 뚫어지게 바라보았기 때문에 큰 소리로 싸웠다."[38]

1920년대 초반에 미국의 스트립걸들조차 움직이지 않고 가만히 있는 경우에만, 그리고 자세가 '예술적'일 때만 가리지 않은 가슴을 보여주었다.[39] 최초의 '흔들거리는' 가슴, 즉 떨리거나 흔들리는 그런 가슴은 몇 년 후 뉴욕의 쇼인 '예술가와 모델'에서 볼 수 있었다.[40] 그럼에

84. 조세핀 베이커, 1926.

도 이것은 일종의 예외였다. 예를 들어 조세핀 베이커(Josephine Baker)는 1925년 샹젤리제의 파리 극장에서 「흑인 레뷰」의 '원시 댄스'(Danse Sauvage)에 처음으로 데뷔하기 전에 '토플리스' 차림으로 무대에 설 것을 요구받았을 때 자신은 미국 여자이지 가슴을 노출한 채 관객에게 보여주는 데 익숙한 프랑스 스트립걸이 아니라고 대답했다. 하루 종일 모든 사람들이 그녀를 설득했으며 그녀의 매니저는 그녀가 검은색 피부를 가졌기 때문에 나체로 보이지 않을 것임을 강조했다.[41]

결국 그녀는 요구를 받아들였다. 뚜렷하지 않고 흐릿하게 보이는 그리고 익명인 2천 명의 대중에게 그녀는 자신의 벗은 가슴을 보여줄 준비를 했다. 그러나 그녀가 얼굴을 맞대고 쳐다볼 수 있는 한 명의 남자 앞에서는 상황이 완전히 달랐다. 말하자면 화가인 폴 콜린(Paul Colin)이 그녀를 모델로 삼고 싶어했을 때 그녀는 잠시 주저한 후에

85. 토플리스 레스토랑에서의 서빙, 1965.

팬티와 브래지어를 착용하는 걸 전제하고서야 그에 동의했다.[42]

1930년대에 미국의 스트리퍼들은 대부분의 주에서 무대 속어로 '개짓'(gadget, 속어로 남근이라는 뜻임—옮긴이)이라 불렸던 '음부를 가리는 천 조각'만 걸쳤다. 그런데 이것이 1940년대에 바뀌었다고 한다. 대부분 지역에서, 예를 들면 토플리스 레스토랑의 접대부들(그림85), 특히 가슴을 빙빙 돌리는 '토플리스' 무희들은 부분적으로 술이 달린 '젖꼭지 가리개'를 착용해야 했다(그림86).[43]

1966년에 뉴욕에서 기니의 국립발레단이 공연하려 했을 때 뉴욕 시장은 벌거벗은 가슴을 흔들고 빙빙 돌리는 무용수들에게 브래지어를 착용하도록 했다. 그러나 얄궂은 설명을 근거로 이 조치는 취소되었는데, 그것은 바로 흑인 여자들의 가슴 노출은 전혀 '음란한 노출'이 아니라는 이유에서였다.[44] 그는 결과적으로 그 사건 이후 잠시 백인 무용수들의 등장을 금지시켰다. 이들이 가슴을 브래지어로 가리는

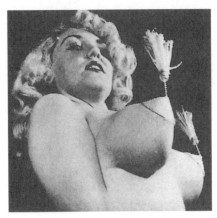

86. 토플리스 무용수, 미국, 1950년대.

것을 거부했기 때문이다. 다른 한편으로 많은 주의 법률들이 진보적으로 바뀐 이후로 '토플리스' 무용수들은 그 다음해부터 흰 가슴이 '더 벌거벗은 것처럼' 보인다는 사실을 이용했다. 그래서 그들은 가슴을 다른 신체부위처럼 갈색으로 태우지 않았다(그림87).

여성의 가슴과 관련된 명백한 '성적 측면 강조의 충동'은 제2차 세계대전 중에 이미 있었다. 당시 남자들은 '공 형태의 초콜릿 아이스크림 케이크'로 묘사되는, 발리 여자들의 가슴을 볼 수 있는 「발리의 남부」라는 영화에 열광했다.[45] 그리고 다른 한편으로 미국의 군수품 공장에서 일하는 풍만한 가슴을 가진 여성들에게는 작업장에서 스웨터 착용을 금지했다. 가슴의 도드라진 형태가 남자 종업원의 작업을 방해할 수 있다고 생각했기 때문이다.[46]

당시 '탄두 가슴'이라는 이상이 천천히 생겨나기 시작했다. 이는 젖꼭지로 올라갈수록 좁아지는, '스웨터 걸 가슴'이라고도 불리는 원추형의 가슴으로 제인 러셀과 같은 여자 주연배우에 의해 이 말 그대로의 의미에서 극단까지 치달았다. 1943년 연출자 하워드 휴(Howard

87. 샌프란시스코의 토플리스 무용수, 다이앤 아버스의 사진, 1968.

Hughes)는 그의 영화 「무법자」(The Outlaw)의 여주인공인 제인 러셀을 위해 처음에 철망 구조물로 된 특별 브래지어를 만들게 했다. 그녀의 가슴이 더욱 두드러지게 돋보이도록 하기 위함이었다. 그러나 시험 촬영분을 보니 이런 구조물을 입고 있는 러셀이 별로 좋아 보이지 않았다. 결국 이 특수 브래지어를 완전히 포기하자 그녀의 가슴은 아주 눈에 띄게 낮아졌다. 그래서 가슴에 강력한 반창고를 붙여 균형을 유지시키기로 결정했다.

영화가 상영되기 전 그녀의 가슴 사진은 큰 잡지의 표지에 수도 없이 실렸다. 그것으로 잡지는 엄청난 판매부수를 올렸으며 러셀은 하룻밤 사이에 유명해졌다. 광고 문구가 '당신은 어떻게 러셀과 맞붙어 싸우고 싶은가?'인 이 영화 역시 엄청난 성공을 거두었다. 수많은 여성해방론자와 종교단체뿐 아니라 법원 및 검열 당국도 이 영화에 반대했지만 아무런 소용이 없었다. 예를 들어 검열관 조 브렌(Joe Breen)은 그녀의 데콜테가 '여성의 가슴을 크게 포장하는' 시대 경향을 잘 보여주는 가장 명백한 증거라고 했다. 그리고 다른 검열관은 이렇게 분노했다. "장면의 거의 반 이상에서 그녀의 가슴이(그것은 아주 크고 눈에 띄었다) 놀랄 정도로 강조되었고, 거의 모든 경우에서 대부분 그대로 노출된 상태이다." 메릴랜드의 한 재판관은 어느 곳에나 존재하는 이런 가슴에 관해 거의 위협을 느꼈다. "가슴이 마치 자연 풍경 속의 천둥처럼 장면을 지배했다. 가슴은 어디에나 있었다."[47)

몇몇 장면에서는 러셀의 목선 안을 상당히 깊숙이 들여다볼 수 있었다는 것이 사실이다. 그러나 젖꼭지를 둘러싼 검은 피부나 젖꼭지는

88. 「무법자」의 제인 러셀.

절대 보이지 않았다. 그리고 옷을 통해 비치지도 않았다. 그랬다면 그
것은 아마도 1930년대 '영화 제작 규약'(Motion Picture Production
Code)을 위반하게 되었을 것이다.[48]

특히 젖꼭지를 두드러지게 드러내거나 천을 통해 아른거리게 하는
것에 미국인들은 가슴의 크기와 상관없이 분노했다. 나중에 제인 맨
스필드라는 배우는 기회가 될 때마다 '무심코' 자신의 젖꼭지를 보여
주려고 온갖 노력을 기울였다(그림89). 그것이 미국 영화 규정 때문
에 불가능해지자 그녀는 1960년대 영국 영화인 스릴러 「손을 대기에
는 너무 뜨거워」(Too Hot to Handle)에서 더 이상 기대할 게 없을
정도로 환히 비치는 투명한 옷을 입고 등장했다.[49]

70년대에도 미국 고등학교의 여학생 대부분은 옷을 통해 비치지 않
도록 블라우스 아래, 그리고 브래지어 위에 속치마를 착용해야 했
다.[50] 그리고 1978년 마인츠의 미국 전투 주둔군 부대장인 여단장 데
이비드 마틴(David C. Martin)의 사례가 독일 언론을 통해 알려졌

89. '무심코' 왼쪽 가슴의
젖꼭지를 노출시킨 제인 맨스필드.

다. 그는 여비서를 심하게 질책하고 그녀의 승진을 취소했다. 그의 여비서인 넬슨이 '대중의 양심에 모욕을 주기' 위해 '노브라로' 대중 앞에 나타났기 때문이었다.[51]

1968년 8월 애틀랜틱 시에서 미스 아메리카를 뽑는 동안 수많은 젊은 여자들이 브래지어와 '여성이 착용하는 다른 쓰레기'를 커다란 '자유 쓰레기통'에 시위하듯 던진[52] 후 그 다음해부터 특히 여대생들이 '노브라로' 공공장소에 나타나기 시작했다. 가슴을 드러내고 보여줄 준비가 되어 있던 여자들도 보통 세심하게 젖꼭지를 가렸던[53] (그림90) 미국인들에게 이는 엄청난 도발을 의미했다. 그리고 수많은 미국 재판관들은 판결문에서 브래지어를 착용하지 않아 젖꼭지가 두드러져 보이는 여자는 강간을 요구하는 것이라고 확인했다.[54]

북미의 성에서 전형적인 것은 1950년대와 60년대의 '큰 가슴에 대한 열광'(going for big tits)[55], 특히 금발의 '백치', 즉 제인 맨스필드와 다른 섹스 심벌의 가슴에 대한 열광이다. 그리고 성과학 관련 자

90. 가슴 문신, 리키, 새크라멘토, 1980.

료에서 동공 반응의 검사를 근거로 미국 남자들이 유럽 남자들보다 커다란 가슴을 가진 여자에게 훨씬 강하게 반응한다는 것을 확인할 수 있다고 한다.[56]

"아주 둥글고 아주 탄력있으며……꽉 차 있다." 이것은 당시 아마 가장 유명한 미국의 담배 선전이다.[57] 그리고 한 사회심리학자가 표현했듯이 '질을 넘어 양에 대한 미국인의 취향과 일치하게' 많은 미국인들에게 젖가슴이 거의 미어터질 정도로 살찐 여자보다 더 자극적인 것은 없었다. 그래서 예를 들면 이전에 사진모델을 했던 한 여자는 벽에 붙이는 미녀 사진을 찍는 스튜디오에 관해 이렇게 말했다. "그들은 '젖가슴 생리' 혹은 '젖가슴 리뷰'라고 불렀던, 이런 여자들의 서류철을 가지고 있었다. 일을 얻게 되면 사진사들은 자주 생리기간이 언제인지를 물었다. 그리고 가슴이 가장 커지기 바로 직전에 사진 스케줄을 잡았다."[58]

1968년 9월에는 뉴욕 월스트리트의 케미컬 뱅크에서 근무하던 여비서가 해고되었다. 이 여자가 아주 큰 가슴을 가졌다는 사실이 알려지자 일주일간 전체 교통이 마비되었기 때문이다. 매일 그 지역의 은행과 사무실에서 일하는, 많으면 1만 5천 명이나 되는 남자들이 그녀의 가슴을 보기 위하여 그녀를 기다렸던 것이다.[59]

세 살이나 네 살 된 여자아이 때부터 이미 가슴이 있는 것처럼 보이게 하는 주름장식이 달린 원피스들이 있다. 그리고 아직 뛸 줄도 모르는 수많은 여자아이들이 미국의 해변에서 투피스로 된 수영복을 착용한다.[60] 성장기의 14세짜리 여자아이가 수술로 가슴을 확대하는 경우는 드물지 않다.[61] 그리고 1970년경 미국의 어머니들은 아직 가슴이 생기지도 않은 사춘기 이전 딸들의 '트레이닝 브라'나 혹은 '프리 브라 브라'를 위해 매년 200만 달러 이상을 지불했다(그림91).[62]

좀더 나이가 든 여자와 성장한 여자들은 1960년대 초 이후 가슴이

91. 틴폼 회사의 '마이 퍼스트 브라', 1981.

너무 작아 보이면 원래 미국 해군을 위해 방수제와 윤활제로 발명되었던 일종의 젤인 실리콘으로 채운 주머니를 이식받았다. 오늘날 미국 스트립걸 대부분과 '토플리스' 무용수(그림92)들만이 아니라[63] 수백만의 일반 미국 여자들도 가슴 속에 실리콘을 넣고 있다. 그리고 매년 이런 수술을 받는 사람이 15만 명 이상이 된다.[64]

원래의 실리콘 가슴이 가끔 야구공처럼 딱딱해지는 경우가 있었기[65] 때문에 1980년대에는 매우 얇은 플라스틱 재질로 만든 작은 주머니를 가슴에 이식하려는 시도가 있었다. 그러면 가슴이 부드럽고 자연스러워 보였으며 가슴을 애무하는 남자도 그것을 바로 알아채지 못했다.[66] 이런 종류의 가슴 숭배가 어떤 기형으로 이끌어질 수 있는지는 '미스 에어백'이라고도 불린, 미국이 아닌 다른 가슴 집착 문화에 속했던 사진 모델 롤로 페라리(Lolo Ferrari)가 잘 보여준다. 그녀의 가슴 공은(더 이상 반구라고는 할 수 없다) 무거운 실리콘 주머니로 채워졌을 뿐 아니라 거의 터질 정도로 부풀어올랐다(그림93). 앞

92. 토플리스 무용수, 1965.

으로 몸을 숙일 수도 없으며 빨리 달릴 수도 없고 오랫동안 배를 깔고 누울 수도 없는 이 이탈리아 여자는 한 인터뷰에서 이렇게 말했다. "별도로 6킬로그램의 무게를 지니고 다닐 수 있어야 한다. 그럼에도 나는 기꺼이 가슴을 더 크게 하고 싶어했다. 그러나 의사는 내가 벌써 극단적인 한계에 와 있기 때문에 그것은 위험하다고 말했다." [67]

심리분석가들은 가능한 한 큰 여성 가슴에 대한 미국인들의 성적 관심을, 대부분 우유를 먹거나 아니면 너무 일찍 젖을 뗀 젖먹이들이 '구강기적 욕구불만을 갖게' 되며 그래서 그들에게 주어지지 않은 어머니 가슴을 영원히 추구하게 된 것이라고 설명했다.

실제로 많은 미국 남성들이 상대 여성의 젖꼭지를 빨거나 핥는 것을 좋아한다. 그리고 적지 않은 사람들이 자신들의 부모가 그런 행위를 하는 것을 보았다고 기억한다. "아버지는 항상 엄마의 가슴을 빨곤

236

93. 이탈리아 사진 모델 페라리, 1995.

했다. 세 살인가 네 살이었을 때 나는 그것을 알아차리기 시작했다. 그리고 나는 원래 내 것이던 것을 빼앗겼다는 느낌이 들었다."[68] 보충해서 말하자면 적지 않은 미국 여성들은 낯선 남자가 입으로 자신의 젖꼭지를 자극하는 그런 백일몽을 꾸는 것처럼 보인다.[69] 그리고 미국 여성의 10퍼센트가 젖꼭지를 자극하는 것만으로 오르가슴에 도달할 수 있다는 조사결과가 나와 있다.[70]

성과 관련하여 여성의 젖꼭지를 빠는 것은 아주 오래전부터 그리고 자연스럽게 젖을 먹이는 사회에도 널리 퍼져 있다는 사실을 제쳐둔다면, 가슴에 대한 열광의 원인으로서 심리분석적 '좌절' 기제와 마찬가지로 '강화' 기제가 제시될 수도 있다. 그에 따르면 젖을 먹을 때 완전히 만족했던 사람들은 그런 만족을 항상 새로이 찾으려 한다는 것이다. 그리고 실제로 어머니에 의해 '구강기적 욕구불만'을 가졌던 미국 남자들은 가슴이 납작한 여자들을 선호했다는, 즉 절대 '가슴에 열광'하지 않는다는 조사결과도 있다.[71]

미국인들의 '가슴 집착'은 '미국적 정숙함'을 통해 훨씬 쉽게 설명할 수 있을 것 같다. '미국적 정숙함'은 경향적으로 성적 주요 관심을 하체에서 덜 '위험한' 가슴 같은 성감대로 옮겨가게 했다. 이런 일시적인 혹은 근본적이기도 한 전이는 다른 사회에도 존재했다. 고대 타타르족의 젊은 남자들은 신부값을 완전히 지불할 때까지는 오로지 신부가 될 여자의 가슴만 만질 수 있었다. 그것을 타타르족은 '가슴을 훔친다'고 말했다. 그리고 이런 관습은 처녀 가슴에 대한 집약적인 에로티시즘으로 이어졌다.[72] 그리고 수단의 아랍계 여자들의 경우 성기 부위가 음문 꿰매기(Infibulation, 성교를 못하게 하려는 목적으로, 음핵을 절제한 후 소변과 월경혈이 통과할 수 있도록 작은 입구만 남기고 모두 합쳐 꿰매는 것―옮긴이)로 인해 감각이 무디어지면서 주요 성감대가 외음부에서 가슴과 목으로 전이되었다.[73]

16

대중 앞에 나선 가슴 노출 패션

1960년대가 지나면서 심지어 북미에서도 '커다란 가슴'이라는 이상이 매력을 잃었음이 감지되었다.[1] 그리고 특히 1960년대 말에 '미스 아메리카'의 타이틀을 얻었던 젊은 여자들을 보면 키가 커졌고 몸무게는 줄어들었으며 엉덩이는 빈약해지고 가슴은 작아졌다.[2] 매달 바뀌는 『플레이보이』의 '플레이메이트'(Playmate), 즉 '가슴 수호자'들의 가슴 역시 많이는 아니지만 작아졌다.[3] 그리고 사람들이 생각했던 것처럼 그렇게 가슴이 납작하지 않았던 트위기 같은 유럽의 우상은 결코 아메리카에 가지 않았다.[4] 미국 언론은 젊은 영국 여자에 관해 이렇게 썼다. "목 밑으로는 볼 것이 없다."[5]

이런 경향은 1970년대에도 지속되었다. 그러나 80년대에는 다른 여성 유형이 무대에 등장했다. 말랐지만 '풍만한 곡선미를 가진' 여자[6], '암컷 같지' 않으면서도 섹시하고, 건강하며, 날씬하고, 자신이 무엇을 원하고 필요로 하는지를 아는 성취능력이 있는 여자. 1990년

94. 트위기. 1971.

대 초기에도 모델은 말랐으면서 때로는 남성 같은 체형이었다. 그럼
에도 마돈나 클라우디아 쉬퍼 같은 스타에게서 볼 수 있듯이 가슴
은 더 풍만해졌다. 그렇기 때문에 소년 같은 체형과 작은 가슴을 가진
전통적인 모델 유형은 자주 수술을 해야 했다. 그래서 1990년대 초에
일류 모델의 대략 80퍼센트가 실리콘을 삽입했다고 추정된다. 숙달
된 눈으로 보면 삽입물을 넣은 가슴이 자연스런 가슴보다 덜 움직인
다는 점을 확인할 수 있다.[7]

　1964년 6월 금발 '백치'의 풍만한 가슴의 인기가 떨어지자 1940년
대의 여성 무릎 노출 같은 혁명적인 패션이 발표되었다. 그것은 루디
게른라이히(Rudi Gernreich)의 '모노키니'와 '노브라 브라'(그림
95)로 프랑스에서는 바로 금지되었으며(그림96) 게른라이히는 2년
후 토플리스 이브닝드레스를 통해 이를 보충했다(그림97).[8] 당시 공
공장소에서 가슴을 노출시킬 수 있는 일반 사진 모델을 찾기가 거의
불가능했던 것으로 보인다. 그래서 게른라이히는 토플리스 바에서 일

95. 게른라이히의 '모노키니', 1964.

하는 카롤레 도다(Carole Doda)를 패션쇼에 참여시켰다. 그녀는 샌
프란시스코의 '콘도르클럽'에서 상반신을 노출하는 차림이 익숙해 있
었기 때문에 수많은 사진기자들 앞에서 '모노키니' 차림으로 별 어려
움 없이 태평양을 건너갔다.[9]

　대부분 문화사가들이 주장한 것과는 반대로 천 년 동안 유럽 어딘
가에서 여자들이 가슴을 가리지 않고 다닌 흔적은 전혀 없다. 게다가

96. 프랑스 경찰들이 '모노키니'를 착용한
여자를 연행하는 모습, 1967년경.

97. 루디 게른라이히의 토플리스 이브닝드레스, 1966.

미노스와 미케네의 여자들이 습관적으로 '상반신을 노출'한 채 공공
장소에 나타났으며, 허리를 잘록하게 하고 가슴을 위로 밀어올리는
딱딱한 코르셋으로 강조되었다고 하지만[10] 이는 일상복이 아니라 아
마 예복이었을 것이다. 그림에서 보면 성장한 여자들만 가슴을 드러
냈지, 사춘기 이전의 여자아이들은 가슴을 드러내지 않았던 것으로
보인다.[11] 그것은 노출되는 가슴은 수유능력이 있는 성숙한 가슴이었
다는 사실을 명백히 보여주며, 이러한 사실은 여자들 중 한 명이 두
손으로 가슴을 잡고 있는 것[12]에 의해서도 강하게 드러난다.

원래 미노스 여자들은 (남인도의 여자들과 비슷하게) 특정한[13] 제
식 행위, 즉 희생제 같은[14] 제식 행위에서 경외심을 가지고 가슴을
노출시키는 일이 보통이었다. 그리고 신과 지속적으로 접촉을 하는
여사제들은 그에 상응하게 가슴을 드러내는 복장을 착용했으며[15]
아마도 그렇기 때문에 그들은 가슴을 높이 그리고 앞으로 들어올렸

던 것 같다. 이들은 크레타 섬 '디오니소스'의 유모를 대표했기 때문이다.[16]

여자들이 부분적으로 아주 깊이 파인 데콜테를 착용하게 된 이후에도 (우리가 보았던 것처럼) 젖꼭지는 여전히 가려져 있었다. 그리고 젖꼭지가 드러났다 해도(그림98) 그것은 에로틱한 그림이거나 풍자화에서였다. 게다가 세기말에 이미 가슴을 노출했던 나이트클럽 무용수들이 있었다(그림99). 그리고 파리의 예술가 무도회에서는 물랭루즈에서처럼 많은 무용수들이 1930년대까지 수십년 동안 토플리스 차림으로 등장했다.[17] 그러나 일반적인 모임에서 그런 복장을 했다면 아마 스캔들을 불러일으키고 당사자는 경찰에 체포되었을 것이다.

'나치 반동 이전의 독일 목욕탕에서 젊은 여자들이 자주 가슴을 노

98. 토플리스 수영복, 에로틱한 엽서, 1900년경.

99. 파리의 무용수 카르야티스, 1900년경.

출한 채 팬티만 입고 나타났다'[18]고 하는 문화사가들의 주장 역시 사실이 아니다. '자연스런' 생활방식의 표현으로서, 그리고 19세기의 관습을 거부하는 시위를 위해 상체를 노출하고 무리를 지어 앉아 있던 '청년 도보 여행 장려회'에 소속된 젊은 여자들이 있기는 했다(그림101).[19]

바이마르 공화국 시대에도 공공 해수욕장에서의 토플리스는 불가능한 일이었을 것이다.[20] 게른라이히의 모노키니는 그래서 실제적인 개혁이었다. 그리고 당시 '폴리 베르제르'의 한 여자 무용수가 남자가 '돈 때문에 아내와 결혼했다는 것'[21]을 세상이 모두 알게 되면 매우 불편할 것이기 때문에 그 유행은 빨리 끝날 것이라고 예언했으나, 특히 1970년대에 여성들의 토플리스 수영복이 불길처럼 퍼졌다. 이 경우 여자들은 게른라이히의 모델뿐 아니라 그냥 비키니의 아랫부분만 착용하기도 했다.

처음에 이 패션은 심각한 저항에 부딪혔다. 그래서 1964년 여름 경

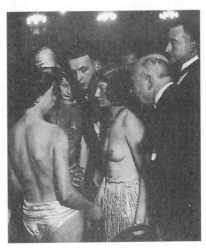

100. 몽파르나스 불리에에서 열린 「유목민」의
무도회에서. 브라사이의 사진. 1932년경.

찰은 팔레르모에서 게른라이히의 모노키니를 입혀놓은[22) 쇼윈도의
마네킹 두 개를 압수했다. 그리고 흑해 연안에서 점점 더 많은 여자
들이 상체를 노출한 채 해변에 누워 있자[23) 소련의 『이스베스티야』
(Iswestija)는 이런 관습을 '야만으로 돌아가다'란 제목 하에 '예절과
문명에 대한 미국 제국주의의 최신 공격'이라고 비난했다.[24)

태평양에서 모노키니를 착용한 토플리스 무희가 사람들의 마음을
들끓게 한 지 한 달 후에 바이에른 주의회 질의시간에 기독사회연합
의장은 내무부 장관 융커로부터 '그로부터 비롯되는 젊은이들을 위험
하게 할 수 있는 영향에 대처하기 위해서 윗부분이 없는 새로운 여성
복에 반대할 수 있는' 어떤 법적인 근거가 있는지 알고 싶어했다.[25) 그
리고 가장 큰 규모의 영국 누드 연합조차도 토플리스를 '최고로 적합
하지 않은 것'으로 거부했다. 왜냐하면 그것이 성욕을 자극하기 때문
이었다. 물론 늦어도 1978년 여름부터 대부분 유럽 국가에서는 해변

101. 청년 도보 여행 장려회. 사진. 1932.

에서 '토플리스'를 추방했다.[26] 그리고 '건강한 민중의 감정'이 그런
종류의 무례함에 저항하는 반모더니즘 경향 역시 존재했다.

그래서 1979년에 '수영 관습의 야만화에 반대하는 민족 운동단체'
가 스위스 베른 주에 모여서 '공적으로 사람들이 통행하는 장소에서
여성의 가슴 노출을 금지'하는 데 찬성하여 1만 5천 명 이상의 서명을
받았다. 그리하여 주 헌법을 근거로 법 개정을 위해 그에 상응하는 초
안이 주의 모든 시민들에게 공개되어야 했다.[27] 결국 베른의 상급 판
사 세 명은 '토플리스 차림의 수영은 이 민족의 자유로운 견해와 관련
하여 형법의 의미에서 음란한 행위가 아니다'[28]라는 판결을 내렸다.
그것은 스위스 연방 의회 의원의 논평에 의하면, '도덕적 해이의 좀
더 심한 단계'를 공공연하게 만든 판결이었다.[29]

예상했던 것처럼 '몰염치한' 패션에 반대하는 주요한 반대 움직임
이 '유방에 대한 열광'의 본토인 미국에서도 일어났다. 미국에서는
이미 1964년 중반에 게른라이히가 작품을 발표한 직후에 시카고 근
처 미시간 호에서 가슴을 노출하고 수영했다고 해서 처음으로 젊은

246

102. 토플리스를 입은 신부, 캘리포니아, 1967.

여자가 체포되었다. 며칠 후 그 주의 여러 지역에서 반대 행진이 벌어
졌으며 '미국 시민에게 이 새로운 끔찍하고 변태적인 물건에 대해 경
고하기 위해' 모노키니를 파는 상점 앞으로 시위 가담자들이 몰려들
었다.[30]

예를 들면 브라질에서는 토플리스 차림으로 다니는 것이 리오나 다
른 대도시의 해변뿐 아니라 1970년대 후반부터는 나이트클럽이나 카
니발 무도회에 참석하는 이들 사이에도 일반적으로 퍼졌던[31] 반면,
북미에서는 가슴을 드러내고 일광욕을 하는 것이 대부분 몇몇 용기있
는 젊은 여자들이나 외국 여행자들에게나 가능한 일이었다. 그런 용
감한 사람이나 무지한 사람들은 물론 자주 법의 철퇴를 맞았다. 1976
년 플로리다의 최고 법정은 상체를 노출하고 일광욕을 하기 위해 누
워 있던 두 젊은 여성이 지방법을 위반했다며 '공중도덕을 훼손하는
성질의, 혹은 공공의 품위에 대한 상식을 모욕하는' 행위에[32] 벌금형
을 내렸다.

물론 그 이후에 해변에서의 가슴 노출이 실제로 법적 의미에서 '음

103. 1978년 여름호 『슈피겔』.

란한' 것인지 이론이 분분했다. 그러나 1980년대 플로리다 신문들이
점점 자주 유럽 여행자들의 '비도덕'에 대해, 그리고 토플리스 차림으
로 수영하는 '비미국적인 관습'에 대해 보고하고 있으며, 마이애미 해
변의 호텔업자들이 자녀들에게 벌거벗은 여성의 가슴을 보이고 싶지
않은 미국 가족들이 예정보다 일찍 떠나는 데 대해 불평하자, 탈라하
호수 의회의 연방 정치가는 해변이나 수영장에서 '불쾌감을 일으키는
여성 상체의 노출'은 벌금형에 처한다는 법안을 급하게 만들었다.[33]

248

오늘날 토플리스 차림으로 수영하는 것은 연방 전체에서 금지되었다.

그리고 '플로리다 남부 프리 비치'의 관광협회는 여기서는 토플리스 차림으로 다니는 것이 불가능해서 유럽의 젊은 관광객들이 플로리다를 기피하는 까닭에[34] 관광업계가 매년 24억 마르크에 달하는 매상을 놓친다고 불평했다. 이미 1993년 키웨스트 주민들의 수많은 항의를 근거로 할로윈 전의 일주일 동안 그곳에서 열리는 환상 페스티벌에서 여성 '성형 히피'의 '토플리스'가 금지되었다. 가슴 노출은 가슴에 그림을 그려서 노출한 것으로 보이지 않을 경우에만 허락되었다.[35] 그리고 데이토나비치에서는 매년 여름 '토플리스 보상'으로 시합이 열렸다. 남성 참여자들은 여성 관광객의 비키니 웃옷이나 딱 달라붙는 티셔츠에 젖꼭지가 드러날 때까지 얼음물을 부을 수 있었다. 그리고 결국 젖꼭지가 가장 많이 도드라진 여자가 증서를 받았다.[36]

미국에서는 청교도주의가 모든 점에서 승리를 자축했던 반면 대부분 유럽 지역에서는 해변, 수영장, 심지어 공원 등의 공공장소에서 토플리스는 일상적인 현상이 되어버렸으며 한번도 비난의 눈길을 받지 않았다. 1988년 여름에는 심지어 나폴리에서 가까운 휴양지 아그로폴리 시장이 젊은 여행객들이 가슴을 드러내고서 그 지역을 돌아다니도록 했다. 이런 방식으로 많은 남성 여행객들을 끌어모을 수 있기 때문이었다.[37] 그래서 1982년 칼라브리아의 해변도시인 프로페아의 시장은 경찰에 '매력적인 가슴을 가진' 젊은 여자들은 성가시게 하지 말고 '귤 같은 피부의 처진 가슴을 가진' 나이든 여자들에게는 '공공장소에서 처진 가슴을 과시'하는 일을 삼가달라고 요구하도록 지침을 내렸다. 시실리 남쪽에 위치한 섬 판테렐리아의 시장 역시 '늘어지고 혐오감을 주는 처진 가슴'을 가진 여자 여행객들에게 해변이나 다른 곳에서 공공연하게 가슴을 노출하는 데 대해 벌금형을 부과하여 금지시켰다.[38] 그리고 결국 1995년 해수욕장이 있는 리비에라 해안의 도시

디아노 마리노의 시장이며 상원의원인 안드레아 구글리에리(Andrea Guglieri)는 그 지역 경찰에게 '흐늘흐늘한' 가슴과 배를 가진 여자들이 해수욕장을 떠날 때는 그런 부위를 충분히 가리게 하도록 지시했다.[39]

그것은 처진 가슴을 가진 여자들에게 충격을 주었다. 그리고 대부분 해수욕장 방문객들의 저주가 곁들여진 파문은 더욱 자존심을 상하게 했다.[40] 그래서 더 이상 '처지지 않은' 가슴을 갖고 있지 못한 여자들은 대부분 토플리스 해변을 피하거나 거기 가더라도 상의를 입었다.[41] 그럼에도 상의를 과감하게 벗는 여자들은 돌아다니는 것을 피하고 한자리에 머물러 있었다. 그리고 돌아다닐 경우에도 이들은 대부분 가슴 밑에서 팔짱을 끼거나 아니면 (좀더 자주) 머리 위나 머리 뒤로 팔짱을 꼈다. 이는 가슴을 들어올리기 위해서였다(그림104).[42]

가슴이 아주 작거나[43] 매우 납작한 이른바 '달걀 프라이 가슴'[44]인 여자들도 이런 멸시의 눈빛을 받게 된다. 그러나 가슴이 풍만한 여성들이 가장 심하게 비난을 받는 것이 확실하다. 왜냐하면 아주 큰 가슴은 토플리스 차림으로 다니는 것을 옹호하는 이들, 즉 해변에서의 가슴 노출이 어떤 성적 자극도 주지 않는다고 주장하는 이들의 말이 거

104. 영화배우 베로니카 페레스. 1966.

짓임을 입증하기 때문이다. 벌써 1904년에 제국 법정의 2차 형사 합의부 판결문에는 그림엽서에 그려진 '풍만한 여성의 나체'는 약간은 '뻔뻔스럽게 관능적인 것'으로 지칭되어 있다.[45] 그리고 이른바 그렇게 정숙했던 1950년대조차도 가슴이 '풍만하지' 않은 경우에는 화폭 위에 여성의 나체 가슴을 받아들일 수 있었던 것으로 보인다. 예를 들어 1956년 17세의 마리온 미하엘(Marion Michael), 즉 원시인들에게 정글 여신으로 숭앙받던 '원시림에서 온' 가냘픈 '여자아이'가 소녀 같은 가슴을 노출한 채 이 나무에서 저 나무로 매달렸을 때는 어떤 혐오감도 불러일으키지 않았다.[46] 만일 힐데가르트 크네프(Hildegard Knef)가 원시림의 여신으로 출연했다면 틀림없이 빌리 포르스트(Willi Forst)의 「여죄수」에서 벌거벗고 출연한 것과 비슷한 스캔들을 불러일으켰을 것이다.

프랑스의 토플리스 해변에서 풍만한 가슴을 노출한 여자들은 일광욕을 하는 다른 사람들에게 '젖소'라는 조롱을 받을 뿐 아니라 특징적이게도 남자들을 성적으로 자극하기 위해 가슴을 보여준다는 의심을 받는다. 그래서 평상시에는 토플리스 차림으로 다니는 데 대해 전혀 반대 입장을 취하지 않던 한 젊은 해변 방문객은 이렇게 말했다. "풍만한 가슴을 가진 여인들은 노출증환자이다. 그들은 상반신을 노출한 채 돌아다니기도 하며 그러면서도 전혀 부끄러워하지 않는다."[47]

가슴의 크기와 관계없이 '토플리스'를 입고 수영하는 여행자들은 여전히 육체의 수치심에 대한 벽이 높은 아일랜드 같은 여러 유럽 국가들에서(그림105), 하지만 특히 서양인들이 관광을 가는 먼 나라들에서 '뻔뻔스럽고' 도발적인 것으로 간주되었다.[48] 예를 들면 고아에서는 1989년 1월까지 토플리스 차림으로 다니는 것이 엄격하게 금지되었는데, 거기서는 특별한 섹스 관광 산업이 발달했다. 매일 인도 남자 수백 명이 버스를 타고 해변으로 달려와서 유럽 여자들의 벗은 가

105. 아일랜드 더블린의 샌디코브 만. 1989년 7월.

습과 짧은 팬티 아래 드러나는 것을 보기 위해 무리를 지어 돌아다녔다.[49] 타밀족(인도 남동부와 스리랑카 북부에 거주하는 부족—옮긴이) 여자나 실론 섬의 여자 원주민들이 상체를 노출하고 수영을 하는 일이 결코 없는 스리랑카에서는 토플리스 차림으로 돌아다니는 여자 여행객(그림107)을 문명화되지 않은 야만인으로 받아들였다.[50] 그리고 수마트라에서는 가슴이 정확하게 드러나는 딱 달라붙는 블라우스를 입는 서구 여자들을 경멸조로 '히피'라고 불렀다.[51]

오늘날 자녀가 있으며 적어도 집안이나 시장에서 상체를 가리지 않고 다니는 사회의 여자들조차도 해변에서 가슴을 노출하는 서양 여자들을 뻔뻔스럽다고 생각한다. 그래서 예를 들어 발리 여자들은 나에게 이렇게 말했다. 그들은 그동안 토플리스 차림으로 수영하는 것이 거의 규범이 되어버린[52] 유럽과 호주의 여자 여행객들을 몰염치하고 야만적이라고 생각했으며, 쿠타의 많은 여자 안마사들은 해변에서 여자 고객들을 마사지해서 그들의 젖꼭지가 발기하도록 하는 데 재미를 느끼기까지 했다고 말이다. 토플리스 차림의 수영은 특별히 그 지역을 돌아다니는 원주민 남자들에게 커다란 즐거움을 주었다. 섬에 있

252

106. 고아의 인도 관광객과 유럽의 여성 관광객들. 1989.

는 자바의 창녀들조차 서구 여자들이 반나체의 육체를 과시하며 남자들의 시선을 가슴에 집중시키고 싶어한다는 인상을 받았다.[53] 게다가 가리지 않은 여성의 상체는 원래 유럽 사람들한테서 떠올릴 수 있는 것이 아니었다.[54]

107. 스리랑카 해변의 서양 여자 여행객. 1980년대 초.

그렇기 때문에 '양자택일을 해야 하는 여자 여행객'이 그런 나라에서는 '가슴을 드러내어야' 한다는(그림108)[55] 선한 의도의 순수한 제안을 받아들이려 한다면 예멘에서 한 여류 민속학자에게 일어났던 것과 같은 일이 벌어질 것이다. 그 여류 민속학자가, 말하자면 그곳의 여자친구들에게 자신도 거리에서 베일을 착용하고 싶다고 말하자 그들은 웃기 시작했다. "아니, 너는 이방인이야. 너는 그런 걸 할 필요가 없어! 그걸 하면 사람들이 널 비웃을 거야."[56]

유럽의 해변에서 많은 젊은 여자들, 특히 아름다운 가슴을 가진 여자들이 자신을 과시하고 사람들로부터 경탄의 눈길을 받기 위해 상체를 벗는다는 것은 이론의 여지가 없다. 언젠가 나체주의자들도 그랬듯이 일광욕을 위해 벗은 가슴은 어떤 성적인 자극도 없다는 것이 '공식적인 해변 이데올로기'임에도 말이다. 프랑스의 '토플리스 해변'에서 질문을 받은 몇몇 여성들은 이를 인정했다.[57] 그리고 자극적으로 가슴을 애무하면서 선크림을 바르는 여자들을 드물지 않게 볼 수 있

108. 바사리(세네갈 남부)의 문화 체험 관광, 1992년경.

다. 모든 사람의 시선을 끄는 풍만하고 분홍빛 나는 가슴을 가진 31세의 영국 여자는 남자들과 '에로틱한 게임'을 하기 위해 아무도 그녀를 알지 못하는 프랑스에서 옷을 벗을 수 있다고 말했다. 다른 해수욕객은 '60퍼센트는 햇볕에 검게 그을리려고 40퍼센트는 다른 사람을 자극하려고' 그렇게 한다고 말했다. 그리고 한 젊은이는 벌거벗은 많은 가슴들이 그를 자극해서 배를 바닥에 대고 눕지 않을 수 없다고 아주 솔직하게 인정했다. "여자들이 아름다우면 모래 속에 구멍을 파게 된다."[58] 호주의 해변에서 설문조사 대상이었던, 상의를 입지 않고 수영을 하거나 일광욕을 하는 젊은 여자들 중에 8퍼센트는 솔직하게 그것을 '섹시'하다고 느끼기 때문에 그렇게 한다고 말했으며 11퍼센트가 '토플리스 우먼'의 동기는 노출성향이라고 말했다.[59]

53퍼센트는 가슴 노출의 이유로 그것이 그들에게 '자유의 느낌'을 준다는 점을 들었다. 그리고 많은 프랑스 여자들에게 가슴 노출은 그들을 지금까지 내리눌러온 전통 질서로부터의 해방을 의미했다. 한 여자는 이렇게 말했다. "14년의 결혼 생활에서 이제 내가 좀 벗어날 때다."[60]

브래지어로부터 가슴을 해방시키는 것은 여성해방론자들의 당면목표 중 하나였다. 여성해방론자는 1969년 8월 1일 샌프란시스코에서 '노브라 데이'를, 2주 후 뮌헨에서는 '반브래지어의 날'을 선포했다. 그때 바이에른의 반응은 물론 눈에 띄게 '약했다'. 오직 한 명의 젊은 여성만이 공개적으로 그 부담스런 옷을 벗어던졌던 반면 나머지 여자들은 '브래지어를 타도하라!'는 문구가 적힌 플래카드를 흔드는 것으로 만족했다.[61]

아방가르드가 자주 그 자신의 생각 속에서만 아방가르드인 것처럼 여기서도 여성해방론자들은 이미 시대에 뒤떨어져 있다. 왜냐하면 많은 젊은 여성들이 옷 밑에 브래지어를 착용하는 것을 포기했을 때인

1967년에 이미 입생 로랑이 오트쿠트르에 '노브라'를 도입했기 때문이다.[62] 물론 처진 커다란 가슴을 가지고 있어서 이런 액세서리를 포기할 정도로 자의식이 충분히 강하지 않은 사람은 이른바 '투명한 브라'를 할 수 있었다. 이것은 아주 얇고 투명한 브래지어로 보는 사람으로 하여금 브래지어를 하지 않은 것처럼 보이거나, 가슴 크기에도 불구하고 가슴이 원래의 젊은 탄력을 가지고서 '서 있는' 듯한 인상을 준다. 특히 이런 브래지어는 (전통적인 브래지어와는 달리) 젖꼭지도 그대로 드러났다. 자신의 젖꼭지가 너무 작거나 너무 작게 튀어나온 여자들은 곧 '쉽게 탈부착할 수 있는 수퍼 가슴 젖꼭지'를 구입할 수 있었다. 그 광고가 약속한 것처럼, 그것은 '얇은 블라우스나 몸에 딱 달라붙는 스웨터 밑에서 탐욕스런 남자의 시선을 모으게 될 것이었다.'[63]

자유로운 가슴과 자유롭지 못한 가슴

오늘날 한 영국 철학자가 수치심을 분석하면서 유럽에서는 적어도 해변이나 수영장에서 '여성의 유방은 이제 당혹스러움의 이유가 되지 않는다'고 주장[1]한 것은 약간 과장되어 보이기는 해도, 실제로 그 사이에 토플리스 차림으로 일광욕을 하는 대부분 여자들은 그들이 벗었기 때문에 부끄러워하는 것이 아니라 미의 기준에 부합하지 못하기 때문에 부끄러워하게 되었다는 인상을 준다. 그래서 그들은 성적인 시선보다는 *비판적인* 시선을 더 두려워하는 듯하다.[2]

그리고 성적인 시선이 불편하다 해도 그들은 이런 사실을 기꺼이 인정하지 않는다. 왜냐하면 시대의 이데올로기가 나체를 부끄러워하지 말도록 요구하기 때문이다.[3] 그래서 해변에서 옷을 갈아입거나 상의를 벗는 여자는 이를 '부끄러워하지 말고' '당연하게' 여겨야 한다는 압박을 받는다. 다른 사람들이 그녀가 자신의 육체에 대해 '자연스런' 관계를 갖고 있지 못하다고 생각하지 않도록 하려는 압박 말이다.

게다가 무리를 지어 해변을 찾은 여성들 가운데 몇몇이 가슴을 노출하면 다른 사람들도 그렇게 따라하는 경우가 자주 있다. 그것은 단지 자신이 그런 것에 부끄럼을 타는 사람으로 여겨지는 것을 부끄럽게 여기기 때문이다.[4] 해변에서 적어도 한번 이상 상의를 벗어본 적이 있는 호주 여대생 중 15퍼센트가 '그룹 압박'을 그 이유로 들었다.[5]

게다가 아직도 대부분 여자들은 태양, 모래, 바닷바람 그리고 물과 관련해서만 나체가 *기능적*이어서 공원에서 가슴을 노출하는 여자는 아주 소수이며, 많은 여자들이 얼음을 가지러 가거나 해변 레스토랑에 갈 때는 상의를 다시 입는다. 그럼에도 토플리스 차림으로 다니는 영역은, 잔디, 공원, 자신의 정원(이 정원을 다른 사람들이 들여다볼 수 있다 하더라도), 디스코장(그림109), 공식행사(그림110), 심지어 백화점의 의류매장 등으로 언제나 확장되는 것으로 보인다. 예를 들면, 하일브론의 백화점에는 탈의실이 있는데 그 위에 거울이 달려 있

109. 디스코 패션, 1993.

110. 베를린 쿠어피르스텐담의 라버린.

어서 사람들이 그것을 통해 탈의실 내에서 무슨 일이 일어나는지를 볼 수 있다. 브래지어를 하지 않은 딸이 마침 이 탈의실에서 옷을 갈 아입고 있었는데 몇몇 남자들이 흥미롭게 쳐다보고 있는 것을 그녀의 어머니가 보고서 바로 점원에게 이 사실을 알리자 점원은 이렇게 말했다. "저건 아무것도 아니어요! 모든 여자가 똑같은 것을 가지고 있 잖아요. 그렇게 좀스럽게 굴지 마세요!"[6]

물론 마지막 예는 자의로 노출한, 갈색으로 그을린 매력적인 가슴들이 사라진 만큼, 가슴을 보여주려 하지 않는 여자들의 벗은 가슴을 훔쳐보려는 관심이 높아졌음을 명확히 보여준다. 그래서 많은 사람들이 영국인 제임스 콜린스(James Collins) 같은 사진가들의 전시회를 찾는다. 그는 '드러내지 않는' 상황에 있는 여자들, 즉 화장실에 있거나 옷을 갈아입거나 샤워중인 여자를 작은 휴대용 카메라로 찍는 데 (물론 사전에 그들의 동의를 구하지 않은 채) 전문가이다. 다이애너 스펜서(Diana Spencer)는 1981년 약혼자와 함께 맨 처음 공식적으로 어깨를 드러낸 드레스를 입고 나타나, 모여든 사진사들에게 그녀의 벗은 상체를 보여주는 것을 피할 수 있었다.[7] 그 후에 대중들은 마침내 한 사진가가 브래지어가 허리선까지 흘러내린 모습의 다이애너, 『라 나치옹』(*La Nazione*)이 열광하여 언급했듯이 '가슴이 바람을' (tette al vento)[8]의 사진을 찍을 때까지 15년을 기다려야 했다. TV 의 사진가와 촬영기사들이 즐겨 찍는 대상이었던 아르헨티나의 테니스 선수 가브리엘 사바티니는 사진촬영을 더욱 쉽게 해주었다. 그녀는 거의 모든 시합에서 운동복을 땀으로 적셔 검은색 젖꼭지가 명확하게 보였기 때문이다(그림111).[9]

다른 여자들은 그런 효과를 의도적으로 노렸다. 데콜테 가장자리가 헐거운 경우는 그곳을 깊숙이 들여다볼 수 있었으며(그림112), 드레스나 수영복 상의를 통해 젖꼭지를 둘러싼 검은 피부의 일부가 드러나게 하거나(그림113, 114), 아니면 옷의 소재를 투명하거나 (훨씬 더 세련되게) 반투명한 것을 사용했다.

111. 가브리엘 사바티니. 1993.

112. 데콜테가 헐렁한 옷을 입은 여자,
헤를린데 쾰블의 사진, 1985년경.

113. 로만 폴란스키와 그의 부인 엠마누엘, 1993.

　반투명 옷은 패션 디자이너에 의해 이미 1913년에 소개되었다.[10]
그러나 실제로 그런 옷은 1920년대에 몇몇 용감한 여성들만 착용했
다(그림77 참조).[11] 그리고 1960년대 말경에 입생 로랑과 쿠레쥬
(Courréges)가 '투명 룩'을 보급시키고[12] 난 후에야 비로소 더 광범
위하게 퍼졌다. 처음에는 투명 블라우스에 젖꼭지가 보이지 않도록
주름장식이나 두껍게 만든 천주름을 갖다대었고[13] 모델과 영화스타

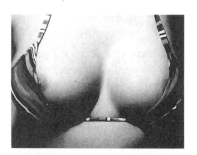

114. 힐로 첸, 「해변 37」(Beach 37), 1975.

들만 그것을 착용했지만, 이런 상황은 1980년대를 지나면서 바뀌었
다. 1990년 여름에는 심지어 체코의 빈 대사인 마그달레나 바사라
요바(Magdalena Vásárayova) 같은 여자도 잘츠부르크의 한 영화
축제 시사회에 상체가 훤히 들여다보이는 드레스를 입고 나타났다
(그림115).

여성해방론자들은 1960년대 후기와 70년대에 모든 여자들에게 상
체를 노출한 채 공공장소에 나타나도 좋다고 했는데, 1973년에도 여
성해방론자인 글로리아 슈타이넴(Gloria Steinem, 1934~)은 '해방
된' 여성은 '자신의 여성성을 가능한 한 솔직하게 표명'할 것이라고 선
언했다. 하지만 그들은 '외음부의 윤곽이 아주 선명하게 보이도록'[14]
옷을 입으면서 곧 여성적인 형태는 어떤 이유에서든, 그것이 '해방됐
다' 할지라도 성적인 상징기능을 보유하고 있음을 인식하지 않을 수
없었다.

그래서 예를 들어 1981년 프랑스의 한 광고대행업체는 나라 전체
에 미리암이라는 이름을 가진 젊은 여자의 사진 시리즈를 붙여놓았는
데 그녀는 이틀 안에 비키니를 벗을 거라고 약속한다(그림116). 그리
고 나중에 『슈테른』이 한 여자가 의도적으로 가슴과 치모의 일부를
보여주는 여성 사진가의 사진을 발표했을 때 수많은 여성해방 단체들

115. 오스트리아의 체코 대사 마그달레나 바사라요바, 1990.

이 격렬하게 항의했는데, 그 이유인즉슨 여기서는 전통의 압박에서 해방된 여자를 보여준다고 전면에 내세우고 있지만 실은 반나체의 여자는 탐욕스런 남성들의 시선에 내맡겨지고 그럼으로써 그녀의 전통적인 여성 역할이 축소되고 있기 때문이라는 것이다.

20세기의 여성 해방론자들뿐 아니라 벌써 100년 전의 여권론자들도 자유를 빼앗는 여성의 육체적 압박을 반대했다. 그들은 자유로이 행동하고 남성적인 방식으로 걸을 수 있기를 바랐다. 그래서 유행하는 갑옷 같은 코르셋을 거부하고 대부분 간단한 브래지어와 거들을 착용했다.[15]

코르셋에 대한 비판[16]은 본질적으로 더 오래되었다. 사람들은 처음에는 그것이 압박으로 인해 건강에 나쁜 영향을 미치는 것 때문에 반대했다.

젖가슴 바로 밑에서 묶음으로써 허리를 길게 하고 가슴을 위로 들어올리는 넓은 거들에 반대해서 이미 14세기에 한 프랑스 사람이 시

116. 아브니르 광고사의 그림 시리즈, 1981.

를 썼는데, 그 시구는 매번 다음과 같은 요구로 끝난다.[17] "부인들이여, 축 늘어진 젖통을 측은히 여기시오!" 그리고 15세기에는 유행을 따르는 여자들에 관해 이렇게들 말했다고 한다. "그녀는 숨을 쉴 때마다 자주 커다란 고통을 겪는다."

독일에서는 결국 1464년 요한네스 니더(Johannes Nider)가 '너무 많이 그리고 너무 심하게, 몸에 딱 달라붙도록 가혹하게 졸라매고 묶어서 저주받을 뱃속에 있는 열매에 질식해서 죽게 되는 어머니들'[18]에 대해 분노했다. 그때는 벌써 오래전에 제국 도시들이 코르셋에 대해 단호한 조처를 취하고 난 후였다. 그래서 예를 들면 1356년 슈파

264

이어의 모든 부인과 처녀들에 대한 규정에 따르면 그들은 '자신의 몸과 가슴을 너무 죄거나 매지 말아야 한다'[19]고 되어 있다. 그리고 다른 지역에서도 약간 늦게 이런 비난이 일었다. "스스로 자신의 몸과 팔을 졸라매는 그런 여자들을 볼 수 있다. 신이 그들을 불쌍히 여기시기를. 어떤 아름다운 여자도 움직일 수 없을 정도로 그렇게 그들의 연약한 몸을 졸라매서는 안 된다."[20]

그 이후에도 사람들은 코르셋을 여성들의 건강에 해로운 것으로 판단했다.[21] 그리고 특히 임신했을 경우 그들이 의사 앞에서 벌거벗어야만 하는 굴욕적인 결과에 주목하게 만들었다.[22] 그럼에도 루소 이후에야 비로소 여성의 육체를 압박하는 것은 무엇보다 여자를 부자연스럽게 만드는 궁중 교육수단의 하나로 비판을 받았다.[23]

1780년 리히텐베르크의 『괴팅겐의 소형 달력』(*Göttinger Taschen-kalender*)에 화가 다니엘 호도비에츠키(Daniel Chodo-wicki, 1726~1801, 폴란드 태생 독일 풍속화가, 판화가)의 「자연과 허세」(Natur und Afectation)라는 제목의 동판화 한 쌍이 발표되었는데, 거기에는 '자연스런' 쌍, 즉 자유로운 가슴을 한 부인과 유행하는 코르셋을 한 궁중의 부인 한 쌍이 그려져 있다. 그리고 프랑스 혁명 기간동안 실제로 '이른바 조끼형 코르셋', 즉 힐라리온(Hilarion)이 이미 1785년 비난받았듯이 '여성의 몸을 개미의 몸처럼 압박하는'[24] 그런 코르셋은 사라져야 한다는 목소리가 커졌다.

1792년 5월에 『유행과 취향의 잡지』(*Journal de la Mode et du Cout*)는 여성들에게 더 자주 목욕하고 머리에 머릿기름을 덜 사용하며 화장을 덜하고 코르셋이 필요없는 실용적인 옷을 입으라고 권했다. 그리고 같은 해 베른하르트 크리스토프 파우스트(Bernhard Christoph Faust)는 코르셋을 법적으로 금지하고자 했다. 그때는 이미 한 '자연의 친구'가 고래수염 코르셋의 공식적인 추방을 요구하고 난 후였다.

프란츠 안톤 마이(Franz Anton Mai)는 결국 1794년 만하임에서 출간된 그의 의학적 강연에서 새로운 법규를 요구했는데 이 법규에 따르면 '앞으로 모성의 완수'를 위해 여성의 몸을 쓸모없게 만드는 모든 종류의 코르셋이나 딱딱한 고래수염으로 만든 조끼 코르셋을 '고아원을 위해 50제국탈러의 벌금형으로' 금지한다는 것이다.[25]

이미 1788년 게오르크 포르스터는 코르셋에 반대하는 반박문에서 이렇게 확인했다. "추기경 회의가 특정한 주에서 이단이라는 정신적 암을 뿌리째 뽑을 수 있다면, 우리 여자들 역시 곧 꼿꼿하게 걸을 수 있을 것이다. 경찰이 코르셋을 금지하고 날카롭게 심문하며 코르푸스 델릭티(Corpus delicti, 범행에 사용된 증거물)에 따라 화형을 선고한다면."[26] 이미 17년 전에 타히티 섬을 '새로운 시테라 섬'으로 기술했던 남태평양 여행자인 프랑스 사람 루이 앙투안 부갱빌(Louis-Antoine de Bougainville, 1729~1811, 프랑스의 항해가)은 원주민 여자들을 다음과 같이 묘사했다. "그들의 가장 큰 아름다움은 아름답게 형성된 육체에 있다. 그들의 육체는 어렸을 때부터 어떤 코르셋으로도 망가지지 않았다"(dont les contours n'ont point ete defigures par 15 ans de torture).[27]

예를 들어 1786년 광고전단에 '복장과 사교, 관습에서 프랑스 사람들의 예속적인 모방자'라는[28] 불평이 쓰여지던 독일에서 코르셋에 대한 비판은 국수주의적인 색채가 짙었다. 그리고 제국주의 프랑스 여자들이 일반적으로 코르셋을 착용하지 않았고 나폴레옹이 개인적으로 몸을 압박하는 것을 반대했음에도[29] 1815년에는 이런 글이 전해진다. "코르시카 사람을 증오하라, 여자여!/코르셋도 증오하라./그리고 너의 육체를 해방시켜라!/모든 압박은 억압이며 사슬이다./모든 이국의 관습은 치욕이다./그러니 코르셋을 던져버려라./코르시카 사람을 따르는 독일 여자이여!"[30]

이 '코르시카 사람'이 권력을 쥐고 있는 동안에는 대부분의 여자들이 전통적인 '코르셋'을 거부했다. 그럼에도 이미 1828년에 브뤼셀산 꼰 실과 나중에 고무라고 불리는 탄성 고무실로 만든 이음새 없는 코르셋 및 특허 코르셋이 시장에 나왔다. 이 코르셋은 "여자들이 불편할 경우 가슴에 붙인 작은 매듭을 잡아당기면 다른 사람의 도움 없이 순간적으로 몸에서 떨어져나간다."[31] 당시 이미 여자들이 코르셋으로 인해 불편해지는 일이 일어났던 것이다. 왜냐하면 19세기가 진행되면서 많은 여자들이 코르셋을 계속해서 착용했기 때문이다.

『영국 여성의 알뜰 잡지』(Englishwomen's Domestic Magazine&)에서는 이 상품의 모델에 관해 이렇게 쓰고 있다. "가끔 기절하는 일이 생기는 것 외에는 어떤 불편함과 고통도 없다."[32] 의식을 잃은 여자가 낯선 남자의 손에 의해 그녀의 갑옷에서 해방된다면 그것은 무례함의 절정에 이른 일일 것이다. 코르셋을 만드는 사람이 여자 몸의 치수를 재려 하는 것은 많은 여자들에게 부당한 요구로 여겨졌다. 그래서 뮌헨의 코르셋 회사는 '이미 착용했던 코르셋을 자로 재서 필요한 치수를 알 수 있다'며 '여성들이 낯선 사람의 손에 의해 몸의 치수를 재어야 하는 데서 해방된다'는 것으로 자사의 제품을 선전했다(그림117).

게다가 비더마이어 시대에 '철로 만든 블랑셰(Blanchette, 프랑스어로 'planchette'로 작은 널빤지라는 뜻임—옮긴이)[33]가 뛰거나 넘어질 때 심지로 몸을 찌를' 수 있다는 경고가 나왔다.[34] 그럼에도 갈비뼈가 부러지거나 튀어나왔다는 끔찍한 이야기는 역사적 자료에서 찾아볼 수 없다.[35] 그리고 극도로 가는 허리에 관해 구전되고 있는 이야기 역시 검증된 바가 없다.[36] 그래서 한 복식 역사 연구가가 유명한 '18인치 허리'를 찾기 위해 빅토리아 여왕 시대의 옷 천 벌을 측정해

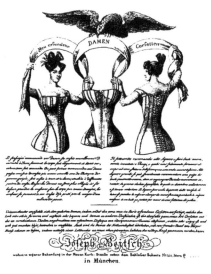

117. 코르셋 제조업자의 '임산부 코르셋' 광고, 1825년.

보았지만 허리둘레가 20인치(대략 51센티미터)가 안 되는 옷은 한 벌도 발견하지 못했다.[37] 그리고 1886년에 한 영국 작가는 이렇게 말했다. "코르셋 사이즈와 실제 사이즈를 구분해야 한다. 왜냐하면 보통 입을 때는 코르셋이 딱 맞는 것이 아니기 때문이다. 특히 젊은 여성들은 자신들의 코르셋 사이즈가 작다고 주장하면서 큰 만족을 얻는다. 많은 여성들이 18~19인치 사이즈를 사지만 2, 3 혹은 4인치는 늘려서 입는다."[38]

아마도 옷을 입은 여자의 허리를 보면 그들이 아직 어린지, 처녀인지 아니면 이미 아이를 낳았는지 가장 정확하게 알 수 있을 것이다. 그리고 코르셋의 주요기능 역시 대부분 허리를 꽉 졸라매고 그를 통해 엉덩이 및 가슴을 강조하는 데 있다.[39] 그래서 1837년에 『여성의 미』(Female Beauty)라는 책의 여류작가는 아주 자연스럽게 그리고

268

솔직하게 코르셋의 의미는 가슴을 풍만하게 보이게 하며 더욱 나와 보이게 하는 데 있다고 말했다.[40] 그리고 의사인 시퍼데커(Schieffer-decker)는 세기 전환기에 코르셋을 다음과 같은 논거로 변호했다. 즉 코르셋은 '밑으로부터 가슴을' 지지한다. 그리고 '가슴이 그 무게로 인해 점차 처지는 것'을 막아준다.[41] '강한 것을 제어하고 처진 것을 올려주며 분리된 것을 결합시켜주고 없는 것을 보충'해주는 것이 코르셋의 도덕적 과제라고 19세기 빈의 코르셋 제조업자는 말했다.[42]

그러나 바로 그것이 이미 1762년 루소가 『에밀』(Emile)에서 문제를 제기한 것이었다. 루소에 따르면 기분좋은 것은 자연적인 것과 일치한다. 여자의 가슴이 특정한 나이부터 처지고 탄력을 잃는다면 이는 '자연스러우며' 그렇기 때문에 아름답기도 하다. "탄력을 잃은 가슴, 두꺼운 뱃살 등은 20대에게는 추한 것임을 나는 인정한다. 그러나 30대에게는 더 이상 추하지 않다."[43]

다른 비평가들은 몸을 조이는 것에 대해 좀 덜 관념적으로 반박했는데, 예를 들어 파울 슐체 나움부르크(Paul Schultze-Naumburg)는 1901년에 그랬던 것처럼 코르셋을 '매춘의 제복' '성기능을 창녀같이 강요하는 것'으로 보았다. 즉 가슴의 강조는 일종의 '반자연'이다. 그것은 남성의 '탐욕'에 기여하며 여성을 창녀로 격하시킨다. 그렇기 때문에 슐체 나움부르크는 코르셋의 제거를 통해 가슴의 성적 측면을 제거하고 '수유기관'으로서의 근원적이고 자연적인 기능을 가슴에 되돌려주는 데 찬성했다.[44] 그러면서 그는 가슴의 기능이 그런 것과는 완전히 다르다면 어떻게 가슴이 남자들을 성적으로 자극할 수 있는지에 대해서는 아무런 대답도 하지 않았다.

물론 코르셋은 가슴을 위로 치켜올릴 뿐 아니라 풍만하게 보이게 해야 한다. 근세 초기에 벌써 몇몇 설교자들은 악마가 '창녀 공장'을 만들 때면 위아래로 움직이는 벌거벗은 가슴을 지옥의 풀무로 이용했다고 경고했다.[45] 그리고 19세기에도 계속 남자와 여자는 서로 다른 방식으로 숨을 쉰다고 생각했다. 즉 남자들은 배로 여자들은 흉곽으로 숨을 쉬며 그 결과 '가슴이 출렁거리게' 되었다는 것이다. 실제로 배를 누르는 코르셋은 복식호흡을 방해하기 때문에 코르셋은 위로 올라가게 된다. 그래서 가슴이 움직이게 되며 이로써 더욱 많은 사람들의 주목을 끌게 되었다.[46]

당사자 역시 그것을 통해 자신의 가슴을 더욱 강하게 느꼈다. 그리고 이뿐만이 아니었다. 코르셋을 한 많은 사람들의 호흡이 때에 따라 끊어질 듯했다.[47] 1960년대에 몇몇 고학년 여학생들이 편지에서 "가슴을 조이는 것은 반은 쾌락적이고 반은 고통을 주는, 그런 달콤한 감각적 효과를 주며" 자신들이 그런 '스릴'을 매우 즐겼다고[48] 고백했다. 가슴을 꽉 졸라맨 젊은 처녀와 부인들이 이런 식으로 '자위를 했다'는 생각은 당시 널리 퍼져 있었다.[49] 그리고 1846년경 미국의 정신 착란 전문가인 파울러(Fowler)는 그런 사실을 아직 모르는 남자들에게 많은 여자들이 꽉 졸라매는 것을 통해 스스로를 만족시킨다는 사실을 지적했다. "정숙한 아내를 원하는 남편들은 이제 이런 사실을 알아야 할 때이다. 그래야 부인들이 이런 식으로 자연의 욕구를 자극받아 그것을 소모하는 것을 막을 수 있을 것이다."[50]

영국 사람들도 팽팽하게 당겨진 코르셋이 '필연적으로 외설적인 감정에 불을 붙이'며 '호색의 욕망을 흥분시킨다'[51]고 생각했다. 그리고 '프랑스 소설을 읽는 동안 몸에 딱 달라붙는 코르셋'을 착용하는 것을 방탕의 극치로 보았다.[52] 세기말의 한 소설은 젊은 여자에 관해 이렇게 묘사하고 있다. "그녀는 하이힐을 신지 않은 아직 순진한 소녀였다. 그러나 그녀가 그 작은 코르셋을 걸칠 경우 무언의 황홀경이 천국의 절정에 이를 정도였다. 그 작은 코르셋이 그녀의 작은 몸을 꽉 조르는 것은 마치 작은 애인이 껴안는 듯했고, 그녀 머리릿에 불분명하고 (미성숙한 그녀의 밋밋한 몸처럼) 미숙한 미완성의 생각들을 깨어 나게 한다."[53]

　오늘날 대부분 문화사가들이 주장하는 것처럼 19세기 사람들이 젊은 처녀와 부인들은 성적 감정을 두드러지게 가지지 않았다고 믿었던 것과는 전혀 다르게 그 시기에 여성의 성적 쾌락을 눈에 띄게 솔직하게 묘사한 경우가 자주 있다. 그래서 예를 들어 영국 잡지인 『소사이어티』(Society)의 여성 독자들은 몸을 조르는 것이 그들에게 주는 '황홀경의 감정'에 관해 상세하게 표현하고 있다. 그렇기 때문에 나체주의자 하인리히 푸도르(Heinrich Pudor)는 회원들이 거리에서 코르셋을 착용한 모든 여자에게 창녀라고 외치는 그런 연맹을 설립해야 한다고 제안했다.[54]

　그냥 졸라매는 것으로는 약간의 쾌락밖에 느끼지 못하는 부인 가운데 창녀를 고용해서 '코르셋 훈련'을 받는 이들도 있었다.[55] 사람들은 이제 다른 사람의 도움 없이 스스로 만족을 느끼는 것을 비난했다. 근세 초기의 에스파냐에서 코르셋(basquina)은 딱딱한 아마포나 가죽으로 만들어졌다. 그리고 오목한 앞면을 아주 정확하게 유지하기 위하여 나무, 고래수염, 뿔, 혹은 쇠로 코르셋 봉을 만들었으며 여자들이 똑바로 앉아 있을 수 있도록 하체까지 내려왔다.[56] 그래서 17세기와 18세기에도 길고 날카로운 각도로 뻗어나가는 삼각형 형태의 코르셋을 통해 시선을 '암시적인 부위'로 유도했으므로 여성의 음부는 시각적으로만 강조된 것이 아니었다(그림118). 그래서 한 풍자가는 코르셋을 '기쁨의 계곡으로의 길 안내자'라고 칭했다.[57]

　여자들은 앉으면서 코르셋 봉을 허벅지 사이에 꼭 붙였다. 그러면서 이 봉이 클리토리스 위를 눌렀고 이로 해서 적지 않은 부인들이 성적 자극을 받았다고 전해진다.[58] 그래서 버지니아 출신의 필립 피티언은 1774년 일기에 다음과 같이 썼다. 동시대의 코르셋은 너무 깊이 아

118. J. M. 모로 르 죈, 「칸막이 좌석」, 1777.

래까지 닿아서 "내 생각에 걷는 동작이 코르셋의 밑 끝부분에 불쾌한 마찰을 불러일으킬 것 같다." 그리고 그는 25세의 결혼하지 않은 베치 리(Betsy Lee)의 "얼굴이 가끔 붉어지는 것은"(the Flush which was visible in her Face) 틀림없이 이런 '마찰' 때문일 것이라고 덧붙였다.[59)]

코르셋의 다른 기능은 그것이 특정한 행동을 힘들게 하거나 아니면 불가능하게 하기까지 한다는 데 있으며,[60)] 그럼으로써 코르셋을 착용한 사람은 천한 일을 할 필요가 없는 사람임을 확실하게 드러내준다.[61)] 그러나 19세기를 거치면서 대부분 하녀들 역시 코르셋을 구입했다. 그러나 프랑스 혁명 전날 저녁에, 예를 들면 파리에서 모든 여자의 1/3에서 반 정도만이 코르셋을 착용했으며, 평민들 중에서는 돈을 잘 버는 수공업자와 상류층만이 코르셋을 착용했다.[62)]

몸을 꽉 졸라맨 부인이 얼마나 큰 어려움을 겪는지는 제1차 세계대전 때 결혼하기 위해 미국으로 이민을 온 한 일본 여자의 말에서 드러난다. "답답한 코르셋을 가슴에 착용해야 했기 때문에 나는 몸을 앞으로 숙일 수도 없었다. 나는 남편에게 신발 끈을 묶어달라고 해야 했다. 그것이 너무 꽉 달라붙기 때문에 기절하는 여자도 몇 있었다." 그리고 그녀는 계속 이렇게 이야기했다. 결혼을 위해 미국에 온 다른 일본 여자들은 '코르셋 봉으로부터 해방'되기 위하여 재빨리 가까운 호텔로 가야 했다.[63)]

여기서 코르셋의 다른 기능이 암시되고 있다. 즉 코르셋을 착용한 여자는 스스로 입고 벗을 필요가 없었던 것이 아니라 그러기 위해서는 도움의 손길, 즉 예를 들면 하인의 손이 필요했음을 보여준다. 1930년대 프랑스의 사회주의 생활 공동체에서는 다른 의도로 그런 의존성, 물론 상호적인 의존성을 명시할 뿐 아니라 장려하고자 했다. 그들은 생활 공동체 일원의 상호성을 강화시키기 위해 아무도 혼자서 입고 벗을 수 없게끔 등에서 단추로 잠그게 되어 있는 유니섹스 복장을 만들었다.[64)]

119. '의료용' 코르셋, 미국, 1890년경.

코르셋은 여자에게 (특히 어깨를 뒤로 젖히도록 함으로써) 어떤 *자세*를 취하게 한다. 즉 "끈으로 졸라맨 여자는 자세가 흐트러지지 않는다."[65] 그것도 단어 그대로의 의미뿐만이 아니다. 엘리자베스 몬터규는 18세기 전반에 *엄격하지* 않고 느슨해진 여자를 이렇게 판단했다. "아무런 절제도, 긴장감도 갖지 않는다……그리고 그들은 모든 도덕적 자연적 문제를 느슨하게 다룬다."[66]

코르셋을 하지 않으면 특히 가슴은 '느슨하게 매달려 있'는 '자연스런 것에' 속했다. 가슴은 코르셋으로 해서 약간 출렁거리기는 하지만 그런 경우가 아니면 '멈춰 있다'. 즉 코르셋이 가슴이 위아래로 흔들거리는 것을 막아준다. 그래서 1852년 『퀸』(*The Queen*)의 독자란의 작가는 동경에 가득 차서 이렇게 썼다. "그 혐오스러운 끈을 한번에 그리고 영원토록 끊어버려 그 예쁜 새들을 풀어줄 수 있다면!"[67]

이 시기에 미국과 유럽의 많은 지역에서 코르셋을 입지 않은 여자는 노는 여자나 창녀로 간주되었다. 예를 들면 '가슴이 뻔뻔하게도 굉장한 아름다움의 무게를 지니고 있었던' 음탕한 카스틸리오네 백작부인처럼. 그녀는 이상할 정도로 탄탄한 가슴을 가지고 있었다. 그리고 이를 보여주기 위해 그녀는 코르셋을 입지 않았다. 호라스 데 필카스텔(Horace de Viel-Castel)은 공상에 빠졌다. "그녀의 가슴은 정말로 놀라웠다. 그것은 젊은 무어 여인의 그것처럼 당당하게 솟아 있다."[68] 죄의 화신이라 할 수 있는 아름다운 사라 베른하르트, 음란하게 항상 약간 벌리고 다니는 입술을 공공장소에서 짙은 빨간색으로 칠했던 그녀는 코르셋을 입지 않고 염소가죽으로 만든 조끼만 입고 사람들 앞에 나타났다.[69]

헐렁한 옷은 해이해진 몸가짐을 의미했다. 그래서 코르셋은 특히 열대의 후덥지근한 지역에 머무르는 경우 육체와 영혼이 해이해지지 않게 하는 데 필요했다. 세기 전환기에 영국 여자 콘스탄스 래리모어

(Constance Larymore)는 나이지리아에 체류한 후에 이국 지방을 여행하는 여성 여행객에게 충고했다. "항상 코르셋을 입어라. 아주 더운 날 집에서 저녁식사를 할 때도. 코르셋을 입지 않는 것은 머리에 컬핀을 꽂고 있는 것만큼 풍기문란이다!"[70]

유럽의 많은 지역에서 코르셋 없이 공공장소에 나타나는 것이 금지되었다. 그래서 예를 들면 1681년 바젤에서 시장의 하녀가 골목길에서 체포되었으며 이어서 벌금형을 받았다. 왜냐하면 그녀가 급하게 아픈 주인을 위해 코르셋을 입지 않고 약을 사러 약국으로 달려갔기 때문이었다. 그리고 궤양 때문에 가슴에 '코르셋'을 걸치지 않고 집을 나섰던 다른 여자도 마찬가지로 법정에 불려갔다.[71]

19세기에 많은 미국 도시에서 코르셋을 하지 않은 젊은 여자를 자동적으로 창녀로 간주하거나 창녀와 매한가지인 버라이어티 가수로 여겼다. 그리고 '헐렁한 가운을 입고 이웃을 방문하거나 슈퍼마켓에 가거나 뛰는' 여자들은 그 자리에서 체포되었다. 1884년에 루이빌(미국 켄터키 주의 최대도시—옮긴이)의 시 참사회는 이른바 코르셋이 없는 '개량복'을 착용한 여자를 체포하라고 경찰에게 지시했다.[72] 왜냐하면 그렇게 헐렁하게 내려오는 복장은 여자의 정숙함과 행실을 해이하게 할 수 있다고 생각했기 때문이며, 특히 의복 개혁가들이 코르셋을 과격하게 거부했기 때문이다.

1873년 영국 패션 잡지가 표현했듯이 코르셋은 '상존하는 모니터로서 그것은 간접적으로 그것을 입은 이에게 스스로를 절제하도록 명령한다. 그것은 잘 규율된 마음과 규율화된 가치를 증명하는 것이다.'[73] '개량복'은 코르셋 패션을 위협하기에는 너무 세련되지 못했다. 그것은 '따분한 품 넓은 웃옷'으로 지칭되었다.[74] 그리고 세기말의 어느 풍자화에서 '개량복'을 입은 한 부인이 다른 사람에게 말한다. "개량복은 특히 위생적이며 어머니의 의무를 다할 수 있도록 몸을 성실하게 유지해준다." 이에 대해 다른 사람이 대답한다. "당신이 누더기를 걸치고 있다 해도 이보다 더 걱정되지 않을 겁니다."[75]

1960년대에 이미 여자들은 몸을 덜 조이기 시작했다. 버팀테를 넣은 퍼지는 스커트가 허리를 날씬하게 보이게 했기 때문이다. 그리고 세기말이 지난 후 코르셋은 점차 사라졌다. 그것이 더 이상 새로운 여성 세대의 자유 욕구와 일치하지 않기 때문이다. 코르셋에 치명타를 날린 것은 '개량복'이 아니라 1906년 파리의 지도적인 디자이너인 폴 푸아레(Paul Poiret)의 '육체의 갑옷은 과거의 것'이라는 해설이었다. 그해에 푸아레는 그의 '제국복'[76]을 소개했다. 이는 가슴 바로 밑에서 주름이 잡히고, 목에서 둥글게 재단된 짧은 상의와 원통형의 홀쭉한 그리고 허리를 강조하지 않은 하의로 이루어진 예복이었다.[77] 푸아레는 나중에 자신이 여자들을 코르셋에서 해방시켰으며 그들의 가슴에 브래지어를 선물했다고 말했다. 그리고 동시에 자신의 '무릎 부분이 아주 좁은 롱스커트'로 여자들의 다리에 사슬을 채웠다고 자기비판적으로 덧붙였다.[78]

브래지어의 역사

어떤 시대에는 여자들뿐 아니라 남자들도 코르셋을 착용했다. 물론 배를 납작하게 누르고 어깨를 넓어 보이게 하기 위함이었다. 예를 들면 중세 후기 바이트무엘의 베네슈, 즉 보헤미아의 남자들은 배 주위를 코르셋으로 꽉 졸라매어 그레이하운드처럼 보였다.[1] 그리고 나중에 넓은 가슴으로 특별히 남성적으로 보이기를 원했던 헨리 8세 같은 왕들도 코르셋을 착용했다. 그래서 왕들은 이른바 용병 자세로 '거만한 모습의' 초상화를 그리게 하곤 했다.[2]

쿡 선장이 1774년 7월 뉴헤브리디스의 산호섬인 말레쿨라 섬에 상륙했을 때 그는 원주민 남자들이 '늑골 바로 밑과 배꼽 위에' 코르셋을 착용했으며, 그것도 '그들이 어떻게 그것을 견디어낼 수 있을지 놀라울 정도로 아주 꽉 조이게 착용'[3]했음을 알았다.

남부 수단의 딩카족(그림120)과 뉴기니의 아이포족에 관해서도 비슷한 사실이 보고되고 있다. 아이포족 남자들은 허리 주위에 등나무

120. 코르셋을 입은 딩카족 남자들.

허리띠를 두름으로써 그들이 아름답다고 여겼던 개미허리를 만들었으며, 그 이유를 다음과 같이 설명했다. "여자들은 배가 많이 나왔다. 임신을 했거나 아니면 고구마를 너무 많이 먹었기 때문이다. 우리 남자들은 그런 배를 가지고 싶지 않다."⁴⁾

남자들이 그런 종류의 코르셋을 착용했다면 이는 물론 그럼으로써 엉덩이 역시 강조하게 되는 단점이 있다. 그것은 남자답지 않은 영향을 미친다. 우리는 그것을 비더마이어 시대 코르셋을 착용한 남자들의 그림에서 확인할 수 있다. 그들은 가끔 '출산력이 강해보이는' 골반을 가지고 있기도 한다. 특히 코르셋은 여자들에게 그랬던 것처럼 남자들에게도 장애가 되었다. 여자들은 그렇기 때문에 일찍부터 가슴 크기에 따라 그리고 사회적인 미의 이상에 따라 가슴을 강조하거나 납작하게 하는 다른 수단을 이용했다.

브래지어의 초기 형태는 이미 고대 이집트에서 찾아볼 수 있을 듯하다. 왜냐하면 사랑의 노래에 보면 열정에 찬 한 남자가 '너의 가슴 밴드'가 되기를 간절히 원하는 내용이 나오기 때문이다.[5] 추측컨대 이런 가슴 밴드는 살이 찐 가슴을 납작하게 누르기 위한 것이 아니라 처진 가슴을 똑바로 유지하기 위한 것이었을 것이다. 이집트 사람들은 작지만 특히 탄력있는 가슴을 좋아했기 때문이다. 예를 들어 젊은 하토르 여신인 무티르디스에 대한 감탄이 이렇게 묘사되고 있다. "그녀의 가슴은 흉곽 위에 탄력있게 자리잡고 있다."[6]

호메로스 시대의 그리스 여자들이 맨 가슴에 직접 착용한 스트로피온이 그런 브래지어였다. 그것은 키톤 아래서 흉곽을 잡아매어 코르셋처럼 가슴을 높이 치켜올리기 위함이 아니라 가슴이 '처지는 것'을 막기 위한 것이었다.[7] 케스토스 히마스, 즉 헤라가 최고의 신과의 은밀한 관계를 위해 이다에게서 빌렸던 아프로디테의 마법의 거들은 추측컨대 부드러운 가죽으로 만들어진 가슴 밴드(strophion)였던 것으로 보인다.[8] 사랑의 여신인 아프로디테는 "가슴에서 수놓은 화려한 띠를 풀었다. 그 안에 그녀의 모든 매력이 담겨 있었다."[9]

당시에 특히 처진 가슴은 추한 것으로 간주되었다. 그래서 많은 그리스 여자들이 가슴이 '서 있도록' 자고 알의 재를 아연광과 밀랍과 섞어서 가슴에 발랐다.[10] 아주 큰 가슴, 특히 걸을 때 위아래로 출렁거리는 큰 가슴 역시 미의 이상에 맞지 않았다. 그렇기 때문에 가슴이 큰 여자들은 텐 타이니안이라고 불리는 딱딱한 넓은 밴드로 가슴을 고정시키고 납작하게 눌렀다.[11](그림121)

풍만한 가슴을 가졌던 로마 여자들 역시 그리스의 타이니아이에 해당되는 가슴끈을 이용했다. 가죽으로 만들어진 경우가 많았던 이 브래지어는 옷 아래가 아니라 옷 위에도 착용했으며,[12] 파시아 펙토랄리스(fascia pectoralis) 혹은 마밀라레(mamillare)라 불렸다. 그리고 그것을 어떻게 두르느냐에 따라 가슴을 받쳐주거나[13] 아니면 납작하게 눌러주었다.

121. 옷을 입고 있는 아프로디테, 붉은색 점토의
히드리아(고대 그리스 시대의 배가 불룩한 물항아리—옮긴이), 기원전 440년경.

로마의 어머니들은 사춘기 이전의 딸에게 코르셋을 해주는 경우가
가끔 있었던 것으로 보인다. 그럼으로써 나중에 아이들의 엉덩이가
더욱 튀어나오도록 하기 위함이었다.[14] 그리고 희극 작가인 테렌티우
스는 다소 풍만한 가슴을 가진 처녀들이 가슴을 묶거나 가슴이 쭈그
러들도록 식사를 하지 않는다고 한탄했다.[15] 황제시대의 로마 사람들
이 그리스 사람과 마찬가지로 커다란 가슴을 좋아하지 않았다는 것만
은 확실하다. 그래서 마르쿠스 발레리우스 마르티알리스(Marcus
Valerius Martialis, 38~103, 로마의 경구시인)의 글에는 이런 내용
이 나온다. "너, 밴드(fascia)야, 네 여주인의 점점 커지는 가슴을 억
제하라. 내 손이 그것을 한번에 잡고 감쌀 수 있도록."[16] 가슴은 매우
에로틱하고 매우 부끄러운 것으로, '가슴 밴드를 풀다'(zonam sol-
vere)는 결혼의 일반적인 표현이기도 했다. 결혼한 남자에게만 여자
의 벌거벗은 가슴을 보는 것이 허용되었기 때문이다. 그리고 많은 성
인 여성들은 가슴의 형태와 젖꼭지가 겉옷을 통해 명확하게 두드러지

지 않도록 우선은 예의상 가슴 밴드를 착용했던 것으로 보인다.[17]

예의바른 젊은 처녀나 정숙한 귀부인은 브래지어를 했다 해도 자신의 몸을 절대 낯선 남자들 앞에서 보여주지 않았을 것이다. 그렇기 때문에 로마 여자들이 일종의 비키니, 즉 '피아차아르메리나의 여자들'이 입은 것과 비슷한 비키니를 입고 남자들과 함께 목욕을 했다[18]는 많은 학자들의 추측은 거의 신빙성이 없다. 첫째로 로마의 공중목욕탕은 성이 구분되어 있었으며,[19] 둘째로 시실리의 피아차아르메리나에 있는 별장 궁정에 딸린 부속 욕실(4세기에 만들어진)의 모자이크 바닥에 그려진 젊은 여자들은 '정숙하지 못한' 여자임이 거의 확실하다. 상의와 수블리가쿨룸(subligaculum)이라 불리는 짧은 팬티를 착용하고 있는[20] 이 여자들은 틀림없이 평판이 의심스런 여자 마술사들로 기능 경기와 운동 묘기를 보여주었으며[21] 이미 수백년 전부터 상이탈리아의 꽃병에도 묘사되어 있다.[22]

상의는 아마도 가슴이 너무 많이 흔들리는 것을 막으며, 그로 인해 여자들의 공연이 방해받는 것을 피하도록 기능한 것으로 보인다. 그런데 여자들 중 한 명이 오른쪽 가슴을 노출하는 히마치온(himation)[23]을 착용하고 있으며, 그것은 에트루리아의 '상반신 나체 여자 운동선수들'을 연상시키는데, 이들은 그리스 사람들에게 전혀 문제가 되지 않았다. 이들은 비판을 받을 아무런 이유가 없었다. 왜냐하면 아테네에도 이렇게 노출한 버라이어티 쇼 무희들이 있었기 때문이다. 그리고 아테나에우스(Athenaeus)는 한 무리의 테살리아 남자들이 가볍게 옷을 입은 테살리아 무희들의 공연을 보고서 흥분하여 완전히 정신을 잃었다고 쓰고 있다.[24]

이미 게르만 여자들도 옷 밑에 가슴 밴드를 착용한 것으로 보이지만[25] 그럼에도 브래지어는 중세 전성기의 프랑스에서 비로소 기록으로 남게 된다. 중세 중기의 프랑스에서는 여자들이 손목까지 오는

주름잡힌 속옷 아래에, 모슬린 베일로 상체를 감아서 가슴을 묶어 올렸다.[26]

『장미 이야기』(*Roman de la Rose*) 이후로 그런 '밴드'는 물론 '너무 무거운 가슴'을 가진[27] 그런 여자들만 착용했다. 그리고 그들은 이런 브래지어를 가슴 위가 아니라 가슴 아래에 둘렀다. 포르투갈의 귀부인들은 그와는 반대로 14세기 중반경에 속옷 위에 딱딱한 소재로 만든 작은 가슴 지지대를 착용했다.[28] 1480년에 이런 글이 전해진다. "독일 여자들은 자루를 찬다. 그들은 그 안에 가슴을 집어넣었다. 그런 것은 과거에는 없던 것이다."[29]

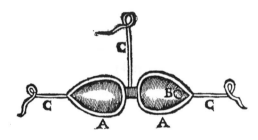

122. 수유용 브래지어, 스키피오네 메르쿠리오
『라 코마레』에서, 베네치아, 1596.

르네상스 시대의 이탈리아에서는 한편으로 젖을 먹이는 어머니들을 위한 현대적인 컵 브래지어(그림122)가 있었다. 다른 한편으로는 틀림없이 예의상 착용했던 가슴 밴드도 있었다. 어쨌든 루크레치아 보르자(Lukrezia Borgia)가 16세기 초에 궁녀들에게 '예의'를 강요하기 위해 그런 브래지어를 도입했다고 전해진다.[30] 그런데 그림으로써 그녀가 가슴의 여성적 형태가 두드러지는 것을 제한하려 한 것인지 아니면 궁신들이 여자들의 데콜테 속을 들여다볼 때 벌거벗은 가슴을 못 보게 하려 한 것인지는 명확하지 않다.

결국 커다랗고 무거운 가슴을 가진 이탈리아 여자들도 전통적인 가슴 지지 밴드를 사용했지만[31] 고대의 폼페이[32]와 비슷하게 특히 창녀들과 비교적 값이 싼 공창들이 착용했던 것으로 보인다. 그래서 예를 들면 이탈리아 만토바의 테 궁전의 줄리오 로마노(Giulio Romano, 카치니로도 알려진 이탈리아의 성악가이자 작곡가)의 포르노 프레스코를 보면 페데리코 곤차가(Federico Gonzaga)의 애첩은 가슴 밑에 그런 밴드[33]를 착용했다. 그리고 1520년 헤세 에우리키우스 코르두스(Hesse Euricius Cordus)는 평판이 의심스러운 지나치게 치장을 하는 여자에게 격언적 단시로 다음과 같이 말했는데, 아마도 그녀는 이를 거의 이해하지 못했을 것이다.

"너를 볼 때마다 너는 네가 가진 모든 것을 나에게 보여준다. 금박, 거들, 가슴띠, 목끈, 목걸이, 손가락에 낀 너의 사르도닉스(보석), 너의 불룩한 가슴 위에 내려와 있는 장신구와 너의 머리를 휘감은 갈리아식 의복. 내가 그것을 보고 웃는 모습을 네가 본다면 너는 나를 꾸짖을 것이다. '그런 보물을 네 아내는 가지고 있지 않다고!' 그 말은 옳다. 그러나 나의 아내에게는 오로지 남편뿐이며 그녀는 남편의 마음에만 들려고 한다!"[34]

코르셋의 출현으로 여러 다양한 브래지어가 곧 그 기능을 잃게 되고 200년 이상 사람들의 기억 속에서 사라져버렸다. 여자들 역시 '장자크 루소를 따라' 자연으로 돌아가 그들의 조끼형 코르셋을 쓰레기통에 막 던지게 되는 시점까지 그러했다. 물론 그 뒤에도 '아주 말랐다'고 여겨지는 여자들, 그리고 무거운 가슴을 가진 여자들은 속옷 안에 계속해서 코르셋을 착용했다.[35] 그리고 '통통한'(embonpoint) 영국 여자들은 예컨대 자연을 그냥 방임하지 말고, 예컨대 1800년경 시장에 나왔던 고무로 만들어진 '고무 코르셋'[36] 같은 것으로 몸을 교정하라는 조언을 들었다.[37]

18세기 말경에 허리선은 점점 더 위로 올라갔다. 『사치와 유행의 잡지』에는 이미 1794년 2월 높은 허리선은 오로지 '개미 체형을 인위적으로 만들어내는 데,' 즉 가슴을 강조하는 데 기여할 뿐이며,[38] 소녀 같은 작은 가슴을 가진 여자들에게는 허리부분이 들어가게 하는 것만으로도 충분히 가슴이 '유지'된다는 불평이 나왔다. 그러나 특히 피부색이 어두운 여자들의 젖꼭지는 얇은 모슬린 소재를 통해 너무 그대로 비쳤다. 그래서 집정 내각(1795~99년 프랑스 혁명정부의 집정 내각) 시기에 대부분 여자들은 비교적 홀쭉하면서 빳빳한 경우도 있고 그렇지 않은 경우도 있는 그런 코르셋이나 가슴 밴드를 둘렀다. 물론 가슴을 완전히 감추기보다는 지지하기 위한 것이었으며, 그래서 격한 운동을 할 때는 가슴이 데콜테에서 빠져나오는 경우가 드물지 않았다.[39]

이런 가슴 밴드는 바로 폼페이에서 출토된 프레스코화에서 볼 수 있는 그런 가슴 밴드를 모방해 만들어진 것일 수도 있다.[40] 어쨌든 그 가슴 밴드는 계속 발전하여 제국시대 초기 프랑스에서는 누비거나 아니면 빳빳하게 만들어진 브래지어가 유행했다. 그것은 가슴을 지지할 뿐 아니라 가슴을 양쪽으로 벌어지게 했는데, 이런 가슴이 당시 아름답게 여겨졌다. 그래서 사람들은 그것을 '분리 코르셋' 혹은 '분리'(divorce)라고 불렀다.[41]

게다가 높은 허리선의 슈미즈 드레스는 많은 지역에서 1930년대까지 지속되었지만[42] 대도시에서는 당시 벌써 허리가 자연스런 제 위치로 돌아간 지 오래였다. 제국시대 전성기, 즉 1810년경과 그 이후에 대부분 부인들은 다시 코르셋을 착용하거나(부분적으로 가운데에 용수철 삽입물이 들어간 코르셋) 트리콧 소재의 신축성있는 코르셋을 착용했다.[43] 그리고 브래지어는 다시 유행에서 사라졌다. 이번에는 100년이 조금 안 되는 기간동안이었다.

어떤 이유에서인지 모르지만 코르셋을 포기한 여자들을 위해 1886년 영국에서 브래지어가 생산되었다.[44] 그리고 이후 5년 동안 보헤미아의 코르셋 제조업자인 후고 신들러(Hugo Schindler)는 지금까지처럼 아래서 가슴을 높게 지지하는 것이 아니라 어깨끈이 달린 브래지어를 만들어내어 황실 특허권을 받았다.[45] 여자들이 실제로 이 모델을 착용했는지는 알려져 있지 않지만, 당시 시장에 나왔던 것으로 보인다. 1897년에 한 여성 자전거 탐험가는 자전거를 타는 여자 팬들에게 무조건 코르셋을 입지 말고 자전거를 타도록 권했다. "코르셋을 대치할 수 있는 이성적인 대용물들이 있다. 브래지어, 파리산 거들 그리고 다른 제작물들이 상체를 조이지 않으면서도 가슴이 움직이지 않도록 할 필요가 있을 때는 언제라도 그렇게 할 수 있게 해준다." 그리고 그녀는 대담하게 덧붙였다. "사람들은 물론 상체를 전혀 졸라매지 않은 상태를 가장 자유롭고 편안하게 느낀다."[46]

이때부터 브래지어는 매번 새롭게 디자인되고 제작되었다. 1899년 드레스덴의 크리스티네 하르트(Christine Hardt)는 '브래지어로서의 여성 코르셋'의 특허를 받았는데 특허 명세서에는 이렇게 적혀 있다. "이 코르셋의 목적은 건강한 가슴의 기능에 아무런 영향을 끼치지 않고 주로 가슴을 똑바로 유지하는 데 있다. 그러면서 이 브래지어는 가슴의 크기에 따라 조정할 수 있다."[47]

1905년 슈바벤의 재단사인 마이어 일셰(Meyer-Illscher)는 '아랫부분이 없는 가슴 지지대'를 '발명했다'.[48] 그보다 몇 년 앞서 프랑스에서는 '칼리마스트'라고 불리는 모델이 생산되었다. 그것은 세기말의 대부분 브래지어와는 대조적으로 컵도 없고 고래수염으로 딱딱하게 만들지도 않았다. 이는 신축성있는 밴드로 만들어졌으며 가슴 대부분을 가리지 않았다(그림123).[49]

코르셋을 싫어하는 사람들에게 현대적인 브래지어의 결정적인 장

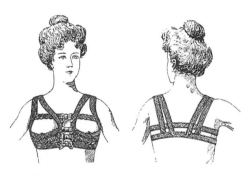

123. '칼리마스트' 브래지어, 1902.

점은 아래로부터 가슴을 압박하지 않으면서 지지해주는 데 있었다. 파울 슐체나움베르크는 1903년 베를린 공예 박물관 전시회의 개회사에서 이렇게 표현했다. "어떤 종류의 코르셋이나 개량 코르셋도 사용할 필요가 없다. 이 드레스는 어깨에 의해 지탱된다. 이 드레스는 옛날 형태의 치마와 블라우스로 구성될 필요가 없다. 이 드레스를 착용할 때 브래지어 혹은 부드럽고 헐렁한 코르셋을 입으려면 등의 오목한 부분 위나 뒤에서, 아니면 엉덩이에서 고정되는 그런 코르셋이 아니라 어깨에서 지탱되는 그런 것이면 된다."[50]

물론 코르셋으로 착용하는 브래지어도 있었다. 1912년 발명되어 그 다음해에 특허를 받은, 슈바벤 지방의 코르셋 공장인 린다우어 회사(그림124)에서 만든 것이 그런 것이었다. 이것은 선전 팸플릿에서처럼 '신축성있는 트리콧과 비단으로 만든 최초의 브래지어'로 '딱딱한 느낌 없이 직접 피부 위에 착용하며 깊이 파인 코르셋의 현대적이며 우아한 대용물로서 큰 호응을 얻'[51]었을 것이다.

1886년에 나온 발명품을 오래전에 잊어버렸던 영국 및 북미에서 브래지어는 1907년 『보그』가 '브라시에르'(brassiére)라 불리는 모델을 소개하면서 비로소 알려진 것으로 보인다. 중세 말기에 사람들

286

124. 슈투트가르트 회사의 '하우타나 브래지어'의 선전, 1913.

은 가벼운 볼레로 종류의 여성 재킷, 예컨대 남성의 카미졸레(cami-zole, 남성 재킷)에 해당되는 것을 브라시에르(brassieres) 혹은 브라세롤(brasserolles)이라고 했다. 이 옷은 팔(bras)의 가장 윗부분만을 가리며 프랑스 궁녀들이 셔츠 아래 착용하던 것이다.[52] 벨에포크 시기에도 사람들은 오늘날과 비슷하게 이 단어를 여성용 속옷[53]으로(브래지어는 과거에도 그렇고 현재도 'soutien-gorge'라 불린다) 이해했다. 그럼에도 앵글로색슨 지역에서는 그것이 브래지어에 대한 호칭으로 받아들여졌으며 1930년대까지 오늘날 브래지어의 일반적인 약칭이 된 '브라'(bra)가 많이 사용되었다.[54]

1913년 메리 펠프스 제이콥(Mary Phelps Jacob, 나중에는 결혼해서 커레스 크로스비[Caresse Crosby]가 된다)은 자신의 '발명품'을 '등이 없는 브라시에르'라고 불렀다. 그녀는 이것으로 여성을 코르셋에서 해방시키고자 했다. 양쪽 가슴을 두 개의 컵으로 정확하게 서로 분리시키는 비교적 작고 부드러운 이 브래지어는 단순한 구조로 되어 있으며, '분홍색 리본 길이 정도되는 두 개의 손수건을 실로 함께 이어놓은 브래지어의 원형'이었다. 그럼에도 당시에도 이것은 그리 잘 팔리지 않았다.[55]

주지하다시피 1920년대는 바로 가슴모양으로 요철을 낸 브래지어의 황금시대였다. 그리고 1930년대의 대부분 여자들은 브래지어를 오히려 평평하게 하려는 경향을 가지고 있던 거들로 착용했다.[56] 1937년이 되어서야 원래의 '들어 올려주는 브래지어'가 만들어졌다. 그리고 같은 해에 한 관찰자가 이를 확인해주었다. "가슴은 높아졌으며 놀랄 정도로 강조되었다."[57] 브래지어가 이렇게 극단화되면서 1950년대에 이것을 사기 위해 미국 여성들이 매년 상당한 금액을 지불했다고 하는 그 유명한 '탄두' 브래지어가 만들어지게 되었다.[58]

전쟁이 끝난 직후 그리고 1950년대에 '메이든폼(Maidenform) 브라'가 미국에서 가장 널리 퍼진 브래지어였다. '메이든폼 우먼'이라는 단어를, 사람들은 자신과 자신의 삶을 통제하는 부인을 가리키는 말로 이해했다. '메이든폼'은 1969년 이전에 매년 5퍼센트의 성장률을 보였지만 60년대 말에는 매상이 점차 감소된다. 그리고 시장 연구자들은 심지어 미국 동부에서도 여대생의 32퍼센트가 브래지어를 더 이상 착용하지 않는다고 확인했다.[59] 브래지어 회사들은 1969년에 투명 '소프트 브라'를 시장에 내놓으면서 이런 위기에 대처하고자 했다. 소프트 브라는 가슴을 전혀 지지하지 않으며 '몇 개의 강력한 라이크라 실'로 강화된 양말 방사로 만들어졌다.[60] 그럼에도 이 브래지어는 많은 젊은 처녀와 부인들에게 70년대 후반까지 '품절'이 될 정도로 잘 팔렸다.[61]

1976년경 유럽에서, 그리고 그보다 약간 늦게 미국에서 브래지어가 다시 등장했으며 브래지어와 함께 새로운 것이 도입되었다. 이미 1940년대에 서유럽 회사뿐 아니라 '메이든폼'도 광고에서 다른 사람들(이들 역시 거의 여자들이었다[62]) 앞에서 브래지어를 하고서 활동하는 젊은 여자들을 보여주었다. 그리고 1955년 방송된 최초의 미국 TV 광고방송에서 브래지어는 실제 여성이 아니라 마네킹에게만 입힐

125. 미국의 브래지어 광고, 1980년경.

126. 자카르 망사직으로 만든 투명한
라이크라 브라인 '트라이엄프', 1976.

수 있었다.[63] 그런데 이제는 남자들도 광고에 등장하고 분위기가 전과 비교할 수 없을 정도로 '섹시해'졌다. 예를 들어 '메이든폼' 광고에서 젊은 여의사나 혹은 간호사가 젊은 남자 의사 두 명이 있는 데서 옷을 벗는다(그림125).[64] 한편 유럽의 '트라이엄프' 선전에서는 남자가 투명한 브래지어를 입은 채 완전히 몸을 내맡긴 여자의 옷을 벗긴다(그림126).

선전뿐 아니라 브래지어 자체도 점점 더 노골적으로 '선정적'이 되었다. 미국에서 처음으로 명명된, 패드를 부착한 '푸시업'(Push-Up) 브라가 1948년 시장에 나왔는데, 브래지어 회사들은 1990년대 초에도 역시 충전물이 든 '원더브라'를 내놓았다. 이는 아주 깊이 파인 옷속에 착용할 수 있는 것으로, 그래서 어깨끈이 완전히 바깥으로 향하고 가슴은 아래쪽의 얇은 와이어에 의해 지지되었다. 솜을 넣은 공단

127. 원더브라 광고, 1996.

290

컵은 천 밑에서 거의 두드러지지 않아서 사람들은 가슴이 원래 '서 있는' 것이라고 생각할 정도였다.[65] 19세기 초에는 브래지어의 도움으로 가슴을 양쪽으로 분리시켰다면 이제는 가슴골이 깊게 보이도록 하기 위해 양쪽 가슴을 모아주는 '사이드 패널 브라'가 많이 애용되었다.[66] 그리고 더 대담한 여자들을 위해서는 투명한 살색 상의에 브래지어를 집어넣은 이브닝드레스가 만들어졌다(그림128).

천을 지금보다 많이 사용하기는 했지만 어쨌든 투피스 수영복은 1860년대 영국에서 생겨났다. 그리고 영국 사람들은 비교적 정숙해서(이에 관해 유럽대륙의 사람들은 농담을 하곤 했다[그림129]) 비키니의 이런 초기형태는 수영하는 '여자의 예민한 부분이 드러나지 않도록' 그들에 대한 배려에서 남녀 모두를 위해 만들어진 것이었다.[67]

세기 전환기에 프라이부르크의 생활개선 운동가인 레어(Lehr)가

128. 신디 크로포드, 1995.

- How! Shocking!......
- Il n'y a plus de costumes, bégueule!

129. 블랑켄베르크의 해변에서, 컬러 석판, 1852.

여성을 위해 '통기성이 있는' 소재로 만든(물론 본질적으로 더 짧은) 투피스 수영복을 소개했다. 나체주의 추종자들로부터 '획기적인 개선'으로서 환영받은 이것은 '가슴과 치부만 가리고 등과 허리, 엉덩이, 팔, 다리는 노출시켰으며, 그럼으로써 빛과 태양을 가리지 않으려 한' 의상이었다. "우리 여성계의 이성적인 분들이 강력하게 이런 수영복의 도입을 허용해주기를 바라는 바이다. 그로 인해 얌전빼기는 상당부분 사라질 것이다."[68]

물론 그 시기에 대부분 여성들에게 이런 의상은 너무 과감한 것이었다. 그래서 이후 몇몇 나체주의자만이 운동연습을 할 때(그림130) 이 옷을 착용했다. 왜냐하면 나체 문화를 추종하는 이들도 당시 특정 자세에서 남자들의 깊은 시선을 받거나 그들 앞에서 벌거벗은 가슴을 출렁거리는 것을 아주 부끄러워했기 때문이었다.

'보통 여자들'은 수영할 때 본질적으로 좀더 정숙한 투피스 수영복

130. 메단 섬에서 '나체로 운동하는 이들', 1920년대.

을 착용했다. 미국에서는 '팜 비치 컴비네이션'[69]으로 알려진 것을 1920년대 중반부터 착용했으며, 이보다 약간 늦게 독일[70] 및 영국에서도 그러했다. 영국에서는 가슴 사이에서 아래로 길게 늘어지는 리본으로 마감되는 '투피스 브라'를 착용했다.[71] 원래 비키니의 하의와는 반대로 이런 초기 투피스 수영복의 팬티는 배꼽도 덮었다. 제2차 세계대전 직후에 스웨덴에서 팔렸던 어깨끈이 달린 투피스 수영복도 마찬가지였다.[72]

프랑스 디자이너인 루이 레아르(Louis Réard)가 디자인한 원래 의미에서의 비키니, 1946년 '카지노 데 파리'의 무희인 미슐랭 베르나르댕(Micheline Bernardin)에 의해 소개된 비키니는 이와는 달리 아주 짧아서 관객에게 충격을 주었다. 사람들 말대로 이 '거의 아무것도 입지 않은 것'(presque rien)은 가슴의 일부뿐 아니라 배꼽 그리고 갈

131. 나이트클럽 무희인 베르나르댕이 소개한
레아르의 비키니, 1946년 6월.

색으로 태우지 않은 엉덩이 전체를 다 드러내었다(그림131). 그래서
스캔들을 일으킨 이 비키니는 바로 여러 나라에서 금지되었다.

그리고 사람들은 이런 '외설적인' 수영복을 전쟁 후에도 바로 입지
는 않았다. 그래서 레아르는 2년 후에 '좀더 문명화된' 그리고 본질적
으로 좀더 용감한 비키니 모델을 시장에 내놓을 때는 거기에 천을 좀
더 많이 덧붙여야 했다.[73] 할리우드는 그의 오리지널 모델을 착용한
배우들이 등장하는 영화를 바로 상영금지시켰다. 그것은 미국인들에
게는 프랑스 사람들의 도덕적 타락을 입증하는 또 하나의 증거일 뿐
이었다.[74] 미국에서도 1940년대 말 거의 브라질의 탕가에 가까운 더
짧은 비키니가 만들어지긴 했다. 이 옷은 1970년대 중반에 착용되었

다고 하며 완전 나체의 바로 전 단계에 해당된다.[75] 그렇다고 해서 1950년경 북미의 해변에서 정숙하지 못한 비키니를 착용한 여자가 바로 체포되지는 않는다고 보장할 수는 없었다. 1960년대가 지나면 서 비로소 비키니는 천천히 미국에 침투되었다. 이 시기에도 비키니 는 캘리포니아 이외의 많은 해변에서 여전히 조롱거리가 되었다.[76]

19

우리는 처진 가슴이 좋다

코르셋 종류의 브래지어는 다른 지역, 특히 인도에서도 착용했다. 베다 경전의 시기에 여자들은 공공장소에서 상체를 가렸다. 하지만 그들은 아직 코르셋이나 가슴 밴드를 알지 못했던 것으로 보인다.[1] 코르셋 및 가슴을 받쳐주는 가슴 밴드는 7세기가 되어서야 그 존재가 증명된다. 그리스도교 이전의 아잔타 프레스코화에 그려진 창녀나 혹은 스리랑카의 시기리아 프레스코화에 그려진 가슴을 완전히 노출한 천국의 여자들에서 볼 수 있는, 젖꼭지만을 가리는 아주 좁은 밴드를 제외한다면 말이다.[2]

중세 후기에 등이나 어깨 부분이 노출되도록 재단한 브래지어가 존재했던 것으로 보인다. 그리고 전래되어오는 이야기에 의하면 많은 여자들이 의도적으로 매듭을 묶거나 귀 뒤를 긁어서 남자들이 겨드랑이 아래나 가슴이 시작되는 부분을 볼 수 있게 했으며, 그것은 남자들을 매우 흥분시켰다고 한다.[3] 많은 여자들이 브래지어 역시 착용했는데 단추로 잠그게 되어 있는 것이 아니라 머리 위로 입게끔 되어 있었다. 그리고 이것은 상당히 팽팽하게 몸에 달라붙었던 것으로 보인다. 성애 문학에는 열정에 들뜬 남자들이 격하게 숨을 몰아쉬는 여자들의 브래지어를 가슴에서 찢어내는 장면이 묘사되어 있다.[4] 이런 브래지어들은 상체에 아주 딱 달라붙어서 젖꼭지가 아주 선정적으로 두드러졌다. 그리고 천을 통해 아른거리는 한 공주의 젖꼭지에 관해서 이런 글이 전해진다. "감로로 가득 찬 두 개의 보석처럼 그것들은 코르셋을 뚫고 나오려는 것처럼 보인다."[5]

그 다음 세기에도 인도 여자들은 대부분 앞에서 단추로 잠그거나 묶는 브래지어(choli)를 착용했다. 그것은 짧은 소매가 달린 경우가 많았기 때문에(그림132) 오히려 재킷처럼 보였다.[6] 이 촐리의 '지지력'은 물론 미미했다. 해서 가슴이 무겁고 처진 여자들은 대부분 그 솔기에 가슴을 받쳐주는 탄탄한 밴드를 꿰매어 붙였다.[7] 유목생활을 하는 라자스탄의 가둘리야 로하르족이 착용한 앙가르키(angarkhi)라 불리는 브래지어는 가슴의 아랫부분을 노출시켰다. 여자들이 대장

132. 봄베이에서 온 젊은 부인. 19세기.

장이 작업을 할 때 방해받지 않도록 하기 위함이었다. 하지만 젊은 여자들이 그러는 것은 정숙하지 못한 것으로 받아들여졌다. 이들 여자들은 가벼운 상의와 그 밑에 가슴을 완전히 가리는 촐리를 착용하는 것을 좋아했다.[8]

그러나 이런 복장 역시 많은 지역에서 뻔뻔스러운 것으로 간주되었다. 게다가 19세기 초에 벵골의 몇몇 귀부인들 사이에는 반투명 사리를 착용하는 관습이 만연했다. 그에 대해 벵골 사람이 아닌 힌두교도들이 분노했다.[9] 그러나 1880년 캘커타의 많은 회사들이 촐리를 시장에 내놓았을 때 벵골 여자들은 일반적으로 가슴의 윤곽이 드러나지 않게끔 사리를 착용하기 때문에 촐리에 대해 분노했다. 많은 여자들이 자신들은 남자를 유혹하기 위해 가슴을 강조하는 공창이 아니라고 말했다.[10] 그리고 벵골 사람들은 아내와 딸들이 남자의 탐욕스런 눈길에 몸매를 내보이는 것을 금했다.

다른 한편으로 적지 않은 벵골 사람들이 그들의 아내에게 유럽식 블라우스와 페티코트를 입도록 강요했다. 이런 방식으로 영국의 '정숙함'을 받아들일 수 있다고 생각했기 때문이다.[11] 그럴 경우 블라우스는 물론 목까지 올라와야 했다. 유럽의 데콜테는 인도에서 이미 수백년 전부터 몰염치한 것으로 간주되었기 때문에 많은 화가들이 순수한 분노에서 혹은 풍자로, 젖꼭지까지 보이는 목선이 깊이 파인 옷을 입은 네덜란드 부인과 포르투갈 부인들을 그렸다(그림133).[12]

다른 많은 사회에서도, 심지어 여성의 상반신을 노출하는 곳에서도 데콜테 및 브래지어의 착용은 정숙하지 못한 것으로 간주되었다. 그것은 가슴이 적어도 잠재적으로 에로틱한 것임을 명확하게 드러내주기 때문이었다. 많은 아프리카 종족들은 브래지어를 거부했다. 그것이 가슴의 '성적 측면을 강조하기 때문이었다.'[13] 그리고 요루바에서 데콜테는 남자들의 시선을 가슴으로 모으기 때문에 전통적으로 혐오

133. 유럽 여자들. 무굴시대 회화. 17세기 후반.

스러운 것으로 여겨졌다.[14]

오늘날에도 캐나다의 후터파(후터 형제단이라고도 하며, 박해를 피해 모라비아와 티롤 지방로 피해온 재세례파 분파로 예루살렘의 원시교회를 본떠 재산의 공유를 강조했다—옮긴이)는 브래지어가 가슴을 강조한다고 해서 금지한다.[15] 셰이커교도는 1805년에 이런 이유로 모든 종류의 코르셋을 거부하고 여성의 몸매가 가능한 한 드러나지 않도록 모든 수단을 강구했다.[16] 아미시(보수적인 프로테스탄트교회의 교파—옮긴이) 여자들도 가슴이 두드러지지 않도록 옷을 입어야 하며 브래지어를 하는 것은 일생에 한번, 즉 결혼식 날에만 허용되었다. 그럼에도 풍만한 가슴은 아주 에로틱한 것으로 간주되었다. 그래서 아미시의 젊은 여자들은 가슴을 키우기 위해 닭의 위를 먹었다.[17]

아나톨리아 동남부의 쿠르드족 여자들 역시 브래지어로 강조된 가슴 및 목선이 깊이 파인 옷을 부도덕한(ayip) 것으로 받아들였다.[18] 그리고 리비아 사막의 얼라드알리 종족의 베두인 여자들은 그것을 심

지어 몰염치함의 극치라고 말했다.[19]

터기를 여행했던 에블리야 셀레비(Evliya Celebi)는 1665년 데콜테 옷을 입은 빈 여자들에 대해 놀라서 고향에서 이렇게 썼다. "그곳에서 처녀들과는 반대로 결혼한 여자들은 모두 눈처럼 하얗게 빛나는 가슴을 드러내고 다녔다. ……신의 섭리를 통해 이 나라 여성들의 유방은 (터키 여성들의 유방처럼) 물주머니처럼 그렇게 크지 않고 오렌지처럼 작았다. 그럼에도 그들은 대부분 자녀들에게 모유를 먹였다."[20]

오스만 제국에도 목선이 깊이 파인 옷이 있었다. 하지만 하렘 내부의 첩들만 착용했으며, 그럴 경우 드러난 목과 가슴은 투명한 가슴받이로 가렸다. 이를 통해 검은 젖꼭지가 매혹적으로 아른거렸다(그림 134). 그렇기 때문에 터키 사람들은 이국 여인이 이런 식으로 공공장

134. 오스만 제국 하렘의 첩. 18세기.

소에 나타나는 것에 익숙하지 않았다. 1721년 터키 사절인 메메드 에펜디(Mehmed Efendi)는 파리에서 발레공연을 보러 가서 옆에 앉은 여자가 공연이 마음에 들었느냐고 물었을 때 아무 대답도 할 수가 없었다. 그는 공연 내내 데콜테 옷을 입은 여자들만 쳐다보았기 때문이었다.[21] 이슬람교도들은 한편으로는 상체는 그렇게 많이 노출하면서 다른 한편으로 다리는 보이지 않으려 하는 서양 사람들의 관습을 이해할 수 없었던 것으로 보인다. 그래서 19세기 전반에 이집트의 현자인 리파 아 알타와위(Rifa a al-Tahwawi)는 프랑스 여자들에 관해 믿을 수 없다는 듯이 이렇게 보고했다.

"더운 날에 그들은 겉옷을 벗어 육체를 노출시키곤 한다. 그렇게 머리부터 가슴 위까지 가리지 않는다. 심지어 벌거벗은 등을 볼 수 있는 경우도 있다. 무도회 밤에는 팔을 드러낸다. 한마디로 이 나라에 사는 사람들은 이 모든 것을 상스러운 것으로 받아들이지 않는다. 물론 그들은 다리를 절대 드러내서는 안 된다. 특히 사람들이 많은 곳에서는. 물론 사실 그들의 다리는 그렇게 대단한 것은 아니다."[22]

1873년 이스탄불 신문인 『싱기라클리 타타르』(Cingirakli Tatar)는 풍자화를 게재했는데, 거기서 가슴이 깊이 파인 옷을 입은 유럽 여자를 볼 수 있다. 그녀의 긴 옷 아래로 발끝이 삐죽이 나와 있다. 풍자화에는 이런 설명문이 붙어 있다. "그런데도 발을 보여주는 것은 부도덕하게 보이다니."[23]

중국 사람들 역시 유럽 여자들의 데콜테를 오래전부터 뻔뻔스럽고 무례한 것으로 간주했다.[24] 19세기에 링 체슈(Lin Tse-hsu)가 마카오를 방문했을 때 그는 세상 사람들에게 자신의 벌거벗은 가슴을 보여주는 포르투갈 여자들의 '야만적' 관습에 대해 경악했다.[25] 그의 동족 한 사람이 1883년 유럽에서 귀향한 후 흥분을 가라앉히고서 그에 대해 설명했다. "중국 여자들은 몸을 가리기 위해 옷을 입는다. 그들은 몸의 일부를 노출시키는 것을 커다란 수치로 여긴다. 먼 서구의 여자들은 어깨와 가슴을 보여주지만 속옷은 감춘다." [26]

가슴에 대해 그리 강한 수치심이 없다고 말할 수 있는 일본 사람들조차도 서구 '야만 여자들'의 목선이 깊이 파인 옷을 뻔뻔스럽다고 느꼈으며 그 옷을 서구 사람들의 타락과 문명 결핍을 보여주는 것으로 보았다. 자신들의 왕비가 이미 1886년에 연회와 저녁 파티에 그렇게 노출한 모습으로 나타났음에도 말이다. [27]

일본 정부는 1860년 미국에 사무라이 사절단을 보냈다. 사절단이 하와이 섬에서 중간 기착하는 동안 그들은 반나체일 뿐 아니라 일본 여인들에게서는 전혀 보지 못했던 아주 크고 둥근 하와이 여자들의 가슴을 보고 무척 당황했다. 그들은 호놀룰루에서 하와이의 여왕인 엠마의 영접을 받았다. 그녀는 당시 식욕부진증을 앓고 있지 않았으

THE TEACHINGS OF WESTERN CIVILISATION

135. 프리드리히 시프의 풍자화. 1932년경.

136. 사다히데 하시모토, 「화장 중에 이중 거울을
사용하는 미국 여자」, 1860년경.

며 게다가 데콜테가 깊이 파인 유럽식 이브닝드레스를 입고 있었다.
"아주 아름다운 구리빛 여인은, 양 어깨는 드러내고 가슴은 거의 벌거
벗은 채 아주 얇은 천으로만 가리고 있었다." 사무라이 무라가키는 이
렇게 기록했다.[28]

워싱턴에서 일본 사람들은 결국 미국 여자들의 하얀 가슴과 어깨에
대해 곤혹스러운 감동을 받고서 경탄했으며 이어 데콜테를 훔쳐보는
관음증 환자로 발전했다. 하인이던 후쿠시마는 '거의 상반신까지 옷
을 벗은(!) 그리고 안이 들여다보이는 아름다운 얇은 비단천의 옷을
입은 16명의 여자들'에 관해 떠들어대었다. 사절단 일원들은 게다가
이 반나체의 여인들이 남자들과 함께 춤을 추는 것을 '쳐다보는 것이
견디기 힘든 것'임을 알게 되었다. 하지만 다른 사무라이는 이렇게 변
호했다. "내 생각에 이 나라의 관습과 예절은 점점 외설적으로 되어가
는 것 같지만 여자들은 실은 그 겉모습에서 추측할 수 있는 것보다는
더 수줍어했다."

일본 사람들이 여자들의 가슴을 끊임없이 쳐다보는 것은 그들을 초대한 사람들의 눈에도 띄었다. 그럼에도 이것이 적어도 몇몇 여자들에게는 별로 불쾌한 일이 아니었던 것으로 보인다. 어쨌든『프랭크 레슬리의 잡지』(*Frank Leslie's Illustrated*)의 기자는 이렇게 말했다. "숙녀들은 물론 그들이 자신을 주목하고 있다는 사실, 자신이 '모든 사람들의 시선을 끄는 것'을 좋아했다."[29]

일본 여자들은 보통 유럽 여자나 인도 여자, 폴리네시아 여자들보다 가슴이 더 납작했기 때문에 데콜테를 통해 드러나는 서양 여자들의 굴곡은 일본 사람들이 고향에서 익숙하게 보아온 것과는 달랐을 뿐만 아니라 그들의 미의 이상과 부합하지도 않았다. 그래서 예를 들어 18세기의『코슈쿠킴모주이』(*Koshoku-kim-mozui*)에는 아름다운 가슴은 너무 크면 안 된다고 되어 있다. 가슴이 너무 풍만한 여자들은 그들 '보석의 문'의 질이 나쁘다는 것을 암시해준다.[30] 그리고 일본 사람이 데콜테 옷을 입은 유럽 여자의 그림을 처음으로 보았을 때, 게이샤들은 그런 외설스러움에 놀랐을 뿐 아니라 많은 남자들이 가슴의 크기 그 자체에 주눅이 들었다.[31]

특히 풍만한 가슴이 처졌을 경우 일본 사람들은 좋아하지 않았다. 그리고 처진 가슴에 대한 이런 거부감은 일본 문화만의 특성이 아니다. 이미 고대 인도의 작품인『성교 기법의 비결』(*Geheimnis der Liebeskunst*)은 독자들에게 이런 정보를 제공하고 있다. "안티몬과 쌀뜨물로 계속 치료하면 처녀의 가슴은 특히 커지고 봉긋 솟아오른다. 그래서 도둑이 돈을 훔치듯 그것이 사람의 마음을 훔친다."[32] 산타 크루스 섬 주민들에게는 꽃봉오리 같은 작은 가슴도, 크고 처진 가슴도 미의 이상에 부합하지 않는다. 그들에게는 이 두 극단을 교정할 수 있는 마술적인 수단을 가지고 있었다.[33]

토러스 해협 제도의 섬주민들은 젊은 처녀의 발달한 가슴 사이에

'v'자를 거꾸로 새겨넣는다. 나중에 가슴이 '처지는' 것을 막기 위해서이다.[34] 그리고 뉴브리타니엔의 톨라이족들은 '봉긋 서 있는' 가슴을 좋아했다. 해서 마술 주문은 이렇다. "큰 박쥐가 봉긋 서 있는 젖을 가진 것처럼 이 여자아이가 봉긋 서 있는 가슴을 가지기를." 이들에게는 임신한 여자의 탱탱하고 '서 있는' 가슴이 이상적인 것으로 간주되었으며, 이들은 새끼를 밴 박쥐 암컷이 팽팽하고 훌륭한 젖꼭지를 가지고 있음을 알았다.[35] 과거의 줄루족 어머니들은 6세 내지 7세 된 딸의 젖꼭지에 향유를 발라주었다. 그러고서 나중에 젖꼭지가 정확하게 솟아나오도록 하기 위해 흉곽에서 젖꼭지를 잡아빼어 그것을 식물의 속껍질로 묶어준다. 가능한 한 많이 튀어나와 있는 뻣뻣한 젖꼭지를 '섹시'한 것으로 여겼던 다른 아프리카 사회에서 젊은 처녀들은 남자들의 감탄을 얻기 위하여 젖꼭지를 스스로 잡아뺐으며 그것이 부풀어오르도록 곤충의 애벌레로 하여금 물게 했다.[36]

아라비아 사람들도 고대시대부터 꼿꼿이 선 젖꼭지를 찬양했다. 14세기 전반에 시레르 알가우지야(Syrer al-Gauziyya)는 이렇게 열광했다. "나는 그녀의 눈을 깊숙이 들여다보았다. 그녀는 아직 처녀였다. 틀림없다! 그때 그녀가 동시에 불붙기 시작했다. 그녀의 젖꼭지를 볼 수 있다면!" 그는 많은 남자들이 납작한 가슴에 마음을 빼앗겼지만 둥그런 가슴에 반한 남자도 있다고 생각했다. 그리고 그는 언젠가 다음과 같은 이븐 유수프 알하가그(Ibn Yusuf al-Haggag)의 말을 인용했다. "여자의 육체는 가슴이 팽팽하게 부풀어올라야 아름답다고 말할 수 있다. 그러면 그녀는 애인의 욕망을 잠재울 수 있다. 그녀가 젖먹이의 갈증을 풀어줄 수 있는 것처럼!" 그리고 어떤 사람은 미식가가 신선한 아스파라거스를 묘사하듯이 이렇게 말했다. "나의 인생에서 그것은 하얀 가슴이다! 그것은 단번에 발기한다! 젊은 처녀에게서는 작고 부드럽고 여린 젖꼭지가 있는 가슴이 아마 최선의 가슴일 것이다. 어쨌든 나한테는 그런 가슴이 젖꼭지가 배까지 내려오는 두 툼하고 길다란 가슴보다 훨씬 더 사랑스럽다!"[37]

물론 아라비아 사람들 다수가 그들의 희망에도 불구하고 후자의 가슴에 만족해야 했던 것으로 보인다. 그래서 리차드 버튼(Richard Burton) 경은 중동과 중근동 여자들의 체형과 관련해서 '아래로 처지고 탄력이 없으며 초라해 보이는 가슴'에 대해 말하고 이렇게 덧붙였다. 그것을 우리는 따뜻한 기후 탓이라고만 설명할 수는 없다. 예를 들어 마하라슈트라의 여자들은 아름답고 탱탱한 가슴으로 유명하기 때문이다.[38]

게다가 이슬람 지역의 남자들은 전 시대에 걸쳐 '염소 젖'처럼 무거운 가슴을 선호했다고 한다. 그럼에도 늦어도 오마야드 시대와 아바시드 시대에는 남자가 한 손으로 감쌀 수 있는 반구형의 가슴이 매력적인 것으로 간주되었다.[39] 그래서 많은 남자들이 아내에게 수유를 금했던 것으로 보인다. 어쨌든 모세 마이모니데스(Moses Maimonides, 1135~1204, 유대 철학자, 법률가)는 문제가 생길 경우 남자는 자신의 희망을 무시하고 아내로 하여금 그녀의 희망을 충족하도록 해야 한다고 말했다. "왜냐하면 아이와 떼어놓는 것은 그녀에게 고통스럽기 때문에."[40]

아라비아나 터키 혹은 페르시아 여자들보다 아프리카 여자들이 배 위로 처진 가슴을 가진 것으로 유명하다. 그리고 벌써 1555년에 윌리엄 타워슨(William Towerson)은 '여자들 중 몇 명은 엄청나게 긴 가슴을 가지고 있으'며, 이들이 서 있을 때 땅 위에 가슴이 닿을 정도라며 놀라서 말했다.[41] 400년 후에 이탈리아 사람들이 북동 아프리카에서 수많은 원주민 여자들을 강간했다고 비난받았을 때 필리포 톰마소 마리네티(Filippo Tommaso Marinetti, 1876~1944, 이탈리아계 프랑스의 산문작가, 미래파의 창시자)는 같은 이탈리아 사람들을 공식적으로 다음과 같이 변호했다. 즉 파시스트 군인들이 가슴이 엉덩이까지 늘어진 여자들과 잠을 잔다는 것은 생각조차 할 수 없는 일이라고 말이다.[42] 이런 경우 물론 실제는 양쪽 관점에서 달리 보일 수 있다(그림137).

물론 처진 가슴이 특정 활동, 즉 가슴을 위아래로 흔들리게 하는 활동, 예를 들면 쌀을 찧거나 할 때 유리하다는 것은 사실이다. 해서 오늘날 의사들은 테니스 선수들과 갑작스러운 움직임으로 결체조직에 부담을 주게 되는 여자 운동선수들, 특히 비교적 가슴이 큰 여자 선수들에게는 꼭 끼는 '스포츠 브라'의 착용을 추천한다.[43] 그리고 이와는 별도로 젊은 처녀들은 가슴이 '무겁다'고 느끼자마자 브래지어를 착용할 것을 권고받는다.

커다란 가슴은 가슴을 탱탱하고 둥글게 만드는 결체조직의 지분이 비교적 적기 때문에 피부가 늘어지고 '처지게 된다'.[44] 이런 이유에서 이미 1950년대에 코르셋 제작자인 캐플린 부인은 코르셋의 사용을

137. 베샤족 젊은 여자들과 함께 있는
이탈리아의 식민 관리와 군인들, 1934년경.

찬성했으며 코르셋을 착용하지 않은 결과로 아프리카 흑인 여자들 예를 들었다. "그들의 가슴은 비정상적인 길이까지 늘어졌다." 예를 들면 탐험여행가인 제임스 브루스(James Bruce)는 아프리카의 많은 종족 여자들의 가슴이 거의 무릎까지 늘어졌다고 보고하고 있다.[45]

이런 보고를 과장된 것, 즉 '인종주의적인' 것으로 간주할 수도 있다. 그러나 이 보고는 그 이후의 민속학자에 의해 확인되었을 뿐 아니라 오히려 아프리카의 몇몇 사회에서는 처진 가슴이 미학적 성적 이상에 부합하는 것으로 여겨졌다. 간다족과 잔다족의 성숙한 여자들의 가슴은 일반적으로 눈에 띄게 처져 있으며, 젊은 처녀들도 마찬가지로 간절히 그런 가슴을 가지고 싶어했다. 그래서 그들은 계속 가슴을 잡아당겼다. 그러면서 그들은 다음과 같이 말했다. "오 내 가슴이 늘어진다면 얼마나 좋을까!" 실제로 수년간 가슴을 누르고 잡아당김으로써 많은 젊은 여자들이 가슴을 무릎까지 늘일 수 있었다고 한다.[46] 북미의 데네족 역시 여자들의 허리띠까지 늘어진 가슴을 가장 아름다운 것으로 간주했다.[47] 그리고 아프리카 전체와 다른 사회에서도 가슴이 늘어지게 하려고 여자들이 여러 가지 방식으로 가슴을 아래로

138. 우방가의 바하족 어린 소녀.

139. '생산의 가슴 밴드'를 한 어린 줄루족 소녀.

잡아당긴다.[48]

　그런 여자들의 사진을 관찰해보면(그림138, 139) 가슴 위에 묶인 띠와 끈이 적어도 몇 가지 경우에는 가슴을 늘어지게 하기 위함이 아니라 오히려 '봉긋 솟아오르게' 하기 위한 것이 아닐까 하는 의심이 든다. 그리고 이런 사실은 실제로 몇 명의 현장 조사자들에 의해 확인되었다. 로앙고 근처의 바피오테족은 탄력이 없는 아래로 늘어진 가슴(mabene ma buanka)과는 대조적인 처녀 같은 탄탄한 가슴(mabene ma ndumba)을 좋아했다. 그리고 '처지는' 경향이 있는 가슴을 다시 올려세우기 위해 여자들은 가슴이 조이도록 팽팽하게 당긴 끈을 가슴 윗부분에 감는다.[49]

　그리고 세기말에 민속학자들이 쿠앙고의 바야카족이 가슴을 늘어지게 하려고 아래를 향해 묶었다고 보고했지만[50] 그것은 사실이 아닌 것처럼 보인다. 새로운 연구에 따르면, 바야카족의 경우 밑으로 처진 가슴(mayena mabwa)은 어머니, 그리고 수유와 연관되어 있다고 한다. 해서 에로틱한 욕망의 대상은 아름답다고 여겨지는 탄력있는 '서 있는' 가슴(mayenu mandzaanga)이다.[51]

한 사회에서 결혼한 여자들은 구애를 받는 시기에 있는 처녀와는 반대로 가슴을 가리기 위해 수건을 고정시키는 끈을 상체 주위에 묶는다.[52] 19세기에도 사르데냐 섬의 몇몇 지역에서는 아직 결혼하지 않은 젊은 여자들이 가슴이 입체적으로 튀어나와 보이도록 웃옷 위에 유채색 끈을 감았다.[53] 그에 비해 수마트라 서쪽 멘타와이 섬 사코다 이족의 결혼한 여자들은 모유 생산을 자극하기 위해 나무 속껍질로 만든 밴드를 가슴 위에 아주 팽팽하게 감았다.[54]

20

어머니 젖가슴은 섹시하지 않다?

몇몇 사회에서는 결혼 적령기의 젊은 여자들이 구혼을 위해 가슴을 가리지 않고 다니는 경우도 있지만, 대부분 사회에서는 오히려 처녀들이 아직 충족시켜서는 안 되는 그런 욕망들이 생기지 않도록 하기 위해 상체를 가렸던 것으로 보인다.

물론 여자아이들에게 우선은 그들의 '몸'에 막 발달하기 시작하는 가슴을 받아들이는 것은 쉬운 일이 아닌 것으로 보인다. 성감을 자극하는 이런 몸의 부위들이 수치심과 불안감을 만들어낸다.[1] 이 시기에 많은 여자아이들은 샤워할 때 손과 팔로 가슴을 가리게 된다.[2] 그리고 '토플리스 해변'에서 주위의 모든 여자들이 가슴을 노출하고 있는데도 여자아이들은 상의를 걸치게 된다. 토플리스를 추종하는 한 여자는 이렇게 말했다. "여자들이 가슴을 갖기 시작하는 시기에는 가슴을 내내 감추고 다닌다." 이 기간은 대략 13세에서 17세까지이다. 그러나 가끔은 여자들이 자기 몸이 얼마나 젊고 매력적인지 보여주고

싶어서 다시 가슴을 노출시킬 때까지는 25세나 30세 혹은 40세까지 가기도 한다.[3]

극단적인 경우에 젊은 여자들은 다른 사람들, 특히 남성 가족 구성원 앞에서 가슴의 노출을 피할 뿐 아니라 여성적 형태를 완전히 거부한다. 여성 거식증 환자들은 대부분 지방과 몸무게 그 자체가 아니라 특히 여성의 '굴곡'에 반감을 품는다. 중성이 되고 싶어하는 한 소녀는 이렇게 말했다. "내가 내 가슴을 제거할 수 있다면, 필요하다면 그것을 잘라낼 수 있다면." 어떤 여자들은 이중적 의미에서 '순수한 영혼'이 되고 싶어한다. 즉 지상이라는 감옥을 떠난, 육체가 없는 존재가 되고 싶어한다. 그리고 시장은 이를 바로 알아차렸다. 예를 들면 미국의 광고에는 이런 게 있다. "이제 그런 창피스러운 혹, 부풀은 것, 커다란 위, 축 늘어진 가슴과 엉덩이에서 벗어나자!"[4]

대부분 사회에서는 그런 정도의 극단까지는 이르지 않지만, 미성년 여성에게서 전형적으로 보이는 '어깨를 웅크리는 자세'[5]뿐 아니라 팔이나 옷가지로 자라나는 가슴을 숨기려 애쓰는 모습을 자주 볼 수 있다. 그래서 예를 들어 민속학자들은 젊은 쿠퍼 에스키모 처녀들의 '파카 신드롬'에 관해 이렇게 말했다. 그들은 가슴이 자라기 시작하자마자 남자들이 있는 곳에서는 절대 파카를 벗지 않는다. 그리고 사춘기 이전의 여자아이들은 집에 들어서면 파카부터 벗지만 나이든 여자아이들은 항상 파카를 입고 있다.[6] 누나미우트 에스키모족의 젊은 처녀들은 가슴에 대해 커다란 수치심을 가지고 있다. 나이든 남자들은 때로 가슴 굴곡이 아름다워졌다고 여자들에게 말하거나 심지어 가슴을 만짐으로써 그들을 약올리곤 한다.[7]

고대 뉴아일랜드의 팔라족 여자들은 가슴이 생기자마자 두 개의 화관으로 만든 후두후두(huduhudu)를 가슴에 얹다가 나중에는 천 조각을 얹었다. '남자들이 가슴을 보지 못'하도록 하기 위해서였다. 이런 식으로 그들이 느끼는 수치심에 대해 배려되었을 뿐 아니라 그렇게 하면 가슴이 더 빨리 자라고 더 풍만해진다고들 한다.[8] 버지니아 해안의 알공킨족의 경우에는 16세기에도 처녀와 부인들이 모두 상반신을 노출했다(그림140). 그럼에도 가슴이 있거나 아니면 막 가슴이 나오기 시작한 처녀들에 관해서는 이렇게 보고되고 있다. "그들은 양

A cheiff Ladye of Pomeiooc. VIII.

bout 20. milles from that Iland, neere the lake of Paquippe, ther is another towne called Pomeioock hard by the sea. The apparell of the cheefe ladyes of dat towne differeth but litle from the attyre of thofe which lyue in Roanaac. For they weare their haire truffed opp in a knott, as the maiden doe which we fpake of before, and haue their fkinnes pownced in thefame manner, yet they wear a chaine of great pearles, or beades of copper, or fmoothe bones 5. or 6. fold obout their necks, bearinge one arme in the fame, in the other hand they carye a gourde full of fome kinde of pleafant liquor. They tye deers fkinne doubled about them crochinge hygher about their breafts, which hange downe before almoft to their knees, and are almoft altogither naked behinde. Commonlye their yonge daugters of 7. or 8. yeares olde do waigt vpon them wearinge about them a girdle of fkinne, which hangeth downe behinde, and is drawen vnderneath betwene their twifte, and bownde aboue their nauel with mofe of trees betwene that and thier fkinnes to couer their priuiliers withall. After they are once paft 10. yeares of age, they wear deer fkinnes as the older forte do.
They are greatlye Diligted with puppetts, and babes which wear brought oute of England.

140. 버지니아 인디언 여자와 (영국 인형을 든) 어린 소녀.
테오도르 데 브리의 동판화, 1590.

A younge gentill woeman doughter VI.
of Secota.

Irgins of good parentage are apparelled altogether like the woemen of Secota aboue mentionned, sauing that they weare hanginge abovt their necks in steede of a chaine certaine thicke, and rownde pearles, with little beades of copper, or polished bones betweene them. They pounce their foreheads, cheeckes, armes and legs. Their haire is cutt with two ridges aboue their foreheads, the rest is trussed opp on a knott behinde, they haue broade mowthes, reasonable fair black eyes: they lay their hands often vppon their Shoulders, and couer their brests in token of maydenlike modestye. The rest of their bodyes are naked, as in the picture is to bee seene.
They delight also in seeinge fishe taken in
the riuers.

141. 버지니아 인디언 처녀. 브리의 동판화. 1590.

손을 종종 어깨 위에 놓았고 그렇게 해서 처녀의 정숙함의 표시로 가슴을 가릴 수 있었다."[9)]

루손 동부의 네그리토족 여자들은 상체를 가리지 않고 다닌다. 처녀들은 가슴이 솟아나오기 시작할 때면 타피를 흉곽 전체를 가릴 정도로 높이 끌어올린다. 그리고 딸들이 손을 옷 속으로 집어넣어 젖꼭지를 가지고 장난치는 것을 보게 되면 어머니들은 딸에게 젖꼭지를 가능한 한 그냥 놔두었으면 좋겠다고 말한다.[10)]

남동 아프리카의 느다우족 젊은 처녀들은 처녀라는 표시로 가슴을 가린다. 반면 결혼한 여자들은 특히 젖을 먹일 때면 상체를 노출시키고 다닐 수 있었다.[11] 그리고 로디지아(짐바브웨의 옛이름—옮긴이)의 카랑가족도 이와 비슷하다. 가슴이 생겨나는 첫번째 징후가 나타나자마자 여자아이들은 가슴을 가릴 수 있는 장식수건을 받는다. 그리고 아이를 낳고 나서야 비로소 그 가슴수건을 치운다. 그런 경우 가슴은 더 이상 에로틱한 의미를 가져서도 안 되고 가지지도 않았다. 그리고 부인들은 젖을 먹이기에 적합하게 젖꼭지를 계속 밖으로 잡아뺐으며 이런 목적으로 작은 소금쟁이(nyungurugwi)를 이용해서 젖꼭지를 물어 부어오르게 했다.

인도 바이가족의 젊은 여자들 역시 사춘기가 시작될 때 가슴을 가렸다. 카르마 춤을 출 때 많은 여자들이 아주 깊숙이 몸을 숙여 젊은 이들은 그것을 훔쳐보고서 발기한다. 게다가 가슴은 리듬감있게 이리저리 흔들린다. 바이가족은 '가슴에 집착하는' 종족이라고 할 수 있다. 남자가 여자를 쳐다볼 때 가장 먼저 보는 것이 가슴이기 때문이다. 여자는 밤처럼 추해도 괜찮았다. 중요한 것은 가슴이 둥글고 탄력이 있으며 너무 크거나 살찌지 않아야 한다는 것이었다.[12] 남자들은 지상에서 가장 아름다운 것은 그런 가슴을 손안에 쥐는 것이라고 말한다. "영원히 그 가슴 사이에서 살 수 있다면!" 그리고 남자들은 여자가 '그만, 그만, 더 이상 참을 수 없어!' 하고 외칠 때까지 가슴을 주무른다. 게다가 여자들의 가슴은 '서 있어야' 했다. 그럴 때만이 매력적이었다. '그것이 무화과처럼 탄력있고 둥글 때만' 매력이 있었다. "가슴이 자루처럼 처지면 우리는 그걸 건드리지 않는다!"[13]

비하르의 산탈족도 결혼하지 않은 젊은 여자들한테서는 (어머니들과는 반대로) 거의 '상반신 나체'를 볼 수 없다. 특히 여동생이 결혼했을 경우 동생 남편 앞에서는 절대 가슴을 드러내지 않는다. 물론 그들은 사리를 오른쪽 가슴과 왼쪽 가슴의 일부가 드러나도록 상체에 둘렀다. 그리고 여자들이 밭에서 일을 할 때면 남자들이 가슴을 깊숙이

들여다보도록 허용하는 경우가 자주 있다. 바이가족처럼 이들도 여자를 볼 때 우선 가슴을 보며 이는 많은 민요에 반영되어 있다. 그들은 가슴을 만지는 것을 더욱 좋아하는데 이는 여자에게는 커다란 모욕에 해당되었다. 라그렌(lagren)처럼, 남녀가 함께 춤을 출 때면 남자들은 적어도 팔꿈치로 '의도적이 아닌 것처럼' 젊은 여자의 가슴을 건드리려 했다. 한 노래에서 젊은 남자가 말한다. "오 계수씨, 내 손을 당신 가슴 위에 올려놓겠소, 오 계수씨, 내 손을 허락해주오!" 그에 대해 여자는 이렇게 대답한다. "오 서방님, 당신 손을 내 가슴 위에 올려놓을 수 있다면. 그러나 그러다 내 팔찌가 잘그락거리면 어떻게 하지요? 아니 내 발찌가 잘그락 소리를 낸다면? 당신 형이 우리를 본다면, 오 서방님, 어떤 일이 일어날까요?"

산탈족의 경우 성적 전희는 남자가 젊은 여자의 가슴을 애무하는 것으로 이루어진다. 성교 행위 동안에도 남자는 자주 가슴을 양손에 쥔다. 여자가 첫아이를 임신하면 어떤 남자도 더 이상 그녀의 가슴을 건드릴 수 없다. 그리고 누군가 그녀의 벗은 상체를 본다면 그것은 무례한 것으로 간주된다.[14]

마찬가지로 비하르에 사는 문다족의 중년과 노년 여자들은 상체를 가리는 일이 드물었다. 하지만 젊은 처녀와 아직 가슴이 훌륭한 결혼한 젊은 여자들은 사리 안에 추가로 긴 속옷을 입었다.[15] 그리고 브힐족 처녀들도 가슴에 관한 한 아주 까다로워서 코르셋을 밤에도 벗지 않았다.[16]

아카족 여자아이들은 13세나 14세가 되면 넓은 가슴띠를 맸다. 그들은 가슴띠를 옆으로 묶어서 재킷 밑에 착용했다. 그와는 반대로 어린 자녀를 가진 부인들은 공공장소에서 더운 날씨에 자주 재킷을 열어 가슴수건으로 가리지도 않은 채, 심지어 가끔은 상반신을 완전히 노출한 채 있는 모습을 볼 수 있다. 그럴 경우 치마를 아주 밑에 걸치

142. 메남 수원지의 점브리족 부인. 1937.

기 때문에 거의 골반뼈까지 노출되어 있다.[17) 가슴을 씻으려 할 때 남자들이 근처에 있으면 남자들로부터 등을 돌린다.[18) 젊은 남자들은 여자들의 가슴을 만지는 데 아주 강한 욕심을 보인다.[19)

원시림에서 살고 있는 수렵민들로 피통루앙, 즉 '노란 나뭇잎의 정령'이라고도 불렸던 점브리족의 처녀와 여자들도 역시 그러했다. 여자 가족 구성원 전체가 상반신을 노출하는 순박한 일족들이 아카 마을 근처로 오면 젊은 처녀와 부인들은 자주 그들의 의지와는 상관없이 가슴을 애무당하거나 본격적으로 강간당했다. 그래서 그들은 낯선 사람들 앞에서 가슴 부위를 팔로 가리는 것이 습관이 되어 있다 (그림142).[20)

네팔 북서부의 칼리 간다키 계곡에서 옷을 가볍게 입은 서구의 여행객들 역시 자주 이런 일을 당했다. 그들은 그곳에 사는 티베토 미얀마 민족인 타칼리 남자들의 성적 희생물이 되었다. 타칼리에서 젊은 처녀와 젊은 부인들은 절대 가슴을 드러내지 않는다. 그들이 집에서 상체를 벗고 몸을 씻을 때도 남자 가족들은 집밖으로 나가야 했다.[21)

플로레스 섬 극동에 위치한 아타키완족의 여자아이는 가슴이 나오기 시작하면 전통적으로 사롱(emú)으로 가슴과 어깨를, 부부크(bubuk)라고 불리는 수건으로 목을 가린다.[22] 이 시기에 성년식이 열리며 성년식에서 이들은 이빨을 줄로 매끈하게 갈고 난 후에 포니식 이발(k'nolek)을 했다. 이들은 결혼적령기에 다시 목과 어깨, 팔을 노출시킨다.[23] 하지만 가슴은 계속해서 가린다. 그리고 젊은 처녀가 공공장소에서 상반신을 노출하면 엄청나게 뻔뻔스러운 짓이었다.[24] 오늘날 많은 처녀들이 폐쇄된 공간에서 목욕할 때도 가슴을 노출하지 않는 것으로 보인다. 언젠가 독사가 농가로 기어들어서 커다란 비명소리가 들려왔다. 그때 미혼의 젊은 여자가 목욕을 하다가 욕탕에서 달려나왔다. 그녀는 사롱 위에 비누칠을 했으며 가슴이 그대로 드러나지 않도록 젖은 천을 잡아당겼다.

결혼한 여자가 첫아이를 낳으면 사롱을 다시 약간 아래로 '내리고' 가슴을 다시 드러내놓고 다닌다. 아타키완 사람들은 오늘날까지도 '아이가 가슴을 연다'고 말한다.[25] 다 큰 자녀를 둔 어머니들이 상체를 노출하고 공공장소에 나타나는 것이 더 이상 일반적인 일이 아님에도 말이다(그림143).[26] 한 정보제공자가 나에게 말해준 바에 의하면, 여자들의 상반신 노출은 '새로운 종교'의 도입으로 사라졌다고 한다.[27] 다른 정보자의 설명에 의하면 벨로길리에서 1953년 학교가 설립되었을 때 남자들은 모두 긴 머리를 잘랐고 여자들은 젖을 먹이고 난 후에는 다시 가슴을 가리게 되었다고 한다.[28]

어쨌든 결혼한 여자의 가슴은 모든 관점에서 극도로 매력적인 것으로 간주되던[29] 처녀들의 가슴과는 반대로 첫아이에게 젖을 먹이자마자 성관계에서 제외된다는 것은 사실이다. 남자들은 더 이상 아내의 가슴을 만지지 않으며 엉덩이, 허리, 허벅지를 애무하는 데 그친다. 인접한 섬인 알로르에서 (일반적으로 드러내놓고 다니는) 젊은 여자

143. 벨로길리 마을의 아이가 있는 기혼 여성, 플로레스 동부, 1986.

의 가슴은 엄청나게 에로틱한 것으로 간주되었다. 그리고 이곳에서 성교의 일반적인 표현은 '여자의 가슴을 잡아당기다'이다. 젊은 여자가 남자를 유혹하려면 남자 앞에서 자신의 가슴을 만진다. 그리고 일반적으로 남자가 여자의 가슴을 건드리는 데 성공하면 어느 여자도 남자에게 저항할 수 없다고 한다. 젊은 알로르 남자는 이렇게 말했다. "손이 사방으로 접근해 들어가다가 여자의 가슴을 만진다. 그러면 그녀의 영혼이 날아가버려서 그녀는 그 남자와 자야만 한다."[30]

동인도의 다른 섬 및 보르네오 북부의 두순에서도 젖을 먹이는 부인들과 나이가 든 부인들은 가슴을 드러내놓고 다닌다(그림144).[31] 거기서는 젊은 여자들이 상체 위에 팽팽하게 당겨진 파란색 천과 대부분 추가로 그 위에 두 개나 혹은 세 개의 딱 맞는 나무 속껍질 밴드를 착용한다. 그럼으로써 가슴이 가능한 한 두드러지지 않게 하는 것이다.[32] 오늘날 두순 여자들은 가슴을 효과적으로 드러내는 블라우스

144. 젖먹이를 안은 숨바의 어머니와 젊은 처녀(뒤쪽에 서 있는 이).

를 입는다. 그로 인해 가슴이 크고 단단할지 어떤 느낌이 날지 등을 살피는 데 많은 시간을 들이던 젊은 남자들은 매우 기뻐했다.[33] 과거에는 여자가 첫아이를 낳고 난 후에야 비로소 가슴받이를 벗을 수 있었다. 그리고 그때부터 어린 여자아이처럼 상체를 노출하고 공공장소에서 행동할 수 있었다.[34]

아타키완족의 경우 젊은 어머니들조차 가슴이 빠르게 처지기 시작하며, 이런 이유에서도 어머니의 가슴은 '성적 측면이 제거되었음'을 확인할 수 있었다. 그래서 평상시에는 가슴에 대해 강한 수치심을 가지고 있는 북인도의 자트 사람들의 경우 날씨가 더우면 늙은 여자들이 수치심(Śarm) 없이 상체를 벌거벗은 채 정원에 앉아 있다. 왜냐하면 늘어진 가슴은 어떤 성적 의미도 지니고 있지 않기 때문이다.[35]

모잠비크의 쿠아쿠아강 기슭에 거주하는 아치와보족과 아세나족, 그리고 다른 종족들에서, 과거에는 여자아이의 가슴이 자라기 시작하

145. 부토 무용단의 일원, 「아리아도네」, 1985.

면(이미 1599년 린스호텐이 보고했듯이) 어머니들이 자주 가슴을 수건으로 동여매어주었다. 어떤 경우에는 새끼줄을 감기도 했다. 한 민속학자가 여자들에게 왜 그렇게 하느냐고 묻자 그들을 이렇게 대답했다고 한다. "가슴이 흔들리는 것을 남자들이 보면 마음에 불이 붙는다. 우리는 그것을 여자아이들에게 말해준다." 결혼식에서 여자들은 커다란 숄을 두르는데 가슴이 더 이상 '서 있지' 않고 더 이상 '흔들리지' 않게 되어서야 그것을 벗을 수 있다. 때로는 첫아이를 낳고 난 후에, 대부분은 둘째아이의 출산 이후에 그렇게 된다. 가슴이 아래로 처지면 에로틱하지 않은 것으로 여겨져서 더 이상 수치스러운 것이 아니다.[36] 걸어가거나 뛰거나 춤을 출 때 탄력있고 젊은 가슴의 떨림, 흔들림, 출렁거림은 여러 사회에서 아주 에로틱한 것으로 여겨졌으며 현재도 그렇다. 그렇기 때문에 많은 무희들이 가슴을 꼭 묶는다(그림145).

무희들이 가슴을 드러내고 나타나려면 가슴이 움직이지 않아야 했다.[37] 1950년 아프리카에서 메트로 골드윈 마이어 필름이 「솔로몬 왕의 다이아몬드」(Die Diamanten des Königs Salomo)를 찍을 때 감독은 어떤 경우에도 흔들거리거나 출렁거리는 원주민 여자들의 가슴을 볼 수 없게 하라고 했는데[38] 그것이 미국의 정숙함에 부담이 되었기 때문이다. 그리고 이런 편견을 거의 기대할 수 없을 듯한 문화에서도 이러한 것을 찾아볼 수 있다.

서쪽 아른헴란드의 아보리게네스족은 풍만하면서 그 무게로 인해 처지는 가슴도 좋아했지만(피진어[서유럽 언어를 바탕으로 어휘수를 크게 줄이고 문법을 단순화한 언어로 흔히 공통된 언어가 없는 집단 사이의 의사전달수단으로 생겨난다—옮긴이]로 그것을 '처진 우유'라고 불렀다) 특히 탄력있는 둥근 가슴이 인기가 높았다.[39] 물론 젊은 처녀와 부인들은 가슴이 너무 출렁거리거나 위아래로 흔들거리지 않도록 해야 했다. 그것은 성교에 대한 요구로 받아들여지기 때문이었다.[40] 그래서 에로틱한 뛰어오르는 춤(gumana)에서 디에리의 젊은 여자들은 위아래로 뛰며 가슴이 출렁거리게 하거나 두 손을 높이 들었다.[41] 그리고 음부티족 여자들 역시 춤을 출 때는 젊은 남자들을 성적으로 자극하기 위해 가슴을 흔들었다.[42] 1960년대 캘리포니아 토플리스 바의 댄서들은 적어도 50센트의 돈을 별도로 받아야 가슴을 흔들었으며, 돈이 더 적을 경우에는 보여주지 않았다. "'25센트를 받고는 안 합니다'라고 말했지요. 그 대가를 지불하지 않으면 가슴은 충분히 흔들리지 않으니까요."[43]

이런 흔들리는 가슴 혹은 심지어 뛰는 가슴의 자극적인 효과 때문에 '토플리스 해변'에서는 많은 여자들이 어디론가 가거나 뛰거나 공놀이를 할 때는 상의를 입었다. 그리고 프랑스 해변에서는 특히 가슴이 아주 큰 여자들은 누워 있어야 한다는 무언의 명령이 통용되는 듯

146. 춤을 추는 하드제라이족 젊은 여자들.

하다.[44]

16세기에 필리베르 드 비엔(Philibert de Vienne)은 앙리 3세의 궁전에 있는 부인들을 공창이라고 말했다. 왜냐하면 그들이 아직 이성애의 매력에 마음이 열려 있는 궁정대신들을 자극하기 위해 가슴을 '떨었기' 때문이었다.[45] 그에 비해 정숙한 여자들은 가슴을 '가만히 있게' 하려고 애썼다. 그래서 예를 들면 오버라우지츠의 여자들은 판지로 만들어 다채로운 천을 씌운 가슴받이, 이른바 '코르셋 판' 위에 코르셋을 졸라맸다. 그것은 젊은 처녀의 가슴이 흔들거리고 출렁거리는 것을 막아주었다. 그들은 도시 여자들처럼 '요란하게' 걸어서는 안 된다. 그리고 이런 이유에서 오버헤센 슈밸머의 젊은 여자들은 코르셋 안에 딱딱한 '가슴꽂이'를 착용해야만 했다. 사람들을 그것을 '처

147. 당갈레아트족의 젊은 처녀.

녀들 널빤지 깔기'라고 했다.[46]

물론 일반적으로 처녀들의 가슴이 에로틱한 것은 더 탄력이 있고 더 유혹적으로 떨리고 흔들리기 때문만은 아니다. 첫째로, 우리는 젊은 여자의 가슴에는 대부분 어머니들의 그것보다 더 많은 성감대가 있음을 확인할 수 있다. 처녀의 가슴은 오르가슴 직전에 크기가 1/5 내지 1/4 정도 더 커지는데 젖을 먹인 경험이 있는 여자들은 그렇지 않다.[47] 둘째, 여러 사회의 사람들에게 여성 가슴이 지니는 두 가지 기능을 일치시키는 것은 매우 어려운 일처럼 보이기 때문이다. 그래서 17세기 뉴잉글랜드의 몇몇 작가들은 신의 의지에 따라 가슴은 어린이를 위한 양분의 원천이며 그 외의 아무것도 아니라고 말했다.[48] 그리고 젖을 먹이는 20세기의 한 여자는 이렇게 말한다. "나는 두 개로 분열된 것 같은 느낌이 든다. 나의 가슴과 나의 육체의 상반신은 아기에게 속하는 반면, 나의 성기와 하체는 나의 남편에게 속한다."[49]

여자가 아이에게 젖을 주자마자, 즉 남자가 가슴을 만지거나 애무

326

할 때 더 이상 성적으로 자극을 받지 않게 되면, 많은 부인들의 가슴은 '성적 측면이 제거'된 것처럼 보인다. 이런 성적인 무감각은 많은 경우 젖을 떼고 나서도 몇 년간 계속된다.[50] 그러나 많은 남자들은 젊은 여자라 할지라도 섹스 상대의 젖꼭지를 빠는 것을 원하지 않는다. 왜냐하면 그럼으로써 젖 먹는 것이 연상되어 바로 근친상간의 느낌을 갖게 되기 때문이다. "그들의 젖꼭지에 키스를 하고 애무하는 것을 좋아하는 여자들이 있다. 사실을 말하자면 나는 아이처럼 젖꼭지를 빠는 것 같은 느낌이 든다. 실제로 몇몇 여자들이 나에게 그렇게 하라고 했을 때 나는 도중에 그만두었다."[51]

모하비족 남자들은 분명 상대 여자의 젖꼭지를 입으로 자극하고 싶어하는 욕구를 가지고 있었던 것으로 보이나 그것은 금지되었다. 왜냐하면 여자의 젖꼭지를 빠는 것은 두 사람 사이에 혈연관계를 만들어내는 것 같아, 이어지는 성교가 근친상간이 될 것 같았기 때문

148. 니제르(서아프리카 사하라 사막 남부의 공화국—옮긴이)의
우다베족 소녀.

149. 우다베족의 결혼한 부인.

이다.[52]

　니제르의 풀베 종족의 하나인 우다베족의 경우 젊은 여자들은 상체를 거의 완전히 가린다(그림148). 그러나 첫아이를 출산하자마자 여자들은 항상 가슴을 드러내며 공공장소에서도 상반신을 노출한 채 돌아다닌다(그림149). 그러면서 가슴에 액운을 방지하는 흔들거리는 부적을 달고 다닌다. 그것은 그들 어머니의 위상을 상징화하며 모든 남자에게 (그 자신의 남편에게도) 가슴을 앞으로 더 이상 만져서는 안 된다는 것을 알려준다.[53] 치치메크족 남자는 가슴만 제외하고 아내의 모든 육체 부위에 입을 맞출 수 있다.[54] 그리고 타밀레족 남자는 아내의 가슴을 스치듯 만져서도 안 된다.[55]

　두순족 남자가 아내의 가슴, 우리가 알고 있듯이 가리지 않은 아내

328

의 가슴을 만지작거리거나 심지어 젖꼭지를 빤다면 이는 근친상간에 속한다. 그리고 두순족 사람들은 질은 남편에게 속하지만 가슴은 아이에게 속한다고 말했다.[56] 그리고 문두구모르족은 서로 '농담을 하는 사이'인 자매뻘 되는 두 명의 자매가 서로 놀릴 때 이렇게 말했다. "네 애인이 네 가슴에서 나온 젖을 빨지!" 이는 일반적인 상황이라면 '너는 정말 아무하고나 그 짓을 하는구나!'라는 말보다 더 나쁜 모욕이다.[57]

이탈리아 남부에서는 과거에 어떤 남자도 젖을 먹이는 여자의 노출된 가슴을 탐욕스럽게 쳐다보아서는 안 되었다. 그렇지 않으면 그는 안 좋은 결과를 예상해야 했다. 예를 들어 세기말 이후에 한 남자가 방금 아이에게 젖을 물린 젊은 엄마를 지나치면서 '그녀의 하얗고 적당한 가슴'에 욕구를 느껴 움찔하는 격심한 통증이 일었다. 잠시 후 그 가슴을 만졌을 때 그는 그것이 젖으로 가득 차 있음을 알게 되었다.[58]

21
수치심과 에로티시즘

　이른바 덜 문명화되었다고 하는 이방 사회에서 여자 가슴의 에로티시즘과 수치심의 연관성에 관해 잘못된 생각을 하게 된 데는 분명 나체나 적어도 반나체로 공공장소에서 활동하는 젊은 여자들을 볼 수 있는 사진과 그림이 기여한 바도 크다. 그래서 예를 들어 화가인 루돌프 프리드리히 쿠르츠(Rudolph Friedrich Kurz)의 스케치를 보고 사람들은 대초원 인디언이나 평원 인디언 처녀들은 19세기 중반까지도 심지어 전혀 낯선 남자 앞에서도 아무 거리낌없이 나체 모델이 되었다고(그림150) 결론짓는다. 사람들은 그런 그림들이 어떻게 그려질 수 있었는지에 대해서는 전혀 고려하지 않는다.

　쿠르츠 자신은 솔직하게 그가 아리카라에 체류하는 동안 망원경을 가지고 마차 뒤에 숨어 있었다고 했다. "대략 50명의 목욕하는 처녀와 부인들이 있는 흥미로운 장면이었다. 이 여자들은 자신들이 사람들 모르게 숨어 있다고 생각하고는 자연스럽게 농담을 주고받았다.

150. 크로족의 나체 처녀. 루돌프 프리드리히 쿠르츠의 스케치. 1848.

그들 중 몇몇 여자들은 아주 아름다운 몸매를 가지고 있었다. 아주 날씬하고 부드러웠으며 그러면서도 둥글고 탄력이 있었다. 그들은 가슴을 내밀고 맞붙어 싸웠으며, 어떤 이들은 물이 오른 나무 가지 뒤에 숨고, 어떤 여자들은 꿈을 꾸듯 태양에 몸을 말렸다. 아주 자연스럽고 우아하지 않으면서 동시에 우아한 자세로!"

함께 목욕을 할 때조차 성숙한 처녀들은 사춘기 이전의 여자아이들과는 반대로 치부뿐 아니라 가슴을 손과 팔로 가렸던 것으로 보인다. 왜냐하면 한 스위스 화가(아마도 그 역시 쌍안경으로 보았던 것으로 보인다)는 만단과 그로스 벤드레(앗시나)의 처녀들에 관해 이렇게 말했기 때문이다. "여자들은 벌거벗은 채 셋씩 짝을 지어 걸어갔다. 6세까지의 사내아이들을 데리고. 그러면서 그 아이들은 여전히 젖을 빨았다. 여자들이 목욕할 때 우리는 보통 그 태도에서 그들이 그 말의 원래 의미에서(도덕적으로 육체적으로) 아직 처녀인지 아닌지 바로

332

파악할 수 있다. 순결한 처녀는 부끄러워하지 않는다. 처녀는 왜인지는 모르지만 벌거벗은 채 사방을 뛰어다닌다. 다른 여자아이를 뒤쫓아가서 물을 뿌리고 환호성을 지르고 아주 편안하게 웃는다. 온 세계가 자신과 함께 있는 것처럼. 죄를 의식하는 여자는 그렇게 행동하지 않는다. 자신이 무엇을 아는지를 안다. 비너스 부위를 가린다. 더 이상 파안대소하지 않고 자신이 아는 것, 원하는 것, 두려워하는 것이 무엇인지를 곰곰 생각한다."[1]

블랙피트족의 한 여자는 고대에 강이나 호수의 외진 장소는 부인과 처녀들을 위해 예약되었다고 보고했다. 그럼에도 완전한 안전을 위해 엿보는 사람이 숨어들지 않도록 대부분은 남자들이 사냥을 나갈 때까지 목욕을 하지 않고 기다렸다.[2]

샤이엔족과 아라파호족 여자들은 성적으로 성숙하면 덮개를 받는다. 그것으로 옷을 통해 드러나는 가슴의 형태를 숨긴다. 그리고 남자들 앞에서는 그것으로 얼굴을 가릴 수도 있었다.[3] 칸자족과 오자계족 처녀들은 이런 이유에서 머리를 등 뒤로 늘어뜨리는 결혼한 부인들과는 반대로 긴 머리를 가슴 위로 내려오게 빗는다.[4] 그리고 사진사들이 스튜디오 사진을 찍기 위해 벌거벗은 상체가 드러나도록 주름장식을 늘어뜨린(그림151)[5] 젊은 인디언 여자들은 추방당한 여자들이거나 창녀들이다. 왜냐하면 라코타족, 오글라라족, 샤이엔족, 아라파호 혹은 다른 종족의 젊은 여자가 젊은 남자에 의해 가슴을 발가벗기거나 그에게 완전 나체의 모습을 보이면 그것은 자신의 명예를 잃어버린 여자이다. 그리고 그 여자는 그 남자와 결혼해야만 잃었던 명예를 다시 찾을 수 있다.[6]

남자가 처녀의 가슴을 만지거나 잠을 잘 때 그리고 공공장소에서 지니고 다니는 정숙의 허리띠를 건드리는 데 성공하면 당사자 여자는 그녀의 처녀성만 잃어버린 것이 아니다. 그 뻔뻔스런 젊은이는 당사

151. 윌 사울. 젊은 북아메리카 인디언 여자,
스튜디오 촬영, 19세기 후반.

자 여자의 친척들이 항상 지니고 다니는 칼로 언제 살해당할지 모르
는 위험에 처하게 되기 때문이다. 그 친척들이 그의 천막집인 티피만
무너뜨리고 말았다면 그는 다행으로 여겨야 했다.[7]

게다가 19세기에도 예를 들면 칸사족이나 블랙피트족 여자들은 때
에 따라 뜨거운 여름날에 '상반신을 노출한 채' 일을 하는 경우가 있
다. 그러나 그런 경우 그들은 항상 어머니들이지, 절대 처녀나 아이를
낳지 않은 부인이 그러지는 않았다.[8] 그리고 이는 모든 종족에 해당
되는 것은 아닌 것으로 보인다. 예를 들어 오글라라족 여자들은 '햇빛
춤'을 추는 동안 '피어싱'에 참여하지 않았다고 한다. 거기에 참여하
면 남자들 앞에서 가슴을 노출시키는 것을 강요받기 때문이다. 그래
서 대신 팔과 다리에서 살점 약간 잘라내었다.[9]

라코타족 여자들은 보통 그들 소유의 한증막을 이용했다. 그럼에도

남자들과 함께 한증막을 이용해야 할 경우 완전히 옷을 입은 채 한증막에 들어갔다. 즉 상체 역시 가린 채였다.[10] 평원에 거주하는 인디언 여자들에게 자신의 벗은 몸을 남자에게 보여준다는 것이 무엇을 의미하는지는 조지 캐틀린(George Catlin, 1776~1872, 미국의 미술가)의 그림이 보여주고 있다. 그 그림에는 화가가 인디언 나체를 스케치할 수 있도록 만단족 남자가 깜짝 놀란 아내를(낮은 계급의 첩일 수도 있다) 강제로 붙잡고 있다.[11]

북서 해안의 인디언 여자에게도 제임스 쿡이 1778년 4월 누트카족 여자들에 관해 일기에 기록한 것이 그대로 적용되는 듯하다. 즉 그들은 '항상 단정하게 옷을 입었으며 수줍어하며 정숙한 것처럼 보였다.'[12] 게오르크 폰 랑스도르프(Georg von Langsdorff)가 1805년 틀링깃족을 방문했을 때 그곳 여자들은 절대 가슴을 노출하지 않았으며, 항상 목에서부터 장딴지와 손목까지 내려오는 긴 겉옷(lak)을 착용했다고 보고했다. 그리고 다른 여행자들은 여자들이 그런 옷을 다른 여자들 앞에서조차 벗지 않았다고 덧붙이고 있다.[13]

콰키우틀족 여자들은 오로지 겨울의식이 치러지는 동안 특정한 춤을 출 때만 남자들이 있는 데서 상체를 가리지 않았다고 전해진다. 다른 자료에 의하면 그들은 더운 날씨에 야외에서도 상체를 가렸다고 한다. 물론 1873년의 사진에서 추론해낼 수 있는 것처럼 사춘기 이전의 여자아이와 어머니들만 상체를 노출했다.[14] 클라마트족 처녀들도 아무도 자신의 벗은 가슴을 보지 못하도록 신경을 썼다. 유일한 예외는 젊은 여자가 의사를 겸한 무녀로 교육을 받는 동안 상체를 노출하고서 증기탕(ur-girk)으로 인도되었던 경우이다.[15]

더 남쪽에 사는 종족과 부족에 관해서는 이와 관련하여 서로 상반되는 정보들이 있다. 예를 들어 늙은 파파고족 여자는 그들의 여자 선조들에 관해 '허리 위로 아무것도 걸치지 않았다'고 말했던 반면, 당시의 보고에 의하면 파파고족의 나이든 여자들만 공공장소에서 가슴을 가리지 않고 다녔지, 젊은 여자들은 절대로 그렇게 하지 않았다[16]고 되어 있다. 원래 캘리포니아 인디언 종족, 즉 예를 들면 카와이수족 여자들[17]은 가슴을 가리지 않고 다녔으며 시에라 남부의 미오크족 여자들은 적어도 아주 더운 날에는 상의를 벗었다. 그렇기 때문에 19세기 중반에 그들을 '문명화시키는' 첫번째 정책 중의 하나는 미오크족 여자들에게 좀더 단정하게 옷을 입도록('북미 인디언 여자들은 정숙하게 옷을 입었을 것이다'), 그것도 무릎까지 오는 셔츠를 입도록하는 것이었다.

이런 정책의 이유는 미국의 수치심 기준 때문만은 아니었다. 그들은 백인 이주민들의 캘리포니아 인디언 여자들에 대한 수많은 강간이 인디언 여자들의 벌거벗은 가슴이 남자들의 성욕을 자극했기 때문이라고 생각했다.[18] 1857년 『샌프란시스코 불레틴』(*San Francisco Bulletin*)는 동물의 암컷과 비교되던, 가슴을 벌거벗고 다니던 이들에 관해 무엇보다 그들의 노출된 상체가 그들이 '일반적으로 로키산의 동쪽 지역에 거주하는 인디언들보다 덜 지적임을' 증명해준다고 쓰고 있다. 백인 이주민 범죄단체들은 무기가 없는 인디언들을 공격해 젊은 여자들을 강간하고 납치하여 팔면서 그 '물건'들을 '특, 상, 하, 쓰레기' 등 등급별로 분류했다. 아주 아름다운 캘리포니아 인디언 여자 하나는 백인 도둑들에게 100달러는 족히 벌 수 있게 해주었다.[19]

하바수파이, 모하비, 파이우트 남부, 이로케스, 맨해튼, 후로네 그리고 다른 북미의 원주민 여자들 역시 여름에는 가끔씩 상반신을 노출했다.[20] 그리고 1791년 한 여행자는 아주 더운 날 사슴가죽으로 만든 무릎길이의 치마만 입은 오늘날의 아르칸사인 쾨포족 여자들에 관해 이렇게 썼다. 그들은 "아주 순진하게 배꼽을 내보였는데, 호기심

많은 눈들은 문명국들이 그렇게 열심히 숨기려 하는 몸의 다른 부분을 탐사했을지도 모른다."[21]

물론 이런 '다른 부분들'을 탐색하는 것은 매우 무례한 것으로 간주되었다. 그럼에도 많은 백인들은 인디언 여자들의 노출된 가슴을 훔쳐보았다.[22] 그래서 바라마 강기슭의 카라이베족 여자들처럼 많은 인디언 여자들은 백인 남자들이 있는 데서는 가슴 앞에 손을 대거나 아니면 수건으로 가렸다. 그들은 영국 사람들이 계속해서 자신들을 응시하는 데 곤혹스러워했다.[23] 과거에 브라질 남자들이 자주 그들의 몸을 더듬고 강간했기 때문에 카투키나족 여자들 역시 브라질 남자가 있으리라고 예상되는 지역에 올 때면 가슴을 가리는 옷을 입곤 했다.[24]

다른 북아메리카 종족의 경우 나이든 여자조차 가슴을 항상 가리고 다니는 것이 다시 일반적인 것으로 보인다. 그래서 19세기 중반 육군 소장인 올리버 하워드(Oliver Howard)는 플로리다 세미놀족 부인과 처녀들은 절대 상체를 노출시키지 않았다고 보고했다.[25] 세미놀족 여자아이들은 12세가 되면 목에 유리구슬 목걸이를 착용했다. 이후로 그들은 위쪽 가슴 부위 및 목이 목걸이로 완전히 덮일 때까지 매년 목걸이를 하나씩 받았다. 이 목걸이는 잠잘 때만 뺄 수 있었으며 젊은 여자가 이 목걸이를 하지 않고 공공장소에 나타나면 아주 치욕적인 일이었다. 결혼한 여자들은 중년의 나이가 되면 매년 구슬 목걸이를 하나씩 벗어서 목과 가슴이 다시 드러난다. 그러나 12세에 받았던 마지막 목걸이는 죽고 난 후에도 빼지 않는다.[26]

나이든 나바호족 여자들은 오늘날에도 때에 따라 상체를 노출하고 특정 의식에 참여하지만 젊은 여자들이나 처녀들은 절대 그렇게 하지 않는다. 의사이며 민속학자인 레이턴(Leighton)이 젊은 나바호족 여자들을 의학적으로 검진해달라는 부탁을 받았을 때 그는 처음에 상체

를 '벗으라고' 그들에게 감히 부탁하지 못했다.[27] 매우 '관대하다고'
인정받는 호피족의 경우도 처녀와 부인의 가슴은 할머니와 젖을 먹
이는 어머니의 가슴이 될 때까지 매우 부끄러운 것이었다.[28] 그래서
전통적인 호피족 의상은 왼쪽 어깨가 드러나 있으며 어머니가 가슴
을 일부 끌어내어 정숙한 방식으로 아이에게 수유할 수 있도록 재단
되었다.[29]

키카푸족은 과거에 매우 부끄럼이 많았던 것으로 보인다. 그들은
남녀가 따로 강에서 목욕할 때도 절대 옷을 벗지 않았다. 그리고 옷을
갈아입을 때도 특히 여자들은 예를 들면 가슴과 같이 당혹스러운 몸
부위가 절대 보이지 않도록 아주 능숙하게 갈아입었다.[30] 항상 상체
를 가리고 다녔던 아파치 여자들의 특별한 수치심에 관해서는 이미
1541년 페드로 데 카스타네다(Pedro de Castaneda)가 알린 바 있
다. 프라이 알론소 베나비데스(Fray Alonso Benavides) 같은 경건
한 남자조차 1629년 원시인 여자들이 그렇게 '정숙하게' 옷을 입을
수 있다는 데 대해 경탄했다.[31]

그 후에도 젖을 먹이지 않는 여자는 누구도 공공장소에서 가슴을
드러내지 않았다. 그리고 상체를 노출한 채 목욕하다가 적을 보고 놀
란 서부 아파치족의 젊은 부인과 처녀들 무리가 집으로 도망쳤을 때,
그들은 같은 종족의 남자들이라도 자신들의 가슴을 보지 못하도록 버
드나무 가지로 몸을 가렸다. 승리의 축제 때 '나체로' 춤을 추는 여자
들조차 치부 가리개를 착용했으며 가슴은 수건 한 장으로 가렸다. 그
리고 승리의 황홀경 속에서 춤추는 여자들이 이성을 잃고 가슴에서
수건을 잡아당기면 대부분 사람들은 부끄러워했다. 젊은 여자와 남자
들은 시선을 돌리고 곤혹스러워하면서 뒤로 물러섰다. 남자는 여자의
가슴을 절대 만져서는 안 된다. 그럼에도 많은 여자들이 구애하는 남
자가 가슴을 만지면 그것을 허용한다. 그럴 경우 남자들은 탄력있고

둥근 가슴을 선호했다. 반면 납작한 가슴은 매력이 없었다. 서부 아파치족의 한 남자는 이렇게 말했다. "몇몇 여자들은 그랬다. 그러나 그것은 좋아 보이지 않았다."[32]

메스칼레로 아파치족 여자들 역시 오늘날에도 엄격하게 가슴뿐 아니라 팔뚝과 허벅지가 보이지 않도록 신경을 쓴다. 많은 메스칼레로족 여자들이 술에 취했을 때 스스로 몸 전부를 보여주는 경우가 있다는데 물론 그것은 말도 안 되는 이야기이다.[33] 서부 아파치족 여자들은 과거에 다른 여자 앞에서조차 하체를 절대 노출하지 않았다. 그러나 젊은 과부나 혹은 이혼한 여자들이 가난 때문에 적선을 받는 '구걸춤'을 추면서 그 대가로 성기를 보여주는 경우는 있다. 치리카후아족의 전쟁부대가 서부 아파치족이 그들 종족에게 자행한 살해행위를 복수하기 위해 갑자기 나타났을 때 과부 한 명이 그들 앞에서 옷을 벗은 적이 있었다. 군인들은 그 여자의 가슴과 외음부를 쳐다보았고 이를 살해행위에 대한 완전한 보상으로 받아들였다.[34]

아스텍족의 부인과 젊은 여자들 역시 항상 가슴을 가리는 상의를 입었다. 그렇기 때문에 에스파냐 목사가 비난한 것은 여자들이 아니라 옷을 거의 입지 않은 남자들이었다.[35] 에스파냐 사람들이 사방에서 금을 찾아다닐 때 아스텍 사람들은 그들의 보물을 '배'에 그리고 자기네 아내들의 가슴 사이에 숨겼다. 점령자 중의 누구도 그런 은밀한 곳을 수색하는 뻔뻔스러운 행동을 저지를 수 없다고 확신했기 때문이다.

하지만『틀라텔롤코의 익명의 필사본』(*Manuscrito Anónimo de Tlatelolco*)에는 '세 개의 집' 해에 테노크티틀란의 침략에 관해 이렇게 보고되어 있다. "여자의 허벅지는 거의 가려져 있지 않았다. 그리스도교인들은 모든 도망자들을 수색했다. 그들은 심지어 여자들의 치마와 블라우스까지 찢고 그들의 귀, 가슴, 머리를 샅샅이 검사했다."[36]

그리고 다음 세기에 이 점령자가 인도의 수많은 쿠란데라(curan-
deras)를 체포했을 때 에스파냐에서 마녀나 간통을 저지른 여인들에
게 했던 것처럼[37] 그들의 상체를 노출시켜 사람들에게 보여줌으로써
여자들에게 굴욕감을 주었다.[38]

고원의 마야족들은 많은 지역에서 어린아이가 있는 결혼한 여자들
이 상체를 노출했던 것으로 보인다. 그럼에도 19세기의 정부 지침에
따르면 모든 여자들은 메스티소(백인과 라틴 아메리카 인디언의 혼혈
아―옮긴이)와 백인들이 사는 마을에 들어가면 가슴을 면 재킷으로
가려야 한다고 되어 있다. 남자들이 젖을 먹이는 어머니의 가슴에 의
해서도 성적으로 자극을 받을 수 있으며 그로 인해 여자들이 괴롭힘
을 당하는 경우가 드물지 않았기 때문이다. 칼리엔테의 키체 마야족
여자들은 어깨 위에 짧은 재킷을 걸침으로써 이 규정을 상징적으로만
지켰다.[39] 지금도 이 지역의 이 종족만 거주하는 마을에서는 상체를
노출하고 목욕하거나 수유하는 어머니들을 볼 수 있다(그림152).

그러나 대부분 가슴에 대한 특별한 수치심을 가지고 있는 젊은 여
자들은 상체를 노출하지 않는다. 예를 들어 1965년 인류학자들이 치
말테낭고 마을에서 젊은 여자의 몸 치수를 재려고 했을 때 그들 중 누
구도 상의를 벗으려 하지 않았다. 대도시인 과테말라에 사는 마야 여
학생들은 부끄러움을 덜 탔다. 그들은 수영복을 입고 치수를 재는 데
반대하지 않았다.[40] 치아파 고원의 촐 마야족의 결혼한 여자들 역시
더운 날 일을 할 때 집안에서는 항상, 집 밖에서는 가끔 상의를 벗었
다. 하지만 라딘족 사람을 만나면 몸을 돌리고 팔과 손을 십자가 모양
으로 만들어 가슴을 감추었다. 라딘족 여자들은 목욕 중에도 결코 상
의를 벗지 않기 때문에 라딘족 남자들은 가슴 노출을(겉으로든 혹은
실제로든) 성적인 초대로 받아들였다. 과거에 촐 여자들은 매번 그들
에게 강간을 당하곤 했던 것이다.[41]

152. 목욕하는 키체 마야족. 로잘린드 솔로몬의 사진. 1979.

　라칸도네족의 수치심 기준에 대한 보고들은 서로 아주 모순된다. 한편에서는 '거의 청교도적이라고' 특징지으며 '아주 가까운 가족을 벗어나면 나체를 절대 금기시'한다고 말한다.[42] 다른 한편에서는 이웃 종족과 비교해볼 때 이들을 비교적 자연스러운 민족으로 묘사하고 있다. 그래서 한 민속학자는 남자들은 그들끼리 있을 경우에는 나체로 목욕을 했다[43]고 보고했다. 반면 다른 민속학자는 라칸도네족 남자는 같은 성 앞에서도 목욕할 때 절대 성기 부위를 노출하지 않으며 하의를 갈아입을 때면 서로 등을 돌린다고 말한다.[44] 결혼한 부인들은 상반신을 노출한 채 자신의 몸을 씻으며, 옷을 세탁하고, 아주 가끔은 팬티만 입고 목욕하는 것은 확실한 사실로 보인다. 물론 어떤 남자도 여자들의 욕장 근처에 가까이 다가가서는 안 된다. 그리고 여자들이 마하고니 널빤지 위에서 빨래를 두들기는 소리는 남자들이 충분한 거리를 유지할 수 있을 정도로 멀리서도 들을 수 있다.

153. 젖먹이는 치아파스 나하의 라칸도네족 여자.
로버트 브루스의 사진. 1985.

여자들은 일반적으로 젖을 먹일 때만 가슴을 노출한다. 그리고 이
경우에도 필요한 만큼만 노출한다. 그림153에서처럼 여자가 블라우
스를 넓게 벌리는 모습은 이 사진을 찍은 민속학자의 진술에 의하면
일반적인 것은 아니다. 젊은 여자는 가슴을 항상 숨긴다. 그리고 젖을
먹이지 않는 젊은 부인이 남자가 있을 때 상체를 노출하면 그것은 대
부분 성적 자극으로 여겨진다. 수년간 현장 사례 수집을 하는 동안 민
속학자인 로버트 브루스(Robert Bruce)는 그와 단 둘이 있던 한 젊
은 여자가 '땀을 닦기 위하여' 블라우스(xikul)을 높이 들어올리는
경우를 단 한번 경험했다. 그녀는 가슴을 완전히 노출시키고 이 민속
학자에게 유혹하는 듯 웃음을 지었다. 그녀의 의도에 대해서는 의심
의 여지가 없다.[45]

그래서 라칸도네족 및 유카탄 마야족에게는 여성의 가슴이 '특별한
성적 기능'을 갖고 있지 않다는 주장이 어머니들이 대중의 면전에서

젖을 먹였다는 사실에 그 근거를 둔다면,[46] 이는 잘못된 것이다. 왜냐하면 저지 마야족의 많은 남자들이 적어도 최근 10년 동안에 아내가 가슴을 노출하게 되기 때문에 낯선 남자들 앞에서 젖을 먹이는 것을 좋아하지 않는다 하더라도 유카탄 마야족의 어머니들 역시 전통적으로 대중의 면전에서 아이에게 젖을 먹여왔기 때문이다. 그럼에도 여자들은 다른 맥락에서는 이러한 노출을 피한다. 즉 상체를 노출하고 몸을 씻을 경우 항상 모든 집에 철사나 밧줄에 걸려 있는 커튼을 치고서 그 안에서 몸을 씻는다. 거기다 실수로 아이가 뛰어들지 않도록 추가로 문에 통나무를 받쳐놓는다.[47] 게다가 가슴이 깊게 파인 서구의 의복은 남자들이 가슴 윗부분을 볼 수 있기 때문에 정숙하지 못한 것으로 간주되었다.[48]

벌써 16세기 초에 에스파냐 사람들은 유카탄 해안의 마야족이 에스파냐 사람들 개념으로 정숙하게 옷을 입었음을 확인하고 있다.[49] 그리고 오늘날 나하의 라칸도네족은 짧은 반바지와 몸의 굴곡을 드러내는 티셔츠를 입은 여자 여행객들을 백인들이 생각하는 것보다 훨씬 더 수치스럽게 여긴다. 이들은 백인들의 '야만성'은 이렇게 표현한다. 라칸도네족은 비의 신인 멘새캐크와 태양의 신인 하흐애큠의 피조물이다. 그렇기 때문에 수치심(sulak)을 느낀다. 그러나 백인들은 상업의 신이며 이민족의 신인 애크얀토에 의해 창조되었다. 그렇기 때문에 그들은 실오라기 하나 걸치지 않아도(chäk pi-pit) 서로에 대해 전혀 부끄러워하지 않는다.[50]

22

동아시아의 '출렁이는 두 개의 젖가슴'

젖을 먹이는 여자 가슴의 '성적 측면을 제거하기' 위해 한 사회가 하는 노력들이 그때마다 사회에서 인정받는 어머니의 위상에 따라 변한다고 말한다 해도 과언은 아니다. 왜냐하면 어머니의 역할이 크게 인정받는 문화에서는 어머니의 가슴이 남자의 손에 쥐어진 칼을 떨어뜨리게 할 뿐 아니라[1] 공공장소에서도 그것이 '기능적'으로 노출되는 것을 참아내기 때문이다. 그것도 평상시에는 여성의 가슴을 매우 수치스럽고 에로틱한 것으로 여기는 그런 지역에서조차 그러하다.

예를 들면 한국이 이런 예이다. 한국에서는 과거에 7세만 되면 황해에서 목욕을 할 때 남녀가 따로 목욕을 했다.[2] 그리고 거기서는 젊은 처녀가 남자들이 있는 데서 상체를 노출시킨다는 것은 상상할 수도 없다. 결혼한 젊은 부인들 역시 상체를 노출시키지 않았다. 여자들 대부분이 가끔 산 속 폭포 아래서 요포만 걸치고 목욕을 하는데 이럴 경우 남자들은 아주 어린 사내아이가 아닌 이상 여자들이 목욕하고 있는 방향을 쳐다보아서는 안 된다.

한국의 일종의 게이샤라 할 수 있는 기생은 손님을 유혹하기 위해 남자들 앞에서 가슴을 노출시키는데,[3] 이것은 가슴이 에로틱한 의미를 지녔음을 보여줄 뿐이다. 그래서 한국의 오래된 민요에는 어떤 남자가 그의 '손이 물감 주머니 같은 그녀의 가슴에 머물렀을 때' 기쁨에 겨워 거의 죽을 것 같다는 내용이 있다.[4] 그리고 한 한국 여자는 나에게, 자기가 어렸을 때 어떤 할머니가 자기 남편이 '첫날밤에' 그녀 몸 위에 올라타고 '가슴을 애무하기' 시작했을 때 너무 놀랐다고 이야기한 것을 기억한다는 내용의 편지를 보내왔다.[5]

일본과 같은 혼탕은 한국에서는 불가능했을 것이다. 20세기가 되어서야 일본의 영향을 받아 생겨나기 시작한 여탕에서도 여자들은 절대 벌거벗은 채 서로를 쳐다보지 않으며 항상 가슴과 배와 하체 앞에 수건을 갖다댄다.[6] 앞에 언급한 부인이 나에게 전한 대로 그녀는 전에 상체를 노출한 여자를 결코 본 적이 없으며, 1940년대에 여름 무더위 때문에 상의를 벗은 할머니를 처음 보았다고 한다. 하지만 그것은 무례한 것으로 간주되었다.

젊은 여자의 가슴 노출은 더욱 파렴치한 것으로 비난받았는데,[7] 그것은 다음과 같이 전래되어오는 이야기에 잘 반영되어 있다. 한국에서 아주 잘 알려진 이 이야기의 내용은 이렇다. 신부가 신혼 첫날 밤 수치심 때문에 윗도리를 벗지 않았다고 한다. 그래서 남편이 집을 떠나 다시 집에 돌아오지 않았다. 그녀의 여동생은 잘해보려고 첫날 밤 옷을 벗고 신방으로 들어갔다. 그러자 그녀의 남편 역시 영원히 그녀를 떠났다. 다른 여동생이 첫날 밤 마침내 신랑에게 물었다. '옷을 입고 들어갈까요 아니면 벗고 들어갈까요?' 이에 신랑은 충격을 받고 먼 곳으로 떠나버렸다.[8]

이런 여성의 가슴에 대한 두드러진 수치심에도 불구하고 한국의 마을에서 1940년대 말까지 어디에서나 아주 거리낌없이 아이에게 젖을 물리는 여자들을 볼 수 있었다.[9] 그리고 이것뿐만이 아니다. 1980년 대에 한국에서 의사로 일했던 한 일본 사람이 보고하기를 어린 자녀를 둔 결혼한 부인들이 입는 긴팔상의는 가슴의 윗부분과 흉곽만을 덮었을 뿐 가슴 자체는 노출되어서 가는 곳마다 공공장소에서 '출렁거리는 두 개의 가슴'을 볼 수 있었다고(그림154) 한다. 어린아이가 없는 부인 및 귀부인들은 이렇게 파인 곳을 수건으로 가렸다고 한다.[10]

중국 마을에서도 여자는 첫아이를 출산하기 전에 어떤 경우에도 대중의 면전에서 가슴을 드러내서는 안 되었다. 그리고 어머니로서 아이에게 젖을 먹일 때만 그렇게 했다. 그런데 여자가 매우 나이가 들고 가슴이 아래로 처지면 그 가슴은 에로틱하지 않은 것으로 간주되었

154. 물을 지고 가는 한국의 어머니, 1900년경.

다. 그리고 그런 할머니들이 여름 무더위에 상체를 노출하고 마을을 돌아다니는 일은 잦았다.[11]

처녀의 경우는 가슴의 형태가 절대 드러나서는 안 된다. 그렇기 때문에 처녀들은 가슴을 이른바 '작은 조끼'로 납작하게 졸라맸다.[12] 1927년 마침내 쿠오민탕의 여성 집회에서 가슴을 더 이상 묶지 말도록 결정내릴 때까지 중국 여성들은 그렇게 했다.[13] 과거에 결혼식 잔치 동안 너무 용감한 하객이거나 혹은 취한 남자 하객이 신부에게 '앞으로 태어날 아이들을 충분히 먹일 수 있는지' 확인할 수 있도록 한쪽 가슴을 보여달라고 요구하는 일이 있었다. 그리고 젊은 여자들은 그런 농담을 매우 고통스러운 성적 굴욕으로 느꼈다고 한다.[14] 게다가 당나라 때는 '상반신을 노출시키는' 평판이 나쁜 '무희들이 있었다'.[15] 그러나 명나라 때의 에로틱한 그림에는 창녀들조차 성교하는 동안 넓은 가슴 밴드를 매고 있었으며,[16] 다른 그림에서는 창녀들이 낯선 남자들 앞에서 가슴을 팔과 손으로 가리고 있는 점(그림155)이 특징적이다.

가슴이 어떤 특별한 에로틱한 의미를 가지고 있지 않기 때문에 여자들이 가슴을 납작하게 누르는 무트훙(mut hung) 혹은 모슝(mo hsiung)을 벗지 않았다고 추측할 수 있다. 그러나 중국의 성애 문학에서는 항상 '멋진 모습의 두 개의 가슴'을 보는 것이 남자들에게 쾌락의 불길을 활활 타오르게 한다는 내용이 언급되고 있다. 그래서 예를 들어 『금병매』에는 이렇게 씌어 있다. "시멘 칭은 그녀의 가슴을 만지기 시작했다. 그녀는 비단 속옷을 풀어헤치고 훌륭한 가슴을 보여주었다. 그는 그것을 부드럽게 만졌다. 입으로도."[17]

그리고 수많은 고대 중국의 재담에는 의사들이 영문을 모르는 여자 환자의 가슴을 만지작거리는 것을 묘사하고 있다. 예를 들어 한 부인이 왼쪽 젖꼭지가 부어올라서 의사를 불렀다. 갑자기 의사는 그 여자

155. 중국의 창녀가 가슴을 가리고 있는 모습. 비단 회화.

의 오른쪽 젖꼭지를 자극하기 시작했고 그에 대해 그녀가 화를 냈다. 그러자 의사가 말했다. "이 젖꼭지는 아무 이상 없는데요!"[18]

혁명 전 상하이에서는 유곽 창녀들조차 남자들에게 가슴을 보여준 다고 해서 토플리스 댄서들을 경멸했다.[19] 그리고 1920년대에 나온 소 설 『상하이, 살아 있는 지옥』에서는 호스티스 걸이 고객에게 자신이 방금 상반신에 갑옷을 입었다는 핑계를 대는데, 이는 현금을 내는 손 님들이 자신의 옷 아래 가슴을 잡을 수 있도록 하기 위해서였다.[20]

중국 여자들은 대체로 가슴이 평평하며, 과거에는 가슴이 너무 풍 만한 경우 특히 평가받지 못했다. 하지만 이런 상황은 그 사이에 유럽 과 특히 북미의 영향으로 많이 변했다. 홍콩에서는 이미 1950년대 초 에 브래지어 안에 공기 패드를 집어넣는 것이 유행이었다. 그런데 '서 구적으로' 보이는 가슴을 가진 수많은 젊은 여자들은 가끔 고무가슴

156. 선전 포스터를 보는 젊은 중국인. 1996.

처럼 보이는 것을 터뜨리려고 뾰족한 것으로 찔러대는 불량 청소년들의 공격을 받았다.[21] 오늘날에도 타이완의 신문들은 풍만한 가슴의 서구 여성 사진과 함께 가슴 수술을 선전하는 삽입광고물이 가득하다.[22] 그리고 중국에서는 가슴이 풍만한 백인 여성을 홍콩에서 몰래 들여온 포르노 책자와 비디오 섹스 영화뿐 아니라 공적으로 발간되는 광고 팸플릿과 영화 광고에서도 볼 수 있다(그림156).[23]

일본에서도 가슴의 이상은 전쟁 후에 '미국화'되었다. 얼마 지나지 않아 가슴이 너무 작거나 너무 납작하다고 생각하는 많은 여자들이 오카야마 근처 마을에 있는 '가슴의 신'인 오지공겐 사원으로 순례여행을 떠나게 되었다. 그 사원에서 그들은 21일 동안 기도를 하고서 종이로 만든 가슴 모형을 사원의 안벽에 붙이고 기적을 기대했다. 기적이 일어나 그녀의 가슴이 '미국식 형태'로 부풀어오르면, 젖가슴의 깁스 압형을 만들어서 그것을 성전에 기부한다.[24] 매일 수백만 명이 읽는다는 포르노 잡지 『망가』(Manga)에서 볼 수 있는 여성들의 가슴은 대부분 '일본적이 아니라' 남자들이 열정적으로 빨고 있는, 뽐내듯 발기한 젖꼭지가 있는 풍만한 가슴이다. 그리고 여자들은 자주 가슴이 더욱 두드러지도록 몸을 조이거나 묶고 있다.[25]

가슴의 성적 측면을 강하게 강조하는 데 상응해서, 특히 젊은 여성들은 가슴에 대한 독특한 수치심을 가지고 있다. 오늘날에도 일본 해안에서 비키니를 착용한 여성은 거의 볼 수가 없다.[26] 그리고 '상반신 노출'은 수영장이나 바다에서 일상적인 것이 아니며 아주 몰염치한 것으로 간주된다. 젊은 일본 여자들은 상체를 노출하고 남자 의사의 검진을 받을 경우 왕왕 손으로 가슴을 가린다.[27] 그리고 많은 이들이 '수영을 하고 춤을 출 때, 그리고 티셔츠를 입을 때' '니플리스'라고 불리는 작은 반창고를 젖꼭지 위에 붙인다. 젖꼭지가 추위나 육체와의 접촉으로 인해 얇은 옷을 통해 두드러지지 않도록 하기 위해서 말이다.[28]

가슴에 대한 이런 수치심은 (어디서나 주장되고 있듯이) 19세기와 제2차 세계대전 전후의 두 가지 '현대화 충동'의 결과가 아닐까? 이

157. 일본의 포르노 책자에서. 1986.

미 포르투갈 사람 호르헤 알바레스(Jorge Alvarez)처럼 일본을 처음 방문한 서양인들은 일본 여성들이 벌거벗은 채 대중의 면전에 자연스럽게 나타나는 데 대해 놀라지 않았던가? "그들은 사람들 앞에서 매우 정숙하게 못하게 몸을 씻는다." 알바레스는 1547년에 이렇게 말했다. "그들은 손으로 치부만을 가렸다."[29] 그리고 1585년 같은 포르투갈 사람으로 예수회원인 루이스 프로이스(Luis Frois)는 일본 여자들이 "팔과 가슴을 노출하는 것을 수치스럽게 여기지 않"(não tem por dezonesidade descobrir os braços e peytos)음을 유감스럽게 생각했다.[30]

1872년 일본 법무성은 모든 여자들에게 대중의 면전에서 젖을 먹이고 집 앞에서 가슴을 노출한 채 앉아 있는 것을 금했다.[31] 그럼에도 오랫동안 사람들은 일본 마을에서 상체를 노출한 채 일을 하는 여자들을 만날 수 있었다.[32] 제2차 세계대전 말까지도 여대생들은 수확작업을 도우면서 '상반신을 노출한' 채 다녔으며 석탄 광산의 여자 노동자들은 가리개만 착용했다.[33]

마지막에 언급된 대학생들과 광산 여자 노동자들은 남자들과 함께 일하지 않았으며 상체를 노출하고 일하는 마을 여자들은 나이든 여자라는 점과 그들 역시 집에서 벗어나면 바로 정숙하게 옷을 입었다는 점을 분명히 해두어야 한다.[34] 그 이전의 반나체였던 여자들은 대부분 젖먹이를 둔 어머니들이거나 나이든 여자였다. 그리고 일본에서는 실제로 아이에게 젖을 먹이기 위해 사람들이 많은 곳에서 가슴을 노출시키는 것이 보통 있는 일이었다.[35] 그래서 1860년 미국에 간 일본 사절단 중 하나는 이렇게 감탄했다. "미국 여자들은 특히 가슴에 신경을 쓴다. 그들은 젖먹이에게 젖을 먹일 때조차도 가슴을 절대 노출시키지 않고 젖먹이의 머리를 안으로 해서 완전히 숨긴다. 그리고 가슴을 옷으로 완전히 가린다."[36]

그러나 일본에서도 젊은 처녀와 아이가 없는 젊은 부인들은 의사인 필리프 프란츠 폰 지볼트(Philipp Franz von Siebold)가 겪었던 대로 남자들 앞에서 가슴 노출을 꺼린다. 그는 1826년 나카쓰의 쇼군 집에 머무는 동안 군주의 젊은 첩의 방문을 받았다. "나는 영예롭게도 이 여자들 중 가장 고귀한 여자를 진찰하게 되었다. 그녀의 오른쪽 가슴에 딱딱한 것이 만져졌기 때문인데, 사람들은 그 여자가 가슴을 노출해서 검진받는 데 항의했다. 그럼에도 나는 의사로서 유럽식으로 검진할 수 있도록 허락해달라고 요구할 수밖에 없다고 설명했다."[37]

여기서 이 젊은 여자는 젊기 때문이 아니라 귀부인이었기 때문에 벗은 가슴을 보여주는 것을 거부했다고 항의할 수도 있다. 그러나 그보다 좀 나중에 독일의 산부인과 의사도 일본의 일반 서민 여자들의 경우에서 같은 일을 겪었다. 게다가 나이든 여자들은 상체가 아니라 하체를 노출하는 것을 부끄러워했다. 반면 젊은 여자들은 의사에게

158. 베른트 로제, 일본의 나이트클럽, 1951.

159. 코쿠니마사 바이도, 유럽식 수영복을 입고 있는 일본 여자,
요코하마 남쪽의 오이사 해변에서, 1893.

'검진을 위해 가슴을' 가리지 않고 보여주는 것을 거부했다.[38]

일본의 나이트클럽 댄서들이 전쟁 이후에 젖꼭지 위 혹은 심지어 브래지어 위에 장미꽃 장식을 달아야 했던 것(그림158)은, 미국인들이 (일본에서도 '기능적' 노출과 연출된 노출 사이에 차이가 항상 있었음을 잊은 채) 일본 사람들에게 낯선 수치심의 기준을 강요했기 때문이라고 설명할 수 있다. 그래서 서구의 데콜테는 그것이 가슴을 드러내기 때문에 일본에서 뻔뻔스러운 것으로 여겨졌다. 그리고 이브닝 드레스를 입은 유럽 여자들이나 미국 여자들은 일본 사람들에게 기모노를 아주 헐겁게 여며서 지나가는 사람들이 희게 분칠한 가슴을 볼 수 있도록 하는 싸구려 거리 여자를 연상케 했다.[39] 그리고 유럽식 여성 수영복(그림159) 역시 몸의 굴곡으로 시선을 잡아끌기 때문에 과감하고 자극적인 것으로 여겨졌다.

따라서 전통적으로 일본에서 가슴은 '전혀 에로틱한 의미를 가지지 않는다'[40]는 매번 반복되던 주장이 틀렸음이 드러났다. 그래서 예를

354

들면 아와비 조개를 찾아 잠수하는 '아마' 및 '카추기메'라 불리던 반나체의 잠수부들이 포스터에서 물로 해서 몸에 착 달라붙은 옷과 그로 인해 젖꼭지가 그대로 드러난 모습으로 묘사된 것은 오늘날에 와서야 그렇게 된 것이 아니었다.[41] 잠수부들의 '납작하고 눈처럼 흰 가슴'은 이미 수세기 전부터 성애 문학뿐 아니라 미심쩍어 보이는 목판화에도 나타났다(그림160).[42] 호쿠사이와 다른 많은 예술가들이 해녀를 묘사한 특징적인 포르노 목판화를 그렸다.[43] 그러나 수많은 다른 판화에서도 에로틱한 의도에서 상반신을 보여주는 반나체의 여자들을 볼 수 있다. 예를 들면 우타마로의 연작인 「후진소가쿠짓타이」(婦人相學十體)에서는 목욕 후에 무심하게 기모노를 여미지 않아 납작하면서도 풍만한 가슴을 보여주는 창녀가 묘사되어 있다.

수백년 전부터 많은 일본의 유곽 고객들은 창녀들의 가슴 사이에 사정하는 것을 좋아했다. 그것은 과거에는 '타니마 노 시라유리'('계곡 속의 흰 백합')라 칭했는데, 오늘날에는 좀더 산문적으로 '파이주리'('가슴'을 뜻하는 '오파이'와 '자위행위'를 뜻하는 '센주라이'에서

160. 우타마로, 조개 잠수부(해녀), 18세기 후반.

161. 하루노부 스즈키, 성애 장면, 채색목판화, 18세기.

나왔다)라 불린다. 약간 이상한 취향을 가진 고객들은 '젖꼭지 습격'
(chikubi zeme)의 희생물이 되고자 했다. 이는 '욕탕 창녀'가 발기
한 유두를 남자의 엉덩이에 삽입하는 것이다.[44] 포르노 상점에서 여
자 고객을 위한 '젖꼭지 자극기'와 남성 고객을 위한 이미 사용한 중
고 브래지어가 히트를 쳤다. 그리고 남자 승객들은 매일 수백만 시민
으로 가득 찬 통근 기차에서 어쩔 수 없이 사람들과 밀착해야 하는 수
많은 젊은 여성들의 가슴을 만진다고 한다.[45]

오늘날 일본 사람들의 성생활에서 젖꼭지를 입으로 자극하는 것이
실제로 널리 퍼졌으며[46] 섹스 영화에서 남자들이 여성의 유두를 거칠
게 빨고 있다 해도[47] 이는 모두 일본 성의 '미국화'와는 아무런 관계
가 없다. 왜냐하면 수백년 전부터 수많은 목판화에 남성과 여성이(그
림169) 상대방의 젖꼭지를 핥고 빠는 것을 볼 수 있기 때문이다. 그리
고 이런 그림들은 실제로 행해지는 것을 묘사한 것으로 보인다.[48]

23

동남아시아와 인도네시아의 '상반신 노출'

가슴에 대한 수치심과 가슴의 에로티시즘이 동남아시아에서는 어떠할까? 우리는 적어도 이들 지역에서 여성의 가슴은 에로틱하지 않으며 어린아이들을 위한 양분 저장고 외에 아무 것도 아니라는 사실을 전제로 출발할 수 있을까?

예를 들어 세기말 무렵에 찍은 미얀마 부인과 젊은 처녀들의 사진 (그림162)을 보면 그 시기에 적어도 시골에서는 여자들이 대중의 면전에서 상체를 가리지 않고 다녔다는 인상을 받게 된다. 그러나 실제로 이 사진은 여자들로 하여금 사진을 찍기 위해 상체를 노출하도록 유도한 것으로 보인다. 왜냐하면 민속학적 자료에서 추측할 수 있듯이 그 시기에 미얀마 부인과 처녀들은 겉옷 아래에 코르셋 같은 긴 가슴수건(tabet)을 착용했다. 그것은 몸을 꽉 졸라매며 심하게 부끄러움을 느끼게 하는 가슴의 굴곡을 눌러주는 기능을 했다.[1] 원래 미얀마에서 특히 젊은 처녀와 아직 아이를 낳지 않은 부인들의 가슴은 성기 외

162. 상반신을 노출한 미얀마의 여성. 19세기 후반.

에 가장 세심하게 보호되는 몸 부위였다. 아이를 낳지 않은 젊은 부인이나 처녀가 목욕을 할 경우에는 혼자 있을 때라도 사롱(tamein)을 가슴 위에 걸치고 나서야 그 아래 일반적으로 착용하던 가슴덮개를 풀었다. 그리고 목욕 후에는 젖은 옷 위에 마른 옷을 걸치고 나서야 젖은 옷을 벗었다.[2] 동일한 방식으로 타이의 여자 농부들은 담이 없는 마당의 욕탕에서 몸을 씻는다. 그들은 아무도 자신들의 몸을 볼 수 없도록 항상 어깨에서부터 장딴지에 이르는 파신(pasin)을 벗지 않았다. 그리고 마른 옷을 걸치고 난 후에 젖은 옷을 바닥 아래로 벗어 내렸다.[3]

그림163의 광고사진에서처럼 수영복 혹은 블라우스를 통해 젖꼭지가 두드러지면 태국이나 미얀마에서는 오늘날에도 예의에 어긋나는 것으로 여겨진다.[4] 바걸이나 거리의 창녀들만이 그렇게 노출을 하며 목선이 깊이 파인 티셔츠를 입고서 대중의 면전에 나타난다(그림

163. 태국의 테라퐁 레오라콩의 광고사진, 1984.

164). 그리고 여자 여행객들은 자주 블라우스나 원피스 상태에서도 '상반신을 노출' 하지 말도록 권고받는다.[5]

어머니의 가슴은 과거에는 적어도 가설적으로는 성적 측면이 제거되었다. 특히 남자들은 적어도 젖을 먹이는 여자의 가슴은 어떤 성적인 매력도 갖지 않는 것처럼 행동해야 했으며 그래서 젖을 먹이는 여자들은 공공장소에서도 상체를 노출할 수 있었다. 그래서 예를 들면 1858년 인도차이나를 여행한 앙리 무오(Henri Mouhot, 1826~61, 프랑스의 탐험가)의 사진을 보면 라오스의 처녀들은 가슴을 수건으로 가리고 있지만 그에 비해 결혼한 부인들은 가슴받이를 가슴 사이 오른쪽 어깨에 걸치고 있어서 양쪽 가슴이 드러나 있다.[6]

여성의 가슴, 특히 탄력있고 둥근 가슴은 미얀마에서 매우 에로틱한 것으로 여겨졌으며 현재에도 그렇다. 인도 여자들, 드물게는 미얀마 여자들도 그런 가슴을 갖고 있었다. 짧은 전희를 하는 동안 남자들

164. 파타야의 바걸, 태국, 1994.

은 여자의 가슴을 자극하곤 한다. 그것도 입으로가 아니라 손으로.
유두를 빠는 것과 핥는 것은 곤혹스럽고 부끄러운 짓으로 여겨졌기
때문에 이런 짓을 하는 남자는 아주 색욕(raga)이 강함을 드러내준
다.[7] 북부의 산족에서도 젊은 여자의 가슴은 강한 성적 자극을 불러
일으키는 것이지만 여자가 아이를 낳자마자 그것은 성적인 의미를
잃게 된다.

예를 들면 중국 리쑤족의 경우 이미 젖을 뗀 아이들이 어머니의 가
슴을 만지작거리는 것은 사람들의 불쾌감을 불러일으키지 않음을 관
찰할 수 있다. 리쑤족 여자들은 백인 여성의 성기와 크기에 관해서도
관심이 많았지만 그들의 상반신에 더 많은 관심을 가졌다. 그리고 그
들은 그들 집에 함께 사는 여성 민속학자의 가슴을 보고 경탄했다. 가
슴이 얼마나 하얀지, 그리고 그 젖꼭지가 얼마나 아름다운 분홍빛인
지, 그리고 이방 여자의 가슴이 그들의 가슴보다 얼마나 더 아름다운
지. 이 여성 민속학자의 그것과 같은 가슴은 남자들에게 더 큰 매력을
발산한다. 남자들은 아직 아이에게 '속하지' 않는 여성들의 가슴 자체

360

에 열광한다.[8]

　동남아시아의 변두리인 인도네시아에서도 젖을 먹이는 여자와 나이든 여자의 가슴뿐 아니라 젊은 여자의 가슴도 에로틱하지 않게 생각하는 그런 사회가 있는지, 그리고 그렇기 때문에 가슴을 가리지 않고 다니는 그런 사회가 존재하는지 물어볼 수 있을 것이다. 수카르노는 인도네시아의 독립 초기에 멘타와이 섬에서 가슴이 발달한 모든 부인과 여자들에게 상체를 노출하고서 대중의 면전에 나타나는 것을 금지했다. 그리고 치마나 요포만 두른 멘타와이 여자들이 경찰에 의해 체포되고 매를 맞으며 강제노역의 판결을 받는 일도 일어났다.[9] 같은 시기에 덴파사르의 공항에는 표지판이 걸렸다. 거기에는 발리의 관습인 '상반신 노출'로 다니는 것이 '국제적인 치욕'이며 관광객들에게는 세 가지 언어로 가슴을 노출한 부인과 처녀들의 사진을 찍는 것을 금지한다는 내용이 적혀 있었다.

　인도네시아 여성동맹은 가슴이 막 발달하기 시작한 처녀와 이미 가슴이 발달한 모든 부인과 처녀는 자바식 상의를 착용해야 한다는 의복 규정을 관철시켰다. 그리고 초기에는 많은 여자들이 경찰이 근처에 있을 때만 상의를 입거나, 짊어지는 짐에 상의를 매달아서 상징적으로만 그렇게 했다.[10]

　오늘날 대부분의 발리 여자들은 양쪽 사롱 위에 가슴까지 닿는, 하체에 두르는 수건(sabuk)과 자바식 상의(kebaya), 그리고 그 아래에 브래지어를 착용한다.[11] 그럼에도 나는 10년 전에도 발리 남동부에서 집에 있을 때나 심지어 시장에 갈 때도 상체를 노출하는 나이든 여자들을 수없이 보았다.[12] 벼를 키질할 때, 짐을 옮길 때, 아니면 공중목욕탕에서 몸을 씻을 때도 이들은 주저하지 않고 가슴을 노출시킨다. 반면 젊은 처녀 및 아이가 없는 젊은 부인들은 목욕할 때 절대 브래지어를 벗지 않는다. 이런 사실에서 사람들은 이들만(중년 부인들과 어머니들과는 반대로) '서구적 수치심'을 내면화해서 같은 여성들끼리 있을 때도 브래지어를 벗지 않았다고 결론지었다. "젊은 처녀들에게 목욕할 때의 이런 의복 규정은 전통적인 계명(adat)으로 보이며 그것은 식민시기와 아무런 연관성도 없다."[13]

물론 여기서 왜 젊은 여자들이 어머니나 갱년기 이후의 부인들과는 반대로 대중의 면전에서 절대로 가슴을 노출시키지 않는지에 대한 의문에 대한 답은 아직 주어지지 않고 있다.[14] 분명 이런 관습은 처녀들이 갖는 수치심과 일치한다. 그리고 처녀들의 수치심은 민속학자들의 주장과는 반대되고 원주민들의 진술과 일관되게 식민지 기간 동안 들어온 서양의 수치심의 기준과는 아무런 관계가 없다. 첫째로 젊은 처녀와 아직 아이를 낳지 않은 젊은 부인들은 가슴 노출에 아주 예민하다. 그리고 남자들은 직접적이며 음탕하게 여자들의 가슴을 쳐다봐서는 안 된다고 알고 있다. 심지어 처녀의 가슴을 만진 사람은 그녀와 결혼함으로써만 그녀의 명예를 회복시킬 수 있다.[15] 왜냐하면 젊은 여자의 가슴은 극단적으로 성적 자극을 불러일으키기 때문이다. 비단 침대시트 위의 그림과 론타르 야자 잎으로 만든 종이 위에 새겨진 그림은 젊은 여자의 치순과 클리토리스뿐 아니라 젖꼭지에도 장난을 치고 있는(그림165) 탐욕스런 악마와 남자들을 보여준다.[16]

실제 발리의 성생활에서도 이런 행위는 오래전부터 널리 퍼져 있었다. 남자들이 여자의 가슴을 자극하고 젖꼭지를 부드럽게 씹거나 빠는 것은 남녀 모두를 흥분시킨다.[17] 쿠타 해안을 돌아다니는 대부분 마사지사들은 그곳에서 토플리스 차림으로 일광욕을 하는 유럽 여자들과 호주 여자들을 정숙하지 못하고 음탕하다고 여겼으며, 그들 중 한 명은 오만한 여자 여행객들의 경우에는 그들의 젖꼭지가 빳빳하게 발기하도록 가슴을 마사지하는 데 재미를 느낀다고 말했다. 그들은 의도적이 아닌 것처럼 남성 고객의 성기를 건드려서 그들 수영복이

165. 아르주나(인도 서사시 『마하바라타』에 나오는 영웅들인
다섯 판다바 형제 중의 하나—옮긴이)가 요정의 가슴과 외음부를 자극하는 모습.
침대보에 그려진 발리의 직물 회화

불룩 튀어나오게 해서 주위에 있는 여성들을 즐겁게 해주기도 한다.[18]

우리는 발리의 가슴 노출이 '기능적인' 노출이었다는 점을 잊어서는 안 된다. '상반신 노출'은 일을 하거나 목욕할 때 혹은 어린아이를 가지고 있을 때만 했다.[19] 처녀나 혹은 부인의 '공식적인' 의복에는 가슴을 가리는 것이 포함되어 있었다. 여자가 상체를 노출하고 손님을 맞는다면, 그리고 라자나 심지어 신 앞에 나타난다면 그것은 예의 없고 무례한 것으로 비난받았을 것이다.[20] 이때 특징적인 것은 가슴이 아직 생기지 않은 여자아이들은 주저하지 않고 가슴을 노출하고 사원에 드나들 수 있다는 점이다. 신은 이해심이 많게도 어린이의 가슴은 '성적인' 것으로 받아들이지 않기 때문이었다.

자바의 여자들도 집이나 야외에서 작업을 할 때면 '상반신을 노출'하곤 했다.[21] 그러나 사원의 축제나 신에게 제물을 드릴 때면 발리 여

166. 자바 여인, 1950년경.

자들처럼 가슴을 가린다.[22] 그리고 이웃 섬에서도 그렇듯이 자바에서
도 여자의 벗은 가슴을 직접 쳐다보거나 그림166의 경우처럼 사진 찍
는 것을 엄하게 금지한다.[23]

　　과거에 유럽의 탐험여행가가 보르네오 섬 내륙에 사는 아포카얀족
여자들의 벗은 가슴을 응시하거나 상체를 가리지 않은 여자의 사진을
찍으면 이들은 팔과 손으로 가슴을 가리는 경우가 많았으며(그림
167), 비슷한 일이 이반다야크족이나 제다야크족에서도 보고되고 있
다. 그 종족의 경우 일반적으로 결혼한 여자들 중에서 아주 크거나 늘
어진 가슴을 가진 여자들만 상체를 가렸는데 이는 일하는 데 가슴이
방해가 되기 때문이었다.[24]

　　한동안 이반족과 함께 지낸 한 영국 사람이 강에서 빨래를 하고 있
던 여자의 벗은 가슴을 쳐다보았다. 이 여자가 그것을 눈치채고는 그
자리에서 사롱을 가슴 위로 끌어올리고 다른 여자에게 무슨 말인가를
했다. 이 여자가 그런 식으로 영국 남자를 웃음거리로 만들었기 때문

167. 사진을 찍기 전에 가슴을 가리는 아포카얀족 여자들, 1932.

168. 이반다야크족 혹은 제다야크족의 결혼한 여자.

에 그는 슬쩍 그 자리에서 도망치는 게 상책이었다.[25] 훔쳐보는 사람이 외국인이라는 점과 여자들의 이런 반응과는 아무런 관계가 없다. 은가주다야크족의 경우 과거에는 여자의 가슴을 '탐욕스럽게' 쳐다보는 모든 남자에게 내려지는 정확하게 규정된 처벌이 있었다.[26] 특히 이반족의 경우 젊은 여자들이 이런 점에서 항상 예민했다. 그렇기 때문에 민속학자들은 이들이 서구의 브래지어를 열광적으로 받아들인 이유를 선교사들의 열정이나 정부의 주도 때문이 아니라 이미 초기 여행자들과 탐험자들이 알아차렸던 '다야크족의 확실한 정숙함' 때문인 것으로 보고 있다.[27]

24

몸에 달라붙은 인도 여자의 젖은 사리

아주 오래된 시절부터, 특히 북부에서 여성의 가슴에 대한 극단적인 수치심과 그에 상응하는 에로티시즘이 존재했던 인도에서도, 젊은 여자들은 어떤 경우에도 상체를 가리려고 세심하게 신경을 썼으며 현재에도 그러하다. 예컨대 라자탄 마을의 여자아이가 가슴이 나오기 시작하면 가슴의 형태가 옷을 통해 두드러지지 않도록 하기 위해 부끄러운 듯 두파타(dupatta), 즉 긴 베일로 가슴을 가린다.[1] 그리고 옛 델리 근처에 위치한 마을의 여자아이는 10세까지만 짧은 머리를 할 수 있다. 그 후로는 더 이상 머리를 자를 수 없었다. 이는 그들이 죽을 때 옷과 함께 머리로 가슴을 가리기 위해서이다.[2]

푼자비족의 경우 결혼한 부인들 역시 아직 아이를 낳지 않았을 경우에는 가슴이 드러나지 않게 조심하도록 경고를 받는다. 그런데도 그런 일이 일어나면 사람들은 그녀가 '벌거벗은 가슴'을 가졌다고 말하는데, 그것은 베사름(be-sarm), 즉 뻔뻔스러운 것으로 여겨졌다. 실제로 벌거벗은 가슴은 다른 여자들뿐 아니라 남편도 보아서는 안 된다. 가슴을 지칭하는 단어인 마메(mamme)를 입에 올리는 것은 극도로 무례한 것으로 간주되었으며, 여성의 성기를 지칭하는 쿠트 (cūt)라는 단어를 언급하는 것보다 더 무례한 것이었다.[3] 이 모든 것이 여자가 아이를 낳자마자 달라진다. 왜냐하면 젖먹이가 가슴의 '성적 측면을 제거하여' 여자는 심지어 낯선 남자들 앞에서도 젖을 먹일 수 있었다. 그러나 젖을 먹이면서도 다른 모든 에로틱한 신체 부위가 가려지도록 주의를 기울인다.[4] 아주 나이든 여자들의 경우는 결국 가슴이 어느 때고 가리지 않고 다녀도 성적 자극을 전혀 불러일으키지 않을 정도로 매력이 없어지는 것이다.[5]

이슬람교가 인도 북부를 지배하기 시작할 때까지 자이나교 수도승들은 '옷을 가볍게 입었다'(digambara). 즉 나체이거나 거의 반나체로 대중의 면전에 나타났던 반면 세상을 등진 자들이나 수녀들은 항상 몸에 아주 많은 구속물을 걸치고 다녔다. 그들은 가슴을 공기가 아니라 천으로 감쌌다.[6] 그리고 20세기 인도의 한 심리학자는 젊은 시골 사람들이 처음으로 불법 섹스 영화을 보았을 때 그들은 아직 젊은 여자의 벗은 가슴을 본 적이 없었기 때문에 바로 충격을 받았다고 말했다.[7]

육체 노출과 관련된 이런 극단적인 절제는 부인과 처녀들이 마을 우물에서 남자들이 보는 데서 몸을 씻을 때도 나타난다. 예의상 마을 우물을 피하고 대신 완전히 옷을 입은 채로 마당의 차단막 뒤에서 목욕을 하던 랍푸틴족 여자들[8]과는 반대로 보팔족 여자들은 공중 우물에서 목욕을 한다. 목욕을 할 때 그들은 사리를 걸치고 나서 치마와 상의를 벗으며 이 옷을 세탁해서 태양에 말린다. 그동안 그들은 머리와 몸에 물을 붓고 상체를 빡빡 문지른다. 하체는 절대 씻지 않는다.

나이든 여자들은 때에 따라 가슴을 드러내기도 한다. 남자들은 약간 떨어져서 목욕을 하는데 그들은 항상 여자들한테서 등을 돌려야 했다. 왜냐하면 여자들이 목욕하는 방향을 한번이라도 흘깃 쳐다봐서는 안 되었기 때문이다.[9]

19세기 초반에 벵골 출신의 한 여행자는 종교축제 기간 동안 여자들이 갠지스 강에서 완전히 옷을 입고 목욕을 했다고 보고하고 있다. 그들이 목욕을 끝내고 물에서 나왔을 때 하녀들이 바로 다른 사람들의 시선으로부터 그들의 몸을 차단시켰다. 옷의 소재가 피부에 달라붙어 너무 자극적이었기 때문이다.[10]

북인도에서도 아주 젊은 여자들은 하녀 및 같은 여자들 앞에서는 목욕할 때 대부분 상반신을 벗는다(그림169~171). 예컨대 우타 프라데시의 최하층 천민인 콜타의 여자들도 주위에 남자가 없다는 것을 확인하고 나서야 상체를 벗었다.[11] 카슈미르의 여자들은 목욕하기 위해 강으로 들어갈 때 한 걸음 한 걸음마다 옷을 조금씩 위로 끌어올리고, 마침내 완전히 물속에 잠기면 옷을 머리 위로 올린다. 목욕하는 동안에도 옷을 수면 위에 붙잡고 있다. 그리고 다시 물에서 나가면서 옷을 조금씩 머리와 몸 아래로 끌어내린다.[12] 이런 방식으로 옷이 젖어 몸에 달라붙어서 몸의 형태, 특히 가슴의 형태가 자세하게 드러나는 것을 피한다.

남자들을 황홀하게 하는 젖은 옷을 입은 여자는 인도 문학에서 아주 오래된 주제이다.[13] 그리고 가다바족에게는 상체를 벌거벗고 목욕하는 가다바족 여자들 및 본도족 여자들이 옷을 입고 목욕하는 힌두스족 여자들보다 근본적으로 훨씬 예의바르게 행동했음을 얘기하는 우화가 있다. 힌두스족 여자들은 피부에 딱 달라붙는 사리로 남자들의 시선을 자신들의 가슴으로 이끌었다. 언젠가 시타 여신이 옷을 입고 목욕을 하고 있을 때 벌거벗은 여자들 한 무리가 호수로 와서 그녀

169. '애인의 목욕', 무굴 제국시대의 세밀화, 17세기.

170. 목욕하는 인도 여인을 묘사한 포르투갈 그림, 16세기.

171. 카르티카 푸르니마의 성스런 바다에서 목욕하는 인도 여인.

를 쳐다보았다. 시타 여신은 여자들이 아무것도 입지 않은 데 충격을 받았다. 그리고 그들이 벌거벗은 것을 가릴 수 있도록 몇 장의 수건을 던져주었다. 그러나 여자들은 시타 여신을 비웃었다. 왜냐하면 젖은 옷을 입은 여신이야말로 그녀 육체의 모든 비밀을 드러내고 있었기 때문이다.[14]

인도에는 노출된 가슴, 특히 가슴이 풍만할 경우 흔들리거나 출렁거리는 장면은 영화에서 상영될 수 없다는 검열 규정이 있기 때문에 (그림172)[15] 인도 영화에는 특히 '수중장면들'이 많다. 인도의 영화 스타인 제나트 아만(Zeenat Amman)은 한 인터뷰에서 이렇게 말했다. 곧 상영될, 그녀가 출연한 영화 14편에서 그녀는 계속해서 몸이 젖어 옷이 거의 투명해져서 젖꼭지가 분명하게 보인다. 이는 갑작스럽게 비가 오거나 아니면 갠지스 강에서 목욕을 하거나 서투르게 물단지에 빠지거나 아니면 추격이 물세례로 끝나기 때문이다.[16]

가슴과 관련된 이런 수치심은 대부분 북인도에 미친 이슬람교의 영

172. 조하르의 「다섯 총잡이」에서 검열받은 영화 장면, 1970년대.

향으로 설명되지만, 이런 주장은 자료들과 일치하지 않는다. 드라우 파디의 몇 가지 언급에서 알 수 있듯이 인도 여자들은 이미 베다 경전의 시기에 대중의 면전뿐 아니라 집에서도 가슴을 세심하게 가렸다.[17] 그리고 여자가 상체에 걸치는 최소한의 의복은 쿠카 반다(kuca bandha)라 불리는 가슴띠였다.[18] 『다르마샤스트라』 시기에 목욕할 때 가슴을 노출하는 것은 극도로 몰염치한 짓이었을 뿐 아니라 (오늘날과는 달리) 심지어 배꼽, 어깨 혹은 장딴지를 노출하고 사람들의 면전에 나타나는 것도 예의바르지 못한 일로 간주되었다.[19]

중앙 인도의 사원 및 아잔타 동굴과 바그 동굴에 그려진 반나체 여인의 그림을 보고 인도 여자들이 그 부조와 회화가 만들어졌던 시기에 대중의 면전에서 상체를 노출하고 다녔다고 결론지어서는 절대 안 된다. 심지어 고대 이집트의 여성 동상이 나체로 묘사되어 있지만 실제로는 (아래 의복 솔기에서 알 수 있듯이) 옷을 입고 있었던 것과 비슷하게 우리는 인도의 회화에서도 팔꿈치와 어깨에 있는 의복의 주름을 확인할 수 있다. 여성의 몸매, 특히 부풀어오른 가슴(탁월한 생산의 상징)[20]을 더 잘 보여주기 위해, 그리고 동시에 예절규범을 충족시키기 위해 예술가는 여자를 단지 *외견상*으로 나체인 것처럼 묘사했지만 한 쌍의 주름으로 그들이 원래 옷을 완벽하게 입고 있음을 암시한다.[21]

가슴이 근본적으로 작은 데 대한 결혼한 여자들의 수치심은 과거 인도의 '드라비다' 남부에도 존재했다. 17세기에 도르트레히트 출신의 신부인 프랑수아 발렌틴(Francois Valentyn)은 이렇게 썼다. 고아의 여자들은 '보통 얇은 코르셋'(half-hemdje)을 입었다. "가끔은 짧은 재킷 아래로, 가끔은 재킷 없이 코르셋만 착용해서 사람들은 그들의 가슴을 완전히 볼 수 있었다. 그러나 그나마 수치심이 좀 있는 여자들은 재킷을 입고 꼭 여몄다."[22]

고아 남쪽에 위치한 말라바르 해안의 여자들은 오랫동안 상체를 완전히 노출했으며,[23] 가슴을 가리는 것을 심지어 예의에 어긋나는 것으로 간주하기도 했다. 왜냐하면 발리에서처럼 여기서도 공창들만 가슴을 가리기 때문이다.[24] 그러나 지금은 특히 젊은 여자들이 의사 앞에서조차 가슴을 노출하지 않는다. 1959년에 젊은 유럽 여자가 케랄라의 병원에서 엑스레이를 찍기 위해 블라우스의 단추를 풀자, 의사는 뢴트겐 기계 앞에서 '정숙하게' 그녀의 가슴을 가릴 수 있는 수건을 찾을 때까지 단추를 풀지 말라고 했다.[25]

말라바르 남부 해안 코친 섬의 카단족 여자들은 원래 가슴을 드러내놓고 다녔는데 20세기에는 항상 사리를 가지고 다녔다. 그들은 힌두교도를 만나면 그것으로 재빨리 상체를 가렸다. 만일 옷가지를 가지고 있지 않으면 바닥에 엎드려 팔과 손을 펴서 가슴을 가렸다. 말라바르의 인도 사람들은 그들 할머니들이 몇십년간 대중의 면전에서 상체를 노출했음에도 옷을 입지 않은 여자의 가슴을 '쳐다보지 말아야 한다'는 예절규칙을 몰랐다. 그들은 카단족 여자와 마주칠 때면 서슴

173. 인도 남부 나야르족 여자들.

없이 그들의 가슴을 훔쳐보았다. 그리고 심지어 외설적인 말까지 했다. 카단족 여자들은 힌두교 남자를 볼 때면 아주 어린 여자아이조차 그들 어머니처럼 굴욕적인 고양이 자세를 취했다. 그리고 앞으로 가슴이 자라게 될 그 부위를 누더기로 가렸다.

20세기 중반에 많은 카단족 여자들이 색깔있는 인도식 상의를 착용하기 시작했다. 한나절을 열대의 열기 속에서 일하거나 뿌리를 캘 때면 얇은 천이 땀에 젖은 피부에 달라붙었다. 매우 풍만한 경우가 많던 이들의 가슴은 엿보는 사람들 눈에 벌거벗은 가슴보다 훨씬 더 눈에 띄었다. 이런 이유에서 여자들은 결국 블라우스 아래에 두꺼운 면 속옷을 입기 시작했다. 그들은 물론 그것을 입고 거의 죽을 정도로 땀을 흘렸다.[26]

174. 젊은 인도 여인을 청진기로 검진하는 서양인 의사.

서해안의 코라가족 여자들은 과거에는 나뭇가지와 초록색 잎으로 만든 가리개만 착용했다. 그들은 인도식 복장을 받아들이고 나서도 그 가리개를 치마 *위*에 고정시켰다.[27] 한편 마드라스 주변에 사는 이룰란의 수렵 종족들과 티란족과 곤드족 역시 오랜 동안 여자들이 촐리를 착용해야 한다는 정부 규정에 반발했다.[28] 마리아 곤드족은 기꺼이 그리고 자주 가슴을 가렸던 젊은 처녀들이 그러는 것은 허용했지만 결혼한 여자들에게는 그것을 금지시켰다.[29] 1940년대 말에도 브라만의 여자 민속학자는 마하라슈트라에서 좀 곤혹스러워하며 이렇게 확인했다. 곤드족 여자들은 '상의나 블라우스를 입지 않았'으며 '가슴을 사리의 한쪽 끝으로만 가렸다.'[30]

이들 여자들이 가슴을 가리지 않은 채 인도 남자들 눈에 띈다면 그게 얼마나 위험한 일인지는 케랄라의 나일 앙구스 계곡 암석 동굴에 살던 수렵민족 촐로나이카족의 예에서 잘 알 수 있다. 촐로나이카족 여자들의 벌거벗은 가슴에 반한 인도의 한 영화제작자는 그들 중 몇 명에게 알코올을 먹여 카메라팀으로 하여금 사진을 찍게 했다. 그리고 그 장면을 섹스 영화에 집어넣었다. 그 영화가 영화관에서 상영되고서 촐로나이카족의 모든 젊은 여자들은 인도 남자들에 의한 집단 강간의 희생물이 되었으며 게다가 그들 중 반은 성병에 감염되었다.[31]

25

가슴을 노출한 터키 황제의 첩들

그렇다면 되풀이되는 주장들, 즉 북아프리카, 근동, 중동의 이슬람교 여성들에게 가슴은 전혀 수치스러운 것이 아니며 그들은 공적인 자리에서 언제든 가슴을 노출시킬 수 있다는 주장은 어떻게 된 것일까?[1] 내 추측에 의하면 이런 잘못된 생각은 동양을 여행하던 사람들이 대중의 면전에서 젖을 먹이는 여자들을 보고 내린 잘못된 결론에서 비롯된 것으로 보인다. 그리고 대중의 면전에서 젖을 먹이던 여자는 한스 바이겔(Hans Weigel)이 1577년 자신의 복식책에서 묘사했던[2] '그라나다의 여자 무어인'이었던 것 같다. 그리고 이집트에서도 하층민 여자들[3]이 거리에서 아이에게 젖을 물렸다.

한 여행안내서의 여성 저자는 이렇게 보고했다. "이집트 사람 눈에는 경이로움의 총체로 보이는 블론드 고수머리를 한 두 살짜리 아들을 데리고 내가 시장에 갔을 때 검은색으로 몸을 감싼 여자 농부가 그녀의 아이에게 젖을 먹이고 있었다. 그녀는 바닥에 책상다리를 하고 앉아 있었다. 그녀는 위를 올려다보다 파란색 눈을 한 사람을 발견하고는 단번에 젖꼭지를 아이 입에서 빼내어 내 아들에게 내밀었다."[4]

물론 어머니들에게, 특히 그들이 아직 매우 젊을 경우에는 아이를 안을 때 가능한 한 가슴을 보이지 않게 하도록 요구되었다.[5] 그리고 장례의식 때의 노출도 이와 관련이 있다. 프레이저가 말했듯이 나이든 아라비아 여자들은 장례식 동안 가끔 상체의 옷을 찢고 가슴에 상처를 낸다고 하는데 이는 맞는 말이다.[6] 그러나 한 이집트 촌부가 장례식에서 고통으로 인해 얼굴의 베일을 찢을 뿐 아니라 가슴까지 노출시키면 이는 예의에 벗어나는 것으로 여겨졌으며, 주위에 있는 여자들도 그녀가 그러지 못하도록 했다.[7]

19세기의 사진에서 젖을 먹이지 않는 나체 혹은 반나체의 이슬람교 여자들을 볼 수 있다면, 그리고 이 사진들에 '샤이히(회교 사회의 지도층 인사에게 붙이는 호칭―옮긴이)의 여자' 혹은 '무사피르 칸 궁전의 이집트 여자들'이라는 제목이 붙어 있을지라도 이들은 공창이거나 (그림175, 176) 아니면 경우에 따라서는 매춘을 하는 무희들이었다.[8] 그래서 예를 들면 1874년 겨울에 빈의 화가인 카를 루돌프 후버(Carl Rudolf Huber)가 몇 명의 동료들과 함께(그 중에는 한스 마카르트 〔Hans Makart〕와 프란츠 폰 렌바흐〔Franz von Lenbach〕도 있었다) 카이로로 여행을 떠났다. 이집트 부왕인 케디베 이스마엘(Khedive Ismael)은 사람이 살지 않는 궁전인 무사피르 칸을 그들에게 제공했다. 예술가들은 여기서 사진작업을 하고 그림을 그렸다.

이 빈의 화가들은 모델로 젊은 창녀를 썼다. 그리고 카이로에서 그 궁전을 방문했던 한 언론인은 이렇게 썼다. "예술가들은 무사피르 칸을 정신병원이라고 부르곤 했다. 그 안에서 아주 바보 같은 일들이 일어났기 때문이다. 처음에는 매우 부끄러운 듯 행동했던 아라비아 모델들은 결국 아주 뻔뻔스러워져서 여자 분장실에서 아주 무례한 태도

175. 튀니지의 창녀. 19세기.

로 돌아다녔다. 한 여자는 심지어 이런 자연 그대로의 상태로 물을 가져오기 위해 정원까지 내려갔다. 그때 사진기는 계속 돌아가고 있었고 그 여자는 아주 훌륭한 자세로 사진이 찍혔다. 그것은 몇 안 되는 예의를 모르는 사람들도 차마 뭐라고 말할 수 없는 그런 자세였다……." (그림176)[9]

이집트 촌부들에게 가슴 노출은 젖을 먹일 때조차 생각할 수 없는 것이었다. 그리고 결혼한 부인이나 젊은 처녀가 마을길에서 남자와 만나면 부끄러움(ar) 때문에 가슴 윤곽이 보이지 않도록 머리수건으로 가슴을 가린다.[10] 시리아 사막의 알파들 베두인족 및 알하사나 베두인족 여자들은 젊은 여자들과는 반대로 결혼한 여자들만 가슴의 굴곡을 가려주는 특별한 숄을 두른다.[11]

걸프 전쟁 기간에 사우디 사람들은 그들 지역에 미국 여군의 주둔을 허용했다. 이들이 아무리 더워도 군복 재킷을 벗지 않고 절대로 가

176. 카이로 궁전의 이집트 창녀들. 후버의 사진. 1875.

슴이 두드러져 보이는 티셔츠를 입고 대중의 면전에 나타나지 않는다
는 조건을 걸고서였다. 아라비아의 세관이 미국 군인들을 위해 만들
어진 핀업사진(핀으로 벽에 붙여놓은 매혹적인 여자 사진—옮긴이)
을 전부 몰수했을 때 셈바흐의 미국 공군 방어기지에는 그 지역 고등
학교의 남학생과 여학생들로 이루어진 '가슴 여단'이 구성되었는데
그들의 과제는 사진을 '이슬람화하는' 것, 즉 브래지어의 광고모델 사
진이나 비키니를 입은 젊은 여자들 사진을 사인펜으로 검열하는 것이
었다.[12]

　　이런 일은 몇십 년 전에 지중해의 여러 지역에서도 일반적으로 행
해지던 것이었다(그림177). 어떤 미국 여군도 남자 군인들과 수영장
을 함께 사용할 수 없었다. 그리고 여자들끼리 목욕할 때도 가슴과
팔, 다리를 완전하게 가려야 했다. '사치의 별' 같은 나일 강 유람선에
서 가슴을 드러내고 일광욕을 하는 여행객들을 향해 해변에서 무기를
쏘아댔던[13] 시기에 '상반신을 노출하고' 하는 목욕은 사우디아라비아
에서도 범죄와 같았을 것이다.[14]

　　카이로에서는 여자아이가 가슴이 생기기 시작하면 가슴과 젖꼭지

177. 몰타 섬에 판매된 영국 잡지의 광고에 가해진 검열. 1970년대

가 그대로 드러나지 않도록 집에서 입는 옷 위에 검은 겉옷(melaya liff)을 걸친다.[15] 그럼에도 예전에 이집트와 다른 아라비아 국가에서는 '사브알마'라는 이름의 금지된 축제가 벌어졌다. 이 축제기간 동안에 "많은 여자들이 집에서 물놀이를 했다. 그것도 여자와 남자, 어린 사내아이와 여자아이가 뒤섞여서. 그들은 서로 옷을 젖게 했으며 옷이 젖어 몸매의 윤곽이 그대로 드러났다. 그렇게 해서 육체의 가장 큰 부분이 사람들의 시선에 노출되었"[16]다고 누군가는 불평을 했다.

여기서 이미 대부분 이슬람교 지역에서 가슴을 매우 수치스럽게 생각했다는 점과 동시에 가슴의 성적 측면이 극도로 강조되었음이 암시되고 있다. 오래된 아라비아 전통에 따르면 악마인 이블리스는 더 쉽게 남자들을 유혹하기 위해서 여성의 가슴 위에 앉기를 좋아했다.[17]

그리고 샤이히 나프자비는 전희를 하는 동안 여성의 젖꼭지를 빨도록 권했다. 왜냐하면 이것이 여성을 특히 흥분시키기 때문이다.[18] 그래서 한 이집트 여자는 결혼하지 않은 미국의 여류 민속학자에게 이렇게 설명했다. "당신은 이런 사실을 알아야만 해. 남자가 당신에게 장난을 치기 시작하면 당신을 흥분시킬 수 있는지 보기 위해 가슴에서부터 시작할거야. 그러고 나서 곧 본론으로 들어가겠지."[19] 아라비아의 한 여류 작가는 남자에게 자신의 젖꼭지를 자극하는 것을 허락하는 아라비아 여자는 다른 모든 것 역시 허락하는 것이라고 말했다. 그리고 그녀는 이런 가슴의 과민성을 여성 생식기의 '성적 현혹'에 대한 보상으로 설명했다.[20]

아라비아 여자들이 남자가 가슴을 자극하자마자 동침할 준비가 되어 있다는 것은 좀 과장된 듯하다. 왜냐하면 이미 중세에 시리아 사람 알가우지야는 한 여자의 '배꼽부터 머리 꼭대기까지 위쪽 반'은 애인에게 속하며(애인은 이 반을 가지고 자신이 원하는 것을 할 수 있다) '배꼽부터 발바닥까지 아래의 반은 남편에게 속한다'[21]고 보고하고 있기 때문이다. 여자의 외음부를 만지는 것에 비하면 가슴을 만지는 것은 별로 은밀하지 않다. 그렇기 때문에 예를 들면 여자 노예의 구매자 역시 외음부는 만질 수 없지만 가슴은 만질 수 있었다. 그래서 한스 울리히 크라프트(Hans Ulrich Kraft)는 1514년 알레포의 노예시장을 방문하고 난 후에 이렇게 썼다.

"한 남자가 자신의 육체를 위해 그리고 실용성을 위해 아름다운 부인이나 처녀를 가지고 싶어했다. 사람들은 그에게 우선 노예들의 맨손을 잡을 수 있도록 허락했다. 모든 여자들은 부드러운 비단수건이나 면수건으로 얼굴을 가렸기 때문에 그는 얼굴을 가린 여자들을 검사해야 한다. 이는 재미가 있는 일이었으며, 파는 사람들은 거래가 이루어질 것 같다고 생각한 것 같다. 그러나 손으로 그들의 가슴을 만져

보는 것 이상은 허락되지 않았다."[22] 4년 후에 다른 노예시장을 둘러
보던 솔로몬 슈바이거(Salomon Schweigger)도 구매 희망자가 허
벅지와 하체를 살펴보는 것은 금지되어 있었음을 확인해주었다. "계
속 그는 진지하게 다리와 함께 가슴을 살펴보았다. 여자들은 다리를
무릎 위까지 노출시켜야 했다."[23]

물론 아라비아의 연애 문학에서 남자들이 여자들의 젖꼭지를 손으
로 혹은 입으로 애무하면서 여자와 자기 자신을 위해 최고의 쾌락을
준비하고 있는 것이 묘사되고 있다 해도 그것으로 실제의 성행위에
대해 너무 성급한 결론을 내리지 않도록 주의해야 한다. 첫째로 여자

178. 젊은 카바일족 여자, 19세기.

는 남자에게 어떤 경우에도 말이나 행동을 통해서 가슴을 애무받고 싶어한다는 것을 알려서는 안 된다. 그녀가 그랬다면 남자는 이 몰염 치한 행동을 근거로 아내와 이혼할 수 있다.[24] 둘째로 모든 남자들이 항상 여자들이 원하는 것을 줄 수 있는 육체적 사랑의 대가는 아니었 던 것으로 보인다. 예를 들어 예언자의 사위인 알리는 어느 날 낯선 여자의 모습이 남자를 성적으로 자극하면 어떻게 해야 하느냐는 질문 에 집에 가서 아내와 자야 한다고 대답했다. "여자는 모두 똑같으니 까."[25] 예컨대 페르시아에서도 가슴은 오래전부터 아주 부끄러운 것 이었다.[26] 그리고 연애 문학에서 아주 에로틱한 것으로 찬양되었다. 그럼에도 적어도 시골에서는 남자가 거의 아내의 가슴을 애무하지 않 는 것으로 보인다. 일반적으로 존재하는 유일한 육체 접촉은 성기의 접촉이다. 두 부부는 옷을 다 입은 상태에서 남자가 여자에게 음경을 바로 삽입하며 그리고 가능한 한 빨리 사정한다.[27]

아라비아 사람들과는 반대로 바르바르족과 이들 중에서 특히 카바 일족에게는 여성의 가슴이 전혀 부끄러운 것이 아니라는 주장이 매번 제기되었다. 그리고 가슴을 드러낸 '무어인' 여자는 마르틴 숀가우어 (Martin Schongauer, 1445/50~91, 독일의 미술가)의 후기 고딕 양 식의 「동방의 여자」에서 앙리 마티스(Henri Matisse, 1869~1954) 의 「목련꽃을 든 오달리스크」까지 예술가들이 애용하던 모티프였다. 19세기에는 젊은 카바일족 처녀가 그려져 있는 에로틱한 엽서와 사진 들이 매우 널리 퍼졌다. 그들의 상체는 대충 가려져 있어서 탄력있는 가슴이 시작되는 부분을 볼 수 있거나(그림179) 아니면 가슴이 완전 히 드러난 채 그려져 있었다.[28]

물론 그런 엽서나 사진들을 보았던 사람들이 알지 못했던 사실은 그런 종류의 사진을 찍은 모델들은 유곽 창녀들이거나 항구 도시인 모로코와 알제리의 술집 여자들이었다는 점이다. 왜냐하면 정숙한 카

179. 에스파냐 시민전쟁 시기에 카바일족 군인 아내가
아침 목욕을 하는 모습, 1936.

바일족의 처녀들은 풀어헤친 복장으로 그렇게 불명예스럽게 자신을
찍도록 허락하지 않기 때문이다.[29]

젊은 카바일족 여자는 가슴이 나오기 시작하자마자 상체를 코르셋
으로 꽉 조인다. 그 코르셋은 가슴의 형태를 납작하게 눌러주었다. 그
리고 가족 내에서도 아버지나 혹은 오빠가 있는 데서는 추가로 가슴
앞에 팔짱을 꼈다.[30] 동시에 젊은 여자의 가슴은 강한 성적 자극을 불
러일으키는 것으로 간주되었다. 어떤 젊은 카바일족 여성들은(추측컨
대 매춘하는 무희들) 그 마찰을 통해 성적으로 자극받기 위해 젖꼭지
주위에 금고리를 끼었다고 한다.[31]

여자들이 어머니가 되자마자 가슴의 기능은 바뀐다. 여자들의 전통
의상인 타크 엔두르트(taq endurt)에는 여자가 편안하게 젖을 먹일
수 있도록 가슴 위에 트임이 있다.[32] 결혼한 부인이 목욕하기 위해 심
지어 남자들이 있는 데서 상체를 벗는 것도 이상한 일이 아니었다(그

림179).

　사춘기 이전의 투아레그족 여자들은 오로지 가죽치마(tebadegh)만 걸친다. 그러다 가슴이 나오기 시작하면 상의(takatkat)로 상체를 가려야만 했다.[33] 결혼한 부인들은 물론 집안에서 가슴을 드러내거나 아니면 무심히 어깨 위에 삼각형 수건을 걸친 채 일하는 경우가 드물지 않았는데,[34] 이 삼각형 수건은 호가르의 아울리미덴족 여자들이 하던 수건처럼 가슴을 그렇게 많이 가려주지도 않았다.[35] 그리고 여자들은 공공장소에 모습을 잘 드러내지 않는다. 예를 들면 아자와그(Azawagh)의 이네슬레몬 투아레그족 여자들은 오로지 남편과 아버지 그리고 남자 형제들만 들어갈 수 있는 천막을 나설 때면 얼굴을 포함해서 몸 전체를 가린다.[36]

26

가슴을 가리지 않고 다니는 지역에서도 가슴이 에로틱할까?

물론 대부분의 학자들, 특히 여성 학자들은 '가슴을 가리지 않는 문화권에서는' 가슴이 일반적으로 '덜 주목을 받는다'고[1] 주장해왔다. '특히 이른바 고도로 발달된 사회에서'는 '여성의 가슴에 대한 성적 해석'이 존재하지 않았으며[2] 남자들에게 가슴의 에로틱한 매력 역시 '거의 수유를 억압하는 *우리의* 문화에서 인위적으로 생겨난 것임이 틀림없다'[3]고 말한다. 여자들이 더 이상 직접 젖을 먹이지 않기 때문에 우리는 노출된 가슴을 보는 데 익숙하지 않다. 가슴은 특히 그 본래의 기능을 잃어버렸으며 그 자리를 성적 기능이 대신하고 있다는 것이다.

엘리아스는 서구에서 유행하는 토플리스 패션이 그의 문명화이론에 모순되지 않느냐는 질문을 받자 이런 현상은 단지 인간 육체의 문명화에 대한 단기적인 '반대충동'이며 가슴에 대한 수치심과 가슴의 에로티시즘은 그런 역사적 반대 경향을 넘어 장기간 존속할 거라고

말했다.[4]

실은 여성 가슴에 대한 수치심과 에로티시즘은 상체를 가리는 것과 아무런 관계가 없다는 사실은 수많은 예를 통해 증명될 수 있다. 뉴기니의 잠비아에서는 벌거벗고 다니는 가슴이 시각적이며 촉각적인 관점에서 극도로 자극적인 것으로 받아들여졌다. 그리고 한 정보 제공자는 '남자들이 젊은 여자의 가슴을 보는 것은 좋지 않다. 왜냐하면 그러고 나면 가슴을 잡고 싶어하기 때문이다'라고 불평했다. 과거에는 물론 어린 소녀들과 젊은 부인들은 남자들이 있는 데서 가슴이 드러나지 않도록 하기 위하여 자주 손으로 가슴을 가렸다. 그리고 최근에 가슴에 대한 수치심이 약화되었음에도 여자들은 두세 명의 아이를 낳을 때까지 가슴에 대해 지나칠 정도로 예민하다.[5]

아직 여자들과 어떤 성적 접촉도 하지 않고 그때까지 어린 사내아이에게 구강성교를 하게 했던 한 젊은 남자는 미래의 아내에 관해 이렇게 몽상적으로 말했다. "그녀는 가슴을 완전히 가린다. 나는 가슴을 실제로 한번도 본 적이 없다. 그녀는 그것을 가렸다." 이어서 미국의 한 민속학자가 그에게 물었다. "그녀의 가슴을 생각하면 네 그것이 딱딱해지니?" 이에 대해 그 남자는 이렇게 대답했다. "물론이지! 그걸 생각할 때마다 내 것이 발기를 하지! 매번!" 문디는 어느 날 젊은 여자와 장난을 치다가 그녀의 가슴을 손에 쥐었을 때를 자주 상상했다. "내가 그렇게 했을 때 그녀도 무엇인가를 느낄 수 있었지, 일종의 흥분이야. 그녀는 기분이 좋아졌어."[6] 마찬가지로 뉴기니에서 살고 있는 자카이(Jaqai)는 가슴을 가리지 않고 다니는 여자를 바로 쳐다본다고 비난을 받았다. 그리고 사람들은 사내아이 때부터 이렇게 엄하게 가르친다. "흘깃 쳐다보는 것만으로도 충분해!"[7]

산타크루스 섬 주민 여자들이 전에는 상체를 가리지 않았다 할지라도 가슴은 아주 에로틱한 것으로 간주되었다. 그리고 젊은 처녀들은 서로 가슴을 비교했다. 남자들은 벌거벗고 다니는 가슴을 통해 성적으로 계속 자극을 받는다고 느낀다. 그러나 원래 성숙한 혹은 결혼한 여자들은 낯선 남자들이나 먼 친척 남자들 앞에서는 가슴을 나무껍질 소재로 가렸다. 아키펠에 갔던 최초의 선교사들은 엘리아스식으로 여성들이 가슴을 수치심에서 가리는 것이 아니라 남성들에 대한 예속성 때문에 가린다고 생각함으로써 이런 관습을 오해했다. 그리고 여자들로 하여금 공공장소에서 가슴을 노출하도록 했는데, 이는 결국 경찰에 의해 금지되었다.

여자들은 처음에 성서 공부 시간이나 기도 모임에 갈 때만 가슴을 노출했지만 결국에는 매일 일을 할 때도 가슴받이를 하지 않았다. 남녀가 서로 가까이 접근하는 것을 피할 수 없는 축제나 춤 모임 및 가까이 다가오는 남자가 가까운 친척인지 아니면 이방인인지를 알 수 없는 저녁이나 밤이면 그들은 항상 바로 가슴을 가릴 수 있는 수건을 가지고 다녔다. 게다가 결혼한 부인들은 가슴 위에 남편의 이름을 문신으로 새겼다. 그것은 '손을 치워라! 여기는 내 남편만이 건드릴 수 있다!'는 것을 암시한다.

남자는 성적 전희로 보통 가슴을 손으로 애무할 뿐 아니라 젖꼭지에 입을 맞추고 그것이 발기할 때까지 빤다. 전통적으로 섬 주민들은 '얼굴을 마주보는 체위'를 선호했다. 왜냐하면 남자는 상대 여자의 가슴을 자신의 가슴에서 느낄 수 있고 성교하는 동안 남자가 사정할 때까지 손으로 여자의 가슴을 자극할 수 있기 때문이다.[8]

시에라리온의 멘데족 역시 가슴(nyini)[9]을 관찰하고 애무하며 그에 관해 이야기하는 것을 최고의 즐거움으로 친다. 성애 행위에서 가슴은 항상 관심의 중심에 있다. 남자가 가슴을 만지거나 주무르는 것, 특히 젖꼭지가 발기하고 가슴이 커지면 그것은 양쪽 파트너에게 최고로 자극적인 것이다. 젊은 처녀와 부인들이 계속 상반신을 노출한 채 공공장소에 나타나고 그럼으로써 남자들이 벌거벗은 가슴을 보는 데 익숙해진다 하더라도, 가슴은 그 시각적인 에로틱한 매력을 잃지 않는다. 그리고 한 민속학자는 남자들이 젊은 처녀의 가슴 굴곡에 관하여 아주 경탄해서 말하는 것을 여러 번 들었다. "야, 가슴이 멋진데!" 멘데족의 경우에서 가슴이 강한 에로티시즘을 갖는 것은 가슴을 가리는 곳에서만 그것이 성적인 매력을 갖는다는 주장에 대한 반증이 될 뿐 아니라, 멘데족 어머니들은 자녀를 매우 오랫동안 그것도 3세까지 젖을 먹이기 때문에 또한 앞서 언급했던 심리분석적인 '좌절 기제'에 대한 반증이 되고 있다.[10]

부인이나 처녀의 벌거벗은 가슴을 뻔뻔스럽게 쳐다보는 것은 서아프리카에서, 예를 들면 요루바에서 예의에 어긋나는 것으로 간주되었다. 이 종족의 남자가 젊은 여자의 가슴을 건드리려 하면 그는 당사자의 약혼자로부터 살해당할 수도 있다.[11] 이그보족의 격언에는 이런 말이 있다. "백인은 흑인 남자를 볼 때 얼굴을 보지만 흑인 여자를 볼 때는 먼저 엉덩이와 가슴을 본다."[12] 바로 이런 신중치 못함과 불손함이 많은 아프리카 사람들로 하여금 백인 남자와 백인 여자들을[13] 예의 없는 야만적 존재로 여기는 데 일조했다.

다른 한편으로 돈을 받고 백인에게 가슴을 보여주는 여자들이 항상 있었다(그림180). 그것은 당사자에게는 가끔 중대한 결과를 가져오기도 한다. 예를 들면 베르너 헤어초크 필름의 「코브라 베르데」(Cobra verde)에서 수천 명의 가나 아마조네스들 중 한 명은 TV 인터뷰에서 자신이 창녀처럼 백인들에게 가슴을 보여주었다고 해서 남자친구로부터 버림을 받았다고 했다.[14]

여자들은 특히 성관계가 가능하긴 하지만 그것이 인간의 기본 양식에 문제가 되기 때문에 어떤 경우에도 그들과 성관계를 해서는 안 되는 그런 남자들이 있는 데서는 평상시에 벌거벗고 다니는 가슴도 감

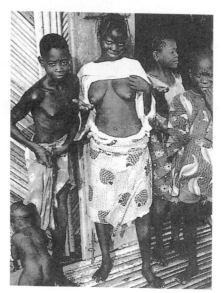

그림180. 돈을 받고 관광객에게 가슴을 보여주는 다호미 출신의
15세 폰족 여자, 미하엘 프리델의 사진.

추어야 할 의무가 있다. 예를 들어 과거에 뇨로족의 남자가 처제나 장
모의 가슴을 보았다면 그에게 아무런 책임이 없다 하더라도 그는 그
보상으로 그들에게 나무껍질 소재로 만든 옷을 선물해야 한다.[15] 그
리고 줄루족 여자는 시아버지나 그녀보다 나이 많은 친척들 앞에서
'수치스러운' 또는 '부끄러운'(hlonipha) 곳을 보여주어서는 안 된
다. 그리고 어떤 상황에서도 그들 앞에서 옷을 입지 않은 상반신을
견갑골부터 그 옆쪽으로 보여주어서는 안 된다.[16]

아캄바족의 경우 이런 수치심(nooni)은 사위와 장모 사이에만 존
재하는 것이 아니라 젊은 처녀와 아버지 사이에도 있었다. 아버지는
딸이 춤추는 것을 볼 수 없었다. 가능한 한 긴 것이 아름답게 여겨지
는 위아래로 출렁거리는 소녀의 가슴이 양쪽에게 아주 곤혹스러울

것이기 때문이다.[17] 중앙 오스트레일리아의 로리차족 남자는 수치심 (kerintja) 때문에 딸의 가슴이 나오기 시작하자마자 더 이상 딸을 쳐다볼 수가 없었다.[18] 그리고 남인도의 토다에서는 어머니나 여자 형제가 있을 경우 남자들이 '젖꼭지'라는 단어를 입에 올리는 것이 허락되지 않았다. 왜냐하면 그것은 모두에게 극도로 불편하고 부끄러운 것이기 때문이다.[19]

가슴의 수치심과의 연관성과 일치하게 아프리카에서도 가슴은 성생활에서 상당히 중요한 역할을 했다. 그것은 팡족의 이야기에서 명확하게 드러난다. 마술사의 조상인 은로나가 나무에서 에바의 흉곽에 호두를 던졌다. 그러자 여기에서 두 개의 가슴이 생겼다. 이것이 첫번째 죄이다. 아담이 숲에서 돌아왔을 때 그는 에바의 이상한 굴곡을 보고 물었다. '어디서 이걸 얻었지?' 그가 에바의 가슴을 만져 그것이 발기하자 그는 더욱 놀랐다. 그때 그는 깊은 수치심(oson)을 느꼈다. 그럼에도 그는 아내와 자는 수밖에 다른 도리가 없었다. 이것이 두번째 죄였다.[20]

사람들은 이 이야기가 그리스도교 타락의 팡족 버전이라고 할 것이다. 그러나 '아담'이 아내의 가슴을 만졌을 때 성적으로 자극을 받았다는 것은 유럽의 영향과 아무 관계가 없다. 잔데족 남자들은 예를 들면 전희에서 여자의 가슴이 발기할 때까지 가슴을 주무른다. 남자는 상대 여자의 몸속으로 삽입을 하고 난 후에도 여자의 가슴을 잡고 있으며 그것이 여자들에게 커다란 쾌락을 느끼게 해서 이런 신음소리를 내게 한다. '아이 티 나 이마.' 이는 곧 '아, 아퍼'라는 뜻이다. 이들에게는 약간 처진 배 모양의 가슴이 가장 아름다운 것으로 간주되었다. 남자들은 가슴을 빨았으며 그것이 양쪽 파트너 모두를 매우 흥분시켰다.[21]

아피코이보족의 경우도 벌거벗은 가슴이 상당히 강한 성적 자극을 불러일으킨다. 젊은 남자들은 '달빛 춤'을 출 때 어둠 속에서 처녀들의 가슴을 잡는 것을 좋아했으며, 이때 바로 페니스가 딱딱해진다.[22] 로데의 카랑가족 젊은 남자들을 위한 사랑의 지침은 다음과 같다. "여자의 어깨 부위를 애무하기 시작하라. 그러고 나서 가슴을 애무하라. 여자가 거기에 반응을 보이기 시작하면 여자의 음순 역시 계속 자극해도 좋다. 그러나 그녀가 오르가슴에 가까워질 때 그때 비로소 음경을 삽입하라." 그러나 남자들에게 가슴이 너무 매력적이어서 그들은 가슴을 가지고 장난치다가 사정을 할 때가 많다.[23]

물론 젊은 여자나 부인의 가슴을 만지고 애무하는 것은 많은 아프리카 사회, 즉 메루족, 테라카족 혹은 키쿠유족[24]에게는 순수한 성적 행위일 뿐 아니라 사랑과 일체감을 표현하는 부드러운 행동이기도 하다. 예를 들면 1930년대 나이로비에서 창녀로 일했던 한 여자는 이렇게 불평을 했다. "백인 남자들은 너를 위해도 네 가슴을 만지지 않는다. 백인들은 결혼할 여자를 찾는 것이 아니다. 그들은 잠깐을 위해 누군가를 원한다."[25] 불자족의 남자가 여자와 '사랑에 빠지면'(feels like romance) 그는 음경을 삽입하기 전에 그녀를 성적으로 자극하기 위해 젖꼭지를 문지른다.[26] 그리고 결혼하지 않은 카피벨레 세누포족의 경우 가슴 부분을 애무하는 것을 '특히 좋아하고 편안하게' 느끼는 젊은 여자를 상대로 '가슴놀이'를 즐겼다.[27] 베르크 나일과 아수아 사이에 거주하는 아촐리족에게는 이런 시가 있다. "그녀의 오빠 친구가 이 가슴을 쳐다본다면, 우연히 그녀 애인의 시선이 거기에 박혔다면, 그 젊은이가 그냥 있을 거라고 생각하는가? 어떤 열정이 그를 사로잡았으리라고 상상할 수 있겠는가?"[28]

가슴을 습관적으로 노출하고 다니는 다른 지역들, 예컨대 남미의 인디언들[29], 바다 유목민으로 줄루해에 살고 있는 바조라우트족[30], 오로지 연인만 애무하고 '키스할'[31] 수 있으며 연인 이외에 누구도 건드릴 수 없는 아름다운 가슴에 매우 자부심을 느끼는 므루족의 젊은 처녀들, 루스하이 산맥의 거주민들에게도 가슴은 에로틱한 의미를 지닌다. 루스하이 산에 사는 라커족 혹은 마라족의 처녀와 부인들은 세기 전환기에도 상체를 노출하고 다녔다. 하지만 좀 뒤에 이들은 소매 없는 짧은 재킷(kihrei)를 입기 시작했다. 그러나 이 옷은 앞이 열려 있거나 아니면 아주 헐겁게 단추로 잠그게 되어 있어서 실제로 가슴은 가려지지 않는다.

대부분 여자들은 자신을 희롱하는 젊은 남자들이 가슴을 건드리는 것을 매우 즐겼다. 그럼에도 결혼한 부인의 가슴을 만지는 것은 아주 엄격하게 금지되었다. 젊은 남자들이 어느 정도까지 갈 수 있는지 시험해보기 위해 처녀의 가슴을 잡는 루샤이족도 상황은 비슷했다. 이런 '가슴 쥐기'는 'hnute deh'라 불렸으며, 그것이 얌전하게 그리고 너무 자주 일어나지 않는다면 일반적으로 허용되었다. 여자들이 부담스럽게 생각했던 이런 관습적인 '가슴 쥐기'는 물론 빠르게 금지되었다. 결혼한 여자의 가슴을 건드리는 것, 즉 'pasalnei hnute deh'는 더욱 엄한 벌을 받았다.[32]

본도족의 경우 결혼준비에 사용하는 청년숙소(selani dingo)에 살고 있는 젊은이에게 주요한 즐거움 중의 하나는 '가슴놀이', 즉 그것을 허용하는 여자의 가슴을 쥐는 것이었다. 일반적으로 젊은이들과 확고한 내연관계를 맺었던 여자들만 그것을 허용했다. 한 젊은이가 가슴 만지는 것에 만족하지 않고 다리 사이를 만지면 그는 그녀로부터 무거운 구리 팔찌로 맞을 것을 예상해야 하며 그것은 머리뼈가 깨질 수도 있는 일이었다. "우리는 감히 여자와 강제로 관계를 맺으려 하지 않는다." 한 정보 제공자가 민속학자에게 이렇게 말했다. "왜냐하면 여자가 우리 머리를 부셔버릴까봐 두렵기 때문이다." 게다가 부인들뿐 아니라 처녀들도 '상반신을 노출하고' 다녔다.[33] 그럼에도 그들의 가슴은 촉각적인 관점[34]뿐 아니라 시각적 관점에서도 극도로 에로틱했다. 민속학자가 언젠가 사오라족 여자와 마리아족 여자들의 상반신 노출 사진을 몇 명의 본도족에게 보여주었을 때 그들은 소리를 지르고 사진을 잡아챘다. 그리고 손가락으로 사진에 찍힌 여자의 젖꼭지를 누르면서 기쁨에 겨워 신음소리를 냈다.[35)]

고대 이집트 여자들은 적어도 1500년 동안 가슴 아래에서 시작되는 몸에 딱 달라붙는 주름없는 원피스를 착용했다. 이 원피스는 어깨끈으로 지지되었으며, 특히 원피스가 아주 고운 아마로 만들어졌을 경우 육체의 굴곡이 정확하게 드러났다. 어깨끈이 가슴을 가리지 않는 것처럼 보일 때가 자주 있었는데, 이는 당시의 그림에 가슴이 노출되어 있는 것처럼 보이기 때문이다.[36)] 그런 경우 많은 이집트학자들조차 이런 그림들이 사실을 자연적으로 묘사한 것이 아니라 상상화라는 점을 잊고 있다. 이런 그림에서 인물들은 우리가 보는 대로 묘사되어 있는 게 아니라 오히려 개개의 육체 부분으로 '짜맞추어진' 것처럼 묘사되어 있다. 그렇기 때문에 우리는 어깨끈과 가슴을 서로 끼워맞추어야 한다.[37)]

다시 말하자면 그것은 *보여지는* 어깨끈과 *보여지는* 가슴이 아니라 자연스럽게 벌거벗은 *그런 것으로서의* 가슴이다. 그에 비해 여자 조각상을 관찰해보면 어깨끈이 가슴 위를 지나가며 이것이 가끔 (기제의 무덤에서 출토된 여성복으로 재단된 미라 덮개가 증명하듯이) 가슴을 완전히 덮을 때도 있으며,[38)] 또 가끔은 아주 좁은 것도 있어서 흉곽의 가장자리가 보이는 경우도 있음을 알 수 있다.[39)]

게다가 대중의 면전에서 완전히 가슴을 노출한 의상들은 오로지 결혼 적령기의 젊은 여자들만 착용했던 것으로 보인다.[40)] 그럼에도 집안 내에서 혹은 특정 일을 할 때는 부인들도 상체를 노출했다. 그래서 고대 이집트에서 여자의 가슴을 보는 것은 아주 일상적이었던 것 같다.[41)] 그럼에도 이집트 사람들은 특히 탄력있고 너무 풍만하지 않은 가슴을 아주 에로틱한 것으로 느꼈다. 그리고 사랑의 노래에는 남자가 숭배하는 여자의 젖꼭지를 만지고 싶어하는 것, 아니면 여자가 남자에게 자신의 '석류 열매'를 손에 쥐고 만져달라고 요구하는 내용[42]이 자주 나온다. 시각적으로 가슴의 성적 측면을 더욱 강조하기 위해 많은 여자들이 (암적색 규암으로 만든 네프레티티의 토르소에서 알 수 있듯이[43]) 가슴모양이 자세히 드러나도록 몸에 딱 달라붙는 주름 드레스나 팽팽하게 조이는 그물 옷을 입고 나타나거나 아니면 흰색 겉옷 위에 세라믹 진주로 만든 그물로 몸을 졸라맸다.[44]

그래서 잘 알려진 이야기에서 침울한 왕인 스노프루는 기분을 북돋기 위해 '아직 애를 낳지 않은, 아름다운 육체와 탱탱한 가슴을 가지고 댕기머리를 한 여자 20명을' 자신에게 대령하라고 명령했다. 그리고 '진주 그물 20개를 가져와서 여자들에게 옷 대신 이 그물을 주어야 한다.' 이는 실행되었으며 여자들은 왕 앞에서 위아래로 노를 저었다. "그리고 폐하는 그들이 노를 젓는 것을 보는 것을 아주 마음에 들어했다."[45]

민속학자들은 매번 몇몇 인간사회에서는 남자들이 절대 여자의 가슴에 의해 성적으로 자극을 받지 않는다고 보고하고 있지 않은가? 예컨대 한 여성 민속학자는 동아프리카의 니카족은 '가슴을 에로틱하지 않은 것으로 느낀다'(totally lacking in erotic interest)고 주장하면서, 그것이 남자가 젖먹이였을 때 어머니에게 했던 것과 똑같은 것이기 때문에, 그리고 예의에 어긋나기 때문에 니카족은 남자가 상대방 여자의 젖꼭지를 성적으로 빠는 것을 도덕적으로 나쁘게 생각한다고 보고한다. 하지만 이는 의심스럽다. 어쨌든 몇몇 여자들은 이렇게 생각했으며 한 남자가 성애 행위를 하는 동안 아내의 젖꼭지를 핥자 그녀는 너무 화가 나서 남편으로부터 도망가 절대 다시 돌아가지 않았다고 한다.[46]

예를 들어 마이어 포르테스(Meyer Fortes)도 비슷한 방식으로 서아프리카의 탈렌시족들은 가슴을 에로틱하게 느끼지 않았다고 주장했다. 왜냐하면 그는 한 남자가 젖이 나오는지 확인하려고 젖을 먹이지 못하는 동생 아내의 가슴을 빠는 것[47]을 보았기 때문이다. 우리가 알고 있듯이 서구 사회에서도 19세기에는 수유하는 데 어려움이 있는 여자들의 경우는 젖꼭지를 빨아서 뽑아내도록 권장했다. 그렇다고 해서 19세기에 누구도 여성의 가슴이 에로틱하지 않았다고 생각하지는 않을 것이다.

산족과 에스키모도 성관계를 할 때 가슴은 아무런 역할을 하지 않는다는 주장이 매번 제기되었다.[48] 그러나 이런 사실은 대부분 현장 사례 수집가들에 의해 확인되지 않고 있다. 나론 산족의 경우 젊은 남자들은 장난을 치면서 상대방 여자의 가슴을 누르거나 주무르곤 한다.[49] 그리고 아이블 아이베스펠트(Eibl-Eibesfeld)의 앵글 카메라 역시 그위 산족이 중성 같은 소녀의 가슴을 가지고 장난치는 것을 보여준다.[50] 틀림없이 중앙 칼라하리(쿠아)의 산족들도 젊은 남자가 '꼭 껴안을' 때 젊은 여자의 가슴을 애무하는 것이 일반적이었을 것이다. 실제로 남자는 아내가 수유를 시작하자마자 그것을 포기해야만 했다고 전해진다.[51]

에스키모들이 가슴에 대해 어떤 에로틱한 의미도 갖고 있지 않다는 생각은 추측컨대 한편으로는 예전에 에스키모 여자들이 집에서 지낼 때 혹은 제의적인 춤에서[52] 성기 부위만 가렸기 때문일 것이다(그림 181). 다른 한편으로는 에스키모 남자들이 처녀나 부인의 가슴보다는 외음부를 만지는 데 더 집착했다는 그들의 진술 때문일 것이다.[53] 첫째 에스키모 및 많은 다른 사회에서도 어머니의 가슴은 '성적 측면이 제거'되었던 것으로 보이지만, 젊은 여자의 가슴을 그렇지 않다고 말할 수 있다. 예를 들면 오래된 사진에서 나이든 여자가 집에서 상체를

181. 앙마그살리크 여자들(왼쪽은 가정복을 입은 여자), 1884.

벌거벗고 있고, 그 옆에는 조심스럽게 가슴을 가리고 있는 미혼의 딸
이 앉아 있는 것을 볼 수 있기 때문이다.[54] 둘째로 바핀란트의 우트쿠
에스키모들의 경우 젊은 여자의 가슴은 매우 부끄러운 것이며 성적
자극을 불러일으킨다는 사실이 잘 알려져 있다. 한 여류 민속학자가
내게 알려준 바에 의하면, 그녀는 젊은 남자가 가슴을 '검사하기' 위
해 파카 밑으로 손을 집어넣는 것을 그냥 놔두는 젊은 여자를 자주 보
았다고 한다.[55]

가슴이 모든 사회에서 성적 자극을 주는 것으로 받아들여지지 않는
다는 민속학적인 범례로서 항상 남태평양, 특히 폴리네시아와 미크로
네시아의 문화가 인용되고 있다. 그렇기 때문에 우리는 많은 여행자
들과 민속학자들이 주장하듯이[56] 그런 먼 오지에서는 '야자수 밑에서
사랑'을 할 때 가슴이 아무런 역할을 하지 않는지 질문을 해보자.

폴리네시아 사람들이 유럽 사람들과 최초로 접촉하던 시기에 유럽
여자들과 비교하여 그들은 상체를 충분히 가리거나 아니면 완전히 가

398

182. 후안 라베네트, 「통가의 인디언 여자들」, 1973.

리는 데 대해 특별한 가치를 두지 않았음은 확실하다. 예를 들어 통가 여자들은 17세기와 18세기에 벌거벗은 가슴 바로 아래에서 여며지는 숄(그림182)[57]을 가끔은 두르고 다녔다고 한다. 그리고 1616년의 슈텐(Schouten)과 그 이후의 르메르(LeMaire) 같은 초기 탐험여행가들은 벌거벗고 다니는 그곳 여자들의 처진 가슴, 즉 '마치 가죽부대처럼 배 위에 매달려 있는'[58] 가슴을 보고 크게 충격을 받았다.

여기에서는 분명히 남태평양 여자들의 이런 특성이 중요한 게 아니라 외국인들이 그들의 젊은 부인과 처녀를 강간할 수 있다는 통가 사람들의 두려움이 문제였다. 그렇기 때문에 그들은 조심스럽게 아주 늙은 여자들을 배로 보냈다. 늙은 여자들은 그런 숙명을 분명 면할 수 있으리라고 생각했기 때문이다.[59]

하와이 섬에서도 여자들은 상체를 가리지 않고 다녔다. 그리고 여자 선교사인 루시 서스턴(Lucy Thurston)은 1820년 카메하메하 2세의 부인 중 한 명이 배에 타서 자신의 선실에서 가슴을 풀어헤쳤을 때

단추를 채운 미국 여자들을 얼마나 당혹스럽게 했는지에 대해 설명했다. "우리가 모두 눈을 크게 뜨고 바라보고 있는 동안 그녀는 마치 에덴동산의 그늘에 앉아 있듯이 자족적이고 편안하게 보였다."[60]

그 후에 특히 미국 선교사 아내들은 하와이 여자들이 가슴을 가리도록 하는 데 매우 많은 노력을 기울였다. 그리고 실제로 그 세기 중반까지 어느 정도 성공을 거두었다.[61]

타히티의 처녀와 부인들에 관해 이미 조지 포스터(George Forster)는 이렇게 말했다. "아름다운 모양의 가슴, 아름다운 팔과 손을 가리지 않고 노출시키는 민속의상의 소박한 단순함. 그 의상은 물론 우리 사람들의 마음에 불을 질렀다."[62] 그리고 벨기에 사람 뫼렌후트(Moerenhout)는 1829년 타히티에 도착했을 때 대부분 상체를 가리지 않은 수많은 여자들에 둘러싸였다고 보고했다.[63] 그럼에도 실제로는 특히 젊은 여자들과 젖을 먹이지 않는 젊은 부인들은 대중의 면전에서 가슴 주위에 숄을 둘렀던 것으로 보인다.

이미 포스터의 아버지는 타히티 여자들이 추장이나 높은 지위의 외국인에게, 혹은 그들이 묘지나 혹은 마라에(marae) 신전을 지날[64] 때 가슴을 노출시켜야 하는 의미가 있다고 보고했다. 그리고 앞에 언급했던, 통가와 하와이 앞에 정박한 유럽 배와 미국 배 위에서 여자들이 가슴을 노출한 것 역시, 이런 식으로 설명될 수도 있을 것이다. 추측컨대 탐험여행자 및 초기 선교사들은 '높은 지위'의 사람에 속할 수도 있다. 통가 섬, 하와이 섬, 마르키즈 섬 여자들은 그들 앞에서 가슴을 노출시킬 의무가 있었을 것이다.

물론 모든 폴리네시아 사람에게 아내가 가슴을 벌거벗고 있는 모습은 일상적인 광경이었다고 해도 달라지는 것은 없다. 왜냐하면 적어도 이미 18세기에 제임스 모리슨(James Morrison)이 관찰했듯이 서민 여자들은 목욕할 때 상체를 노출했다. 그리고 쿡은 그들이 한낮의

더위에도 (추측컨대 집안에서) '상반신을 노출하는' 것을 볼 수 있었다[65]고 보고하고 있다. 원래 수치심의 기준이 타히티 혹은 마르케보다 더 높았던,[66] 그리고 일반적으로 젊은 처녀와 젊은 부인이 사적인 영역 밖에서 가슴을 가렸던[67] 사모아에서조차 나이든 여자들이 자주 공공장소에서 상체를 노출하고 있는 것을 볼 수 있다.[68]

이것이 남자들이 여성의 가슴에 의해 성적 자극을 받지 않았음을 의미할까? 이런 주장이 매번 제기되는 이유는 내 생각에 의하면 두 가지 때문이다. 하나는 원래 폴리네시아에서 성교는 무성의하며 공격적인 성향을 띠고 있을 때가 많아서[69] 부드러운 전희가 일반적으로 별 의미를 갖지 못한다는 것이다. 다른 하나는 폴리네시아 및 미크로네시아 사람들은 절대 여자의 가슴에 대한 미국 사람들의 숭배를 이해할 수 없었다는 것이다.[70] 그리고 많은 유럽 사람들도 마찬가지로 그것을 이해하지 못했다. 그렇다고 그것이 유럽에서 가슴이 성적인 의미를 갖지 않았음을 의미하지는 않는다.

예를 들어 한 민속학자가 쿡 섬인 망가이아에서는 젖먹이들만 여성의 가슴에 관심이 있다고 주장한다면, 그리고 다른 대목에서 이 섬에서 젊은 남자들은 할례를 하고 난 후에 여자의 가슴을 어떻게 키스하고 여자를 흥분시키기 위하여 어떻게 젖꼭지를 핥아야 하는지를 배운다고[71] 보고한다면, 그는 스스로 거짓말한 벌을 받아야 한다. 다른 마르케 섬에서도 전에는 여자가 오르가슴 직전에 이를 때까지, 그리고 남자에게 음경을 삽입하도록 신호를 보낼 때까지 남자가 우선 상대 여자의 젖꼭지와 외음부를 빠는 것이 일반적이었다.

마르케 사람들은 여성의 가슴을 애무하는 것을 즐겼다. 그리고 여자들 자신은 가슴의 아름다움과 탄력을 유지하기 위해 매우 신경을 썼다. 그렇기 때문에 많은 어머니들이 젖을 먹이는 것을 싫어했으며 대신 자녀에게 코코넛유로 만든 죽과 구운 곡물을 먹였다.[72] 에로틱한 결혼식 춤에서 젊은 여자는 벌거벗은 가슴을 흔들며 돌렸다. 그리고 홀라 파이우마우마의 하와이 무희들은 골반을 앞뒤로만 움직이는 것이 아니라 골반을 돌리기도 했다. 그러면서 벌거벗은 가슴 위에서 큰 소리를 내며 손뼉을 쳤다. 이는 특히 북미의 칼뱅파 여자들에게 아주 거슬렸다.[73]

결국 미크로네시아에서 부인과 처녀들은 일반적으로 가슴을 드러내놓고 다녔다. 그럼에도 예를 들어 트루크 섬에서 아버지와 남자 형제, 그리고 아버지와 형제뻘 되는 남자가 있는 데서는 가슴을 가려야 했다는 데서 가슴의 에로틱한 의미를 알 수 있다. 이는 대부분 여자들과 처녀들이 어둠이 내리고 난 후에야 상체를 노출했음을 의미한다. 반면 가슴을 가리지 않은 여자들은 예를 들어 아버지 형제들과 만났을 때 그 자리에서 몸을 돌리거나 가슴을 가능하면 팔과 손으로 가려야 했다.[74] 특히 젊은 여자의 가슴은 성적 자극을 불러일으키는 것으로 간주되었고 이팔루크 아톨의 젊은 남자들은 전회에서 가슴을 주무르거나 입으로 젖꼭지를 가지고 장난치는 것에 성적으로 많은 자극을 받았다.[75]

27

여성의 가슴은 도대체 왜 에로틱한가?

주지하다시피 행동과학 연구가인 데스먼드 모리스(Desmond Morris)는 이런 질문에 다음과 같이 답하고자 했다. 인간의 선조들이 대부분 사회적 상호작용에서 점차 몸의 아랫부분을 사용하기 시작하는 진화과정이 진행되면서, 하체에서 근원적으로 가장 강한 성적 자극을 발산하는 육체 부분에 대한 '모방'이 특별히 잘 이루어진 여자들은 자연도태의 장점을 지니게 되었다는 것이다. 그래서 많은 여자들은 분홍색과 갈색의 음순을 살작 튀어나온 입술로 아주 인상적으로 모방했으며, 엉덩이는 둥근 가슴으로 '대치된다'.[1] 그리고 겔라다개코원숭이 암컷의 붉은색 가슴 반점이 배란기에 특히 강해지는 것처럼, 젊은 여자의 가슴이 부풀어오르는 것도 그들이 성적으로 성숙한 시기에 일어난다.

사람들은 이런 가설에 대해 '높이 치켜올려 졸라맨 프리마돈나의 가슴'은 엉덩이를 연상시킬지 모르지만 일반적인 처진 가슴은 전혀

183. 「처진 엉덩이여 안녕!」,
이탈리아의 '푸시업' 슬립 광고, 1995.

184. 엉덩이를 위한 원더브라. 미국, 1995.

그렇지 않다고[2] 이의를 제기했다. 우리는 여기서 다시 일반적인 엉덩이 역시 '푸시업' 슬립에 대한 많은 수요가 증명해주듯이 프리마돈나의 엉덩이가 같지 않다고 반박할 수 있다. 모든 시대와 사회에서 그런 것은 아니지만 대부분 사회에서는 젊고 둥글며 탄력 있고 너무 작지도 크지도 않은 여성의 가슴이 아주 매력적으로 것으로 간주되어왔고 현재에도 그러하다. 그리고 가슴에서 엉덩이를 연상하는 것은 영국 행동과학 연구가의 사고체계에서만 나온 것이 아님을 확인할 수 있다.

오스트리아 어린이들은 19세기에 어머니의 가슴이나 유모의 가슴을 '가슴 엉덩이'[3]라고 불렀다. 그리고 빈의 민중 언어에서는 이런 유아 용어가 궁정무도회에서 관대하게 보여주던 상류층 여자들의 가슴에 대한 호칭으로 사용되었다.[4] 최초의 심리분석가들은 이미 그들의 여성 환자들 상당수가 어머니의 가슴을 엉덩이와 동일시하고 있음을 확인시켜준다.[5] 그리고 거꾸로 엉덩이에 대한 미국의 오래된 속어적 표현은 '음부의 유방'이었다고 한다.[6] 게다가 오늘날도 적지 않은 남자들이 상대 여자의 가슴 사이에 사정하는 것을 좋아한다. 그것을 독일의 홍등가에서는 '에스파냐식' 혹은 '젖꼭지 성교'라고 부르는데,[7] 19세기 지중해 지역에서 처녀성을 빼앗기지 않으려는 젊은 여자들이 가슴을 꽉 눌러서 연인이 음경을 삽입할 수 있도록 해주었던 경우가 자주 있었기 때문이다.[8]

모리스는 과거에 남자들이 여자들의 둥근 엉덩이에 자극을 받았으며 그래서 뒤쪽에서 음경을 질에 삽입했는데, 남녀가 서로 몸 앞쪽을 자주 사용하게 된 이후에는 가슴이 주요한 자극원이 되었다[9]고 생각했다. 그러나 이런 가설에는 문제점이 있다. 즉 여자의 엉덩이가 주된 성적 해소자로서 기능한다는 어떤 암시도 없을 뿐더러 우리 선조들이 성교를 보통 뒤에서[10] 한 것으로 보이지도 않는다. 심지어 동물세계

185. '얼굴을 마주 보는 체위'로 성교를 하고 있는 보노보(암컷이 등을 대고 누워 있다).

에서 우리와 가장 가까운 친척인 보노보도 이성간의 성교 및 '레즈비언'의 성교에서 '얼굴을 마주하는 체위'에 몰두한다.[11] 이에 상응하게 예컨대 구석기시대에 여성의 가슴이 남성들에게 주요 자극원이었음을 보여주는 어떤 자료도 존재하지 않는다.[12] 그렇다. 이것은 개연성이 없다. 왜냐하면 가슴은 계속 노출되어 있어서 아마도 남성에게 사회적으로 기능장애가 될 정도로 과잉 자극을 주었을 것이기 때문이다. 그렇기 때문에 여자들이 다리를 벌리든 아니면 다른 유혹하는 자세이든(그림186) 간에 자신의 성기를 보여줌으로써 남자를 성교로 유인했다고 추정하는 것이 훨씬 확실하다. 여자는 성적 자극의 발산을 어떤 종류의 팽창이나 냄새를 통한 것보다 이런 방식으로 훨씬 더 잘 통제할 수 있었기 때문이다.[13]

가슴이 남자들을 가장 심도있게 자극하는 것이 아니라 할지라도 가슴은 '부드러운' 자극원이었다. 그런데 왜인가? 여자들에게 배란은 그들 체중의 대략 26퍼센트가 지방으로 형성되고 난 후에야 시작되었다. 그리고 이 지방은 여성의 육체에서 특히 엉덩이와 가슴에 모여 있다. 이런 지방덩어리는 배란뿐 아니라 에너지의 존재를 암시한다. 지속적인 커다란 고통과 스트레스 및 극단적인 기아상태에서는, 예컨대

186. 콜롬비아의 창녀들. 다니 리옹의 사진. 1972.

신경성 식욕부진증 같은 경우에는 배란이 이루어지지 않을 뿐 아니라 육체적인 수행능력도 약화된다. 그리고 이런 현상은 가슴이 작아지고 늘어짐으로써 예고된다.[14]

예를 들면 강제수용소에서는 여성을 선별할 때 특히 가슴에 주의를 기울인다. 거기서 희생자의 수행능력을 측정할 수 있기 때문이다. 아우슈비츠에 수용되었던 한 여자가 새로 들어온 여자에게 말했다. "여기서 가장 중요한 건 가슴을 잘 보존하는 거야. 다른 건 중요하지 않아. 내 가슴이 벌써 여러 번 나를 구해주었지. 그게 중요해. 독일 사람들이 너를 볼 때는 우선 가슴을 본다. 그들이 가슴에 관심이 있어서가 아니라 가슴이 좋으면 그 여자는 일을 할 수 있기 때문이지. 그리고 인간은 일하는 동물로 간주된다. 가슴이 주름투성이가 된 여자가 먼저 도태돼." 그리고 살아남은 다른 여자는 아우슈비츠의 친위대장인 타우버에 관해 이렇게 썼다. "그는 두 달 전 저녁 6시에 수천 명의 여자들로 하여금 실오라기 하나 걸치지 않고 눈과 얼음 속으로 나오게 했다. 그러고서 그는 여자들 대열을 돌아다니며 말채찍으로 모든 여자들의 가슴을 들어 올려보았다. 가슴이 처지면 왼쪽으로(그것은 시체소각장으로 가는 것을 의미했다), 가슴이 탄력이 있으면 오른쪽으로!"[15]

사회생물학적으로 표현하자면 남자는 더 크고 더 탄력있는 가슴을 가진 여자에게 끌린다고 느끼며, 이들과 관계를 맺는 남자들은 더 나은 재생산 기회를 가짐을 의미한다. 왜냐하면 그런 여자들은 칼로리로 전환시킬 수 있는 더 큰 지방 저장고를 가지고 있기 때문이다. 이것은 특히 여자들이 본질적으로 평상시보다 더 많은 칼로리를 필요로 하는 임신과 수유기에 유리하다.[16] 이를 넘어서 훌륭한 지방 저장고, 즉 칼로리의 커다란 저장고를 가지고 있는 여자의 자녀들은 출생시 비교적 체중이 많이 나가며 그것은 그들의 생존 기회가 더 많음을 의미한다.[17]

결국 모유 생산, 즉 수유 능력의 전제조건 중의 하나[18]는 지방 저장고에 의존한다. 이미 쇼펜하우어는 이렇게 말하면서 이를 예측한 바 있다. 여자는 '어느 정도 육체의 풍만함'이 유지되어야 하며 자녀에게 충분한 영양을 공급해줄 수 있어야 한다. "그래서 심하게 마른 여자는 우리 눈에 특히 거슬린다. 풍만한 여성의 가슴은 남성에게 특별한 매력을 발휘한다. 왜냐하면 가슴은 여자의 광고 기능과 직접적인 연관성을 가지며 새로 태어난 아이에게 충분한 영양을 약속하기 때문이다."[19]

물론 이것이 여성의 매력이 가슴의 크기와 비례함을 의미하지는 않는다. 과도한 지방 형성은 배란, 에너지, 젖 생산의 증거가 아니라 폐경의 증거이기 때문이다.[20] 그렇기 때문에 대부분 인간 사회에서 중간 크기의 가슴이 가장 아름다운 것으로 간주되었고 지금도 그러하다. 옛날부터 유모는 너무 풍만한 가슴을 가져서는 안 된다는 점이 강조되었다. 15세기 이탈리아의 벨리노 비솔로(Bellino Bissolo)에 의하면 가슴은 '탄력있고 너무 크지 않아야' 했다. 1473년 바르톨로메우스 메틀링거(Bartholomäus Metlinger)의 『사내아이의 지도 규범』(*Regimen der Jungen kinder*)에 따르면 유모는 '너무 살찌지도 너무 마르지도 않아야' 한다.[21]

고릴라와 침팬지 암컷은 오로지 수유기간에만 가슴이 부풀어오르는 데 비해 인간들은 계속 가슴이 부풀어 있으며 특히 이 시기에는 더 커진다. 아마도 이것이 큰 가슴이 대부분 특별히 매력적인 것으로 간주되지 않았던 이유일 것이다. 즉 가슴이 큰 여자는 남자들에게 그녀가 이미 잉태를 했다는 것, 즉 임신 중이라는 것 혹은 그녀가 현재 젖을 먹이고 있기 때문에 임신할 가능성이 비교적 낮다는 것을 암시하기 때문이다.[22]

그렇다면 여성의 가슴이 남성에게 성적 자극을 불러일으키는 것은 어머니의 가슴이 그들에게 만족, 쾌락, 보호받는 느낌을 주던 시기를 떠올리게 하기 때문에 그렇다[23]'는 프로이트의 가정은 어떠한가? 실제로 많은 젖먹이들이 젖을 먹는 동안 자극을 받는다는 것은 사실이다. 그래서 예를 들어 말라바르 남부의 한 탄다우족 여자는 젖을 먹이는 동안 가끔 아들이 발기를 한다고 보고했다.[24] 그리고 이미 성장한 남자들도 여자의 젖을 먹으면 성적으로 자극을 받기도 한다. 일본의 욕탕 유곽이나 야메토노 같은 클럽에서는 아이를 가진 창녀들이 많은 고객들에게 시간당 대략 250달러를 받고 젖을 먹이면서 성기를 문질러준다.[25]

어머니의 가슴이 젖먹이에게 쾌락의 원천이라는 것이 이 젖먹이가 성장해서 여성의 가슴에서 성적인 자극을 느끼는 원인이 된다면, 이성애적인 여자들도 가슴을 보면 남자들처럼 성적 자극을 받아야 한다. 그러나 그렇지 않다.[26]

남자의 가슴과 여자의 가슴 사이에는 에로틱한 의미에서의 본질적인 차이가 존재한다는 주장에 대해 특히 최근 10년 동안 계속 이의가 제기되었다. 그래서 예를 들면 1973년 저명한 미국의 인류학자는 남자와 여자의 가슴과 관련하여 '서구의 이중 도덕'을 비판하면서 가까운 미래에 이 두 가지를 동일하게 다루게 될 거라고 예언했다.[27] 그리고 미국의 한 페미니스트는 이런 상이한 입장은 바로 남성의 여성에 대한 지배의 표현일 뿐이라고 말했다. "여성은 아주 더운 날씨에 티셔츠를 입고 있어야 한다. 그녀의 젖꼭지가 명확한 성적 자극을 주기 때문이다. 그러나 남자의 가슴도 마찬가지로 성적 자극을 줄 수 있다. 그런데 그것이 남자들로 하여금 더운 날씨에 옷을 벗지 못하게 하지는 않는다." [28] 결국 1994년 여름에 뉴욕시 교통부는 여성해방의 과정을 더 이상 방해하지 않기로 결정했다. 그리고 모든 여자들에게 가슴을 노출하고 뉴욕의 지하철을 이용할 수 있도록 허락했다. 물론 다른 승객이 그런 노출에 불쾌감을 느끼거나 '교통질서'가 더 이상 유지될 수 없을 때는 가슴을 다시 가려야 한다는 조건을 달고서였다.[29]

물론 이러한 모든 비평가들[30]이 '서구의 이중도덕'에서 간과하고 있는 것은 바로 여자의 가슴과 남자의 가슴 사이에는 본질적인 차이가 있다는 단순한 사실이다. 즉 여성의 가슴은 모든 인간 사회에서 남자의 가슴보다 비교할 수 없을 정도로 에로틱하다는 것이다. 그렇기 때문에 여자의 가슴은 사방에서, 심지어 그것을 습관적으로 노출하고 다니는 지역에서도 남자의 가슴보다 훨씬 수치스러운 것이다. 그렇기 때문에 1991년 풀다의 시장인 함베르거(CDU)가 녹색당 시의원인 우테 리볼트(Ute Riebold)가 한 질문, 즉 풀다 수영장인 '로젠바흐'의 의복규정에는 여자들은 상의를 착용해야 한다고 되어 있는데 이것이 헌법의 평등권에 위배되지 않느냐고 한 질문에 '여성의 상체'는 '남자의 상체와 똑같이 취급될 수 없다'고 대답한 것은 아주 잘한 일이다. 그의 대답은 시의원들에게 특히 주지하다시피 많은 여자들이 '여성의 가슴이 에로틱한 자극의 수단으로서 보여지고 상품화되는 것(그림 187)에 항의했다는 점'을 인식하게 했다.[31]

letztes interview

187. 『슈피겔』의 표지그림. 1970년 8월.

　결국 위에 인용한 여성해방론자의 주장, 즉 남자의 젖꼭지도 여성의 것과 동일하게 성적으로 자극을 줄 수 있기 때문에 여성의 가슴과 남자의 가슴 사이에 어떤 차이도 두어서는 안 된다는 주장과 관련하여 다음과 같은 사실을 확인할 수 있다. 첫째, 아주 소수의 사회에서만 여자들이 성애 시에 상대 남성의 젖꼭지를 입으로 혹은 손으로 자극했던 것으로 보인다.[32] 그리고 좀더 뒤의 흥분 단계에서 소수의 남자들만이 여자들처럼 젖꼭지가 발기한다는 것을 알 수 있다.[33] 또한 동성애 남자들 사이에 실제로 널리 퍼진 '젖꼭지 놀이'[34]가 육체의 어떤 부분들이 '에로틱하며' 어떤 부분들이 '에로틱하지 않은지'를 명확하게 보여준다고 조심스럽게 말할 수 있을 것이다. 생물학적인 차이가 존재한다고 해도 이런 가변성은 변하지 않는다. 예를 들어 가슴이 너무 크거나 작아서, 아니면 너무 빨리 흥분하는 데 대해 죄의식을 느끼기 때문에 가슴을 거부하는 많은 여자들은 가슴의 성적 감각을 '배제'할 수 있다.[35] 그렇다고 하더라도 이것이 가슴이 여성의 몸 중에 성감대가 아니라는 것을 의미하지는 않는다.

젖꼭지의 에로틱한 민감성이 여성의 호르몬과 얼마나 깊은 관계가 있는지는 남녀 이성 성애에서 에스트로겐 투여 후에 그들의 젖꼭지 및 흉곽이 외면적으로 볼 때 바뀌지 않았다는 사실, 즉 '여성적으로' 변하지는 않았지만[36] 근본적으로 더 민감해졌다는 사실에서 확인할 수 있다. 그렇기 때문에 호르몬 치료를 받는 트렌스젠더 창녀들은 자주 그들의 고객들에게 젖꼭지를 자극해달라고 요구한다. 그것으로 그

BAS MONDIA
FABRICATION FRANÇAISE

188. 프랑스 스타킹 광고에서 지워진 유두, 1900.

들은 커다란 쾌락을 느끼기 때문이다.[37]

　이미 고대에도 갈리아 사람들은 유두와 자궁 사이의 '공감'을 암시한 바 있다. 그리고 그보다 후에 앙브루아 파레(Ambriose Paré)는 여자들은 아이에게 젖을 먹이는 것을 통해 하체에도 자극을 받기[38] 때문에 기꺼이 젖을 먹인다고 생각했다. 근세 초기에도 후안 루이스 비베스(Juan Luis Vives, 1492~1540, 에스파냐의 인문주의자)는 어머니들이 수유할 때 '성욕을 자극하는' 느낌을 허용하면 어떤 방식으로든 자녀를 '잃게' 되리라고 모든 어머니에게 경고했다.[39]

　전통사회에서 여자들은 젖먹이를 통한 그런 성적 자극을 근친상간이라는 금기를 어기는 것으로 인식하고 강한 죄책감을 느꼈던[40] 반면 거의 모든 것이 '정상적'인 나르키소스적이고 쾌락적인 현대사회에서는 '여성 조언자들'이 젊은 어머니들에게 그런 수치심과 죄책감[41]을 갖지 말라고 권유한다. 그래서 예를 들면 저명한 독일의 언론인은 수유 '에로티시즘'의 '보존 및 유지'를 지지하며 '여성의 흰 가슴즙'을 남자 정액의 사정과 비교한다.[42]

　세계적으로 유명한 수유 관련 책의 여성 저자는 여성 독자들을 이렇게 안심시킨다. "젖 먹이는 것을 즐기는 여자는 아이에게 젖을 먹일 때 성적 자극을 받을 수 있다. 많은 여자들은 여기에 수치심과 죄책감을 느낀다. 거기서 심도 깊은 육체적 만족을 느끼고 심지어 오르가슴을 느끼게 되는데 하지만 그것은 정상이다."[43] 그리고 『브리기테』(Brigitte)에서 몇 년 전 여성 심리치료사는 이렇게 말했다. "딸을 출산하고 난 후 나는 성적으로 아주 좋아졌다. 수유할 때 오르가슴을 느끼거나 아니면 그러면서 자위를 했다."[44]

　여자의 젖꼭지를 구두로 혹은 손으로 자극하면서 오르가슴에 이르게 할 수 있다는 사실은 이미 고대 인도의 텍스트나 의학교수 그리고 조금 나중에는 13세기 교황 페트루스 히스파누스의 글에 나와 있다.[45] 많은 사회에서, 예를 들면 보스니아의 세르비아에서 젊은 여자가 유방을 옷 밖으로 끄집어내서 '관능적 쾌락을 느낄' 때까지 오랫동안 연인에게 빨게 하는[46] 것은 매우 일반적인 관습이었다. 이런 쾌락은 젖꼭지의 자극을 통해 뇌하수체선의 뒷판으로 옥시토신이라는 호르몬을 내보내라는 신경신호가 보내지기 때문이다. 이 호르몬은 혈관으로 들어가 유선이라는 근육섬유의 리듬감있는 수축을 가능하게 할 뿐 아니라(이는 유즙의 자연 유출을 용이하게 한다) 자궁과 질의 매끄러운 근육에도 영향을 미쳐서 오르가슴으로 이끌어질 수 있다.[47]

그 사이 제기된 비판에 대한 답변

격분한 사람보다 거짓말을 더 많이 하는 사람은 없다.

• 니체

한 영국 철학자는 언젠가 이렇게 말한 적이 있다. '그 지지자들이 갖고 있는 편견이 *약한 경우에는*' 그것을 문제삼는 주장이 나오면 '흥미로운' 것으로 평가되지만, '그 편견이 *강할 때* 그것을 부정하는 주장은' 분노나 격분에 부딪히거나 아니면 돌아버린 것으로 간주될 위험이 있다.[1]

대부분 개개 사실과 관계가 있는 그러한 가설이 '고수되는 게' 아니라 오히려 이러한 사실들이 보여지는 관점과 이런 사실들에 최초로 어떤 의미를 부여하는 *관점이* '고수된다'. 그런 관점을 파악하려 한다면, 아니면 요즘 유행대로 표현하자면, 그런 '패러다임'을 그것도 그 근거와 함께 파악하려면, 우리는 적어도 논쟁의 시작단계에서 옛 관점의 추종자들이 실제적인 반대 근거보다는 분노와 증오 때문에 비평가들의 비판에 대해 전혀 근거가 없거나 아니면 기껏해야 근거가 있는 것처럼 보이는 수단을 강구하려 한다는 점, 그것도 비판을 통해야기되는 손해를 줄이기 위해 그렇게 한다는 점 염두에 두어야 할 것이다. 왜냐하면 관점이라는 것은 그것이 중단되어야만 손해를 입는 것임을 이미 19세기의 미국인 사회학자인 윌리엄 그래함 섬너(William Graham Sumner)는 알고 있었다. 그는 이렇게 썼다. "이론이 의문시되는 그 순간 그것은 그 권위를 잃는다." [2]

학자들이 불안해질수록 그들은 보통 '위대한 이론'에 더욱 강도깊게 그리고 맹목적으로 매달린다. 그럼에도 그들은 이론이라는 건물의 벽이 장식 밑에서 금이 가고 있음을, 즉 성곽 전체가 모래 위에 지어진 것일 수 있음을 점점 더 두려워한다. 누군가 이런 두려움을 조장하고 많은 사람들이 예감하는 것을 솔직하게 표현하면, 그 사람은 거침없는 공격과 '거친 감정충동'의 대상이 되는 경우가 많으며, 엘리아스에 의하면 그런 충동이 억제되지 않은 채 남아 있는 것은 '문명화과정의 초기 단계' 인간들에게 특징적인 현상이다.

이렇게 엘리아스의 문명화이론에 대해 비판한 3권의 책이 출판된 후에 학식있는 많은 신사 숙녀들이(우리는 이들에게 '거의 모든 관점에서 거의 모든 경우에 균형잡힌 적절한 자제심이 있음을' 인정할 수 있을 것이다) 감정이 실린 행동, 강하고 집중적이며 억제받지 않은 열정을 표출할 수 있음을 보여주었다. 우리가 엘리아스의 말을 믿는다면 그런 것들은 '후기 단계의 인간들에게서는 더 이상 보이지 말아야' 하는 것이다. [3] 흥분한 지식인들이 『슈피겔』과 『차이트』의 편집자와 내가 강의하는 대학의 학장에게 수많은 편지를 보내왔다. 편지를 쓰지 않은 사람들은 신문 비평이나 학술 잡지에 기고하여 분노를 분출했다. 다른 반응들도 나왔다. 예를 들면 세번째 책이 나오고 난 후에 내 가족과 나는 몇 달간 편지로 그리고 전화로 살인협박을 받아야만 했다. [4]

모든 비평가들과 비판가들이 예를 들어 루츠키나 파린처럼 유치하게 행동한 것은 아니었다. 독일 신문 문예란의 일종의 카린 슈트룩(Karin Struck)이라 할 수 있는 카타리나 루츠키(Katharina Rutschky)는 내가 '바라보기만 해도 재앙을 입히는 눈초리'를 하고 있다고 진단하기 위해서 그녀가 내 다리를 걸었다며[5]며 다른 때는 지루할 정도로 진지한 『차이트』를 떠들썩하게 했다.[6] 파울 파린(Paul Parin)은 『타즈』(Taz)가 나의 엘리아스 비판에 대해 문의하자, 내가 '학문적인 바보'[7]임을 확인하는 것 외에 다른 것은 생각하지 못했다.

상대방을 평가절하하는 이런 형식은 한순간 감정적으로 긴장하게 만들 수 있다. 그러나 영리한 비평가들은 그런 종류의 토로를 그 순간이 지나면 쓰레기통에 던져버린다. 그런 것이 출판되면 상대방보다 그런 말을 한 저자가 사람들 입에 훨씬 많이 오르내릴 수 있다는 것을 알고 있기 때문이다.

그렇기 때문에 주지하다시피 방법론적인 반박들이 매우 효과적으로 애용되고 있다. 왜냐하면 그것은 일견 확실해 보이는 증거의 도움으로 상대방 입장의 경험적 근거는 조금도 언급하지 않고 그 기반을 흔들 수 있다는 엄청난 장점을 가지고 있기 때문이다. 그래서 사람들은 혐오감이 들 정도로 나를 질책했다. 내가 '완전히 다른 연관성에서 나온 현상들을 나열한다고'[8] 오로지 '독립된 사건과 일들'만을 인용한다고.[9] 혹은 한 비평가의 아주 바늘 돋친 단어로 표현하자면 내가 '상이한 시공간에서 평준화된 실례의 자의적인 반맥락주의'를 선호한다고.[10] 아니면 사람들이 자신을 이해한 것에 대해 반대하는 것처럼 보이는 다른 비평가가 표현했듯이 "표면적으로 의사 기표는 모든 문화 경계와 시간 경계를 넘어서 동일한 기의에 예속된다. 그리고 이미 설명된 행동방식에서 볼 수 있는 차이는 중요하지 않다." 이어서 영어를 좋아하는 것처럼 보이는, 이 이상한 문장의 저자는 의문을 제기한다. "그래서 어떻다는 겁니까, 뒤르씨?"[11]

그런 비평가가 독자들에게 감명을 주기 위해 사용했던 겉만 번지르르한, 대부분 학술 야르곤에서 나온 쉽게 바꿀 수 있는 부분들로 되어 있는 언어를 거둬내보면,[12] 그리고 대신 이 '논거'의 구조를 좀 가까이 관찰해보면 그것이 실제로 의미깊은 논거가 아니라 세련되게 계산된 토론 *거부*라는 것을 눈치챌 수 있다. 왜냐하면 육체의 수치심과 같은 특정한 주제가 특별한 사회적 그리고 역사적 맥락과 본질적으로 무관하다는 것을 증명하려고 시도하는 사람에게 그가 전혀 혹은 '거의 당시의 역사적 맥락 속으로' 들어가지 않기 때문에 그의 증명이 아무런 가치가 없다고 반대한다면,[13] 존재해서 안 되는 것은 존재할 수 없기 때문에 그런 증거를 선험적으로 인정하려 하지 않는다는 것을 보여줄 뿐이다.

사람들은 아주 다른 시대와 사회의 여자의 눈에 띄는 '가슴의 양상'을 서로 비교하는 것이 '방법론적인 실수'를 저지르는 것이라고 나를 비난했다. 그에 해당되는 현상을 그것의 특별한 맥락에서 끌어내면서, 그 현상을 강압적으로 '평준화하고' 그것을 *동일한 현상으*로 만드는데 그것은 잘못되었다는 것이다. 비평가들은 그런 논거를 가지고 오로지 그들이 비교가 도대체 무엇을 의미하는지를 전혀 알지 못하고 있음을 보여줄 뿐이다.

언젠가 『원본의 고전서』(*Klassische Buch der Urkunden*)에서 쉰체(Hsün-tse)가 다양한 사물들은 '그것 모두가 동일하지 않은 한 동일(치)하다'고 확인했다면,[14] 그는 그럼으로써 당연히 어떤 현상을 그 자체와 비교하는 게 아니라 다른 현상하고만 비교할 수 있다는 논리적인 통속성을 표현한 것이다. 우리가 그것이 서로 다른 '맥락'에 있기 때문에 그리고 그렇기 때문에 서로 다른 현상들이기 때문에 이 두 가지 현상을 서로 비교할 수 없다고 말한다면, 그것은 '비교'라는 개념을 언어에서 *추방하는* 것에 다름이 아니다.

물론 그런 논거는 어리석음의 표현이거나(이것이 더 개연성 있어 보인다) 아니면 기만이다. 왜냐하면 비평가들 자신이 나에게 비난한 것을 그들 스스로 하고 있기 때문이다. 그들은 두 개의 현상이 아주 다른 맥락 안에 있기 때문에 그것이 서로 비교될 수 없다고 주장하기 위하여 두 개의 다른 현상을 동일한 단어로 부르면서, 그들 스스로 이 현상들을 '그 맥락에서 끌어'내고 있는 것이다.

예를 들어 시마다(Shimada) 같은 비평가가 나를 '본질주의'라고, 그리고 '수치심이 세계 각지에서 동일한 것처럼' [15] 다루었다고 비난할 때 그는 명백히 스스로 다양한 맥락 안의 서로 다른 다양한 현상들을 동일한 것으로 동일시하며 독일 단어 '샴'(Scham)으로 지칭했다. 그리고 그것은 이성적이기도 하다. 엄격한 *의미*에서 한 단어의 뜻을 이 단어가 아주 특별한 상황에서 어떻게 사용되느냐와 연결시킨다면, 예를 들어 다른 문화에서 어떤 특정한 현상을 수치심의 태도라고 지칭하는 것이 *아무런 의미가 없는가* 하는 그런 질문이 제기될 것이기 때문이다. 그렇다면 역사연구가 혹은 민속학자가 존재할 수 없을 뿐더러 인간 그 자체가 아닌 것에 대한 모든 이해도 불가능해질 것이다. 그런 이해가 불가능하다면 자기 자신 역시 이해하지 못하게 된다. 누구도 언어라고 할 수 없는 '개인 언어'로 이야기하지 않고 상호주관적인 언어로 이야기하기 때문이다. [16]

"인간은 항상 동일했으며 그렇기 때문에 더 이상 물어볼 것도 더 이상 해석할 것도 더 이상 역사적 맥락 안에 배열할 필요도 없다" [17]고 내가 주장했다는, 매번 제기되는 비난들도 이런 맥락 속에 있다. 어느 다른 비평가는 내가 '행동 기준과 정서 기준'의 모든 발전에 반대한다고 [18] 말했다. 또 어떤 비평가는 내 생각에 따르면 '인류의 발전사에서 수치심과 곤혹스러움의 정서는 전혀 변하지 않았다' [19]고 주장한다. 그리고 어느 여류 역사학자는 내가 '모든 인간 사회는 그 수치심과 관련하여 모두 동일하다'고 주장하지만 실제로 인간 사회는 '질적인 역사적 변화에 예속'되어 있다고 확인하고 있다.[20]

나는 역사적 *변화*라는 사실을 문제시한 것이 아니라 그런 종류의 변화가 모든 단기간의 문명화된 반대충동에도 불구하고 *엘리아스의 의미대로* 장기간의 진보적인 발전으로 묘사될 수 있다는 주장을 문제시한 것임을[21] 매번 분명하게 표현했다. 그런데 왜 비평가들은 이것을 알려 하지 않고 내가 역사가 진행되면서 어떤 것이 변한다는 사실에 이의를 제기했다고 단조롭게 왜곡하는가?

여기에는 두 가지 이유가 있다고 생각한다. 첫째로, 많은 비평가들은 문명화과정의 신화를 성공적으로 내면화해서 역사적인 변화를 엘리아스의 의미와는 다르게 더 이상 *상상할 수 없다*는 것이다. 그렇기 때문에 문명화 충동이 역사적으로 증가했다는 명제와 그런 충동이 점점 내면화되고 있다는 명제에 반대되는 이론을 제기하는 사람에게는 그가 충동모델의 변화와 변형을 의심하고 있다는 비난을 가하게 된다.[22] 둘째로, 이런 비난에 다음과 같은 상황도 일조했을 것이다. 즉 내가 피상적으로 관찰할 때는 완전히 다른 것처럼 *보이는* 현상들의 좀더 깊은 동일성을 증명하려고 시도했다는 것. 그리고 역사적 민속학적 '이국주의'와 극단으로 치닫는 구조주의의 혼합이 좌중을 압도하던 그 시기에 그런 관찰방식이 지성인들의 가슴을 따뜻하게 해주기에는 적합하지 않았다는 것이다.[23]

바로 엘리아스가 시대를 관통하는 지속성과 동일성에 반대하려고 얼마나 노력했는지, 그리고 이런 경향이 어떤 형태를 지니게 되는지를 우리는 그가 인간이 어떤 과정을 '통과해 지나가는' 것이 아니라 그 스스로가 '과정' 혹은 '발전'[24]이라는 점을 보여주고자 하는 바로 그 지점에서 가장 잘 확인할 수 있다. "'사람들은 나는 *항상 동일한 사람*이라고 말할 수 있다. 그러나 그것은 맞지 않는다. 후베르트 후베르티(Hubert Huberti)는 50세 때 10세 때와는 다른 사람이다. 그가 50세에 자신에 대해 '나'라고 말한다면 그것은 10세 때의 그와 관계가 없다. ……후베르티가 과거 어린아이였던 그와 성인이 된 현재의 그가 동일한 사람임을 이해하지 못했다는 것을 흄이 눈치챘다면 그의 문제는 아주 명확해진다."[25]

여기서 엘리아스가 근본적으로 흄과 동일한 실수를 저지르고 있다는 것이 드러난다. 스코틀랜드 철학자인 흄이 '이런 개념을 끌어낼 수 있'는 '지속적인 불변의 표현'은 존재하지 않기 때문에 시대를 통해 '변화하지 않고 방해받지 않는 존재'라는 인간 '개념'(idea)이 존재하지 않는다[26]는 결론을 내렸다면, 엘리아스 역시 수십년을 거쳐 자기 자신과 동일시되며 이 이름과 연관지을 수 있는 '후베르트 후베르티'는 존재하지 않는다고 생각했기 때문이다. 그러나 이런 생각은 잘못된 것이다. 50세의 후베르트는 그 사이에 그가 변했다 할지라도 40년 전의 후베르트와 관련이 있다. 우리는 '나' 혹은 사람들의 이름과 같은 개념의 의미가 순간적인 인상과 관련이 있는 게 아니라 시간의 흐름에 따라 변하는 인간과 관련이 있는 것이라고 *배운다*. 그러므로 이런 변화는 인간 및 다른 사물에도 본질적이다. 즉 변화가 너무 과격하지만 않으면[27] 변화가 한 인물을 어떤 *다른* 인물로 만들지는 않는다.

엘리아스가 그랬듯이 우리가 인간이나 혹은 어떤 다른 사물은 변하기 때문에 그 자체로 변화, 과정 혹은 발전이라고 주장한다면 그것은 의미론적으로 말도 안 되는 소리일 뿐 아니라 그것은 다시 흄 및 엘리아스의 생각을 과격한 *경험주의*로 규정한 결과이다. 그래서 엘리아스는 우리가 '현실에서' 바람, 강, 혹은 어떤 인물 자체를 인지하지 못하고 '쓸모없는' 언어를 근거로 불변의 상황으로 제한하는 과정을 인지하게 된다고 생각했다. 이런 방식으로 우리는 매번 예컨대 '개인과 사회'처럼 아주 의미가 없는 개념적인 표현에 의해 억압당하는 것처럼 느끼게 된다. 이러한 표현방식은 '개인과 사회가 두 개의 다른 사물인 것처럼 보이게 하는' 것이다.[28]

그런데 우리가 어떤 강이나 인간 자체를 보지 않는다는 것이 사실인가? 17년 전 엘리아스를 어느 강연에서 보았을 때 나는 내가 엘리아스로서 *해석했던* 의미 데이터를 본 것이 아니라 친절한 노인인 엘리아스를 본 것이다. 그리고 내가 얼마 전 폰테베키오에 서 있었을 때 나는 아르노 강을 보았지, 물의 흐름을 본 것이 아니다. 나 역시 엘리아스가 나중에 나에게 편지를 썼을 때 그가 문명화과정의 저자와 '동일한 인물'이며 아프리카 문화에 관해 강연을 했던 그 남자와 동일한 인물이었다고 확신한다. 왜냐하면 '엘리아스'라는 이름이 X라는 시점의 한 묶음의 의미 데이터나 과정과 연관지어서 사용한 것이 아니라 시간이 지나면서 여러 관점에서 변했으면서도 어떤 관점에서는 변하지 않은 한 인물과 관련해서 사용했기 때문이다.

개인과 개인이 살고 있는 사회가 '서로 다른 것'이라고 주장하는 것이 말도 안 되는 소리라고 말한다면, 그것은 마치 어떤 사람이 남자는 아내와 결혼해야만 남편이 될 수 있으니까 남편과 아내 사이에는 아무런 차이도 존재하지 않는다고 주장하는 것과 똑같다. 개인이 사회와는 약간 다르다는 것을 우리는 예를 들면 사회는 그럴 수 없지만 개인은 어깨가 드러난 옷을 입을 수 있다는 데서 인식할 수 있다. 그리고 강이 강물의 흐름과 일치하지 않는다는 것을 아르노 강의 길이가 240킬로미터나 된다는 데서 알 수 있다. 그러나 강물의 '흐름'에 관해 길이가 240킬로미터라고 주장한다면 그것은 말도 안 되는 소리일 것이다.

물론 엘리아스가 원래 말하려 했던 것은 명확하다. 즉 인간은 사회적 존재이고 '모든 것이 진행 중'이며 사물은 시간의 흐름에 따라 변하고 사람은 동일한 사물에 관해 더 이상 말할 수 없다는 것이다. 그와 일치하게 비평가들은 내가 오늘날 서구 사회에서 눈에 띄는 '가슴의 양상'은 '고대' 사회의 그것과는 아주 다른 현상임을 인식하지 못했다고 나를 비난했다. 예를 들어 한 여성 비평가는 내가 '간과했던' 사실은 '유럽의 이성적인 문화'의 가슴의 양상에는 '가장 결정적인 점', 즉 '마술적인' 성격이 결핍되어 있[29]는 것이라고 말했다.

오래전에 북오스트레일리아의 아보리게네스족 여자가 경찰 정찰대 때문에 놀랐을 때 그녀는 '경악해서' 가슴을 높이 들어올리고 백인들에게 젖을 쏘아댔다고 한다.[30] 브레멘의 경찰 대변인은 이렇게 말했다. '모유의 이질적인 사용' 때문에 얼마 전에 젊은 여자 한 명이 법정에 불려갔다. 그뢰펠링의 한 잡화점에서 도둑질을 하다가 잡화점 일꾼에게 잡히자 그 남자 앞에서 젖가슴을 드러내고 그의 '얼굴에 한 줄기 젖을 뿌렸기' 때문이다. 그에 대해 희생자는 상해로 그녀를 고발했다.[31] 그리고 하이델베르크 대로에서 상점에서 물건을 훔친 여자 도둑이 백화점 경비에게 쫓기다가 당혹스러워하는 남자 앞에서 블라우스를 높이 들어올리고 그에게 벌거벗은 젖가슴을 내밀었다.[32]

우리가 위의 세 가지 예를 서로 비교해보면 모든 경우에 위협받는다고 느끼는 여자들이 바로 반격을 하며 그들 편에서 이런 목적을 위해 공격자에게 벌거벗은 가슴을 내밀거나[33] 임신하거나 자녀가 있는 경우에는 젖을 뿜어냄으로써 위협을 했다.[34] 무엇이 우리로 하여금 아보리게네스족 여자의 경우는 *마술적인* 행동이며, 다른 두 가지 경우는 *마술적인 행동이 아니었다*고 말할 수 있게 하는가? 그것은 바로 그 여성 비평가의 선입견이며 '마술적인' 세계에 대한 그녀의 환상일 뿐이다.[35]

물론 나는 현대사회에서 여성 가슴이나 성기의 공격적인 노출은 전과는 다른 방식으로 사회적으로 처벌받는다 데 대해 반박하려는 것이

189. 사진사들에게 도발적인 자세를 취한 젊은 여자, 베를린, 1994.

아니다. 예를 들면 중세 말기 대중의 면전에서 외음부를 보여줌으로써 다른 사람들에게 모욕을 주었던 아우구스부르크의 베르벨(Bärbel)은 '음탕한 행동' 때문에 바젤 시에서 추방되었다. 그러면서 그녀는 돌아오면 라인 강에 빠져 죽이겠다는 위협을 받았다.[36] 그에 반해 오늘날 갑자기 아들 앞에서 스커트를 벗고 '그녀의 음순을 벌리면서 스스로 씩씩거리는 소리를' 냄으로써 아들을 놀라게 했다[37]고 고백한 어떤 여자는 벌을 받을까봐 두려워하지 않는다. 1993년 6월에는 도르트문트에서 어린 여자아이 세 명을 6개월간 소년원에 감금시키라는 판결이 내려졌다. 노선버스에서 그들 가운데 주범이 '조금도 주저하지 않고' 젊은 남자에게 '그녀의 벌거벗은 가슴을 보여주고' 나서 그 남자를 구타했기[38] 때문이다. 그리고 그 경우 노출은 거의 형량을 가중시키지 않았다. 이런 차이에도 불구하고 우리는 이런 노출이 동일한 현상, 즉 특별한 공격적 행위임을 반박할 수 없을 것이다.

엘리아스의 문명화이론을 추종하는 많은 사람들이 이런 현상들을 실제로 검증하지 않고 반대로 결론에서 끌어내려 한다는 점을, 내 비판이 근본적으로 엘리아스의 이론과 아무런 관련이 없다[39]는 비난뿐 아니라 이 이론을 경험적 자료를 통한 반박에서 원칙적으로 보호하려는[40] 엘리아스 이론 변호자들의 경향에서도 알아챌 수 있다.『차이트』가 엘리아스의 이론과 같은 '위대한 이론'은 '어떤 방식으로도 절대 반박할 수 없다'[41]고 밝히고 난 후에(그것은 그 이론을 *사실*로도 반박할 수 없다는 의미로 보인다)『프랑크푸르터 룬트샤우』(*Frankfurter Rundschau*)의 한 비평가는 엘리아스에게 뒤지지 않으려고 이렇게 변용시켰다. "사실이 신화와 일치하지 않는다고 해서 신화가 흔들리는 것은 아니다."[42](이 위트는 헤겔이 '그런데 교수님, 교수님 이론은 사실과 전혀 부합하지 않는데요!' 라는 제자의 말에 대해 '사실은 더 나쁘지!' 라고 대답했던 일화를 연상시킨다.)

어느 문화사학자는 참을 수 없는 한계까지 기교를 부린 논문에서 나의 '인류학적인 단초'가 '경험론의 막다른 골목'으로 이끌고 간다고 말했다.[43] 그리고 결국 어느 사회학자는 엘리아스 이론에 대한 *반박*, 즉 엘리아스 이론이 *잘못되었다*는 증명이 엘리아스 이론에 어떤 의미가 있는지에 관해 문제를 제기했다. "뒤르가 엘리아스의 이론에 대해 특히 경험적으로 설득력있게 반박했다는 것이 확인되었다면, 결국 이 경험적 비판이 이 이론을 반증했는지, 즉 경험적 교정이나 심지어 반박이 엘리아스의 이론에 위협이 될 수 있는지에 관한 의문이 남게 된다."[44] (엘리아스가 고대 빙하 시대의 인간에 관해 이들은 꿈과 현실 사이를 구분하지 못했다고 썼지만 이것은 빙하 시대 사냥꾼보다는 오히려 대학 연구실에만 처박혀 있는 많은 학자들에게 더 적절한 말인 것처럼 보인다!)

다른 비평가들은 공개적인 토론 거부라는 전략을 사용하며 부분적으로 아주 극단적인 방법으로 그 이유를 설명하고 있다. 그래서 예를 들어 엘리아스의 제자인 코르테는 엘리아스에 관한 그의 작품 전기에 나의 비판을 왜 한마디도 언급하지 않았는지에 대한 질문에 '그럴 가치가 없기 때문'이라고 답변했다. 왜냐하면 "나에게는 뒤르의 전면공격이 작품 전기와는 아무런 상관이 없는, 깨끗하지 못한 광고 술책에 불과한 것으로 여겨지기 때문이다"[45]라고 했다. 그리고 그런 비평에 억지로 떠밀린 듯이 보이는 한 비평가는 이렇게 해석한다. '출판 조작의 의심이 든다. 그렇지 않다면 어떻게 주어캄프 출판사가 그렇게 '비싼 오락서적'을 그렇게 많이 '찍어낼 수 있는가 하는 질문이 제기될 수 있기 때문이다.'[46]

또 다른 비평가는 내가 '후기 엘리아스의 자기 교정을 전혀 알지 못하기' 때문에 나의 비판에 관해 논하는 것을 '포기했다'고 말했다.[47] 그러면서 그는 유감스럽게도 이른바 '자기 교정'을 어디에서 발견할 수 있는지에 관해 언급하지 않았다. 그리고 또 다른 비평가는 '엘리아스와 그의 제자들에게서 엘리아스 사고의 발전을 인식하지 못하고 초기 텍스트만 비판해서는 안 된다'고 했다.[48] 그런 기술에 대해 내가 엘리아스나 혹은 심지어 그의 제자들에게서 그런 '발전'의 흔적을 발견했다 할지라도 나는 기꺼이 초기 텍스트를 비판하게 될 거라고 대답할 수 있을 뿐이다.

많은 비평가들은 권위의 요구를 받아들이지 않고 반항하려는 시도를 처음부터 의심스럽게 간주한다. 거기에는 숭고한 학문적인 동기와는 아주 다른 동기가 있다고 확신하기 때문이다. 그래서 어느 비평가는 내가 나의 학술 활동의 *진짜* 추진력이 무엇인지 '곰곰 생각해보는' 것을 '그만두었다고 했다'고 나를 비난했다. 그리고 심층심리학적으로 나를 사로잡고 있는 힘은 '이미 확립된 학문의 권위나 학문의 개념에 대해 반란을 일으키려는 그리고 이들보다 더 잘 알려'는 '노력'

이라고 분석했다.[49] 그리고 루츠키는 이런 견해를 그녀 특유의 세련된 방식으로 표현했다. 내('권위에 집착하는 히피')가 '권위 콤플렉스'를 가지고 있으며 다음과 같이 그 '이유를 대고 있다'. "평범하고 하찮은 사람들에게는 위대한 것에 대한 지속적이고 아무런 소용없으며 중요하지 않은 충돌을 통해 자신이 학문적으로 우월한 잠재력을 지녔다는 환상에 몰두하는 일만이 남겨져 있을 뿐이다."[50] 엘리아스의 제자인 슈뢰터(Schröter)는 그와는 반대로 문명화이론에 대한 나의 비평을 오히려 체제가 위대한 것과 새로운 것과 대치될 때 체제를 격퇴하려는 수단으로 보았다. 엘리아스의 이념에 대한 나의 '공격적 거부 및 경멸적인 거부'는 '끔찍한 제도화된 초자아로서 감정과 환상, 심지어 체험과 문제들을 순전히 거부한 학술 연구활동의 반응이다.'[51]

다른 비평가들은 우선 그들 자신이 얼마나 고귀한 목표를 지니고 있는지를(여성해방, 자유, 성숙함 등) 독자 앞에 똑똑히 보여주려는 전술을 채택했다. 나의 이론이 이런 목적의 달성을 방해하기 때문에 그것을 비난해야 한다는 것을 설명하기 위해서 말이다. 아주 유명한 좌파 진보주의적인 어느 논평가는 이렇게 물었다. "뒤르의 태도는 가톨릭의 교리문답서의 한 장을 연상시키는 일종의 신도덕주의적인 그리고 보수적인 십자군 전쟁이 아닌가(che ricorda molto da vicino un cipitolo delle lezioni di catechismo di parte cattolica)?"[52] 그리고 다른 비평가는 나의 비판은 특징적이게도 '바로 그리스도교의 보수파로부터는 커다란 찬사를 받았다'고 주장한다.[53] 그러면서 그는 물론 아무런 생각 없이 그 증거로서 빈의 교회 반대자인 아돌프 홀(Adolf Holl)의 글을 인용했다.[54]

육체에 대한 수치심은 모든 인간 사회에서 구속을 장려하는 인간 사회의 기능 때문에 필수불가결이라는 내 주장과 관련하여 어느 여자 비평가는 내 '이론'의 '광범위한 정치적 논리적 관계'를 '의식하고 있는지에 대한 질문에' 내가 '아직까지 논쟁적인 비판으로만 대응하고 있다'[55]고 쓰고 있다. 그러면서 그녀는 우리는 항상 어떤 것의 실제 상태와 우리가 바라는 상태를 구분해야 한다고 말했다.[56]

다른 비평가는 내가 어디에서도 '인간 종족이 어떤 방향으로 발전 하는지'[57]에 대한 증거를 제시하지 않고 있다고 비난했다. 또 다른 비 평가는 나의 진술이 어떤 사회적 '유토피아'도 포함하고 있지 않기 때 문에 아무런 쓸모가 없다[58]고 말했다. 반면 그 사이에 사망한 에르네 스트 보르네만(Ernest Borneman)은 정반대의 의견을 내세우면서 내가 '원죄 이전의 시기, 즉 낙원의 나체, 순결, 그리고 폭력이 없는 상태로 돌아가기 위해 오로지 문명이라는 필요없는 짐을 던질'[59] 필 요가 있다고 주장했다며 나를 아주 진지하게 비난했다.

그와는 반대로 로만(Lohmann)은 전형적인 낭만주의자가 현대의 이면(裏面)만을 보고서 '개관할 수 있는 상태로 돌아감으로써' 역사 의 시계를 돌려놓으려는 시도를 암묵적으로 권고하는 것이라[60]며 나 를 비난했다. 그리고 또 다른 비평가는 내가 '불행한' 전통에 서 있는 부권주의자일 뿐 아니라 여자, 이방인, 유대인, 동성애자와 모든 다른 선한 인간들의 적이기도 하다는 것을 '증명'한 후에 『슈피겔』이 인용 한 다음과 같은 내용이 나의 생각이라고 주장했다. 즉 내 '눈에' 보이 는 '현대 산업사회가 딜레마로부터 탈출할 수 있는 가능한 출구는 단 하나'이다. 즉 '효과적인 사회통제로의 회귀. 이것은 더 많은 미숙함 에 대한 변론일 뿐이다.'[61]

물론 그 비평가는 그 인용이 잘못된 것인지 제대로 된 것인지를 확 인하기 위해 2년 전 『슈피겔』을 구해볼 사람은 없다고 생각했겠지만 그 잡지에는 나 역시 어떤 '탈출구'도 알고 있지 않다고 적혀 있다. 이 어서 『슈피겔』은 다음과 같이 내 말을 인용했다. "효과적인 사회 통제 로의 회귀(그것이 가능하다면), 그것은 우리처럼 자유를 의식하는 개

인주의자들에게는 끔찍한 생각이다. 그러나 이런 통제의 총체적 해체
는 아마도 더욱 참을 수 없을 것이다."[62]

또 다른 비평가는 그의 텍스트에서 이념적인 허섭스레기로 독일 대
학에서 박사학위를 받을 수 있다는 것[63]을 알게 해준 로만보다 더욱
뻔뻔스럽게 공격했다. 그는 『쥐트도이치 차이퉁』(*Süddeutsche
Zeitung*)에서 내가 '수치심이 없을 수 없음을 증명해 보이려는 광적
인 시도'에서 민속학적 보고를 '부끄러운 줄 모르고 거의 위조하는 정
도까지' 갔다고 주장했다.[64] 말리노프스키(Malinowski)에 의하면 그
들의 '외음부를 보여준' 트로브리앤드 섬 주민 여자들은 '천박한 여
자'로 간주되며 그것은 '성교'를 요구하는 것이었다고 내가 주장했다
는 것이다. 그러나 '말리노프스키의 텍스트'에서 "이 모든 것들은 다
르게 해석된다. 여자들은 남자들의 나뭇잎을 떼어낸다. 그들은 남자
들에게 수음을 해주며 자신의 몸을 보여주어 그들이 발기되도록 한
다. 남자들은 공식게임이 진행되는 동안 그들의 손가락을 외음부에
집어넣는다. 말리노프스키는 공개적인 성교에 관해서 보고하며, 수치
심에 관해서는 언급할 가치조차 없다." 비열하게 말리노프스키를 공
범으로 이용한 내가 독자들에게 실제로 수치심을 모르는 사회가 존재
한다는 것을 숨기기 위해 이 모든 것을 무시했다는 것이다.[65]

우선 이 비평가는 내가 '수치스러워하는 트로브리앤드 주민들'에
관한 동화를 팔려고 하기 때문에 말리노프스키가 들어 알고 있던 야
우지(yausa)라고 불리는 관습을 독자들에게 언급하지 않았다고 주장
한다면 그는 *거짓말*을 하는 것이다. 왜냐하면 밭에서 잡초를 뽑는 여
자들에 대한 이른바 이방 남자들의 성적 학대에 관해(그들은 희생자
의 '공적인 나뭇잎, 즉 도덕성의 방어물'을 벗기고 희생자를 강간한
다) 나는 그 비평가가 비평한 책들 중 한 권에서 상세히 기술했으며
그것은 누구나 확인할 수 있다.[66]

물론 말리노프스키는 그가 야우자를 결코 직접 본 적이 없으며 실제 증인을 찾지 못했다고 썼다. "야우자에 대해 확신을 가지고 말할 수 있는 것이라고 해봐야 그것이 행해진다 하더라도 아주 드물다는 것뿐이다. ······이 전통에 대해 우리가 최소한의 정당성을 부여한다면, 그것은 강렬한 관심과 믿음에 의해 뒷받침된 신화에 지나지 않는다."[67]

그럼에도 그것이 이 맥락에서 중요한 것은 아니다. 중요한 것은 동떨어진 밭에서 일하는 이런 여자들의, *트로브리앤드 사회의 일상적인 규범과 정면으로 대치되는 특별한 태도이다!*[68] 예를 들어 마타파토마사이족의 한 남자가 딸 정도 되는 여자와 잠을 잤다면 여자들은 극단적으로 뻔뻔스럽다고 간주되는 그런 행동을 할 수도 있다. 말하자면 그 남자를 잡아서 옷을 벗기고 그의 다리를 강제로 벌린 다음 그의 성기를 마구 다루는 식으로 말이다.[69] 그런 사건을 보고 '여자들이 대중의 면전에서 남자의 음경을 잡았기' 때문에 마타파토족이 육체에 대한 수치심을 전혀 알지 못한다고 결론짓는다면 그것은 아주 불합리한 것이다.

서구 작가들의 트로브리앤드 사람들에 대한 이념적인 '평가절하'는 오래된 역사를 가지고 있다.[70] 그리고 그들의 산호섬을 '사랑의 섬'으로 찬양하고 있는 관광산업의 광고 포스터 때문에 한탄하는 섬 주민들이 적지 않다.[71] 그 비평가 역시 자신의 이념을 위해 이 민족을 오용하는 잘못을 저지르고 있는 것이다. 자료를 살펴보면 그런 사실을 쉽게 인식할 수 있다. 말리노프스키는 다음과 같은 사실을 확인한 데 가치를 두었다. 트로브리앤드 사람들은 육체에 대한 수치심과 관련하여 "그것이 요구하는 것을 침해할 때 우리와 똑같이 도덕적, 심리적 태도를 보인다는 것이다. 옷으로 가려져야 할 몸의 부분을 조심스럽게 그리고 적절히 가리지 않는 것은 비하적인 의미에서 나쁘고 부끄러우며 쑥스러운 짓이다." 4세나 5세 된 여자아이들은 나무껍질 치마를 입는다. 그리고 나이가 더 들면 항상 예의바르게 그것이 잘 가려지도록 신경을 써야만 한다. 부인들과 젊은 처녀들은 돌풍이나 격한 움직임에 의해 하체가 노출되지 않도록 아주 엄하게 주의를 기울였다. 그리고 남자들 역시 아무도 자기 성기를 볼 수 없도록 세심하게 신경을 썼다.[72]

'공식적인 의식이 진행되는 동안' 남자들이 여자들의 외음부에 손가락을 집어넣고 심지어 대중의 면전에서 성행위를 하는 것이 일반적이었다는 비평가의 주장은 또 다른 거짓말이라고 말할 수 있다. 왜냐하면 말리노프스키와 그 이후의 다른 민속학자들은 트로브리앤드 사회에서 그런 것이 절대 불가능했다고 아주 명확하게 강조하고 있기 때문이다. "유혹하는 것조차 아주 예의바르게 이루어졌다. 유럽 공원에서 볼 수 있는 일상적인 장면들은 어두워지고 난 후 혹은 그 이전에라도 트로브리앤드 마을에서는 절대 볼 수 없다."[73]

트로브리앤드 섬에서도 이 세상의 어디에서나 그렇듯이 물론 젊은 이들의 상호 접촉 시도가 있었다. 특히 카리봄의 축제 기간 동안에는 젊은 남자가 여자의 가슴 혹은 심지어 치마 밑을 건드리는 일이 벌어질 수 있었다. 그러나 절대 대낮에는 그럴 수 없었고 다른 사람들이 볼 수 없는 달이 없는 저녁의 어둠 속에서만 가능했다.[74] 그리고 심지어 공개적인 성교까지 갔다는 것은 비평가의 순수한 창작이다. 왜냐하면 말리노프스키는 "성관계는 부족사회의 규율에 어긋나지 않기 위해서는 사적으로 그리고 예절이 허용하는 엄격한 한계 내에서 이루어져야 한다"[75]고 쓰고 있기 때문이다.

또 다른 비평가들은 내가 '수치심을 성기에 대한 수치심으로 제한'했다고[76] 아니면 내가 '성기에 대한 수치심 금기'를 '일반적인 수치심과 혼동했다'[77]고 비난했는데 좀 이해하기 힘든 비방이다. 이 비평가들은 나무좀에 관한 책을 발표한 누군가에게 그가 나무좀을 일반적인 동물과 혼동했다고 비난할 수 있겠는가?

어떤 비평가들은 내가 인용했다는 자료들을 진지하지 않거나 신빙성이 떨어지는 것으로 단정함으로써 내 진술의 신뢰성을 떨어뜨리려고 했다.[78] 예를 들면 어느 여류 패션사가는 정면돌파식으로 내가 '완전히 편협한 증명자료를 가지고' 성기에 대한 일반적인 수치심이 존재한다는 인상을 불러일으키려고 했다고 주장한다. 내 주장의 반증으로 그녀는 '베두인족 여자들은 낯선 남자들을 갑자기 만날 경우 얼굴을 겉옷으로 가리며 주저하지 않고 하체를 드러낸다'[79]는 '사실'을 제시했다. 그것은 다음과 같은 우셀의 주장을 기억나게 한다. 즉 아라비아 여자들은 성기에 대한 수치심을 가지고 있지 않다. 그들은 얼굴을 가리지 않고 밭에서 일하다가 특히 낯선 사람들을 만나면 치마를 얼굴 위로 끌어올리기 때문이다. 그들에게는 얼굴이 수치심이다.[80]

이런 '사실', 200년 전부터 거의 모든 문화사가와 패션사가들에 의해 육체에 대한 수치심이 문화 종족적이라는 데 대한 증거로 이용되었던 이 사실은 추측컨대 독일 지리학자 카르스텐 니부르(Carsten Niebuhr)의 보고에서 기인한 것으로 보인다. 1761년 '아침의 나라'로 출발했던 덴마크 원정대의 유일한 생존자인 그는 이렇게 기술한다. "이집트의 농부들은 7세나 8세가 되기 전의 딸들에게 옷을 주는 경우가 드물다. 대신 그들은 머리 앞에 좁고 긴 수건을 묶고 다닌다. 낯선 사람이 가까이 오면 그것으로 얼굴을 가리기 위해서이다. 나는 이집트에서 얼굴만 가리고 완전히 벌거벗은 채 우리를 보기 위하여 달려오는 농부 처녀들을 직접 본 적이 있다."[81]

이 세상의 모든 지역에서 그와 비교될 수 있는 사실들이 보고되고 있다. 예를 들면 남인도 카디르와 아나이말라이 여자들은 숲에서 낯선 남자와 우연히 마주치면 벌거벗은 가슴을 부끄러워한다. 그런 경우에 그들은 가슴을 가릴 뿐 아니라 남자가 자신의 얼굴을 볼 수 없도록 얼굴 역시 돌린다.[82] 혹은 반나체의 다야크족 처녀들은 민속학자가 그들을 쳐다볼 때면 손으로 얼굴을 가렸다.[83] 물론 그들은 얼굴이 벌거벗은 육체보다 더 수치스럽기 때문에 그러는 게 아니었다. 타조처럼 머리만 모래 속에 처박는 그런 의미에서 (그들이 남자를 보지 못할 때면 남자도 그들을 볼 수 없다고 생각하는 것처럼) 그렇게 행동한다.

게다가 얼굴을 가리는 것은 당사자 여자를 익명화하는 것이다. 사람이 보는 벌거벗은 육체는 *그녀의* 육체가 아니라 *어떤* 여자의 육체이다. 슈타이어마르크의 촌부는 알프스 지방의 사육제 기간 행렬에서 마녀 형상을 한 여자들이 '젖가슴을 밖으로 드러낸' 사실과 관련하여 '그렇게 변장한 것이기 때문에'[84] 이 경우에는 '허상'만 존재하는 거라고 말했다.

츠와나족은 수치심을 '사로잡힐 것 같은 두려움을 가진 오소리처럼

190. 베르베르 타슘사족 여자, 모리타니
(아프리카 사하라 사막 서부의 공화국—옮긴이), 1980년경.

191. 가슴을 노출하고 시아버지를 유혹하고 있는
타마르, 오라스 베르네의 그림, 1840.

눈을 숨기는 것'[85]이라고 묘사했다. 그리고 부인과 의사들은 많은 부
인들이 산부인과 검진을 하는 동안 눈을 감는다고 보고하고 있다. 검
진을 받으면서 의사를 보는 것이 곤혹스럽기 때문이다.[86]

　많든 적든 벌거벗은 젊은 여자들이 남자 앞에서 얼굴을 가리는
모습은 19세기 '동양' 회화에서 애용되던 주제였다(그림191). 1838
년경 샤를 글레르(Charles Gleyre)는 「이집트 여인의 수치심」(La
pudeur Égyptienne)이라는 제목의 그림을 그렸는데, 이 그림에는
여자가 기사에게 물단지를 건네주면서 얼굴을 가리기 위하여 겉옷을
높이 들어올려서 그녀의 하체가 드러나 있다.[87] 약간은 동성애적인
느낌을 주는 경우가 많은 그런 그림을 근거로 '근동에서'는 여자가
'육체의 어떤 다른 부분보다' 얼굴을 가리는 것을 '더 중요하게 여겼'
다고 말할 수는 없다.[88]

434

예를 들어 이란의 TV는 머리는 완전히 가린 산모의 벌거벗은 배와 벌거벗은 가슴을 볼 수 있는 출산 장면을 방영할 수 있다.[89] 그럼에도 이란의 초기 희극 영화에는 베일로 얼굴을 가리지 않은 여자가 앉아 있는 방으로 낯선 남자가 들어오면 그 여자가 머리 위로 치마를 뒤집어쓰는 장면이 자주 나오는데 그 장면이 매번 사람들의 웃음을 불러일으켰다는 점이 아주 독특하다.[90] 나체 혹은 반나체의 이슬람교 여자가 남자 때문에 놀라면 일반적으로 첫번째로 숨기는 것이 무엇이냐는 질문에 17세기 초기 시린과 쿠스라프의 만남을 묘사한 리자 압바시(Rizā Abbāsī)의 그림이 가장 명확한 답변을 제공해준다. 그 그림에서 시린은 팔로 벌거벗은 가슴을, 발꿈치로 성기 부위를 가리고 있다(그림192).[91]

육체에 대한 수치심(hishma)이 원초적으로 성기와 관련이 있다는 사실은 성기가 '마하심'(mahāshim)이라 불리는 데서도 알 수 있다.[92] 과거에 팔레스타인에서는 여자아이가 태어나자마자 바로 기저귀를 채웠다. 아무도 그 아이의 외음부를 볼 수 없도록 하기 위함이다. 좀 큰 여자아이가 뛰면 사람들은 그 아이의 아버지를 비난했다. 아이가 달리다 쓰러지면 하체가 노출될 수도 있기 때문이다.[93] 오래된 전통에 따르면 이슬람교 남자는 자신의 아내 앞에서도 배꼽과 무릎 사이의 부분을 가렸다. 반면 남편은 아내의 성기 부위를 제외한 모든 부분을 볼 수 있었다. 성기 부위를 보면 눈이 먼다는 이야기가 전해진다.[94] 그리고 위대한 알가잘리는 성교에 관해 남자에게 이렇게 지시한다. "남편은 자신과 아내를 옷으로 가려야 한다. 신의 사절은 그의 머리를 가리고 아내에게 이렇게 말하면서 목소리를 낮추곤 했다. '조용히 해!' 카바는 이렇게 말했다. '아내와 은밀한 관계를 가지려면 야생나귀처럼 완전히 옷을 벗어서는 안 된다.'"[95]

여탕에서도 여자들은 거의 어디나 어느 시대에서나 서로 성기 부위

192. 리자 압바시, 「쿠스라프와 시린」, 17세기 초.

를 가렸다.[96] 왜냐하면 악마 이블리스가 '함맘'(hammām)에서 행패
를 부리기 때문이다. 그리고 사람들은 여자가 다른 여자의 매력을 보
고서 그 여자에게 반할 수 있다고 두려워했다. 그렇기 때문에 이븐 타
이미야(Ibn Taimīya)는 14세기 초 여자들에게 욕탕에서 서로 쳐다
보는 것을 금지했다.[97] 이런 사실은 낯설게 느껴질 수도 있다. 그 이
유는 우리가 이미 수많은 '동양'의 그림에 영향을 받았기 때문인데,
그 그림들 중 가장 오래된 것은 몬터규 부인의 여행기에서 영감을 받
은 것으로 대부분 실오라기 하나 걸치지 않은 이슬람교 여자들이 욕
탕 속에 앉아 있는 것을 볼 수 있다.[98]

1749년 터키를 여행했던 샤를르몽(Charlemont) 경은 이렇게 보고하고 있다. "여성들조차 서로의 벌거벗은 몸을 쳐다보는 것이 허락되지 않았다. 그들의 정숙함은 그 정도여서 두 여성이 함께 목욕하는 것이 절대 허용되지 않았다. 이런 상황이니 (이렇게 말해서 미안하지만) 메리 올트리 몬터규가 터키 목욕탕에서 아름답고 관능적으로 묘사하고 있는 것은 완전히 잘못된 것이다."[99] 여자들이 함께 목욕하는 욕탕에서조차도 그들은 하체를 가렸다. 예를 들어 카불의 여탕에 들어온 여자들은 수영복을 입은 채 뜨거운 물을 그 위로 부었다. 어느 여류 민속학자가 아프가니스탄의 여탕에서 팬티를 벗었을 때 거기에 있던 모든 여자들이 경악하여 그녀를 응시했다. 게다가 그녀는 치모를 제거하지도 않은 상태였다.[100]

물론 사람들이 거의 그런 것을 볼 수 없을 정도로 대부분 욕탕은 어두웠다. 그래서 1920년대 마라케시에서 여탕에 갔던 에스틴 레오노라 피츠(Estin Leonora Peets)는 이렇게 보고했다. "쥐의 눈처럼 작은 등이 어느 정도 그 의무를 다하고 있다. 그 등은 불빛이 아주 약했기 때문에 모든 벌거벗은 것이 숨겨졌다. 벌거벗었을 때 다른 사람을 쳐다보는 것은 말하자면 죄였다. 세상의 타락 이후에 그렇게 되었다."[101]

또 다른 비평가인 카스 오우터스(Cas Wouters)는 수치심은 "열등함을 두려워하지 않을 수 없는 인간이 직접적으로 육체적 공격을 통해서나 어떤 다른 종류의 공격을 통해서도 저항할 수 없다는 사실로 인해 발생하며 그것으로 특징지어지는 불쾌감이나 두려움의 한 형태"[102]라고 주장하면서 엘리아스를 인용했다. 그리고 그는 "이런 감정의 규범이 성적 공격의 현실적이고 생생한 위험의 변화와 아주 밀접하게 연관되어 있다"[103]는 것을 성적인 수치심에서도 '예상'할 수 있을 거라고 덧붙였다.

물론 나에게 중요한 것은 어떤 다른 현상들이 육체에 대한 수치심

193. 터키 여탕. 세밀화. 18세기.

과 '연관'될 수 있는가, 어떤 것이 육체에 대한 수치심에 영향을 미치고 제한할 수 있는가가 아니라 육체에 대한 수치심과 성적 수치심이 도대체 무엇이냐는 것이다. 그리고 육체에 대한 수치심이 '성적 공격의 현실적이며 생생한 위험들'과 '아주 밀접하게 연관'되지 않음을, 우리는 성적인 폭력을 전혀 모르는[104] 그런 사회의 여자들이 그럼에도 특히 높은 수치심의 기준을 가지고 있다는 사실에서 확인할 수 있다.[105]

내가 엘리아스에 대해 비판했던 점은 그가 육체에 대한 수치심에서 '사회적 굴욕에 대한 두려움'[106]이나 다른 사람의 우월함에 대한 '사회적으로 길들여진 두려움'[107]을 보았다면 육체에 대한 수치심의 본질을 오해했다는 것이다. 왜냐하면 성적 수치심은 완전히 다른 것이며 엘리아스가 생각했던 것보다 사회적 삶에서 훨씬 '긍정적인' 기능을 가지기 때문이다. 말하자면 사회의 토대로서 짝짓기의 결속을 촉진하고 보호하는 기능을 한다. 짝짓기는 그 *개념에 따르면* 매우 배타적이다.[108] 그러나 이런 배타성은 상대가 그들의 육체적 매력을 통해서 다른 사람을 성적으로 자극하면, 즉 성행위로 유혹하면 위험해진다. 수치심은 바로 *사유화의 반응으로* 다른 사람들의 성적 매력을 제한하는 것이다.

어느 비평가는 내가 육체에 대한 수치심은 모든 사회에서 인간의 근본 특징이라는 명제를 통해 '사회적 공간에서 서로 다른 사회적 입장에 대해' 수치심의 '다양한 자리매김'을, '그리고 그럼으로써 지배 기능으로서 수치심을' 자리매김하고자 했다고 말한다.[109] 권력의 상황이 수치심의 태도에 영향을 미칠 수 있다는 데 대해 나는 절대 반박하지 않았다. 첫째로, 사람들은 육체에 대한 수치심을 힘없음의 표현으로서 이해할 수 있기 때문이며, 둘째로, 나는 19세기 여자들이 사회적으로 지위가 낮은, 즉 자신에 대해 힘을 미칠 수 없는 힘없는 남자 앞에서는 (부끄러워할 필요가 없었기 때문에) 주저하지 않고 옷을 벗었으며 배변을 했다는[110] 모든 소문은 아무런 근거가 없는 것임을 보여주려 했다.

많은 여자들이 하녀가 있는 데서는 옷을 입지 않고 욕탕에서 나오는 것을 부끄러워하지 않았다는 말은 옳다. 그러나 첫째로, 그들은 남성 하인 앞에서는 절대 그렇게 하지 않았다. 그리고 둘째로, 예를 들면 이른바 정숙하다는 19세기 후반에 여자들이 이와 관련하여 18세기 초와는 다르게 행동했을 거라는 것은 확인되지 않는다(그림194). 그래서 이전에 하녀였던 프랑켄 지방의 한 여자는 1871년 아침식사 전에 새로운 여주인인 젊은 백작부인 알리스 드 세베린(Alice de Severin)에게 냉찜질을 해주었던 것에 관해 이렇게 썼다. "아침이 되었다. 마리는 증기욕 준비를 하러 갔다. 백작부인이 완전히 발가벗은 채 젖은 아마포 위에 누워서 마리에게 찜질을 하라고 했을 때 그녀는 무척 당황했다. 백작부인의 유두 한가운데에서 손가락보다 긴 검은 털이 자라난 것이 특히 마리의 눈에 띄었다." [111]

남자 하인들 앞에서는 더 이상 잃을 명성이 없는 그런 주인들, 즉 뻔뻔스럽고 성욕이 과도한 것으로 여겨졌던 17세기의 캐슬메인 (Castlemayne) 백작부인이나 찰스 2세의 애첩이었던 바바라 빌러스 (Barbara Villiers) 같은 그런 주인들만 옷을 벗고 나타났을 것이다. 빌러스가 그녀의 욕실 하인들 앞에서 '벌거벗은 채 그녀의 맨살까지' 보여주었다는 것이 알려졌을 때 이는 바로 화젯거리가 되었다. [112]

하인들 앞에서의 부분 노출에 관한 얘기가 '외설스럽다'는 것을 우리는 그것이 연애 문학과 에로틱한 그림뿐 아니라 사제직의 본질적인 구성요소라는 데서 알 수 있다. 그래서 하인과 하녀와 관련된 1713년 앙투안 블랑샤르(Antoine Blanchard)의 참회서 질문은 이렇다. "당신은 그들의 면전에서 상스럽고 음란하게 옷을 입지 않거나 벗을 수 있습니까?" [113]

물론 이것은 명백히 남자들을 향한 질문이었다. [114] 왜냐하면 대부분 여자들은 이런 관점에서 훨씬 정숙하게 행동했던 것으로 보인다. 그래서 프리츠의 사랑하는 여동생은 그녀가 1722년 몇 명의 부인들 앞에서 등을 노출해야 했을 때 얼마나 부끄러웠는지에 관해 보고하고 있다("J'étois obligée de passer en revue devant elles et de leur montrer mon dos pour leur prouver que je n'étois pas bossue"). [115] 그리고 마리 앙투아네트는 바렌에서 강제로 귀향한 후에 파수꾼들 앞에 침실 문과 심지어 '욕실' 문을 열어두어야 하는 것을 얼마나 수치스럽고 부도덕한 것으로 느꼈는지 발꿈치에 암호로 기록해놓았다. [116] 롤랑 부인의 묘사에서 알 수 있듯이 부인들의 벗은 몸을 낮은 지위의 남자들이 보는 것은 모욕적인 무례함으로 느껴졌기

194. 벤야민 외젠 피헬, 「화장하는 여자」, 1891.

때문이다.[117] 롤랑 부인에 의하면, 그녀의 나이에도 불구하고 여전히 가슴을 보여주고 항상 가슴이 매우 깊이 파인 옷을 입었던 '루데' (Roude)라는 어떤 여자는 "마차에 올라탈 때 항상 커다란 수건을 주머니에서 꺼내 그것으로 그녀의 드러난 가슴을 가렸다. 그녀의 말대로 그 가슴은 하인들을 위한 것이 아니기 때문이다."[118]

엘리아스가 예를 들어 팔츠의 리젤로테가 하인들 앞에서 그녀의 자연스런 욕구를 실현하는 것을 부끄러워했다는 점이 '개연성 없다'고 주장한다면[119] 과거 인간의 감정생활에 관한 엘리아스의 진술이 대부분 역사적인 정당성에 근거하지 않으며, 그의 문명화과정의 이론과 일치하는 순수한 추측에 근거를 두고 있음이 다시 한번 드러난다. 엘리아스가 자료를 보았다면 하인들이나 다른 사람들이 리젤로테가 배변하거나 소변을 볼 때 그녀와 마주쳤다면 그녀가 매우 부끄러워했다는 사실이 거의 확실함을 알 수 있기 때문이다.

그녀가 소변보는 자신의 모습을 남이 보는 것을 얼마나 부끄럽게 여겼는지는 친구인 지방백작의 부인에게 보내는 편지에 잘 나타나 있다. 그녀는 이렇게 전한다. "우리가 만나러 갔을 때 갑자기 아주 급하게 소변이 마려웠어요. 그래서 나는 숲의 다른 쪽 구석으로 가서 빽빽한 덤불 아래로 내려갔지요. 그러나 악마가 어떻게 장난을 치는지 보세요! 나는 바로 소변을 보지 못했어요. 그때 악마가 한 남자를 내가 있는 곳으로 보냈지요. 나는 사냥꾼 무리들이 따라올 것 같은 생각에, 빨리 다시 마차로 돌아가야 한다는 생각에 매우 조급해졌지요. 그러나 나무딸기 덤불이 내 발을 휘감았고 마치 두꺼비 같이 철벙 하는 소리가 밖으로 새어나갔어요."[120]

이런 일화가 암시하는 바와 같이 리젤로테는 매우 급했음에도 마부가 있는 데서 소변을 보기 위하여 마차 옆에서 쪼그리고 앉은 것이 아니라 (추측컨대 하녀들과 함께) 숲 속으로 멀리 들어갔다. 그리고 숲 속에서도 그녀는 하녀들의 눈앞에서가 아니라 빽빽한 덤불 뒤에서 볼일을 보았다.[121]

틀림없이 그 시기에 다른 사람들 앞에서 심지어 배변하는 것도 부끄럽게 여기지 않았던 그런 사람들이 있었다. 그러나 그런 행동은 17세기에도 극도로 예의바르지 못하며 변태적인 것으로 받아들여졌다. 그래서 리젤로테는 1678년 7월 24일의 편지에서 '애첩과 함께 화장실에 갔던, 이름을 밝히고 싶지도 않고 밝혀서도 안 되는 어떤 신사'에 관해 언급했다. "한 사람이 볼일을 보고 난 후에 다른 사람이 그 위에 앉았다. 그리고 이런 방식으로 서로를 도와주었다." 특징적이게도 그녀는 그런 행동을 다음과 같은 말로 논평했다. "독일인들이 이렇게 행동한다면 프랑스 사람이 어떻게 비웃을 것인가."[122] 그리고 심지어 낯선 사람들 앞에서 바지를 내려 그들에게 충격을 주고 굴욕감을 주었던 방돔(Vendôme) 공작에 관해 생시몽 공작은 그가 버림받은 아

442

녀자 폭행자이며 특히 배설물과 직장 성교에 관심이 있는 몰염치한 '돼지 같은 놈'이고 자기 소변을 묻히고 돌아다니며 개가 자기 잠자리에 오줌을 눠도 아무런 상관이 없는 그런 사람이라고 말했다. 생시몽 공작은 그가 '의자용 변기' 위에서 사람들을 맞이하는 것을 '천박'한 것으로 느꼈다. 그리고 그의 독자들에게 사과를 했다. '모든 것이 허용되어 있다고 느끼며, 또 그것을 원하는' 그런 인간인 '그를', 즉 방돔을, '잘 알기 위해서는 이런 부끄러운 사소한 사항들을 그냥 지나쳐버려야 한다.'[123]

어느 비평가는 그럼에도 엘리아스의 의미에서의 수치심 기준의 변화를 오늘날 방돔의 태도는 '고위 관직자의 인격'에는 불가능하다는 데서 인식할 수 있다고 말했다.[124] 연방수상인 콜이 국빈이나 언론인을 변기에 앉아서 맞이한다는 것은 극도로 개연성이 없는 이야기이다. 그러나 결정적인 것은 루이 14세나 혹은 17세기의 어떤 다른 군주도 이렇게 행동하지 않았으며 단지 소수의 기인들만 그렇게 했다는 것이다.[125] 일반적인 경우에 사회적으로 그들보다 아래에 위치하는 사람들을 '변기' 위에서 만나게 되는 것은 '고위 관직자'들에게 극도로 곤혹스러운 일이었을 것이다. 그리고 이들이 다른 성에 속할 경우에는 특히 그랬다. 예를 들어 이탈리아의 15세기 중반에 조각가인 벤베누토 첼리니(Benvenuto Cellini)가 실수로 메디치 가의 코시모(Cosimo) 부인의 '비밀 방'에 들어가는 바람에 거기서 '아주 편안한 자세로'(alle sur comodità) 앉아 있는 피렌체 공작부인을 보게 되었을 때 이 여자는 '격한' 반응을 보였다.[126] 그리고 100년도 더 지나서 우연히 어떤 여자가 도팽 루이가 '변기'에 앉아 있는 방으로 들어섰을 때 그는 극도로 곤혹스러워했으며 '그 때문에 기침을 하기 시작했다'. 그녀가 그가 있는 것을 알아차리고 조용히 그 방을 나가도록 하기 위함이었다.[127]

엘리아스가 믿었던 대로 항상[128] 그랬다면, 즉 권세있는 자들이 힘없는 사람들 앞에서 옷을 벗을 때는 어떤 수치심도 느끼지 않았다면, 권세있는 자들이 옷을 완전하게 입고 나타나는 것을 중요시한 반면 자신보다 낮은 계급의 사람들에게는 자기 앞에서 옷을 벗도록 요구한 것을 이해하기 힘들 것이다. 그리고 우리가 이미 보았던 대로 빅토리아 빌헬름 시대의 축제에서 숙녀들은 군주가 있는 자리에서 가슴의 윗부분을 드러내야 했다.[129] 그리고 다음과 같은 지시도 있었다. "군주 앞에서는 장갑을 끼지 않는다."[130] 1920년대 후반에 영국 사람들은 모레스비 항 근처의 광산 원주민 노동자들에게 상체를 가리는 것을 금지했다.[131] 왜냐하면 상체를 가리는 것은 그들이 보유한 특권이기 때문이다.

파라이야르의 최하층 천민 여자들은 얇은 사리 속에 어떤 옷도 입

195. 엘리자베스 여왕 앞에서 궁정식으로 무릎을 꿇어
절을 하는 클라우디아 카르디날레.

어서는 안 되었으며, 그들의 가슴은 항상 보여야 했다. 많은 여자들이 이런 규정을 통해 굴욕감을 느꼈기 때문에 강력히 투쟁했지만 소용이 없었다.[132] 말라얄람 언어권에 속하는 인도 남서부 인도 사람들의 경우 브라만이나 크샤트리아에 속하지 않는 모든 여자들은 대중의 면전에서 가슴을 내놓고 다녀야 했다. 상체를 가리는 것은 앞에서 언급한 두 개의 고위계급에 대한 심각한 공격으로 간주되었다.[133] 고위계급에 속한 여자들은 자신의 드러낸 가슴을 오로지 신 앞에서만 보여줄 수 있었다.[134] 말라바르의 한 젊은 부인의 이야기가 전해진다. 안젱고의 한 영국 부인 집에 살던 그녀는 영국 부인의 예절 개념을 고려하여 유럽식 의복을 입었다. 이 부인이 어느 날 아팅갈 왕비 앞에 모습을 드러내면서 옷과 코르셋을 풀어헤치고 가슴을 드러내야 하는 것을 잊어버렸다. 왕은 이런 무례한 행동 때문에 그녀의 가슴을 자르라는 명령을 내렸다고 한다.[135]

19세기 초 낮은 계급 출신의 여자 그리스도교 개종자들이 낡은 규

196. 어린 예수 앞에서 가슴을 드러내고 있는 여자.
나폴리의 구유상, 1730년경.

정에 위배되는 행동을 감행했으며 그 결과 이 여자들에 대한 분노와 폭력의 물결이 번졌다.[136) 1858년에 트라방코르의 여자 그리스도교도들은 굴욕적으로 느껴졌던 의복규정을 폐지할 것을 두번째로 요구했는데, 그것이 다시 불안과 폭력행위를 야기시켰다. 그러나 마침내 마하라자가 마드라스의 영국 총독인 찰스 트리벨리언(Charles Trevelyan)과 협의한 후에 여성들에게 대중의 면전에서 가슴을 가릴 수 있는 권리를 허용했으며, 지금은 그 개혁을 심지어 '복장의 정숙함을 촉진하는 성과'로 인정하고 있다.[137)

많은 사회에서 높은 계급의 여자들은 사회적으로 그들보다 낮은 계급의 여자들에 비해 가슴을 가리고 다닐 수 있는 것으로써 그들의 위상을 과시했다. 그래서 예를 들면 앙골라의 오빔분두족[138)나 본톡 이고로트족의 경우 그들의 벌거벗은 가슴을 누군가가 보면 그것은 당사자에게 상당한 위상의 상실을 의미했다는 것이 사실이다.[139) 그리고 17세기 네덜란드 목사인 발렌틴은 몰루케의 작은 섬인 테르나테에 거주하는 낮은 계급의 여자들에 관해 이들이 '허리와 하체에 면으로 된 간단한 옷만을' 걸쳤다고 보고하고 있다. "그들은 가슴을 가리는 데 크게 신경쓰지 않았다. ……명망있는 부인들은 물론 약간 더 예의바르게 행동한다. 그들은 가슴 위에 얇은 숄이나 혹은 상징적이라 할 수 있는 수건을 걸치는데 그 안의 것들이 명확하게 들여다보이게 걸친다. 그것을 통해 그들은 특히 춤을 출 때면 사랑의 계략(minnehandel)에 더 유리한 것을 기대한다."[140)

수많은 비평가들이 '근대 이전의' 사회에서 비교적 낮은 수치심의 기준과 감정의 수준을 가지고 있었다는 이론에 대한 나의 비평을 어느 정도 인정한다.[141) 그리고 심지어 상당수의 비평가들이 고대 문화와 비유럽 문화에 관한 엘리아스의 진술을 폐기처분하는 데 전념하기까지 했다. 왜냐하면 그들은 그렇게 하는 것이 문명화이론에 큰 피해를 주지 않는 것으로 생각하기 때문이다.[142] 그럼에도 그들은 내가 문명화이론의 결정적인 점을 완전히 간과했다고 고집한다. 말하자면 엘리아스가 했던 증명들, 즉 문명화과정이 사회적인 금지령의 '점점 증가하는 내면화'를 통해 특징지어진다는 점을 간과했다는 것이다.[143]

그래서 예를 들면 엘리아스와 친분이 깊은 미하엘 슈뢰터는 문명화이론에 반대하는 나의 논거가 한편으로는 전통사회의, 다른 한편으로 현대사회의 '상호의존 고리의 세력범위'를 '체계적으로 고려하는' 것을 놓쳐버린 '근시안'에 있다고 말한다. 그에 의하면, 오늘날 많은 '비교적 큰 공간'에 걸쳐서, 그것도 자기 압박을 통해 근본적으로 전보다 강하게 행동통제의 '내면화'가 시작된 인간들 사이에 상호의존 인자가 존재한다.[144] 어느 이탈리아 여류 사회학자의 말로 하면 이렇다. "명백히 뒤르는 사회적 통제를 상호의존 고리가 연장되고 촘촘해지자마자 외적인 것, 개인 스스로가 습득하고 실행해야만 하는 그런 통제와 혼동되고 있다(confonde)."[145]

우리는 우리의 충동과 감정을 엘리아스가 주장하는 것처럼 '오로지 우리 자신의 힘으로' 통제하는 데 반하여[146] '좀더 단순한' 사회의 인간들과 초기 '발전단계'의 인간들은 우리 현대인들보다 훨씬 강하게 '외부 압박'에 의해 규정된다는 것이 사실일까? 중세의 인간이나 근세 초기의 인간이 '규칙이 정하는 구속을 *내면화*'했다고 결론지을 수는 없으며, '규칙 위반에서 개인적인 죄책감과 수치감을 느끼는' 사람들이 '틀림없이 아주 소수'였다는 것이 사실일까?[147]

엘리아스와 결부시켜 이미 우셀은 이렇게 주장했다. '시민사회와는 다른 사회 형태에서' 충동들은 '외부에서부터, 경찰기구를 통해, 물리적 폭력을 통해' 지배되어왔으며 제한받았다. 그리고 그런 사회의 인간들은 우리가 거리의 교통신호에 대해 취하는 것과 같은 그런 행동을 취한다. "'벌금고지서'는 수치심과 동정의 감정을 불러일으킨다

(왜냐하면 갑자기 체포되거나 아니면 돈을 지불해야 하기 때문에), 그러나 죄책감은 없다." 모든 다른 사회에서는 '단지 적발된 규칙 위반만이 수치심을' 불러일으켰을 것이다.[148]

우선 이런 논거에서는 오로지 어떤 사실만 주장될 뿐이지, 결코 증명되고 있지 않다는 것이 눈에 띌 뿐 아니라 그들이 증거로 제시하는 것들이 전혀 명확해 보이지 않으며 그 논거 역시 마찬가지이다. '현대 이전' 사회의 인간들이 그들의 규범을 '내면화'하지 못했다고, 예를 들면 잘못을 저지르고도 그것을 *저질렀기* 때문이 아니라 그것이 *밝혀졌기* 때문에 수치스러워했다고 주장한다면, 이 사회의 인간들이 그런 규범들을 가졌다는 것 자체에 대해서는 부인하지 않는 것이다.[149] 당시에 분명히 이런 규범은 *존재*했다.

그렇다면 다음과 같은 질문이 제기된다. 즉 인간들이 그것을 스스로 만들지 않았다면 그런 규범은 도대체 어디서 왔는가? 사랑하는 신으로부터? 아니면 인간에게 그런 규범을 무리하게 강요했던 도당 지배자들로부터 나온 것인가? 추측컨대 하필이면 '지배자 없는 사회', 즉 말하자면 수렵꾼 종족에 관해 일종의 권력 엘리트들이 그들로 하여금 그들 본래의 것이 아니었던 규범에 적응하기를 강요했다고 말할 수 있는 사람은 아무도 없다. 그 종족들에 대해 엘리아스는 그들이 우리보다 '외부의 압박'에 의해 비교할 수 없을 정도로 더 강하게 규정되었다고 주장해왔는데 말이다.

수많은 예들을 통해 '현대 이전'의 인간들이 해당 규범을 내면화시키지 않고 우선 '외부'로 보기에만 그에 따랐다는 주장은 맞지 않음이 증명되었다. 예를 들면 푸에고 섬의 '원시적인' 셀크남족은 외면적인 관습과 실제의 관습, 즉 'tūsáličen' '내면이 착한' 것을 정확하게 구분한다. 그래서 예절규범을 위반하는 사람들은 '내면에 고통'을 느낀다고 말한다.[150] 리스족의 경우 누군가가 자신이 비도덕적이라

448

(chhya-mae)고 알고 있는 어떤 일을 행하면 이는 그의 내면에서 '커다란 수치심'을 불러일으킨다. 반면 그가 다른 사람들 앞에서 뻔뻔스러운 행동을 하게 되면 그는 '작은 수치심'만을 느낄 뿐이다.[151] 그리고 타히티의 마을 주민들은 다른 사람들이 자신의 실수를 알았을 때만 수치심(ha'ama)을 느끼느냐는 민속학자의 질문에 다음과 같이 대답했다. "사람들이 그것을 보든 보지 않든 내가 그런 일을 실제로 행하려 했다면 나는 어쨌든 그런 일을 한 것이다. 나는 사람들에게는 어떤 두려움도 가지고 있지 않다. 사람들이 나에 관해 이야기하든 안하든 상관없다. 그것이 금지되었기 때문에 나는 그런 행동을 하지 않을 것이다. 아로파(arōfa)가 나로 하여금 그것을 하지 못하게 방해한다." (아로파는 인간으로 하여금 그것이 발각되든 아니든 상관없이 어떤 짓을 하지 못하게 만드는 '내적 심급' '양심'이다).[152]

엘리아스가 그런 사회의 사람들이 '정령'을 통한 체벌에 두려움을 갖기 때문에 원초적으로 나쁜 일들을 하지 않는다고 추측했다면 그것은 잘못된 것이다. 내가 아타키완에서 솔로르 알로르 제도에 사는 아키펠족 정보 제공자에게 장모가 젊고 매력적이며 절대 어느 누구도 그 사실을 알지 못할 경우에 장모와 잠을 자는 것이 가능한지 물었을 때 그들은 이렇게 대답했다. 그런 일을 했다면, 그 범죄자는 바로 론타르 야자로 죽을 때까지 맞을 것이다. 그러나 이런 징벌 때문에 대부분 남자들이 그런 짓을 하지 않는 것이 아니라 그것이 '나쁘다'는 사실 때문에 그리고 그냥 그런 일을 범해서는 안 되기 때문에 하지 않는다.[153]

므루에서는 실제로 절도행위가 전혀 일어나지 않는 것처럼 보인다. 그러나 만약 밭에서 그런 일이 일어났다면 사람들은 평지로 가서 이슬람교 성자의 무덤에 촛불을 켠다. 그리고 이 성자가 도둑에게 벌을 주기를 빈다. 왜냐하면 도둑이 벵골 사람, 즉 이슬람교도가 틀림없기 때문이다.[154] 왜 므루족은 도둑질을 하지 않느냐는 질문에 이들은 자신들이 벵골 사람이 아니기 때문이라고 대답했다. 그리고 '신이나 유령이 도둑질 때문에 그들을 벌주겠느냐'는 질문에 이렇게 대답했다. "아마도 그럴 것이다. 그러나 그들이 훔치지 않았는데 어떻게 그것을 알 수 있겠는가?" 이런 규범은 결코 종족 내부에서만 통용되지 않는다. 그리고 어느 민속학자는 나에게 이런 내용의 편지를 보내왔다. 그가 여러 주 동안 집을 비운다 해도 마을 사람들이 그에게 속하는 것은 아무것도 건드리지 않을 것이다. 그 물건들이 므루족에게는 상당한 재산임에도 불구하고 말이다.[155]

그런 사회의 개인들이 그들의 규범을 조금이라도 내면화했다면, 그들이 그들 사회 밖에 있을 때면 우리가 우리의 규범에 대해 느끼는 것보다 그러한 규범에 훨씬 덜 구속되어 있는 것으로 느낀다고 추측할 수 있다. 그럼에도 그런 상황을 암시하는 것은 아무것도 없다. 예를 들면 평화롭게 살아가는 세마이족들이 1950년경에 반란을 일으킨 공산주의자들과 싸우기 위해 전사로 고용되었을 때 사람들은 그들에게 '살의'가 생겨났을 거라고 말한다. 그리고 이것은 다시 작고 소박한 사회 소속원들은 비내면화된 내부 규범만을 가지고 있음을 보여주는 전형적인 예로서 인용되어왔다.

그러나 그것은 잘못된 추측이다. 'buul bhiib'라는 단어가 '살의'라는 단어로 잘못 번역되었으며, 그로 인해 사람들로 하여금 평상시에는 아주 부드럽고 싸움을 두려워하는 세마이족이 자기 무리에 속하지 않는 사람들에게는 야만적인 학살을 자행한다는 생각을 하게 했다. 그러나 실제로는 피를 매우 두려워하고 혐오하는[156] 세마이족이 처음으로 지배 그룹과 공산주의자들간 총격전의 증인이 되었을 때, 그러면서 그들 자신이 피를 흘렸을 때 매우 경악하고 혐오감을 느꼈던 것으로 보인다.[157]

다른 한편으로 한 베트남 노병은, 엘리아스에 의하면 '외부 압박'을 이미 상당히 '자기 압박'으로 전이시켰음에 틀림없는 그런 사회의 소속원들인 미국 군인들에 관해 이렇게 말했다. "이들은 평소에는 강간을 할 남자들이 아니었다. 그들은 아무런 심리적 문제를 갖고 있지 않았다. 그런 환경에 데려다놓고 총을 쥐어주면 이상한 일들이 일어난다. 총은 권력이다. 어떤 사람들에게는 총을 계속해서 소지하는 것이 마치 지속적인 발기상태와도 같다. 방아쇠를 당길 때마다 섹스 경험을 하는 것과 같다." 그리고 습관적으로 베트남 남자와 여자의 성기부위와 가슴을 잘라냈던 자신과 동료에 관해 한 사람은 이렇게 썼다. "그러나 베트남에서 당신이 생명을 마음대로 할 수 있는 권력을 가졌다는 것을 느끼게 된다. 여자를 강간해도 *아무도 너에게 무어라 하지 않는* 권력을 가진 것이다. 신과 대등한 것 같은 그러한 느낌을 전장에서 갖게 된다. 내가 마치 신과 같은 것이다. 나는 생명을 죽일 수 있고 한 여자를 겁탈할 수 있다. 누군가를 때려주고도 *아무런 문제가 없다.*" [158]

1977년 여름 뉴욕 전체가 단전되고 난 후에 방화, 약탈, 범죄의 물결이 도시 전체를 휩쓸고 지나갔다. TV 카메라 앞에서 한 남자는 '크리스마스처럼 내 생애의 가장 좋은 날이며 모든 것이 공짜였다'라고 그날을 묘사했다. 그는 약탈을 좋게 여기느냐는 리포터의 질문에 특징적이게도 '모든 사람, 심지어 노파와 임신부까지 약탈을 했기 때문에'[159] 경찰이 힘을 쓸 수가 없었다고 대답했다.

주(註)

서문. 효력을 잃은 패러다임, 문명화이론에 대한 이론적 언급

1) N. Elias, *Über den Prozeß der Zivilisation*, Basel 1939, p. 321.

2) Elias, *Die Gesellschaft der Individuen*, Frankfurt/M. 1987, p. 185.

3) C. Wouters, "Duerr und Elias: Scham und Gewalt in Zivilisationsprozessen", *Zeitschrift für Sexualforschung*, 1944, p. 209f. J. Goudsblom, "Stijlen en beschavingen", *De Gids* 1989, p. 722 그리고 S. Mennell, "Short-Term Interests and Long-Term Processes", *Human History and Social Process*, ed. J. Goudsblom et al., Exeter 1989, p. 98 도 비슷한 의견이다.

4) Elias, 앞의 책, p. 319. '점점 더 기능이 분리되는 것과 함께 서로 얽히는 상호 의존망이 더 촘촘해질수록, 즉 상호의존망이 장악하는 인간의 공간이 더욱 커질수록' '즉흥적인 흥분과 열정'에 몸을 맡기기 더욱 어려워지기 때문에 '자신의 감정을 억제할 수 있는 사람은 더욱 유리해진다'(같은 책, p 321f., 저자 강조). 현재 우리의 '본능'에 대한 '전반적이고 균일한 높은 수준의 통제'는 (과거 '문명단계'의 인간들에게는 아직 결핍되어 있었던) 16세기 유럽 사회에서 시작된 '강화된 문명 충동의 결과이다'(Elias, *Über die Einsamkeit der Sterbenden in unseren Tagen*, Frankfurt/M. 1982, p.22, 30, 87).

5) G. Simmel, *Brücke und Tor*, Stuttgart 1957, p. 234f.

6) J.U. Ribeiro, "Wo der Blick ins Leere geht", *Die Zeit* 41, 1991, p. 89f.

7) A.R. Beals, "Gopalpur", *Being an Anthropologist*, ed. G.D. Spindler, New York 1970, p. 55. R. Sennett는 *Civitas*, Frankfurt/M. 1991, p. 68에서 자주 현대 초대형 도시의 삶을 특징짓는 '냉담함' '익명성' 혹은 '공허함'과 같은 개

넘들이 "프로테스탄트적인 환경에 관한 내용에서 핵심적으로 쓰이는 단어들이
며 이 단어에는 외적인 것을 무가치하며 중요하지 않은 것으로 보려는 소망이
드러나 있다"고 말했다. 물론 아프리카 사람이 브레멘이나 그 외의 다른 곳에
서 그의 '영혼이 얼어붙었다'고 표현한다고 해서 그가 프로테스탄트적인 성향
을 가지고 있다고 말할 수는 없을 것이다.

8) C. Calhoun, "The Infrastructure of Modernity", *Social Change and
Modernity*, ed. H. Haferkamp/N.J. Smelser, Berkeley 1992, p. 210f.에는
'구분, 구획'에 관해 언급되고 있다. M. P. Smith, *The City and Social Theory*,
Oxford 1980, p. 173, 216에서 여전히 가족들이 더 중요한 사회화 심급 및 감
정적인 피신처임을 주장하는 것은 가족관계의 기능변화를 보여주는 것이다.

9) Simmel, 앞의 책, p. 229f.; Simmel, *Soziologie*, Leipzig 1908, p. 590f.

10) M. Weber, *Wirtschaft und Gesellschaft*, Tübingen 1972, p. 382, 384. "가
장 완전한 노예화를 포함하여 인간의 인간에 대한 모든 순수한 개인적 관계는
언제나 그렇듯이 윤리적으로 규제될 수 있으며 인간관계와 관련해서 윤리적인
계명이 제시될 수 있다. 그것은 그러한 것이 당사자의 개인적인 의지에 달려 있
기 때문, 즉 개인적인 의지에 따라 박애적인 덕의 전개가 가능하기 때문이다.
그러나 업무상의 합리적인 관계는 그렇지 않다. 그 관계는 합리적으로 더욱 세
분화될수록 윤리적인 가능성이 점점 줄어든다. 가상 은행의 채권 소지자와 가
상 채무자의 관계, 국가부채채권소지자와 국세지불자의 관계, 주주와 회사 노
동자의 관계, 담배수입상과 외국 대규모 농장 노동자의 관계는 어쨌든 인간들
이 도덕적으로 행동하게 되는 그런 개인적인 관계는 아니다(같은 책, p. 353).

11) N. Machiavelli, *Opere*, Milano 1966, p. 553. 그런 비판들은 '이익사회'
(Gesellschaft)와 반대되는 '공동사회'(Gemeinschaft)로서 소박한 시골생활
과 과거 중세에 대한 낭만적인 과대평가와 결합하여, 이탈리아 대도시에서 이
시기 이후 점점 더 커졌다. W.J. Bouwsma, *A Usable Past*, Berleley 1990,
p. 167f. 참조. 한참 후에 카스틸리오네는, 노인들이 자신들은 20세 때도 '여자
가 뭔지' 알지도 못한 채 여동생과 어머니와 함께 한 침대에서 잠을 잤으나 그
에 비해 오늘날 젊은이들은 타락한 녀석들이라고 말했다고 썼다. 이에 대해 카
스틸리오네는, 정말 그럴 수도 있지만 그럼에도 그것은 "우리 아이들이 더 많
은 이성을 가지고 있음"을 의미할 뿐이라고 덧붙였다. 우리는 좋았던 옛 시절
을 노래하는 것을 이제 그만해야 한다. 새로운 시대의 그림자가 없다면 어떤 빛
도 존재하지 않을 것이므로. B. Castiglione, o. J., *Das Buch vom Hofmann*,
Bremen p. 109 참조.

12) C. Lasch, "Historical Sociology and the Myth of Maturity", *Theory &
Society*, 1985, p. 714. R. Münch, *Die Struktur der Moderne*, Frankfurt/M.

1984, p. 282f. 및 "Von der höfischen Etikette zur modernen Zivilisation? Zur Kontroverse zwischen Norbert Elias und Hans Peter Duerr", Ms.에서는 '거래 비결'에 예절의 규범들이 방해가 된다는 점을 지적하고 있다.

13) 그것은 특히 모르는 사람과의 '망상(網狀) 결합'에 적용되는 것이다. "나는 아프리카산 바나나를 먹는다. 나의 쓰레기는 세계의 저쪽 끝에 쌓일 것이다. 나는 신발을 파는데 그 생산자를 알지 못한다. 이런 관계에서는 어떤 '정신발생학적인' 관계도 감지되지 않는다. 나의 태도에(예를 들면 곤혹스러운 감정에) 그것들은 아무런 영향도 미치지 못한다."(K. Anders, *Norbert Elias, Hans Peter Duerr und die Debatte um den Zivilisationsprozeß*, Berlin 1995, p. 46)

14) É. Durkheim, *De la division du travail social*, Paris 1930, p. 13, 16, 26 참조.

15) A. Jarrick/J. Söderberg, "Spontaneous Processes of Civilization", *Ethnologia Europaea*, 1993, p. 8, 10, 13.

16) S. Mennell, 앞의 책, p. 98.

17) D. Obernhöfer, *Von der Einsamkeit des Menschen in der modernen amerikanischen Gesellschaft*, Freiburg 1961, p. 57; A.-M. Lindemann, *Mannheim im Kaiserreich*, Mannheim 1986, p. 47; I. Eibl-Eibesfeldt, *Gewalt und F?rsorglichkeit*, Zürich 1996, p. 49 역시 참조.

18) L. Tiger/R. Fox, *Das Herrentier*, München 1973, p. 76 참조.

19) U. Sielert, "'Ohne so'n zärtliches Kuscheln zur Sache kommen'", *Jugendsexualität*, de. F. Herrath/U. Sielert, Wuppertal 1990, p. 127.

20) Z. Bauman, *Modernity and the Holocaust*, Oxford 1989, p. 192.

21) *West 3*, 1993년 10월 6일. 블뤼허(Blücher)도 비슷한 생각을 했다. 그는 ARD 방송 인터뷰에서 '음부 냄새'는 그를 황홀하게 하며 그 자극이 '집어넣는 것'보다 '훨씬 강하기' 때문에 여성을 '핥는 것'에 몰두한다고 말했다.

22) A.K. Mänsson, "Kirschblüte und Kontrazeption", *Sexualmedizin* 1978, p. 332f. 참조.

23) R.F. Murphy, "Social Distance and the Veil", *American Anthropologist* 1964, p. 1266 참조.

24) 그런 경우에 여자들은 그들의 가슴을 암소가죽으로 만든 숄로 가린다. J. Roscoe, "The Bahima", *Journal of the Anthropological Institute of Great Britain and Ireland* 1907, p. 114 참조. 줄루족 여자들도 비슷한 행동을 한다. F. Mayr, "The Zulu Kafirs of Natal", *Anthropos*, 1907, p. 636 참조.

25) S. Gregory, *Letter to Ladies, In Favor of Female Physicians for Their Own Sex*, Boston 1956, p. 12 참조.

26) J.-C. Kaufmann, *Corps de femmes, regards d'hommes*, Paris 1995, p. 71ff.; H. P. Duerr, *Frühstück im Grünen*, Frankfurt/M. 1995, p. 106. 참조. '상반신을 노출하고' 다니는 오스트레일리아 여대생 중 질문을 받은 사람의 5퍼센트만이 아버지가 있을 경우 해변에서 상반신 노출을 감행한 적이 있다고 대답했다. E. Herold et al., "Psychosocial Aspects of Female Topless Behavior on Australian Beaches", *Journal of Sex Research*, 1994, p. 138 참조. 어머니가 있을 경우에도 많은 여대생들이 '상방신 노출'을 꺼린다. "좀 거북할 겁니다. 만일 내가 모르는 사람들 앞이었다면 거북하지 않았을 겁니다." (Kaufmann, 앞의 책, p. 72). 예를 들어 T. Habermas, *Zur Rekonstruktion des Historischen Materialismus*, Frankfurt/M. 1990, p. 174 같은 엘리아스 문명화이론의 추종자들은 '상반신을 노출하는' 해변에서의 '에로틱하지 않은 분위기'가 현대사회의 '감정 통제가 성공적으로 내면화'된 증거라고 생각한다. 우리는 물론 이런 *분위기*와, 예를 들면 '상반신 노출'로 다니거나 이념적 이유에서 나체 문화를 받아들이는 사람들이 이런 분위기에 관해 *말하는* 것을 구분해야 한다. 그 분위기가 1930년대 전에는 선정적인 면을 은폐했다면 오늘날에는 훨씬 더 뻔뻔스럽게 선정적이다.(H.P. Duerr, "In der Rocktasche eines Riesen: Erwiderung auf Ulrich Greiners Polemik", *Die Zeit*, 1988년 5월 27일자 9장 참조) 나체주의를 오랫동안 추종해온 사람이 나에게 말한 대로 오늘날에는 1960년대의 '몰염치함'도 이미 사라졌다. 남자와 여자들은 대부분 서로 아주 거리낌없이 성기를 쳐다보며, 발기는 "오늘날 더 이상 문제가 되지 않는다." 그리고 "그 부분에 전혀 신경쓰지 않고 다리를 넓게 벌리고 앉거나 누워 있는 여자들이 얼마나 많은지 놀라울 뿐이다. 어린 소녀들뿐 아니라 성숙한 부인들과 어머니들까지도. 거기다 '핑크숏'(pink shot)은 자궁까지 볼 수 있다." 남자들도 '조용히 나체를 관찰하고 평가할 수 있도록' 자신들이 성적으로 관심을 가지는 젊은 여자들을 데리고 자주 나체 해변으로 온다. 그럼에도 아주 어린 소녀들은 여전히 *부끄러워하는* 것처럼 보인다. 여자들 대부분이 상체를 벗고 있는 빈의 여름 해수욕장에서 그들은 '거의 브래지어'만은 착용했다. '전혀 아무것도 입지 않고 나타났던' 여자아이도 가끔 있었다.(Clemens Gruber: 1995년 8월 28일자 편지) 이를 카우프만(앞의 책, p. 78f) 역시 확인해주고 있다.

27) 내가 플로레스(인도네시아의 섬—옮긴이) 동쪽 외떨어진 해안에서 마을의 우스갯거리가 될 거라는 두려움으로 해서 아타키완의 아주 흥미로워하는 젊은 여자 두 명 앞에서 바지 벗는 것을 주저했다는 얘기를 이미 1권에서 쓴 바 있다(Duerr, 앞의 책, p. 11 참조). R. Kellner, "Die Kontroverse zwischen Norbert Elias und Hans Peter Duerr", Ms., p. 69에서는 나의 진술에 대해 다음과 같이 지적하며 비난했다. 그는 렘바타의 해안 아주 가까이에서 그의 여자친구와

함께 수영을 했다. 반면 육지에서는 '원주민 젊은이들이' 그녀가 물에서 나오기를 기다리고 있었으며 특히 발가벗은 그의 여자친구를 보고자 했다. 이런 일화는 (나의 일화처럼) 우리 유럽인들은 *부끄러워*하지만 원주민들은 그렇지 않음을 보여준다. '해변의 젊은이들에게는' 틀림없이 이국의 벌거벗은 여자를 보는 것이 '곤혹스러운 일이 아니었기' 때문에. 켈르너는 내가 어떤 목적으로 이 일화를 설명했는지를 완전히 오해한 듯하다. 나는 사회적인 *가까움*이 수치의 기준과 곤혹스러움의 기준을 높이며 사회적 *거리감*이 이 기준을 낮춘다는 것을 보여주기 위해 이 일화를 예로 들었다! 켈르너가 *그의* 예로써 렘바타 사람들이 육체에 대해 느끼는 수치의 기준이 유럽인들보다 더 낮다는 것을 보여주려 했다면, 그는 자신이 그곳 사회의 규범에 관해 거의 모르고 있음을 명백히 보여주었을 뿐이다. 전체 솔로르 알로르 제도에서처럼 렘바타 섬에서도 정신병을 앓는 여자들이나 나체로 목욕을 할 것이다. 영국의 어느 민속학자 부부는 실제로 그러한 체험을 했다. 그들은 알로르 섬에서 나체로 목욕을 하다가 분노한 원주민들로부터 돌세례를 받았던 것이다. 렘바타의 젊은이들이 그렇게 행동한 것은 그들의 수치 기준이 낮다는 것과 아무런 상관이 없다. 오히려 그 반대이다. 훔쳐보는 사람들이 그런 것처럼, 그들은 아주 드물게 제공되는 볼거리, 즉 벌거벗은 여자, 그것도 백인 여자를 보고 싶어했던 것이다. 언젠가 플로레스 섬 동쪽에서 한 정보자가 나를 설득했다. 근처에서 일하는 오스트레일리아 출신의 여류 민속학자(그 정보자는 이 여류 민속학자의 벌거벗은 가슴을 보고 싶었던 것이다)가 적어도 '상반신을 노출'하고서 바다에서 수영하게 해달라고 말이다. 그러고서 그 자신은 해변의 덤불 뒤에 숨어서 보려고 했던 것이다. 이런 유의 일은 보통이다. 이미 A. Schadenberg, "Die Bewohner von Süd-Mindanao und der Insel Samal", *Zeitschrift für Ethnologie*, 1885, p. 29f.에서는 민다나오 남쪽 '특히 부끄러움을 타는' 바고보족 여자들이 나체로 목욕하는 유럽인들을 보기 위해 해변에 숨어 있었던 일을 보고한 바 있다. 여행 안내책자에서는 이런 글을 읽을 수 있다. "어떤 발리 여자도 쿠타의 해변에서 젖가슴이나 심지어 엉덩이를 드러내는 데 분개하지 않는다"(P. Rump, *Bali und Lombok*, Bielefeld 1984, p. 233). 그러나 그것은 잘못된 것이다. 나는 쿠타에서 수많은 발리 여자들과 이야기를 나누었다. 그들은 서구 여자들의 노출성향을 음탕하고 무례한 것으로 여겼다. 그럼에도 그들은 해변에서 나체로 있는 사람들을 즐겨 지켜보았다.

28) 네델란드 사람인 크리에트 티툴라에르(Chriet Titulaer)는 더 이상 은밀한 영역을 가지지 않은 미래의 '유리 같은 인간'들을 위해 '유리 탑'이 있는 '미래의 집'을 설계했다. 그 안(지나다니는 사람들이 모두 볼 수 있는)의 거주자들은 변기 위에 앉아 있으며 벌거벗고서 목욕을 하거나 성적인 관계를 갖는다. 이렇게

공개되는 것이 그들에게 전혀 방해가 되지 않는다. 왜냐하면 '미래의 인간들' 은 티툴라에르에 의하면 '너무 긴장이 풀려 있는 상태'여서 어떤 수치감도 갖 지 않기 때문이다. *Tagesspiegel* : 1993년 8월 15일자 참조.

29) N. Elias, *Über die Zeit*, Frankfurt/M. 1988, p. 137.

30) 예에 관해서는 V. Reynolds, "Offene Gruppen in der Evolution der Hominiden", *Evolutionstheorie und Verhaltensforschung*, ed. W. Schmidbauer, Hamburg 1974, p. 186; B. Hayden, "Competition, Labor, and Complex Hunter-Gatherers", *Key Issues in Hunter-Gatherer Research*, ed. E.S.Burch/L.J.Ellanna, Oxford 1994, p. 239; L.E. Sponsel, "The Mutual Relevance of Anthropology and Peace Studies", *The Anthropology of Peace and Nonviolence*, ed. L.E.Sponsel/T.Gregor, London 1994, p. 7; I. Schapera, 1930, p. 158; J. H. Wilhelm, "Die Hukwe", *Jahrbuch des Völkerkundemuseums zu Leipzig*, 1954, p. 25(후크위족, 코족, 쿵족, 산족의 다른 그룹들); M. Gusinde, *Die Kongo-Pygmäen in Geschichte und Gegenwart*, Halle 1942, p. 306(음부티족); M. Merker, *Die Masai*, Berlin 1910, p. 255f.(와히족, 완도로보족). 한 늙은 바테크데족 은 왜 세망족이 전에 독이 묻은 배기관 화살로 말레이의 노예상인들에게 저항 하지 않았느냐는 질문을 받았을 때 이렇게 대답했다. "그랬다면 그 화살 때문 에 그들이 죽었을테니까!"(K. Endicott, "Property, Power and Conflict Among the Batek of Malaysia", *Hunters and Gatherers*, ed. T. Ingold et al., Bd. II, Oxford 1988, p. 122). 예를 들면 3미터 두께의 둥근 담과 9미터 높이의 탑이 있는 예리코(여리고)의 튼튼한 요새는 신석기 시대가 되어서야 이 취락을 방어해야 할 필요성이 생겼음을 보여준다.

31) N. Elias, *Engagment und Distanzierung*, Frankfurt/M. 1983, p. 109. 이와 비슷한 내용을 우리는, 예를 들면 베버와 같은 사회학자들뿐 아니라 원래 더 잘 알아야 하는 민속학자들에게서도 발견할 수 있다. 예를 들자면 다음과 같다. W.E. Mühlmann, "Erfahrung und Denken in der Sicht der Ethnologen", Paideuma 1964, p. 15 및 "Kindheit und Jugend in traditionalen und pro-gressiven Gesellschaften", *Jugend in der Gesellschaft*, ed. A.Mohler, München 1975, p. 80f.

32) N. Elias, *Die Gesellschaft der Individuen*, Frankfurt/M. 1987, p. 113. 사람 들은 적어도 수렵은 위험하지만 그럼에도 "놀랍게도 위험한 동물을 잡는 데 따 르는 죽음의 위험은 적다"고 생각하는 경향이 있다(M. N. Cohen, *Health and the Rise of Civilization*, New Haven 1989, p. 131).

33) Elias, *Über die Zeit*, Frankfurt/M. 1988, p. 188.

34) Elias, *Engagment und Distanzierung*, Frankfurt/M. 1983, p. 17.

35) M. Shostak, "A Kung Woman's Memories of Childhood", *Kalahari Hunter-Gatherers*, ed. R.B. Lee/I. Devore, Cambridge 1976, p. 256; R.B. Lee, "Reflections on Primitive Communism", *Hunters and Gatherers*, ed. T.Ingold et al., Bd. I, Oxford 1988, p. 267; K. Endicott, 앞의 책, p. 116f. (바테크데-세망); R.L. Kelly, *The Foraging Spectrum*, Washington 1995, p. 164ff. 역시 참조.

36) H.-J. Heinz/M. Lee, *Namkwa*, London 1978, p. 126f.에서는 식사할 때 코족의 강한 자기통제에 관한 내용을 보고하고 있다. 쿵족의 자기통제에 관해서는 L. Marshall, *The Kung of Nyae Nyae*, Cambridge 1976 참조. 특히 W. Stark, *The Social Bond*, Bd. III, New York 1980, p. 67ff.는 엘리아스가 말하는 식사예절의 이른바 진화와 '진보적인 민속중심주의'을 비판했다.

37) Marshall, 앞의 책, p. 357.

38) Heinz/Lee, 앞의 책, p. 167.

39) G. Dux, *Die spur der Macht im Verhältnis der Geschlechter*, Frankfurt/M. 1992, p. 170.

40) R.B. Lee, "Ecology of a Contemporary San People", *The Bushmen*, ed. P.V. Tobias, Cape Town 1978, p. 109 참조.

41) Cohen, 앞의 책, p. 30.

42) 게다가 쿵족은 타와나족이나 헤레로족과 같은 산족이 아닌 종족과 거래를 할 때면 항상 손해를 보았다. 왜냐하면 '거래의 수완'이 그들에게는 낯설었기 때문이다. Marshall, 앞의 책, p. 365 참조.

43) E.R. Service, *Ursprünge des Staates und der Zivilisation*, Frankfurt/M. 1977, p. 95. 포획한 사냥물은 사냥꾼에게 속하지 않고 그 부족에 속하므로 항상 분배된다. 와스파니피 크리족은 사냥 자체를 자연에 대한 착취가 아니라 선물의 교환으로 본다. H.A. Feit, "The Enduring Pursuit", *Key Issues in Hunter-Gatherer Research*, ed. E.S.Burch/L.J.Ellanna, Oxford 1994, p. 433f. 참조.

44) 예에 관해서는 M. Gusinde, *Urmenschen im Freurland*, Berlin 1946, p. 318(야간족); E. Leacock, "Class, Commodity, and the Status of Women", *Toward a Marxist Anthropology*, ed. S.Diamond, The Hague 1979, p. 192(나스카피족); C. Martin, *Keepers of the Game*, Berkeley 1978, p. 152f.; A.R. Radcliffe-Brown, *The Andaman Islanders*, Cambridge 1922, p. 45(안다만 제도 사람들) 참조. 유럽사람들의 상호성과 연대의식의 결핍은 이미 일찍부터 비수렵 전통사회의 일원, 즉 통가사람들에게도 불편하게 느껴졌

다. W. Mariner, *Nachrichten Über die Freundschaftlichen oder die Tonga-Inseln in der Süd-See*, Weimar 1819, p. 75 참조.

45) E. Goldsmith, "The Family Basis of Social Structure", The Ecologist 1976, p. 53에서 표현한 대로 현대사회는 '사회적으로 서로 친족관계가 아닌 개인들의 집단'이 되려는 경향이 짙다. "이런 집단에서 볼 수 있는 서열은 (아주 피상적인 경우에도) 점점 강하게 작용하는 외부적, 비체계적인 통제의 수단에 의해서만 유지될 수 있다."

46) 다른 사람들을 심하게 모욕하는 것과 그런 모욕에 경향적으로 항상 동의하는 것은 수렵꾼 사회에서 전형적인 것이다. H. P. Duerr, 1990, p. 353ff. 참조. Marshall, 앞의 책, p. 351에서 "내 생각에는 그렇다! 쿵족은 아주 작은 비난이라도 그 때문에 자신이 거절당한 것으로 느끼면 견디기 어려워한다"고 쓰고 있다. 더 큰 불화가 존재한다면 대부분 그 문제를 일시적으로 다른 종족과 결합함으로써 해결한다. 족외 결혼을 통해 다른 부족과의 관계를 만드는데('동맹'), 그것은 게다가 영토의 경계선을 융통성있게 만드는 데 유리하다. 그리고 이는 사냥과 채집을 용이하게 한다.

47) E.R. Service, "The Ghosts of Our Ancestors", *Primitive Worlds*, ed. R.L. Breeden et al., Washington 1973, p. 15 참조.

48) I. Eibl-Eibesfeldt, "Gewaltbereitschaft aus ethologischer Sicht", *Gewalt in unserer Gesellschaft*, ed. K. Rolinski, Berlin 1990, p. 66f.

49) 이웃들이, 예컨대 국가와 같은 행정당국보다 실수에 대해 훨씬 가혹한 처벌을 내리는 것은 수렵기 종족보다는 부락사회이다. 그래서 예를 들면 19세기 러시아의 한 마을에서는 이웃들이 보기에 음탕하다고 판단되고 자기 남편을 업신여긴 여자의 몸에 타르를 바르고 그 위에 깃털을 붙였다. 이 여자가 이런 '민중재판'을 행정당국에 고발하자 당국은 촌장을 체포했다. 그리고 정부 대표자는 마을 회의에서 호주들을 문책했다. 이들이 순종하지 않는 여자에게 그런 체벌을 하도록 승인했기 때문이다. 이 사건으로 인해 다시 마을 회의는 그 '겁쟁이'에게 자기 아내의 가슴을 벌거벗긴 채 대중의 면전에서 채찍질을 하라고 명령했다. 그러나 이런 굴욕도 아무런 도움이 되지 않자 그 여자는 결국 마을에서 추방되었다. C.D. Worobec, "Victims or Actors? Russian Peasant Woman and Patriarchy", *Peasant Economy, Culture and Politics of European Russia, 1800~1921*, ed. E. Kingston-Mann et al., Princeton 1991, p. 200f. 참조. 식민화와 선교로 인해 니아스 섬에서 특히 성적 실수의 처벌에서 '민중재판'의 엄격한 형태가 '약화'되었다. "니아스에서 특별한 점은 엄격한 루터교의 규율이 소개되면서 오히려 성관습이 개방적으로 되었다는 사실이다"(A. Beatty, *Society and Exchange in Nias*, Oxford 1992, p. 102).

50) "온갖 행위, 모든 일, 사건, 상황에 대해서 집단이 함께 이야기를 나누는 것은 보통이며 온갖 이야기가 다 나오고 남녀노소 할 것 없이 전혀 거리낌없이 함께 참여한다. 인디언 이동부락에서 벌어지는 이 같은 상황에 비하면 뉴잉글랜드 마을에서 일어나는 고자질에 대한 많은 풍자는 아무것도 아니다"(W. O'Meara, *Daughters of the Country*, New York 1968, p. 233에서 재인용).

51) E. Viveiros de Castro, *From the Enemy's Point of View*, Chicago 1992, p. 94f., 171 참조.

52) 비웃음의 대상이 되며 사람들의 입에 오르내리는 수치(malu)는 그 희생자로 하여금 정말 병을 앓게 하기도 한다. U. Wikan, *Managing Turbulent Hearts*, Chicago 1990, p. 30 참조.

53) Durkheim, 앞의 책, p. 173f.

54) N. Elias, *Die Gesellschaft der Individuen*, Frankfurt/M. 1987, p. 229.

55) 같은 책, p. 113.

56) J. Habermas, *Theorie des kommunikativen Handelns*, I, Frankfurt/M. 1981, p. 77ff.

57) 예에 관해서는 R.B. Lee, "What Hunters Do for a Living", *Man the Hunter*, ed. R.B. Lee/I. DeVore, Chicago 1968, p. 30f.; -, "Ecology of a Contemporary Communism", *The Buhsmen*, ed. P.Q. Tobias, Cape Town 1978, p. 105f.(부시먼); J. Woodburn, "Hunters and Gatherers Today and Reconstruction of the Past", *Man the Hunter*, ed. R. B. Lee/I. DeVore, Chicago 1968, p. 101f.(하즈다) 참조.

58) Cohen, 앞의 책, p. 18, 56, 77f. 참조.

59) 투창기는 말하자면 '엄청난 관통력을 지녔다'. G. Bosinski, "Vorwort", *Grotte Chauvet*, ed. J.-M. Chauvet et al., Sigmaringen 1995, p. 5 참조. 현재의 수렵꾼과 당시의 수렵민 사이의 근본적인 차이는 후자는 주로 *거대한 동물*을 사냥했다는 데 있을 것이다. 그것을 위해 그들은 틀림없이 조직화된 비교적 큰 사냥무리를 형성했으며, 추측컨대 이는 남자만으로 구성되는 제도적인 단체에 유리하게 작용했을 것이다. R. Foley, "Hominids, Humans and Hunter-Gatherers", *Hunters and Gatherers*, ed. T. Ingold et al., Bd. I, Oxford 1988, p. 219 참조.

60) Cohen, 앞의 책, p. 118 참조. 현재의 수렵꾼에게도 적용된다(같은 책, p. 104). "현재의 수렵채취 부족민들은 제3세계의 수준과 비교하면 상당히 잘 먹고사는 것으로 보인다. 질적으로도 고단백질과 다양한 영양분을 섭취하고 있어 영양이 부족한 경우는 아주 드물거나 아주 미미한 정도로만 나타난다." 하즈다족은 그들이 원하는 만큼 그렇게 많은 고기를 가지지 않았다면 '배가 고팠을'

것이며 야채를 선호하지 않을 수 없었을 거라고 말했다(같은 책, p. 96). D. K. Ndagala, "Free or Doomed? Images of the Hadzabe Hunters and Gatherers of Tanzania", *Hunters and Gatherers*, ed. T. Ingold et al., Bd. I, Oxford 1988, p. 66 역시 참조.

61) 이것은 다른 곳에서 상술하겠다. H.P. Duerr, *Sedna oder Die Liebe zum Leben*, Frankfurt/M. 1984 참조. Cohen, 앞의 책, p. 64f. 역시 참조.

62) 예에 관해서는 B. H.J. Heinz, "The Bushmen's Store of Scientific Knowledge", *The Bushmen*, ed. P.V. Tobias, Cape Town 1978, p. 160f. 참조. C. Wouters, "Duerr und Elias: Scham und Gewalt in Zivilisationsprozessen", Zeitschrift für Sexualforschung 1994, p. 211에서는 이런 인간들은 '정글에서 야수처럼 항상 붙잡힐 위험에 처한 채' 살았다는 엘리아스의 진술을 '해당되는 종족들과의 동일시의 신호'로 해석하고 있는데, 이는 역설적으로 들린다.

63) N. Elias, *Die Gesellschaft der Individuen*, Frankfurt/M. 1987, p. 227, 229, 232, 269 참조.

64) 샤텔페로니엔 주거지에 대해서는 F. Hours, *Les civilisations du Paléolithique*, Paris 1982, p. 101; 돌르니 베스토니체 주거지에 대해서는 L. Banesz, "Les structures d'habitat au paléolithique supérieur en Europe centrale", *Les structures d'habitat au paléolithique*, ed. A. Leroi-Gourhan, Paris 1976, p. 32; 돈과 말타 근처의 코스텐키 주거지에 대해서는 K. J. Narr, "Wohnbauten des Jungpaläolithikums in Osteuropa", *Palast und Hütte*, Mainz 1982, p. 9ff. 참조. M. Kuckenburg, *Siedlungen der Vorgeschichte in Deutschland*, Köln 1993, p. 70f. 역시 참조. 심지어 구석기시대 말기에 고정적인 주거지가 존재했을 수도 있다. P. Rowley-Conwy, "Sedentary Hunters: The Erteolle Example", *Hunter-Gatherer Economy in Prehistory*, ed. G.Bailey, Cambridge 1983, p. 126 참조. 칠레 남부에서 기원전 11000년경에 세워진, 원래는 마스토돈(코끼리와 닮은 신생대 3기의 큰 포유동물—옮긴이) 가죽으로 덮은 나무오두막으로 이루어진 주거지가 발견되었다. 이 오두막 중 하나에서 틀림없이 환자를 치료했으며, 약을 만들어낸 것으로 보인다. 이런 모든 사실로 보아 우리는 엘리아스와 그의 많은 후계자들이 그들 자신이 기본지식조차 가지지 않았던 것에 대해 글을 썼다는 인상을 지울 수 없다.

65) N. Elias, *Engagement und Distanzierung*, Frankfurt/M. 1983, p. 91. H. Nowotny, "Fare il tempo", *Rassegna Italiana di Sociologia*, 1991, p. 502 에서 아무런 자료도 제시하지 않은 채 '원시사회의 사람들'은 아직 '합리적이

나 논리적인 사고를 할 능력'을 갖추지 못했다는 주장에 대한 책임을 엘리아스에게 전가시켰다고 나를 비난했다. 이 여성 비평가가 생각하는 유일한 대목은 H.P. Duerr, *Der Mythos vom Zivilisationsprozeß*, Bd 1, 1988. 5. 27. p. 339이다. 하지만 거기서 전혀 다른 얘기를 하고 있음을 누구나 확인할 수 있을 것이다.

66) 같은 책, p. 102. G. Klein, *Frauenkörpertanz*, Weinheim 1992. p. 79의 주장은 극도로 과장된 것이다. 그는 엘리아스를 근거로 아주 진지하게, 17세기와 18세기에 더 명확하게 형성된 자기통제와 더불어 비로소 '인간이 외부세계와 분리되어 살아남기 위한' 토대가 생겨났다고 주장하고 있다. 이 시기가 되어서야 '모든 인간에게 내부세계와 외부세계, 사적인 것과 공적인 것 사이에 본래의 경계'가 형성되었다면, 인간은 '현실과 환상, 주체와 객체, 공적인 것과 은밀한 것'을 구별할 수 있었을 텐데 말이다!

67) N. Elias, *Über die Zeit*, Frankfurt/M. 1988, p. XXXV.

68) -, *Die Gesellschaft der Individuen*, Frankfurt/M. 1987, p. 183.

69) 구석기의 '사냥 마술'에 관한 명제는 어떤 것으로도 증명될 수 없음을 나는 이미 다른 대목에서 보여주고자 시도했다. H.P. Duerr, *Sedna oder Die Liebe zum Leben*, Frankfurt/M. 1984, p. 232f., 302f. 참조. J. Habermas, *Zur Rekonstruktion des Historischen Materialismus*, Frankfrut/M. 1976, p.18 에서는 아무런 근거도 없이 후기 구석기시대에 '그 안에 모든 자연적 사회적 현상이 얽혀 있으며 서로 전이될 수 있는 현상들간의 '연관성'을 표현할 수 있는 '신화적인 질서 개념'이 존재하지 않았다고 주장한다. 제의를 치른 동굴의 벽에 그려진 잡종의 수많은 그림들이 이런 존재들이 샤먼이나 동물 인간 형상, 예컨대 동물의 제왕이나 여왕인지가 본질적인 문제가 아닌 경우에 그것에 관해 논의할 가치가 없다는 것을 정확하게 보여주는 것처럼 보인다. 게다가 하버마스(같은 책, p. 26)는 후기 신석기시대 사회의 인간들에게 '사회적 현실과 자연적 현실이 아직 명확하게 구분되지 않았' 으며, 그렇기 때문에 '사회적 세계 자체의 경계'가 흐릿하다고 주장한다. 그렇다면 하버마스의 진화주의적 기본 명제에 의하면 엘리아스의 이론에서와 비슷하게 구석기시대 인간들은 사회적 세계와 자연적 세계 사이에 어떤 구분도 하지 않았음을 의미한다. 이런 생각 역시 잘못된 것이다. 틀림없이 후기 구석기시대의 수렵꾼들은 양쪽 '세계'의 유사성을 보았다. 현대의 학자들 역시 그 사실을 알고 있다. 이 모든 것이 초기 구석기시대 사람들이 오늘날 부시먼들과 비슷하게 사냥할 때의 창과 여자와의 성교시의 '창' 사이에 유사성이 있다는 것을 알았음을 암시한다. 그러나 그들은 이 두 가지의 모든 유사성에도 불구하고 이 두 '창'의 차이를 의식했다. 결국 우리가 하버마스의 'Ursuppentheorie'라고 부를 수 있는 것, 즉 당시에 '개별

적인 것, 특별한 것, 일반적인 것 사이에 어떤 '구분'도 존재하지 않으며 그렇기 때문에 '정체성 문제'도 존재하지 않았다는 것이 옳다는 근거 역시 존재하지 않는다(같은 책, p.98). 그런 정체성 문제는 현대의 수렵꾼에게도 지속적으로 존재했다. 그렇기 때문에 개개의 부족 사이에 가족과 개인의 지속적인 변동이 있었다. 그런데 빙하시대의 수렵꾼들은 왜 달라야 하는가? 개인과 공동체 사이의 모든 갈등에도 불구하고 공동체를 더 중요한 것으로 여겼다고 해서 그것이 '개인'과 '일반적인 것' 사이에 차이가 없었다는 것을 의미하지는 않는다.

70) N. Elias, *Engagement und Distanzierung*, Frankfurt/M. 1983, p. 17.

71) 같은 책, p. 158f.

72) J. Habermas, *Theorie des kommunikativen Handelns*, Frankfurt/M. 1981, p. 77ff.

73) Elias, 같은 책, p. 159; -, *Über die Zeit*, Frankfurt/M. 1988, p. 158f.

74) 나는 매번 이것을 명확하게 하고자 했다. H. P. Duerr, *Traumenzeit*, Frankfurt/M. 1978, p. 201f.; -, *Sedna oder Die Liebe zum Leben*, Frankfurt/M. 1984, p. 115; P. Feyerabend, *Briefe an einen Freund*, Frankfurt/M. 1995, p. 40f. 참조. 여기서도 특정 '이미지'가 많은 학자들을 '사로잡았다'.

75) L. Wittgenstein, *Philosophical Occasions*, Indianapolis 1993, p. 124.

76) 같은 책, p. 124, 130. N. Elias, *Engagement und Distanzierung*, Frankfurt/M. 1983, p. 115에서는 우리 현대인들이 과거의 인간들보다 '자연에 대해 더 큰 힘'을 가지고 있다고 확인한다. 그러나 그런 더 큰 힘이 그들에게 더 유용했을까? 이 힘이, 그들이 원했으나 그것을 가지지 못했기 때문에 이룰 수 없었던 어떤 것을 달성하게 해주었는가?

77) N. Elias, *Über die Zeit*, Frankfurt/M. 1988, p. 156ff.; -, *Engagement und Distanzierung*, Frankfurt/M. 1983, p. 95f. 스펜서조차 120년 전에 엘리아스 같은 그런 순수한 애니미즘 이론을 주장하지 않았다. "암시적이든, 솔직히 드러내놓고 이야기하든, 원시인들이 무생물에 생명이 들어 있다고 생각했다는 믿음은 호소력이 없다."(H. Spencer, *The Principles of Sociology*, Bd. I, London 1904, p. 128)

78) H.P. Duerr, *Satyricon*, Frankfurt/M. 1985, p. 56ff. 참조.

79) 나는 이 문제를 이미 다른 곳에서 다루었다. H. P. Duerr, *Traumenzeit*, Frankfurt/M. 1978, p. 107ff. 참조. 특징적이게도 엘리아스는 이에 관해 나에게 이렇게 편지를 보냈다. "나는 낭만주의자가 아니며 그런 변화가 가능하다고 전혀 생각하지 않는다. 그러나 나는 왜 인간들이 세상을 이런 방식으로 체험하려 하는지 이해할 수 있다고 생각한다. 당신의 책은 당신이 실제로 마녀와 늑대인간이 존재하는지를 믿는지에 관한 조그마한 의심을 나에게 남겨놓았다. 아니

면 당신은 인간이 일반적으로 마녀와 늑대인간을 믿을 준비가 되어 있는 영혼을(원래부터?) 갖고 있다고 생각하는가?"(N. Elias: 1980년 5월 4일자 편지)

80) N. Elias, *Engagement und Distanzierung*, Frankfurt/M. 1983, p. 95. 여기서도 엘리아스는 자신들이 표범으로 '변신'할 수 있다고 믿는, 혹은 무생물이 그들에게 '말을 걸었다'고 주장하는 인간들은 어린아이 같다고 말한다. 왜냐하면 "어린아이들은 환상과 현실의 경계가 흐릿하기 때문이다"(위와 같음). 물론 우리는 예를 들어 마누스 섬(파푸아뉴기니에 있는 섬—옮긴이)의 아이들이 사고하고 인지하는 데서 마누스 섬의 성인이나 미국 아이들보다 더 '애니미즘적'이라는 것을 확인했으며, 거기서 '애니미즘적 사고는 지능적인 미숙함의 의미로는 설명될 수 없다'는 결론을 내렸다.

81) N. Elias, *Über sich selbst*, Frankfurt/M. 1990, p. 63.

82) A.M. Stevens-Arroyo, "The Boundaries of Civilizations in Reality: Duerr's Dreamtime", *Comparative Civilizations Review*, 1991, p. 100 참조. M. Bartels, "Der Gang in die Wildnis zu sich selbst? Kritische Überlegungen zu Hans Peter Duerrs Ethnologie", *Psyche* 1986, p. 83에서 이 문제를 엘리아스보다 훨씬 민감하게 다루고 있다. 그는 이런 종류의 경험은 우리에게서 '역사의 과정을 통해 개념적으로 사라지는' 것이라고 주장한다. 그러나 그것은 단지 주장일 뿐이다. 단지 하나의 예를 들기 위하여 현대사회에 살고 있는 인간들이 그들의 '육체 외적인 체험'을 100년 전의 에스키모나 퉁구스족의 샤먼과 같은 언어로 기술할 수는 없지 않은가? 게다가 많은 현대인들은 이런 체험에 심지어 비슷한 *해석*을 내리지 않는가? 우리가 샤먼이 하는 것과 같은 체험을 똑같이 할 수 없다면 샤먼이 *말하는* 것을 우리가 어떻게 이해할 수 있겠는가? 그렇게 되면 우리도 색 언어가 갖는 의미의 본질적인 것을 절대 이해하지 못하는 맹인과 같지 않겠는가? 비트겐슈타인은 *Vermischte Bemerkungen*, Frankfurt/M. 1977, p. 96f.에서 이렇게 말했다. "우리가 문명이(집, 거리 차등이) 인간으로 하여금 그의 근원, 즉 고귀하고 무한한 것에서 멀어지게 한다고 생각하는 경향이 있다는 것은 아주 주목할 만한 일이다. 문명화된 환경, 그 안에 있는 나무와 식물 역시 셀로판으로 쉽게 쌀 수 있는 것처럼 보인다. 그리고 모든 위대함, 이른바 말하는 신과 고립시킬 수 있는 것처럼 보인다. 그것은 주목할 만한 상이며 그 상은 인간에게 무의식적으로 떠오른다."

83) L. Lévy-Bruhl, *Les fonctions mentales dans les sociétés inférieures*, Paris 1951, p. 27ff. 참조. 레비브륄의 '엑소시즘'에 대한 비판으로 H.P. Duerr, *Ni Dieu-ni mêtre*, Frankfurt/M. 1974, p. 107f. 참조.

84) N. Elias, *Über die Zeit*, Frankfurt/M. 1988, p. 37.

1. 빅토리아 여왕 시대 사람들과 데콜테

1) J. Schrader, *Ich bin deine Pusteblume*, München 1976, p. 171.

2) 규정에는 이렇게 되어 있다. "만찬에 모이는 사람이 40명 이하면 목까지 올라 오는 두꺼운 소재의 성장을 요구했으며 40명이 넘으면 데콜테 옷을 입도록 요 구했다." 춤을 추지 않는 '소연회'에서도 '목까지 가리는 것'이 의무적이었다. W. Dölp, "Die Kleidung in Bremen", *Ein Hauch von Eleganz*, Bremen 1984, p. 89 참조.

3) J.-G. König, *Die feine Bremer Art*, Bremen 1982, p. 64.

4) H. Schwarzwälder/I. Schwarzwälder, *Reisen und Reisende in Nordwest-deutschland*, Hildesheim 1987, p. 256.

5) I. Schraub, *Zwischen Salon und Mädchenkammer*, Hamburg 1992, p. 33.

6) P. Kolb, *Unter Hottentotten 1705~1713*, ed. W. Jopp, Tübingen 1979, p. 142. 1879년에 피셔(F. T. Vischer, 'Mode und Zynismus[1879]', *Die Listen der Mode*, ed. S. Bovenschen, Frankfurt/M. 1986, p. 39)는 부인들이 가슴 을 '상점에 진열된 자명종'처럼 꺼내놓고 다니며 남자들은 '마음속으로 (겉으 로도 드러내지 않고) 빈정거리면서' 이런 부인들에게 인사를 한다고 비난했다. '원시인'들의 '순진한' 노출은 유럽 여자들의 세련된 노출에 비해 매번 조롱의 대상이 되었다. 이미 1578년 장 드 레리(Jean de Léry)가 계속해서 옷을 입지 않고 있는 투피남바족 여자들을 비웃었으며, 17세기에는 완전 나체가 당시 유 럽 여자들의 부분노출보다 덜 선정적이라고 생각했던 존 홀(John Hall)이 그 랬다. J.P. Sisk, "The Dialectics of Nudity", *The Georgia Review*, 1986, p. 898 참조.

7) R. V. Krafft-Ebing, *Psychopathia sexualis*, Wien 1912, p. 15: H. Kistemaeker, "Die Kleidung der Frau als erotisches Problem", *Züricher Diskußionen 8*, 1898, p. 3f. 참조.

8) E. Wulffen, *Das Weib als Sexualverbrecherin*, Flensburg 1993, p. 82, 86 참조. "사회적 관습이 허용하는 곳에서라면 데콜테 옷을 입으려 하는 모든 여 자들의 순수한 열정을 고려해볼 때 어떻게 우리가 타고난 내적인 부끄러움을 여전히 여성의 덕으로 주장할 수 있을지 의문이다. 우리는 부끄러워하기도 하 고 그렇지 않기도 하다. 그러나 부끄러움은 특정한 순간에만 정기적으로 사라지 게 할 수 있는 그런 것이 아니다."(O. Weininger, *Geschlecht und Charakter*, Wien 1921, p. 250)

9) E. Thiel, *Künstler und Mode*, Berlin 1979, p. 46 참조. 1884년에 그런 데콜 테는 「마담X의 초상화」에 그려진 고트로(Gautreau)에 의해, 특히 그 부인의

가문에 스캔들을 불러일으켰기 때문에 이 그림은 전시회가 끝나기 전에 사라져 버렸다. E. Thiel, *Geschichte des Kostüms*, Berlin 1963, p. 46 참조. 이 시기에 영국에서도 오래전부터 점잔빼는 사람들과 나이든 속물들만 그런 종류의 깊이 파인 데콜테에 대해 곤혹스러움을 느끼지 않았다고 전해진다. C.W. Cunnington, *Feminine Attitudes in the Nineteenth Century*, London 1935, p. 269 참조. 그리고 다른 해석자는 이렇게 말했다. "하지만 나는 이것을 촛불 아래에서 먹는 저녁식사에만 제한시켜야 한다고 생각한다. 여름에 목까지 오는 얇은 소재의 드레스는 어쨌든 더 편안하고 품위가 있다. 왜냐하면 환한 대낮에 어깨와 팔이 보이도록 하는 것은 이를 보는 사람을 자극할 수 있기 때문이다." J. Laver, *Taste and Fashion*, London 1945, p. 147 참조.

10) C.W. Cunnington, 앞의 책, p. 176; M. Hiley, *Victorian Working Women*, London 1979, p. 39f. 빌헬름 시대 후기에 마리 폰 분젠(Marie von Bunsen)은 이렇게 썼다. 1865년경에는 '오늘날의 다리 노출과 어깨 노출은 생각할 수조차 없었'을 것이다. "대신 가슴은 훨씬 의식적으로 노출되었으며 과시되었다. 그러나 틀림없이 당시의 귀부인들이나 루이제 왕비처럼 그렇게 많이 노출하지는 않았다. 오늘날에는 창녀들만이 가슴을 그렇게 많이 노출하고 다닐 것이다. 가슴 부위의 아름다움과 있는 그대로의 가슴의 매력은 오늘날보다 훨씬 관대하게 공개되었다."(M. v. Bunsen, *Die Welt in der ich lebte: Erinnerungen aus glücklichen Jahren 1860~1912*, Leipzig 1929, M.L. *Könneker*, *Mädchenjahre*, Darmstadt 1978, p. 197에서 재인용). 실제로 세기말이 지나고 난 후 바로 뒤셀도르프의 가톨릭 초등학교 벽에 걸려 있던, 데콜테가 깊이 파인 옷을 입은 루이제 왕비의 초상화는 수정되었으며 그와 비슷한 그림도 1학년 여학생들의 독본에서 사라졌다. J. Guttzeit, *Schamgefühl, Sittlichkeit und Anstand*, Dresden 1910, p. 97 참조.

11) 물론 일반적으로는 삼각형 숄인 피슈를 걸친다. R. Forstner, "Mode der Bürgerlichkeit", *Wien 1815 bis 1848*, ed. R. Waissenberger, Wien 1986, p. 224; M. Delpierre, *Le costume: Consulat-Empire*, Paris 1990, p. 19; C. Rose, *Children's Clothes Since 1750*, London 1989, p. 111 참조.

12) 이미 1908년의 잡지인 『빈의 패션』(*Wiener Mode*)에는 이렇게 적혀 있다. 한 여름을 위해 '둥글고 깊이 파인 목선의' 칼라가 없는 블라우스가 생산될 것이며 그것은 틀림없이 '노출된 목 때문에 걱정하는 그 옷의 착용자들보다 우리의 위생학자에게 더 큰 기쁨을 줄 것이다.'(M. Wollner, "Die Zeitschrift *Wiener Mode* von 1900~1914", *Drüber und Drunter*, ed. R. Forstner et al., Wien 1987, p. 36). 사람들이 이런 개혁을 겉으로 보기에는 받아들이는 것처럼 보였던 반면 1914년 파리의 봄 콜렉션 전시에서 목선이 깊고 뾰족하게 파인 이브닝

드레스 및 허벅지의 곡선이 그대로 드러나는 딱 달라붙는 긴 치마는 센세이션을 일으킬까봐 걱정을 해야 했다. 생루이(서아프리카 세네갈의 세네갈 강어귀 부근에 있는 섬이며 항구도시-옮긴이)에서 출간된『미러』(*Mirror*)가 그것이 '섹스 시(時)'임을 확인하고 난 후 그해 여름에 영국 신문은 롱캠프의 경마장을 방문한, 반투명 소재와 깊이 파인 V자 모양 목선의 옷을 입은 여자들의 사진을 게재했으며『데일리 스케치』(*Daily Sketch*)는 '이것을 당신의 아내에게도 허락할 것인가?'라는 질문을 제기했다. 그로 인해 이 신문은 어떤 남자도 자신의 아내에게 그런 것을 허락하거나 금지해서는 안 된다고 확신하는 여성 독자들의 분노에 찬 편지들을 받았다. 그러나 미국의『언포퓰러 리뷰』(*Unpopular Review*)는 곧 이에 대해 이렇게 불평했다. "그리스도교가 지배하는 한 어떤 시기와 장소에서도(물론 프랑스에서 가장 도덕적으로 부패한 시기를 제외하고는), 특히 옛날에 미국에서는 절대로 여성들이 사회와 거리에서 그처럼 자유분방한 차림으로 다닐 수 없었다." 그리고 1914년 림부르크 주교는 교서에서 이렇게 불평을 토로했다. "가끔 여자들은 성직자들을 당황하게 하는 그런 복장을 하고 예배에 나타난다. 그래서 나는 목선이 깊이 파인 의복이나 팔을 드러내고 오는 사람에게는 성찬식을 하지 말아야 한다는 규정을 만들 필요성을 느낀다." 결국 1915년 대낮에 목선이 깊이 파인 옷을 입고 다니는 데 반대하는 투쟁이 승리한 듯 보였으며『펀치』는 이렇게 언급했다. "잘됐다. 이제 우리는 본토에서 벌어지는 다른 전쟁에 주의를 기울일 수 있다." V. Cowles, *1913: Abschied von einer Epoche*, Frankfurt/M. 1969, p. 21, 120ff.; S.D. Cashman, *America in the Age of the Titans*, New York 1988, p. 240, 259; V. Steele, *Fashion and Eroticism*, Oxford 1985, p. 232; O. Goldmann, *Nacktheit, Sitte und Gesetz*, Bd. I, Dresden 1924, p. 118; P. Fryer, *Mrs Grundy: Studies in English Prudery*, London 1963, p. 186 참고.

13) 1526년에 나온 한 불평에서 장크트갈렌의 처녀들이 '성장을 할 때는' 가슴과 등 데콜테의 옷을 착용했음을 알 수 있다. 이런 '가슴과 목의 노출은 제단의 패널화를 여는 것이라고 일컬어졌다.' 과거에 결혼식을 할 때 그림에 그려진 성자들을 숭배하기 위하여 양쪽 날개부를 펼치면 제단화를 볼 수 있었던 것처럼. 지금은 처녀들이 가슴을 이와 비슷하게 노출시킨다. "그림으로써 사람들은 사악하고 음탕한 정욕을 자극하기 위해 그들이 우상처럼 숭배하는 여자들을 보고 싶어한다. 그것은 너에게는 치욕이다."(L. Zehnder, *Volkskundliches in der älteren schweizerischen Chronik*, Basel 1976, p. 77) 물론 노출된 목과 가슴은 자주 셔츠로 가렸다. I. Hebecker, "Kleider machen Leute", *Die Welt des Hans Sachs*, ed. R. Freitag-Stadler, Nürnberg 1976, p. XX 참고.

14) 오늘날에도 여전히 '엄격히 말하면 데콜테 옷은 절대 밝은 대낮에는 착용하지

않으며' 교회에서는 가슴이 파인 민소매 원피스가 어차피 적절하지 않다. S. Gräfin Schönfeldt, *1×1 des guten Tons*, München 1987, p. 64, 85 참조.

15) P. Perrot, "Le jardin des modes", *Misérable et glorieuse*, ed. J.-P. Aron, Paris 1980, p. 104 참조. 그보다 약간 나중에 스위스의 패션해설가인 슈베르트 폰 솔데른(Schubert von Soldern)는 이렇게 언급했다. "거리와 집에서 엄격하게 금기시되는 많은 것들이 무도회장에서는 허용된다. 그런 종류의 축제행사에서는 여자들이 기꺼이 그들의 매력을 좀더 공개적으로 드러낼 준비가 되어 있다. 여자들의 사랑을 얻기 위해 매우 노력하는 그들의 숭배자들에게 약간의 만족을 주기 위해서 말이다."(U. Blosser/F. Gerster, *Töchter der Guten Gesellschaft*, Zürich 1985, p.263)

16) M. Sladek, *Alexander von Vernus*, Nürnberg 1981, p. 28 재인용.

17) J. Rowbotham, *Good Girls Make Good Wives*, Oxford 1989, p. 40f 참조. 여자아이들에게는 절대 데콜테가 너무 깊이 파인 옷을 착용하지 않도록 매번 주의를 주었다. 아니면 1844년 엘리자베트 슈벨(Elizabeth Sewell)이 정숙하게 표현했던 것처럼 '숙녀가 유행을 따르는 것이 필요하다는 것이 결과로서 나타나지 않겠는가?' (같은 책, p.41) 이미 18세기에 그레고리는『딸에게 주는 아버지의 유산』(*A Father's Legacy to his Daughter*)에서 다음과 같은 사실을 상기시켰다. "정숙한 여인의 매력이 가장 많이 발산되는 경우는 오히려 자신의 매력을 최대한 숨기고자 할 때이다. 자연에서 가장 아름다운 꽃의 만개도 상상 속의 그것만큼 아름답지 못하다." V. Jones, *Women in the Eighteenth Century*, London 1990, p. 48; J.E. Mason, 1935, p.103. 너무 많이 보여주는 것은 영국 및 독일에서 '프랑스적'인 것으로 간주되었다. 그리고 1873년 프로이센의 교구와 교회 회의 규정은 위그노파 여자들에게 '가슴의 화장과 노출'을 금지했다. C. Gebauer, *Geschichte des Französischen Kultureinflusses auf Deutschland von der Reformation bis zum Dreißigjährigen Kriege*, Straßburg 1911, p. 117 참조.

18) P. Glynn, *Skin to Skin*, New York 1982, p. 52 참조. 여자들이 벌써 이전부터 목선이 깊이 파인 드레스를 입었지만 프랑스에서조차 '삼각형 숄로 가렸다'. G. Heller, *Propre en ordre*, Lausanne 1979, p. 211 참조.

19) V. Steele, *Fashion and Eroticism*, Oxford 1985, p. 110. 그보다 100년도 더 지나서 해변에서 '상반신을 노출하던' 한 여자는 이렇게 고백했다. "다른 남자들에게 자신을 보여준다는 것은 어쨌든 충격이어서 처음에는 마음이 흔들렸지만 나중에는 익숙해졌다." J.-C. Kaufmann, *Corps de femmes, regards d'hommes*, Paris 1995, p. 137.

20) D.H. Strutt, *Fashion in South Africa 1652~1900*, Cape Town 1975, p.

322.

21) R. Braun/D. Gugerli, *Macht des Tanzes, Tanz der Mächtigen*, München 1993, p. 283.

22) 이 규정을 지키지 않은 여자들은 '정중하게 그러나 틀림없이' 입장이 거부된다. V. Cowles, *1913: Abschied von einer Epoche*, Frankfurt/M. 1969, p. 42 참조.

23) G.-J. Witkowski/L. Nass, *Le Nu au Théâtre*, Paris 1909, p. 13f.

24) A. Mansfield, *Ceremonial Costume*, London 1980, p. 124, 280 참조.

25) J. Amtmann, *Mode und Moral*, Hamburg 1993, p. 136. 우리 시대에도 쇤 펠트(Sybil Gräfin Schönfeldt, *Gewußt wie!*, Dortmund 1986, p. 94f.)는 더 이상 '탄력이 없는' 여자들이나 가슴이 '무거운' 여자들에게 데콜테가 깊이 파 인 옷을 입지 말라고 권하고 있다. 그리고 끔찍한 예로서 몸매는 젊은이처럼 가 꾸었지만 가슴이 주름진 미국의 TV 스타 및 '처진 데콜테'를 입은 엘리자베스 테일러를 들었다.

26) P. Perrot, *Les dessus et les dessous de la bourgeoisie*, Bruxelles 1984, p. 185.

27) L. Markun, *Mrs Grundy*, New York 1930, p. 566; T. Inglis, *Moral Monopoly: The Catholic Church in Modern Irish Society*, Dublin 1987, p. 201 역시 참조.

28) C. Goldthorpe, *From Queen to Empress*, New York 1988, p. 83 참조.

29) 여자 변호사인 로라 오르미스턴 챈트(Laura Ormiston Chant)는 1895년 이렇 게 편지를 썼다. "나만큼 지속적으로 이브닝드레스의 관례적 스타일에 저항하 여 캠페인을 벌인 사람은 없을 것이다. 21세가 된 이후로 난 줄곧 목과 팔의 노 출을 포기해왔다."(L. Bland, "Feminist Vigilantes of Late-Victorian England", *Regulating Womanhood*, ed. C. Smart, London 1992, p. 33)

30) U. Linse, "Zeitbild Jahrhundertwende", *Wir sind nackt und nennen uns Du*, ed. M. Andritzky/T. Rautenberg, Gießen 1989, p. 30 재인용.

31) P. Gillett, *Worlds of Art*, New Brunswick 1990, p. 177 참조.

32) O. Peschel, *Völkerkunde*, Leipzig 1987, p. 176.

33) D. Charlwood, *The Long Farewell*, Ringwood 1981, p. 53 참조.

34) F. Mort, *Dangerous Sexualities: Medico-Moral Politics in England Since 1830*, London 1987, p. 49; G. Pollock, "Feminism/Foucault-Surveillance/ Sexuality", Visual Culture, ed. N. Bryson et al., Hanover 1944, p. 19f.; R. Galloway, *Annals of Coal Mining and the Coal Trade*, Bd. II, London 1904, II, p. 149ff.

35) M. Hiley, *Victorian Working Woman*, London 1979, p. 53 참조.

36) E.C. Black, *Victorian Culture and Society*, New York 1973, p. 172f 참조.
18세의 탄광 처녀는 위원회 소속원에게 이렇게 말했다. "어젯밤에 아버지는 여
자아이들이 우리처럼 일하는 것은 창피스럽고 망신스러운 것이라고 말씀하셨
지만 그렇다고 우리가 할 수 있는 다른 일은 없었다."(E.O. Hellerstein/L.P.
Hume/K.M. Offen, *Victorian Women*, Stanford 1981, p. 45)

37) F. Engels, *Die Lage der arbeitenden Klasse in England*, Berlin 1947, p.
306. 물론 금지령에도 불구하고 많은 부인과 처녀들이 계속 일을 했다. 그리고
1856년 「남부 웨일스 광산 지역의 보고서」에 의하면 '채굴장 제방과 잿더미 모
아놓은 곳에서 일하는' 탄광 처녀들이 '정숙함과 자존심을 손상시키는' 옷을
입고 있었다고 한다. E. R. Pike, *Human Documents of the Victorian Golden
Age(1850~1875)*, London 1967, p. 207 참조. 1867년에 왕립의학원은 벨기
에 탄광의 많은 젊은 여자 노동자들이 '가슴을 가리지 않았' 음을 확인했다. J.
Neuville, *La condition ouvrière au XIX siècle*, Bd. I, Bruxelles 1976, p.
189 참조. 그리고 1941년에도 파울 베버(A. Paul Weber)는 발리스의 광산에
서 상체를 벗고 석탄마차를 끌고 있는 여자를 그렸다. E. Arp, *A. Paul Weber
1983~1980*, Hamburg 1985, p. 78 참조. G. Braybon, *Women Workiers in
the First World War*, London 1981, p. 20f. 참조.

38) "최근에 채굴장에서 여성들이 일하는 것을 금지하려는 시도가 있었는데 그 이유
는 그들의 작업복이 여성적이지 못하다는 데 있다. 그러나 옷을 제대로 못 입는
다는 말은 유한계급에게나 해당된다. 어떤 종류든 육체노동이 요구되는 곳에서
착용하는 작업복은 원칙적으로 절대적인 타당성을 지닌다. 왜냐하면 노동은 자
유를 필요로 하기 때문이다."(W. v. Eckardt/S.L. Gilman/J.E. Chamberlin,
Oscar Wilde's London, Garden City 1987, p. 211에서 재인용)

39) 주36번 참조. 나는 다음에 나올 책에서 19세기 시민들이 노동자들의 수치심 기
준에 대해 얼마나 잘못된 생각을 가지고 있었는지 밝히려 한다.

2. 자유, 평등, 외설

1) G.-J. Witkowski, *Les seins dans l'histoire*, Paris 1903, p. 163.

2) H. Müller, *Dienstbare Geister*, Berlin 1985, p. 120. 이미 1803년 『함부르크
와 알토나』(*Hamburg und Altona*)는 그 사이에 처녀들이 '부인들처럼 그렇
게 젖가슴을 노출시키고 다닌다'고 비난했다. K. Grobecker, *Herb und süß
in einem*, Lübeck 1976, p. 23 참조.

3) K. Peiss, *Cheap Amusements*, Philadelphia 1986, p. 63. 1870년에 여류작가인 샤를로테 마리 용게(Charlotte Mary Yonge)는 이렇게 경고했다. "노출은 언제나 잘못된 것이다. 유행이 어떻든 그리스도교 신앙을 믿는 여성이 지녀야 할 의무는 스스로 본보기가 되어 보기흉한 모습에 저항하고 낮은 계급에게 나쁜 영향을 미칠 수 있는 유행을 절대 추구해서는 안 된다."(C. Goldthorpe, *From Queen to Empress*, New York 1988, p. 58)

4) C. Haeberlin, "Inselfreisische Volkstrachten vom XVI. bis XVIII. Jahrhundert", *Zeitschrift für Schleswig-Holsteinische Geschichte*, 1926, p. 204 참조.

5) E. Fuchs, *Die Frau in der Karikatur*, München 1928, p. 291f.; H. Heckendorn, *Wandel der Anstands im französischen und deutschen Sprachgebiet*, Bern 1970, p. 38 참조.

6) A. Jugler, *Aus Hannovers Vorzeit*, Hannover 1883, p. 230. 그런 불평들은 이제 더 이상 침묵을 지키지 않았다. 예를 들어 1689년에 '하녀'에 관한 어느 글은 약간 비호의적으로 이렇게 쓰고 있다. 이들은 "목을 가슴까지 노출시키고 다닌다/모든 사람들이 누런 젖통을 보지 않을 수 없게끔/그들이 마치 가장 고귀한 귀족이나 된 것처럼."(M. Bauer, *Deutscher Frauenspiegel*, Bd. I, München 1917, p. 348) 1718년에 요한 고틀리브 다이히젤(Johann Gottlieb Deichsel)은 런던 여자들에 대해 아주 불쾌하게 묘사했다. "비천한 낮은 계급의 여자들이 짜증나는 그들의 젖가슴을 완전히 드러내놓고 다닌다."(M. Maurer, *Britannien, von deiner Freiheit einen Hut voll*, München 1992, p. 75)

7) D. Stutzer, *Wohl gewachsen, munter von Gebärden*, Rosenheim 1979, p. 252f.; V. Bauer, *Kleiderordnungen in Bayern vom 14. bis zum 19. Jahrhundert*, München 1975, p. 83f. 참조.

8) E. Thiel, *Geschichte des Kostüms*, Berlin 1963, p. 354; R. Bleckwenn, "Die Mode", *Panorama der fridericianischen Zeit*, ed. J. Ziechmann, Bremen 1985, p. 630 참조.

9) L. Markun, *Mrs Grundy*, New York 1930, p. 179; E. Sturtevant, *Vom guten Ton im Wandel der Jahrhunderte*, Berlin 1917, p. 335f.; F.A. Parsons, *The Psychology of Dress*, Garden City 1923, p. 248; R. Porter, "A Touch of Danger: The Man-Midwife as Sexual Predator", *Sexual Underworlds of the Enlightenment*, ed. G.S.Rousseau/R.Porter, Manchester 1987, p. 211f.; J.B. v. Rohr, *Einleitung zur Ceremonial-Wissenschaft der Privat-Personen*, Berlin 1728, p. 560; P. Hilarion, *Bildergalerie weltlicher*

Misbräuche, Frankfurt/M. 1785, S. III 역시 참조. 수많은 도시에는 그에 반대
하는 의회 규정들이 존재했다. J.M. Vincent, *Costume and Conduct in the
Laws of Basel, Bern, and Zurich 1370~1800*, New York 1969, p. 127 참조.

10) 18세기 초에는 특히 독일 여자들 사이에 '아드리엔네'(Adrienne)라 불리는 옷
이 인기가 있었다. 1714년 베를린에서는 이 옷이 '고귀하고 균형이 잘 잡히고
풍만하고 둥근 그리고 거기에 속하는 가슴으로 장식된 여성 육체의 앞면과 상
체의' 아주 많은 부분을 노출하고 있다고 전해진다. R. Brachwitz, 'Die sit-
tlichen Verhältnisse im alten Berlin", *Sudhoffs Archiv*, 1942, p. 344 참조.

11) A. Mansfield, *Ceremonial Costume*, London 1980, p. 103. 시골에서도 많
은 지역에서 사람들이 데콜테를 시도했다. 중세 후기와 근세 초기에 시골여자
의 코르셋은 대부분 가슴을 가렸다. 그리고 목선이 깊이 파이기는 했으나 여자
들은 가슴받이를 착용했다. P. Bräumer, *Szenen aus der Zent*, Birkenau
1985, p. 5. 물론 특히 처녀들이 춤을 추거나 일을 할 때 실용적인 이유에서 몸
을 노출하기도 했다. 그래서 예를 들면 16세기 코르넬리우스 켐피우스
(Cornelius Kempius)는 프리슬란트 서부의 여성 의복이 일할 때 팔 전부와 가
슴 일부를 노출시키지 않아야 '정숙하고 예의바르다'고 칭할 수 있다고 썼다.
J.C. Stracke, *Tracht und Schmuck Altfrieslands nach den Darstellungen
im Hausbuch des Häuptlings Unico Manninga*, Aurich 1967, p. 62 참조.
1750년경 잘츠부르크에는 코르셋의 파인 가슴을 덮는 '가슴받이'가 '그리스도
교 정서에 맞게' 실제로 가슴을 완전히 가려야 한다는 규정이 있었다.(F.
Prodinger/R.R. Heinisch, *Gewand und Stand*, Salzburg 1983, p. 38) 그리
고 몇 년 후 케른텐 남부에서는 가일 계곡에 사는 여자들의 '무례하게 파인' 코
르셋이 비난을 받았으며, 이들에게 그것을 '좀더 예의바르게 변화'시킬 것을
요구했다. 마리아 테레지아의 관리들은 이런 의복을 이 지역 여자들의 '욕망'
의 분출로 느꼈으며 1802년 빌라흐의 경감이 파악한 것처럼 그것은 '거의 동물
의 욕망'에 가까' 웠다. F.O. Roth, "Kärntner Bauern im Urteil der
'aufgeklärten' Obrigkeit", *Carinthia*, 1970, p. 362; -, "Mode, Tracht und
Sitte in Südkärnten anno 1755", *Blätter für Heimatkunde*, 1976, p. 95 참
조. 반면 프로이센 지방 의회의 진술에 따르면 1782년에도 오버슐레지엔의 '시
골 여자들'은 가난을 이유로 '속옷을 전혀 입지 않고' 다녔으며 '속치마'를 여
미지 않아서 사람들은 '벌거벗은 가슴 전체와 엉덩이까지 볼' 수 있었다.(M.-
C. Hoock-Demarle, *Die Frauen der Goethezeit*, München 1990, p. 79) 그
리고 한 목사의 증언에 따르면 베스트팔렌 동부 지역의 젊은 처녀들은 아주 의
도적으로 그랬다고 한다. "여자아이들은 부인들만큼 아양을 떠는 기술을 그들
방식대로 완전하게 알고 있다. 아주 뻔뻔스럽게 젖가슴과 다른 특정 매력적인

부위를 거의 반이나 드러낸다. 완전히 벗는 것보다 그것이 더 효과적이기 때문이다."(J. Schlumbohm, *Kinderstuben*, München 1983, p. 80)

12) E. Ewing, *Dress and Undress*, London 1978, p. 54 참조.

13) E. Cyran, *Preußisches Rokoko*, Belin 1979, p. 329 재인용.

14) A. Kleinert, "La mode: miroir de la Révolution française", *Francia*, 1989, p. 79 참조.

15) F. Fraser, *The English Gentlewoman*, London 1987, p. 116 참조.

16) A. Auer, "Klassizistische Damenmode in Baden und Württemberg", *Baden und Württemberg im Zeitalter Napoleons*, ed. R. Braig-Gachstetter, Stuttgart 1987, p. 583; A. Ribeiro, *Dress in Eighteenth-Century Europe*, London 1984, p. 153ff.; -, *Fashion in the French Revolution*, London 1988, p. 88f. 참조. 프랑스 왕비는 평상시에도 '예의바르지 못한' 복장 때문에 자주 비난을 받았다. P. Séguy, "Costume in the Age of Napoleon", *The Age of Napoleon*, ed. K. le Bourhis, New York 1989, p. 31 참조. 다음해에 더욱 과감해진 의복들이 많이 나왔다. 1787년에는 한쪽 가슴을 거의 드러내는 '비대칭의 궁중 드레스'가 소개되었다. G. Gaudriault, *La gravure de mode féminine en France*, Paris 1983, p. 83 참조. 이 옷은 틀림없이 아무도 착용하지 않았을 것이다.

17) 1793년 5월 프로이센의 벨헬미네 공주가 등에서 묶는 어깨 사이의 밴드로만 가슴을 받쳐주는, 코르셋 없는 파리의 속옷 패션을 예의바르지 못한 것으로 느꼈음에도 말이다. P. Séguy, 앞의 책, p. 224f. 참조.

18) 1793년경 데이빗(David)은 코뮌 정부로부터 남성과 여성들을 위해 혁명적인 제복을 디자인해달라는 요청을 받았다. 그의 남성복 디자인에 관해 당시 사람들은 '고대 양치기 의복과 터키 군인복 그리고 파리 마부복의 잡종'으로 묘사했다. 그에게 디자인을 요청한 정부도 그와 비슷하게 느꼈던 것으로 보인다. 어쨌든 데이빗의 디자인들은 사라져버렸다. M.-L. Weber, *Das Element der Mode in der Malerei von Jacques-Louis David und Jean-Auguste-Dominique Ingres*, Zürich 1968, p. 16 참조. 물론 혁명기간 동안 '평등'이라는 이름의 매우 소박한 의복 역시 귀족 부인들이 착용했으며 그럼으로써 그들은 새 정부에 대해 자신들의 귀족성을 과시하고자 했다. J. Harris, "The Red Cap of Liberty: A Study of Dress Worn by French Revolutionary Partisans 1789~94", *Eighteenth-Century Studies 1980*, p. 299 참조. 라이프치히에서 출간된 『여성 잡지』(*Frauenzimmer-Almanach*)의 발행인인 프란츠 에렌베르크(Franz Ehrenberg)는 이미 1785년에 화가이며 풍자가인 다니엘 호도비에츠키(Daniel Chodowiecki, 1726~1801)에게 '독일 여성 개량복'을

디자인하도록 위임했다. M. v. Boehn, *Die Mode*, Bd. V, München 1964, p. 93 참조.

19) R. Miquel, *Histoire pittoresque de pantalon féminin*, Paris 1979, p. 49 참조. 더 추운 계절에 야외에서는 단추로 연결시킬 수 있는 살색의 소매를 달아 착용했다.

20) I. Weber-Kellermann, "Die Französische Revolution als Wendepunkt in der europäischen Kostümgeschichte", Lebenswelt und Kunsterfahrung, ed. U. Krenzlein, Berlin 1990, p. 83 참조.

21) 물론『사치와 유행의 잡지』의 파리 특파원은 새로 유행하는 삼각형 숄이 충분히 '정숙'하지 않다고 항의했다. M. Bringemeier, *Mode und Tracht*, Münster 1985, p. 331 참조.

22) E. Fuchs, *Illustrierte Sittengeschichte vom Mittelalter bis zur Gegenwart*, Bd. III, Berlin 1912, p. 195 참조.

23) T. Wright, *Caricature History of the Georges*, London 1868, p. 541 참조. 이미 1778년에 요한 티모테우스 헤르메스(Johann Timotheus Hermes)는 '기품있는 여성들'에게 그들이 설교단 위에 서 있는 설교자들과, '당신들 근처에서 당신들의 코끝도 보려 하지 않고 무뢰한처럼 음흉하게 당신들의 구석구석을 훔쳐보려 하지 않는 모든 사람'들을 얼마나 당황하게 하는지를 생각해보라고 경고했다.(A. Schwind, *Der Mensch war niemals tugendhaft*, Herrenalb 1964, p. 188) 그리고 12년 후 한 의사는 젊은 남자들이 단지 거기서 목선이 깊이 파인 여자들의 옷 속을 훔쳐볼 수 있다는 이유만으로 교회에 간다고 불평했다. "그들은 여자들과 함께 찬송가책을 보고 노래를 한다. 오늘날 젊은이들의 가련한 에티켓에 따르면, 그들은 일반적으로 눈이 잘 안 보이기 때문에 점잖은 안경을 끼고서 예의바르게 찬송가책과 처녀들의 젖가슴을 쳐다본다."(D. Hoof, *Pestalozzi und die Sexualität seines Zeitalters*, St. Augustin 1987, p. 476) 19세기의 한 자전적 소설에서 작가는 무도회복을 입은 한 여자에게 똑같은 짓을 하면서 알게 된다. "그녀가 크고 하얀 가슴을 가지고 있다는 것을. 그것이 그녀에 관해 더 많은 것을 보고자 하는 욕망을 내 마음속에 일깨운 유일한 이유였다."(R. Tobias, *Viktorianisches Lesebuch*, Bergisch Gladbach 1985, p. 272)

24) D. Müller-Staats, *Klagen Über Dienstboten*, Frankfurt/M. 1987, p. 91 ; J.B. Pflug, *Aus der Räuber-und Franzosenzeit Schwabens*, ed. M. Zengerle, Weißenhorn 1975, p. 80 ; J. Borchert/A. Bouvier, *Nahrung für weibliche Seelen*, Hanau 1987, p. 158 ; H. Schlüter, *Ladies, Lords und Liederjane*, Berlin 1966, p. 79 역시 참조. 1802년 킬의 한 교수는 이렇게 말했다. 여자의

복장이 너무 무례해지지 않도록 주의를 기울이는 것이 경찰의 의무이며, 한편으로 오늘날 젊은 여자들이 여름에 '가슴을 얇은 베일로 반만 가리거나 전혀 가리지 않고' 돌아다니는 것은 오로지 유행의 요구, 남자들의 마음에 들려는 노력, 혹은 '가슴의 자유로운 움직임'에 대한 욕구 때문이지만 '몇몇 경우에는 음탕한 의도에서' 그렇게 하기도 한다고. 이 교수는 물론 가슴을 '거의 완전히' 드러낸 채 '왈츠를 추면서 남자의 팔에 자신의 몸을 던지는' 그런 경우를 전혀 이해하지 못했다.(K.D. Sievers, *Volkskultur und Aufklärung im Spiegel der Schleswig-Holsteinischen Provinzialberichte*, Neumünster 1970, p. 90f.)

25) U. Höflein, *Vom Umgang mit ländlicher Tracht*, Frankfurt/M. 1988, p. 21.

26) P. Séguy, *Histoire des modes sous l'empire*, Paris 1988, p. 29; C. Nödl, 1987, p. 24 참조. 한 늙은 부인은 1800년 런던에 있는 손녀를 방문했을 때 손녀의 오페라 드레스가 속옷인 줄 알았다고 말했다. C.W. Cunnington, *Feminine Attitudes in the Nineteenth entury*, London 1935, p. 35 참조. "어떤 범위 내에서 영국 여자의 드레스는 완벽하다고 할 수 있다." 이 시기에 한 영국 사람이 이렇게 말했다. "그 천이 좀더 많아져야 한다는 것만 제외하면 바랄 것이 없다."(R. Southey, *Mr. Rowlandson's England*, Woodbridge 1985, p. 41)

27) H. Möller, *Die kleinbürgerliche Familie im 18. Jahrhundert*, Berlin 1969, p. 283 참조.

28) 예에 관해서는 L. Schiebinger, *Nature's Body*, Boston 1993, p. 62f. 참조.

29)이 잡지는 계속 이렇게 말한다. "방종한 여자들이 옷을 너무 달라붙게 입으면 오히려 몸을 완전히 가리지 않은 것처럼 되어버린다. 그렇게 되면 아마도 얼굴을 가려야 할 필요가 있을 것이다."(M.D. George, *Hogarth to Cruikshank*, New York 1967, p. 138f.)

30) A. Aulard, *Paris sous le Consulat*, I, Paris 1903, p. 229.

31) 창녀들은 유곽 밖에서는 물론 가슴을 드러내놓고 다니지 않았으며 대부분 '카지노-리즐'처럼 데콜테가 아주 깊이 파인 옷을 착용했다. 풍만한 가슴을 가진 한 통통한 창녀는 빈 협약(외교사절의 범주를 확정하기 위해 1961년에 맺어진 협약—옮긴이) 시기에 '물의를 일으킨 가슴 데콜테'로 사람들을 놀라게 했다고 하며, 화류계 여자로 메테르니히의 연인이었던 러시아의 바그라티온(Bagration) 부인은 깊이 파인 데콜테 때문에 '벌거벗은 천사'로 불렸다. R. Waldegg, *Sittengeschichte von Wien*, ed. R. Till/H. Lang, Bad Cannstatt 1957, p. 239, 248 참조.

32) A. Ribeiro, *The Art of Dress*, New Haven 1995, p. 29.

33) R.P. Kuhnert, *Urbanität auf dem Lande: Badereisen nach Pyrmont im 18. Jahrhundert*, Göttingen 1984, p. 157.

34) 예에 관해서는 E. J. Knapton, *Impress Josephine*, Harmondsworth 1969, p. 105; M. Lyons, *France Under the Directory*, Cambridge 1975, p. 144 참조.

35) J. Döring, "Gesellschaftssatiren: Verhöhnte Eitelkeiten", *Bild als Waffe*, de. G. Langemeyer et al., München 1984, p. 296; A. v. Heyden, *Die Tracht der Kulturvölker Europas*, Leipzig 1889, p. 234 참조. 조제핀 왕비의 친구였던 크레올(중남미에 이주한 유럽 백인의 자손─옮긴이)인 하멜렌 부인 역시 그 다음해부터 데콜테가 아주 깊이 파인 옷을 입었다. 그녀가 여자친구와 함께 나폴레옹이 있는 자리에서 데콜테가 깊이 파인 옷을 입은 것을 본 나폴레옹은 조제핀에게 이렇게 말했다고 한다. "이 여자들이 벗은 것은 잘 보시오!" J. Robiquet, *La vie quotidienne au temps de Napoléon*, Paris 1946, p. 157 참조.

36) 『사치와 유행의 잡지』는 이미 1794년에 파리 여자들이 '남자들처럼 살색 비단으로 만든 판탈롱을' 착용했으며 '그리고 그 위에 아주 섬세한 모슬린으로 된 치마를 입었는데 그것은 무릎까지 내려왔으며 옆구리에서 브로치로 고정되었다'고 쓰고 있다.(E. Stille, "Zank um die Hosen", *Kleider und Leute*, ed. Ć. Spiegel et al., Bregenz 1991, p. 145; A. Junker/E. Stille, 1988, p. 81f.) 사람들은 이 스타킹에 대해서 '말 그대로 벗진 않았지만 벗은 것 같은 술책'을 부리는 거라고 말했다.(C. Saint-Laurent, *Histoire imprévue des dessous féminins*, Paris 1986, p. 104) 그리고 교회는 몸에 딱 달라붙는 트리콧(maillots)을 파란색으로 염색할 것을 요구했다. 아무도 그 천을 통해 맨살을 희미하게나마 볼 수 있을 거라는 쾌락적인 상상을 할 수 없도록 하기 위함이었다. J. Laver, *Modesty in Dress*, London 1969, p. 101 참조. 이미 고대 이집트에서 그리고 아크나톤 2세와 3세의 통치기간 중에 여성들의 매우 얇은 반투명 이브닝드레스를 붉은색이 도는 사프란 노란색으로 염색했는데 그때 염료를 불규칙하게 위에서 아래로 흘러내리게 했다. 데이비스(N.de G. Davies, *The Tomb of Nakht at Thebes*, New York 1917, p. 56)는 이것이 아마도 에로틱하게 보일 뿐 아니라 예절에도 기여했을 거라고 추측했다. 사람들은 살색을 모방함으로써 벗었다는 착각을 불러일으키려 했으며, 다른 한편으로 실제의 육체가 너무 정확하게 보이지 않도록 배려했기 때문이다.

37) C. de la Motte Fouqué, *Geschichte der Moden, vom Jahre 1785 bis 1829*, ed. D. Böck, Berlin 1987, p. 54, 75.

38) 이것은 예를 들면 1800년경에 그려진 데이빗의 「젊은 여자의 초상화」나 혹은 1805년의 동판화(A. Kind, *Die Weiberherrschaft in der Geschichte der*

Menschheit, Wien 1930, p. 308)에서 볼 수 있다. 100년 후 미국의 여류 패션 사가는 자신이 뉴잉글랜드에 있는 한 주택의 지붕에서 왕실 의상을 발견했다고 말했다. "믿을 수 없을 정도로 목이 아주 많이 파인 옷들, 치마 옆 한쪽이 거의 허리까지 트인 옷. 하나는 교구 목사 부인의 결혼복이었는데 그것은 마치 보나파르트 부인의 옷 같았다. 일종의 '꽉 조이는' 속옷을 아주 얇은 겉옷 밑에 받쳐입는 것이었다. 오늘날 우리가 보기에는 너무나 정숙하지 못한 옷차림이 아닐 수 없다."(A.M. Earle, *Two Centuries of Costume in America*, New York 1903, p. 791)

39) E. Burton, *The Georgians at Home 1714~1830*, London 1967, p. 343.

40) J. Robiquet, *La vie quotidienne au temps de Napoléon*, Paris 1946, p. 156 참조.

41) 1804년 한 패션잡지에는 이렇게 씌어 있다. "우리 그리스의 히페르보레오이 여자들에게'는 '고대 아테네와 로마에서 어떤 정숙한 여자도' 그렇게 노출하고 돌아다니지 않았으며 오로지 공창들만 그런 차림으로 다녔다고 아무리 말해도 충분치 않다." M. Bringemeier, "Wandel der Mode im Zeitalter der Aufklärung", *Rheinisch-Westfälische Zeitschrift für Volkskunde*, 1966, p. 17 참조. 대부분 집정내각 시대와 제국 시대의 여성복은 헬레네 시대의 그것과 비슷하다. 왜냐하면 알렉산드로스 대제 이후로 예컨대 치톤은 가슴 바로 밑에서 졸라매졌으며 목 가장자리는 끈으로 테두리를 둘렀기 때문이다. 그래서 가슴 위의 천이 팽팽해졌으며 가슴은 엉덩이처럼 튀어나왔다. W. Amelung, *Die Gewandung der alten Griechen und Römer*, Leipzig 1903, p. 17; M. Bieber, *Entwicklungsgeschichte der griechischen Tracht*, Berlin 1967, p. 35 참조. 제국시대 이후에도 '그리스적'이라는 단어는 '자연스러운'이라는 단어의 동의어로 남아 있다. 예를 들면 100년 후에 이사도라 던컨(I. Duncan, *Der Tanz der Zukunft*, Leipzig 1903, p. 36)은 이렇게 말했다. "내가 나체로 땅 위에서 춤을 춘다면 나는 자연스럽게 그리스 자세를 취한다. 그리스 자세는 이 땅에서 바로 자연스런 자세이기 때문이다."

42) 그리고 그녀는 계속 이렇게 말했다. "그녀의 두 팔은 그대로 맨살을 드러냈다." (G. de Diesbach, *Mémoirs et souvenirs d'une Femme de Qualité sur le Consulat et l'Empire*, Vichy 1966, p. 79). V J. Willi, "Kulturgeschichte der Mode", *Die Mode in der menschlichen Gesellschaft*, ed. R. König/W. Schuppisser, Zürich 1958, p. 98 역시 참조.

43) J. F. Wittkop, *Die Welt des Empire*, München 1968, p. 142 참조.

44) D. Wildt, *Sonnenkult*, Düsseldorf 1987, p. 22 참조.

45) 캐롤린 콘월리스(Caroline Cornwallis)는 새러 포르티(Sara Forti) 양에게 이

렇게 편지를 쓴다. "작년에 열린 한 연회장에서 내 친구가 직접 본 이야기를 들려줄게. 연회장에 꽤 미인축에 드는 젊은 여성 두 명이 있었는데 그 여자들이 정말 윗몸이 다 드러나는 드레스를 걸치고 나타났다는 거야. 어깨에 무명 모슬린으로 만든 가는 끈으로 드레스를 겨우 지탱하고 가슴 쪽으로는 페티코트 바로 위에 레이스 조각을 엇대어놓았네! 다행히도 그런 모습으로 공공연한 장소에 나타나는 것을 인정할 만큼 연회장에 참석한 사람들의 도덕성이 타락하진 않아서 모두가 그 꼴불견인 여자아이들에게 경멸을 표시했다는구나. 그런 꼴불견을 자주 보지 않았으면 정말 좋겠어"(A. Briggs, *How They Lived*, Bd. III, Oxford 1969, p. 252). 그 시기에 여성의 가슴은 (코르셋에서 해방되어) 특별한 주목을 끌었다. 그래서 예를 들면 마카르(B. Macquart)는 1799년 『인간들의 보관장소인 사전』(*Dictionnaire di la conservation de l'homme*)에서 남자들이 벌거벗은 가슴을 보면 엄청난 자극을 받기 때문에 남편과 신중한 부인들은 가슴이 보이는 것을 허용하지 않았다고 말했다.(L. Jordanove, *Sexual Visions*, Hemel Hempstead 1989, p. 29 참조) 그리고 다음과 같은 제목의 책이 출간되었다. "『여인의 가슴에 대한 찬가』. 색다른 작품이다. 이 책에는 이런 내용이 담겨져 있다. 그것을 드러낼 수 있는지, 만져도 되는지, 그것의 덕, 형태, 언어, 표현이 무엇인지, 가슴이 가장 아름다운 지방이 어디인지, 그리고 그것을 유지할 수 있는 가장 확실한 방법이 무엇인지." M. Lyons, *France Under the Directory*, Cambridge 1975, p. 144 참조.

46) E.G. Eder, *Bade- und Schwimmkulter in Wien*, Wien 1995, p. 240 참조.

47) A. Hauser, *Das Neue kommt: Schweizer Alltag im 19. Jahrhundert*, Zürich 1989, p. 209 참조.

48) I. Weber-Kellermann, *Die Familie*, Frankfurt/M. 1976, p. 114에서 재인용.

49) S. Kienitz, "'Aecht deutsche Weiblichkeit': Mode und Konsum als bürgerliche Frauenpolitik 1848", *Schimpfende Weiber und patriotische Jungfrauen*, ed. C. Lipp, Bühl-Moos 1986, p. 325 참조.

50) G. de Diesbach, *Mémoirs et souvenirs d'une Femme de Qualité sur le Consulat et l'Empire*, Vichy 1966, p. 79

51) P. Séguy, 앞의 책, p. 123f., 158f.; G. Framke, "Pariser Geschmack um 1800", *Bilderwelten*, ed. G. Langemeyer, Dortmund 1985, p. 80 참조. 더 두꺼운 소재가 나오면서 이른바 '모슬린 증후군'도 사라졌다. 그렇게 되는 데는 마찬가지로 고대의 샌달을 모방한 에스카르팽(escarpins)이 기여했다. 그것은 종아리 위로 교차해서 끈으로 묶게 되어 있는 뒤축이 없고 바닥이 얇은 평평한 펌프스이다. P. Weber, *Schube*, Aarau 1980, p. 92; R. Heydenreuter, "Gesetze gegen das Elend", *Biedermeiers Glück und Ende*, ed. H.

Ottomeyer, München 1987, p. 38 참조. 처음부터 속옷 패션은 (나중에 개량 복과 비슷하게) 그런 '품위없는 복장'이 '독일의 기호'와 인접 국가들에게는 적합하지 않다는 반대에 부딪혔다. C. Kröll, *Heimliche Verführung: Ein Modejournal 1786~1827*, Düsseldorf 1978, p. 87; B.B. Baines, *Fashion Revivals from the Elizabethan Age to the Present Day*, London 1981, p. 52 참조.

52) M. Delpierre, *Le costume: Consulat-Empire*, Paris 1990, p. 11 참조.

53) A. Junker/E. Stille, 앞의 책, p. 104. 1930년대에 결국 금속 코르셋이 시장에 나왔다. 그것은 훨씬 더 세게 조여맬 수 있었다. M. Davies, "Corsets and Conception: Fashion and Demographic Trends in the Nineteenth Century", *Comparative Studies in Society and History*, 1982, p. 617f. 참조.

3. 17세기의 '역겹고 몰염치한 가슴 노출'

1) S. Pepys, *The Diary*, VII, ed. R. Latham/W. Matthews, London 1970 ff, p. 379.

2) M.-T. Leuker/H. Roodenburg, "Die dan hare wyven laten afweyen: Overspeel, eer en schande in de zeventiende eeuw", *Soete minne en helsche boosheit*, ed. G. Hekma/H. Roodenburg, Nijmegen 1988, p. 71. E. de Jongh, "Erotica in vogelperspectief", *Simiolus*, 1969, p. 63도 참조.

3) A. Faust, *Künzelsauer Chronik*, Kpnzelsau 1960, p. 24. 나중에 나체주의 자들과 비슷하게 1650년에 존 홀(John Hall)이라는 사람은 옷을 벗는 것이 가슴을 드러내는 것보다는 덜 선정적이기 때문에 여자들은 완전히 옷을 벗는 것이 좋겠다고 직설적으로 말했다. C. Hill, *The World Turned Upside Down*, London 1972, p. 253 참조. J. Herz, "Das Tagebuch des Augsburger Arztes und Stadtphysicus Dr. Philipp Hoechstetter 1579~1635", *Zeitschrift des Historischen Vereins für Schwaben*, 1976, p. 204 역시 참조. 데콜테 패션에 반대하는 논쟁을 수많은 영국 주간지들이 게재했다. W. Gauger, *Liebe und Ehe in der Auffassung von Londoner Zeitschriften um 1700*, Berlin 1965, p. 275 참조.

4) "주인님/무엇이 잘못된 것인지 알 듯합니다/모든 책임은 도둑 재단사에게 있지요/위로는 목을 포함해서/가슴을 가려야 할 옷이었지요/그런데 위로는 그렇게 많이 파고 아래의 치마는 그대로 남겨두었던 겁니다/그래서 치마가 나중에 뒤로 아주 넓게 끌리게 되지요/그렇게 일을 대강하는 녀석들은 손을 잘라내야 합

니다."(H. J. C. v. Grimmelshausen, *Der Abentheuerliche Simplicissimus Teutsch*, Monpelgart 1669, p. 152)

5) R. Waldegg, *Sittengeschichte von Wien*, ed. R. Till/H. Lang, Bad Cannstatt 1957, p. 127f.

6) J.R. Farr, *Authority and Sexuality in Early Modern Burgundy(1550~ 1730)*, Oxford 1995, p. 48. 그는 이렇게 경고했다. "아름다운 가슴을 보는 것은 전설의 뱀인 바실리크를 보는 것만큼 위험하다." 그리고 그는 부끄러움 때문에 의사에게 유방암에 걸린 자신의 가슴을 보여주지 않았던 성녀들 및 성 에딜투르드와 수녀원장 알데군드를 찬양했다. 그들은 이런 점잖치 못한 굴곡이 있는 것에 종양이 생긴 것을 신에게 감사했다. D. Kunzle, *Fashion and Fetishism*, Totowa 1982, p. 81f. 참조. 1633년 툴루즈에서 어떤 여자들은 사람들이 보기에 고해실에서나 성판에서까지도 가슴을 드러내는 일을 서슴지 않았다"고 비난을 받았다(R. Muchembled, *L'invention de l'homme moderne*, Paris 1988, 0. 261). 결국 1670년 3월 툴루즈의 대교구직 보좌신부는 교회에 오는 여자들에게 목과 팔, 어깨의 모든 노출을 금지했다. 이런 노출을 통해 순수하지 못한 정욕의 불길이 신자들의 마음에 불붙을 수 있기 때문이었다. M. Krüger, *Die Entwicklung und Bedeutung des Nonnenklosters Port-Royal im 17. Jahrhundert*, Halle 1936, p. 19 참조.

7) E. Buchner, *Das Neueste von gestern*, München 1912, p. 113에서 재인용.

8) J. Wachtel, *A la mode*, München 1963, p. 256 참조. 4년 후 신문은 이렇게 보고한다. "이 도시의 여자들은 목까지 가려야 하며/손목까지 가려야 한다는/ 강령 때문에 상심해하고 있다."(Buchner, 앞의 책, p. 171)

9) 그 시기에 로마에 살았던 스웨덴의 크리스티나(Christina) 역시 그녀의 여성 수행원들과 함께 이 규정을 지켰다. L. Collison-Morley, *Italy After the Renaissance*, London 1930, p. 168 참조. 이탈리아 여자들은 17세기와 18세기에 가슴이 아주 깊이 파이고 어깨가 드러나는 옷을 입었다.(M. Rowdon, *The Fall of Venice*, London 1970, p. 101f.) 그리고 1610년 영국 여행자가 '그노시스파' 여자들에 관해 그들의 의복은 '가슴과 어깨를 계속 드러나게' 한다고 보고한 것은 틀림없이 크레타 여자들이 '상반신 노출'로 다녔음을 의미하는 게 아니라 그들이 베네치아식 데콜테를 모방했음을 의미한다. O.H. Myers, "Topless in Crete", *Man*, 1965, p. 88 참조.

10) J. Solé, *Liebe in der westlichen Kultur*, Frankfurt/M. 1979, p. 247 참조.

11) J. Stockar, *Kultur und Kleidung der Barockzeit*, Zürich 1964, p. 122f. 참조.

12) J. Lehner, *Die Mode im alten Nürnberg*, Nürnberg 1984, p. 42.

13) J.M. Vincent, *Costume and Conduct in the Laws of Basel, Bern, and Zurich*

1370~1800, New York 1969, p. 58 참조.

14) H. Möbius, *Die Frau im Barock*, Stuttgart 1982, p. 180에서 재인용.

15) R. Miquel, *Mythologie du sein*, Paris 1965, p. 40; N. Epton, *Eros und die Franzosen*, Hamburg 1962, p. 171f. 참조. 바로 17세기 전반에 많은 부인들이 특히 데콜테가 깊이 파인 옷을 착용했던 것으로 보인다. V. Cumming, *A Visual History of Costume: 17th Century*, London 1984, p. 37, 98 참조. 물론 그들 중 대부분은 투명한 비단 천으로 깊이 파인 목선을 가렸다. M. Magendie, *La politesse mondaine et les théories de l'honnêteté en France au XVII siècle*, Paris 1925, p. 38 참조.

16) D. de Marly, *Louis XIV Versailles*, London 1987, p. 41, 64 참조.

17) Elisabeth Charlotte v. Orléans, *Briefe*, de. H. Kiesel, Frankfurt/M. 1981, p. 158f.

18) J. Voss, "Liselotte von der Pfalz, eine Modeschöpfein?", *Pfälzer Heimat*, 1991, p. 52 참조.

19) Elisabeth Charlotte, *Briefe*, ed. W.L. Holland, Tübingen 1871, p. 659.

20) W. L. Wiley, *The Formal French*, Cambridge 1967, p. 148 참조.

21) F. Chandernagor, *L'Allée du Roi*, Paris 1984, p. 121, 128, 177; de Marly, 앞의 책, p. 64, 67.

22) Chandernagor, 앞의 책, p. 179f 참조.

23) C. Dulong, *La vie quotidienne de femmes au Grand Siécle*, Paris 1984, p. 237 참조.

24) A. Schultz, *Alltagsleben einer Frau zu Anfang des achtzehnten Jahrhunderts*, Leipzig 1890, p. 51에서 재인용.

25) 깊이 파인 네크라인을 가리지 않고 다니는 데 대한 분노가 컸음에도, 야코브 라츠노볼스키(Jacob Lacznowolski)가 부끄러움을 모르는 여자들에게 하늘의 저주를 받을 거라고 위협했음에도, 많은 폴란드 여자들이 이 유행을 받아들였다. W. Łoziński, *Polnisches Leben in vergangenen Zeiten*, München o. J., p. 163ff. 참조.

26) H. Weiss, *Kostümkunde*, III, Stuttgart 1872, p. 979 참조.

27) H.P. Duerr, Traumzeit, Frankfurt/M. 1978, p. 73.

28) W. Beinhauer, "Über 'Piropos'", *Volkstum und Kultur der Romanen*, 1934, p. 118, 145 참조.

29) C.E. Kany, *Life and Manners in Madrid 1750~1800*, Berkeley 1932, p. 192 참조.

30) M. Defourneaux, *La vie quotidienne en Espagne au Siècle d'Or*, Paris

1964, p. 181f.; L. Pfandl, *Spanische Kultur und Sitte des 16. und 17. Jahrhunderts*, Kempten 1924, p. 196f. 참조. 18세기 초에 여행자 프레지어 (Frézier)가 총독이 지배하는 페루 여자들이 데콜테가 깊이 파인 옷을 입었다 는 사실에서 에스파냐 사람들이 가슴을 중요시하지 않는다는 결론을 내린 것은 설득력이 없다.(A. F. Frezier, *Relation du Voyage de la mer du Sud aux côtes du Chili et du Pérou*, Bd. II, Paris 1716, p. 456f.; J. Descola, *Daily Life in Colonial Peru 1710~1820*, London 1968, p. 135f.)

31) 1655년 앙투안 드 브뤼넬(Antoinne de Brunel)은 마드리드에서는 가는 곳마 다 창녀를 만날 수 있다고 보고하고 있다. L. Pfandl, *Spanische Kultur und Sitte des 16. und 17. Jahrhunderts*, Kempten 1924, p. 143 참조.

32) C.M. Gaite, *Love Customs in Eighteenth-Century Spain*, Berkeley 1991, p. 18; B. Bennassar, *L'homme espagnole*, Paris 1975, p. 153 참조.

33) J. Locke, *Travels in France 1675~1679*, ed. J. Lough, Cambridge 1953, p. 121f.

4. 처녀 여왕

1) R. Hilgenstock, "Wie es früher war", *Deutsche Jugendpressematerialien* 4, 1982, p. 27.

2) T. Kleinspehn, *Warum sind wir so unersättlich?*, Frankfurt/M. 1987, p. 243.

3) J. van Ussel, *Sexualunterdrückung*, Reinbek 1970, p. 64; L. M. Penning, *Kulturgeschichtliche und sozialwissenschaftliche Aspekte des Ekels*, Mainz 1984, p. 193f. 우셀은 계속 18세기가 되어서야 데콜테 패션이 '공식적으로 지 배'했다고 주장한다.(같은 책, P. 66) 우셀의 책은 1970년대와 80년대에 엘리 아스의 문명화이론과 연계되어 특히 진보와 '대안' 지식인들에게 엄청난 영향 을 미쳤다. 그들은 그의 주장을 곧이곧대로 듣고 맹신했다. 엘리아스의 의미에 서 장기적으로 증가하는 충동의 모델을 믿는 이론가들조차 우셀을 맹신하게 되 었다. 그래서 예를 들면 B.P.F. Wanrooij, *Storia del pudore*, 1990, p. 8에서 는 반 우셀의 '대중 도덕에 대한 상상의 캐리커처'를 확인하고 있다.

4) J.-C. Kaufmann, *Corps de femmes, regards d'hommes*, Paris 1995, p. 15.

5) G.L. Simons, *Sex and Superstition*, London 1973, p. 102 참조.

6) F. Dedekind, *Grobianus*, ed. K. Scheidt, Halle 1882, p. 13.

7) R. Miquel, *Mythologie du sein*, Paris 1965, p. 34 참조.

8) G.-J. Witkowski, *Les seins à l'église*, Paris 1907, p. 85에서 재인용. 'gorre' 라는 단어에 관해서는 제6장 주 21번 참조.

9) 이런 현상은 분명히 더 오랜 시간 지속되었다. 샤를 오지에(Charles Ogier)가 보고한 바에 의하면, 1635년 단치히의 영국 사절인 고든(Gordon)이 베푼 만찬에서 그곳에 참석한 남자들은 '영국식 관습에 따라' 옷을 입은 고든 부인 때문에 눈이 부셨다고 한다. "폴란드식으로 옷을 입은 그녀의 어머니와 비교하여 그녀는 비너스의 수행원처럼 보였기 때문이다. 말하자면 그녀는 가슴과 팔은 노출시켰으며 머리는 풀어헤쳐 나풀거렸다." 그 다음부터 단치히의 다른 젊은 부인들도 이런 '영국식 관습'을 받아들이자 시인들은 '남자들의 사소한 것을 위해 서로 경쟁을 벌이는' 여자들에 대한 풍자시를 지었다. M. Bogucka, *Das alte Danzig*, Leipzig 1980, p. 161 참조.

10) E.J. Burford/S. Shulman, *Of Bridles and Burnings*, London 1992, p. 16, 152 참조. 해리슨(W. Harrison, *The Description of England*, ed. G.Edelen, Ithaca 1968, p. 147)은 '가슴에 늘어진 고간주머니가 달린 더블릿(르네상스 시대의 허리가 잘록한 남자 상의—옮긴이)'을 입은 여자들에 관해 보고하고 있다. 그것은 틀림없이 가슴 위 의복이 바깥쪽으로 돌출한 것을 의미하는 것이다.

11) H.P. Duerr, *Der Mythos vom Zivilisationsprozeß. Obszönität und Gewalt*, Frankfurt-M. 1993, p. 198.

12) E.J. Burford, *The Orrible Synne*, London 1973, p. 190.

13) A. Hurault, A *Journal of all that was accomplished by Monsieur de Maisse, ambassador in England*, ed. G.B. Harrison/R. A. Jones, London 1931; L. A. Montrose, "'Shaping Fantasies': Figurations of Gender and Power in Elizabethan Culture", *Representations*, Spring 1983, p. 63f.에서 재인용. 위로(Hurault)의 『신문』은 결코 인쇄되지 않았다. 원고는 사라졌지만 17세기의 사본은 존재한다. 유감스럽게도 나는 그것을 열람할 수가 없었다.

14) P. Hentzner, *Itinerarium Germaniae, Galliae, Angliae, Italiae*, Nürnberg 1612, p. 135.

15) L. Portier, *Le pélican*, Paris 1984, p. 30ff. 참조.

16) L. A. Montrose, 앞의 책, p. 64, 88 참조.

17) L. A. Montrose, "The Work of Gender and Sexuality in the Elizabethan Discourse of Discovery", *Discourses of Sexuality*, ed. D.C. Stanton, Ann Arbor 1992, p. 149f. 참조.

18) 그림12에서 한 승려가 비방당한 베긴과 수녀의 가슴을 만지고 있다. 그녀가 '음탕하게 행동했는지' 여부를 확인하기 위해서이다. 가슴을 만지는 동안 갑자기 그녀의 유두에서 젖 대신 포도주가 나오면 사람들은 그것을 '하를렘의 기

적'이라고 불렸다고 한다. P. Biesboer, *Schilderijen voor het stadhuis Haarlem*, Haarlem 1983, p. 28 참조. J. L. McGee, *Cornelis Corneliszoon van Haarlem (1562~1638)*, Nieuwkoop 1991, p. 168에서는 이 그림을 탐욕스런 수도사가 음탕한 수녀를 유혹하는 것으로 잘못 해석했다.

19) Henry de Bracton, *De legibus et consuetudinibus Angliae*, ed. G.E. Woodbine, Cambridge 1968, p. 202에 의하면 그렇다. 1220년 노폴크에서는 촉진이 선원들에 의해 '조심스럽고 사려깊게' 실시되었다고 한다. T. R. Forbes, "A Jury of Matrons", *Medical History*, 1988, p. 24f. 참조.

20) E. Kross, *Am Hofe Heinrichs VIII.*, Leipzig 1992, p. 115에서 재인용.

21) S. Burghartz, "Jungfräulichkeit oder Reinheit?", *Dynamik der Tradition*, ed. R. van Dülmen, Frankfurt/M. 1993, p. 36 참조. A. Meyer-Knees, "Zur Debatte über die Möglichkeit der 'Nothzucht' im gerichtsmedizinischen Diskurs des 18. Jhrhunderts", *Blickwechsel*, ed. I. Lindner et al., Berlin 1989, p. 430도 참조. 그런 생각은 세계적으로 널리 퍼져 있다. 그래서 예컨대 뉴기니 서부의 자콰이(Jaqai)라는 사람은 젊은 처녀에 관해 이렇게 생각했다. "그녀에게는 클리토리스(jo moké)가 있다. 그리고 그녀의 정욕이 일깨워지면 그녀의 몸이 근질거리기(baqué kopoa) 시작한다. 어떤 여자가 처음으로 남자와 자고 나면 그녀의 가슴은 봉긋 솟아오른다. 그러나 그녀가 몇 번 성교 경험을 가졌다면 그녀의 가슴은 처진다. 그러면 '그녀는 더 이상 처녀가 아니야!' 라고 할 수 있다."(J. Boelaars, *Head-Hunters About Themselves*, The Hague 1981, p. 87f.)

22) 여기에 관해서는 H. P. Duerr, 앞의 책, p. 643 참조.

23) L. Kaplan, *Das Mona Lisa-Syndrom*, Düsseldorf 1990, p. 190 참조.

24) L. Strachey, *Elizabeth Essex*, London 1928, p. 23에서 재인용.

25) 같은 책, p. 24. 엘리자베스 자신이 서섹스(Sussex) 경에게 이렇게 말했다고 한다. "결혼은 생각도 하기 싫어요. 그 이유는 가장 친한 친구에게도 말하지 않을 거예요." 1566년 마리아 스튜어트(Maria Stuart)가 앞으로 제임스 1세가 될 아이의 출산을 알리기 위해 엘리자베스에게 보냈던 제임스 멜빌(James Melville) 경의 보고에 의하면 로버트 세실(Robert Cecil) 경이 그녀의 귀에 그 소식을 전하자 눈물을 흘리고 이렇게 외쳤다고 한다. "스코틀랜드 여왕이 건강한 아들을 낳았는데 나는 애 못 낳는 마른 나뭇가지 같다니."(J. G. Fyfe, *Scottish Diaries and Memoirs 1550~1746*, Stirling 1928, p. 47; A.G. Smith, *William Cecil*, London 1934, p. 108) 물론 그 말이 그냥 지금까지 그녀에게 아이가 없는 데 대한 절망을 표현하려 했던 것일 수도 있다.

26) J. Ridley, *Elisabeth I*, Zürich 1990, p. 231f. 참조.

27) P. Johnson, *Elizabeth* I, London 1974, p. 109f. 참조.

28) J.-C. Kaufmann, *Corps de femmes, regards d'hommes*, Paris 1995, p. 80. 해변에서 '상반신을 노출하고' 다니는 46세의 한 여자는 말한다. "해마다 나는 늘 생각만 해왔어. 좋아, 시작해보자! 올해가 지나면 더 이상 그렇게 할 수 없을 거야. 정말이야. 설사 힘이 없어진다 해도 늙는다는 데 대해 말하고 싶지는 않아. 그래도 가슴이 지나치게 처지지는 않을 거라고 나는 혼자 중얼거리지." 바로 이런 여자들이 젊은 여자들로부터 노출증 환자라는 비난을 자주 받는다. Kaufmann, 앞의 책, p. 186f.; C.D. Bryant, *Sexual Deviancy and Social Proscription*, New York 1982, p. 141f. 참조.

29) J.G. Fyfe, *Scottish Diaries and Memoirs 1550~1746*, Stirling 1928, p. 40; S. Bassnett, *Elisabeth* I, Oxford 1988, p. 14f. 참조. 가끔 그녀는 자신을 16세기에 자주 가슴을 노출한 채 그려졌던 디아나 여신과 동일시했다. H.P. Duerr, *Traumzeit*, Frankfurt/M. 1978, p. 59f.; H. Nixdorff, "Körperbild und Kleid", *Textilunterricht in europäischer Dimension*, ed. M. Herzog/W. Royl, Hohengehren 1992, p. 42 참조.

30) R. Corson, *Fashions in Makeup*, London 1972, p. 101에서 재인용. 1600년경 그려진 세밀화에서도 그녀는 머리를 풀어헤쳤다.

31) R. C. Strong, *The English Renaissance Miniature*, London 1983, p. 128f. 참조

32) L.E. Pearson, *Elizabethans at Home*, Stanford 1957, p. 596 참조. 그보다 조금 후에 독일의 로가우(Logau) 역시 가슴을 더욱 매력적으로 보이게 하기 위해 가슴 위에 백연(白鉛)을 넣고 다니는 부인들을 비난했다. E. Fuchs, *Die Frau in der Karikatur*, München 1928, p. 216 참조.

33) N. Lofts, *Domestic Life in England*, London 1976, p. 100 참조.

34) M. S. C. Byrne, *Elizabethan Life in Town and Country*, London 1961, p. 64 참조.

35) V. A. LaMar, *English Dress in the Age of Shakespeare*, Ithaca 1958, p. 6 참조.

36) D. Yarwood, *English Costume*, London 1952, p. 138 참조.

37) H. Weiss, *Kostümkunde*, III, Stuttgart 1872, p. 621f, 647 참조.

38) C. Camden, *The Elizabethan Woman*, Mamaroneck 1975, p. 199, 223f.; K.U. Henderson/B.F. McManus, *Half Humankind: Contexts and Texts of the Controversy About Women in England, 1540~1640*, Urbana 1985, p.60, 117에서 재인용. S.H. Mendelson, *The Mental World of Stuart Women*, Amherst 1987, p. 19 역시 참조.『젊은이들의 행실에 관해 새로 덧

붙임』(*New Additions Unto Youths Behavior*)에서 '악'의 알레고리는 깊이 파인 데콜테, 풀어헤친 머리 그리고 미점(얼굴에 바르거나 붙이는 점)을 가진 것으로서, '선'의 알레고리는 목까지 올라오는 옷에 머리를 가린 것으로 묘사되었다.

39) 그 이전 시대에도 여자들이 비교할 수 없을 정도로 노출이 심했다면 그에 대한 반응이 예를 들면 제임스 1세 시대의 반응처럼 그렇게 격렬했기 때문이다. "가슴을 드러내놓고 다니는 것이 그들의 일상적 관습이다." 1569년경 피레(Pyrrye)는 여자들의 '종'에 관해 분노하여 이렇게 말했다. C. Camden, 앞의 책, p. 249 참조.

40) A. Schultz, *Alltagsleben einer Frau zu Anfang des achtzehnten Jahrhunderts*, Leipzig 1890, p. 51.

41) J. M. Vincent, *Costume and Conduct in the Laws of Basel, Bern, and Zurich 1370~1800*, New York 1969, p. 45 참조.

42) E. Ziegler, *Sitte und Moral in früheren Zeiten*, Sigmaringen 1991, p. 34 참조.

43) R. Briggs, *Communities of Belief*, Oxford 1989, p. 298.

44) H. Weber, *Kinderhexenprozesse*, Frankfurt/M. 1991, p. 71.

45) F. de Salignac de Lamothe-Fénelon, *Über Töchtererziehung*, Leipzig 1879, p. 120 참조.

46) 드물긴 하지만 오늘날에도 여전히 나이든 부인들은 그것을 착용한다. 젊은 여자들은 배를 드러내는 블라우스를 선호한다. A. Glatter, *Contributions to the Ethnography of the Chodhris*, Wien 1969, p. 48f. 참조.

47) R. v. Heine-Geldern, *Gesammelte Schriften*, Wien 1976, p. 69 참조.

48) W. Eberhard, *Kultur und Siedlung der Randvölker Chinas*, Leiden 1942, p. 326f.에서 재인용.

49) 케손의 아에타족은 여자들이 결혼할 때 가슴에 긴 수건을 두른다. D. Amazona, "Some Customs of the Aëta of the Baler Area, Philippines", *Primitive Man*, 1951, p. 25 참조. D. Flynn, *Costumes of India*, Kalkutta 1971, p. 27(아사미텐): G.M. Godden, "Nágá and Other Frontier Tribes of North-East India", *Journal of the Anthropological Institute of Great Britain and Ireland*, 1898, p. 20(북 카하르 나가족): S.T. Das, *The People of the Eastern Himalayas*, New Delhi 1978, p. 210(제미 나가족)도 참조. 서쪽의 렝마 나가족 여자들은 가슴을 수건으로 가린다. 동쪽의 렝가 나가족 여자들은 낯선 남자들이 가까이 다가올 때만 가슴을 수건으로 가리고 거기다 가슴 앞에 팔짱을 낀다. 그들은 가슴을 숨겨야만 한다고 생각한다. 왜냐하면 태어

197. 줄루족 처녀들.

날 때부터 가슴을 가지고 있던 게 아니니까. H. Blochmann, "Koch Bihár, Koch Hájo, and A'sám in the 16th and 17th Centuries", *Journal of the Asiatic Society of Bengal*, 1872, p. 84; S.E. Peal/K. Klemm, "Ein Ausflug nach Banpara", *Zeitschrift für Ethnologie*, 1898, p. 334; J.P. Mills, *The Rengma Nagas*, London 1937, p. 23ff. 참조.

50) O.F. Raum, 1986년 3월 24일자 편지(줄루, 스와지, 코사); 콩고의 마음베(C. van Overbergh/E. de Jonghe, *Les Mayombe*, Bruxelles 1907, p. 132f.); 발루바(R.P. Colle, *Les Baluba*, Bruxelles 1913, I, p. 143), 궁가와(P.G. Harris, "Notes on Yauri [Sokoto Province], Nigeria", *Journal of the Royal Anthropological Institute*, 1930, p. 295); 하(J.H. Scherer, "The Ha of Tanganyika", *Anthropos*, 1959, p. 859); 딩카(J. Ryle, *Krieger des Weißen Nils*, Amsterdam 1982, p. 83).

51) G. Mentges, *Erziehung, Dressur und Anstand in der Sprache der Kinderkleidung*, Frankfurt/M. 1989, p. 119.

5. 중세 후기의 '가리지 않은 젖통'

1) G. Pallaver, *Das Ende der schamlosen Zeit*, Wien 1987, p. 130f.

2) O. Šroňková, *Die Mode der gotischen Frau*, Prag 1954, p. 37 참조.

3) Robers de Blois, "Le Chastiement des Dames", *Fabliaux et contes des poètes françois*, ed. Barbazon, Paris 1808, p. 183ff.

4) Vinzenz v. Beauvais, *De eurditione filiorum nobilium*, ed. A. Steiner, Cambridge 1938, p. 20f.

5) E. Rodocanachi, *La femme italienne à l'époque de la Renaissance*, Paris 1907, p. 122f., 125 참조.

6) "그때가 되면 피렌체의 파렴치한 여인들이 허연 앞가슴을 드러내고 젖꼭지를 내놓고 다니는 것을 불허하는 금지령이 내릴 것이다. 대체 미개의 여인이든 사라센 여인이든 간에 가슴을 가리고 돌아다니게 하기 위해 교회나 그 외의 금지령이 필요했던 예가 있었던가?"(Dante, *Divina Commedia* XXIII, 100ff.)

7) L. Kotelmann, *Gesundgheitspflege im Mittelalter*, Hamburg 1890, p. 95에서 재인용.

8) G.K. Fiero/W. Pfeffer/M. Allain, *Three Medieval Views of Woman*, New Haven 1989, p. 90.

9) N. Machiavelli, *Opere*, Milano 1966, p. 540.

10) 예를 들면 14세기 말경 프랑스 샤를 6세의 아내인 이자벨라 바이에른(Isabella Baiern)이 그런 복장을 착용했다. H. Weiss, *Kostümkunde*,, Stuttgart 1872, p. 81의 그림49 참조.

11) L. Jordan, "Die Renaissance in Piacenza", *Archiv für Kulturgeschichte*, 1907, p. 164; D. Herlihy, *Medieval and Renaissance Pistoia*, New Haven 1967, p. 3; F. Cognasso, *L'Italia nel rinascimento*, Torino 1966, I, p. 139 참조. 그 시기에는 "품위가 있기 위해서는 가슴을 드러내서는 안 되며, 목부분도 적절히 조여져서 가슴을 조금도 볼 수 없어야 한다." 그런 치프리아네가 아름답다고 일컬어졌다.(E. Varga, "Le leggi suntuarie milanesi", *Archivio storico lombardo*, 1898, p. 22)

12) R. Mandrou, *Introduction to Modern France 1500~1640*, London 1975, p. 27 참조.

13) D.O. Hughes, "Sumptuary Law and Social Relations in Renaissance Italy", *Disputes and Settlements*, ed. J. Bossy, Cambridge 1983, p. 82 참조.

14) A. Schultz, *Deutsches Leben im XIV. und XV. Jahrhundert*, Wien 1892, p. 295에서 재인용.

15) J.A. Brundage, "Sumptuary Laws and Prostitution in Late Medieval Italy",

Journal of Medieval Studies, 1987, p. 347 참조.

16) R. v. Retberg, *Kulturgeschichtliche Briefe*, Leipzig 1865, p. 201에서 재인용. 그 후에도 여전해서 1517년에는 많은 '부인 혹은 처녀들'이 목선이 깊이 파인 옷을 착용했다. "옷이 어깨 아래로 흘러내리자 그것을 안에서 핀으로 고정시켜야 했다."(A. Schultz, 앞의 책, p. 257에서 재인용) 17세기에 데콜테가 자주 어깨를 노출시켰던 반면 18세기에는 오히려 어깨를 가렸다. 19세기에는 다시 어깨 부위가 노출되었으며 그것은 뚜렷한 어깨 에로티시즘으로 발전했다. 그런 경우 물론 그런 데콜테 옷을 착용하는 여자는 너무 젊거나 뼈가 굵으면 안 되었다. 1870년경 장 필리프 워스(Jean Philippe Worth)라는 사람은 이렇게 회상했다. "중요한 것은 아름다운 어깨와 사랑스런 가슴을 갖는 것, 그리고 그것을 보여주는 것이었다!" 그리고 1980년대에 무도회를 방문하고 난 후에 조지 무어(George Moore)는 다음과 같이 어깨 유형에 관해 기술했다. "온갖 색깔과 모양을 한 어깨들이 거기에 있었다. 핑크빛의 매끈하고 예쁜 굴곡을 한 젊은 여인의 어깨들. 강하고 평범한 굴곡을 한 어깨들. 힘이 빠진 듯한 하얀 어깨들. 따뜻한 핑크빛으로 드리워진 활발하고 말쑥한 작은 어깨들. 키가 큰 30대 금발의 한 여인은 현란하고 관능적이며 조각상 같은 어깨를 하고 있었는데 그녀의 육체는 외젠 베르디에 부인의 우아한 복숭아 톤을 띠면서 여름철 절정에 달한 사랑스런 모습으로 꽃을 피우고 있었다."(V. Steele, *Fashion and Eroticism*, Oxford 1985, p. 110)

17) J. Lehner, *Die Mode im alten Nürnberg*, Nürnberg 1984, p. 94: L. Rowland-Warne, *Kleidung Mode*, Hildesheim 1992, p. 15 참조. 보이어(R. M. Boyer, *Review of Hans Peter Duerr's 'Dreamtime, Journal of Psychoanalytic Anthropology'*, 1987, p. 80)는 내가 이렇게 주장했다고 나를 비난함으로써 패션사에 대한 나의 무식을 드러내려고 했다. 즉 내가 '깊이 파이고 몸이 보이는 민소매가 나체를 드러내게 한다'고 주장했다는 것이다. "그렇지 않다. 그 '가리는' 스타일이 여전히 살아 있었고 소매가 길고 목이 긴 속옷이야말로 관음주의자가 엿보고 싶어하는 것일지도 모른다." 그리고 사람들이 그녀의 말을 믿도록 하기 위해 그녀는 자신이 25년 동안 오클랜드의 캘리포니아 대학에서 복식사를 연구했다고 덧붙였다. 그 여류 비평가가 언급한 그 대목을 여기에 인용해볼 수 있다. "『림부르크 연대기』(*Limburger Chronik*)에 따르면 14세기 중반 갑자기 많은 여자들이 '그들 가슴의 거의 절반이 보일 정도로 넓게 구멍이 난' 옷을 착용하기 시작했다. ……우리는 여성복의 암홀을 얼마 전까지도 '악마의 창'이라 불렀으며, 지금은 이런 암홀을 들여다보기가 더욱 쉬워졌다." (H. P. Duerr, *Traumzeit*, Frankfurt/M. 1978, p. 72) 물론 '엿보기꾼'은 속옷뿐 아니라 림부르크 연대기 작가가 표현했던 것처럼 딱 달라붙는 얇은 셔츠를

통해 도드라진 *가슴*도 보았다. 그것이 파렴치한 행동으로 간주되었던 것이다.

18) 이미 12세기에 '지옥의 창'은 비난을 받았는데 추측컨대 그것은 옷의 트임을 의미했던 것으로 보인다. C.W. Cunnington/P. Connington, *History of Underclothes*, London 1981, p. 25 참조. 이 시기에, 즉 1125년경 맬메스버리의 윌리엄(William of Malmesbury) 역시 '노출한 채' 활보하는, 여성처럼 행동하는 젊은 남자들을 비판했다. 그리고 결국 13세기에 로베르 드 블루아 (Robers de Blois, 앞의 책, 189f.)는 여자들을 다음과 같이 비난했다. "또 다른 외설스러운 취향, 그것은 옆구리로 살을 내보이는 것이다."

19) H.M. Zijlstra-Zweens, *Of His Array Telle I No Longer Tale*, Amsterdam 1988, p. 23 참조.

20) M. Riederer, *Wie Mode Mode wird*, München 1962, p. 73; J. Zander-Seidel, "Der Teufel in Pluderhosen", *Waffen- und Kostümkunde*, 1987, p. 49; G Jaacks, "Städtische Kleidung im Mittelalter", *Aus dem Alltag der mittelalterlichen Stadt*, ed. J. Wittstock, Bremen 1982, p. 227 참조. '지옥의 창'은 15세기까지 널리 퍼졌으며 당시에 이런 비난을 받았다. "가증스러운 허영심 때문에 여자들은 지금 어깨를 다 드러낸 채 가슴 아래서 옷을 걸쳐서 젖가슴과 어깨 전체가 거의 다 보인다."

21) E. Rodocananchi, *La femme italienne à l'époque de la Renaissance*, Paris 1907, p. 127 참조. 더 나아가 R. Davidsohn, *Geschichte von Florenz*, Bd. IV, Berlin 1927, p. 346과 J. Lucas-Dubreton, *So lebten die Florentiner zur Zeit der Medici*, Stuttgart 1961, p. 108 참조. 베네치아에서 치프리아네는 몸에 아주 딱 달라붙어야 했다. 지옥의 창을 통해 안을 들여다볼 수 없도록 하기 위해서 말이다. 베네치아 북부에서도 결국 서코트는 몸의 굴곡에 딱 맞도록 재단되었다.

22) E. Ewing, *Dress and Undress*, London 1978, p. 24f.에서 재인용. E. Wipfler, "Die Kleiderordnung von 1356", *Frauen in Speyer*, Speyer 1990, p. 182 역시 참조. 여성들이 털을 뽑지 않았을 경우 '서코트 암홀'을 통해 여성의 겨드랑이 털이 보인 것이 아마도 일반의 분노를 불러일으킨 것 같다. 어쨌든 이런 땀냄새가 나는 부위의 털은 수백년에 걸쳐 여성의 치모를 연상시키는 것으로 간주되었으며 시대패션 비평가인 피셔(Vischer)는 "사람들이(부끄러움을 모르는 뻔뻔스런 사람에게도 부끄러운 단어가 있는지 나는 다시 한번 묻는다) 여자들의 겨드랑이 털을 보았다는 것을" 확인했다.(F.T. Vischer, "Mode und Zynismus(1879)", *Die Listen der Mode*, ed. S.Bovenschen, Frankfurt/M. 1986, p. 40)

23) 『악마의 올가미』(*Des Teufels Netz*, 12090ff.)에는 이렇게 적혀 있다. "그녀의

외투는 뒤가 열려 있다/등이 드러나고 가려져 있지 않다./그녀의 등에는 검은 끈 하나만 둘러져 있다." 14세기 교훈시인 「새로운 예절에 관하여」(Von den newen sitten)에도 비슷한 내용이 나온다. A. v. Keller, *Erzählungen aus altdeutschen Handschriften*, Stuttgart 1855, p. 677; H. Hundsbichler, "Kleidung", *Alltag im Spätmittelalter*, ed. H. Kühnel, Graz 1984, p. 242 참조. 엔시스하임의 연대기 작가는 1492년에 이렇게 말했다. "여자들은 앞으로는 그들의 가슴을, 뒤로는 한가운데의 엉덩이를 볼 수 있는 그런 옷을 입고 다닌다."(L. Schneegans, "Die kurze schandbare Tracht des 15. Jahrhunderts zu Straßburg und im Elsasse", *Zeitschrift für Kulturgeschichte*, 1857, p. 380) T. Murner, *Narrenbeschwärung*, ed. M.Spanier, Halle 1894, p. 26, 47 역시 참조.

24) L. Zehnder, *Volkskundliches in der älteren schweizerischen Chronik*, Basel 1976, p. 86 참조.

25) D. Pugatsch, "Ein zürcherischer Hoffartserlaß aus dem 14. Jahrhundert", *Forschungen zur Rechtsarchäologie und Rechtlichen Volkskunde*, 1987, p. 150.

26) 물론 어떤 여자가 규정대로 파인 옷을 입었다 해도 '옷 아래 가슴받이가 달려 있어야 하며 그것을 사용하도록, 그리고 넓은 칼라가 맞붙어 있도록' 신경을 써야 한다. 그렇지 않으면 그녀는 '3굴덴'을 지불해야 했다.(J. Baader, *Nürnberger Polizeiordnungen aus dem 13. bis 15.Jahrhundert*, Stuttgart 1861, p. 97f.) G. Hampl-Kallbrunner, *Beiträge zur Geschichte der Kleiderordnungen*, Wien 1962, p. 22 역시 참조. 매번 그런 '가슴받이'를 하도록 규정되어 있다.(J. Zander-Seidel, *Textiler Hausrat*, München 1990, p. 150 참조) 그러나 그 후에도 사람들은 우선은 가슴받이로 투명한 망사를 사용함으로써 그런 규정을 무시했다. 중세 후기의 헝가리에서는 그것을 'pocsnó'라 불렀다.(G. Schubert, *Kleidung als Zeichen*, Berlin 1993, p. 399 참조) 혹은 1482년 뤼네부르크에서 금지되었던 얇은 '에스파냐' 천으로 대신하기도 했다. M. Panzer, *Tanz und Recht*, Frankfurt/M. 1938, p. 49 참조. 물론 그런 가슴받이가 '남자들에게 경박한 생각을' 불러일으킬 수 있으며 거기서 더 나쁜 '악'이 성장할 수도 있다는 두려움이 더욱 커졌다. 그래서 뉘른베르크 의회는 결국 노출된 목과 가슴을 가린 데콜테 역시 금지했다. 그럼에도 1675년에도 『독일 악마』(*Alamode Teuffel*)에는 이렇게 적혀 있다. "목과 어깨, 가슴 주위에 모든 것이 아마도 투명하게 비치거나 아니면 완전히 노출되어 있다. 가늘고 섬세한 아마는 더 이상 사용하지 않으며 섬세한 망사나 레이스가 달린 다른 것으로 장식되어 있고 개 목걸이처럼 가공되었다." J. Lehner, *Die Mode im*

alten Nürnberg, Nürnberg 1984, p. 94f., 161 참조. 여성복의 목선에 관한 중세 후기의 다른 의회규정과 관련해서는 다음을 참조. F. Keutgen, *Urkunden zur städtischen Verfassungsgeschichte*, Berlin 1901, p. 456(슈트라스부르크, 1375년경); O. Feger, *Vom Richtebrief zum Roten Buch*, Konstanz 1955, p. 67, 175; -, 1957, p. 161f.(콘스탄츠, 1390 1436년경); W. Müller, *Die Maßnahmen des Rates auf dem Gebiet der offenen Wohlfahrtspflege in den Oberrheinischen Stadtrechten des 16. und beginnenden 17. Jahrhunderts*, Heidelberg 1963, p. 101f.(콘스탄츠, 1450년경); A. Felber, *Unzucht und Kindsmord in der Rechtsprechung der freien Reichsstadt Nördlingen vom 15. bis 19. Jahrhundert*, Bonn 1961, p. 112 (뇌르틀링엔, 1466).

27) E. Varga, "Le leggi suntuarie milanesi", *Archivio storico lombardo*, 1898, p. 22; D. O. Hughes, 앞의 글, p. 82f.; E. Rodocanachi, *La femme italienne à l'époque de la Renaissance*, Paris 1907, p. 148, 358; J. Heers, "La mode et les marchés des draps de laine", *Société et économie à GÊNES, XIV-XV siècles*, London 1979, p. 1100 참조.

28) G. Lottes, "Popular Culture and the Early Modern State in 16th Century Germany", *Understanding Popular Culture*, ed. S.L. Kaplan, Berlin 1984, p. 171 참조.

29) J.M. Vincent, *Costume and Conduct in the Laws of Basel, Bern, and Zurich 1370~1800*, New York 1969, p. 51 참조.

30) 나는 1990년과 1995년 사이에 네덜란드와 이탈리아의 해수욕장에서 그런 주장들을 검증해보았다. J.-C. Kaufmann, *Corps de femmes, regards d'hommes*, Paris 1995, p. 123f. 역시 참조.

31) H. Cammermeister, *Chronik*, ed. R. Reiche, Halle 1896, p. 23.

32) 뵌케(H. Boehncke, 1988)는 거만하고 공격적인 기사에서 내가 주장했던 대로 중세 후기에 일반적인 수치심이 존재했다면 당시 여자들은 그렇게 '뻔뻔스럽게' 옷을 입을 수 없었을 거라고 말했다. 그의 반박은 상당히 어리석은 것이다. 왜냐하면 유행은 매번 인간으로 하여금 인간의 수치심을 무시하거나 은폐하도록 만들기 때문이다. 다른 관심들, 예를 들면 성적인 과시나 세력신장에 관한 관심은 육체의 수치심을 억누른다. 육체에 대한 수치심이 타고난 것이라 할지라도 그것이 인간은 다른 목표의 실현을 위해서는 어떤 뻔뻔스러운 행동도 하지 않는다는 것을 의미하지는 않는다.

33) R. Rainey, "Dressing Down the Dressed-Up: Reproving Feminine Attire in Renaissance Florence", *Renaissance Society and Culture*, ed. J. Monfa-

sani/E.F. Rice, New York 1991, p. 236 참조.

34) G. Theuerkauf, "Frauen im Spiegel mittelalterlicher Geschichtsschreibung und Rechtsufzeichnung", *Frauen in der Ständegesellschaft*, ed. B. Vogel/ U. Weckel, Hamburg 1991, p. 155 참조.

35) U. Lehmann-Langholz, *Kleiderkritik in mittelalterlicher Dichtung*, Frankfurt/M. 1985, p. 255f. 참조.

36) H. Schüppert, "Frauenbild und Frauenalltag in der Predigtliteratur", *Frau und spätmittelalterlicher Alltag*, ed. H. Appelt, Wien 1986, p. 125, 151 참조.

37) O. Blanc, "Weibliche und männliche Kleidung im späten Mittelalter", *Metis*, 1993, p. 27 및 A. Franklin, *La Civilité*, Paris 1908, II, p. 14f. 장 랑페르주(Jean Lansperge)는 설교에서 수녀들에게 이렇게 말했다. '소녀와 젊은 처녀와 부인들'에게 그들이 '육체적인 사랑에 끌리는' 그런 '물건'을 숨기고 있음을 명확히 가르쳐주라고. L. Taylor, *Soldiers of Christ*, Oxford 1992, p. 158 참조.

38) J. Rossiaud, *Dame Venus*, München 1989, p. 227; T.N. Tentler, *Sin and Confession on the Eve of the Reformation*, Princeton 1977, p. 228 참조. Taylor, 앞의 글, p. 159 참조.

39) 미셸 므노(Michel Menot)는 오직 목선이 깊이 파인 옷을 착용하기 위하여 공창이 되는 그런 여자들도 있다고 말했다. 같은 책, p. 160 참조.

40) M. J. Rocke, "Sodomites in Fifteenth-Century Tuscany", *The Pursuit of Sodomy*, ed. K. Gerard/G. Hekma, New York 1989, p. 22 참조. 이미 콰트로첸토 전반에 나온 이런 진술들은 어쨌든 푸코를 통해 알려진 주장들, 즉 그 시기에는 아직 '동성애적인 정체성'이 존재하지 않았으며 이것이 19세기의 '구조'라는 그의 주장이 틀렸음을 암시한다. 나는 이것은 다음 권에서 상술하겠다.

41) H. P. Duerr, *Der Mythos vom Zivilisationsprozeß. Intimität*, Frankfurt/M. 1990, p. 21ff., 291f. 참조.

42). -, 1993, *Der Mythos vom Zivilisationsproyeß. Obszönität und Gewalt*, Frankfurt/M. 1993, 452ff. 참조.

43) J.P. Haesaert, *Etiologie de la répression des outrages publics aux bonnes mœurs*, Paris 1938, p. 179 참조. 그런 종류의 설명을 우리는 오늘날에도 찾을 수 있다. 예를 들면 나폴리의 주교는 1924년 아말피의 지진을 무릎을 드러내는 치마의 유행과 결부시켰다.(J.C. Flügel, *The Psychology of Clothing*, London 1930, p. 58 참조) 그리고 1984년 7월에『쥐트도이치 차이퉁』에 보내온 독자 편지에는 영국 정원에서의 나체에 관해 이렇게 적혀 있다. "같은 날 저

녁에도 하나님은 공격을 가했다. 하나님은 이런 방종한 뮌헨 위에 상당한 크기의 우박이 떨어지게 했다. 그때 뮌헨 사람들은 이런 것이 기술이 발전한 이 시기에도 가능한지 놀랐다. 하늘에서 떨어지는 우박은 대중의 면전에서 그리고 많은 무대에서 부도덕함을 허용하는 도시에 대한 하나의 징후이다. 하나님의 물레방아는 천천히 그러나 확실히 돌아간다."(T. Reuter, "Von Lichtfreunden und Sonnenmenschen", *Schock und Schöpfung*, ed. W.Bucher/K.Pohl, Darmstadt 1986, p. 411에서 재인용)

6. 중세에도 '상반신 노출' 패션이 있었을까?

1) M. Bauer, *Deutscher Frauenspiegel*, München 1917, p. 99에서 재인용.

2) A. Cabanès, *Mœurs intimes du passè*, Paris 1908, p. 32 참조.

3) 이 그림은 G. A. Brucker, *Florence*, New York 1984, p. 40에서 복사했다.

4) U. Ganz-Blättler, *Andacht und Abenteuer: Berichte europäischer Jerusalem- und Santiago-Pilger (1320~1520)*, Tübingen 1991, p. 189, 191 참조.

5) J. Amman, *Das Frauentrachtenbuch*, Frankfurt/M. 1586, p. n.p.

6) 예에 관해서는 H. J. Peters, *Der Maler und sein Modell*, München 1971, p. 97 참조.

7) H. Habe, *Der Maler und sein Modell*, München 1977, p. 126.

8) A. Groh, "Tourismus oder Terrorismus?", *Arkaden* 3, 1992, p. 138f.

9) E.G. Eder, *Bade- und Schwimmkultur in Wien*, Wien 1995, p. 242 참조.

10) R. Broby-Johansen, *Body and Clothes*, London 1968, p. 143 참조.

11) Duerr, *Der Mythos vom Zivilisationsproyeß*. Obszönität und Gewalt, Frankfurt/M 1993, 그림 47, 48 그림 참조. 물론 '음탕함'의 젖꼭지는 부끄러운 듯 장미꼴 장식무늬로 가려져 있다. L. A. Stone-Feffier, *Dutch Prints of Daily Life*, Lawrence 1983, p. 105 참조.

12) B. Rudofsky, *Sparta/Sybaris*, Salzburg 1987, p. 121.

13) 예에 관해서는 V. L. Bullough, "Prostitution in the Later Middle Ages", *Sexual Practices the Medieval Church*, ed. V.L. Vullough/J. Brundage, Buffalo 1982, p. 184나 R. König, "Busenfrei oder nicht?", *Macht und Reiz der Mode*, Düsseldorf 1971, p. 219 참조. 쾨니히는 위의 문헌에서 소렐이 '소규모 환영 파티에서 가슴을 드러내고 나타나기를' 좋아했으며 '아마도 정말 가슴이 납작한' 몇몇 궁녀들이 이를 비난했다고 쓰고 있다.

14) J. C. Bologne, *Histoire de la pudeur*, Paris 1986, p. 57과 J. Verdon, "La vie quotidienne de la femme en France au bas moyen âge", *Frau und spätmittelalterlicher Alltag*, ed. H. Appelt, Wien 1986, p. 334에서 재인용.

15) V. J. Willi, "Kulturgeschichte der Mode", *Die Mode in der menschlichen Gesellschaft*, ed. R. König/W. Schuppisser, Züich 1958, p. 72 참조.

16) M. Scott, *Late Gothic Europe, 1400~1500*, London 1980, p. 141 참조.

17) 예를 들어 1648년 로랑 드 라 이르(Laurent de La Hyre, 1606~56, 프랑스 바로크 시대의 고전주의 작가)는 루이 14세의 어머니인 오스트리아의 안나가 유두 근처까지 가슴을 노출하고 있는 그림을 그렸다.(E. Le Roy Ladurie, *L'Ancien Régime* 1610~1770, Paris 1991, p. 87) 1659년 피에르 미냐르 (Pierre Mignard, 1610~95)는 이런 방식으로 젊은 마리아 만치니(Maria Mancini)를 모델로 해서 클레오파트라 초상화를 그렸다. E. Mai, "Porträtkunst und höfisches Porträt", *Anna Maria Luisa Medici, Kurfürstin von der Pfalz*, ed. B.Heppe/W. Koenig, Düsseldorf 1988, p. 59 참조. 18세기와 19세기 초의 영국 세밀화와 프랑스 세밀화에서는 가끔 가슴이 완전히 노출되어 있는 경우도 있다. 그러나 가끔은 예술가가 젖꼭지까지 묘사할 용기를 가지는 못한 듯 그림에 젖꼭지가 완전히 생략되어 있다. 예컨대 루이 엘리자베스 르 브룅(Louise-Elizabeth Vigee Le Brun)의 자화상처럼. G. Reynolds, *Wallace Collection Catalogue of Miniatures*, London 1980, 이곳저곳. 그림188도 참조.

18) 예를 들면 메리(Mary of Hamilton) 후작부인이 1635년경 유두가 드러나는 데콜테를 입은 그림을 그리게 했다는 사실과 관련하여 A. Hollander, *Seeing Through Clothes*, New York 1978, p. 108나 L. Stone, *The Family, Sex and Marriage in England 1500~1800*, London 1977, p. 521에서 이렇게 주장하고 있다.

19) R. Goffen, "The Problematic Patronage of Titian's Venus of Urbino", *Journal of Medieval and Renaissance Studies*, 1994, p. 302 참조. 나체 모델의 역사에 관해서는 다른 장에서 언급하겠다.

20) G.-J. Witkowski, Les seins à l'église, Paris 1907, p. 84에서 재인용.

21) 1611년 영어 사전에 'gorre'라는 단어는 다음과 같이 설명되어 있다. "여성명사: 암퇘지(즉 불어로 pockes[=매독]); 용감함, 정중함, 아름다움 등. *Femmes a la grande gorre*, 특별한 척하는 혹은 부끄러운 줄 모르는 매춘부; 비싸게 구는 혹은 잘난 척하는 여성."(P.G. Brewster, "A Note on the 'Winchester Goose' and Kindred Topics", *Journal of the History of Medicine*, 1958, p. 483) 르네 르부트(Réne Leboutte)가 나에게 말했듯이 'goret'('더러운 놈')라는 표현은 왈론어에 아직도 존재한다.

22) P. Dufour, *Geschichte der Prostitution*, Bd. III, Berlin 1899, p. 81 참조. 독일에서는 당시에 '사내녀석들의 작업통로가 열려 있는' 옷이 화제가 되었다. J. Janssen, *Geschichte des deutschen Volkes seit dem Ausgang des Mittelalters*, Bd. VIII, Freiburg 1924, p. 258 참조.

23) I. Loesch, *So war es Sitte in der Renaissance*, Hanau 1965, p. 248.

24) R. Miquel, *Mythologie du sein*, Paris 1965, p. 30, 34 참조.

25) B. Geremek, *Les marginaux parisiens aux XIVe et XVe siècles*, Paris 1976, p. 243에서 재인용.

26) P. Jezler/E. Jezler/C. Göttler, "Warum ein Bilderstreit? Der Kampf gegen die 'Götzen' in Zürich", *Bilderstreit*, ed. H.-D. Altendorf/P. Jezler, Zürich 1984, p. 88. 『폴카흐의 토지대장』(*Volkaches Salbuch*)에 그려진 정숙한 부인들은 목까지 가리는 옷을 입었고 창녀들은 가슴 데콜테가 깊이 파인 옷을 입었다. K.-S. Kramer, *Fränkisches Alltagsleben um 1500*, Würzburg 1985, p. 52, 61 참조.

27) P. Larivaille, *La vie quotidienne des courtisanes en Italie au temps de la Renaissance*, Paris 1975, p. 81.

28) 그보다 약간 나중에 베네치아의 상원의회는 귀족이든 아니든 상관없이 창녀가 아닌데도 자기 아내가 데콜테 옷을 입도록 허용하는 남편은 해고할 것이며 100 두카텐의 벌금을 부과하겠다고 위협했기 때문이다. E. Fuchs, *Illustrierte Sittengeschichte vom Mittelalter bis zur Gegenwart*, Berlin 1909, p. 177 참조.

29) E. Pavan, "Police des mœurs, société et politique á Venise à la fin du Moyen Age", *Revue Historique*, 1980, p. 264; C. Vecellio, *Renaissance Costume Book*, New York 1977, p. 33 참조. 이런 상황은 그 후에도 지속되었다. 1743년에 영국 여행자인 토머스 뉴전트(Thomas Nugent)는 베네치아의 창녀에 관해 이렇게 보고하고 있다. "다른 사람들의 의복이 어둡고 우울한 것과는 달리 이들은 가슴이 드러나는 아주 화려한 색의 드레스를 입고 얼굴 화장을 진하고 하고서 여러 명씩 무리를 지어 문과 창문 앞에 서서 고객을 잡으려 하고 있었다."(W.E. Mead, *The Grand Tour in the Eighteenth Century*, Boston 1914, p. 295; C. Hibbert, *The Grand Tour*, London 1969, p. 124)

30) 예에 관해서는 B. L. Lawner, *Lives of the Courtesans*, New York 1987, p. 17 참조.

31) P.H. Labalme, "Sodomy and Venetian Justice in the Renaissance", *Tijdschrift vor Rechtsgeschiedenis*, 1984, p. 247 참조.

32) Reinhold C. Mueller: 1989년 10월 17일의 구두 전달.

33) P. Aretino, *Kurtisanengespräche*, ed. E.O. Kayser, Frankfurt/M. 1986, p. 321.

34) E.J. Burford, *The Orrible Synne*, London 1973, p. 190 참조.

35) M. Keijser, "Volkskultur und Volksvergnügen", *Amsterdam 1585~1672*, ed. B. Wilczek/J. van Waterschoot, Bühl-Moos 1993, p. 160 참조. 17세기 네덜란드의 풍속화에서 깊이 파인 데콜테에서 둥근 가슴이 거의 튀어나올 것 같이 그려진 젊은 부인들도 마찬가지로 창녀들이었다. C. Brown, *Holländische Genremalerei im 17. Jahrhundert*, München 1984, p. 183.

36) V.L. Bullough, 앞의 책, p. 179에서 재인용. 지랄디 친티오(Giraldi Cinthio, 1504~73)의 소설에서 애인에게 정조를 지키지 않았던 어느 창녀는 애인이 자신을 비난하자 프리네(미모와 부로 유명한 아테네의 여신-옮긴이)를 모방하여 그의 앞에서 가슴을 드러내었다. "그녀는 이 세상에서 가장 부드럽고 가장 훌륭하고 가장 관능적인 가슴을 가지고 있었다." 질투에 불탔던 이 남자는 이를 보자 화가 가라앉았고 그녀를 용서해주었다. Lawner, 앞의 책, p. 93 참조.

37) T. Coryate, *Beschreibung von 1608*, ed. B. Heintz/R. Wunderlich, Heidelberg 1988, p. 189, 196 참조. 이탈리아 르네상스 회화에서 가슴을 드러낸 여자들은 노란색 숄을 두르는 경우가 많은데 이는 그들이 창녀임을 증명하는 것이다. 노란색은 공창들의 색이었기 때문이다. H. P. Duerr, *Der Mythos vom Zivilisationsprozeß*. Intimität, Frankfurt/M. 1990, p. 314f. 참조. 뒤러의 초기 나체화에는 모델이 갈색을 띤 노란색 머리수건을 쓰고 있는데 아마도 이는 그의 모델이 창녀였음을 의미하는 것인 듯하다. H. Ost, "Tizians sogen. 'Venus von Urbino' und andere Buhlerinnen", *Festschrift für Eduard Trier*, ed. J. M. Hofstede/W.Spies, Berlin 1981, p. 134, 136f. 참조. 과감한 '순간적으로 정지된 장면 묘사'와 그와 비슷한 것을 위해서 르네상스 시대에는 대부분 창녀를 이용했다. 그래서 예를 들면 베네치아의 조베니 그라소에 있는 가슴을 노출한 요정들은 페라라 출신의 유명한 창녀들이었다. E. Muir, *Civic Ritual in Renaissance Venice*, Princeton 1981, p. 174 참조. 1626년의 파울 모렐제(Paul Moreelse)의 「양치는 여자」는 젖꼭지가 드러날 정도로 아주 깊이 파인 데콜테 옷을 입고 있었다. 그녀의 탐욕스런 눈빛, 그녀가 관찰자에게 조개(=외음부)를 건네줄 때의 그 눈빛은 그녀가 창녀임을 증명한다. A.M. Kettring, "Rembrandt's 'Flute Player'", *Simiolus*, 1977, p. 23 참조. 1477년의 삽화에서도 에스파냐 여자가 가슴을 완전히 드러내놓고 있다.(R.M. Anderson, *Hispanic Costume 1480~1530*, New York 1979, p. 206 참조) 그러나 여기서도 정숙한 여자의 패션을 묘사한 것이라고 볼 수 없다. 틀림없이 중세 후기의 에스파냐에서 탄탄한 가슴은 극도로 에로틱한 것으

로 간주되었다. 그리고 15세기 중반에 알폰소 마르티네스 드 톨레도(Alonso Martínez de Toledo)는 유행에 민감한 여자들이 주름진 가슴을 탱탱하게 만들 수 있는 화장 수단을 가지고 있다고 보고하고 있다.(K. R. Scholberg, *Spanish Life in the Late Middle Ages*, Chapel Hill 1965, p. 112 참조) 그럼에도 가슴을 완전히 노출하는 경우는 절대 없었다. 그랬다면 그 여자의 수치심은 무척 많이 손상되었을 것이기 때문이다. 그래서 예를 들면 중세 후기의 여성 고행자들인 '콘프라다스 데 루스'(confradas de luz)는 속죄의식에 참여할 수 있었지만 그들에게 채찍질하는 것은 허용되지 않았다. 왜냐하면 그러려면 상체를 노출해야 했기 때문이다. 대신 그들은 남자 고행자들의 발 앞에 있는 오물을 치우거나 피를 씻어주었다. M. Flynn, *Sacred Charity: Confraternities and Social Welfare in Spain, 1400~1700*, Houndmills 1989, p. 132 참조. 물론 에스파냐의 대도시에서도 많은 부인들이 아주 깊이 파인 데콜테 옷을 입고 있었다. 그리고 1494년에 한 순례자는 발렌시아 부인들의 유두까지 보았다고("Tamen in anteriori parte imnes sunt aperte usque ad mamillas et ut quasi papillas arborum videre possis") 보고했다. 깊이 파인 목선은 대부분 새틴으로 가렸지만 이 새틴이 가끔은 너무 얇아서 '여자의 하얀 맨살이 그것을 통해 가볍게 비쳤다.' 그러나 그들은 새틴도 완전히 포기할 수는 없었을 것이다. Ganz-Blätter, 앞의 책, p. 192 및 Anderson, 앞의 책, p. 178f., 181 참조. 1530년경 이런 상황은 바뀌었을 것이다. 그것도 아주 포괄적으로 말이다. 1587년 세비야의 여자들에 관해 그들이 '예의바르게 망토(manto)로 얼굴을 가리고 눈만 빼꼼히 내밀면서' 돌아다니는 것을 보는 게 재미있었다고 전해진다. Weiss, 앞의 책, p. 545f. 참조.

38) G. H. Oberzill, *Die bewußten Demoiselles*, Wien 1984, p. 26에서 재인용. G. Salgado, *The Elizabethan Underworld*, Totowa 1977, p. 50, 63 역시 참조.

39) R. Waldegg, *Sittengeschichte von Wien*, ed. R. Till/H. Lang, Bad Cannstatt 1957, p. 169 참조. 1745년경 볼턴(Bolten) 영주의 애첩인 래비니어 펜턴(Lavinia Fenton)이 그런 스캔들을 불러일으켰던, 훌륭한 가슴을 가장 많이 노출한 데콜테 옷을 입었다. 그녀는 예전에 배우였으며 평판이 좋지 않았다. E. Einberg/J. Egerton, *The Age of Hogarth*, London 1988, p. 76 참조.

40) E.-M. Benabou, *La prostitution et la Police des Mœurs au XVIIIe siècle*, Paris 1987, p. 320 참조.

41) H. Fischer, *Die deutsche Märendichtung des 15. Jahrhunderts*, München 1966, p. 386.

42) C.N. Gattey/B. Rahm, *Flora Tristan*, Zürich 1971, p. 170에서 재인용.

198. 루이지 마레티가 그렸다고 함. 「티그리스 강의 창녀들」. 1885.

43) R. Pearsall, *The Worm in the Bud*, Toronto 1969, p. 271f. 참조. 거리에서
   그들은 속치마 차림으로 돌아다니면서 남자들을 집으로 끌어들였다. R.
   Pearsall, *The Worm in the Bud*, Toronto 1969, p. 271f. 참조. 이 시기의 이
   탈리아 창녀들 역시 가슴을 드러내고 대중의 면전에 나타났다고 한다. M.
   Gibson, *Prostitution and the State in Italy, 1860~1915*, New Brunswick
   1986, p. 155 참조. 다른 사회에서도 창녀들은 사람들의 주목을 끌기 위하여
   상체를 가리지 않고 돌아다녔다. 예컨대 하우사족의 경우 창녀들은 가슴
   (mama)을 드러낸 채 대중의 면전에 나타났다. 그것은 극도로 예의에 벗어나
   는 것으로 간주되었다.(L. L. Wall, *Haussa Medicine*, Durham 1988, p. 156
   참조) 그리고 어느 여행자는 비스크라에서 매춘을 하는 얼라드 나일 부족 출신
   여자에 관해 이렇게 보고한다. "그들은 전혀 가리지 않고 돌아다닌다. 그리고
   기이한 모양의 장신구들을 걸친다. 그들의 검은색 긴 고수머리는 매력적으로
   벌거벗은 구릿빛 가슴 위에 드리워져 있다."(J. Chavanne, *Die Sahara oder
   Von Oase zu Oase*, Wien 1879, p. 295 참조)

44) G. Brassaï, *Das geheime Paris*, Frankfurt/M. 1976, p. 110, 114.

45) 이것은 절대 창녀들이 직업 활동을 하지 않을 때도 전혀 수치심을 가지고 있지
   않았음을 의미하지는 않는다. 이미 17세기에 창녀인 클레어 프리에(Claire

Prié)는 벌거벗고 잠을 자곤 했기 때문에 동료들 사이에 악평이 나 있었다.(J. Solé, *Liebe in der westlichen Kultur*, Frankfurt/M. 1979, p. 248 참조) Paraent-Duchâtelet, *De la prostitution dans la ville de Paris*, Bruxelles 1838, p. 37은 나폴레옹 시대의 공창에 관해 이렇게 기술하고 있다. "그 여자들이 옷을 입게 되면 낯선 사람이 느닷없이 도청의 수용소나 감옥의 공동침실에 들어올 경우 순간적으로 몸을 가리거나 가슴 앞에 팔짱을 끼는 것을 볼 수 있다. 그것도 특히 '정숙한 처녀들과 부인들 앞에서'." J. Walkowitz, "The Making of an Outcast Group", *A Widening Sphere*, ed. M.Vicinus, Bloomington 1977, p. 81f.; W. Liepmann, *Gynäkologische Psychotherapie*, Berlin 1924, p. 173 역시 참조. 과거 창녀로 일했던 한 여자는 최근에 대부분 창녀들은 일상생활에서는 훨씬 '조신했으며' '일반 사람들'보다 더 부끄러움을 탔다고, 예를 들면 어떤 창녀도 '상반신 노출' 차림으로 해변에 누워 있지 않을 거라고 말했다.(*1 Plus*, 1991, 4. 8.)

7. '젖가슴이 튀어나왔다'

1) Q. Bell, *On Human Finery*, London 1976, p. 44f.; E. Fuchs, 1911, p. 177; D. Jarrett, *England in the Age of Hogarth*, New York 1974, p. 134f.; A. E. Ribeiro, *Dress in Eighteenth-Century Europe*, London 1984, p. 32, 47; T. Castle, "Eros and Liberty at the English Masquerade, 1710~90", *Eighteenth-Century Studies*, 1983, p. 165f. 참조.

2) 호레이스 월폴(Horace Walpole, 1717~97, 영국의 작가, 미술품 감정가, 수집가)이 에식스에서 머리가 두 개 달린 송아지가 태어난 것을 계기로 그 송아지의 어미는 오로지 처들이릴 수밖에 없을 거라고 추측한 사실이 이 여자의 평판이 어떠했는지를 잘 보여준다. 로버트 키스(Robert Keith) 경은 자신이라면 그녀와 기꺼이 결혼하겠지만 밀월여행을 위해 그에게 보병을 한 명 붙여줘야 할 거라고 덧붙였다. T. H. White, *The Age of Scandal*, Oxford 1986, p. 149f. 참조.

3) M. v. Boehn, *England in XVIII. Jahrhundert*, Berlin 1922, p. 678 참조.

4) T. Wright, *Caricature History of the Georges*, London 1868, p. 243 참조. 이미 17세기 초에 젖꼭지가 아른거릴 정도로 반투명한 소재로만 가슴을 가렸던 부인들을 위한 가면이 있었다. R. Strong, *The English Renaissance Miniature*, London 1983, p. 178 참조.

5) 물론 그런 부인들은 자신의 과감함의 대가를 비싸게 지불했을 것이다. 어떤 여

자는 가면무도회에서 혼잡한 와중에 수사복을 입은 몇몇 사람들에게 끌려가서 인적이 드문 장소에서 강간을 당했다. T. Castle, 앞의 책, p. 163f., 170 참조. 1755년 리스본을 급습한 지진은 그런 가면무도회에 대한 신의 징벌로 간주되었다.

6) A. Ribeiro, 앞의 책, p. 330 참조. 1768년에 펠헴(Pelham) 양이라는 여자가 검은색으로 칠한 자신의 다리를 가리지 않았기 때문에 '흑인 여자'라고 소문이 날까봐 걱정을 했다. 그보다 약간 후에 한 젊은 장교가 아담으로 변장하고, 즉 살색의 '바디'를 입고 그 위에 나뭇잎으로 된 가리개를 하고서 가면무도회에 나타난 후에 '거기에 동석한 모든 일행의 조롱'을 받게 되었다.

7) R.W. Malcolmson, *Popular Recreations in English History*, Cambridge 1973, p. 77f., 104 참조.

8) D. Shemek, "Circular Definitions: Configuring Gender in Italian Renaissance Festival", *Renaissance Quarterly*, 1995, p. 24; H.P. Duerr, 'In der Rocktasche eines Riesen: Erwiderung auf Ulrich Greiners Polemik", *Die Zeit*, 27. Mai 1988, p. 304;-, Der Mythos vom Zivilisations-prozeß. Intimität, Frankfurt/M. 1990, p. 328 참조.

9) D. Brailsford, *Sports, Time, and Society*, London 1991, p. 134 참조.

10) A. Guttmann, *Sports Spectators*, New York 1986, p. 71f. 참조.

11) C. Rearick, *Pleasures of the Belle Epoque*, New Haven 1985, p. 110, 185 참조.

12) A. Schultz, *Deutsches Leben im XIV. und XV. Jahrhundert*, Wien 1892, p. 336 참조. 어깨를 드러내는 비더마이어 시대의 의복을 입을 때는 옆으로 멜빵을 팔뚝에 걸었다. "이것이 이 옷을 입은 사람으로 하여금 팔을 들어올리지 못하게 함으로써 여성다운 행동을 할 수 있게 한다."(C. Rose, *Children's Clothes Since 1750*, London 1989, p. 76)

13) S. Epperlein, *Der Bauer im Bild des Mittelalters*, Leipzig 1975, p. 103에서 재인용.

14) H.C. Agrippa v. Nettesheim, *Die Eitelkeit und Unsicherheit der Wissenschaften*, Bd. I, ed. F. Mauthner, München 1913, p. 86ff., 276; J.R. Gillis, *For Better, For Worse: British Marriages, 1600 to the Present*, Oxford 1985, p. 27 역시 참조.

15) 19세기 말경에 많은 영국 부인들이 젖꼭지까지 파인 이브닝드레스를 입었다. 그러나 마치 벗은 듯한 착각을 불러일으키기 위해 노출된 부분은 살색의 얇은 벨벳으로 가렸다. C.W. Cunnington, *Feminine Attitudes in the Nineteenth Century*, London 1935, p. 21 참조.

16) F.K. Mathys, *Ewig wandelbare Mode*, Aarau 1985, p. 41 참조.

17) F. Faÿ-Sallois, *Les nourrices à Paris au XIX* siècle*, Paris 1980, p. 154f 참조. 존 월시(John Walsh)는 1857년에 이렇게 썼다. "몇 세대에 걸쳐 사회적 규범으로 코르셋 착용을 강제로 요구했기 때문에 젖꼭지가 아주 작아지고 상처가 나기도 해서 그대로 놔두면 아기들이 실로 굶어죽을 판이다."(S. Kevill-Davies, *Yesterday's Children*, Woodbridge 1991, p. 32에서 재인용)

18) S. Levitt, *Victorians Unbuttoned*, London 1986, p. 30 참조.

19) G. Reynolds, *Wallace Collection Catalogue of Miniatures*, London 1980, p. 143 참조. 더 자세한 것은 H. Plutat-Zeiner, "Französische Revolution, Directoire und Empire", *Die Frisur*, ed. M. Jedding-Gesterling/ G. Brutscher, München 1988, p. 155 참조.

20) 드 라 뢰즈는 계속 이렇게 말했다. "그녀는 행동이 자유롭지 못했다. 그녀 자신이 이 우연한 혼란스런 상황을 바로잡을 수 있도록 하기 위해서 사람들이 서둘러 그녀의 두 손을 풀어주었다. 그녀는 벽을 향해 얼굴을 돌리고 있었다."(L. Blanc, *Histoire de la Révolution*, Paris 1857, p. 89f.)

21) Wilhelmine v. Bayreuth, *Eine preußische Königstochter*, ed. I. Weber-Kellermann, Frankfurt/M. 1988, p. 246.

22) M.-J. Roland, *Memoiren aus dem Kerker*, ed. I. Riesen, Zürich 1987, p. 168f.

23) M. Farin, *Lust am Schmerz*, München 1991, p. 463에서 재인용.

8. 중세의 가슴에 대한 수치심

1) J. v. Falke, *Geschichte des Geschmacks im Mittelalter*, Berlin 1892, p. 35 참조. 비잔틴 시대의 여성복은 육체의 굴곡을 더 심하게 숨겼다.

2) H. Brost, *Kunst und Mode*, Stuttgart 1984, p. 65 참조.

3) E. Ennen, *Frauen im Mittelalter*, München 1984, p. 42 참조.

4) H. Weiss, *Kostümkunde*, Stuttgart 1864, p. 538f.에서 재인용. P. Kletler, "Deutsche Kultur zwischen Völkerwanderung und Kreuzzügen", *Handbuch der Kulturgeschichte*, ed. H. Kindermann, Postdam 1934, p. 156; M.-L. Portmann, 1958, p. 159 역시 참조.

5) J. v. Falke, *Costümgeschichte der Culturvölker*, Stuttgart 1881, p. 159 참조.

6) Herrad v. Landsberg, *Hortus deliciarum*, ed. A.D. Caralzas, New Rochelle 1977, p. 37 참조.

7) 같은 책, p. 25, 27, 225. E. Temple, *Anglo-Saxon Manuscripts 900~1066*, London 1976, 그림 191 참조.

8) O. Nübel, *Mittelalterliche Beginen- und Sozialsiedlungen in den Niederlanden*, Tübingen 1970, p. 182f. 참조. 중세 중기의 수도원 규칙에 따르면 겉옷은 육체의 굴곡이 보이지 않을 정도로 폭이 넓어야 한다고 되어 있다. G. Zimmermann, *Ordensleben und Lebensstandard*, Münster, 1973, p. 391 참조.

9) J. Bumke, *Höfische Kultur*, München 1986, p. 192f.에서 재인용. 궁정 말기 『라인프리트 폰 브라운슈바이크』(*Reinfried von Braunschweig*)(1300년경) 의 저자는 이렇게 말했다. "그들이 허리선 위로 반 이상을 벌거벗은 채 다니는 것이(나에게는 놀라운 일이다) 현명한 의도인가? 그들의 의복은 너무 딱 달라붙어 나에게 부도덕함을 상기시킨다. 웃옷 안의 육체가 음란한 자극을 주기 때문이다."(E. Brüggen, *Kleidung und Mode in der höfischen Epik des 12. und 13. Jahrhunderts*, Heidelberg 1989, p. 150에서 재인용)

10) A. Khattab, *Das Bild der Franken in der arabischen Literatur des Mittelalters*, Göppingen 1989, p. 36 참조.

11). W. J. Buma/W. Ebel, *Das Emsiger Recht*, Göttingen 1967, p. 78f.; H.H. Munske, *Der germanische Rechtswortschatz im Bereich der Missetaten*, Berlin 1973, p. 165.

12) S.M. Newton, *Fashion in the Age of the Black Prince*, Woodbridge 1980, p. 9; P. Fryer, *Mrs Grundy: Studies in English Prudery*, London 1963, p. 35; C.G. Coulton, *Social Life in Britain From the Conquest to the Reformation*, Cambridge 1918, p. 380 참조.

13) O. Blanc, "Vêtement féminin, vêtement masculin à la fin du Moyen Age", *Le vêtement*, ed. M. Pastoureau, Paris 1989, p. 244 참조. 1320년 이후에 익명의 레오비엔시스(Leobiensis)는 '많은 새로운 것과 놀라운 것들'을 확인했다. 그 중에는 프랑스에서 도입되어 오스트리아와 슈타이어마르크에 널리 퍼진 몸에 딱 달라붙는 여성복이 있었다. H. Kühnel, 1989, p. 102 참조. 하인 필독서에 그려진 목욕을 시중드는 하녀 역시 대부분 민소매(가끔은 긴소매이기도 하다)에 가슴과 목이 파이고 허리까지 오는 긴 속옷을 입고 있다. H. Appuhn, *Wenzelsbibel*, Dortmund 1990, I, fol. 86v. 참조.

14) C. Vanja, "Zwischen Rosenkränzen und Schnabelschuhen", *Damals*, 1984, p. 16 참조.

15) H.-J. Hüsgen, *Zisterzienserinnen in Köln*, Köln 1993, p. 34 참조.

16) G.-J. Witkowski, *L'art profane à l'église: l'étranger*, Paris 1908, p. 303f.

참조.

17) T. Aschenbrenner, *Die Tridentinischen Bildervorschriften*, Freiburg o.J., p. 27 참조.

18) A. Schultz, *Deutsches Leben im XIV. und XV. Jahrhundert*, Wien 1892, p. 138에서 재인용.

19) Tacitus: Germania XVII.

20) H. Marx/M. Meier, "Trageversuche mit einem eisenzeitlichen Frauenkleid", *Experimentelle Archäologie in Deutschland*, ed. M. Fansa, Oldenburg 1990, p. 457 참조. 팔꿈치 아래를 드러내는 두꺼운 울 소재의 여성복은 이미 청동기 시대에도 있었다. F. Kauffmann, *Deutsche Altertumskunde*, München 1913, p. 152 참조.

21) 당시 가슴이 파인 옷을 입은 남성들도 있었던 것으로 보이는데 그들은 여성화 된 것으로 여겨졌다. 그리고 그들의 아내는 이런 이유에서 그들과 이혼할 수 있 는 권리를 가졌다. K. Weinhold, *Altnordisches Lebne*, Stuttgart 1938, p. 100, 108 참조. 뒤러의 초상화에서 알 수 있듯이 중세 말기에는 남성 데콜테도 존재했다. 1493년 슈트라스부르크에서는 남성 데콜테가 의회 규정에서 금지되 었다. "지금 하나님에 대한 경외심을 전혀 가지고 있지 않으며, 위로 어깨까지 파인 부도덕한 옷을 착용하는 소수의 남성들이 있다."(J. Brucker, *Straßburger Zunft- und Polizei- Verordnungen des 14. und 15. Jahrhunderts*, Straßburg 1889, p. 293)

22) H.P. Duerr, *Der Mythos vom Zivilisationsprozeß*, Frankfurt/M. 1988, p. 277f. 참조.

23) C. Ahrens, *Wiederaufgebaute Vorzeit*, Neumünster 1990, p. 25, 38 참조.

24) P. Bohaumilitzky/I. Nägl, "Sexualität und Volksfrömmigkeit in Europa", *Volksfrömmigkeit*, ed. H.C. Ehalt, Wien 1989, p. 156 참조. 1133년 아헨에 서 마스트리히트로 이동하는 외륜선에서 저녁에 춤을 추었던 결혼한 부인들은 그러면서 틀림없이 가슴을 노출했다. 보고자는 이를 아주 몰염치한 행위로 느 꼈다. A. Lesky, "Zum Schiffskarren des Dionysos", *Mitteilungen des Vereins für klassische Philologie*, Wien 1925, p. 16 참조.

25) K.F. Morrison, *History as a Visual Art in the Twelfth-Century Renaissance*, Princeton 1990, p. 184 참조. 헤르보르트(Herbord)는 그의 『성 오토니스의 삶에 대한 철학적 담화』(*Dialogus de vita S. Ottonis*)에서 목사는 오로지 세례 받는 사람이 물속에 서 있다는 것을 들었을 뿐이지 보지 못했다고 보고했다. 덴 마크 사람인 헤롤트(Herold)와 그의 아내가 세례를 받을 때 그는 경건왕 루트 비히에 의해, 그의 아내는 루트비히의 아내에 의해 물에서 들어올려졌다. H. -

W. Goetz, "Frauenbild und weibliche Lebensgestaltung im Fränkischen Reich", *Weibliche Lebensgestaltung im frühen Mittelalter*, ed. H.-W. Goetz, Köln 1991, p. 34 참조.

26) Ulrich von dem Türlin: Willehalm CCLXXVIII, 24ff.

27) E. Fuchs, *Illstrierte Sittengeschichte vom Mittelalter bis zur Gegenwart*, Bd. II, Berlin 1911, p. 160에서 재인용.

28) Wolfram v. Eschenbach: Parzivâl 259, 2ff.

29) G. Hindley, *England in the Age of Caxton*, New York 1979, p. 160 참조.

30) E.R. Chamberlin, *The World of the Italian Renaissance*, London 1982, p. 190f.; K. Schelle, Die Sforza, Stuttgart 1980, p. 135 참조.

31) G.G. Coulton, *Medieval Panorama*, Cambridge 1943, p. 645 참조. 14세기 초 아라곤에 있는 프랑스 사절은 신부를 볼 때 특별히 비올란테(Violante) 공주의 가슴이 '출산에 유리한'지 주의해서 보라는 명령을 받았다. R. Sablonier, "Die aragonesische Königsfamilie um 1300", *Emotionen und materielle Interessen*, ed. H.Medick/D.Sabean, Göttingen 1984, p. 287 참조.

32) "Il Petto non potemmo vedere, perché usano ire tutte turate, ma mostra di buona qualit?"(E. Micheletti, *Le donne dei Medici*, Firenze 1983, p. 41 에서 재인용) G.A. Brucker, *Florence*, New York 1984, p. 40 역시 참조. 정숙한 피렌체 여자라면 당시에 결혼했을 경우 대부분 바닥까지 닿는 '만텔라'를 걸치지 않고는 집밖으로 나가지 않았다. 그러나 결혼하지 않은 젊은 처녀들은 집밖으로 나갈 때 자주 가슴과 목이 드러나는 옷을 입었다. I. Origo, "Im Namen Gottes und des Geschäfts", München 1985, p. 240 참조.

33) A. Marwick, *Beauty in History*, London 1988, p. 26에서 재인용. 낙원에서 조차 수치심은 있었다.

34) 가슴 검진이 똑같이 실시되었다. 그리고 여자 정리는 그에 관해 이렇게 표현했다. "그녀는 가슴 바로 옆에 수건이 있음을 확인하려 했다."(N. Schindler, "Die Ramingsteiner Bettlerhochzeit von 1688/89", *Historische Anthropologie*, 1994, p. 173)

35) J.C. Brown, *Schändliche Leidenschaften*, Stuttgart 1988, p. 73, 120 참조.

9. '······가슴을 만지고 싶다······'

1) P. Collett, *Der Europäer als solcher ist unterschiedlich*, Hamburg 1994, p. 118f. J. van Ussel, *Sexualunterdrückung*, Reinbek 1970, p. 70f. 역시

참조.

2) U. Pramann, *Ich schenke dir einen Kuß*, München 1988, p. 68f.에서 레스 티프 드 라 브레통(Restif de la Bretonnes, 1734~1806)의 포르노 소설에서 어떤 여자가 이런 방식으로 애인을 성적으로 흥분시키는 대목을 근거로 이렇게 주장했다.

3) T. Platter/F. Platter, *Zwei Autobiographien*, ed. D.A. Fechter, Basel 1840, p. 106.

4) T. Murner, *Narrenbeschwörung*, ed. M. Spanier, Halle 1894, p. 26, 54ff.

5) L. Stone, *Uncertain Unions: Marriage in England 1660~1753*, Oxford 1992, p. 52 참조. 중세의 사고에 의하면 그런 여자는 지옥에서 두꺼비가 그녀 의 젖꼭지를 빠는 벌을 받는다. E. Kosmer, "The 'noyous humoure of lecherie'", *Art Bulletin*, 1975, p. 4 참조.

6) J. Fabritius-Dancu, "Beiträge evangelisch-sächsischer Pfarrer zur Trachtenforschung", *Zeitschrift für Siebenbürgische Landeskunde*, 1987, p. 8 참조.

7) J. Anger, "Her Protection for Woman (1589)", *The Woman's Sharp Revenge*, ed. S. Shepherd, London 1985, p. 38.

8) 왼쪽 가슴 아래가 여성의 명예가 자리잡고 있는 곳이다. 예를 들어 1708년 하 일브론의 여자들은 '전능하신 신에게 육신의 맹세를' 할 때 왼쪽 가슴에 오른 손을 올려놓고 해야 했다.(H. Weckbach, "Zu 'wohlverdienter Straf' aus der Stadt gewiesen", *Schwaben und Franken*, Oktober 1987, p. 4.)

9) S. Pepys, *The Diary*, ed. R. Latham/W. Matthews, London 1972, p. 297, 310. 피프스는 하녀인 메르서(Mercer)가 자신이 옷 입는 것을 도와줄 때 그녀 의 아주 예쁜 가슴을 만졌다('handling her breasts')고 나중에 언급했다.(같 은 책, VII, p. 172) 1667년 5월 말경에 그는 젊은 다니엘 부인의 가슴을 만지 작거렸다. 그녀는 그가 하는 대로 가만히 놔두었다. 그녀는 그 대가로 그가 자 기 남편의 일자리를 마련해주기를 원했기 때문이다. 물론 그 부인은 너무 말라 서 피프스는 만족스럽지 못했다("but she is so lean that I had no great pleasure with her"). 같은 책, VIII, 1974, p. 244 참조.

10) Pepys, 같은 책, p. 389 참조.

11) B. Siberts, *Nothing But Prairie and Sky*, ed. W.D. Wyman, Norman 1954, p. 143 참조.

12) N. Elias, *Über den Prozeß der Zivilisation*, Basel 1939, p. 121, 469 참조. 그런 위법 행위에 대한 벌은 물론 과거의 민속법에서 훨씬 가혹했다. 대부분 벌 은 육체 부위에 따라 차등화되었다. 예를 들어 메로빙거 시대에 여자의 가슴을

만진 사람은 성적인 의도로 여자의 손을 잡은 것보다 세 배 더 큰 벌을 받아야 했다. S. Dill, *Roman Society in Gaul in the Merovingian Age*, London 1926, p. 48 참조.

13) F.A. Köhler, *Nehren, Eine Dorfchronik der Spätaufklärung*, ed. C. Lipp et al., Tübingen 1981, p. 17 참조. 19세기 후반에 러시아의 많은 지역에서는 농촌 청년들이 젊은 처녀의 환심을 사려고 할 때 그들의 가슴을 꽉 붙잡았다. 그러나 다른 사람들이 절대 알아차리지 못한다는 것을 확신할 수 있을 때만 그랬다. 그들은 당연히 여자가 저항할 거라고 생각한다. 그러나 그녀가 '나를 건드리지 마'(nedotraga)라고 소리지르지 않으면 그것은 가슴을 만지는 남자의 손을 허용하는 것과 마찬가지이다. "그녀는 저항한다. 그녀는 저항한다. 그러나 그녀가 소리지르지 않는다면 네가 가슴을 붙잡을 수 있다는 것을 의미한다." B. A. Engel, "Peasant Morality and Pre-Marital Relations in Late 19th Century Russia", *Journal of Social History*, 1990, p. 700 참조.

14) H. Müller, *Die kleinbürgerliche Familie im 18. Jahrhundert*, Berlin 1969, p. 286에서 재인용. D.W. Sabean, *Power in the Blood*, Cambridge 1084, p. 127f. 참조.

15) W. Acton, *Prostitution*, ed. P. Fryer, London 1968, p. 224 참조.

16) J. Elsom, *Erotic Theatre*, London 1973, p. 39 참조. 추측컨대 지금까지 여자가 원하지 않는데도 가슴을 만지는 것을 오늘날처럼 그렇게 중요하지 않은 일로 여긴 시대는 없었다. 예를 들어 1987년 여자의 가슴을 '더듬은' 어떤 남자가 그 여자에 의해 '성추행'으로 고발당했는데 그는 '뉴브런즈윅 항소법원'에서 무죄판결을 받았다. 판결 이유는 우리가 '성적'이라는 단어에 그것의 '원래 의미'를 되돌려줘야 하는데, 그렇다면 오로지 성기만이 성적 육체 부위이기 때문이라고 되어 있다. 물론 더 높은 심급인 '캐나다 연방대법원'은 '여성의 가슴을 만지는 것이 적어도 이 맥락에서는 실로 성적이다'고 판결했다.(R. Graycar/J. Morgan, *The Hidden Gender of Law*, Annandale 1990, p. 343f.) 오늘날 성적으로 치근대는 것이 근세 초기보다 줄어들었다는 데는 어떤 근거도 없다. 예를 들면 14세밖에 안 된 학생이 여선생의 가슴을 만지고 학급 학생들은 그에 환호하는 일이 점점 더 자주 보고되고 있다. 1996년 10월에는 영국 북부의 핼리팩스에 있는 어느 학교가 이런 이유에서 임시로 문을 닫았다. 젊은 여선생들의 안전이 더 이상 유지될 수 없었기 때문이다. 1996년 11월 2일의 『베저-쿠리어』(*Weser-Kurier*) 참조.

17) 예에 관해서는 J. Bousquet, *Malerei des Manierismus*, München 1985, p. 166 나 G. Neret, *Erotik in der Kunst des 20. Jahrhunderts*, Köln 1992, p. 89 참조.

18) 예를 들면 B.O. Hufton, *The Prospect Before Her*, London 1995, p. 254f.에
는 이렇게 적혀 있다. "근대 초기에는 페니스를 사용하는 않는 섹스는 섹스로
인정받지 못했다." 이 주장은 잘못된 것이다. 이것은 아마도 사정이 없는 동성
애적인 행동은 (『바타부스 법전』[*Codex Batavus*]를 제외한다면["Tribades
feminae, clitorizontes seu fricatrices, morte puniuntur"[T.W. Laqueur,
"Amor Veneris, vel Dulcedo Appeletur", *Fragments for a History of the
Human Body*, Bd. III, ed. M.Feher et al., New York 1989, p. 129]]) 사형
선고를 받지 않았다는 것을 토대로 한 것으로 보인다. 예를 들면 1549년에 어
느 여자는 '완전히 끝나지 않은 수간'을 저질렀을 때 사라고사에서의 영구추방
을 선고받았을 뿐이다.(D.F. Greenberg, *The Construction of Homosexuality*,
Chicago 1988, p. 277 참조) 그리고 다른 경우에도 동성애 행위는 바르지 못한
것으로 간주되었지만 벌을 받을 만한 것으로는 생각되지 않았다. L.
Cardaillac/R. Jammes, "Amours et sexualité à travers les 'Mémoires' d'
un inquisiteur du XVII siècle", *Amours légitimes, amours illégitimes en
Espagne*, ed. A. Redondo, Paris 1985, p. 188 참조. 1725년에 작센의 프라
이부르크에서는 두 여자가 '문지른 것' 때문에 채찍질을 당하고 10년 동안 추
방했다. 한 여자가 단지 다른 여자 위에 누워서 '최고의 흥분상태'에 빠져 이
리저리 움직이다가 결국 '어떤 축축함'을 감지했기 때문이다. S. Buchholz,
"Liebesglück und Liebesleid in Sachsen", *Rechtshistorisches Journal*,
1986, p. 121f., 135; M. E. Perry, "The 'Nefarious Sin' in Early Modern
Seville", *The Pursuit of Sodomy*, ed. K.Gerard/G.Hekma, New York
1989, p. 79 참조. 이런 예는 '성'(Sexualität)이라는 개념이 아직 존재하지 않
았음에도 충분히 그런 종류의 행동들이 성적인 것으로 간주되었음을 보여준다.

19) 대부분 그녀가 남편을 성불능으로 몰아갔다고 전해진다. L. Hunt, "The Many
Bodies of Marie Antoinette", *Eroticism and the Body Politic*, ed. L. Hunt,
Baltimore 1991, p. 117ff. 참조.

20) 당사자인 여자들은 서로 무릎 아래를 만지는 것 외에 다른 행동을 하지 않는다.
D. Wolfthal, "An Art Historical Response to 'Gay Studies and Feminism'",
Medieval Feminist Newsletter, Fall 1992, p. 18 참조.

21) 추측컨대 이탈리아 원전에 자극을 받은 베함의 포르노적인 여탕 그림을 생각하
면 된다. 그에 관해서는 다음 권에서 더 상세히 언급하겠다.

22) 여기에 관해서는 R:-M. Hagen/R. Hagen, *Meisterwerke europäischer Kunst
als Dokumente ihrer Zeit erklärt*, Köln 1984, p. 138ff. 참조. 예를 들어 아
담과 그 자녀들이 함께 묘사되어 있는 크리스토파노 로베타(Cristofano
Robetta)의 에바가 검지로 그녀의 젖꼭지를 만지고 있다면 이 몸짓은 아마도

199. 욕실에서 미지의 여자와 함께 있는 가브리엘(오른쪽), 1600년경.

그녀가 남편과 관계를 맺고 나서 아이를 얻었음을 의미하는 것이다. 사랑의 굴
레에 묶여 있는 젊은이를 묘사한 로베타의 그림에서 그를 유혹하는 여자도 마
찬가지로 그녀의 젖꼭지를 잡고 있다. M. Zucker, "Early Italian Masters",
The Illustrates Bartsch, Bd. 25.2, New York 1980, p. 277; Bd. 25, 1984,
p. 562 참조.

23) J. Cherry, "Der Ring im Mittelalter", *Der Ring im Wandel der Zeit*, ed. A.
Ward et al., München 1981, p. 59 참조.

24) 이해하기 힘든 또 다른 그림에서는 가브리엘이 그림44에서 그녀 옆에서 '젖꼭
지를 만지는 몸짓'을 하고 있는, 미지의 여자에게 상상 속의 반지를 끼워주거나
적어도 잘 알려진 손가락 제스처로 반지를 잡고 있는 것처럼 보인다(그림
199). 사람들은 지금까지 벌거벗은 가브리엘의 친구를 그녀의 여동생, 추측컨
대 쥘리엥으로 여겼다. 그러나 플라이슈하우어(W. Fleischhauer, *Die
Purpurlinie*, Stuttgart 1996, p. 388f., 410)의 주장이 옳을 수도 있다. 그는
가브리엘의 죽음에 관한 역사소설에서 이 젊은 여자를 앙리에트 당트라그
(Henriette d'Entragues)로 여겼다. 가브리엘이 죽고 난 직후 물론 한참 젊었
던 앙리에트는 왕의 연인이 되었으며, 왕은 그녀에게 결혼해주겠다고 약속했
다. 그러나 앙리 4세는 이 약속을 지키지 않고 토스카나 대공의 조카인 마리아
데 메디치(Maria de' Medici)와 결혼했다. 아마도 플라이슈하우어의 주장과 일

200. 『메디카미니부스 헤르바룸』에 실린 출산 장면 그림.

치되게 가브리엘이 사망한 후 그리고 마리아와의 결혼이 성사되기 전에 완성된 것으로 보이는 이 그림은 아마도 다음과 같은 사실을 말하려 했던 것 같다. 더 이상 관람객을 쳐다보지 않고 먼 곳을 쳐다보는, 즉 사망한 가브리엘이 결혼약속의 상징인, 새 애첩의 반지가 끼워져 있어야 할 그 자리를 만지고 있다. 그러나 그 약속은 이루어지지 않았고, 그렇기 때문에 반지는 오로지 상상 속에서만 존재한다.

25) 다른 예에 관해서는 P. Ardouin, *Maurice Scève, Pernette du Guillet, Louise Labé: L'amour à Lyon au temps de la Renaissance*, Paris 1981, p. 40, 120; O. Ranum, "Res reguges de l'intimit?", *Histoire de la vie privée*, ed. P. Ariès/G. Duby, Bd. III, Paris 1986, p. 255 참조. 그렇기 때문에 이 몸짓은 오늘날에도 독일, 그리스, 터키에서 'Votze!' 혹은 '더러운 놈!'(Arschloch!) 이란 의미를 지닌다.(M.S. Kirch, *Deutsche Gebärdensprache*, Hamburg 1987, p. 17 참조) 그리고 후자에서 '동성애자'(Schwuler)라는 말이 파생되었다. 독일에서 이 몸짓은 '아주 좋아!' 혹은 '훌륭해!'와 같은 의미로 사용되기도 한다. A. Niederer, "Beschämung, Lob und Schadenfreude: Hand- und Fingergebärden", *Fest und Brauch*, ed. D.Wunderlin, Liestal 1989, p. 211 참조. 여자가 자신의 젖꼭지 위에서 손가락으로 작은 원을 그리는 몸짓은 고대 인도에서 '함사야'라 불렸으며 '사랑'을 의미한다. 예를 들면 아잔타 암석

사원의 벽에 그려진 천국의 창녀들이 그런 제스처를 하고 있다. R. M. Hughes, *The Gesture Language of the Hindu Dance*, New York 1964, p. 36 참조.

26) 그림200에서 출산을 촉진하기 위해 출산 의자에서 진통을 하는 여자 위에서 이런 몸짓을 하는 여자가 가슴 밑에 고수 열매를 지니고 있다. 여기서도 외음부와 임신에 대한 암시를 볼 수 있다고 한다면 지나치게 과대 해석하는 것인지 확실치 않다.

27) 피에르 드 레투알(Pierre de l'Estiole)이 그의 『앙리 4세의 일기』(*Journal de Henri*)에 쓴 내용과 비슷한 것이 앙리와 자녀 없이 결혼생활을 하던 마르가레트 발루아(Margarete Valois)에 관해서도 전해진다. "쉬프랭이라는 이름의 노틀담 성당의 예수회 수도사는 여인들의 문란함과 쾌락에 대한 자신의 설교에 빠져서 마르가레트 왕비의 예와 함께 오늘날 파리에는 가슴을 드러내는 교태스런 여자들이 너무 많다고 말했다." 물론 그는 "다른 사람에게는 금지되어 있는 것들이 왕비에게는 참 많이 허용된다"고 덧붙였다.(R. Miquel, *Mythologie du sein*, Paris 1965, p. 37f.에서 재인용)

28) R. Clemencic/M. Korth/U. Müller, *Carmina Burana*, München 1979, p. 112. 이탈리아 창녀들의 많은 고객들은 창녀들의 젖꼭지를 빠는 것을 좋아했던 것으로 보인다. P. Larivaille, *La vie quotidienne des courtisanes en Italie au temps de la Renaissance*, Paris 1975, p. 42 참조.

29) *Partonopier und Meliur* V, 1566ff. H.M. Hyde, *Geschichte der Pornographie*, Stuttgart 1965, p. 79 역시 참조. 요크에서는 1433년 젊은 여자가 '가슴을 드러내고 보여주었'을 때 성불능 남자가 발기했다고 한다.(R.H. Helmholz, *Marriage Litigation in Medieval England*, Cambridge 1974, p. 89)

30) H. Lomnitzer, "Geliebte und Ehefrau im deutschen Lied des Mittelalters", *Liebe, Ehe, Ehebruch in der Literatur des Mittelalters*, ed. X. b. Ertzdorff/ M. Wynn, Gießen 1984, p. 117에서 재인용. 카펠라누스(Capellanus, 앙드레 르 샤플랭이라고도 불리며 12세기에 활동한 프랑스의 작가이다—옮긴이)의 『사랑』(*De amore*)에 보면 '최종적인 것'을 두려워하는 젊은 처녀를 다음과 같은 암시로 진정시키고 있다. 아모르 믹스투스(amor mixtus, 틀림없이 성교와 상호간의 수음)뿐 아니라 서로 키스하고 남자가 벌거벗은 가슴을 만지는 아모르 푸루스(amor purus)도 존재한다. 전자는 바로 만족을 주지만 후자에 의해서는 절대 만족을 얻을 수 없을 것이다. U. Liebertz-Grün, *Zur Soziologie des 'amour courtois'*, Heidelberg 1977. p. 35 참조. 중세 말기에 아르놀두스 드 빌라노바(Arnoldus de Villanova)는 남자들에게 여자들이란 원래 부끄러워하니 아내들이 싫증을 내는 듯하면 우선 가슴을 애무하라고 권하고 있다. H.R.

Lemay, "Human Sexuality in 12th- Through 15th Century Scientific Writings", *Sexual Practices the Medieval Church*, ed. V.L.Bullough/ J.Brundage, Buffalo 1982, p. 202.

31) A. Ribeiro, *Dress and Morality*, London 1986, p. 47에서 재인용.

32) M.L. Colker, "The Lure of Woman: Hunting, Chess, and Tennis", *Speculum*, 1984, p. 105에서 재인용. P. Dinzelbacher, "Mittelalterliche Sexualität", *Privatisierung der Triebe?*, ed. D.Erlach et al., Frankfurt/M. 1994, p. 71 역시 참조.

33) F.S. Krauss, *Die Anmut des Frauenleibes*, Berlin 1923, p. 403 참조.

10. '기능적인' 가슴 노출, 치욕스러운 징벌과 젖먹이 수유

1) C. Rodenberg, "Aus dem Kieler Leben im 14. und 15. Jahrhundert", *Aus Kiels Vergangenheit und Gegenwart*, ed. A. Gloy, Kiel 1925, p. 54 참조. 높은 지위의 여자를 징계할 때는 상반신을 노출시키는 일을 완전히 포기해야 했다. 그래서 예를 들어 형부와 잠을 잤다는 이유로 붙잡혀온 명망있는 가문 출신의 이사벨라 멀레이(Isabella Murley)는 더럼에서 전처럼 '옷을 벗지' 않고 여섯 대의 채찍질을 당하는 벌을 받았다. J.J. Jusserand, *English Wayfaring Life in the Middle Ages*, Bath 1970, p. 263 참조.

2) E. J. Burford/S. Shulman, *Of Bridles and Burnings*, London 1992, p. 145 에서 재인용. 공개적으로 비난을 받아야 하는 그런 여자들은, 예를 들면 1565년 에섹스 롬포드에서처럼 사람들이 '그들의 옷을 벗겼다'고 되어 있다. 그럼에도 처벌을 받는 여자들은 아마로 된 상체를 가리는 긴 참회복을 입었다. F.G. Emmison, *Elizabethan Life*, Bd. II, Chelmsford 1973, II, p. 286 참조.

3) J. Tedeschi, "The Question of Magic and Witchcraft in Two Unpublished Inquisitorial Manuals of the Seventeenth Century", *Proceedings of the American Philosophical Society*, 1987, p. 103f.: -, 1991, p. 236f. 참조.

4) R. Martin, *Witchcraft and the Inquisition in Venice 1550~1650*, Oxford 1989, p. 220 참조.

5) B. Panke-Kochinke, "Dienen lerne beizeiten das Weib……", *Pfaffenweiler*, 1990, p. 15 참조.

6) Burford/Shulman, 앞의 책, p. 71 참조. 1644년에 제넛 호크스(Jennett Hawkes) 라는 여자가 '허리 위로 옷이 다 벗겨진 채 웨더비 시내를 통과하며 호되게 채 찍질당해야 한다'는 선고를 받았다. S.J. Wiseman, "It is a Pity She's a

Whore: Representing the Incestuous Body", *Renaissance Bodies*, ed. L.Gent/N.Llewellyn, London 1990, p. 185 참조.

7) J. Glenzdorf/F. Treichel, *Henker, Schinder und arme Sünder*, Bd. I, Bad Münder 1970, p. 56, 82 참조.

8) P. Morrah, *Restoration England*, London 1979, p. 140 참조.

9) Burford/Shulman, 앞의 책, p. 79에서 재인용.

10) 예를 들면 젊은 여자 두 명이 100갤런의 우유를 훔쳤다고 해서 그런 벌을 받았다. 1778년 영국 남부에서는 여자 도둑에게는 '허리 위로 옷을 벗기고 마차 뒤에 묶어서 채찍질하라는' 지시가 내려졌다.(J.M. Baines, *Historic Hastings*, St. Leonards-on-Sea 1986, p. 96) 1748년 2월에는 루이 15세의 군인과 관계를 맺은 젊은 여자를 긴 속옷만 입히고 로열 광장에 세워놓음으로써 그녀에게 굴욕감을 주었다. 그러나 그 다음해에 동일한 일을 한 처녀는 '상체가 벗겨져' (toute nue) 감옥으로 끌려갔다. R.A. Schneider, *The Ceremonial City*, Princeton 1995, p. 80 참조. 그리고 같은 해에 베를린에서 출간된『하우데 슈페네르슈 차이퉁』(*Haude-Spenersche Zeitung*)에는 파리에서 보내온 이런 보고가 실려 있다. "언급된 날짜에 사람들이 어느 중매쟁이를 반은 벌거벗긴 채 머리에는 짚모자를 씌우고 그녀의 얼굴이 나귀의 꼬리를 향하도록 나귀 위에 거꾸로 앉혀놓았다. 그녀의 짚모자 앞뒤로는 '공식 뚜장이!' 라는 글이 적혀 있었다."(E. Buchner, *Ehe*, München 1914, p. 204) 이런 노출이 때로는 얼마나 수치스러웠는지를 마라를 살해한 여자의 경우에서 재차 알 수 있다. "사형 집행인이 그녀의 목을 찾으려고 가슴을 덮고 있는 삼각 목도리를 벗겨냈을 때, 그녀는 다가올 죽음보다는 자신의 명예가 모욕당했다는 수치감에 더 몸을 떨었다."(M.A. de Lamartine, *Histoire des Girondins*, Bd. IV, Leipzig 1847, p. 175)

11) J.-G. König, *Die feine Bremer Art*, Bremen 1982, p. 36에서 재인용. H. Cyrus, Das "vorsäztlich verheimlichen von Schwangerschaft und Niederkunft", *Criminalia: Bremer Strafjustiz 1810~1850*, ed. J. Feest/C. Marzahn, Bremen 1988, p. 98 역시 참조.

12) J. Axtell, *The Invasion Within*, Oxford 1985, p. 169 참조.

13) 예에 관해서는 W.K. Holdsworth, "Adultery or Witchcraft? A New Note on an Old Case in Connecticut", *New England Quarterly*, 1975, p. 408f. 참조. 1705년 버지니아에서 청교도가 아닌 백인 그리스도교인은 여자 흑인이나 인디언과는 반대로 상체를 발가벗겨 채찍질해서는 안 된다고 규정되어 있다. M. Sobel, *The World They Made Together*, Princeton 1987, p. 45 참조. 많은 인디언 부족 역시 그들의 아내가 특별한 실수를 저질렀을 경우 가슴을 노

출시킴으로써 굴욕을 주었다. 예를 들어 콰키우틀족이 겨울춤을 출 때 춤을 추는 여자가 규정에 맞는 옷을 입지 않으면 사람들은 그녀의 가슴 가리개를 아래로 끌어내린다.(Werner Müller: 1986년 11월 9일의 편지) 다른 대륙에서도 비슷한 일이 벌어진다. 마타파토 마사이족의 경우 한 여자가 여러 번 유산을 하면 사람들은 그녀가 임신 기간 동안 남자들과 마음대로 잠을 잤다고 생각한다. 그래서 그 여자가 사는 마을이나 인접한 마을 여자들이 함께 모여서 그녀를 잡아 남자들이 가슴을 볼 수 있도록 강제로 가슴을 벗긴다. P. Spencer, *The Maasai of Matapato*, Bloomington 1988, p. 205 참조. 바빌로니아 사람들은 이미 간통이 확인된 여자의 상체를 벗긴다. W. A. Müller, *Nacktheit und Entblößung in der altorientalischen und älteren griechischen Kunst*, Borna 1906, p. 32 참조.

14) S. Brownmiller, *Gegen unseren Willen*, Frankfurt/M. 1980, p. 111 참조. 무솔리니의 연인이었던 클라레타 페타치(Claretta Petacci)의 시체는 밀라노, 즉 그 독재자가 다섯 달 전 영웅으로 추앙받았던 바로 그 도시의 피아잘레 로레토 위, 연인의 시체 옆에 거꾸로 매달려 있어서 그녀의 노출된 가슴을 볼 수 있었다. R. Lamb, *War in Italy 1943~1945*, London 1993, p. 303 참조. 그녀는 살해되기 전 공산주의 유격대원들에 의해 강간당했다. 『슈피겔』 35, 1996, p. 136 참조.

15) K. Müller, *Domostroi*, Leipzig 1987, p. 72.

16) 아니면 그런 여자에게 바지를 입혔다. 추측컨대 그녀가 남자처럼 성적 주도권을 가졌기 때문일 것이다. C. D. Worobec, "Victims or Actors? Russian Peasant Woman and Patriarchy", *Peasant Economy, Culture and Politics of European Russia, 1800~1921*, ed. E. Kingston-Mann et al., Princeton 1991a, p. 202 참조.

17) - , *Peasant Russia*, Princeton 1991, p. 196 참조.

18) C.G. Züge, *Der russische Colonist*, et. G. Robel, Bremen 1988, p. 124.

19) 나중에 '그것이 그의 보호 아래에 있는 여성의 품위를 손상시킨다는 것을 고려하지 않았' 느냐는 질문을 받자 그는 발뺌하면서 여자들이란 그런 방식으로 모욕을 느끼는 그런 종족이 아니라고 대답했다. 이민선인 '라밀리에스'(Ramilies)에서는 그런 벌이 조금 더 발전했다. 그래서 아델라이드로 가는 도중에 빵을 훔친 여자 네 명은 남자들 앞에서 엉덩이가 벗겨진 채 채찍질을 당했다. M. Cannon, *Who's Master? Who's Man? Australia in the Victorian Age*, Melbourne 1978, p. 145 참조.

20) M. Clark, *Select Documents in Australian History 1799~1850*, Sydney 1950, p. 114 참조.

21) G. Pallaver, *Das Ende der schamlosen Zeit*, Wien 1987, p. 131.

22) G. Raudszus, *Die Zeichensprache der Kleidung*, Hildesheim 1985, p. 77 참조.

23) Otfried v. Weißenburg: Evangelienbuch XI, 35ff.

24) M. Landau, Hölle und Fegfeuer, Heidelberg 1909, p. 146 참조. 1440년경 라인 강 중류 유역에서 벌어진 수난장면의 묘사에서 나무에 가슴을 묶어 매달 린 유대인 여자 두 명을 볼 수 있었던데, 그 이유는 이들이 왕의 칙령을 무시하 고 자신들의 아들에게 할례를 행했기 때문이었다. J. Gutmann, *Buchmalerei in hebräischen Handschriften*, München 1978, p. 100 참조. 중세 후기 사 람들이 유대인 여자를 실제로 그렇게 매달았는지는 확실치 않지만 여자에 대한 이보다 더 굴욕적인 징벌은 거의 생각할 수 없을 정도이다.

25) J. Preuß, *Biblisch-talmudische Medizin*, Berlin 1923, p. 473 참조. 투피아 크바스만(Tuvia Kwasman, 1986년 1월 9일의 구두 전달)이 나에게 말했던 대 로 오늘날에도 정통 유대교 여자는 가족들만 있을 때도 절대 젖을 먹이지 않는 다. 성서 이후로 여성의 가슴은 한편으로는 매우 에로틱하며, 주지하다시피 가 슴은 '백합화 가운데서 꿀을 먹는 쌍태어린 사슴' 및 '포도송이'로 비유되었다 (「아가」 4장 5절 및 7장 7절). 다른 한편으로 수치심과도 아주 깊은 관련이 있 다. 그리고 이방인과 관계를 맺은 유다와 이스라엘에 관해서는 이렇게 적혀 있 다. "그들이 애굽에서 행음하되 어렸을 때 행음하여 그들의 유방이 눌리며 그 처녀의 가슴이 어루만져졌나니."(「에스겔」 23장 3절) 그래서 예를 들면 젊은 유대인 하녀를 데리고 있던 의사 마르 사무엘(Mar Samuel)이 사춘기 동안 가슴의 변화를 관찰하려 하자 그녀는 그에게 '수치심의 대가'를 요구했다. "그녀의 노동력만 그에게 속하는 것이지, 그녀의 수치심은 그에게 속하는 것이 아니기 때문이다." C.O. Rosenthal, "Zur geburtshilflich-gynäkologischen Betätigung des Mannes bis zum Ausgange des 16. Jahrhunderts", *Janus*, 1923, p. 126 참조. 유대인이 나중에 특히 데콜테 패션을 몹시 비난한 것은 놀 랄 일이 아니다. 그래서 예를 들면 1705년에 프랑크푸르트의 유대교 성직자인 히르시 카이트노버(Hirsch Kaidnower)는 이렇게 불평했다. "우리가 우리의 망명과 박해받은 믿음의 동료들에 대한 슬픔에서 검은 옷을 입고 다니는 동안 우리의 아내들은 반대로 가슴이 파인 옷을 자랑스럽게 입고 다닌다."(H. Heubach, *Jüdisches Leben in Frankfurt*, Bd. I, Frankfurt/M. 1988, I, p. 54에서 재인용) A. Rubens, *A History of Jewish Costume*, London 1973, p. 198 역시 참조. 깊이 파인 목선은 어디에서나 금지되었다. 그리고 하시디의 유 대인 여자들은 오늘날에도 짧은 소매조차 입지 않는다. J. R. Mintz, *Legends of the Hasidim*, Chicago 1968, p. 84; S. Poll, "The Hasidic Community",

516

Dress, Adornment, and the Social Order, ed. M.E.Roach/J.B.Eicher, New York 1965, p. 151 참조. 어쨌든 밖으로 튀어나온 두 개의 굴곡에 관해 가능하면 몰라야 했다. 동유럽의 작은 마을에서 성장하고 나중에 미국으로 이주한 한 여자는 이렇게 회상했다. "가슴이 발달하기 시작했을 때 나는 무척 두려웠다. 나는 내가 아프다고 생각했다. 나는 그것이 어떻게 생긴 것인지 알 수가 없었다."(N.M. Cowan/R.S. Cowan, *Our Parents' Lives*, New York 1989, p. 156) 물론 과거에는 이론적으로 가슴을 노출시켜야 했던 특정한 제식들이 있었다. 그러나 이런 제식에서도 조심스러움이 강조되었다. 그래서 예를 들면 장례식에서 탄식하면서 가슴을 덮은 옷을 찢는 여자들은 어떤 경우에도 젖가슴이 드러나지 않고(L.M. Epstein, *Sex Laws and Customs in Judaism*, New York 1948, p. 32 참조) 어깨만 보이도록 옷을 찢어야 한다는 주의를 듣는다.(A. Löwinger, "Rechts und Links in Bibel und Trdition der Juden", *Mitteilungen zur Jüdischen Volkskunde*, 1916, p. 40 참조) '광천수 의식'에서 사람들은 간음 혐의가 있는 여자를 '니카노르 성문 입구에 위치한 사원의 문으로 끌고 올라간다. 사제가 그녀의 옷을 잡아챈다. 그럴 때 그녀의 옷이 한쪽만 찢어지면 그녀는 그런 짓을 하지 않은 것이다. 그런데 옷이 두 조각으로 완전히 찢어지면 그녀는 그런 짓을 한 것이다. 그러면 사제는 그녀의 가슴을 벌거벗기고 머리를 풀어헤치게 한다.(『미시나 소타』[미시나는 3세기 초 유다 하나시가 최종적으로 완성한 유대의 구전율법을 성문화한 것이며 소타는 간음혐의가 있는 여인에 관한 율법이다—옮긴이] I, 4) 그럼에도 아주 짧은 시간 동안만 가슴을 노출시킨다. 그렇지 않으면 '젊은 사제들이 그것을 통해 정욕에 빠질' 수 있기 때문이다.(같은 책, 7aff.) 그 의식을 주관하는 사제가 '그녀의 옷이 미끄러내리지 않도록' 그리고 그녀의 벌거벗은 상체가 오래 노출되지 않도록 하기 위해 '가슴 위에' 나무껍질 끈을 묶었다. 특히 그 자리에 동석한 여자들은 그녀와 동일한 짓을 해서는 안 된다는 경고로서만 가슴을 노출시킨 여자를 바라봐야 했다고 한다. 그러나 남자들은 그 여자로부터 눈을 돌릴 수도 있었다고 한다. 간음혐의가 있는 여자의 가슴이 보복의 원칙(lex talionis)에 따라 (사람들은 그녀의 연인이 그녀의 벌거벗은 가슴을 보았다고 가정한다) 아주 잠시만 보여지는데도 사람들은 이 벌이 여자에게 육체적 고문보다 더 심하다고 생각했다. W. Mehlitz, *Der jüdische Ritus in Brautstand und Ehe*, Frankfurt/M. 1992, p. 265 참조. 그렇기 때문에 많은 사람들이 이 의식을 부당한 요구를 하는 몰염치한 것으로 간주했다. 예를 들면 2세기에 랍비 유다는 가슴의 노출은 억제되어야 한다고 말한다. 그리고 랍비 요하난(Johanan)은 동시대인인 바로카(Barokah)에게 용의자의 상체를 차단막 뒤에 숨기고 나서 그 의식을 치르라고 권했다. Epstein, 앞의 책, p. 34 참조.

26) L. De Mause, "Evolution der Kindheit", *Hört ihr die Kinder weinen?*, ed. L. DeMause, Frankfurt/M. 1977, p. 58 참조.

27) V.A. Fildes, *Breasts, Bottles and Babies*, Edinburgh 1986, p. 110 참조.

28) Cabanès, *Mœurs intimes du passé*, Bd. X, 1934, p. 348f.에서 재인용. 더 자세한 것은 R. Müllerheim, *Die Wochenstube in der Kunst*, Stuttgart 1904, p. 126; D. Hunt, *Parents and Children in History*, New York 1972, p. 106 참조.

29) E. MacLysaght, *Irish Life in the Seventeenth Century*, Cork 1939, p. 64.

30) R.V. Schnucker, "Maternal Nursing and Wet-Nursing Among English Puritans", *Loving, Parenting and Dying*, ed. V.C. Fox/M.H. Quitt, New York 1980, p. 263에서 재인용.

31) H.L.P. Leeuwenberg, "Steden en hun kerken", *Steden hun verleden*, ed. M. van Rooijen, Utrecht 1988, p. 91; C. Brown, *Holländische Genremalerei im 17. Jahrhundert*, München 1984, p. 165; R.E. Fleischer, "Quirijn van Brekelendam and 'The Artist's Workshop' in the Hermitage Museum", *The Age of Rembrandt*, ed. R.E.Fleischer/S.S. Munshower, Philadelphia 1988, p. 83; P. Schramm, *Die Quacksalber*, Taunusstein 1985, p. 35 참조. 1643년의 세바스티앙 부르동(Sébastien Bourdon, 1616~71)의 그림에서 카드놀이를 하는 군인들 옆에 앉아서 젖을 먹이는 여자는 두 가슴을 완전히 노출시키고 있다. 이 여자들은 보급대 창녀이다. G. Feustel, *Käufiche Lust*, Leipzig 1993, p. 87 참조.

32) M. F. Durantini, *The Child in Seventeenth-Century Dutch Painting*, Ann Arbor 1983, p. 36 참조.

33) 동양의 집시와 남부 유럽, 프랑스 집시들은 지금까지도 그렇다.(U. Völklein, *Zigeuner*, Oldenburg 1981, 그림14; F. de Vaux de Floetier, *Le monde des Tsiganes*, Paris 1983, p. 104; J.B. Clébert, *Les Tsiganes*, Paris 1976, p. 215 참조) 그러나 영국 집시들은 그렇지 않다. 그래서 영국에서 거주하는 한 로마 여자는 이렇게 말했다. "나는 내 아이들 중 한 아이에게만 젖을 먹였다. 젖을 먹일 때 나는 캠핑카 문을 닫고 커튼을 쳤다. 우리는 절대 남자가 들여다보지 못하게 했다. 안 그러면 그건 추잡한 짓이다!" J. Okely, *The Traveller-Gypsies*, Cambridge 1983, p. 208 참조.

34) F. Anzelewsky, *Dürer-Studien*, Berlin 1983, p. 59, 61; J.B. Pflug, *Aus der Räuber- und Franzosenzeit Schwabens*, ed. M.Zengerle, Weißenhorn 1975, 그림 67 참조.

35) K. Wilkins, "Attitudes Toward Women in Two 18th-Century French

Periodicals", *Studies in Eighteenth-Century Culture*, ed. R.C. Rosbottom, Madison 1977, p. 403 참조.

36) E. Badinter, *L'amour en plus*, Paris 1980, p. 84f. 참조. 근세 초기에 이미 수유는 많은 여자들에게 곤혹스러운 일이었다. 다른 사람이 젖먹이는 것을 보는지 안 보는지와 무관하게 말이다. 그들은 그것을 '동물적'으로 느꼈으며 아니면 단순히 너무 '육체적'이며 너무 은밀한 것으로 느꼈다. 그래서 예를 들면 윌리엄 스터클리(William Stukeley)는 1687년 일주일이 지난 후에 바로 젖을 끊었다. 그의 어머니는 "공공장소에서 여성적 상냥함을 보이기를 꺼려해서 평생동안 자식들에게 키스하는 경우가 드물었다."(Fildes, 앞의 책, p. 361) 특히 정숙했던 빅토리아 왕비는 출산뿐 아니라 젖을 먹이는 것도 '아주 동물적인' 것으로 느꼈다.(F. Harrison, *The Dark Angel*, London 1977, p. 24 참조) '자신이 암소 같다는' 생각 자체가 벌써 그녀에게 불쾌감을 주었다. 그녀 본인은 어머니인 켄트 공작부인 젖을 양껏 먹었음에도 그녀는 자신의 자녀 중 누구에게도 젖을 주지 않았다. 그녀의 남편은 그것을 '그녀의 성격에서 가장 흥미로운 것'으로 여겼다. S. Kevill-Davis, *Yesterday's Children*, Woodbridge 1991, p. 29; D. Duff, *Victoria und Albert*, München 1990, p. 298 참조. 동성애자 남자들도 자주 수유를 '여성적 · 동물적'인 것으로 느꼈다. 그리고 카를 하인리히 울리히(Carl Heinrich Ulrich)의 '남자 동성연애자'에게는 그 시기에 모든 여자들이 '젖을 먹이는 행위를 숨기려는' 본능적인 '수치심에 사로잡혀' 있는 것이 아주 타당했다.(C.H. Ulrichs, *Forschungen über das Rätsel der mannmännlichen Liebe*, Bd. V, Leipzig 1898, V, p. 32) 사람들은 그런 성향을 시민적 현상으로 설명하려고 했다. 그러나 그것은 잘못된 것이다. 수백년 전부터 내륙 지역에서, 특히 남부 독일과 남부 핀란드에서 그런 현상을 발견할 수 있다. 그곳에서는 젖을 먹이는 엄마들이 남자들이 있는 자리에서는 벽으로 돌아앉거나 아니면 적어도 가슴을 가렸다. E. Aaltonen, "On the Sociology of the sauna of the Finnish Countryside", *Transactions of the Westermarck Society*, 1970, p. 165 참조. 이미 17세기에 그리고 추측컨대 훨씬 이전에도 바이에른의 많은 지역에서 젖을 먹이는 것이 경멸의 대상이 되었다. 그 결과 유아사망률이 매우 높아졌다.(J.J. Sheehan, *German History 1770~1866*, Oxford 1989, p. 372 참조) 그리고 현재까지도 예를 들면 도나우 강 주변에서는 수유를 '추잡한 짓'이라고들 한다.(G. Mentges, *Erziehung, Dressur und Anstand in der Sprache der Kinderkleidung*, Frankfurt/M. 1989, p. 372) 그리고 세기 전환기에 다른 바이에른 지역에서는 '시골 여인도 남편 앞에서조차 아이에게 젖을 먹일 때'면 '부끄러워'했다.(O. Goldmann, *Nacktheit, Sitte und Gesetz*, Bd. I, Dresden 1924, p. 93) 그리고 그보다

100년 전에 남부 슈바벤 마을에서는 아이에게 젖을 주는 것을 '혐오감을 주며 예의바르지 못한' 것으로 비난했다. 그러는 대신 사람들은 아이에게 밀가루죽을 억지로 삼키게 했다. "어머니나 혹은 유모가 죽을 씹어서 아이에게 주었다. 유아의 반 혹은 그 이상이 첫돌도 지나기 전에 이 아름다운 세상과 다시 작별을 고했다는 것은 전혀 놀랄 일이 아니다."(H.F.K. Günther, *Das Bauerntum als Lebens- und Gemeinschaftsform*, Leipzig 1939, p. 554)

37) E. Buchner, *Ehe*, München 1914, p. 255에서 재인용. P. Schmid, "Sauber und schwach, stark und stillend", *Von der Auffälligkeit des Leibes*, ed. F. Akashe-Böhme, Frankfurt/M. 1995, p. 71f. 참조.

38) P. Schmid, "Säugling, Seide, Siff: Frauenleben in Berlin um 1800", *Frauen im Frankreich des 18. Jahrhunderts*, ed. J. Held, Hamburg 1989, p. 106에서 재인용. 물론 울스턴크래프트(Mary Wollstonecraft, *A Vindication of the Rights of Woman*, London 1929, p. 139)가 1792년에 어머니들이 왜 유아도 어린 고양이와 똑같은 방식으로 젖을 먹는다고 자녀에게 말하지 않았느냐고 질문한 것은 당시 공공장소에서의 수유가 적어도 영국에서는 많이 퍼져 있지 않았음을 추론할 수 있게 한다.

39) D. Hoof, *Pestalozzi und die Sexualität seines Zeitalters*, St. Augustin 1987, p. 323에서 재인용.

40) H.O. Lichtenberg, *Unterhaltsame Bauernaufklärung*, Tübingen 1970, p. 109에서 재인용.

41) A. van Dülmen, *Frauenleben im 18. Jahrhundert*, München 1992, p. 99 에서 재인용. N. Senior, "Aspects of Infant Feeding in Eighteenth-Century France", *Eighteenth-Century Studies*, 1982, p. 387 역시 참조.

42) D. Kunzle, *Fashion and Fetishism*, Totowa 1982, p. 105 참조. 그런 비난 은 수백년이 넘게 젖을 먹이는 여자들에게 가해졌다. 같은 책, p. 351ff., 550f. 참조.

11. 성모 마리아와 젖먹이는 부정한 여인들

1) M. Vloberg, *La vierge et l'enfant dans l'art français*, Paris 1954, p. 85 참조.

2) 사람들은 아그네스가 면도를 해서 오똑하게 드러난 이마, 작은 입, 눈같이 흰 피부와 둥근 가슴을 가졌다고 하는데, 이를 그녀 특유의 모습으로 보는 것(T. Cox, *Jehan Foucquet, Native of Tours*, London 1931, p. 52)은 별로 설득력 이 없다. 왜냐하면 이런 특징들은 단순히 그 시대의 미의 이상과 일치하기 때문

이다. 면도를 한 이마를 많은 사람들이 음탕한 것으로 받아들였으며 1427년 시에나의 성 베르나르디노는 그것이 바로 창녀의 신호라고 설교했다. D.O. Hughes, "Earrings for Circumcision", *Persons in Groups*, ed. R.C.Trexler, Binghamton 1985, p. 168 참조.

3) G. Pallaver, *Das Ende der schamlosen Zeit*, Wien 1987, p. 129.

4) P. Wescher, *Jean Fouquet und seine Zeit*, Basel 1947, p. 105 참조.

5) 어쨌든 H. Habe, *Der Maler und sein Modell*, München 1977, p. 13에서 증거자료를 제시하지 않고 이렇게 주장했다.

6) N. Eilas, *Über den Prozeß der Zivilisation*, Basel 1939, p. 296.

7) 서기 500년경에 수유하는 성모 마리아(Galaktrophusa)의 묘사는 오로지 이집트에만 있었다. 그것이 8세기에 거기서부터 남유럽으로 퍼져갔다. G.A. Wellen, *Theotokos*, Utrecht 1961, p. 164f. 참조. 이 모티프는 바위트와 사카라에서 출토된 콥트의 프레스코화 세 점에서도 그대로 나타나는데, 이 그림들은 아마도 어린 호루스에게 젖을 먹이는 이시스의 전통 선상에 있을 것이다. M. Cramer, *Koptische Buchmalerei*, Recklinghausen 1964, p. 60 참조. 북부 지역에서 12세기 이전에 성모 마리아를 그린 것으로 그 진위 여부가 분명한 것은 없는 듯하다. F.J. Ronig, "Zum theologischen Gehalt des Bildes der stillenden Muttergottes", *Die Gottesmutter*, Bd. I, ed. L.Küppers, Recklinghausen 1974, p. 201 참조.

8) 예컨대 1559년의 얀 메치야스(Jan Metsijs)의 「안트베르펜의 전망과 함께 하고 있는 봄의 여신」(Flora mit einem Ausblick auf Antwerpen) 참조. 후버(R. Huber, *Sexualität und Bewußtsein*, München 1977, p. 54f.)가 '성모 마리아를 그린 화가들이 성모 마리아의 젖가슴에 너무 작은 유두를 그려놓았기 때문에, 그들에 따른다면 많은 어린 예수가 어머니의 가슴에서 가련하게 굶주려야 했을 것이다'라고 말했지만 이는 일반적인 경우가 아니다. 그리고 그랬다 할지라도 후버가 말한 대로 사실적인 젖꼭지가 추하기 때문에 그렇게 그린 게 아니라 특히 발기한 커다란 젖꼭지는 성적 흥분의 상태를 연상시키고 그렇기 때문에 불쾌감을 불러일으킬 수 있기 때문이었다.

9) E. Fuchs, *Die großen Meister der Erotik*, München 1930, p. 59 참조.

10) P. Jezler/E. Jezler/C. Göttler, "Warum ein Bilderstreit? Der Kampf gegen die 'Götzen' in Zürich", *Bilderstreit*, ed. H.-D. Altendorf/P. Jezler, Zürich 1984, p. 87f.에서 재인용. 그런 노출의 묘사를 부도덕한 것으로 간주했던 루터는 이렇게 말했다고 한다. "사람들은 성 베른하르트가 아들 그리스도에게 젖을 주고 있는 성처녀 마리아에게 기도하는 모습을 그렸다. 우리는 그런 그림들을 떼어내야 한다."(P.-K. Schuster, "Abstraktion, Agitation und Einfühlung",

Luther und die Folgen für die Kunst, ed. W.Hofmann, München 1983, p. 254에서 재인용)

11) T. Aschenbrenner, *Die Tridentinischen Bildervorschriften*, Freiburg o.J., p. 82 참조.

12) E. Vavra, 'Überlegungen zum 'Bild der Frau' in der mittelalterlichen Ikonographie', *Frau und spätmittelalterlicher Alltag*, ed. H. Appelt, Wien 1986, p. 292f.에서 재인용.

13) D. Freedberg, *The Power of Images*, Chicago 1989, p. 324 참조.

14) 같은 글, p. 312, 332. 에스파냐 남부에서는 오늘날에도 성처녀에게 사랑의 노래(saetas)가 헌정된다. 그리고 축제행렬 동안에 젊은 남자들은 성처녀에게 자주 에로틱한 칭찬을 하는데 그것은 거리에서 아름다운 여인에게 하는 칭찬의 말(piropos)을 연상시킨다. C. de la Lastra, "Spanien ist katholisch!" *Volksfrömmigkeit*, ed. M.N.Ebertz/F.Schultheis, München 1986, p. 245 참조.

15) 예에 관해서는 P. Schubring, *Cassoni*, Leipzig 1923, 그림828 참조. 현실에서 그런 종류의 행위는 완전히 변태로, 그리고 정숙하지 못한 것으로 간주되었다. 예를 들어 16세기 성 갈렌에서 그랬다. 거기서는 어떤 여자가 "모든 인간의 본성에 반하여 개 두 마리를 그녀의 가슴에 갖다댔으며 개들은 그녀의 젖을 먹고 젖을 빨았다."(C. Moser-Nef, *Die freie Reichsstadt und Republik Sankt Gallen*, Bd. V, Zürich 1951, 332)

16) J. Bousquet, *Malerei des Manierismus*, München 1985, p. 167 참조. 프리드베르크(Freedberg, 앞의 책, P. 360)는 이렇게 말했다. "(같은 주제를 다룬 베함의 그림은 말할 것도 없고) 루벤스의 그림「시몬과 페로」를 보고 단지 도덕적 교훈만을 얻을 수 있을 만큼 그렇게 순수한 심성을 가진 사람이 누가 있겠는가?" 나중에 이 이야기는 롯과 그의 딸에 관한 이야기와 결합되었다. R. Rosenblum, "Caritas Romana After 1760: Some Romantic Lactations", *Woman as Sex Object*, ed. T.B.Hess/L.Nochlin, London 1973, p. 45 참조.

17) 중국, 한국, 일본에서는 실제로 젊은 여자들이 친척 성인 남자에게 젖을 주었다. 그들을 회춘시키기 위하여 혹은 병이 든 경우 치료하기 위해서였다. 도로테아 지흐(Dorothea Sich)가 1987년 3월 25일 나에게 보낸 편지에서 그녀가 한국에 있을 때 몇 명의 여환자들이 이런 이유에서 남자들이 가끔 공공연히 그들의 젖꼭지를 빨았다고 그녀에게 말했다고 적고 있다. "여환자 한 명은 언젠가 나에게 말했어요. 그녀가 남편을 위해 저녁으로 항상 젖 한 사발을 남겨놓아야 했다고요. 다른 환자는 젖이 더 이상 나오지 않자 남편이 화를 냈으며 그래서 다시 임신하기를 원한다고 말했지요." 물론 성인 남자들이 젖꼭지를 빠는 것은

원동(遠東)에서도 수많은 에로틱한 그림의 주제였다. 도교의 교리에 따르면 젖은 성적 흥분의 상태에서 순수한 생명을 보존하는 액으로 '산호 에센스' '눈' 혹은 '영생의 사과즙'이라 불렸으며, 전회를 하는 동안 남자들이 젖꼭지 빠는 것을 좋아했다. N. Douglas/P. Slinger, *Le Livre de l'Oreiller*, Montréal 1984, p. 22 참조.

18) 예컨대 병이 든 헨드리크 골치우스(Hendrick Goltzius)는 이랬다고 한다. "그래서 그는 몇 년 동안 염소젖을 마셨다. 심지어 여성의 가슴을 빨기도 했다. 거기서 그는 회복을 기대했다."(C. van Mander, *Das Leben der niederländischen und deutschen Maler von 1400 bis ac. 1615*, ed. H. Floerke, Worms 1991, p. 336) 1573년 사망한 의사 존 카이우스(John Caius)는 옥스퍼드 카이우스 컬리지의 설립자로 병상에서 이름이 밝혀지지 않은 여자 두 명의 젖을 빨았다. 두 사람은 아주 다른 기질을 가지고 있어서 두 사람의 젖이 서로 맞지 않았다. V.A. Fildes, *Wet Nursing*, Oxford 1988, p. 73f. 참조. 그렇게 빠는 것은 물론 기이한 것으로 느껴졌다. 예에 관해서는 S. Pepys, *The Diary*, Bd. VIII, ed. R. Latham/W. Matthews, London 1974, p. 543 참조. 토스카나의 마지막 대공인 레오폴도 2세는 유약한 체력 때문에 1818년에야, 즉 21세가 되어서야 젖을 끊었고 이어서 작센의 공주와 결혼했다. P. Bargellini, *Florence the Magnificent*, Bd. III, Firenze 1980, p. 299 참조.

19) D. Weinstein/R.M. Bell, *Saints and Society*, Chicago 1982, p. 89f. 참조.

20) 예컨대 장 자크 프랑수아 르 바르비에(Jean-Jacques-François Le Barbier)의 그림을 생각하면 될 것이다. 그의 그림에는 토인 추장의 젊은 아내가 병든 라스 카사스의 기력을 회복시키기 위해 젖을 주고 있다. H. Honour, *The New Golden Land*, London 1976, p. 161 참조.

21) T. Kleinspehn, *Warum sinnd wir so unersättlich?*, Frankfurt/M. 1987, p. 243.

22) 예를 들면 미켈란젤로의 유명한 「아이에게 젖을 먹이고 있는 성모 마리아」 (Madonna che allatta il figlio)가 그렇다. L. Silver, "Figure nude, historie e poesie': Jan Gossaert and the Renaissance Nude in the Netherlands", *Nederlands kunsthistorisch*, Jaarboek 1986, p. 26ff.; H. Schmidt, "Neue Nachrichten über Werke des Malers Jürgen Ovens", *Die Heimat*, 1928, p. 268; M.F. Durantini, *The Child in Seventeenth-Century Dutch Painting*, Ann Arbor 1983, p. 22; L.D. Cheney, "Barbara Longhi of Ravenna", *Woman's Art Journal*, Spring 1988, p. 20; F.W.H. Hollstein, *Dutch and Flemish Etchings, Engraving and Woodcuts, ca. 1450~700*, Bd. I, Amsterdam 1949, p. 145f; .- Bd. III, 1950, p. 6; A. Turchini,

Pittura ʹpopulareʹ : Ex voto dipinti Bergamasca, Bergamo 1983, p. 181, 193; K.G. Boon, *Dutch and Flemish Etchings, Engravings and Woodcuts, ca. 1450~1700*, Bd. XVII, Amsterdam 1976, p. 111, 155; -Bd. XXII, 1980, p. 191, 193, 235; A.M. Pachinger, *Die Mutterschaft in der Malerei und Graphik*, München 1906, p. 160; L. Birchler/O. Karrer, *Maria*, Zürich 1941, Tf. 77 & 89; R. Pallucchini, *Die venezianische Malerei des 18. Jahrhunderts*, München 1961, 그림343; F.J. Ronig, "Zum theologischen Gehalt des Bildes der stillenden Muttergottes", *Die Gottesmutter*, Bd. I, ed. L.Küppers, *Recklinghausen*, 1974, 그림374f.; F.v. Zglinicki, *Geburt*, Braunschweig 1983, p. 276ff; U. Schmitt-Lieb, "Marienbilder aus Slowenien", *Maria-mater fidelium*, ed. W.Schmitt-Lieb, Kevelaer 1987, p. 390; B.Schwering, *Gelobt seist du, Maria*, Freiburg 1987, Tf. 32; D. Alexander, *The German Single-Leaf Woodcut 1600~1700*, Bd. I, New York 1977, S. 151; -Bd. II, 1977a, p. 475; W. Brückner, *Populäre Druckgraphik Europas : Deutschland vom 15. bis zum 20. Jahrhundert*, München 1969, Tf. 78 역시 참조.

23) Vloberg, 앞의 책, p. 77; J. Schewe, *Unserer lieben Frauen Kindbett*, Kiel 1958, p. 63 참조.

24) 그것이 물론 아무도 그런 그림에 흥분하지 않음을 의미하지는 않는다. 그래서 예를 들면 1676년 교황은 유명한 화가인 카를로 마라토(Carlo Maratto)에게 17세기 초에 귀도 레니(Guido Reni)가 그린 성처녀의 너무 풍만하게 노출된 가슴을 수정하라고 위임했다. J. Clapp, Art Censorship, München 1972, p. 88 참조. 17세기에 청교도들 역시 가톨릭교의 관대하게 젖을 먹이는 성모 마리아를 비난했다. R.H. Bloch, "Untangling the Roots of Modern Sex Roles", *Signs*, 1978, p. 239; M. Warner, *Alone of All Her Sex*, London 1976, p. 203 참조.

25) F. Borin, "Arrêt sur image", *Histoire des femmes en Occident*, Bd. III, ed. N.Z. Davis/A. Farge, Paris 1991, p. 219; C. Joannis, ʹPetits métiers et Cris de Parisʺ, *Costume, coutume*, ed. J.Cuisenier, Paris 1987, p. 69; M.-C. Hoock-Demarle, *Die Frauen der Goethezeit*, München 1990, p. 99; J. Bruyn, "Mittelalterliche ʹdoctrina exemplarisʹ und Allegorie des sog. Genrebildes", *Holländische Genremalerei im 17. Jahrhundert*, ed. H.Bock/T.W.Gaehtgens, Berlin 1987, p. 36; T. Döring, "Jan van Bijlert und die Ikonographie von Karneval und Fasten", *Holländische Genremalerei im 17. Jahrhundert*, ed. H.Bock/T.W.Gaethgens, Berlin

1987, p. 80; H. Olbrich/H. Möbius, *Holländische Malerei des 17.* *Jahrhunderts*, Leipzig 1990, p. 153; G. Kocher, *Zeichen und Symbole des Rechts*, München 1992, p. 160; J. -P. Goubert, *Du luxe au confort*, Alencon 1988, Tf. 1; C. Duncan, "Happy Mothers and Other New Ideas in French Art", *Art Bulletin*, 1973; J. Gélis, "L'individualisation de l'enfant", *Histoire de la vie privée*, Bd. III ed. P. Ariès/G.Duby, Paris 1986, p. 32o 참조.

26) R.R. Brettell/C.B. Brettell, *Bäuerliches Leben*, Genf 1984, p. 58, 120; B. Laughton, *The Drawings of Daumier and Millet*, New Haven 1991, p. 65, 105f.; C. Yeldham, *Women Artists in Nineteenth-Century France and England*, Bd. IV, New York 1984, 그림91·89; A. Burguière, *Paysages et paysans*, Paris 1991, p. 116, 122; M. Jacobus, "Incorruptible Milk: Breast-feeding and the French Revolution", *Rebel Daughters*, ed. S.E.Melzer/L.W.Rabine, Oxford 1992, p. 56f.; D. Rosenfeld, "Discoveries at the Rhode Island School of Design Museum", *Sculpture Review*, Summer 1994, p. 15 참조.

27) L. Nead, *Myths of Sexuality*, Oxford 1988, p. 27 및 F. Faÿ-Sallois, *Les nourrices à Paris au XIX siècle*, Paris 1980, p. 146f. 참조. M. Mauvieux, *Marry Cassatt*, Paris 1988, p. 39; V. Birke, *Josef Danhauser* (*1805~1845*), Wien 1983, p. 76; M.-T. Duflot-Priot/Y.-E. Broutin, "De quelques fonctions du costume", *Costume, coutume*, ed. J.Cuisenier, Paris 1987, p. 176; T. Garb, "Renoir and the Natural Woman", *Oxford Art Journal* 2, 1985, p. 12f.; H. York/B.L. Schlossman, "She Shall Be Called Woman", *Woman's Art Journal*, Winter 1982, p. 40; D. Spiess, *Le peintre et l'enfant*, Lausanne 1990, p. 19, 85 역시 참조.

28) L. Davidoff/C. Hall, *Family Fortunes: Men and Women of the English Middle Class, 1780~1850*, Chicago 1987, p. 339, 405 참조.

29) D. Kift, *Arbeiterkultur im gesellschaftlichen Konflikt*, Essen 1991, p. 82 참조. 오늘날 프롤레타리아 계급의 어머니들은 다르다. M.-L. Plessen/ P.v. Zahn, *Zwei Jahrtausende Kindheit*, Köln 1979, p. 116 참조.

30) P. Horn, *Ladies of the Manor*, Phoenix Mill 1991, p. 104. 이탈리아에서는 백작부인이 그렇게 했더라도 아마 거의 주목을 끌지 못했을 것이다. 많은 이탈리아 여자들이 대중의 면전에서 젖을 먹이기 때문이다. 그리고 젖을 먹일 때 그들은 물론 (하인리히 뷔르켈[Heinrich Bürkel]과 같은 풍속화가를 신뢰할 수 있다면) 꼭꼭 돌아앉았다. H. P. Bühler/A. Krückl, *Heinrich Bürkel*,

München 1989, p. 135 참조. 미하엘 엔데는 로마에서 1970년대 초 이후로 낯선 사람들 앞에서 아이에게 젖을 물리는 여자를 한번도 본 적이 없다고 나에게 편지(1986년 4월 23일자)를 보내왔다. 그리고 토만 하우실트(Thoman Hauschild)는 남이탈리아에서 사례수집을 하는 동안 이런 경우를 절대 본 적이 없다고 나에게 전해왔다(1986년 2월 27일의 편지). 물론 얼마 전에 한 폴리아 농부는 주민이 대부분 그리스인인 마을에서는 공개적인 수유가 오늘날에도 관습이라고 말했다.

31) 그런 유아는 예를 들면 13세기 중반 에임즈베리 시편 찬송가집의 삽화에서 볼 수 있다. 1572년의 스킵톤 성의 재산목록에는 (물론 훨씬 오래된 목록을 옮겨 적은 것이지만) 이렇게 적혀 있다. "다마스크 천으로 된 검은색 수유복 하나." 그것은 아마도 엘리너 브랜든(Eleanor Brandon)이라는 숙녀의 것이었던 것으로 보인다. P. Cunnington/C. Lucas, *Costume for Births, Marriages Deaths*, London 1972, Pl. 1 2, p. 20 참조. 사람들은 어쨌든 여자들이 아이를 가슴 위 왼팔에 안고 있으면 정숙한 자세로 젖을 먹일 수 있기에 의복 왼쪽을 단추로 잠그게 되어 있다고 주장했다. R. Broby-Johansen, *Body and Clothes*, London 1968, p. 131 참조.

32) R. Pearsall, *The Worm in the Bud*, Toronto 1969, p. 117에서 재인용. 수유 단추는 1796년 제임스 길레이(James Gillray, 1756~1815)의 유명한 풍자화 「최신유행의 어머니」(A Fashionable Mama)에서 볼 수 있다. 물론 여기서는 자주 주장되어왔던 것처럼 실제로 착용한 의복을 그린 것이 아니다. 오히려 길레이는 약간 높게 붙어 있는, 당시 유행하던 여성복의 주머니 단추를 어떻게 유용하게 만들 수 있을까 하는 풍자적인 제안을 한 것이다. T. Wright, *Caricature History of the Georges*, London 1868, p. 540 참조.

33) R.W. Wertz/D.C. Wertz, *Lying-In: A History of Childbirth in America*, New Haven 1989, p. 148.

34) T.G.H. Drake, "American Infant Feeding Bottles, 1841 to 1946, as Disclosed by United States Patent Specifications", *Journal of the History of Medicine* 1948, p. 517에서 재인용.

35) 특히 미국 동부에 거주하는 여자들은 제3자 앞에서 가슴을 노출하는 것을 부끄러워하기 때문에 젖을 먹이지 않는다고 그 이유를 들었다. S. Fischer, *Orgasmus*, Stuttgart 1976, p. 154; N. Newton, "Breasst Feeding", *Psychology Today*, June 1968, p. 34; K. Tilli, "Stillfrequenz, Stilldauer und Abstillgründe", *psychosozial* 2, 1991, p. 62; J.S. Victor, *Human Sexuality*, Englewood Cliffs 1980, p. 124; S. Fisher, *Orgasmus*, Stuttgart 1976, p. 154; N. Newton, "Breasst Feeding", *Psychology Today*, June

1968, p. 34; K. Tilli, "Stillfrequenz, Stilldauer und Abstillgründe", *psychosozial* 2, 1991, p. 62; J.S. Victor, *Human Sexuality*, Englewood Cliffs 1980, p. 124 참조. 오늘날도 미국의 몇몇 주에서는 대중의 면전에서 젖을 먹이는 여자가 '정숙하지 못한 노출' 때문에 혹평을 받을 수도 있다. Weser-Kurier, 1994, 3. 14.; B.B. Harrell, "Lactation and Menstruation in Cultural Perspective", *American Anthropologist*, 1981, p. 807. 널리 퍼진 미국의 예법서인 『아주 올바른 행동에 대한 예절 양의 가이드』(*Miss Manners' Guide to Excruciatingly Correct Behavior*)의 저자는 '자연스러운 것은 부끄러운 것이 아니다'(naturalia non turpia)고 옹호하는 견해에 맞서, 젖먹이는 것은 실제로 자연스럽지만 주지하다시피 자연스런 것이 모두 대중의 면전에서 행하기에 적합한 것은 아니라고 말했다. J. Martin, *Miss Manner's Guide to Excruciatingly Correct Behavior*, New York 1983, p. 43 참조. 1970년대 말에 한 미국 여류 작가는 우선 임상과 사적인 영역에서 사용할 수 있는 '젖가슴을 완전히 노출시킬 수 있는 호크가 달린 수유 브래지어'를 추천했다. 그러나 다른 장소에서는 "호크와 작은 고리가 달린 브래지어가 정말 불편하다는 생각을 하게 될 것이다. 왜냐하면 그것으로 사람들이 많이 모이는 장소에서 눈에 띄지 않게 간단히 수유하기는 힘들기 때문이다. 많은 여자들은 그래서 개폐식 뚜껑이 달린 브래지어를 선호한다. 이 브래지어는 흉곽만 노출시킬 수 있다. 좋은 결체조직과 작은 가슴을 가진 여자들은 얼마간의 시간이 지난 후 신축성있는 일반 브래지어를 착용하게 된다. 젖을 먹일 때면 브래지어 컵을 그냥 가슴 아래로 내리기만 하면 된다." 그런 과정을 조신하게 하면 어느 누구도 그것을 눈치 채지 못할 것이다. 그러나 예를 들어 가슴이 파인 여름옷을 입었을 경우 노출을 피할 수 없다면 '어깨와 아이, 가슴 위에 수건'을 올려놓으면 된다. '원래' 수유는 '그런 자연스런 과정이다. 대중의 면전에서 아이를 안는 것이 당연하듯.' 저자는 수유하는 동안 다른 사람들로부터 몸을 돌리라고 어머니들에게 조심스럽게 권한다. 물론 아이가 짭짭거리면서 젖을 빨 경우 다소 곤혹스러울 수 있다. H. Lothrop, *Das Stillbuch*, München 1983, p. 148ff., 188 참조. S. Brunn/E. Schmidt, *Die Kunst des Stillens*, Altendorf 1979, p. 121도 비슷한 의견이다. 얼마 전에 영국에서 실시된 설문조사 결과 많은 남자들이 공공연한 수유를 불쾌한 것으로 느끼며 젖을 먹이는 당사자들이 '노출증이라는 곤혹스런 경향'을 보여준다고 생각했다. 특히 15세에서 24세까지의 젊은이들은 그런 모습이 '역겹다'고 했다. *Rundbrief der Arbeitsgemeinschaft freier Stillgruppen* 5, 1994 참조(이런 출판물을 알려준 이네스 알브레히트 엥겔에게 감사한다). N. Newton, "Interrelationship Between Sexual Responsiveness, Birth, and Breast Feeding", *Contemporary Sexual Behavior*, ed. J.Zubin/

J.Money, Baltimore 1973, p. 84 역시 참조.

36) T. Capote, *Ein Kindheit in Alabama*, ed. M. Moates, Reinbek 1993, p. 216.

37) G. Flaubert, "Mémoires d'un fou", *Œuvres complètes*, Paris 1973, p. 493. 1915년에 한 프랑스 여자는 버스 안에서 소리를 지르는 아이에게 젖을 물리려고 했다. 아이가 젖꼭지를 입에 무는 것을 거부하자 엄마는 아이를 협박했다. 맞은편에 앉아 있는 남자에게 젖을 주겠다고. 그러자 이 남자는 이렇게 말했다. "내가 그렇게 영양부족으로 보입니까?" M. Messenger, *Stillen*, Ravensburg 1987, p. 16 참조.

38) 그는 계속 말했다. "리드링엔과 테트낭에서도 많은 사람들이 젖을 먹이는 일을 추잡한 짓, 집시 여자들이나 하는 짓으로 보고 있다는 사실이 보고되고 있다. 젖을 먹이면 사람들의 비웃음을 사게 될 것이다."(W. Kaschuba/C. Lipp, *Dörfliches Überleben*, Tübingen 1982, p. 563에서 재인용)

39) R. J. Pucher, "Ich spürte, daß ich ein Fremder war, ein angenommener Bue", *Knechte*, ed. N. Ortmayr, Wien 1992, p. 111. 니더바이에른 지방에서 아이들은 전혀 벌거벗은 여성의 젖가슴을 본 적이 없는 것처럼 보인다. 그래서 어느 촌부는 어느 날 상체에서 이상한 혹을 발견하고서 이렇게 말했다. "나는 매우 놀랐다. 그러나 사람들의 조롱거리가 될까봐 물을 수도 없었다. 혹은 점점 커졌다. 내 몸이 자라면서 그것도 벌써 많이 커졌다. 나는 매우 불안했다. 나는 그것을 납작하게 만들었다. 그것은 아주 부드러웠다. 나는 그 안에 공기가 들어 있다고 생각했다. 그래서 바느질함으로 가서 가는 바늘을 꺼내 공기가 빠져나오도록 그것을 찔렀다."(A. Wimschneider, *Herbstmilch*, München 1987, p. 48) 폴란드의 마을에서 아내는 보통 남편 앞에서도 가슴을 벗지 않았다. 말하자면 젖을 먹일 때만 예외였다. S. Benet, *Song, Dance, and Customs of Peasant Poland*, New York 1951, p. 175, 214 참조.

40) H.P. Bleuel, *Das saubere Reich*, Bern 1972, p. 71에서 재인용.

41) 1910년에 프랑크푸르트 시민들은 그런 그림에 격분했다. 상인들은 '혐오감이 드는' 플래카드 거는 것을 거부했다. 그리고 젖먹이 양육을 위해 돈을 모았던 여자들은 이런 '정숙하지 못한' 어머니가 그려진 엽서 구입을 거부했다. V. Schmidt-Linsenhoff, *Frauenalltag und Frauenbewegung 1890~1980*, Frankfurt/M. 1981, p. 23 참조.

42) S. Graham-Brown, *Images of Women: The Portrayal of Women in Photographies of the Middle East 1860~1950*, London 1988, p. 106f. 참조.

43) Tawfiq Dawani: 1986년 10월 27일의 구두 전달.

44) Vincent Crapanzano: 1986년 9월 22일자 편지

45) H. Ammar, *Growing Up in an Egyptian Village*, London 1954, p. 100 참
조. A.B. Rugh, *Reveal and Conceal: Dress in Egypt*, Syracuse 1986, p.
142f.에 의하면 오늘날 이집트에서는 하층민 여자들만이 대중의 면전에서 젖을
먹인다. 에리카 프리들 뢰플러(Erika Friedl-Löffler)가 (1986년 11월 4일자 편
지에서) 나에게 알려주었던 대로 서부 이란의 자그로스 산맥의 여자들은 공공
연하게 젖을 먹인다. 하지만 차도르가 젖먹이의 머리 전체를 덮도록 가슴 위를
차도르로 가린다. M.M.J. Fischer, "On Changing the Concept and Position
of Persian Women", *Women in the Muslim World*, ed. L.Beck/N.Keddie,
Cambridge 1978, p. 208에서는 이런 것이 페르시아 전체에서 아주 일상적이
라고 했다. 반면 H. Massé, *Croyances et coutumes persanes*, Bd. I, Paris
1938, p. 49는 페르시아 여자들이 수치심 때문에 가족권 내에서조차 젖을 먹이
지 않는다고 썼다. 추측컨대 그는 대도시의 여자들을 말한 것 같다.

46) 베나레스 지역에서 여자들은 웃옷을 입지 않고 가슴 위에 사리만 걸친다. 그러
나 젖을 먹이는 동안 여자들은 매우 부끄러워한다. 전에 보팔에서는 남자들 앞
에서 수유하는 것이 일반적인 것은 아니었던 듯하다. 그리고 1970년대에 노인
들은 그러는 젊은 여자들의 '뻔뻔스러움'에 흥분했다. 한 중년 부인이 말했다.
"나는 집에서 아이에게 젖을 먹였다. 절대 남편 외에 다른 남자들 앞에서 그런
적은 없다. 그리고 나는 다른 여자가 젖을 먹일 경우 알아서 피했다." D.A.
Jacobson, *Hidden Faces*, Ann Arbor 1980, p. 160 참조. S. Fuchs, *The
Children of Hari*, Wien 1950, p. 336(니마르 발라히) 역시 참조. 북인도 마
을에서 여자들은 대부분 사리 밑에 아이의 머리를 집어넣는다(Detlef Kanto-
wsky: 1986년 8월 30일자 편지).

47) 하우자와 풀베의 여자들은 예전에 수유할 때 심지어 남편 앞에서도 부끄러워했
다. A.J.N. Tremearne, "Notes on the Kagoro and Other Nigerian Head-
Hunters", *Journal of the Royal Anthropological Institute*, 1912, p. 164 참
조. 몽골에서는 시아버지가 있을 경우 젖을 먹이기 위해 가슴을 노출해서는 안
된다. R. Hamayon/N. Bassanoff, "De la difficulté d'être une belle-fille",
Études mongoles, 1973, p. 50 참조.

48) 예를 들면 나바호족의 경우(W. Dyk, "Notes and Illustrations of Navaho
Sex Behavior", *Psychoanalysis Culture*, ed. G.B. Wilbur/W. Münsterberger,
New York 1951, p. 109 참조) 혹은 샤이엔족(Tsistsistas의 여성 정보 제공자
들, 1982년 6월)의 경우가 그렇다. 일찍부터 샤이엔족 여자들, 특히 젊은 처녀
들은(T. Gladwin, "Personality Structure in the Plains", *Anthropological
Quarterly*, 1957, p. 116 참조) 남자들 앞에서 가슴을 노출하는 것을 부끄러워
했다. 출산 오두막 의식을 하는 동안만은 예외인 듯하다. H.P. Duerr, *Sedna*

oder Die Liebe zum Leben, Frankfurt/M. 1984, p. 24 참조. 프리데리케 자이텔(Friderike Seithel)은 나에게 1987년 5월 2일자 편지에서 자신은 전에 젖을 먹이는 샤이엔족 여자를 본 기억이 전혀 없으며 아주 밀착된 공동생활에서도 여자는 절대 상체를 노출시키지 않는다고 전해주었다. 카를 슐레지어(Karl Schlesier)는 (1987년 2월 13일자 편지에서) 샤이엔족 여자는 아버지나 남자 형제, 더군다나 낯선 남자 앞에서는 아이에게 젖을 먹이기 위해 절대 가슴을 벗지 않을 거라고 말했다. 아마 남편이 있는 자리에서 젖을 먹일 것이다. 그러나 그것 역시 확실하지 않다. 윌리엄 파워스(William K. Powers)는 나에게 이에 이의를 제기하면서(1987년 3월 4일자 편지에서) 오글라라의 여자들은 1950년대와, 그리고 1980년대에도 대중의 면전에서 젖을 먹였다고 이의를 제기하며 그러나 그런 경우에 물론 절대 가슴을 노출시키지 않고 아이의 머리를 블라우스 밑으로 집어넣었다고 말했다. 키카푸족 여자들 역시 넓은 웃옷으로 가리고 아주 정숙하게, 아무도 눈치채지 못하도록 젖을 먹였다. F. A. Latorre/D.L. Latorre, *The Mexican Kickapoo Indians*, Austin 1976, p. 182 참조. R. Littlewood, *Pathology and Identity: The Work of Mother Earth in Trinidad*, Cambridge 1983, p. 169 역시 참조(트리니다드).

49) E. Pechuel-Loesche, "Indiscretes aus Loango", *Zeitschrift für Ethnologie*, 1878, p. 31 참조. 그는 바피오테족 여자들은 틀림없이 짓궂은 시선에 대한 두려움에서가 아니라 수치심에서 그랬을 거라고 강조하여 언급했다. 다른 사회에서는 후자가 그런 행동의 원인이었다. 예를 들어 빅토리아 호수 동쪽의 난디족 여자들이 과거에 가슴이 입체적으로 드러나는 유럽식 면 의복을 착용할 경우 두꺼운 수건으로 가슴 주위를 둘렀다. 자신을 시샘하는 추한 가슴을 가진 여자들의 사악한 시선에서 스스로를 보호하기 위해서이다. F. Bryk, *Neger-Eros*, Berlin 1928, p. 4 참조. 상아해안의 아그니보나족과 아브론족의 경우 임신한 여자들은 가슴을 마녀(mbayefwe)에게서 보호하기 위해 집을 나서자마자 가슴을 가린다. E. Cerulli, "An-, Ent- und Verkleiden: wie, wann und weshalb", *Paideuma*, 1978, p. 69f., 73 참조. 편자브에서, 그리고 샤가족, 반조로족(바키타라), 보라나족의 경우 젖을 먹이는 여자들은 젖이 마르지 않도록 가슴을 가린다. S.N. Dar, *Costumes of India and Pakistan*, Bombay 1969, p. 135: O.F. Raum, *Chaga Childhood*, London 1940, p. 111; J. Roscoe, *The Bakitara or Banyoro*, Cambridge 1923, p. 240; E. Haberland, *Galla Süd-Äthiopiens*, Stuttgart 1963, p. 48 참조. 고대 스웨덴에서 몰래 간통을 한 여자(lönhore)가 젖을 먹이는 여자의 벗은 가슴을 보면 젖을 먹이는 여자와 젖먹이 아이는 병이 걸린다. H.F. Feilberg, "Der böse Blick in nordischer Überlieferung", *Zeitschrift des Vereins für Volkskunde*,

1901, p. 312; F. Eckstein, "Verhüllen", *Handwörterbuch des deutschen Aberglaubens*, Bd. VIII, ed. H. Bächtold-Stäubli, Berlin 1937, Sp. 1598 참조. 이탈리아 남부에는 특히 젖이 넘쳐흐르는 탱탱한 젖가슴을 가진 여자들이 있었다. 이들은 사람들의 시선에서 가슴을 보호하거나 혹은 질투심에서 자신의 젖을 훔칠 수 있는 이웃여자나 다른 여자가 가슴을 건드리지 못하게 하려고 애를 썼다. 예를 들어 콜로브라로에서는 한 여자가 아이를 팔에 안았다가 되돌려 주면서 아이 엄마의 가슴을 건드리면 그 젖을 마르게 할 수 있다고 생각했다. 실제로 젖이 너무 적게 나오는 여자들은 좋은 유선을 가진 이웃여자의 젖을 '마술적으로' 받아내려고 했던 경우도 있는 것으로 보인다. 좋은 유선을 가진 여자들 중의 누군가가 이런 일을 당한 것을 알게 되면 그녀는 젖을 도둑질한 여자 앞에 선다. 그리고 두 사람은 바로 가슴을 노출하고 젖을 짜낸다. 그리고 서 젖을 도둑질당한 여자는 마술이 취소될 수 있도록 이렇게 말한다. "너의 것을 원하지도 않으며, 나의 것을 너에게 주지 않겠다." E. de Martino, *Sud e magia*, Milano 1976, p. 42f.; –, *Katholizismus, Magie, Aufklärung*, München 1982, p. 63f. 참조.

12. '몸매 손상'에 대한 두려움과 고딕식 S라인

1) 예를 들면 중세 후기의 뉘른베르크에서도 그랬다. 거기서는 우선 부유한 상류 층에서 유모를 고용했다고 한다.(M. Beer, *Eltern und Kinder des späten Mittelalters in ihren Briefen*, Nürnberg 1990, p. 246f. 참조) 또는 근세 초 기의 쾰른에서 그랬다.(R. Jütte, Ärzte, *Heiler und Patienten*, München 1991, p. 61 참조) 일반적인 것은 M.L. King, "Die Frau", *Der Mensch der Renaissance*, ed. E.Garin, Frankfurt/M. 1990, p. 287 참조.

2) 유복한 피렌체 부인들은 대부분 유모를 고용했다. 클라피슈 추버(C. Klapisch-Zuber, *La maison et le nom*, Paris 1990, p. 286)는 이런 부인들에게 힘들고 긴 수유를 면하게 해준다면 이들이 오히려 수많은 아이를 낳을 수 있으며 능력 도 있다고 말했다. 가난한 여자들이 유모를 고용할 경우 대부분 다른 이유에서 이다. 그래서 1779년 리옹 경찰서장인 프로스트 르 루아예(Prost le Royer)는 어떻게 '이미 많은 가족을 먹이고 옷을 입히고 돌봐야 할 부담을 지고 있는 여 자, 그리고 그녀 자신이 살아남기 위해서 일해야 하는 여자'가 젖먹이에게 또 젖을 먹일 수 있는지 수사학적인 질문을 제기했다. N. Senior, "Aspects of Infant Feeding in Eighteenth-Century France", *Eighteenth-Century Studies*, 1982, p. 372 참조. 영국에서 청교도인들의 직접 수유에 대한 요구는

강한 반(反)귀족적 요소를 지닌다.

3) M.L. King, "Die Frau", *Der Mensch der Renaissance*, ed. E. Garin, Frankfurt/M. 1990, p. 287; E. Koch, *Maior dignitas est in sexu virili*, Frankfurt/M. 1991, p. 62f.; L.M. Paterson, *The World of the Troubadours*, Cambridge 1993, p. 305 참조.

4) 1766년에 라로셸의 능력있는 가문 출신의 몇몇 여자들이 자녀들이 많이 죽자 자녀를 더 이상 유모에게 맡기지 않고 직접, 그것도 대중의 면전에서 젖을 먹이 자 사람들은 이를 혐오스럽게 여겼다. E. Shorter, *Die Geburt der modernen Familie*, Reinbek 1977, p. 211 참조. 6년 전에 직접 수유 실천 옹호자인 데제사르(Desessarts)는 '광기가 있다고 비난받는 것을 부끄러워하지 않는 것'도 하나의 현상임을 잘 알고 있다고 말했다.(Senior, 앞의 책, p. 379f.) 그것은 물론 특정 사회에만 통용되었던 것이 아니다. 그리고 그 특정 사회에서조차 항상 그랬던 것은 아니다. 왜냐하면 1608년에 태어난 폴 뵈리에(Paul Beurrier)는 예를 들면 그의 어머니가 '자녀들을 그리도 다정하게 사랑했으며 스스로 자녀들의 유모이고 싶어했다'고 썼다.(R. Muchembled, *L'invention de l'homme moderne*, Paris 1988, p. 347에서 재인용)

5) 1627년에 토머스 고드프리(Thomas Godfrey)는 그의 열세번째 아이에 관해 이렇게 언급했다. "나의 아내가 젖을 먹이는 이 아이는 그녀가 젖꼭지를 물린 첫번째 아이이다." 그 시기에 영국에서 직접 수유는 적어도 낮은 귀족(Gentry) 계급에서는 당연한 것이 아니었음을, 아마도 벤저민 브랜드(Benjamin Brand)가 1636년 그의 묘비명에 새겨넣은 내용으로 알 수 있다. 즉 그의 아내는 그에게 열두 명의 아이를 선물했는데 아내가 그들 모두를 '남한테서 빌리지 않은 젖'으로 키웠다고 한다. D. M. Palliser, *The Age of Elizabeth*, London 1983, p. 44 참조. 물론 이를 통해 이러한 범주의 사회에서도 직접 수유는 자부심을 느낄 수 있는 것이었음이 명백해진다. 그래서 프랜스 해턴(Frances Hatton)은 딸을 출산한 지 3주 후에 남편에게 이렇게 썼다. "내가 정말로 희망하는 것 두 가지가 있어요. 첫번째는 아기에게 내 젖을 직접 먹이는 것인데 젖꼭지가 너무 아파서 어떻게 할 수가 없어요. 너무 속이 상해서 기분이 다시 좋아질지 모르겠어요. 하지만 다시 아이를 갖게 되면 그때 다시 노력해볼 거예요."(L. Pollock, *A Lasting Relationship: Parents and Children Over Three Centuries*, London 1986, p. 64f.에서 재인용) 17세기 유럽대륙의 많은 지역에서도 심지어 귀족 부인들까지 자녀에게 직접 젖을 먹였다. 그래서 예를 들면 프랜치스카 슬라바타(Franziska Slavata) 백작부인은 어느 편지에서 자신이 "다른 귀족 어머니들의 일반적인 관습에 따라/낯선 유모를 구하지 않고/그녀 자신의 젖으로 키웠다"고 썼다.(Bastl, "Adeliger Lebenslauf", *Adel im Wandel*, ed.

H.Knittler et al., Wien 1990, p. 382에서 재인용) 이미 언급했던 것처럼 남부 독일의 어떤 지역에서는 그렇지 않았다. 그곳에서는 오래전부터 수유 자체는 '예절에 어긋나는' 것이라는 '생각이 강하게 뿌리박혔'다.(G. Schreiber, *Mutter und Kind in der Kultur der Kirche*, Freiburg 1918, p. 121, 143 참조) 그래서 1773년 의사인 에들러 폰 레벨링(Edler von Leveling)은 잉골슈타트의 여자 주민들 중에서 직접 수유를 하는 사람이 '아마 40명 중에 거의 한 명도 안 될' 거라고 비난했다. Namgung, *Ingolstädter Bürgerleben in der zweiten Hälfte des 18. Jahrhunderts*, Ingolstadt 1974, p. 44 참조. 19세기 말 이 지역에서도 부분적으로는 변화가 있었던 것으로 보인다. 슈바벤의 한 농부는 어머니들이 '거리에서 풀어헤치고 다니는데, 그건 아주 자연스런 일이었다'고 회상하고 있기 때문이다.(S. Mutschler, *Ländliche Kindheit in Lebenserinnerungen*, Tübingen 1985, p. 55 참조)

6) M.F. Durantini, *The Child in Seventeenth-Century Dutch Painting*, Ann Arbor 1983, p. 18에서 재인용. 17세기 말까지 네덜란드의 모든 계급의 여자들은 일반적으로 아이들에게 직접 젖을 먹였다. 18세기 후반의 '자연스러운 것'에 대한 과대평가는 '직접 수유 추진'으로까지 이어졌다. 그것은 모든 여자는 자녀에게 자신의 젖을 먹일 의무가 있다는 1794년 일반 프로이센 주법 규정에서 그 절정에 이르렀다. M. Borkowsky, *Krankheit Schwangerschaft?*, Zürich 1988, p. 172 참조. 18세기 북아메리카의 부인들은 일반적으로 직접 젖을 먹였다. 그리고 남미 여자들이 흑인 유모를 고용했다는 어떤 증거도 보이지 않는다. 그 시기에 넬리 쿠스티스 루이스(Nelly Custis Lewis)가 여자친구에게 '젖먹이는 것보다 더 큰 즐거움을' 알지 못한다고 한 말은 아주 전형적인 것이다. M. B. Norton, *Liberty's Daughters*, Boston 1980. p. 90f. 참조.

7) V.A. Fildes, *Breasts, Bottles and Babies*, Edinburgh 1986, p. 102에서 재인용.

8) M. Borkowsky, "Medizinhistorische Betrachtungen zu Schwangerschaft, Geburt, Wochenbett und Stillzeit", *Der Weg ins Leben*, ed. G. Kroeber-Wolf, Frankfurt/M. 1990, p. 54 참조.

9) L.M. Paterson, 앞의 책, p. 228; E. van de Walle, "Motivations and Technology in the Decline of French Fertility", *Family and Sexuality in French History*, ed. R.Weaton/T.K.Hareven, Philadelphia 1980, p. 163 참조. 추측컨대 이미 고전주의 이전의 그리스에서 귀족 부인들은 그렇기 때문에 다른 사람의 젖을 빌렸다. 또 다른 이유는 그들이 수유를 가치 없으며 다른 일과 대치할 수 있는 것으로 느꼈기 때문이다. R. Garland, *The Greek Way of Life From Conception to Old Age*, London 1990, p. 113f. 참조.

10) B.H.E. Niestroj, "Moderne Individualität und gesellschaftliche Isolierung von Mutter und Kind", *Feministische Studien*, 1985, p. 40에서 재인용.

11) M. Bauer, *Deutscher Frauenspiegel*, München 1917, p. 290에서 재인용.

12) J. Gélis/M. Laget/M.-F. Morel, *Entrer dans la vie*, Paris 1978, p. 160 참조. 더 자세한 것은 S.F.M. Grieco, "Breastfeeding, Wet Nursing and Infant Mortality in Europe(1400~1800)", *Historical Perspectives on Breastfeeding*, ed. S.Grieco/C.A.Corsini, Firenze 1991, p. 18; G. Vigarello, "Le sein doit-il être beau?", *Communications* 60, 1995, p. 89 참조.

13) 많은 부인들이 배가 너무 나오지 않도록 하기 위해 배 주위에 복대를 맸다. J. Gélis, *La sage-femme ou le médecin*, Paris 1988, p. 474f., 542 참조.

14) R. Mandrou, *Introduction to Modern France 1500~1640*, London 1975, p. 60 참조.

15) D. Weinstein/R.N. Bell, *Saint and Society*, Chicago 1982, p. 91 참조.

16) W.M. Fues, "Amme oder Muttermilch? Der Disput um das Stillen in der fr?hen deutschen Aufklärung", *Aufklärung*, 1990, p. 96 참조. 아일랜드 섬인 이니스 비그에서 수유는 일반적인 것이 아니었다. 왜냐하면 그것은 순결한 아이와 '성적' 육체 부위와의 결합을 의미하기 때문이다. 전희를 할 때도 가슴은 수치심 때문에 건드리지 않았던 것으로 보인다. 남자는 거칠게 여자의 엉덩이를 주무르기만 했다. J.C. Messenger, "Sex and Repression in an Irish Folk Community", *Human Sexual Behavior*, ed. D.S. Marshall/R.C. Suggs, New York 1971, p. 29 참조. 아일랜드의 수유에 대한 수치심에 관해서는 S. Kitzinger, Alles über das Stillen, München 1983, p. 237f. 역시 참조.

17) Fues, 앞의 글, p. 96에서 재인용.

18) C.G. Salzmann, *Moralisches Elementarbuch*, Leipzig 1785, p. XVII.

19) K. Tilli, "Stillfrequenz, Stilldauer und Abstoöögründe", *Psychosozial* 2, 1991, p. 55에서 재인용.

20) 물론 많은 여자들이 젖을 먹이려 하지 않는 데는 다른 이유들도 있었다. 예를 들면 1579년 출간된 『아주 건강하게 육체와 영혼을 보존하는 방법과 학문, 지혜 그리고 가톨릭교』(*The Arte and Science od preseruing Bodie and Soule in all healthe, Wisedome, and Catholike Religion*)의 저자는 많은 영국 여자들이 자녀들을 '자신의 부드러운 가슴'으로 양육하지 않는 것은 '게으름, 우아함 혹은 자유분방함'에 그 책임이 있다고 말했다.(B.M. Berry, "The First English Pediatricians and Tudor Ideas Toward Childhood", *Journal of the History of Ideas*, 1974, p. 576) 그리고 1650년에 슈피우스(Schuppius)라는 사람은 한자동맹 도시의 여성 시민들을 이렇게 비난했다. "당신들은 유모를 고

534

용하려 한다. 당신들의 몸매를 날씬하고 아름답게 보존하기 위해 그리고 밤에 잠을 잘 자기 위해."(K. Grobecker, *Herb und süß in einem*, Lübeck 1976, p. 78) 근세 초기에도 사람들은 모유가 피에서 생성되며 자궁에서 가슴으로 이동한다고 생각했다. 즉 아이는 어머니의 가장 귀한 생명액을 빼앗아가며 어머니를 약화시키며 일찍 노화하게 만든다고 여긴 것이다.(W. Gibson, *Women in Seventeenth-Century France*, Houndmills 1989, p. 4; R. Perry, "Colonizing the Breast", *Forbidden History*, ed. J.C.Fout, Chicago 1992, p. 122 참조) 1783년 아들을 얻은 후에 모차르트는 아버지에게 이렇게 편지를 썼다. "젖몸살을 앓을까봐 걱정입니다. 아내는 상당히 큰 가슴을 가지고 있잖아요! 아내는 내 의지와는 상관없이 아이를 낳았지만 이제는 내 의지대로 유모를 얻을 겁니다! 아내는, 그녀가 젖을 먹일 수 있든 없든 상관없이, 절대 아이에게 젖을 먹여서는 안 됩니다. 그것이 나의 확고한 결심입니다." 그는 '다른 사람의 젖도' 아이에게 주지 못하게 하려고 했다. 자기 여동생처럼 인공수유를 할 생각이었던 것이다. 그러나 그의 장모와 산파가 그렇게 아이를 양육하면 대부분 '죽는다'며 인공수유를 그만두도록 그를 설득했다. P. Lahnstein, *Report einer 'guten alten Zeit'*, Stuttgart 1970, p. 56 참조.

21) R.V. Schnucker, "Maternal Nursing and Wet-Nursing Among English Puritans", *Loving, Parenting and Dying*, ed. V.C. Fox/M.H. Quitt, New York 1980, p. 263 참조.

22) V.A. Fildes, *Wet Nursing*, Oxford 1988, p. 134 참조.

23) 예에 관해서는 M.A. Kaplan, *The Making of the Jewish Middle Class*, Oxford 1991, p. 49; M. Ringler, *Psychologie der Geburt im Krankenhaus*, Weinheim 1985, p. 183 참조. 사르디니아의 한 노파는 이렇게 말했다. "목자와 농부의 아내들은 젖을 먹이려 한다. 그러나 선생, 변호사 그리고 경찰의 아내들은 공작처럼 허영심이 강하다. 그들은 아름다워지고 싶어한다. 경탄의 대상이 되고 싶어한다(그들은 자신을 더 나은 존재로 생각한다). 그리고 그들은 수유가 자신을 늙게 만든다고 생각한다."(D. Raphael/F. Davis, *Only Mothers Know: Patterns of Infant Feeding in Traditional Cultures*, Westport 1985, p. 77에서 재인용) 원래 많은 부인들이 이것을 젖을 먹이지 않는 진짜 이유로 제시하는 데 주저하는 듯하다. 오히려 그들은 매번 젖이 나오지 않거나 너무 적게 나온다고 말한다. 그렇기 때문에 이미 1591년 헨리 스미스(Henrie Smith)는 『결혼 준비』(*A Preparative to Marriage*)에서 반어적으로 이렇게 말했다. "하지만 누가 젖이 이처럼 계속 말라 있는가? 정말 그건 통풍과 같다. 거지들은 그럴 일이 없고 주로 시민들이나 지체높은 부인들의 경우가 그렇다. 「호세아」 제9장에 젖이 말라버리는 것은 일종의 저주로 묘사된다. 귀부인들이

아니고 누가 이 저주 때문에 통곡하지 않을 수 없는가? 젖이 말라버리면 그들은 이 저주가 떠나갈 수 있도록 금식하고 함께 기도를 드려야 한다고 말하기는 한다." (N.H. Keeble, *The Cultural Identity of Seventeenth-Century Women*, London 1994, p. 213에서 재인용)

24) 빙켈은 이를 유전적인 '수유 위축증세'라 불렀다. M. Borkowsky, *Krankheit Schwangerschaft?*, Zürich 1988, p. 174 참조.

25) K. Jax, *Die weibliche Schönheit in der griechischen Dichtung*, Innsbruck 1933, p. 129, 188; D.E. Gerber, "The Female Breast in Greek Erotic Literature", *Arethusa*, 1978, p. 208 참조.

26) H. Ellis, *Studies in the Psychology of Sex*, Philadelphia 1928, p. 156에서 재인용.

27) J. Verdon, "La vie quotidienne de la femme en France au bas moyen âge", *Frau und spätmittelalterlicher Alltag*, ed. H. Appelt, Wien 1986, p. 338 참조.

28) Parzivâl 258, 24ff. 이와 비슷하다. "봉긋하게 솟아오른 작은 가슴은/둥근 사과처럼 보인다." (Reinfried v. Braunschweig 2258ff.) 그리고 익살스런 이야기인 『탐욕스런 마이어 여자』(*Die Meierin mit der Geiß*)(M. Jonas, "Idealisierung und Dämonisierung als Mittel der Repression", *Der Wider-spenstigen Zähmung*, ed. S.Wallinger/M Jonas, Innsbruck 1986, p. 76 참조)나 울리히(Ulrich von Richtenstein)에도 비슷한 대목이 나온다. 울리히는 이런 '가슴'을 '10만 번씩 천 번의' 키스로 뒤덮고 싶어했다. P. Schultz, *Die erotischen Motive in den deutschen Dichtungen des 12. und 13. Jahrhunderts*, Greifswald 1907, p. 34 참조. 마테우스 방돔(Matthäus Vendôme)은 입문서인 『시작법』(*Ars Versificatoria*)에서 여자는 무조건 가슴이 작아야 한다고 쓰고 있다. M. Jones, "Sex and Sexuality in Late Medieval and Early Modern Art", *Privatisierung der Triebe?*, ed. D. Erlach et al., Frankfurt/M. 1994, p. 221 참조.

29) E.W. Klimowsky, *Geschlecht und Geschichte*, Teufen 1956, p. 39에서 재인용. H.-W. Goetz, *Leben im Mittelalter*, München 1986, p. 57 역시 참조.

30) 젊은 파르테노피어(Partenopier)가 침대시트 밑에서 멜리우르를 만지작거렸을 때 이랬다고 한다. "그렇게 그는 탐욕스럽게 여자를/손으로 잡았다/그리고 사과처럼 둥근/그녀의 사랑스런 가슴을 만졌다." (G. Jung, *Die Geschlechtsmoral des deutschen Weibes im Mittelalter*, Leipzig 1921, p. 85에서 재인용) 13세기 『파블리오』(*fabliaux*, 고대 프랑스의 운문 설화)에는 이렇게 적혀 있다. "사과같이 봉긋한 가슴이 없는 동정녀를 보라." (M.-T. Lorcin 1984, p.435)

1442년 베를린의 한 창녀는 그와는 반대로 이랬다고 한다. "청어가 긴 젖통을 빌려주었다."(Dr.v.Posern-Klett, "Frauenhäuser und freie Frauen in Sachsen", *Archiv für die Sächsische Geschichte*, 1874, p. 76)

31) 보카치오나 피치노(Ficino) 같은 중세 후기와 근세 초기의 이탈리아 작가들 및 페데리고 루이기니(Federigo Luigini)는 『아름다운 여인의 책』(*Libro della Bella Donna*)에서 여성의 이상적인 가슴에 대해 비슷하게 쓰고 있다. M.M. McGowan, *Ideal Forms in the Age of Ronsard*, Berkeley 1985, p. 163f.; G. Althoff, *Weiblichkeit als Kunst*, Stuttgart 1991, p. 79 참조.

32) '상아 공'을 더욱 황홀하게 묘사하는 것은 독일 시인들보다는 프로방스와 프랑스의 시인들이다. "달걀보다 더 하얀, 아주 깨끗하고 새하얀 비단 같은 가슴/장미를 부끄럽게 할 정도로 아름다운 가슴/그 어떤 것보다 더 아름다운 가슴/탱탱한 가슴, 가슴처럼 보이는 게 아니라/작은 상아 공처럼 보이네/그 한가운데 앉아 있는 딸기 또는 앵두/너를 보면 욕망이 자주 생기네/손안에 너를 만지고/너를 잡으려는 욕망이."(E.J. Dingwall, *The Girdle of Chastity*, London 1931, p. 21f.에서 재인용)

33) Jones, 앞의 책, p. 222에서 재인용. 그에 비해 15세기 슐레지엔의 기사인 니콜라우스 폰 포펠라우(Nikolaus von Poppelau)는 매우 칭찬하고 있다. 그는 런던과 케임브리지 사이에 있는 마을 여자들이 '사랑스럽고 아름다운 홈메이드의 젖가슴'을 가지고 있음을 알았다. A. Kalckhoff, *Richard III.*, Bergisch Gladbach 1980, p. 375 참조. 굼뜬 시골 여자는 귀족 처녀와는 반대로 무거운 처진 가슴을 가졌다. 그래서 사육제 놀이에서 농부의 젊은 딸이 신랑에게 이렇게 해명한다. "나의 가슴, 위로는 작고 말랐으며/허리를 향해 아래로 점점 커지네/마치 두 개의 종의 추처럼 생겼군/내가 당신의 입에 이런 것을 선물해야 하다니."(H. Ragotzky, "Der Bauer in der Narrenrolle", *Typus und Individualität im Mittelalter*, ed. H.Wenzel, München, 1983, p. 84에서 재인용)

34) K.A. Barack, *Zimmerische Chronik*, I, Freiburg 1881, p. 345.

35) Klimowsky, 앞의 책, p. 38에서 재인용.

36) A. Schultz, *Das höfische Leben zur Zeit der Minnesänger*, Leipzig 1889, p. 218에서 재인용. 12세기의 프랑스 작품 『여자라는 종족』(*De Tribus Puellis*)에는 비교적 큰 가슴을 가진 젊은 처녀들이 남자들의 환심을 사기 위하여 코르셋의 도움으로 가슴을 조여맸다고 되어 있다.

37) A. Schultz, *Deutsches Leben im XIV. und XV. Jahrhundert*, Wien 1892, p. 357에서 재인용. 동시에 가일러는 이렇게도 말했다. "가슴이 없는 여자들은 이런 부드러운 가슴을 집어넣는다."

38) H. Bächtold-Stäubli, "Geschlechtsteile", *Handwörterbuch des deutschen Aberglaubens*, ed. H. Bächtold-Stäubli, Berlin 1931, Sp. 734f.; P. Diepgen, "Reste antiker Gynäkologie im frühen Mittelalter", *Quellen und Studien zur Geschicht der Naturwissenschaften und der Medizin*, 1933, p. 240 참조

39) P. Diepgen, *Frau und Frauenheilkunde in der Kultur des Mittelalters*, Stuttgart 1963, p. 116; Heißler/P. *Blastenbrei, Frauen in der italienischen Renaissance*, Pfaffenweiler 1990, p. 93f. 참조. 서로 다른 여러 시대와 사회에서 커다란 가슴은 커다란 정욕의 상징으로 여겨졌다. 발리 여자들은 풍만한 가슴은 특히 강한 성욕을 가진 것으로 여겨지기 때문에 가슴을 '납작하게' 만들려고 한다고 말한다. A. Duff-Cooper, "Notes About Some Balinese Ideas and Practices Connected With Sex from Western Lombok", *Anthropos*, 1985, p. 417 참조. 헤르더에 의하면 흑인의 삶에서 '가장 중요한 행복의 하나는 관능적인 정욕'임을 그들의 '입술과 가슴, 성기' 등이 그렇게 두껍고 큰 데서 알 수 있다고 한다. M. Henningsen, "Der heilige Mauritius und der Streit um die multikulturelle Identität des Westens", *Merkur*, 1992, p. 841 참조. 흑인 여자들의 풍만한 가슴이 그들이 성적으로 좀더 큰 열망을 가지고 있는 증거라는 것은 이미 계몽주의 몇백 년 전부터 주장되어온 것이다. 그리고 오늘날까지 이런 개념에서 바뀐 것은 거의 없다. W.D. Jordan, *White Over Black*, Baltimore 1969, p. 501; V. Newall, "The Black Outsider: Racist Images in Britain", *Folklore Studies in the 20th Century*, ed. V. Newall, Bury St. Edmunds 1980, p. 309f. 참조.

40) J. Lange, *Die menschliche Gestalt in der Geschichte der Kunst*, Straßburg 1903, p. 167 참조. B. Haendcke, *Der unbekleidete Mensch in der christlichen Kunst*, Straßburg 1910, p. 39는 널빤지 종류의 코르셋이 둥근 등과 처진 어깨, 좁은 가슴과 특히 탁월한 하체를 만들었다고 말하는데, 이는 확실히 옳다. 그러나 S라인이 조여매는 데서 생겨난 의도하지 않은 결과는 아니다.

41) "머리는 앞으로, 상체는 뒤로 젖혀라. 그리고 배를 앞으로 내밀면 말라보인다." (H. Krammer, *Das entblößte Frauenzimmer*, München 1961, p. 30)

42) G. Kannamüller, *Die weibliche Brust*, München 1991, p. 32 참조

43) R. Merten, *FKK-Ratgeber*, München 1982, p. 12.

44) R. König, "Erotik und Mode", *Soziologische Orientierungen*, Köln 1965, p. 554; J.A. Hobbs, *Art in Context*, San Diego 1991, p. 228f. 참조. 이미 중세, 전성기 때에 많은 부인들이 매혹적으로 골반을 앞으로 밀었다. 그리고 맬멘버리의 윌리엄은 심하게 유행을 쫓는 몇몇 남자들이 여자들을 흉내내는 것이

라고 비난했다. C.S. Jaeger, *The Origins of Courtliness*, Philadelphia 1985, p. 181 참조.

45) A. H. de Oliveira Marques, *Daily Life in Portugal in the Late Middle Ages*, Madison 1971, p. 87 참조. 사람들이 마르면서도 둥근 형태를 좋아하는 것처럼 엉덩이는 말라야 했다. "그녀의 엉덩이가 아주 말라서 당신의 두 손으로 그것을 감쌀 수 있을 정도로."『오카생과 니콜레트』(*Aucassin et Nicolette*)에는 이렇게 씌어 있다.(R. H. Foerster, *Das Leben in der Gotik*, München 1969, p. 116에서 재인용) A. Köhn, *Das weibliche Schönheitsideal in der ritterlichen Dichtung*, Greifswald 1930, p. 92f. 참조. 그보다 나중에는 진짜처럼 보이는 둥근 가짜 배도 나왔다. 그래서 1758년에는 말의 꼬리털로 만든 (심지어는 아연으로 만들기도 했던) 패드가 유행했으며 이때 '석 달 패드'와 '여섯 달 패드'가 구분되었다. G. Wittkop-Ménardeau, *Unsere Kleidung*, Frankfurt/M. 1985, p. 52 참조.

46) A. Schultz, *Deutsches Leben im XIV. und XV. Jahrhundert*, Wien 1892, p. 311에서 재인용.

47) F. Villon, *Die lasterhaften Balladen und Lieder*, Berlin 1962, p. 20. 파울 체흐의 번안에서 인용. 비용은 14세기 말 파리의 아주 유명한 고급창녀였던 '아름다운 올미에르'(La belle Heaulmiere)가 작은 가슴과 작은 '정원', 그러나 넓고 무거운 엉덩이, 탄력있는 허리와 튼튼한 허벅지를 가졌다고 했다. "저 부드럽고 가냘픈 어깨는/늘씬하게 뻗어내린 팔은/가느다랗고 긴 손은/자그만 젖꽂지는/사랑의 시합에 견디기에는 안성맞춤의/뚱뚱하고 드높은 궁둥이는 넓은 허리는/단단하고 통통한 넓적다리 사이의/자그만 정원 속에 들어앉은/사랑의 음부는." (비용,『위대한 유언 53』[*Le Grant Testament* 53])

48) 이런 체형(평평한 가슴, 앞으로 튀어나온 배)은 16세기와 17세기 터키 여자들의 특징이기도 하다.(P. Tuğlaci, *Osmanli saray kadinlari*, Istanbul 1985, p. 28f. 참조) 이런 S라인은 1649년 조르주 드 라 샤펠(George de la Chapelle)의 동판화「터키 공주」(Eine türkische Prinzessin)에서 아주 잘 확인할 수 있다. S. Germaner/Z. Inankur, *Orientalism and Turkey*, Istanbul 1989, p. 60 참조.

49) 북유럽보다 콰트로첸토 이탈리아의 중세 후기 여자들의 '젊음'이 오뚝한 '처녀의 이마'로 강조되었다. 사람들은 이마의 머리카락을 뽑아냄으로써 이마가 오뚝해 보이도록 했다. 진짜 눈썹은 뽑아내고 대신 색연필로 얇게 그려넣은 눈썹은 아미를 더욱 커보이게 했다. 이마를 더 부각시키기 위하여 여자들은 기꺼이 초상화를 프로필로 그리게 했다. R. Scholz, "Renaissance (um 1420 bis um 1620)", *Die Frisur*, ed. M. Jedding-Gesterling/G. Brutscher, München

1988, p. 67 참조. 도덕주의자들은 이런 유행에 반대했으며 그런 여자들이 지옥에서 악마에게 이마를 바늘로 찔리는 모습을 상세하게 묘사했다. J.J. Jusserand, *English Wayfaring Life in the Middle Ages*, Bath 1970, p. 254 참조.

50) K. Gaulhofer, *Die Fußhaltung*, Kassel 1930, p. 246 참조.

13. 가짜 가슴

1) H. Krammer, *Das entblößte Frauenzimmer*, Bd. II, München 1961, p. 33 에서 재인용.

2) R. Wackernagel, *Geschichte der Stadt Basel*, Basel 1916, p. 908 및 H. Dürre, *Geschichte der Stadt Braunschweig im Mittelalter*, Braunschweig 1861, p. 664 참조.

3) J. Gélis, *La sage-femme ou le médecin*, Paris 1988, p. 474 및 S.F.M. Grieco, "The Body, Appearance, and Sexuality", *A History of Women*, Bd. III, ed. N.Z.Davis/A.Farge, Cambridge 1993, p. 58 및 A. Marwick, *Beauty in History*, London 1988, p. 70 참조. 1511년 비너스의 가슴은 작고 양쪽으로 넓게 벌어진 것으로 묘사되었다. A. Gendre, "Jeux du corps féminin durant la Renaissance francaise", *Le corps enjeu*, ed. J.Hainard/R.Kaehr, Neuchâtel 1983, p. 32 참조.

4) E. Fuchs, *Illustrierte Sittengeschichte vom Mittelalter bis zur Gegenwart*, 1911, p. 123에서 재인용.

5) R. Miquel, *Mythologie du sein*, Paris 1965, p. 38에서 재인용.

6) A. T. van Deursen, *Plain Lives in a Golden Age*, Cambridge 1991, p. 82 참조.

7) C. D. van Strien, *British Travellers in Holland During the Stuart Period*, Leiden 1993, p. 215 참조.

8) F. Chandernagor, *L'Allée du Roi*, Paris 1984, p. 194, 344 참조.

9) 14세기 중반에 포르투갈 여자들은 가끔 속옷 속에 가슴 위 및 아랫배 위에 패드를 착용했다. 그러나 이는 크게 보이게 하기 위해서가 아니라 가슴과 배의 이상적인 형태인 둥근 형태를 만들기 위해서였다. A.H. de Oliveira Marques, *Daily Life in Portugal in the Late Middle Ages*, Madison 1971, p. 79 참조. 프랑코 사케티(Franco Sacchetti)가 확인한 대로 그 시기에 피렌체 여자들도 같은 짓을 했다. H. Acton/E. Chaney, *Florence*, London 1986, p. 239 참조.

10) O. Stoll, *Das Geschlechtsleben in der Völkerpsycologie*, Leipzig 1908, p. 563f. 참조. 영국에서도 이른바 가슴을 팽팽하고 탄력있고 더 크게 만든다는 향유와 오일이 시판되었다. M. George, 1988, p. 211 참조.

11) *Bilderlexikon Kulturgeschichte*, Wien 1928, p. 200에서 재인용.

12) 이미 1618년 『노르망디 창녀의 야한 스타일에 관하여』(*La descouverte du style impudique des courtisanes de Normandie*)에서는 젊은 여자들에게 이렇게 권하고 있다. "잘빠진 하얀 목선과 봉긋이 솟은 하얀 유방을 가진 이들은 가슴에 아무것도 넣지 않도록 유념해라. 왜냐하면 구경꾼들이 쳐다보고 만지고 싶은 욕망이 생기기 않도록."(Miquel, 앞의 책, p. 40에서 재인용) 마리 드 로미외(Marie de Romieu)의 『젊은 부인을 위한 안내서』(*Instructions pour les jeunes dames*)에서 납작한 가슴을 가진 여자들이 면 삽입물을 집어넣어 가슴을 크게 만들었다는 사실을 알 수 있다. G. Vigarello, "The Upward Training of the Body from the Age of Chivalry to Courtly Civility", *Fragments for a History of the Human Body*, Bd. II, ed. M.Feher et al., New York 1989, p. 174 참조.

13) J.M. Moscherosch, *Wunderliche und wahrhafftige Gesichte Philanders von Sittewalt*, ed. W. Harms, Stuttgart 1986, p. 36, 42.

14) M. Bauer, *Deutscher Frauenspiegel*, München 1917, p. 17f.에서 재인용. 그보다 좀더 뒤에는 이런 글이 전해진다. "네 가슴은 아주 크고 훌륭하다/아달리아, 나를 속이려 하지 마라/나로 하여금 네 몸을 조금만 살피게 해줘/그러면 장담하건대 넌 곧 봉긋한 가슴을 잃어버리게 될 걸/나는 네 몸에서 천조각 12개를 꺼낼 수 있으리라는 걸 알아/그러고 나면 그것은 마치 꽈리를 심은 화단처럼 보일 테지."(Fuchs, 앞의 책, p. 177에서 재인용)

15) A. Junker/E. Stille, *Zur Geschichte der Unterwäsche 1700~1960*, Frankfurt/M. 1988, p. 38에서 재인용. 흰색은 필수적이었다. 그래서 예컨대 뒤크 드 로쵱(Duc de Lauzun, 1633~1723, 프랑스의 장교)은 '눈부시게 하얀 그리고 장미잎처럼 신선한 가슴'을 꿈꾸었다. S. Tillyard, *Aristocrats*, London 1994, p. 260 참조. 그리고 이미 짐플리치스무스도 비슷한 생각을 말한 적이 있다. "그녀의 목은 거의 하얗다/마치 발효유 같다/그리고 그 밑에 놓인/그녀의 가슴은/똑같이 하얗다/그리고 의심의 여지없이 촉감이 아주 탄탄하다/마치 다른 젖이 넘쳐흐르는/염소젖 같다/그것은 최근 나의 엉덩이에 입맞추는/늙은 여자들의 가슴처럼/그렇게 탄력을 잃지 않았으리."(H.J.C. v. Grimmelshausen, *Der Abentheuerliche Simplicissimus Teutsch*, Monpelgart 1669, p. 154)

16) A. Salmond, *Two World*, Auckland 1991, p. 376 참조. 물론 당시 가끔 큰 가슴을 좋아하는 남자들도 있었다. 그래서 예를 들면 1750년에 52세의 '시골 신

사'는 『데일리 애드버타이저』(*Daily Advertiser*)에 14세에서 45세 사이의 '가슴이 풍만하고 탄력있으며 아름답고 하얀' 여자를 찾는다고 구혼광고를 냈다. D. Jarrett, *England in the Age of Hogarth*, New York 1974, p. 128 참조.

17) L. Schiebinger, *Nature's Body*, Boston 1993, p. 163. 이것은 많은 사진들에서 확인할 수 있다. 예에 관해서는 F. Hubmann, *k.u.k Familienalbum*, Wien 1971, p. 128 참조.

18) J.-J. Rousseau, *Bekenntnisse*, ed. E. Hardt, Berlin 1907, p. 542f. 1741년 의사인 니콜라스 안드리(Nicolas Andry)의 진술에 따르면 이상적인 가슴은 '반구 형태'를 지녔던 것으로 보인다. "하지만 아이들에게 모유를 잘 먹이기 좋은 젖가슴은 약간 늘어진 젖가슴이다."(Gélis, 앞의 책, p. 542) 반구 형태의 가슴은 여전히 19세기의 이상이었다.

19) A.M. Annas, "The Elegant Art of Movement", *An Elegant Art*, ed. E. Maeder, Los Angeles 1983, p. 45 참조.

20) P. Weber, *Schuhe*, Aarau 1980, p. 10 참조.

21) R. Waldegg, *Sittengeschichte von Wien*, ed. R. Till/H. Lang, Bad Cannstatt 1957, p. 83f., 150에서 재인용.

22) F.S. Krauss, "Südslavische Volksüberlieferungen, die sich auf den Geschlechtsverkehr beziehen", *Anthropophyteia*, 1904, p. 412에서 재인용. 베네치아에서도 인조 가슴과 인조 엉덩이는 금지되었다. C. Hibbert, *Venice*, London 1988, p. 176 참조.

23) 1730년경부터 목선이 배까지 내려가는 경우가 많았다. 여자들은 물론 배 위에 분리할 수 있는 코르셋, 이른바 '스토마허'(stomacher)를 착용했다. 그리고 배 위로는 대부분 흰색 삼각 목도리를 둘렀다. M. Bradfield, *Costume in Detail: Women's Dress 1730~1930*, London 1968, p. 5ff. 참조. 예를 들어 19세기에 찰스 워스(Charles Worth)는 젊은 부인을 위해 매우 깊이 파인 V자 모양 목선으로 옷을 재단했을 때 하녀에게 데콜테를 입기 위한 망사 베일을 만들게 했다. 어느 논평가가 이렇게 말했다. "그녀가 처녀라는 사실을 제외하고는 드러나는 것이 아무것도 없다."(P. Fryer, *Mrs Grundy: Studies in English Prudery*, London 1963, p. 180) 예절을 위한 필수불가결한 악세사리인 이런 삼각 목도리를 끌어내리는 것은 질이 나쁜 폭력적 공격으로, 여성의 명예를 손상시키는 것으로 간주되었다.(A. Barruol, "La parole des Femmes à travers les plaintes devant la sénéchaussée de Marseille [1750-1789]", *Les femmes et la Révolution francaise*, Bd. I, M.-F. Brive, Toulouse 1989, p. 137 참조) 많은 젊은 여자들이 성적 구애를 받기 위해 삼각 목도리 착용을 게을리했으며, 그래서 18세기 초에 한 작가는 역설적으로 이렇게 물었다. "당신들은 도

대체 어떤 종류의 목을 가지고 있는가? 목이 가슴연골까지 내려가다니?"(A. Schultz, *Alltagsleben einer Frau zu Anfang des achtzehnten Jahrhunderts*, Leipzig 1890, p. 51) 그리고 1756년 장크트갈렌 주의 윌에서는 이렇게 규정되었다. "혐오감을 주는, 여성들의 목과 팔의 모든 노출은 금지된다. 노출된 목과 가슴은 코르셋과 가슴받이로 잘 가려야 한다."(M. Bless-Grabher, "Das alte Wil im Spiegel seiner Sittenmandate", *Forschungen zur Rechtsarchäologie und Rechtlichen Volkskunde*, 1979, p. 191)

24) E. Sturtevant, *Vom guten Ton im Wandel der Jahrhunderte*, Berlin 1917, p. 349f.에서 재인용.

25) A. v. Heyden, *Die Tracht der Kulturvölker Europas*, Leipzig 1889, p. 230 및 G. Lenning, *Kleine Kostümkunde*, Berlin 1956, p. 132f., 139 참조. 조지 포스터(George Forster)는 1790년 영국 여자의 의복에 관해 이렇게 썼다. "이 지역 의복에서 혐오감을 느끼게 하는 또 다른 한 가지는 과거와 마찬가지로 아주 일반적으로 착용하는 조끼형 코르셋이다. 아주 높은 망사 가슴받이 때문에 이것은 가슴 앞에 혹처럼 튀어나와 있다. 그것은 적어도 이 부드러운 부위의 손상을 막아주기는 하지만 여성 몸매의 아름다움에는 더 이상 도움이 되지 않는다."(G. Forster, *Briefe und Tagebücher von seiner Reise am Niederrhein, in England und Frankreich*, ed. A.Leitzmann, Halle 1893, p. 234)

26) 그 구조물은 뷔퐁(buffont)이라 불렸다. T. Wright, *Caricature History of the Georges*, London 1868, p. 534 참조.

27) E. Glaser, "Von Hemden und Miedern", *Der neuen Welt ein neuer Rock*, ed. C. Köhle-Hezinger/G. Mentges, Stuttgart 1993, p. 213에서 재인용.

28) M. Bringemeier, *Mode und Tracht*, Münster 1985, p. 331 참조.

29) W. Rudeck, *Geschichte der Öffentlichen Sittlichkeit*, Berlin 1905, p. 84f. 참조. 1800년경 파리에서는 '가짜 젖가슴'(appas postiches)이 '대용물' (suppléants)이라는 이름으로 팔렸다. P. Binder, *Muffs and Morals*, London 1953, p. 123 참조. 1867년 프랑스 회사인 '푸아트린 아데랑트'(poingtrines adherentès)는 '호흡의 움직임을 수학적으로 정확하게' 따라가는 장미색 고무로 만든 '가슴의 일부'를 시판했다. A. Gernsheim, *Fashion and Reality*, London 1963, p. 56; E. Ewing, *Dress and Undress*, London 1978, p. 79 참조. 영국에서는 이 물건을 '팔피테이터'(palpitators)라고 불렀다.

30) 같은 책, p. 56. 당시 일반적으로 사용했던 얇은 천 때문에 가짜 장딴지와 가짜 '엉덩이'도 있었다.

31) P. Binder, 앞의 책, p. 128.

32) R. Jupont, *Das Dessous im Wandel der Zeiten*, Pforzheim 1961, p. 256 참조.

33) 디오르 스스로가 치마는 자루이고 상의는 꽃이라고 해석했다. "새롭게 꿰맨 주름의 작용을 통해 가슴은 피어나고 억압받지 않는 자유로움의 감정이 전해진다."(G. Knopp, "Der Kampf um den Rocksaum", *Damals*, 1993, p. 12f. 에서 재인용)

34) R. Jogschies, *Blick zurück durchs Schlüsselloch*, Frankfurt/M. 1990, p. 32 에서 재인용.

35) A. Mazur, "U.S. Trends in Feminine Beauty and Overadaptation", *Journal of Sex Research* 1986, p. 293 참조.

36) G.S. Freyermuth, "Marilyns letztes Geheimnis", *Spiegel* special 2, 1996, p. 137에서 재인용.

37) C. Schmerl, "Frauenfeindliche Werbung", *Frauenbilder*, ed. A. Tühne/R. Olfe-Schlothauer, Berlin 1980, p. 161 참조.

38) *Stern* 29, 1995, p. 120 참조.

14. 납작한 가슴과 '바비 인형 가슴'의 이상

1) P. de Commerson, "Lettre à M. de La Lande", *J. Banks/D. Solander: Supplément au voyage de M. de Bougainville*, Paris 1772, p. 277f.

2) F. v. Reitzenstein, *Das Weib bei den Naturvölkern*, Berlin o. J., p. 127.

3) H. Ploss/M. Bartels, *Das Weib in der Natur- und Völkerkunde*, I, Leipzig 1908, p. 362 참조.

4) 이레네 뢰플러(Irene Löffler)가 1986년 4월 28일자 편지에서 나에게 알려주었듯이 가분의 테계족들은 처녀의 가슴은 젊은 남자들이 잡아당겨야만 커진다고 생각했다. 과거에 남자는 미래의 신부가 될 여자의 가슴을 잡아당겼으며, 오늘날에는 (신랑의 마음에는 전혀 들지 않겠지만) 가끔 선생이 그렇게 한다. 뢰플러가 남자가 가슴을 잡아당기지 않았어도 자신의 가슴은 완전히 성장했다고 여자들에게 말해주었지만 아무도 그녀의 말을 믿으려 하지 않았다고 한다. 남동아른헴랜드(V.K. Burbank, "Premarital Sex Norms", *Ethos*, 1987, p. 227 참조)및 트루크 섬 주민(M.J. Swartz, "Sexuality and Aggression on Romonum, Truk", *American Anthropologist*, 1958, p. 468 참조), 그리고 파라쿠요 마사이와 로이타 마사이족들도 그런 생각을 가지고 있었다. 마사이족들은 전사(moran)와 같은 연령층에 속하는 사람이 '길을 열어' 주어야만, 즉 그 여자와 잠을 자야만 가슴이 성장한다고 생각했다. M. Llewelyn-Davies, "Two Contexts of Solidarity Among Pastoral Maasai Women", *Women United*,

Women Divided, ed. P.Caplan/J.M.Bujra, London 1978, p. 229; U. v.
Mitzlaff, Maasai-Frauen, München 1988, p. 81 참조.

5) G. Klemm, *Allgemeine Cultur-Geschichte der Menschheit*, Ⅳ, Leipzig
1845, p. 12f.; Ploss/Bartels, 앞의 책, p. 371; R.M. Arringer, *Der weibliche
Körper und seine Verunstaltungen durch die Mode*, Berlin 1908, p. 54f.
참조. 이는 물론 여성의 가슴 그 자체가 에로틱하지 않은 것으로 간주되었음을
의미하지는 않는다. 그 정반대이다. 체르케스족(코카서스 지방에 사는 한 종
족)이나 코카서스 북부지방의 다른 종족들에게는 남자가 빨래하는 여자의 벌
거벗은 가슴을 보면 사정한다는 이야기가 있다. A. v. Löwis of Menar,
"Nordkaukasische Steingevurtsagen", *Archiv für Religionswissenschaft*,
1910, p. 510 참조. H. Ellis, *Studies in the Psychology of Sex*, Bd. Ⅳ,
Philadelphia 1928, p. 170에 따르면 불가리아 사람들 역시 너무 발달한 가슴
을 추한 것으로 느꼈다. 페르시아의 많은 지역에서 여자들은 가슴이 너무 풍만
해지지 않도록 가슴을 졸라매야 했다.(R.J. Mehta, *Scientific Curiosities of
Love-Life and Marriage*, Bombay o.J., p.224 참조) 인도의 바야데르, 즉 사
원무희들은 가슴이 이상적인 형태로 자라게 하기 위해 일종의 나무로 만든 브
래지어를 착용했다. S. N. Dar, *Costumes of India and Pakistan*, Bombay
1969, p. 167 참조. 그에 비해 인도의 속세를 떠난 여자들, 남자들에 관해 아무
것도 알고 싶어하지 않는 여자들은 가슴을 질긴 흰색 천으로 완전히 묶었다.
G.S. Ghurye, *Indian Costume*, Bombay 1951, p. 257 참조. 유럽에서도 수
백년 전부터 풍만한 가슴을 가진 많은 수녀들이 부싯깃 조각으로 가슴을 눌렀
다. 그 안에 들어 있는 요오드로 가슴을 수축시키기 위해서였다. 수련수녀들은
가슴이 처지게 하기 위해, 그리고 옷을 통해 두드러져 보이지 않도록 하기 위해
가슴에 모래주머니를 달았다. G.-J. Witkowski, *Curiosités médicales,
littéraires et artistiques sur les seins et l'allaitement*, Paris 1898, p. 51 참
조. 일반적으로 가슴은 붕대로 감아 납작하게 눌렀다. 그러나 훌륭한 모양의 가
슴을 가진 벨비디어의 수련수녀들은 식사시간마다 일정량의 말미잘로 만든 분
말을 복용했다. 그것은 불감증에 걸리도록 할 뿐 아니라 부끄러운 '혹'을 처지
게 만든다고 한다. '사랑의 회색 수녀' 수도회의 설립자인 마리 마르게리트 뒤
프로스트 드 라제메레(Marie-Marguerite Dufrost de Lajemmerais)와 같은 극
단주의자들은 딱딱한 붕대로도 만족하지 못했다. 그래서 그들은 붕대 대신 가
시달린 쇠사슬을 사용했으며 그래서 그들의 가슴에서는 항상 피가 흘러내렸다.
—, *Les seins à l'église*, Paris 1907, p. 24f. 참조.

6) Ploss/Bartels, 앞의 책, p. 360.

7) 그 결과 다카우 여자들은 젖가슴은 없고 간신히 젖꼭지만 남아 있었기 때문에

그들이 원한다 해도 자녀에게 직접 수유를 할 수 없었다고 한다. 그래서 대략 유아의 반 정도가 사망했다고 한다. R.M. Arringer, 앞의 책, p. 52f. 참조.

8) 그는 계속 이렇게 썼다. "독일 티롤 지방의 부인들은 신생아에게 젖을 먹이지 않거나 기껏해야 2~3주 먹인다. 한편으로는 그들의 가슴에 위축증이 있기 때문이고, 다른 한편으로는 수유가 관습이 아니기 때문이다. 특정한 권위가 있는 사람들은 풍만한 가슴 및 수유를 좋지 않게 보았으며, 그래서 인위적으로 납작하게 만든 가슴을 가진 여자를 자주 볼 수 있었다고 주장하기도 한다. 벨슈티롤 지방에서는 나무 갑옷이 부족해서 여성의 가슴이 독일 북부지역보다 더 발달했다는 것만은 확실하다."(L. Kleinwächter, "Die geburtshülfliche Klinik zu Innsbruck", *Deutsches Archiv für Geschichte der Medicin*, 1882, p. 275) C.H. Stratz, *Die Frauenkleidung*, Stuttgart 1900, p. 124 역시 참조. 이미 1795년 발트제국을 여행한 야코브 슐츠(Jacob Schulz)는 티롤 여자들에 관해 이렇게 보고했다. "가슴과 어깨는 완전히 가렸다. 일부는 재킷의 높고 두꺼운 깃으로, 일부는 딱딱한 코르셋으로 가렸는데 이 코르셋은 턱 아래까지 올라오는데다 앞에 턱받이를 해서 제거할 수 없도록 만들어졌다."(R. Rosenbaum, "Die Tirolerin in der deutschen Litteratur des 18. Jahrhunderts", *Zeitschrift für Kulturgeschichte*, 1898, p. 58에서 재인용) '독일 티롤'이라는 말은 오늘날의 티롤 북부와 남부로 이해하면 된다.

9) H. Baumann, *Das doppelte Geschlecht*, Berlin 1955, p. 69 참조.

10) "그들은 코르셋 위로(가슴을 그런 것으로 누르는 대신 원래는 자연스럽게 가슴이 드러나게 해야 했다) 벨벳으로 된 덮개를 착용했다."(A. Birlinger, *Aus Schwaben*, Wiesbaden 1874, p. 403f.에서 재인용)

11) 같은 책, p. 401. 1865년 슈바벤의 의사인 부크(Buck)는 이렇게 썼다. "우리 시골 여자들은 형태가 아름다운 가슴에 기뻐하는 대신 꽉 끼는 옷, 코르셋 등으로 나중에 아이에게 젖을 먹이려 해도 이 기관을 전혀 사용할 수 없을 정도로 가슴을 망가뜨린다."(G. Mentges, *Erziehung, Dressur und Anstand in der Sprache der Kinderkleidung*, Frankfurt/M. 1989, p. 118에서 재인용) 그리고 1886년 엘방 행정단위의 여성 주민들은 이랬다고들 한다. "주민의 반 이상을 차지하는 처녀와 부인들은 졸라매는 철판 코르셋을 입지 않았으며, 가슴의 굴곡을 유지하고 보존하는 코르셋 역시 입지 않았다. 젖가슴은 옷의 몸통 부분에 의해 아래로 눌려지고 압박을 받아 갈비뼈 위에 납작하게 붙어 있다. 가슴을 그렇게 다루면 다른 단점은 차치하고라도 모유 생산에 치명적인 영향을 미친다."(G. Mentges, "Blicke auf den ländlichen Leib", *Körper-Geschichten*, ed. R. van Dülmen, Frankfurt/M. 1996, p. 194에서 재인용) 다른 지역의 고유 복장에서도(예를 들면 훈스뤼트에서) 코르셋은 목선이 깊게 파였지만 가슴

은 두드러지지 않았다. 불룩한 가슴받이를 가슴 위에 착용하기 때문이다. G.W. Diener/W. Born, *Hunsrücker Volkskunde*, Würzburg 1984, p. 67 참조. 그에 비해 때로 터질 듯한 유방을 많이 드러내는 바이에른과 오스트리아 소녀들의 의상은 오래된 전통의상이 아니다. 코르셋을 바느질해 붙인 전통의상 의 윗도리는 1870년경이 되어서야 잘츠카머구트와 테게른 호수, 가르미슈-파 르텐키르헨 주위 지역에서 공공장소에서는 누구도 보여주어서는 안 되는 속옷 에서 겉옷으로 발전했다. F.C. Lipp, *Eine europäische Stammestracht im Industriezeitalter*, München 1978, p. 30 참조.

12) 빌헬름(Wilhelm von Rubruk, *Reisen zum Großkhan der Mongolen*, Stuttgart 1984, p. 55)에 따르면 몽골 여자들 역시 (중국 여자들과 비슷하게) 젖가슴이 아직 생기지도 않았을 때 가슴을 납작하게 눌렀다고 한다. 동시에 비교적 젊은 여자들에게 가슴은 매우 수치스러웠던 것으로 보인다. W. Heissig, *Die Geheime Geschichte der Mongolen*, Düsseldorf 1981, p. 141 참조.

13) J. K. Campbell, *Honour, Family and Patronage*, Oxford 1964, p. 287 참조.

14) L.J. Kern, *An Ordered Love: Sex Roles and Sexuality in Victorian Utopias*, Chapel Hill 1981, p. 350 참조.

15) A. Bischoff-Luithlen, *Der Schwabe und sein Häs*, Stuttgart 1982, p. 63에 서 재인용. 제후국 작센의 시동 궁정대신의 아내인 에바 폰 부틀라르(Eva von Buttlar)와 같은 경건주의자들은 여자들에게 데콜테도, 그들 자녀에게 젖먹이 는 것도 허용하지 않았다. 물론 그렇다고 해서 남자들이 '천상의 지혜의 샘'을 즐기기 위해 자신의 젖꼭지 빠는 것을 막지는 않았다. F. Tanner, *Die Ehe im Pietismus*, Zürich 1952, p. 85 참조.

16) 1910년 출간된 엘리 피어라트(Elly Vierath)의 『어떻게 건강하고 아름답게 유 지할 수 있는가?』(*Wie erhalten wir uns gesund und schön?*)에는 이렇게 적혀 있다. "아름다운 모양에 아주 탄력있고 탱탱한 가슴은 높게 자리잡고 있 으며 세번째 열에서 여섯번째 열까지 이른다. 가슴을 덮고 있는 피부는 가슴 밑 에 어떤 주름도 생기지 않을 정도로 아주 탄력있고 탄탄해야 한다. 가슴의 형태 는 반구형이거나 원반 모양이고 공모양이기도 하다. 다른 모양들은 아름답다고 여겨지지 않는다. ……젖꼭지는 적어도 20센티미터 정도 서로 떨어져 있어야 하고 너무 튀어나와 있지 않아야 한다……아름다운 가슴은 보통 남자들이 한 손에 잡을 수 있을 정도의 크기여야 한다. 물론 손가락을 쭉 펴고 잡을 수 있는 정도까지 허용된다."(M.-L. Könneker, *Mädchenjahre*, Darmstadt 1978, p. 215에서 재인용)

17) I. Bloch, *Das Sexualleben unserer Zeit*, Berlin 1907, p. 159. 같은 해에 『보 그』는 이렇게 논평했다. "현대의 실루엣은 점점 직선적이 되어간다. 더 작은 가

슴, 더 작은 엉덩이, 높은 허리선, 마르고 날렵하다."(P. White, *Paul Poiret 1879~1944*, Herford 1989, p. 77에서 재인용)

18) D. Glatzer/R. Glatzer, *Berliner Leben 1900~1914*, Berlin 1986, p. 38에서 재인용.

19) D. Yarwood, *English Costume*, London 1952, p. 253 참조.

20) L. Markun, *Mrs Grundy*, New York 1930, p. 614 참조. 푸아레조차도 1913 년의 데콜테를 '정말 뻔뻔스러운 것'이라고 말했다. 다음해에는 그 자신이 심지어 가슴을 드러내는 의상을 디자인했음에도 말이다. 물론 이 의상은 연극에 등장하는 노예와 창녀들을 위한 것이었다. 이 의상을 입고 등장한 여자들 중에는 바로 마타하리도 있었다. White, 앞의 책, p. 127f., 136.

21) S. D. Cashman, *America in the Age of the Titans*, New York 1988, p. 236 에서 재인용. 좀 뒤에 미국 코르셋 회사인 고사르트(H. W. Gossart Co.)는 여성 고객들에게 '자연스럽지 않은 모습은 이제 더 이상 멋지지 않다'고 말했다. 즉 오늘날 사람들은 보이지 않는 코르셋을 착용한다. 그것은 '젊음의 직선 라인'을 위하여 여성의 굴곡을 앞뒤로 평평하게 만든다. J.E. Dispenza, *Advertising the American Woman*, Dayton 1975, p. 106f. 참조.

22) J. M. Ussher, *The Psychology of the Female Body*, London 1989, p. 38.

23) L. A. Hall, *Hidden Anxieties*, Oxford 1991, p. 137.

24) 그리고 계속된다. "그녀는 팔을 벌린다. 원을 그리며 돈다./그녀는 무엇을 원하는가? 무엇을 가지고 있는가? 무엇을 할 수 있는가? 그것을 누가 알겠는가?/이런 고난의 감탄부호같은 사람은 누구인가?/죽음의 사절인가?/우리는 알지 못한다. 그것이 기아인가?/아니면 새로운 유행라인인가?"(U. Westphal, *Berliner Konfektion und Mode*, 1986, p. 83에서 재인용. D. Lorenz, "Die m?hsame Befreiung vom Korsett", *Damals* 2, 1995, p. 25 역시 참조)

25) 예를 들면 심리분석가 마이닝거(K.A. Menninger, "Somatic Correlations With the Unconscious Repudiation of Femininity in Women", *Journal of Nervous and Mental Disease*, 1939, p. 519)가 말했던 것처럼.

26) 영국에서 사람들은 이런 라인을 '방망이 스타일'이라고 불렀으며 그런 옷을 입은 여자를 속어로 '말괄량이'(flapper)라고 불렀다. 이 표현은 1920년대 초에 '어린 계집아이'와 같은 의미로 사용되었다. 1650년경 사람들은 'flapper'라는 단어를 나는 것을 연습하기 위해 날개를 퍼덕거리는 어린 야생오리로 이해했다. C. Panati, *Parade of Fads, Follies, and Manias*, New York 1991, p. 117 참조.

27) H. Baum, "Schaufensterpuppen", *Der neuen Welt ein neuer Rock*, ed. C. Köhle-Hezinger/G. Mentges, Stuttgart 1993, p. 259 참조. 세기 전환기가 지

나고 바로 코르셋을 전혀 입지 않는 젊은 여자들의 '소년 같은 면'이 화제가 되었다. V. Steele, *Fashion and Eroticism*, Oxford 1985, p. 186 참조.

28) M.L. Roberts, "Samson and Delilah Revisited: The Politics of Women's Fashion in 1920s France", *American Historical Review*, 1993, p. 672 참조.

29) 이런 '할머니의 시대'에 관해 당시 한 여자는 이렇게 썼다. "당시에는 세레스의 몸매가 비너스의 그것보다 더 유행을 타고 있었고, 내 어머니 같은 풍만한 몸매가 선망의 대상이 되었다. 그 같은 표준에 걸맞기 위해 가슴이 납작한 어머니의 친구들은 웃옷의 가슴 쪽에 손수건을 넣어 두툼하게 보이게 했다."(V. Steele, 앞의 책, p. 221에서 재인용)

30) J. Schuyf, "Trousers With Flies!": The Clothing and Subculture of Lesbians", *Textile History*, 1993, p. 65 참조.

31) 일반적으로 '여자' 뿐 아니라 '버치'(남자 역할을 하는 여성 동성애자—옮긴이) 역시 그들의 상대 여성과 관련하여 자웅동체의 이상을 가지고 있었다. 설문조사에 따르면 백인 레즈비언의 3퍼센트, 흑인 레스비언은 13퍼센트가 '분간할 수 있는 엉덩이'를 지닌 상대를 선호했다. 그리고 29퍼센트에서 45퍼센트가 '눈에 띄는 가슴'을 지닌 상대를 선호했다. S. Rose, *"Sexual Pride and Shame in Lesbians"*, *Lesbian and Gay Psychology*, ed. B. Greene/G.M. Herek, Thousand Oaks 1994, p. 76 참조. 이런 자웅동체의 이상은 물론 1970년대 이후가 되서야 지배적이 되었던 것으로 보이며 '바람직한 정치'에 대한 여성해방론적 사고와 일치한다. 전에는 대부분 '버치'들만 가슴을 거부했다. 그것도 자기 자신에게서 거부했지, 그들의 상대에게서 거부한 것이 아니었다. 오늘날에도 '여자'가 가슴을 만지면 '버치'는 대부분 싫어하는 것으로 보인다. D. Martin/P. Lyon, *Lesbian/Woman*, Toronto 1972, p. 74; C. Kitzinger, *The Social Construction of Lesbianism*, London 1987, p. 146 참조. 1950년대에 브래지어가 앞으로 뾰족하게 나오기 시작했을 때 풍만한 가슴을 가진 많은 버치들이 브래지어를 싸서 단단히 꿰매거나 아니면 가슴이 평평해지도록 튼튼한 붕대를 착용했다. 그들은 가슴이 드러나지 않도록 하는 헐렁한 스웨터도 좋아했다. E.L. Kennedy/M.D. Davis, *Boots of Leather, Slippers of Gold*, New York 1993, p. 161 참조. 어느 여성 동성애자는 제2차 세계대전 전에 자신의 젊은 시절에 관해 이렇게 썼다. "'젖가슴' 혹은 '가슴'이라는 단어는 나에게 표현할 수 없는 어떤 것이었다. 누군가 다른 사람이 그 말을 해도 나는 얼굴이 빨개졌다."(L. Pagenstecher, "Körperassoziationen zum Thema 'lesbische Leiberfahrung'", *Von der Auffälligkeit des Leibes*, ed. F. Akashe-Böhme, Frankfurt/M. 1995, p. 188)

32) J.-G. König, *Die feine Bremer Art*, Bremen 1982, p. 136에서 재인용.

201. 프랑스 나체 무희의 '동상 자세', 1925년경.

33) 그렇기 때문에 특히 미국에서 담배를 피우는 여성이 '섹시'한 것으로 여겨졌다.
   S. Ware, *Holding Their Own: American Women in the 1930s*, Boston
   1982, p. 63 참조.

34) M. Pugh, *Women and the Women's Movement in Britain 1914~1959*,
   Houndmills 1992, p. 78에서 재인용.

35) W. Jansen, *Glanzrevuen der zwanziger Jahre*, Berlin 1987, p. 75 참조.

36) 1924년 베를린의 경찰서장은 무희들의 가슴이 젖꼭지가 보이지 않을 정도로
   가려져야 한다고 드레스덴의 경찰에게 편지를 썼다. 움직이지 않을 경우에는
   젊은 여자들이 가슴을 완전히 노출시킬 수 있었다. P. Jelavich, *Berlin
   Cabaret*, Cambridge 1993, p. 162f.; L. Fischer, *Anita Berber*, Berlin
   1984, p. 24f. 참조. 그래서 1923년 레뷰 「빈이여, 조심하라!」에서는 젊은 여
   자들이 동상 같은 자세로 엉덩이까지 노출하고는 등장했다. F.-P. Kothes, *Die
   theatralische Revue in Berlin und Wien 1900~1938*, Wilhelmshaven
   1977, p. 70 참조. H. Pfeiffer, *Berlin-Zwanziger Jahre*, Berlin 1961, p. 56f.
   역시 참조. 1922년 겨울에 킬에서는 여배우가 벌거벗은 가슴을 '오렌지색으로
   칠하고' 무대 위에 등장해서 스캔들을 불러 일으켰다. 극장장과 연출가는 무기
   한 구금되었으며 극장은 문을 닫았다. C. Zuckmayer, *Als wär's ein Stück
   von mir*, Hamburg 1977, p. 413 참조.

37) Steele, 앞의 책, p. 238f.에서 재인용. 당시의 속옷 선전 역시 이런 이상적인 가

슴을 보여준다. 예에 관해서는 A. Higonnet, "Women, Images and Representation", *A History of Women*, Bd. V, ed. F.Thébaud, Cambridge 1994, p. 356 참조.

38) P. Werner, *Die Skandalchronik des deutschen Films*, Frankfurt/M. 1990, p. 134에서 재인용.

39) 그리고 이렇게 계속된다. "그들은 우리의 농담을 듣고 웃기만 했다/그리고 아름다운 모든 것을 우리에게 보여주었다./여성이 자리잡고 있는 그것을/그것은 아직 세상을 보지 못했다."(Jansen, 앞의 책, p. 52에서 재인용)

40) A. Jenkins, *The Twenties*, London 1974, p. 62 참조.

41) E. Ewing, *Dress and Undress*, London 1978, p. 127 참조.

42) 가슴과 엉덩이를 납작하게 만드는 데는 고무, 새틴, 혹은 질긴 흰색 면으로 만든 '콤비네이션'(combinaire)이 쓰였다. D. Caldwell, *And All Was Revealed*, London 1981, p. 37; B. Mundt, *Metropolen machen Mode*, Berlin 1977, p. 119 참조. 그리고 특히 진동 마사지에서 가슴에 바르는 연고까지 모든 다이어트 방법이 이용되었다.

43) P. Fryer, *Mrs Grundy: Studies in English Prudery*, London 1963, p. 189 참조.

44) F.L. Wangen/O.F. Scheuer, *Das Üppige Weib*, Wien 1928, p. 170 참조.

45) L. Baritz, *The Culture of the Twenties*, Indianapolis 1970, p. 254에서 재인용.

46) 그 다음해에 프라이부르크 주교는 이와 비슷한 칙령을 내렸다. *Bilder-Lexikon Sexualwissenschaft*, Wien 1930, p. 474 참조.

47) J.F. McMullin, Houswife or Harlot, Brighton 1984, p. 164 참조.

15. '가슴에 대한 열광', 미국 스타일

1) L.C.B. Seaman, *Life in Britain Between the Wars*, London 1970, p. 63 참조.

2) D. Caldwell, *And All Was Revealed*, London 1981, p. 45 참조. 그보다 좀 뒤에는 여성의 엉덩이 역시 패션에서 점점 더 중요한 것으로 주목을 받게 되었다. 이미 1925년에 가슴을 다시 분리시키는 브래지어가 시판되었다. 그리고 1년 후 '가슴은 강조되었고 허리선이 표시되었다.'(E. Ewing, *Dress and Undress*, London 1978, p. 130)

3) W. Dölp, "Die Kleidung in Bremen", *Ein Hauch von Eleganz*, Bremen 1984, p. 128 참조.

4) J. Laver, *Taste and Fashion*, London 1945, p. 134에서 재인용.

5) F. Montreynaud, Le *XXe siècle des femmes*, Paris 1989, p. 236 참조.

6) R. Lothar, "Intime Körperbehandlung vom Kopf bis zur Hüfte", *Sittengeschichte des Intinsten*, ed. L. Schidrowitz, Wien 1929, p. 76.

7) Laver, 앞의 책, p. 149f. 참조.

8) 등 데콜테는 할리우드에서 만들어졌다고들 한다. 1935년의 '헤이스 규약'에서 깊은 가슴 데콜테가 금지된 이후 어쩔 수 없이 등 데콜테를 선택할 수밖에 없었다고 하는데 이는 잘못된 생각이다. 왜냐하면 이브닝드레스에서 등 데콜테는 이미 그보다 몇 년 전에 존재했으며, 수영복에서는 이미 수십년 전부터 있었다. E. Wilson, *Adorner in Dreams*, London 1985, p. 92 참조.

9) A. Jenkins, *The Thirties*, London 1976, p. 33.

10) 미국의 남부 주 출신인 한 여류 작가는 이런 사실이 그녀의 고향에는 들어맞지 않는다고 주장해왔다. '남부지역 사람들'(adders)은 그들의 여성 상대의 가슴을 완전히 무시했다. "가슴에 관심을 갖는 남자들의 세계에서 가슴에 무관심한 사람은 그 혼자뿐이다."(F. King, *Southern Ladies and Gentlemen*, New York 1975, p. 99)

11) M.P. Ryan, *Womanhood in America*, New York 1975, p. 53에서 재인용.

12) L. Koehler, *A Search for Power: The 'Weaker Sex' in 17th-Century New England*, Urbana 1980, p. 81 참조.

13) E.J. Dingwall, *Die Frau in Amerika*, Düsseldorf 1962, p. 45에서 재인용. G. Lenning, *Kleine Kostümkunde*, Berlin 1956, p. 112 역시 참조.

14) A.M. Earle, *Two Centuries of Costume in America*, New York 1903, p. 609 참조.

15) D. de Marly, *Dress in North America*, New York 1990, p. 72에서 재인용.

16) Dingwell, 앞의 책, p. 69 참조

17) Earle, 앞의 책, p. 721에서 재인용.

18) Dingwell, 앞의 책, p. 54 참조.

19) F. Trollope, *Domestic Manners of the Americans*, London 1927, p. 258.

20) F.A. Parsons, *The Psychology of Dress*, Garden City 1923, p. 282에서 재인용. 이런 예민함은 지속되었다. 1940년에도 미국에서는 영국 영화가 상영될 수 없었다. 거기에 제국시대 양식으로 옷을 입은 여자들이 등장했기 때문이다. G. Gorer, *Die Amerikaner*, Hamburg 1956, p. 47 참조.

21) L. Markun, *Mrs Grundy*, New York 1930, p. 465에서 재인용.

22) Earle, 앞의 책, p. 786에서 재인용.

23) M. Sobel, *The World They Made Together*, Princeton 1987, p. 212 참조.

24) M. Majer, "American Women and French Fashion", *The Age of Napoleon*, ed. K. le Bourhis, New York 1989, p. 234 참조.

25) L.W. Banner, *American Beauty*, Chicago 1983, p. 60 참조.

26) S. Coontz, *The Social Origins of Private Life*, New York 1988, p. 230에서 재인용.

27) 예를 들어 1818년 한 미국 여자의 '가슴과 팔'이 덜 노출되었다면 그녀의 이브닝드레스를 '진짜 우아하다'고 할 수 있었을 것이라고 한다. Earle, 앞의 책, p. 775 참조.

28) M. Rugoff, *Prudery Passion*, London 1972, p. 105에서 재인용.

29) L.F. Kern, *An Ordered Love: Sex Roles and Sexuality in Victorian Utopias*, Chapel Hill 1981, p. 38 참조.

30) Cf. Banner, 앞의 책, p. 61.

31) H. Ploß, "Die ethnographischen Merkmale der Frauenbrust", *Archiv für Anthropologie* 1872, p. 216.

32) Dingwall, 앞의 책, p. 69 참조.

33) 같은 책, p. 103 참조.

34) J. Lecompte, "The Independent Women of Hispanic New Mexico, 1821-1846", *New Mexico Women*, ed. J.M. Jensen/D.A. Miller, Albuquerque 1986, p. 72ff. 참조. 히스패닉계 여자들의 치마 역시 영국 여자들의 치마보다 훨씬 짧았다.

35) Banner, 앞의 책, p. 80 참조.

36) 같은 책, p. 104.

37) K. Daly, "The Social Control of Sexuality", *Research in Law, Deviance and Social Control*, 1988, p. 190, 197 참조.

38) T. Capote, *Ein Kindheit in Alabama*, ed. M. Moates, Reinbek 1993, p. 91f.

39) H.M. Alexander, *Strip Tease*, New York 1938, p. 18 참조.

40) A. Laufe, *The Wicked Stage*, New York 1978, p. 50 참조.

41) J. Baker/J. Bouillon, *Ausgerechnet Bananen!*, Berlin 1976, p. 74 참조. 예를 들어 린 해니(Lynn Haney)는 사실을 왜곡해서 나중에 이렇게 썼다. "벌거벗은 듯 창백해 보이고 부자연스럽게 보이는 많은 백인 여성들과는 다르게 조세핀 베이커는 표범의 가죽처럼 아주 자신있게 옷을 입었다." (D. Wildt, *Sonnenkult*, Düsseldorf 1987, p. 123에서 재인용). 1935년 이탈리아 잡지인 『그녀』(*Lei*)는 이렇게 썼다. "흑인들은 비단 같은 피부를 가졌다. 다리뿐 아니라 몸 전체가 마치 스웨터를 입은 것 같다. 조세핀 베이커를 바라보라! 그녀는

벌거벗었지만 나체로 옷을 입었다."(K. Pinkus, *Bodily Regimes*, Minneapolis 1995, p. 55에서 재인용·) 그리고 해리 그래프 케슬러(Harry Graf Kessler)는 이렇게 말했다. "매력적인 존재이긴 하지만 별로 에코틱하지는 않다. 마치 아름다운 맹수를 보는 것처럼 거의 에로티시즘을 느끼지 못한다."(L. Fischer, "Getanzte Körperbefreiung", *Wir sind nackt und nennen uns Du*, ed. M.Andritzky/T.Rautenberg, Gießen 1989, p. 112에서 재인용·) 여자들이 대중의 면전에서 가슴을 가리지 않고 다녔던 서아프리카 지역에서 현장사례를 수집했던 여러 명의 민속학자들이 나에게 말했다. 상체를 노출한 흑인들은 상체를 노출한 백인 여자들보다 벌거벗었다는 느낌이 별로 들지 않는다고 말이다. 해변에서 '상반신을 노출'한 채 다니는 여자들 역시 가슴을 갈색으로 태우면 하얀 가슴보다 훨씬 '옷을 입은 것처럼' 느껴졌다고 한다. 게다가 갈색으로 태우면 젖꼭지는 흰색 피부였을 때보다 훨씬 더 잘 보이지 않았다. G.B. Goodhart, "A Biological View of Toplessness", *New Scientist*, 1964, p. 560 참조. 이에 관해서는 나중에 더 상세히 이야기하겠다.

42) P. Rose, *Josephine Baker*, Wien 1990, p. 22ff. 참조.

43) 1964년 뉴욕에 쇼걸들이 젖꼭지를 가려야만 등장할 수 있는 '폴리 베르제르'가 문을 열었다. 다른 토플리스 무희들도 젖꼭지에 색을 칠했다. 그러자 입장객의 수가 감소했다. 한 무희가 말했다. "젖꼭지가 보이지 않으면 사람들은 우리가 옷을 입고 있다고 생각한다." D. Ayalah/I.J. Weinstock, *Breasts*, New York 1979, p. 76 참조. 이미 1917년에 테다 바라(Theda Bara)는 '상반신 노출'로 클레오파트라로 등장했다. 물론 가슴 위에 중심이 같은 금속고리를 하고서였다. G. Hanson, *Original Skin*, London 1970, p. 62 참조. 1955년의 영화 「바다의 의사」(Doctor at Sea)의 샤워 장면에서 브리짓 바르도(Brigitte Bardot)는 젖꼭지 위에 반창고를 붙였다. R. Reichert, "Euphemismus und Zensur", *Das Bad*, ed. S.Mattl-Wurm/U.Storch, Wien 1991, p. 98 참조.

44) Laufe, 앞의 책, p. 137f. 참조; J.L. Hanna, *Dance, Sex and Gender*, Chicago 1988, p. 33 참조. 1965년에 검열당국은 우선 영화 「전당포 주인」(The Pawnbroker)에서 흑인 창녀가 유대인 전당포 주인에게 가슴을 보여주는 장면에 이의를 제기했다. 유대인 여자가 가슴을 노출한 장면은 검열에 걸리지 않았는데, 그 이유는 유대인 여자는 움직이지 않았기 때문이라고 한다. 결국 검열당국은 흑인 여자가 등장하는 장면을 통과시켰지만 백인 여자가 등장하는 장면은 통과시키지 않았다. 그로 인해 검열당국은 인종주의라는 비판을 받았다. 누군가 비판했듯이 "영화는 항상 흰색 피부보다 검은색 피부의 노출을 더 관대하게 보기 때문이다." J. Vizzard, *See No Evil*, New York 1970, p. 363; L.J. Leff/J.L. Simmons, *The Dame in the Kimono*, London 1990, p. 252 참조.

1959년에 상영된, 로버트 미첨 주연의 미국 오락영화 「공포의 언덕」에는 물론 백인 나체 무희가 벌거벗은 가슴을 흔드는 장면이 나온다. 이 영화가 당시 무삭제 상영되었는지는 모르겠다.

45) Dingwall, 앞의 책, p. 228 참조. 1935년 할리우드의 영화제작자는 다음과 같은 규정에 부딪히게 되었다. "제작 규정에 따르면 몸의 은밀한 부분(좀더 구체적으로 말하면 여성의 가슴 부분)은 항상 완전히 가려야 한다. 이 규정을 지키지 않을 경우 우리는 당신의 영화 상영을 허용할 수 없다." (J. Izod, *Hollywood and the Box Office*, 1895~1986, Houndmills 1988, p. 107에서 재인용) 하지만 1939년 10월의 추가 규정에는 이렇게 되어 있다. "그렇다고 해서 외국에서나 외국의 원주민을 상대로 그들의 삶을 보여주기 위해 있는 그대로 찍은 영화까지 허용하지 않는 것은 아니다. 그런 장면이 꼭 필요하고 그것이 외국의 원주민 생활을 묘사하는 영화의 한 부분이라면, 그리고 그 장면 자체가 음란하지 않으며 스튜디오에서 인위적으로 만든 것이 아니라면 허용된다." (Vizzard, 앞의 책, p. 373에서 재인용) 비슷한 규정들이 호주에도 있었다. 예를 들면 1921년 상영된 「진주와 노예」에서 트로브리앤드 섬 여자들의 벌거벗은 상체를 볼 수 있는 장면들은 삭제되지 않았다. 반면 1933년 타히티와 핏케언 섬에서 상영된 「자비를 찾아서」에서는 이와 장면들이 검열의 가위에 희생되었다. I. Bertrand, *Film Censorship in Australia*, St. Lucia 1978, p. 150, 170. 이는 아마도 세 가지 이유 때문이었을 것이다. 첫째로, 당시 폴리네시아인들이 트로브리앤드 여자들과는 반대로 이미 오래전부터 더 이상 '상반신을 노출'한 채 다니지 않았다. 둘째, 폴리네시아 여자들은 춤을 추었고, 그래서 가슴이 위아래로 출렁거렸기 때문이다. 셋째, 폴리네시아 여자들은 기본적으로 멜라네시아 군도 여자들보다 피부색이 밝았다.

46) G. Gorer, *Die Amerikaner*, Hamburg 1956, p. 47 참조. 영국 사람들 역시 이런 점에서 이미 제1차 세계대전부터 문제가 있었다. 그래서 예를 들면 입대한 여성 군인 제복의 가슴 주머니가 가슴을 너무 강조하는 것인지 아니면 오히려 너무 덮는 것인지 결정을 하지 못했다. 결국에는 주머니 없는 제복으로 결정했다. C. Enloe, *Does Khaki Become You?*, London 1983, p. 119 참조. 제2차 세계대전 중 저녁 무도회에서는 영국 해군에 소속된 여성들이 규정된 '블랙아웃'(black-outs), 즉 '허리와 무릎에 질긴 고무줄이 들어 있는 세련되지 못한 검정색 니커바지(무릎 아래에서 졸라매는 느슨한 반바지—옮긴이)'를 착용했는지 검사했다. 이 옷은 탁자 아래에서 혹은 춤을 출 때 '헤매고 다니는' 남자들의 손을 막기 위한 보호장치였다. P. Fussell, *Wartime*, Oxford 1989, p. 108 참조.

47) L.J. Leff/J.L. Simmons, *The Dame in the Kimono*, London 1990, p. 112ff.;

E. de Grazia/R.K. Newman, *Banned Films*, New York 1982, p. 65f. 참조. 이 시기의 독일에서는 비교할 수 없을 정도로 단정하지 못했다. 그래서 예를 들면 1944년 처음 상영된 「내 꿈속의 아내」에서 마리카 뢰크(Marika Rökk)는 '딱 달라붙는 검은 옷, 배꼽까지 깊이 파인 원피스'를 입었다.(M. Rökk, *Herz mit Paprika*, Berlin 1974, p. 133) 그리고 1943년 상영된 타이타닉 호의 침몰을 그린 영화에서는 젊은 여자가 갑판에서 완전히 투명한 블라우스를 입고 춤을 추었다.

48) 거기에는 이렇게 적혀 있다. "투명한 혹은 반투명한 소재와 실루엣은 가끔은 실제적인 노출보다 더욱 선정적이다."(J. Vizzard, 앞의 책, p. 379에서 재인용)

49) P. Webb, *The Erotic Arts*, London 1983, p. 279 참조. 이미 아니타 에크베르크(Anita Ekberg)가 이브닝드레스를 착용한 사람의 옷을 찢게 해서 그들이 배꼽까지 노출한 채 대중의 면전에 서게 하고 난 후에(H. Krammer, Das entblößte Frauenzimmer, München 1961, p. 136), 제인 맨스필드는 트위스트를 출 때 '무심코' 블라우스를 잃어버렸다. A. Eichstedt/B. Polster, Wie die Wilden, Berlin 1985, p. 115 참조.

50) D. Ayalah/I.J. Weinstock, *Breasts*, New York 1979, p. 36 참조. 데콜테는 1950년대 초에도 여러 도시에서, 예를 들면 밀워키에서 금지되었다. G. Raeitghel, *Geschichte der nordamerikanischen Kultur*, Bd. III, Weinheim 1989, p. 121 참조.

51) 처벌을 받은 여자가 자신을 변호하면서 자신이 '절대 노브라로 사람들 앞에 나타나지 않았다'고 확인하면서, 자신이 노브라로 나타났다 할지라도 그녀에게는 '볼것이 많지 않기 때문'에 그것은 별로 중요한 일이 아니라고 말하자 장군은 그녀를 즉시 해고했다. Spiegel 24, 1978 참조.

52) H.P. Duerr, *Der Mythos des Zivilisationsprozeß. Obszönität und Gewalt*, Frankfurt/M. 1993, p. 53 참조.

53) 바스티유 혁명 200주년을 기념하여 미국 우표가 발행되었는데 그 우표에는 민중들을 바리케이드로 이끌고 가는, 들라크루아의 「자유」가 그려져 있었다. 그런데 그 우표에서 '자유'를 나타내는 여자의 젖꼭지는 수정작업으로 제거되었음을 확인할 수 있었다. *Speigel* 51, 1988 참조. 1796년 미국의 한 미술교수는 나체화 지침서의 '젖꼭지 색칠하기' 장에서 이렇게 썼다. "분홍빛이 나도록 하거나 너무 상세하게 그리지 말라. 그렇게 하면 싸구려 에로물처럼 사람들의 관심을 끌게 될 텐데 그것은 우리가 가장 원치 않는 것이다."(J. DeRuth, *Painting the Nude*, New York 1976, p. 125, L. Nead, The Female Nude, London 1992, p. 54에서 재인용) 학생들이 루이지애나 주 박물관에 있는 포카혼타 맏딸 동상의 젖꼭지를 보거나 만지지 못하게 하기 위해, 이 동상은 1953년 6월

556

이 건물 뒤편에 있는 외진 장소로 옮겨졌다. J. Clapp, *Art Censorship*, Metuchen 1972, p. 298 참조. 칼 뱅크스(Carl Banks)의 도널드 덕 만화가가 인터뷰에서 말했듯이 월트 디즈니는 미키 마우스나 데이지 덕과 같은 여성 만화 인물은 가슴 표현을 암시만 해야 한다고 만화가들에게 엄격하게 지시했다. 뱅크스가 언젠가 이런 규정을 위반하자 "기분나쁜 일이 일어났다. 편집자가 나와 함께 물속으로 들어가더니 말했다. '오리에게 어떤 찌찌도 덧붙여서는 안돼!' 그때부터 나는 조심했다."(*Spiegel* 24, 1994, p. 184)

54) D. L. Rhode, *Justice and Gender*, Cambridge 1989, p. 249 참조. 1977년 여름 15세짜리 학생 한 명이 위스콘신 주의 매디슨 계단실에서 16세 여자아이를 강간했다. 판사는 그의 판결 이유에서 이렇게 말했다. 위스콘신 대학의 캠퍼스에서 노브라로 티셔츠만 입고 돌아다니는 여대생의 악습 때문에 젊은이가 성적 자극을 받은 것이기에 그의 강간을 이해할 수 있다. "그렇다면 그런 데 쉽게 반응을 보이는 열대여섯 살 난 남자아이가 정상적으로 반응했다고 해서 그 때문에 벌을 주어야 한다는 겁니까?" 그 남자아이에게는 집행유예라는 온건한 처벌이 선고되었다. M.F. Hirsch, *Women and Violence*, New York 1981, p. 76 참조.

55) 이미 17세기와 18세기에 미국 북부를 여행한 이들은 남부에 거주하는 사람들의 관습에 경악했다. 그들은 거의 옷을 입지 않은 흑인 노예들, 특히 상체를 벌거벗은 여자 노예를 보기 위해 항구에 정박해 있는 배 위를 돌아다녔다. M. Sobel, *The World They Made Together*, Princeton 1987, p. 134f. 참조. 이렇게 배 위를 돌아다니면서 남자들은 젊은 처녀와 부인들의 가슴을 만지고 싶어했다('그들의 찌찌를 만지기 위하여'). 그래서 예를 들어 1720년 버드(Byrd)라는 사람은 이렇게 언급했다. "나는 약간 저항하는 흑인 여자의 가슴을 만졌다."(같은 책, p. 147; H.G. Gutman, "Marital and Sexual Norms Among Slave Women", *A Heritage of Her Own*, ed. N.F.Cott/E.H.Pleck, New York 1979, p. 307 참조) 물론 노예를 사려는 많은 잠재적인 고객도 여자 노예의 몸상태를 살펴보기 위해 그렇게 했다. 그래서 예를 들면 1769년 네덜란드 노예상인들을 위한 지침서에는 가슴의 탄력을 시험해보기 위해 여자들의 가슴을 만져보고 나서 가격을 정하라고 적혀 있다. J.M. Postma, *The Dutch in the Atlantic Slave Trade 1600~1815*, Cambridge 1990, p. 236 참조. 북미의 정해진 항구에 도착하자마자 바로 여자들은 가슴을 가리는 서양식 의복을 입었다.(S. White/G. White, "Slave Clothing and African-American Culture in the 18th and 19th Centuries", *Past Present*, 1995, p. 151f. 참조) 반면 라틴 아메리카에서는 흑인 여자들이 상체를 가리지 않고 다니는 경우가 많았다. 그래서 예를 들면 1616년 뉴스페인의 네덜란드 예수회 소속인 후베르트 베르

동크(Hubert Verdonck)는 이렇게 보고한다. "카르타헤나는 아름답고 풍요로운 도시이다/그 도시에는 인디언 여자들이 아주 적다/대신 흑인은 2천 명이나 된다/그들은 모두/그들의 아내처럼 허리까지 벌거벗고 다닌다."(S. Sauer, *Gotte streitbare Diener für Amerika*, Pfaffenweiler, 1992, p. 63 참조) 물론 북아메리카의 많은 지역의 목화농장에서는 젊은이뿐 아니라 젊은 여자들도 심지어 완전 나체로 일을 했다. 그들은 그것을 아주 부끄러워했다. 예전에 노예였던 사람은 이렇게 회상했다. "그 무리의 반 이상이 완전 나체였다. 사춘기 정도 나이의 몇몇 소녀는 자연이 장식해준 옷만 걸치고 있었고 같은 나이거나 좀더 나이가 많은 소년들도 마찬가지로 자연이 제공한 제복을 입고 있었다."(C. Ball, *A Narrative of the Life and Adventures of Charles Ball*, a Black Man, Pittsburgh 1854m o, 128f.)

56) H. Meyer, *Sexualität und Bindung*, Weinheim 1994, p. 161 참조. 전쟁 후에 많은 여자들이 집 밖에서 일하지 않았기 때문에 미국 여자들의 '전업 주부화'가 '유방에 대한 열광'과 관계가 있다는 것은(이는 여성해방론자들이 애용하는 명제이다예에 관해서는 S. Bordo, *Unbearable Weight*, Berkeley 1993, p. 159 참조) 사실이 아닌 듯하다. 왜냐하면 거대하게 '큰 가슴'에 대한 최초의 욕구는 바로 전쟁 중에 나타나기 시작했기 때문이다.

57) J.E. Dispenza, *Advertising the American Women*, Dayton 1975, p. 94 참조.

58) L. Lederer, "Then and Now: An Interview With a Former Pornography Model", *Take Back the Night*, ed. L. Lederer, New York 1980, p. 60. 1969년 미국 배우조합인 '액터스 에퀴티'(Actors Equity)는 면접에서 여배우에게 가슴 노출을 강요해서는 안 된다고 규정했다. A.M. Rabenalt, *Theater ohne Tabu*, Emsdetten 1970. p. 93 참조. 영국의 '배우조합 협의회'(Equity Council)도 이에 상응하는 규정을 만들었다. M. Bilington, *The Modern Actor*, London 1973, p. 218 참조. 미국에서 가슴의 성적 측면 강조와 강한 수치심의 연관성은 의사가 가슴 진단을 할 때 벌어지는 일반적인 의식에서 알 수 있다. 여환자가 블라우스와 브래지어를 벗고 나서 여자 조무사가 가슴을 수건으로 덮는다. 그리고 나서야 의사가 방으로 들어와 가슴에서 수건을 치우고 검진한다. 그리고 다시 가슴을 덮고 다른 사람에게도 똑같이 그렇게 한다. M.A. Biggs/J.M. Henslin, "Dramaturgical Desexualization: The Sociology of the Vaginal Examination", *Studies in the Sociology of Sex*, ed. J.M.Henslin, New York 1971, p. 262 참조.

59) *Spiegel* 40, 1968, p. 206 참조. 9월 21일 『뉴욕타임스』 1면의 헤드라인은 이렇다. "월스트리스 스웨터걸이 다시 등장하기를 만 명이 기다린다." D.E. Morrison/C.P. Holden, "The Burning Bra: The American Breast Fetish

and Women's Liberation", *Sociology for Pleasure*, ed. M.Truzzi, Englewood Cliffs 1974, p. 348, 362 참조. 페기 소머스(Peggy Somers)는 나에게『헤럴드 트리뷴』(*Herald Tribune*, 1996. 6. 22)의 기사를 알려주었는데 거기에는 여배우 질리언 앤더슨(Gillian Anderson)의 다음과 같은 진술이 인용되어 있었다. 그녀는 (일반적으로 매우 진지한) TV 시리즈물인「X파일」에서 자신의 역할을 잃게 될까봐 두려웠다고 말했다. 왜냐하면 제작자들은 "더 큰 가슴을 가진 배우를 원했기 때문이다." 이에 대해 신문기자가 물었다. "그들은 얼마나 많은 배우의 가슴을 염두에 두었습니까?"

60) A. Lurie, *The Language of Clothes*, New York 1981, p. 46 참조.

61) R. J. Freedman, *Die Opfer der Venus*, Zürich 1989, p. 166 참조.

62) C. Winick, *The New People : Desexualization in American Life*, New York 1968, p. 292 : Morrison/Holden, 같은 책, p. 356 참조. 이런 '트레이닝 브라'는 대부분 7, 8세 때부터 착용하기 시작한다. 그리고 1980년대에는 AA와 AAA, 두 개 사이즈가 있었다.

63) M. Salutin, "Stripper Morality", *The Sexual Scene*, ed. J.H. Gagnon/W. Simon, New Brunswick 1973, p. 190 참조.

64) *Rhein-Neckar-Zeitung*, 1992. 1. 8. 참조.

65) R. T. Lakoff/R.L. Scherr, *Face Value*, Boston 1984, p. 173f. 참조.

66) W. H. Masters/V.E. Johnson/R.C. Kolodny, *Liebe und Sexualität*, Berlin 1987, p. 50 참조. 1970년대 초에는 이른바 가슴을 크게 한다는 에스트로겐 크림이 시장에 나왔지만 실제로 이 크림은 젖꼭지만 자극했다. J.E. Williams, "Stimulation of Breast Growth by Hypnosis", *Journal of Sex Research*, 1974, p. 317 참조.

67) *Tempo* 8, 1995, p. 48.

68) E. H. Lopez, *Eros and Ethos*, Englewood Cliffs 1979, p. 5 참조. 과거 미국의 콜걸이었던 한 여자는 이렇게 보고한다. "거의 모든 남자들이 내 가슴을 보고 싶어했으며 키스하기를 원했다. 고객들은 전화상으로도 가슴을 묘사해달라고 자주 부탁했다."(D. French/L. Lee, Kurtisane, Hamburg 1992, p. 57)

69) K. Shanor, *Verschwiegene Träume*, Berlin 1979, p. 184 참조.

70) J.S. Victor, *Human Sexuality*, Englewood Cliffs 1980, p. 141 참조. 상당수의 부인들은 젖꼭지를 자극하는 데서 질을 통한 성교보다 더 많은 만족을 느끼는 것처럼 보인다. 예를 들어 한 여자는 오르가슴에 도달하기 위해서는 성교를 하는 동안 그리고 클리토리스를 손으로 자극하는 동안에도 젖꼭지를 '만져줘야' 했다. C.N. Sarlin, "Masturbation, Culture, and Psychosexual Development", *Masturbation*, ed. I.M.Marcus/J.J.Francis, New York 1975, p.

353f. 참조. 다른 여자는 지속적으로 자신이 '아주 탄력있고 뾰족하게 튀어나온 가슴'을 가지고 있다고 자신을 설득함으로써 오르가슴에 도달할 수 있었다.(H. Mester, "Der Wunsch einer Frau nach Veränderung der Busengröße", *Zeitschrift für psychosomatische Medizin*, 1982, p. 83)

71) A. Scodel, "Heterosexual Somatic Preference and Fantasy Dependency", *Journal of Consulting Psychology*, 1957, p. 371ff. 참조. 카디너(A. Kardiner, "Some Personality Determinants in Alorese Culture", *The People of Alor*, New York 1961, p. 184f.)는 알로르 사람들의 가슴에 대한 높은 관심을 유아의 '공복 좌절감'으로 설명하려고 했다. 즉 그런 종류의 체험을 통해 '물신숭배적'으로 어머니의 가슴에 '집착한다'는 것이다. 물론 첫째로, 알로르 섬에서 여전히 젖을 먹고 있는 서너 살의 아이들을 보기 힘들다는 것은 사실이다.(C. DuBois, *The People of Alor*, New York 1961, p. 40 참조) 국제적으로 볼 때 그것은 전혀 이상해 보이지는 않는다. 그리고 이런 문화권에서 전래되어오는 이야기와 전설(1986년 7월 30일의 카를 하인츠 콜의 구두 전달)에서 자주 등장하는 영양과 기아라는 주제는 너무 빠른 이유(離乳)라는 실제적인 영양결핍으로 설명할 수 있다. 둘째, 나중에 알게 되겠지만 솔로르 알로르 아키펠에서 *어머니의* '커다란' 가슴은 성적 측면이 제거되었다는 점이다. 북알래스카의 콜빌 에스키모와 포잉 배로 에스키모의 어머니들은 알로르보다 훨씬 일찍 아이 젖을 뗀다. 그럼에도 남자가 여자의 목을 부드럽게 깨무는 전희에서 가슴은 아무런 역할도 하지 않는다. R. F. Spencer, *The North Alaskan Eskimo*, Washington 1959, p. 235, 247 참조. 그와는 반대로 극 에스키모의 아이들은 8년 동안 젖을 먹는다. 그럼에도 남자들은 애무할 때 젖가슴을 쓰다듬은 것을 좋아한다. J. Malaurie, *Die letzten Könige von Thule*, Frankfurt/M. 1979, p. 176, 380 참조. 편자브족들은 매우 오래 아이들에게 젖을 먹인다. 그리고 이들은 나중에 대부분 특징적인 '가슴 대물성 음란증'을 보인다. M.L. Darling, *Wisdom and Waste in a Punjab Vilage*, London 1934, p. 70 참조. 티베트 여자들은 8세 때까지 아이에게 젖을 먹이기도 하지만 (일반적인 경우는 세 살에서 여섯 살에 젖을 뗀대G. Ludwar, *Die Sozialisation tibetischer Kinder*, Wiesbaden 1975, p. 67f. 참죄) 그럼에도 여성의 벌거벗은 가슴은 커다란 성적 매력을 발산하며 남자들은 이를 기꺼이 애무한다. 5대 달라이라마인 루브산얌초는 이런 시를 썼다. "그녀의 양쪽 가슴은 하늘의 흰구름처럼 환하다/한없는 쾌락을 불러일으킨다."(N. Tsultrem, *The Eminent Mongolian Sculptor Zanabazar*, Ulan Bator 1982, p. 9) 나는 이 대목을 가르쳐준 데 대해 베로니카 룅에에게 감사한다. K. Dowman, *Der heilige Narr*, Bern 1982, p. 58, 181 역시 참조.

72) O. Stoll, *Das Geschlechtsleben in der Völkerpsychologie*, Leipzig 1908, p. 878 참조.

73) H. Lightfoot-Klein, *Das grausame Ritual*, Frankfurt/M. 1992, p. 119 참조.

16. 대중 앞에 나선 가슴 노출 패션

1) S.B. Beck, "Women's Somatic Preferences", *Love and Attraction*, ed. M. Cook/G. Wilson, Oxford 1979, p. 19 참조. 유럽에서 1964년 봄 유행은 '작은 가슴을 가진 젊은 부인과 처녀들'을 위한 허리까지 이르는 매우 과감한 '여름 데콜테'였다. 이것은 가슴을 (과거의 아그네스 소렐처럼) 완전히 노출시켰다. *burda*, Modesonderheft, 1964년 봄, p. 40 참조.

2) A. Mazur, "U.S. Trends in Feminine Beauty and Overadaptation", *Journal of Sex Research*, 1986, p. 294 참조.

3) E. Shorter, *From the Mind into the Body*, New York 1994, p. 191 참조. 이런 경향은 지속된다. J.L. Anderson, "Breasts, Hips, and Buttocks Revisited", *Ethology and Sociobiology*, 1988, p. 321 참조.

4) 여기서는 '아메리카'가 미국을 의미한다. 예를 들어 브라질에서는 원래 작은 가슴이 미의 이상이었다. 많은 젊은 처녀들이 어느 날 갑자기 가슴이 작아지는 꿈을 꾸었다. 본토에서는 400회 이상의 성형수술이 실시되었으며 성형수술은 부분적으로 매우 인기가 있었다. 그러나 여성에게 치명적인 결과를 가져다준 서투른 의사와 돌팔이 의사들이 많았다. *Spiegel* 24, 1993, p. 182 참조.

5) 나중에 유명한 트위기는 고백했다. "난 정말 큰 가슴을 가지고 싶었어요. 납작한 가슴이 더 유행이 되고 있긴 하지만요." A. Marwick, *Beauty in History*, London 1988, p. 374에서 재인용.

6) "마릴린 먼로의 곡선미를 갖는 것이 유행이었지요. 물론 운동을 조금만 더 했으면 좋았을 것을." 물론 근육이 너무 많으면 안 되었다. 여자 보디빌더조차 너무 근육질이면 점수가 깎였다. A. Bolin, "Vandalized Vanity: Feminine Physiques Betrayed and Portrayed", *Tattoo, Torture, Mutilation, and Adornment*, ed. F.E. Mascia-Lees/P. Sharpe, Albany 1992, p. 87ff. 참조.

7) 맥도웰(C. McDowell, *Dressed to Kill*, London 1992, p. 175)은 이에 대해 약간 과장하여 이렇게 말했다. "많은 동성애 디자이너들은 여성의 가슴을 혐오한다. 그들은 인공적이고 예측할 수 있으며 마음대로 조정할 수 있는 실리콘 가슴을 훨씬 더 선호한다." 이런 모델들에게는 유감이겠지만 오늘날, 즉 20세기 말에는 작은 가슴으로의 회귀가 암시되는 듯하다.

8) D. Caldwell, *And All War Revealed*, London 1981, p. 124, 129 참조. 게른 하이히는 '모노키니'의 디자인에 대한 힌트를 피렌체의 패션 전문가인 에밀리 오 푸치(Emilio Pucci)에게서 얻었다.

9) R. Ames/S.W. Brown/N.L. Weiner, "Breakfast With Topless Barmaids", *Observation of Deviance*, New York 1970, p. 36 참조.

10) 예에 관해서는 S. Marinatos, *Archaeologia Homerica: Kleidung, Haar- und Barttracht*, Göttingen 1967, p. A 51 혹은 P. Connolly, *Die Welt des Odysseus*, Hamburg 1986, p. 73 참조. A.C. Vaughan, *The House of the Double Axe*, Garden City 1959, p. 129는 젖을 먹이는 어머니들만 이런 옷을 입었을 거라고 생각했다. 여자들은 이 금고리를 여러 개 달았을 뿐 상체를 가리지 않고 다녔다. H.P. Duerr, *Sedna oder Die Liebe zum Leben*, Frankfurt/M. 1984, p. 186 참조.

11) C. Verlinden, *Les statuettes anthropomorphes crétoises en bronze et en plomb*, Louvain-la-Neuve 1984, p. 107 참조.

12) 이 입상은 이른바 피츠윌리엄 여신이다. 모클로스와 말리아에서 출토된 이 두 개의 여자 입상에는 젖꼭지 대신 두 개의 구멍이 나 있다. 추측컨대 사람들은 이 입상을 우유로 채워서 이 구멍에서 우유가 흘러나오게 했던 것 같다. G.C. Gesell, "The Place of the Goddess in Minoan Society", *Minoan Society*, ed. O. Krzyszkowska/L. Nixon, Bristol 1983, p. 94 참조

13) 모든 제식행위에서 상체를 드러내지는 않는다. P. Faure, *Das Leben im Reich des Minos*, Stuttgart 1976, p. 270, 369 참조.

14) C. Picard, "Die Große Mutter von Kreta bis Eleusis", *Eranos-Jahrbuch*, 1938, p. 62; H.E.L. Mellersh, *Minoan Crete*, New York 1967, p. 65f.; F. Boucher, *Histoire du costume en occident*, Paris 1983, p. 85; R. Castleden, Minoans, London 1990, p. 13 참조. 그리스 티라 섬의 회화에 나오는 가슴을 드러낸 여자들은 크로커스(사프란속에 속하는 식물―옮긴이)를 따고 있다. 산의 성스러움을 위해 여신에게 그것을 바치려는 것으로 보인다. S.A. Immerwahr, "The People in the Frescoes", *Minoan Society*, ed. O.Krzyszkowska/L.Nixon, Bristol 1983, p. 148 참조.

15) 아마도 여사제들은 가슴 위에 투명한 속옷을 착용했던 것으로 보인다. M.G. Houston, *Ancient Greek, Roman and Byzantine Costume*, London 1947, p. 18; E. Abrahams/M.M. Evans, *Ancient Greek Dress*, Chicago 1964, p. 12 참조. 마리나토스(같은 책, p. 30)는 린넨으로 만든 섬세한 흰색 천을 착용한 거라고 생각했다. 회화에서 미케네 여성들의 가슴은 가려져 있는데(그들은 코르셋 밑에 윗도리를 입었던 것으로 보인다) 그럼에도 젖꼭지는 흉곽과 함께

묘사되어 있다. 그래서 예를 들면 검은색의 처진 가슴을 가진 아크로티리(키프로스 중남부에 있는 영국군 점령지−옮긴이)의 여자는 아주 커다란 붉은색 젖꼭지를 가지고 있는데, 이는 마리나토스(*Art and Religion in Thera*, Athens 1984, p. 101)에 의하면 그녀가 젖을 먹이고 있음을 암시한다고 한다.

16) K. Kerényi, *Dionysos*, München 1976, p. 108 참조. 미노스의 크레타에서 가슴이 특히 성적 자극을 불러일으키며 수치심과 관련이 있는 것인지는 알 수 없다. 어쨌든 그리스 시대 후기에는 가슴이 그런 것이었다. 실레노스(주신 바커스의 종복−옮긴이)는 메나데(바커스의 시중을 드는 무녀−옮긴이)의 가슴(τιτθία)을 잡았다. 남자들은 일반적으로 여자의 가슴을 만지고 레즈비언들은 상대방의 가슴을 서로 애무한다. H. Licht, *Sittengeschichte Griechenlands*, Wiesbaden oJ., p. 226; J. Henderson, *The Maculate Muse*, New Haven 1975, p. 149; L. Dunant/P. Lemarchand, *Les amours des dieux*, Lausanne 1977, p. 142ff. 참조. 남자들 역시 흥분한 여자의 가슴이 점점 더 커지고 젖꼭지가 겉옷을 통해 두드러지면 그것을 아주 재미있게 관찰한다. 아프로디테가 파리스 앞에서 가슴을 풀어헤쳤을 때 그녀는 이미 그 경쟁에서 이겼다. D.E. Gerber, "The Female Breast in Greek Erotic Literature", *Arethusa*, 1978, p. 205ff. 참조.

17) W. Barthelmess, "Zwischen Montmartre und Champs-Élysées", *Pariser Nächte*, ed. A. Röver-Kann, Berlin 1994, p. 18 참조.

18) J. Laver, *Taste and Fashion*, London 1945, p. 176.

19) H. Masalskis, "Geschichte der Freikörperkultur", *Ziel und Weg der deutschen Freikörperkultur*, ed. H. Masalskis, Hannover 1964, p. 72; O. Neuloh/W. Zilius, *Die Wandervögel*, Göttingen 1982, p. 128 참조. 이미 1924년에 나체주의자인 한스 수렌(Hans Surén)은 부인과 젊은 처녀들이 '상반신 노출' 차림으로 해변에 나타나도 좋다는 허가를 내달라고 요구했다. "그들 역시 남자들처럼 상체를 벗기를 원한다. 수영팬티만 입고 수영할 수 있기를 원한다."(D. Wildt, *Sonnenkult*, Düsseldorf 1987, p. 110 참조)

20) 나는 당시 어린 처녀였던 수많은 부인들에게 질문했지만 누구도 라버스의 주장을 확인해주지 않았다. 오로지 나의 모친만 1932년경 만하임의 남쪽 해수욕장에서, 사람들과 멀리 떨어져서 특히 용감한 몇몇 처녀들이 '상반신 노출'로 일광욕을 했는데 그에 관해 사람들이 많이 수군거렸다고 알려주었다.

21) C. Schütze, *Skandal*, Bern 1985, p. 212에서 재인용.

22) 같은 책, p. 208. 바티칸 역시 '모노키니'를 당장 금지했다.

23) W.M. Mandel, *Soviet Women*, Garden City 1975, p. 256 참조.

24) 소련 역사에서 최초로, 물론 1988년이 되어서야 여배우 예레나 실리나(Jelena

202. 모스크바 헤비메탈 그룹 '코로샤 메탈라' 의 등장. 1993.

Siliana)가 모스크바의 옐모레바(Jermolewa) 극장에서 공연된 「자유의 2년」
(Im Jahre 2 der Freiheit)에서 가슴을 드러내었다. Spiegel 40, 1988 참조. 그
동안 러시아 무대에서는 이와는 아주 다른 연극들이 공연되었다(그림202).

25) Schütze, 앞의 책, p. 200 참조.

26) Spiegel 30, 1978, p. 122f. 참조. 크레타에서는 물론 170마르크 이상의 벌금
형이나 15일간의 구류를 선택할 수 있었다.(Frankfurter Rundschau, 1978, 8.
3.) 그리고 스튜어트(C. Stewart, "The Exotika: Greek Values and Their
Supernatural Antitheses", Arv, 1985, p. 49)는 낙소스의 마을 카페에서 다음
과 같은 글이 적힌 쪽지를 발견했다. "그리스 남자들이여, 그리스 여자들이여!
나체주의('상반신 노출'로 다니는 것을 의미했다)가 유행이다. 그것은 악마가
인간을 파괴시키고 인간에게 치욕을 주고 정신적 죽음을 맞게 하기 위하여 외
국의 타락한 것들(ekphyla onta tou exoterikou)을 이용해서 유행시킨 것이
다." 1986년 사르디니아에서는 '상반신을 노출한' 스웨덴인 여행객 두 명이 그
지방사람들로부터 돌세례를 받았다. 그리고 3년 후 리구리아 해안에서 한 이탈
리아 여자가 미성년의 김나지움 학생들로부터 똑같은 일을 겪었다. Spiegel 14,
1989, p. 215 참조. 치퍼른 북부 같은 지중해 지역 몇 군데에서는 오늘날까지
도 '상반신 노출' 해수욕 자체가 아주 한적한 해변에서도 아주 큰 위험부담을
안고 감행해야 하는 모험이다. C. Petry, *Geschlossene Gesellschaft*, Bremen

1995, p. 69 참조.

27) 그 전에 1978년 여름 베른 경찰서가 대중 수영장에서 '상반신을 노출'하고 다니는 것을 특별히 허가해주었다. *Spiegel* 30, 1978, p. 124 참조.

28) M. Jäger, "Kleidung und Mode", *Handbuch der schweizerischen Vlokskultur*, Bd. I., ed. P. Hugger, Zürich 1992, p. 292에서 재인용.

29) 1989년 여름에 취리히 시당국은 '뷔텔른'(bütteln), 즉 벌거벗고 수영하는 것을 대중 수영장에서 허용했다. 설문조사에 의하면 취리히 사람들의 18퍼센트만이 이런 규정에 '엄격하게' 반대했다. *Neue Revue* 33, 1989 참조. 1986년 초여름에 하이델베르크 시당국은 노이엔하임의 네카 공원 앞에 간판을 세워놓았다. 그 위에는 일광욕을 권하지만 '적어도 성기만은 가려달라'는 글이 적혀 있었다. "왜냐하면 그것이 사람들의 관심을 끌기 때문이다." 여성들의 '토플리스' 수영은 더 이상 이야깃거리도 못 되었다. 1988년 연방독일의 설문조사에 의하면 16세에서 80세까지 1천 명의 여자들 중 44퍼센트가 해변에서 공개적으로 '토플리스'로 다닐 '준비가 되어 있지 않다'고 말했다. 30세 이하의 여자들 13퍼센트만이 '적당한 장소'에서, 특히 해변과 수영장에서 '아래도 벗고' 다닐 준비가 되어 있다고 말했다. *Rhein-Neckar-Zeitung*, 1988. 6. 15 참조. 2년 전에 실시된 설문조사에 의하면 모든 여자들 중 33퍼센트만이 사람들이 많이 모이는 장소에서 하체를 노출한 채 다른 사람들과 함께 수영하는 것이 '혐오스러운 일'이라고 말했다. 같은 책, 1986. 4. 17. 참조.

30) Schütze, 앞의 책, p. 203ff. 참조.

31) M. I. Pereira de Queiroz, *Carnaval brésilien*, Paris 1992, p. 136f., 144, 149f. 참조. 1980년에 에스콜라 데 삼바의 퍼레이드와 카니발 무도회에 참여한 많은 여자들은, 리오 시당국이 이를 금지하고 가슴 노출을 해변에서만 제한했음에도 상반신을 노출했다. 그 다음해에는 많은 젊은 여자들이 고급 클럽 '카네카웅'에서 벌거벗은 가슴을 드러내었다. 그리고 다른 클럽에서는 여성 손님의 반 이상이 가슴을 드러냈다. 레즈비언들이 이와 관련하여 일반적으로 매우 소극적이었던 반면 10년 후 이성애의 여성들은 저녁에 가슴을 노출하고 나타나는 것을 거의 필수불가결한 것으로 여겼다. M. I. Pereira de Queiroz, *Carnaval brésilien*, Paris 1992, p. 136f., 144, 149f. 참조. 특히 카니발 기간 중 리오와 브라질의 다른 대도시에서는 대로 및 바와 클럽에서도 '상반신 노출' 차림으로 돌아다녔다.(F.L. Whitam/R.M. Mathy, *Male Homosexuality in Four Societies*, New York 1986, p. 141 참조) 그리고 1994년 리오의 해변에서 가슴 노출이 금지되었을 때도 카니발 기간 동안은 가슴 노출의 자유를 침해하지 않았다.(1995년 2월 28일의 3 sat) 과거에는 공창들만 유곽 창문에서 가슴을 드러내었다.(S. L. Graham, *House and Street: The Domestic World*

of Servants and Masters in 19th-Century Rio de Janeiro, Cambridge 1988, p. 45 참조) 그럼에도 가난한 흑인 여성들 상당수도 상체를 불완전하게 가렸던 것으로 보인다. 1870년 시의회는 그들이 앞으로 '정숙한 의복'을 착용해야 한다고, '즉 공공의 명예와 도덕에 혐오감을 주는 육체의 어느 부분도 보이게 해서는 안 된다'(같은 책, p. 93 참조)고 규정했다. 명백히 많은 부인들이 적어도 낯선 환경에서는 그런 규정들을 무시했다. 어쨌든 1875년 페마른 성의 해안에서 '상반신 노출'로 수영하던 '검은머리에 불타는 듯한 눈을 가진 브라질 여성' 한 명이 '견진성사를 받은 딸 둘과 함께 산책을 하던' 지방 명사 부부의 눈에 띄었다. 그들은 곧바로 경찰에 신고했다. 경찰이 도착했을 때 이런 광경을 놓치지 않으려는 군중들이 빽빽하게 몰려들었다. P. Wiepert, "Die Entwicklung eines Ostseebades", *Die Heimat*, 1957, p. 71 참조.

32) W. D. Lorensen, "Sex Offenses: Voyeurism and Indecent Exposure", *Encyclopedia of Crime and Justice*, ed. S.H. Kadish, New York 1983, p. 1496 참조.

33) *Rhein-Neckar-Zeitung*, 1988. 12. 13. 1994년 미국의 동부 해안에서 가슴을 완전히 노출하고 엉덩이는 불충분하게 가렸던 여자들이 많이 체포되었다. 테네시에서는 마네킹을 '상체를 벌거벗긴 채' 서 있게 했다는 이유로 부티크 소유주가 고발당했다. *Weserkurier*, 1994. 3. 14. 국립 라디오와 TV 검열당국인 FCC는 모든 상업 TV 방송국에 가슴을 노출한 여자가 등장할 경우 허가를 취소하겠다고 협박했다. 오직 벌거벗은 등만이 가능했다. 그러나 그것도 '자극적인 움직임'을 포기할 경우에 한했다.

34) 뉴올리언스의 마르디 그라스에서는 1980년대 말 거리에서 '음부를 가리는 조그만 천조각'만을 걸친 여자들을 볼 수 있었다. S. Kinser, *Carnival, American Style*, Chicago 1990, p. 266f. 참조.

35) *Weser-Kurier*, 1993. 12. 12.

36) RTL2, 1995. 4. 6. 진 할로(Jean Harlow)는 영화 녹화하기 전에 젖꼭지 위에 얼음 조각을 얹어놓았다고들 한다. 젖꼭지가 천을 통해 더욱 두드러져 보이도록 하기 위해서 말이다. G.S. Freyermuth/R. Fabian, *Der erotische Augenblick*, Hamburg 1984, p. 314 참조. 1929년에 할로는 반투명 베일을 걸치고 촬영을 했는데 그 베일을 통해 그녀의 젖꼭지가 정확하게 드러냈다. J. Kobal, *The Art of the Great Hollywood Portrait Photographers 1925~1940*, London 1980, p. 52f. 참조. 1970년대에 미국의 많은 젊은 여자들이 저녁에 외출하기 전 젖꼭지 위에 얼음 조각을 올려놓았다. D. Ayalah/I.J. Weinstock, *Breasts*, New York 1979, p. 99 참조.

37) *Rhein-Neckar-Zeitung*, 1988. 8. 10. 그보다 1년 전에 베네치아에서는 가슴을

노출한 채 시내를 돌아다니던 여자가 '야만적인' 행동으로 해서 (그리 가혹하지는 않은) 5만 리라의 벌금을 물어야 했다.(같은 책, 1987. 7. 7.) 칼라브리아와 시실리에서는 이 시기에 상체를 노출한 여자 여행객 역시 '대중에게 수치심을 불러일으켰다고' 해서 벌을 받았다. D. Polaczek, *Gebrauchsanweisung für Italien*, München 1988, p. 150 참조.

38) *Spiegel* 35, 1982, p. 135 참조

39) *Spiegel* 34, 1995, p. 200f. 프랑스 해변에서도 '상반신 노출'로 일광욕을 하는 여자들 중에 가슴이 처진 여자들은 대부분 그런 종류의 거부감 있는 시선을 의식해서 자의로 해변을 떠나거나 아니면 상반신을 옷으로 가렸다. "사방에 매달려 있는 아주 부드럽고 물렁물렁한 젖가슴은 정말로 끔찍하다." 한 해변 방문객이 이렇게 말했다. J.-C., Kaufmann, 1995, p. 155 참조.

40) 예를 들면 해변에서 상의를 벗곤 했던 24세의 여자는 가슴이 이미 약간 '처진' 여자들에 관해 이렇게 말했다. "나는 충격을 받은 것이 사실이다." 그리고 더 젊은 한 여자는 이렇게 말했다. "스물다섯 살이 되면 여자들은 더 이상 유행을 지나치게 따르지도 않아. 이제 더 이상 자기 가슴을 보여주고 싶어지지도 않지."(같은 책, p. 83f.)

41) E. Herold/B. Corbesi/J. Collins, "Psychosocial Aspects of Female Topless Behavior on Australian Beaches", *Journal of Sex Research*, 1994, p. 141 참조.

42) 이미 식민지 시대에 자주 가슴을 드러내던 '흑인의 아름다움'이 이런 자세로 촬영되었다. R. Corbey, "Alterity: The Colonial Nude", *Critique of Anthropology*, 1988, p. 79 참조. 나체 사진에 관한 최근의 전문서적에는 아주 뻔뻔스럽게 이렇게 적혀 있다. "촬영하면 더욱 아름다워 보일 것 같은 그런 가슴의 형태, 누드 사진을 찍기 위해서는 그것으로 충분하지 않다." 그 이유는 이렇다. "큰 가슴은 대부분 사진이 잘 받지 않는 약점이 있다. 커다란 가슴은 지구의 중력에 특히 영향을 많이 받는다. 모델의 표정이 섹시하거나 그녀가 좋은 체격을 가지고 있다면 그 모델을 찍어라. 그 모델 가슴의 부족한 부유력을 아마도 팔짱을 끼게 함으로써 약간 보충할 수 있을 것이다. 아니면 모델을 눕게 하거나." (C. Schmerl, "Kunst, Kommerz, Kommunikation", *Frauenzoo der Werbung*, ed. C.Schmerl, München 1992, p. 159에서 재인용)

43) 자칭 '상반신 노출' 실천주의자인 한 젊은 여자는 이렇게 말했다. "그 여자들은 가슴이 작은데도 벌거벗은 가슴을 그대로 내보이는 것을 어쨌든 부끄러워하지 않았다는 것이다."(Kaufmann, 앞의 책, p. 94)

44) 예를 들면 1994년 RTL 여자 사회자인 에스터 슈바인스(Ester Schweins)가 이런 일을 겪어야 했다. 그녀가 '뢴트겐 이브닝드레스'를 입고 밤비 시상식에 나

타나자 다음날 언론은 그녀의 '달걀 프라이 가슴'에 대해 조롱했다.

45) F.-C. Schroeder, Pornographie, *Jugendschutz und Kunstfreiheit*, Heidelberg 1922, p. 61 참조.

46) W. Davis는 "'Der Neger denkt ja nicht' : Fremde im deutschen Fernsehen", *Menschenfresser, Negerküsse*, ed. M. Lorbeer/B. Wild, Berlin 1991, p. 98에서는 이를 이 야성적인 여자가 (침실에서가 아니라) 바로 '자연' 속에서 그랬기 때문이라고 설명하고 있다. 그런데 그의 설명은 적합하지 않은 것처럼 보인다. 왜냐하면 울라 야콥센(Ulla Jakobsen)은 1952년에 「그녀는 여름에만 춤을 추었다」에서 마찬가지로 '자연 속에서' 그랬다. 즉 발트 호에서 수영을 했지만 그럼에도 그 영화는 스캔들을 불러일으켰다. 그것은 야콥센이라는 스웨덴 여배우가 성숙한 여인이었기 때문이다.

47) Kaufmann, 앞의 책, p. 59, 184.

48) 아일랜드 여자들의 가슴에 수치심에 관해서는 아주 오래전부터 서로 다른 정보들이 있다. 보고자들이 아일랜드 섬주민을 어떤 관점에서 보았는가에 따라 다른 것이다. 한편으로 그곳 여자들은 이미 식민지화가 시작되던 때부터 수치심을 모르고 탐욕스럽다고, 즉 윌리엄 캠든(William Camden)이 1610년 표현했듯이 '음탕함 그 자체보다 더 음탕한' 것으로 묘사되었다.(W. Palmer, "Gender, Violence, and Rebellion in Tudor and Early Stuart Ireland", *Sixteenth Century Journal*, 1992, p. 707f. 참고) 그리고 1596년 에드먼드 스펜서(Edmund Spenser)는 이렇게 보고했다. "영국법과 관습이 알려지지 않은 외지에서 아일랜드인 추장들은 남녀 할 것 없이 추운 겨울에도 천조각으로 몸의 은밀한 부분만을 감추고 그 위에 헐렁한 겉옷만을 걸쳐서 거의 벌거벗다시피 한 채로 돌아다녔다. 그래서 아침식사 전에 노파를 보는 것은 아마 속을 꽤 불편하게 만들었을 것이다."(R. Jones/P. Stallybrass, "Dismantling Irena : The Sexualizing of Ireland in Early Modern England", *Nationalisms Sexualities*, ed. A.Parker et al., New York 1992, p. 166에서 재인용) 그보다 거의 300년 후에 독일 여행자는 코네마라에서 그에게 손뜨개질한 양말을 팔았던 젊은 여자에 관해 비슷하게, 다만 좀더 서정적으로 이렇게 말했다. "나는 그녀가 거의 벗은 채 다닌다고 말하지 않을 수 없다. 그녀는 무릎까지 닿는 찢어진 셔츠를 입고 있었다. 그리고 그 위에 몇 가지 붉은색 누더기를 걸쳤다. 이 누더기들은 훌륭한 피조물의 육체적 매력을 아무것도 감추지 못하고 오히려 그것을 강조했다. 그녀는 거기에 서 있었다, 암석 위, 저녁 여명 속에 벌거벗은 장딴지 위로 붉은색 누더기를 날리면서. 아름답고 매끈한 갈색 타원형 얼굴 위로 검은머리가 바람에 휘날렸다. 그러면서 황야의 바람이 셔츠를 오르락내리락 하게 함에 따라 처녀의 가슴이 완전히 드러났다."(J. Rodenberg, *Die Insel der*

Heiligen, Bd. II, Berlin 1860, p. 138 참조) 1779년 영국인 여행자인 필립 러컴비(Philip Luckombe)는, 시골에서는 가족 전체가 한 방에서 밤을 보내기 때문에 젊은 남자가 여동생의 벌거벗은 가슴을 보는 일이 틀림없이 일어났겠지만 그럼에도 그것은 거의 성적 흥분을 불러일으키지 않았을 것이라고 추측했다. "이 불쌍한 인간들에게 자기 여동생이나 누나의 벗은 가슴을 보는 것은 더 잘 사는 나라 사람들이 얇은 천으로 가려놓은 가슴을 보는 것과 마찬가지이다." (E. MacLysaght, *Irish Life in the Seventeenth Century*, Cork 1939, p. 68) 다른 한편으로 예를 들면 1645년 리누치니 주교의 비서인 도토레 디오니시우스 마사리(Dottore Dionysius Massari)는 아일랜드 여자들이 수줍어하는 데 대해 특별히 강조했다.(J. Carty, *Ireland*, Bd. I, Dublin 1949, p. 15 참조) 그리고 다른 여행객들도 이 시기에 가난한 시골 여자조차도 항상 가슴받이가 코르셋 위 가슴이 시작되는 부분을 가리도록 신경썼다고 보고하고 있다. F. Hottenroth, Trachten, Bd. II, Stuttgart 1891, p. 145 참조. 여성의 가슴이 당시 수치심과 관련이 있었다는 것은 존 던턴(John Dunton)의 보고에서 간접적으로 드러난다. 그는 17세기에 더블린의 '한가로이 산책하는 예의바른 아가씨들'은 사람들이 그들에게 '짐마차 뒤에서 백합같이 하얀 그들의 피부를 허리까지 노출하도록 강요'했던 사건으로 인해 굴욕감을 느끼게 되었다고 전한다.(MacLysaght, 같은 책, p. 382) 그리고 헨리 메이휴(Henry Mayhew, 1812~87, 영국의 언론인)는 1850년 한 방에 수많은 침대가 놓여 있는, 런던의 가장 낮은 등급의 '숙소'에 관해 이렇게 기술했다. "아일랜드 여자들은 말하는 투가 다른 여자들에 못지않게 거칠다. 그러나 내가 알기로는 아일랜드 여자들은 침대 속에서 옷으로 몸을 가린다고 한다. 반면에 다른 여자들은 그런 조신함이나 품위가 전혀 없다."(E.R. Pike, "Golden Times", New York 1967, p. 299) 이와 같은 관찰을, 이미 반세기 전에 웨이크필드(Wakefield)도 한 바 있다. S.J. Connolly, *Priests and People in Pre-Famine Ireland 1780~1845*, Dublin 1982, p. 192 참조. 아일랜드의 게일어 사용지구 섬에서 과거에는 여자가 절대 남자 앞에서 가슴을 드러내지 않았다고 한다. 여자들이 토요일 저녁 몸을 씻을 때면 얼굴, 목 등 옷 밖으로 드러난 것만 씻었다. 그것도 조용한 방에서만. 여자들이 바다에서 '수영'을 할 때면 부드러운 물속을 돌아다니면서 치마를 (혼자 있을 경우에만) 기껏해야 무릎 높이까지밖에 들어올리지 않았다. 그들은 항상 속옷을 입고 잤으며 절대 옷을 벗고 자지 않았다. 그리고 다른 사람들이 있는 데서는 어떤 여자도 절대 속옷을 갈아입지 않았을 것이라고 한다. J.C. Messenger, "Sex and Repressionin an Irish Folk Community", *Human Sexual Behavior*, ed. D.S.Marshall/R.C.Suggs, New York 1971, p. 18f. 참조. 실제로 어떤 사적인 공간도 존재하지 않았던 19세기의 이민선에

서 아일랜드 여자들, 고지 스코틀랜드 여자들 역시 영국 여자들과는 반대로 전혀 씻지 않았다. D. Charlwood, *The Long Farewell*, Ringwood 1981, p. 165f. 참조.

49) *Rhein-Neckar-Zeitung*, 1989. 1. 14.

50) 실론 섬의 원주민 및 타밀족 여자들은 원래 목욕할 때 무릎에서 어깨까지 몸을 가렸다. 어린 여자아이들 역시 가슴이 솟아나오기 시작하자마자 절대 상체를 벗지 않았다. P. Wirz, *Exorzismus und Heilkunde auf Ceylon*, Bern 1941, p. 273; N.D. Wijesekera, *The People of Ceylon*, Colombo 1949, p. 118; M. Carrithers, *The Forest Monks of Sri Lanka*, Delhi 1983, p. 188 참조. 물론 어머니들은 과거에 가끔 상체를 드러내기도 했지만 그것도 집안 내에서만 그러했다. R.K. de Silva/W.G.M. Beumer, *Illustrations and Views of Dutch Ceylon 1602~1796*, Leiden 1988, p. 358, 373, 376 참조. 이미 1970년대에 자유분방하게 가슴을 노출했던 '대안적인 배낭여행자들'이 엄청난 불쾌감을 불러일으켰다. 스리랑카의 남부에서는 완전히 벌거벗고 마을 샘에서 몸을 씻곤 하던 한 젊은 미국 사람이 원주민의 정숙한 충고에도 아무런 반응을 보이지 않자 어느 날 노파가 그에게 몰래 다가가 붉게 달아오른 쇠부지깽이로 그의 벌거벗은 등에 낙인을 찍어버렸다. R. O'Grady, *Gebrochene Rosen*, Unkel 1992, p. 102 참조.

51) F.K. Errington, *Manners and Meaning in West Sumatra*, New Haven 1984, p. 63 참조. 놀랍게도 모계사회인 미낭카바우족 여자들은 가슴을 가렸다. 반면 부계사회인 수마트라의 많은 종족의 여자들은 상체를 노출하고 다녔다. O.J.A. Collet, *Terres et peuples de Sumatra*, Amsterdam 1925, p. 359f., 435 참조. 메체가 나에게 전해주었듯이 그녀 자신은 집에서 '상반신 노출'로 다니는 미낭카바우족 여자를 본 적이 없다고 했다. 여성의 의복은 목선이 넓게 파이지도 않고 몸에 딱 달라붙지도 않는다. 한 여성 민속학자가 언젠가 블라우스의 가장 윗단추를 풀자 한 여자가 무뚝뚝하게 그것은 몰염치한 짓이니 단추를 다시 잠그라고 말했다. -, 1995, p. 201, 204 참조.

52) J. Fiske/B. Hodge/G. Turner, *Myths of Oz*, Boston 1987, p. 63 참조.

53) 원래 발리의 공창들은 가슴을 가렸다. L. Blank, "Nudity as a Quest for Life the Way It Was Before the Apple", *Psychology Today*, June 1969, p. 19 참조.

54) 헤닝 아이히베르크(Henning Eichberg)는 1986년 5월 17일자 편지에서 나에게 이렇게 전했다. 오늘날 사쿠다이 여자들이 행정당국과 경찰서가 위치한 무아라 시베루트 방향으로 이동할 경우에는 가슴을 가리지만 자기네 마을에서는 가슴을 가리지 않는다. 그와 비교할 때 겨우 몸을 가린 여성 여행자는 무례하게

203. 목욕하는 타밀족 여자.

여겨졌다. 왜냐하면 그녀는 방문을 하면서 그렇게 옷을 입었기 때문이다.

55) B.A. Groh가 "Tourismus oder Terrorismus?", *Arkaden 3*, 1992, p. 138f. 에서 이렇게 충고했다. '백인이 원주민과 같이 생활하는 것'에 관해서는 H.P. Duerr, *Traumzeit*, Frankfurt/M. 1978, p. 158 역시 참조.

56) C. Makhlouf, *Changing Veils*, London 1979, p. 37f.

57) Kaufmann, 앞의 책, p. 148f. 참조. 20년도 더 전에, 여자들이 자신의 벌거벗은 몸을 보여주기 위하여 그리고 그것을 통해 다른 사람들을 성적으로 자극하기 위해 나체주의자 캠프에 들어가는 게 아니냐는 질문에 미국의 한 나체주의 추종자는 이렇게 말했다. "거의 모든 사람들이 단순히 나체주의자 캠프가 나체주의를 섹스와 연결시킨다고 생각하기 때문에 그렇게 한다. 그러나 나는 그것이 지속되리라고는 생각하지 않는다."(R.W. Winslow/V. Winslow, *Deviant Reality*, Boston 1974, p. 150) 미국의 나체주의자들에게 익명의 설문조사를 실시한 결과 질문을 받은 사람들 중 9퍼센트만이 성적인 동기에서, 특히 낯선 남자들 앞에서 자신의 나체를 과시하기 위하여 나체주의자가 되었다고 대답했다. 그들은 그것을 매우 즐겼다고 한다. M.F. DeMartino, *The New Female Sexuality*, New York 1969, p. 169f. 참조. 다른 한편으로 많은 나체주의자들이 캠프에 독신 남자들, 즉 아내가 없는 남자들이 들어오는 것을 원치 않았다. 왜냐하면 그들이 그저 '그 남자들에게 추파를 던지기 위해' 왔다는 느낌을 주게 되기 때문이다. G.S. Page, "The Social Organization of Southern Ontario Nudist Camps", *Social Deviance in Canada*, ed. W.E.Mann,

Vancouver 1971, p. 396 참조.

58) Kaufmann, 앞의 책, p. 134f., 137f.

59) 질문을 받은 전체 호주 여대생들 중 27퍼센트가 '상반신 노출'로 다니는 동기로 노출증을 들었으며, 62퍼센트는 가슴 노출이 남자 방문객을 성적으로 자극한다는 확신을 가지고 있었다. 그리고 3분의 1은 '상반신을 노출하는' 여자들은 그렇지 않은 여자들보다 성적으로 더 추근거림을 당할 거라고 생각했다. E. Herold et al., "Psychosocial Aspects of Female Topless Behavior on Austalian Beaches", *Journal of Sex Research*, 1994, p. 137f. 참조. 젊은 호주 여자들이 프랑스 여자들보다 '상반신 노출'에 더 강한 성적 의미를 부여하는 점이 눈에 띈다. 추측컨대 이는 호주 여자들이 성적으로 더 자극을 받아서가 아니라 호주 여대생들은 익명으로 설문조사를 받았지만 프랑스 여대생들은 그렇지 않았다는 데 그 원인이 있을 것이다.

60) Kaufmann, 앞의 책, p. 53: Herold et al, 앞의 책, p. 137. 설문조사 결과 많은 여자들에게 가슴은 잠재력의 상징이며, 그래서 그녀의 자의식에서 가장 큰 의미를 지닌다. 설문조사를 받은 여자들은 두번째 혹은 그 이후에야 '모성'이나 '성적 욕구'를 가슴과 관련시켰다. I. Lackinger/S. Glang/I. Rechenberger, "Sind weibliche Brüste ein Potenzsymbol?", *Verbandlungen der Deutchen Gesellschaft für Gynäkologie und Geburtshife*, ed. D.Krebs/D.Berg, Heidelberg 1993, p. 1202 및 H.P. Duerr, *Der Mythos des Zivilisationsprozeß. Obszönität und Gewalt*, Frankfurt/M. 1993, 3장 참조.

61) Spiegel 35, 1969, p. 140 참조.

62) K. Fraser, *The Fashionable Mind*, New York 1981, p. 251 참조.

63) G. Heuer, *Problem Sexualität im Strafvollzug*, Stuttgart 1978, p. 11에서 재인용. 10년 전에도 브래지어를 착용하지 않은 많은 젊은 여자들이 젖꼭지가 두드러지지 않도록 그 위에 반창고를 붙였다. Ayalah/Weinstock, 같은 책, p. 80 참조.

17. 자유로운 가슴과 자유롭지 못한 가슴

1) R. Harré, "Embarrassment: A Conceptual Analysis", *Shyness and Embarrassment*, ed. W.R. Crozier, Cambridge 1990, p. 196.

2) 예를 들어 42세의 프랑스 여자는 이렇게 말했다. "나는 가슴에 자신이 없다. 그래서 내 가슴을 보여주지 않을 것이다." (J.-C. Kaufmann, *Corps de femmes, regards d'hommes*, Paris 1995, p. 149) 자신의 가슴이 너무 작다고 생각한

영국 여자들 중 100퍼센트가 다른 여자들 앞에서도 상체를 드러내는 것을 부끄러워한다고 말했다. 79퍼센트는 벌거벗은 가슴을 남편이 보는 것조차 부끄럽다고 말했다. 조사대상 집단에서는 그것이 14퍼센트 및 7퍼센트였다. S. Beale/H.-O. Lisper/B. Palm, "A Psychological Study of Patients Seeking Augmentation Mammaplasty", *British Journal of Psychiatry*, 1980, p. 135 참조.

3) 물론 설문조사에 참여한 호주 여대생의 31퍼센트는 익명으로 해변에서 상의를 벗은 적이 있었다고 고백했다. 그러면서 그들은 그것을 '불편하게' 느꼈다고 한다. 젊은 여자들의 거의 반수 정도가 벌거벗은 젖가슴 때문에 성적으로 부담스러웠다고 했다. E. Herold et al., "Psychosocial Aspects of Female Topless Behavior on Australian Beaches", *Journal of Sex Research*, 1994, p. 137 참조.

4) Kaufmann, 앞의 책, p. 195 참조.

5) Herold et al., 앞의 책, p. 138 참조. 77퍼센트는 상의를 벗게 된 동기로 적당하게 그을린 갈색 피부를 들었으며, 42퍼센트는 그것이 '자연스럽기' 때문이라고 대답했다. Kaufmann, 앞의 책, p. 45f. 역시 참조. 익명으로 설문조사를 받은, '상반신 노출'을 하지 않은 사람들 중에서 48퍼센트가 그 이유로 '부끄러움'를 들었고, 25퍼센트는 남자들이 벗은 가슴을 보는 것을 원치 않았기 때문이라고 대답했다. 대략 3분의 1 정도는 그런 것이 '비도덕적'이기 때문이라고, 나머지 3분의 1 정도는 자신의 가슴이 '매력적이지 않기' 때문이라고 답했다.

6) *Rhein-Neckar-Zeitung*, 1992. 5. 30.

7) P. Glynn, *Skin to Skin*, New York 1982, p. 53f. 참조.

8) *La Nazione*, 1996. 1. 15.

9) 10년 전에도 미국의 여자 테니스 선수들은 세트 사이사이에 땀에 젖은 셔츠를 갈아입었으며, 그래서 잠시 브래지어만 걸친 그들의 모습을 볼 수 있었기 때문에 많은 주목을 끌었다. 1988년 6월에 바바라 포터(Barbara Potter)는 윔블던에서 운동복을 갈아입고자 하니 그동안 수건으로 가려달라고 부탁했다. 그러나 수건을 들고 있는 볼보이들이 브래지어를 한 젊은 여성을 봄으로써 도덕적으로 위험해질 수 있다는 이유로 옷을 갈아입는 것이 금지되었다. 육상이나 체조 같은 분야의 여자 운동선수들은 오늘날에도 많은 남성 관중을 끌어모은다. 운동복을 통해 그래도 여성 육체의 많은 부분들이 드러나기 때문이다. L. J. Kolnes, "Heterosexuality as an Organizing Principle in Women's Sport", *International Review for the Sociology of Sport*, 1995, p. 67 참조. 그래서 예를 들면 TV에서 젊은 여자들이 기계체조 비슷한 운동을 하는 것을 즐겨 보던 베를린의 한 민속학자는 이렇게 말했다. "나는 그것이 매우 에로틱하다고 생각한

다……. 여자들은 대부분 매우 아름답다. 그리고 카메라가 제대로 비추면 사람들은 매우 많은 것을 볼 수 있다. 그들은 일반적으로 핍쇼에서보다 더 많이 벗는다."(H. Bilitewske et al, *Freier*, Hamburg 1991, p. 95에서 재인용)

10) R. Gaudriault, *La gravure de mode féminine en France*, Paris 1983, p. 94 참조. 벌써 3세기와 4세기에 일부 로마의 '부인들'은 공개적으로 비판을 받았다. 반투명의 '중국 비단으로 만든 겉옷'을 착용했기 때문에 말이다. J. Clapp, *Art Censorship*, Metuchen 1972, p. 27 참조.

11) 이런 유행은 러시아에서는 틀림없이 이런 운동과 관계가 있었을 것이다. 1992년 모스크바, 페트로그라드, 오데사, 사라토프 그리고 다른 도시에서 시위자들이 거리에서 행진을 하면서 '수치심을 버려라!' 라는 문구가 적힌 현수막을 높이 들고 다녔다. 시위자들은 일부는 경찰에 의해. 일부는 사람들 말대로 '분노한 노동자' 들에 의해 추방당했고, 옷을 입지 않은 여자 시위자들은 심지어 그 장소에서 공개적으로 강간당하기도 했다. M. Stern/A. Stern, *Der verklemmte Genosse*, Berlin 1980, p. 39 참조.

12) 당시 『헤럴드 트리뷴』은 이렇게 해설했다. "쿠레주의 모든 것은 투명하다. 계산서까지."(*Spiegel* 7, 1969, p. 157)

13) I. Loschek, *Mode-und Kostümlexikon*, Stuttgart 1987, p. 456 참조.

14) Spiegel 33, 1973, p. 103. 수영복을 통해 유두 및 음순이 두드러져 보이는 데 대해 19세기에 지속적으로 문제제기가 되었다. 그래서 예를 들면 1687년에 셀리어 파인스(Celia Fiennes)는 영국 도시 바스의 온천객에 관해 이렇게 썼다. "여인들은 정교하게 파인 누런 캔버스 천으로 만들어진, 교구목사의 가운처럼 소매가 커다란 그런 가운을 입고 목욕탕에 들어간다. 이것은 물이 옷에 가득 차서 몸의 형태가 드러나지 않으며 다른 옷들처럼 몸에 달라붙지도 않는다."(P. Cunnington/A. Mansfield, *English Costume for Sports and Outdoor Recreation*, London 1969, p. 259 참조) 19세기에 많은 부인들이 수용복을 사기 전에 몸의 세밀한 부분들이 드러나지 않는지 확인하기 위해 젖은 상태에서 시험을 해보았다. S. Howell, *The Seaside*, London 1974, p. 119 참조. 물론 모든 여자가 이런 것은 아니다. 그래서 『숙녀의 스포츠 북』(*Genlewomen's Book of Sports*)에는 한 부인의 이런 보고가 수록되어 했다. 그녀가 트루빌에서 산 수영복을 입고 바다로 나갔다가 바로 수영을 하고 되돌아왔다. 그녀가 파도를 뚫고 해변으로 올라오자 '수백 개의 눈들이' 그녀에게 집중되었다. 왜냐하면 그녀의 수영복이 물과 접촉하자 완전히 투명하게 되었기 때문이다. F. Fraser, *The English Gentlewoman*, London 1987, p. 186 참조. 전혀 정숙하지 않았던 빅토리아 여왕 역시 수영 후에 천연비단으로 만든 반투명 원피스를 걸쳤다. 그 옷이 그녀의 젖은 몸에 딱 달라붙어서 더 이상 상상력을 작동시킬

필요가 없을 정도였다. D. Duff, *Victoria und Albert*, München 1990, p. 276 참조. 그에 반해 페마른에서는 1861년 상당수 여자들이 이른바 '가슴 깔때기', 즉 뾰족한 모양으로 손뜨개질해서 붙인, 흰색 아마로 만든 불룩한 주름을 둘렀다. 가슴의 상세한 굴곡이 수영복을 통해 두드러지지 않도록 하기 위해서였다. P. Wiepert, 'Die Entwicklung eines Ostseebades", *Die Heimat*, 1957, p. 69 참조. 19세기 말경에 사람들은 수영복으로 대부분 (검은색, 붉은색, 크림색, 파란색, 혹은 넓은 줄무늬의) 서지(무늬가 씨실에 대하여 45도로 된 모직물―옮긴이)를 사용했다. 왜냐하면 이 소재가 젖은 상태에서 늘어나거나 달라붙지 않기 때문이다.(L. Hampel, "Hundert Jahre Badeanzug", *Lenzinger Berichte*, August 1964, p. 78 참조) 그러나 황금시대가 지나면서 대부분 운동복은 점점 더 몸에 딱 달라붙게 되었다. 1923년 의사인 에리히 불펜(Erich Wulffen)은 이렇게 말했다. "젖으면 몸에 착 달라붙는 투명한 수영복은 완전한 여성의 몸매를(가슴, 하체, 심지어 가끔은 치모, 그리고 엉덩이까지) 보여준다. 이는 어떤 의미에서는 가면을 쓴 노출증이라고 할 수 있다." (E. Wulffen, *Das Weib als Sexualverbrecherin*, Flensburg 1993, p. 82) 이런 이유에서 예를 들면 호주 남부의 해변에서는 '남성이 20야드보다 가까이 접근하는 것을' (J.A. Daly, "A New Britannia in the Antipodes", *Pleasure, Profit, Proselytism*, ed. J.A.Mangan, London 1988, p. 171) 금지했다.

15) I. Loschek, *Mode-und Kostümlexikon*, Stuttgart 1987, p. 69 참조.

16) 이미 중세에 딱 달라붙는 튜니카와 고정 붕대를 통해 날씬한 허리를 만들 수 있었다. '코르셋'(corcet)이라는 단어는 13세기 중반 처음 등장했던 것으로 보인다. R. Lothar, "Sittengeschichte des Korsetts", *Sittengeschichte des Intimen*, ed. L. Schidrowitz, Wien 1926, p. 90 참조. 물론 이미 12세기에 대부분 의복 위에 착용하며, 앞에서 끈으로 묶는 아마나 부드러운 가죽으로 만든 코르셋이 있었다. 프랑스에서는 13세기 허리 주위에 묶어서 가슴을 치켜올리는 허리띠를 '방도'(bandeau)라고 불렀다. A. Franklin, *La vie privée au temps des premiers Capétiens*, Bd. I, Paris 1911, I, p. 267 참조. 14세기의 옷 아래에 입는 코르셋은 일반적으로 '코테'(cotte, 프랑스어의 'cte'에서 나왔으며 '갈빗대'라는 뜻)라 불렸다. 중세 말기에 사람들은 코르셋을 지지하는 두 개의 아마층 사이에 바로 굳어버리는 풀을 발라서 코르셋을 더욱 단단하게 만들었다. 이 시기에 코르셋을 프랑스에서는 '코르프'(corps)로, 영국에서는 '바디'(body)로, 나중에는 '보디스'(bodice)로 불렀다. D. Yarwood, *The Encyclopedia of World Costume*, New York 1978, p. 109f. 참조.

17) M. Scott, *Late Gothic Europe, 1400~1500*, London 1980, p. 44. 이 시인은 아마도 '코테'에 관해서가 아니라 처진 커다란 가슴을 가진 여성들이 끈으로

졸라매기 전에 가슴을 집어넣어야 했던 자루에 관해 간접적으로 불평한 것인지도 모른다. 이런 자루는 속옷에 실로 꿰매었다. 이미 13세기에『사랑의 비결』(*Clef d'amors*)에는 풍만한 가슴을 가진 여성들에게 '작은 가슴 두 개의 형태가 붙어 있는 꼭 끼는 속옷'(J.C. Bologne, *Histoire de la pudeur*, Paris 1986, p. 54)을 권하고 있다.

18) M. Dallapiazza, "Ein püechel von der regel der heyligen ee", *Zeitschrift für deutsches Altertum und deutsche Literatur*, 1983, p. 280에서 재인용. 이미 12세기에 영어 초고에는 옷 위에 이런 지옥의 산물을 걸치고 다니는 악마가 그려져 있다.

19) E.J. Mone, "Sittenpolizei zu Speier, Straßburg und Konstanz im 14. und 15. Jahrhundert", *Zeitschrift für die Geschichte des Oberrheins*, 1856, p. 59.

20) A. Schultz, *Deutsches Leben im XIV. und XV. Jahrhundert*, Wien 1892, p. 298f.에서 재인용. 1375년경 슈트라스부르크의 의복규정에는 이렇게 되어 있다. "앞으로 어떤 여자도 가슴과 웃옷을 깊게 파거나 치마를 졸라매거나 다른 어떤 코르셋을 입어서는 안 된다. 그리고 어떤 여자도 더 이상 화장을 하거나 가발을 써서는 안 된다."(F. Keutgen, *Urkunden zur städtischen Verfassungsgeschichte*, Berlin 1901, p. 455 참조) 울름에서도 의회가 1426년에 벨벳 혹은 비단 프라이제(preise)를 금했는데(J. v.Falke, *Costümgeschichte der Culturvölker*, Stuttgart 1881, p. 200f.), 이 단어는 '졸라매다'(brisen)는 뜻의 단어에서 유래되었다.

21) 1620년에 영국 판사인 루크 게르논(Luke Gernon)은 아일랜드 여자들에 관해 이렇게 말했다. "소녀기에 단단한 코르셋이나 판으로 몸을 조이지 않기 때문에 몸이 자연스럽게 성장하고 그래서 몸의 형태가 비뚤어지거나 이상하게 변하는 경우는 거의 없다."(J. Carty, *Ireland*, Dublin 1949, p. 7에서 재인용) 러시아에서도 여자들은 그 시기에 어떤 '코르셋'(corps)도 착용하지 않았다. 1697년 여제후인 소피 하노버(Sophie Hannover)는 모스크바의 환영파티에 관해 팔츠의 지방백작의 부인인 루이제에게 이렇게 편지를 썼다. "춤을 출 때 우리의 조끼형 코르셋은 마치 뼈 같았고, 러시아 황제 차르(페터 1세)로 하여금 '독일 여자들은 얼마나 뼈가 뻣뻣하던지' 하는 생각을 하게 만들었다."(Sophie v. Hannover, *Brief an die Raugräfinnen und Raugrafen zu Pfalz*, ed. E.Bodemann, Leipzig 1888, p. 162)

22) J.C. Whorton, *Crusaders for Fitness*, Princeton 1982, p. 106 참조.

23) D. Kunzle, "The Corset as Erotic Alchemy", *Woman as Sex Object*, ed. T.B. Hesse/L. Nochlin, London 1973, p. 93ff.; E. Stolzenberg-Bader, "Das Kulturbild der Frau in medizinischen und anatomischen

Abbildungen um die Wende des 18. zum 19 Jahrhundert", *Aufgaben, Rolle und Räume von Mann und Frau*, Bd. II, ed. J.Martin/R.Zoeppfel, Freiburg 1989, p. 802f. 참조. 목사인 크나이프(Kneipp)는 나중에 이렇게 말했다. "사람들이 자주 영안실로 가서 시체를 전혀 끈으로 조이지 않고 단순히 옷만 입혀놓은 것을 보게 된다면, 그리고 그때 그런 유행이 물러가는 것을 보게 된다면, 우리는 훨씬 이성적으로 일을 처리할 수 있을 것이며, 어떤 어리석은 행동도 하지 않을 것이다."(S. Kneipp, *So sollt ihr leben!*, Kempten 1889, p. 25)

24) P. Hilarion, *Bildergalerie weltlicher Misbräuche*, Frankfurt/M. 1785, p. 111.

25) W. Artelt, "Kleiderhygiene im 19. Jahrhundert", *Städte-, Wohnungs- und Kleidungshygiene im 19. Jahrhundert in Deutschland*, ed. W. Artelt et al., Stuttgart 1969, p. 124 참조. 고틀리브 폰 에르하르트(Gottlieb v. Ehrhart) 역시 1821년에 졸라매는 여성복에 반대했다. 혁명 후의 '나체 패션'을 체험한 후에 그는 이런 것들도 '정숙'해야만 한다고 제한적으로 덧붙였다. 물론 19세기 초에는 꽉 졸라매는 유행은 이미 지나갔다. 그리고 1808년에는 오트알프스와 같이 외진 지역 사람들만이 여전히 처녀와 부인들을 코르셋으로 졸라매는 '혐오할 만한 관습'을 가지고 있었으며 이런 관습이 '가슴의 왜곡과 병'을 불러일으킨다고 한다. M.-N. Bourget, "Topographie des häuslichen Raums und soziales Ritual", *Familie zwischen Tradition und Moderne*, ed. N.Bulst et al., Göttingen 1981, p. 92 참조. A. Scheurle, Wangen im Allgäu, Allensbach 1974, p. 184 역시 참조.

26) G. Forster, *Werke*, Bd. VIII, Wien 1974, p. 184.

27) L.A. de Bougainville, *Voyage autour du monde*, Paris 1771, p. 215(및 -, *Reise um die Welt*, Leipzig 1772, p. 179). '루소 이전' 시대에는 가끔 원시인 여자들이 몸을 졸라매지 않는다고 트집을 잡았다. 1729년 여행자인 클로드 르보(Claude Le Beau)는 이로쿼이족(북 아메리카 인디언의 한 종족—옮긴이) 여자들에 관해 이렇게 언급했다. "그들의 몸매가 얼굴과 일치한다면, 즉 몸매가 약간 더 유연하다면 더 많은 여자들이 미인으로 여겨질 수 있었을 것이다. 그러나 그들의 몸매는 좀 강하다. 딸도 엄마도 아직 코르셋을 착용하지 않기 때문이다."(C. Le Beau, *Seltsame und neue Reise zu den Wilden von Nordamerika*, München 1986, p. 209) 많은 인디언 여자들, 예를 들면 블랙핏족 여자들은 물론 사슴가죽으로 만든 딱딱한 코르셋을 착용한다. 그러나 출산 후 이전의 몸매를 다시 되찾기 위해서만 착용한다. B. Hungry Wolf, *Das Tipi am Rand der großen Wälder*, München 1985, p. 175 참조. 1771년부터 수마트라에 체류했던 윌리엄 마즈던(William Marsden)은 레장족 여자들과

그 섬에 거주하는 다른 종족의 여자들이 '가슴을 보호하는 일종의 보디스, 즉 오히려 짧은 허리코트를 착용했다고' (Marsden, *The History of Sumatra*, London 1811, p. 50) 보고하고 있다.

28) P. Albrecht, "Die Nationaltrachtsdebatte im letzten Viertel des 18. Jahrhunderts", *Jahrbuch für Volkskunde*, 1987, p. 56에서 재인용.

29) P. Binder, *Muffs and Morals*, London 1953, p. 123 참조. 물론 집정관시대 패션과 제국시대의 패션 역시 '비독일적'인 것으로 질책을 받았다. 예를 들어 함부르크 의사인 람바흐는 1801년에 이렇게 말한다. "우리 조국의 예절에도 불구하고 그렇게 많이 보여주거나 적어도 노출하는 여자는 도덕심을 잃어버렸음에 틀림없다." (H. Möller, *Die kleinbürgerliche Familie im 18. Jahrhundert*, Berlin 1969, p. 283에서 재인용)

30) 이 시는 유스티누스 케르너(Justinus Kerner, 1786~1862)의 시에서 인용한 것이다. S. Kienitz, "'Aecht deutsche Weiblichkeit': Mode und Konsum als b?rgerliche Frauenpolitik 1848", *Schimpfende Weiber und patriotische Jungfrauen*, ed. C. Lipp, Bühl-Moos 1986, p. 323 참조. 18세기에 프랑스는 코르셋 제작에서 주도적인 국가가 되었다.(E. Stille/A. Junker, "Korsettmacher", *Volkskunst*, Mai 1988, p. 23 참조) 그래서 사람들은 나폴레옹 시대에도 코르셋을 프랑스하고만 연관짓는다. 제1차 세계대전과 제2차 세계대전 중에도 '프랑스 패션'은 '민족적' 비판의 대상으로 자주 언급되었다. 그래서 1915년 아돌프 페터(Adolf Vetter)는 빈에서 개최된 '여성복 개선을 위한 연합회' 회의에서 프랑스 패션의 독재는 항상 프랑스가 유럽에서 정치적 주도권을 쥔 결과임을 확인했으며 '사고의 전환'을 외쳤다.(T. Hansen, *Wiener Werkstätte Mode*, Wien 1984, p. 17 참조) 그리고 30년대에 다음과 같은 선언문이 발표되었다. "독일 처녀와 부인들이여! 강력한 시대가 도래했으며, 독일적인 본질에 달라붙어 있는 모든 진실하지 못한 것과 이국적인 것이 폭풍 속으로 쓸려가 버렸다. 우리 독일 여성들은 수년간 파리 패션이라 불렸던, 부자연스럽고 추한 프랑스 환상의 산물의 예속상태에서 벗어났다. 우리는 독일적으로 되고 싶다. 우리의 의복에서도 자유롭고 고귀하고 순수해지고 싶다!"(M. de Ras, "Die Heilige Insel", *Jahrbuch des Archivs der deutschen Jugendbewegung*, 1985, p. 94 참조) 그리고 좀더 뒤에서 마침내 두 가지 악이 함께 언급되었다. "*파리 여자가 독일 여성계의 유행을 결정지었다. 유대인 기성복 상인과 결탁해서.*" (H.P. Bleul, *Das saubere Reich*, Bern 1972, p. 98 참조)

31) R. Forstner, "Mode der Bürgerlichkeit", *Wien 1815 bis 1848*, ed. R. Waissenberger, Wien 1986, p. 220 참조.

32) R. Pearsall, *Tell Me, Pretty Maiden*, Exeter 1981, p. 13 참조.

33) 이런 'Blanchette' 혹은 'Blankscheit'(프랑스어로는 'planchette'로 '작은 널 빤지'라는 뜻)는 배꼽 아래까지 닿는, 대부분 생선뼈나 나무로 만든 막대기로 배를 누르고 그것으로 가슴을 위로 밀어주는 역할을 했다. 미노스의 여사제들이 가슴을 딱딱한 코르셋으로 강조하고 난 후에 고대의 그리스 여자들이 최초로 막대 코르셋을 착용했을 것이다. 아테나이오스(Athenaios)의 글에는 이렇게 씌어 있다. "네번째가 인기가 있었다. 사람들은 그들의 몸을 막대기와 끈으로 졸라맸다."(R. Röwer-Döhl, "Die Frau im antiken Griechenland", *Waren sie nur schön?*, ed. B. Schmitz/U. Steffgen, Mainz 1989, p. 212에서 재인용)

34) H. Bender, "Ein 'Oekonomischer und populär-medizinischer Universal-Rathgeber' des Biedermeier", *Archiv für Kulturgeschichte*, 1979, p. 374f. 참조.

35) V. Steele, *Fashion and Eroticism*, Oxford 1985, p. 170 참조. 근세 초기에 이미 어린 여자아이들도 몸을 졸라맸다는 것은 사실이다. 그래서 예를 들면 1617년 도르셋 백작부인인 앤 클리퍼드(Anne Clifford)는 채 세 살도 되지 않은 딸 마거릿에 관해 일기에 이렇게 적었다. "28일은 이 아이가 고래뼈 코르셋을 입은 첫날이다."(A. Clifford, "From 'Diary' 1616~17", *Her Own Life*, ed. E.Graham et al., London 1989, p. 49) 몸매가 망가지는 것을 막기 위해 아이들에게 코르셋을 입혔음에도 이미 당시 그것이 바로 육체를 망가뜨리는 작은 갑옷이라는 비판이 있었다.(G. Vigarello, "The Upward Training of the Body from the Age of Chivalry to Courtly Civility", *Fragments for a History of the Human Body*, Bd. II, ed. M.Feher et al., New York 1989, p. 173f.; K. Halttunen, *Confidence Men and Painted Women*, New Haven 1982, p. 83 참조) 해서 이런 관습은 18세기와 19세기에 많이 사라졌다. 예를 들어 스트래드브로크 백작의 딸인 오거스터 페인(Augusta Fane) 양은 첫번째 '한 쌍의 코르셋'을 열일곱 살 때 무도회에 데뷔하면서 받았다고 기억한다. 그것은 '등에는 레이스가 달려 있고 실크와 고래뼈로 만들어진 무시무시한 그런 것'이었다. 그리고 이런 고문기구에 몸을 가두는 것은 그녀에게 고통이었다. P. Horn, *High Society*, Wolfeboro Falls, 1992, p. 82 참조. 그럼에도 20세기까지도 젖먹이를 위한 코르셋이 있었다. 예에 관해서는 G. Massobrio/P. Portoghesi, *La donna Liberty*, Bari 1983, 그림 525 참조.

36) 이미 중세 전성기에 니콜레트(Nicolette)는 '당신이 그것을 두 손으로 감쌀 수 있을 정도로' '허리가 벌처럼 가늘었다'고 묘사되고 있다.(E.W. Klimowsky, *Geschlecht und Geschichte*, Teufen 1956, p. 39f.에서 재인용)

37) E. Ewing, *Dress and Undress*, London 1978, p. 80 참조.

38) A. Gernsheim, *Fashion and Reality*, London 1963, p. 70에서 재인용.

39) 물론(특히 18세기에) 가슴을 납작하게 만드는 코르셋이 있었다. 1950년대 대부분 '코르셋' 역시 가슴을 위로 치켜올리고 가슴을 드러내었다기보다는 오히려 가슴을 감쌌다.

40) C.W. Cunnington, *Feminine Attitudes in the Nineteenth Century*, London 1935, p. 84 참조.

41) M.J.B. Rauck et al., *Mit dem Rad durch zwei Jahrhunderte*, Aarau 1979, p. 168에서 재인용. 가슴 부위를 강조하는 조끼형 코르셋을 변호하는 또다른 이는 1730년경 그녀의 어린시절에 관해 이렇게 썼다. "나는 유아용 모자와 고래수염 코르셋과 재갈용 고삐(Laufzaum)를 받았다. 그럼에도 나는 기형으로 자라지 않았다. 거기서 나는 오늘날 그렇게 많은 조롱을 받고 있는 이런 모든 교육적 결함이 사람들이 주장하는 것처럼 목을 부러뜨리거나 생명을 위험하게 하지는 못한다는 결론을 내려도 좋을 것이다."(E. Sturtevant, *Vom guten Ton im Wandel der Jahrhunderte*, Berlin 1917, p. 324에서 재인용)

42) G. Wittkop-Ménardeau, *Unsere Kleidung*, Frankfurt/M. 1985, p. 66에서 재인용.

43) J.-J. Rousseau, *Emil oder Über die Erziehung*, ed. L. Schmidts, Paderborn 1981, p. 397.

44) T. Hansen, *Wiener Werkstätte Mode*, Wien 1984, p. 10; M.E.P. de Ras, *Körper, Eros und weibliche Kultur*, Pfaffenweiler 1988, p. 15 참조.

45) H. Ihm, "Ein älterer Sittenprediger", *Anthropophyteia*, 1913, p. 192 참조.

46) H. Ellis, *Mann und Weib*, Würzburg 1909, p. 273f. 참조. 엘리스는 의사인 루이 로빈슨(Louis Robinson)의 편지를 통해 이런 생각을 하게 되었다. 로빈슨은 그에게 이렇게 썼다. 이 같은 "코르셋 장치는 목으로 숨을 쉬도록 했고 따라서 끊임없이 가슴이 눈에 띄게 움직여 주의를 끌도록 만들었다." R. Pearsall, *The Worm in the Bud*, Toronto 1969, p. 121 참조.

47) 예를 들어 프리츠가 제일 사랑하던 여동생인 빌헬미네는 어머니가 1722년에 결혼시장에 그녀를 내보내기 위해 얼굴이 까매지도록 그리고 숨이 막히도록 자기 몸을 꽉 졸라맸다고 썼다.(Elle faisoit serrer mon corps de jupe au point que j'en devonios toute noire et que cela m'toit la respiration).(W. v.Bayreuth, 1967, p. 60)

48) Cunnington, 앞의 책, p. 188 참조.

49) M.I. Lewis, "The History of Female Sexuality in the United States", *Women's Sexual Development*, ed. M. Kirkpatrick, New York 1980, p. 25 참조.

50) V. Steele, *Fashion and Eroticism*, Oxford 1985, p. 165에서 재인용.

51) P. Fryer, *Mrs Grundy: Studies in English Prudery*, London 1963, p. 176 참조. 이는 꽉 조이는 코르셋 및 프랑스 도덕개념을 많이 수입한 미국 사람들로 하여금 미국의 도덕의 몰락에 책임감을 느끼게 만들었다. D.J. Pivar, *Purity Crusade: Sexual Morality and Social Control, 1868~1900*, Westport 1973, p. 40 참조.

52) R. Pearsall, 앞의 책, p. 19 참조.

53) Steele, 앞의 책, p. 176에서 재인용.

54) J. Guttzeit, *Schamgefühl, Sittlichkeit und Anstand*, Dresden 1910, p. 100f. 참조. 육체의 이런 '성적 측면의 강조'는 나중에 청년도보여행 장려회인 '여성운동'이 코르셋을 반대하는 주요 이유 중의 하나였다. M.E.P. de Ras, "Wenn der Körper restlos rhythmisch ist und hemmungslos innerviert.", *Schock und Schöpfung*, ed. W.Bucher/K.Pohl, Darmstadt 1986, p. 414 참조.

55) *Bilder-Lexikon Sexualwissenschaft*, Wien 1930, p. 490 참조.

56) 주33번 참조. 1580년경에 코르셋의 옆구리 쪽에는 여전히 고래수염 봉이 달려 져 있었다. 그래서 코르셋(basquina)은 구속복(미치광이의 난폭행위 따위를 막기 위해 뒤에서 잠기는 소매가 있는 긴 옷—옮긴이)이 되었다. 그 옷에는 남 자들뿐 아니라 여자들도 굳은 얼굴 표정이 어울렸다. 그래서 예를 들어 파르마의 사절은 집에다, 필리프 2세의 궁정은 '얼음처럼 차며' 자기는 이탈리아로 돌아가고 싶다는 편지를 썼다.(V.J. Willi, "Kulturgeschichte der Mode", *Die Mode in der menschlichen Gesellschaft*, ed. R. König/W.Schuppisser, Zürich 1958, p. 68 참조) 그리고 3년 동안 영국 사절의 아내로서 마드리드에서 살았던 앤 팬셔(Ann Fanshawe)는 에스파냐 사람들은 잘 웃지 않으며 설사 웃는다 하더라도 절대 진심이 아니라고 말했다. P.W. Bomli, *La femme dans l'Espagne du siècle d'or*, 's-Gravenhage 1950, p. 24 참조. 1530년 카나리아 제도에서는 알동사 드 바르가(Aldonça de Vargas)라는 여자가 누군가 성처녀의 이름을 말했을 때 웃었다는 이유로 종교재판소에 고발을 당했다. H. Kamen, *Inquisition and Society in Spain*, Bloomington 1985, p. 163 참조.

57) A. Ribeiro, *Dress and Morality*, London 1986, p. 70 참조.

58) Guttzeit, 앞의 책, p. 85 참조.

59) A.M. Earle, *Two Centuries of Costume in America*, New York 1903, p. 722에서 재인용.

60) 1914년 미국의 테니스 선수인 버니 리언(Bunny Ryan)은 윔블던의 탈의실에서는 선수들이 철봉 코르셋을 말리기 위해 전시하듯 매달아놓았다고 보고하고 있다. "그것은 절대 보기좋은 광경이 아니었다. 그 대부분은 핏자국이 묻어 있었다." H. Walker, "Lawn Tennis", *Sport in Britain*, ed. T. Mason, Cambridge

1989, p. 263f.; H. Egger, "Sportswear': Zur Geschichte der Sportkleidung", *Stadion*, 1992, p. 144 참조. 물론 여자 운동선수들은 관중 속에 남자들이 있을 경우에만 몸을 졸라맸던 것으로 보인다. 대학과 학교 내에서 운동을 할 때 어린 여자아이들은 코르셋을 착용하지 않았다. 그리고 이미 19세기 말경에 치마는 무릎 길이로 짧아졌다. 1902년경 예를 들어 첼시아 칼리지에는 코르셋이 '절대적으로 금지' 되었다.(K.E. McCrone, *Sport and the Physical Emancipation of English Women*, London 1988, p. 224f.)

61) T. Veblen, *The Theory of the Leisure Class*, London 1949, p. 172 참조.

62) D. Roche, *The People of Paris*, Leamington Spa 1987, p. 166 참조. 1704년 뉴욕에서는 네덜란드 여자들이 (다른 국가의 중산층 여자들과는 달리) '느슨하게', 즉 코르셋을 하지 않고 다닌다고들 했다. N. Rexford, "Clothing and Personal Adornment", *Encyclopedia of American Social History*, ed. M.K.Cayton et al., New York 1993, p. 1358 참조. 1862년에 어느 의사가 프랑스 시골 여자들은 코르셋 착용을 아주 낯설게 여긴다고 확인했다. E. Shorter, *Der weibliche Körper als Schicksal*, München 1984, p. 49 참조.

63) E. Gee, "Issei-Frauen: Japanische 'picture Brides' in Amerika", *Frauen in der einen Welt* 2, 1993, p. 27 참조.

64) D. Kunzle, *Fashion and Fetishism*, Totowa 1982, p. 122 참조.

65) V. Steele, 앞의 책, p. 161.

66) A. Browne, *The Eighteenth Century Feminist Mind*, Brighton 1987, p. 33 에서 재인용.

67) C. McDowell, *Dressed to Kill*, London 1992, p. 28 참조.

68) P. Perrot, "Le jardin des modes", *Misérable et glorieuse*, ed. J.-P. Aron, Paris 1980, p. 294에서 재인용.

69) S. Barwick, *A Century of Style*, London 1984, p. 52f., 62f. 참조.

70) D. Birkett, *Spinsters Abroad*, Oxford 1989, p. 76에서 재인용.

71) 이해에 바젤에서는 코르셋을 입지 않은 채 팔을 드러내고서 평상복을 입고 길거리에 나섰다고 해서 전부 86명의 여자들이 체포되었다. J.M. Vincent, *Costume and Conduct in the Laws of Basel, Bern, and Zurich 1370-1800*, New York 1969, p. 102ff. 참조. 1730년경에 도덕주의자들은 많은 부인들이 가슴이 파인 네글리제(실내복) 웃옷, 즉 이른바 아드리엔 혹은 볼란테를 입고 특히 코르셋도 하지 않은 채 길거리에, 심지어 새벽 미사에까지 갔다는 데 격분했다. E. Sturtevant, *Vom guten Ton im Wandel der Jahrhunderte*, Berlin 1917, p. 265 참조.

72) M.W. Blanchard, "Boundaries and the Victorian Body: Aesthetic Fashion

in Gilded Age America", *American Historical Review*, 1995, p. 30f. 참조.

73) J.S. Haller/R.M. Haller, *The Physician and Sexuality in Victorian America*, Urbana 1974, p. 148f.에서 재인용.

74) P.W. Schuppisser, "Das Modezentrum Paris", *Die Mode*, ed. R. König/ P.W. Schuppisser, Zürich 1958, p. 286 참조.

75) E. Arnet, "Pioniere, Boten und Richter der Mode", *Die Mode*, ed. R. König/P.W. Schuppisser, Zürich 1958, p. 264에서 재인용.

76) 물론 이미 세기 전환기에 '예술적인 개량복'이 제국 패션과 비슷해졌다. 그리고 『빈의 패션』(*Wiener Mode*) 잡지에서 1901년 다음과 같은 글을 읽을 수 있다. "의사가 이루지 못하는 것, 모든 이성적 동기로 설명할 수 없는 것, 그것을 예술가가 실현했다. 왜냐하면 우리에게는 항상 유익한 것보다 아름다운 것이 더 강하게 영향을 미치기 때문이다." (A. Völker, "Kleiderkunst und Reformmode im Wien der Jahrhundertwende", *Ornament und Askese*, ed. A. Pfabigan, Wien 1985, p. 148에서 재인용)

77) B. Mundt, *Metropolen machen Mode*, Berlin 1977, p. 26 참조.

78) E. Ewig, *Dress and Undress*, London 1978, p. 113 참조. 푸아레는 이렇게 말했다. "나는 싱싱하고 대담하게 옷 밑에서 솟아오른 부드러운 가슴을 사랑한다. ……이 굴곡보다 더 아름다운 것이 무엇인가? 나는 그런 아름다움을 무시하고 코르셋과 같은 딱딱한 것 속에 그것을 감추는 것을 인정할 수 없다." (P. White, *Paul Poiret 1879~1944*, Herford 1989, p. 68에서 재인용) 푸아레가 디자인한 브래지어는 그리스의 가슴띠와 비슷하다. R. Kinzel, Die Modemacher, Wien 1990, p. 76 참조.

18. 브래지어의 역사

1) A. Schultz, *Deutsches Lebens im XIV. und XV. Jahrhundert*, Wien 1892, p. 300 참조.

2) H.P. Duerr, *Der Mythos des Zivilisationsprozeß. Obszönität und Gewalt*, Frankfurt/M. 1993, p. 203f. 참조.

3) J. Cook, *The Journals*, ed. J. C. Beaglehole, Cambridge 1995 ff, p. 203f.

4) I. Eibl-Eibesfeldt/W. Schiefenhövel/V. Heeschen, *Kommunikation bei den Eipo*, Berlin 1989, p. 126. 몰루카 제도의 세람 섬에 사는 알푸렌족과 위메일족 남자들은 개미처럼 잘록하게 허리를 졸라맸다. O.D. Tauern, *Patasiwa und Patalima*, Leipzig 1918, p. 114 참조.

5) A. Hermann, *Altägyptische Liebesdichtung*, Wiesbaden 1959, p. 119.

6) M. V. Fox, *The Song of Songs and the Ancient Egyptian Love Songs*, Madison 1985, p. 349. 매년 초 단다라에서 거행되는 사랑의 여신 하토르 축제 때에 '여자들의 가슴 공개'라 불리는 제식이 있었다. H. Wild, "Les danses sacrées de l'Égypte ancienne", *Les danses sacrées*, Paris 1963, p. 65f. 참조.

7) H. Licht, *Sittengeschichte Griechenlands*, Wiesbaden o. J., p. 72; U.E. Paoli, *Die Frau im alten Hellas*, München 1955, p. 25 참조.

8) W. Amelung, *Die Gewandung der alten Griechen und Römer*, Leipzig 1903, p. 26 참조.

9) Ilias 14, p. 214f.

10) T. Hopfner, *Das Sexualleben der Griechen und Römer*, Bd. I, Prag 1938, p. 318 참조. 로마 여자들 역시 가슴을 유지하기 위해 연고를 사용했다. J. Ilberg, "Aus Galens Prazis", *Antike Medizin*, ed. H. Flashar, Darmstadt 1971, p. 396 참조.

11) 'στρόφιον' 역시 가슴을 '탄력있게 유지하는' 기능을 가졌을 것이다. '어떤 가슴 밴드도 출렁대는 가슴을 막을 수 없다'며 카툴(Catull)은 낙소스의 아리아드네(그리스 신화에 나오는 인물로 고대 그리스의 시인과 미술가들은 낙소스의 해변에서 디오니소스가 사랑과 감탄의 눈길로 바라보는 가운데 잠들어 있는 아리아드네의 모습을 즐겨 묘사했다-옮긴이)에 관해 전하고 있다.(R. Jupont, *Das Dessous im Wandel der Zeiten*, Pforzheim 1961, p. 221에서 재인용) 아리스토파네스가 언급했던 'στηθόδεσμοςς'는 그에 비해 너무 작은 가슴을 좀 크게 보이게 하는 기능을 가졌다. A. Pekridou-Gorecki, *Mode im antiken Griechenland*, München 1989, p. 95; E. Ewing, Dress and Undress, London 1978, p. 15 참조.

12) G. Marangoni, *Evoluzione storica e stilistica della moda*, Milano 1985, p. 121; Paoli, 앞의 책, p. 127 참조. 폼페이의 벽화에 보이는 비너스 역시 그런 가슴 밴드를 착용하고 있다. M. Grant, *The Art and Life of Pompeii and Herculaneum*, Milano 1979, p. 91; -, Eros im Pompeii, New York 1982, p. 150ff. 참조.

13) A. Henrichs, *Die Phoinikika des Lollianos*, Bonn 1972, p. 123f. 참조. 많은 로마 여자들이 틀림없이 여러 개의 가슴 밴드를 착용했던 것으로 보인다. *Petronius, Satyricon*, ed. W.Heinse, Frankfurt/M. 1980, p. 59 참조.

14) L. Friedländer, *Darstellungen aus der Sittengeschichte Roms*, Bd. I, Leipzig 1922, p. 267f. 참조.

15) D. Kunzle, 앞의 책, p. 65 참조.

16) O. Stoll, *Das Geschlechtsleben in der Völkerpsychologie*, Leipzig 1908, p. 476에서 재인용.

17) C. Saint-Laurent, *Histoire imprévue des dessous féminins*, Paris 1986, p. 36 참조. 정숙한 로마 여자는 절대 남자 형제 앞에서, 더군다나 낯선 남자들 앞에서는 가슴을 노출하지 않았다.(Properz, Gedichte, ed. R.Helm, Berlin 1986 3.14, 13ff. 참조) 그렇기 때문에 가슴에 병이 생기면 여자들은 여의사, 예를 들어 자칭 '가슴 의사'(medica a mammis)라 칭했던 포렐라 멜라니오나 (Forella Melaniona) 같은 의사를 찾았다. M. Eichenauer, *Untersuchungen zur Arbeitswelt der Frau in der römischen Antike*, Frankfurt/M. 1988, p. 158 참조.

18) 예를 들어 E. Brödner, *Die römischen Thermen und das antike Badewesen*, Darmstadt 1983, p. 112나 G. v.Hahn/H.-K. v.Schönfels, Schönfels: Wunderbares Wasser, Aarau 1980, p. 28에서도 그렇다.

19) H.P. Duerr, *Der Mythos vom Zivilisationsprozeß, Nacktheit und Scham*, Frankfurt/M. 1988ff, p. 75f. 참조.

20) H.M. Lee, "SIG 802: Did Women Compete Against Men in Greek Athletic Festivals?", *Nikephoros*, 1988, p. 111 참조. 1세기 것으로 추정되는 그런 가죽 '팬티', 즉 한 조각으로 되어 있으며 술이 달린 그런 팬티가 런던 퀸스트리트의 우물에서 발견되었다. 그것은 여성용으로 골반 둘레가 채 79센티미터가 안 되었다. 다른 지역에서 3세기 것으로 추정되는 조금 더 큰 팬티도 발견되었다. 이 두 종류는 매우 불편해 보이는 것으로 보아 틀림없이 일반 속옷으로 착용하지는 않았을 것이다. J.P. Wild, "The Clothing of Britannia, Gallia belgica and Germania inferior", *Aufstieg und Niedergang der römischen Welt*, Bd. 12.3, ed. H.Temporini, Berlin 1985, p. 405; L. Allason-Jones, *Women in Roman Britain*, London 1989, p. 112ff. 참조.

21) D.Y. Symons, *Costume of Ancient Rome*, London 1987, p. 27; C. Schmidt, *Artistenkostüme*, Tübingen 1993, p. 38 참조. 팔레스트라(그리스 시대에 소년들이 신체적 훈련을 받던 사립학교―옮긴이)에서 연습하거나 데키무스 유니우스 유베날리스(Decimus Junius Juvenalis, 로마 시대의 풍자시인)와 마르쿠스 발레리우스 마르티알리스(Marcus Valerius Martialis, 로마 시대의 경구시인) 이후 남자들과 함께 목욕하던 여자들은 적어도 노는 여자거나 아니면 임시 창녀였다. 그리고 입법자가 혼성 목욕을 금지했다면 이들을 염두에 둔 것이다. F. Yegül, *Baths and Bathing in Classical Antiquity*, New York 1992, p. 32f., 42 참조.

22) L. Bonfante, *Etruscan Dress*, Baltimore 1975, p. 21 참조.

23) H.M. Lee, "Athletics and the Bikini Girls from Piazza Armerins", *Stadion*, 1984, p. 60ff. 참조.

24) Bonfante, 앞의 책 참조. 그런 젊은 여자들은 피아자 아르메리나 여자들이 착용했던 것과 비슷한 '비키니'를 착용했던 것으로 보인다. H.P. Duerr, "In der Rocktasche eines Riesen: Erwiderung auf Ulrich Greiners Polemik", *Die Zeit*, 27. Mai 1988, 그림 189 참조.

25) E. Thiel, *Geschichte des Kostüms*, Berlin 1963, p. 79 참조.

26) M. Pastoureau, *La vie quotidienne en France et en Angleterre au temps des chevaliers de la Table ronde*, Paris 1976, p. 97f. 참조.

27) *Roman de la Rose* V. 13299, 14270. F. Piponnier, *Costume et vie sociale: la cour d'Anjou XIV - XV siècle*, Paris 1970, p. 177 참조.

28) A.H. de *Oliveira Marques*, *Daily Life in Portugal in the Late Middle Ages*, Madison 1971, p. 79 참조.

29) M. Heyne, *Körperpflege und Kleidung bei den Deutschen*, Leipzig 1903, p. 312 참조.

30) P. Jupont, *Das Dessous im Wandel der Zeiten*, Pforzheim 1961, p. 238 참조. 그런 가슴 밴드는 미켈란젤로의 그림인 「날 만지지 말라」(Noli me tangere)에서 볼 수 있다. 이 그림은 오늘날 일 브론치노(*Il Bronzino*, 1503~72, 피렌체의 화가)의 사본으로만 존재한다.

31) 프랑스에서 '드미 귀세'(demi-gusset)라고 불렸던 이 밴드는 특히 16세기 후반에 작은 '고딕식' 가슴의 유행이 지나자 대중화되었다. F. Hottenroth, rachten, Bd. II, Stuttgart 1891, p. 159 참조. 평민의 아내들은 일반적으로 이런 띠를 착용하지 않았다. 페테르 브뢰헬(Pieter Bruegel, 1525~69)의 그림 「산파집 방문」(Der Besuch bei der Wöchnerin)(M. Greilsammer, *L'Envers du tableau*, Paris 1990, p. 299 참조)에서 볼 수 있듯이 젖을 먹이면서 가슴이 처진 플라밍의 이런 촌부들이 가슴 아래를 지나 목을 둘러서 매듭을 짓게 되어있는 것을 착용했던 듯하다. 이것은 젖먹이들이 젖꼭지를 좀더 쉽게 물 수 있도록 했다. 그런 브래지어는 과거에 오자게족과 칸사족의 많은 어머니들이 가슴이 너무 많이 처질 때면 이용했던 것이다. J. D. Hunter, *Memoirs of a Captivity Among the Indians of North America*, London 1823, p. 335 참조. 샤이엔족 여자들은 사진에서 볼 수 있듯이 19세기에도 로마 여자들과 비슷하게 가슴을 가슴 밴드로 지지했다. G.A. Dorsey, *The Cheyenne*, Bd. II, Chicago 1905, p. 106f. 참조. 내가 1981년에 이 사진을 늙은 샤이엔족 여자들에게 보여주었더니 그들은 이 밴드의 다른 기능에 관해 아무것도 이야기해주지 못했다.

32) 아주 다양한 성교 자세와 방법을 묘사하고 있는 폼페이의 프레스코화에 보이는 창녀들은 색깔있는 가슴띠를 일부는 가슴 위에, 일부는 가슴 아래에 착용하고 있다. M.L. Barre, *Museo secreto*, Barcelona 1915, p. 119; F. Arias de la Canal, *Museo secreto del arte erótico de Pompeya y Herculaneo*, México 1995, p. 296 참조.

33) S. Bertelli/F. Cardini/E. G. Zorzi, *Le corti italiane del Rinascimento*, Milano 1985, p. 17 참조.

34) A. Bömer, "Die Deutschen Humanisten und das weibliche Geschlecht", *Zeitschrift für Kulturgeschichte*, 1897, p. 186에서 재인용.

35) C. de la Motte Fouqué, *Geschichte der Moden, vom Jahre 1785 bis 1829*, ed. D. Böck, Berlin 1987, p. 51 참조.

36) 그렇기 때문에 코르셋을 경멸하는 한 사람은 이렇게 불평한다. "옷솜과 고래수염으로 된 살대로 가슴을 위로 치켜올려야 한다. 코르셋은 허리와 엉덩이를 가능하면 단단하게 조이도록 하고, 그 좁고 긴 코르셋과 얇은 철판의 살대가 지나치게 몸을 조여서 말하기조차 겁나는 병을 초래한다."(C.W. Cunnington, *Feminine Attitudes in the Nineteenth Century*, London 1935, p. 40f.에서 재인용)

37) M. Bradfield, *Costume in Detail: Women's Dress 1730~1930*, London 1968, p. 105 참조.

38) A. Junker/E. Stille, *Zur Geschichte der Unterwäsche 1700~1960*, Frankfurt/M. 1988, p. 59 참조.

39) P. Séguy, *Histoire des modes sous l'empire*, Paris 1988, p. 76 참조.

40) J. Godechot, *La vie quotidienne en France sous le directoire*, Paris 1977, p. 153 참조. R. Lothar("Sittengeschichte des Korsetts", *Sittengeschichte des Intimen*, ed. L.Schidrowitz, Wien 1926, p. 88)에 의하면 가슴 밴드는 심지어 가끔은 고대 본보기의 이름을 따서 '초나'(zona) 나 혹은 '초네'(zoné)라 불렸다. 가슴 밴드에 관해 더 자세한 것은 E. Glaser, "Von Hemden und Miedern", *Der neuen Welt ein neuer Rock*, ed. C. Köhle-Hezinger/G.Mentges, Stuttgart 1993, p. 212f.; I. Loschek, "Mit und ohne - je nach Lust und Laune", *Sexualmedizin*, 1984, p. 728 참조.

41) M. Delpierre, *Le costume: Consulat-Empire*, Paris 1990. p. 15 참조; A. Ribeiro, *The Art of Dress*, New Haven 1995, p. 118, 239 참조. 어느 잡지에는 이렇게 적혀 있다. "슈미즈 드레스는 가슴에 형태가 아주 딱 달라붙게 만들어져야 한다. 목 아래로 깊이 파이고 진주로 된 구부러진 갈고리가 가슴을 양쪽으로 나눈다." 많은 부인들이 가슴 모양을 그대로 드러내기 위해 금사로 된 망

을 단단히 묶기도 했는데 이는 정숙하지 못한 것으로 간주되었다. A.M. Earle, *Two Centuries of Costume in America*, New York 1903, p. 788 참조. 예를 들어 라 그랑주(la Grange) 후작의 그림에서 볼 수 있듯이 중년 여자들은 브래지어를 하고 추가로 가슴을 받쳐주는 이중의 장식줄을 가슴 밑에 착용하는 경우가 많았다. 가슴이 크지 않은 여자들은 자주 가슴 위의 옷을 부풀렸다. 그래서 1801년 2월에 『장크트갈렌 주간지』(*St. Gallische Wochblatt*)에서는 새로운 여성패션에 관해 이렇게 비판하고 있다. "그것은 대부분 팔 아래서 쪼그라드는 긴 자루로 되어 있다(헐렁한 셔츠). 그리고 쪼그라드는 것 때문에 생기는 많은 주름 때문에 어느 지점에서는 일종의 풍선처럼 부풀어오른다. 그것은 자연이 잊어버리고 많은 사람들에게 부여하지 않았던 것을 표현해야 했다."(E. Ziegler, *Sitte und Moral in früheren Zeiten*, Sigmaringen 1991, p. 141에서 재인용) 1810년경 다시 너무 큰 가슴을 납작하게 누르는 '니농 코르셋'이 잠시 등장했다. P. Perrot, *Les dessus et les dessous de la bourgeoisie*, Bruxelles 1984, p. 290 참조.

42) H. Ottenjann, *Lebensbilder aus dem ländlichen Biedermeier*, Cloppenburg 1984, p. 48 참조.

43) I. Loschek, *Mode-und Kostümlexikon*, Stuttgart 1987, p. 317, 356 참조.

44) M. Martischnig, "Schöner Vogel Jugend", *Gegenwartsvolkskunde und Jugendkultur*, ed. K. Beitl/E. Kausel, Wien 1987, p. 215f. 참조.

45) F. K. Mathys, *Ewig wandelbare Mode*, Aarau 1985, p. 69 참조.

46) A. Rother, "Das Damenfahren", *Der Radfahrsport*, ed. P. v. Salvisberg, München 1897, p. 116.

47) 거기에는 계속해서 다음과 적혀 있었다고 한다. 그럼으로써 "흉과 내의 내장기관에 가해지는 건강을 해치는 모든 압박을 피할 수 있다. 가슴은 가슴과 등에 딱 달라붙는 코르셋을 통해서가 아니라 계속 조정할 수 있는 브래지어 속에서 어깨끈의 도움으로 그 높이가 유지된다."(G. Néret, *Les dessous de la PUB*, Toulouse 1986, p. 68에서 재인용) 1902년에 단치히 출신의 에른스트 뫼크(Ernst Mueck)는 눈이 성긴 천으로 주름을 집어넣은 브래지어를 소개했는데 그것은 끈과 죔쇠로 몸에 고정되었다. 그의 특허명세서에는 지금까지의 브래지어는 '기구를 통한 타박상으로부터 가슴을 보호하는' 것을 '너무 소홀히 했다'고 되어 있다(M. Meyer-Schneidewind, 'Historie', *Wäsche*, ed. F. Bachmann et al., Frankfurt/M. 1994, p. 32에서 재인용).

48) R. Gödtel, *Die Brust*, Berlin 1993, p. 57 참조.

49) 이 시기에 이미 '투명한 브래지어'가 존재했던 것으로 보인다. 어쨌든 어떤 여자는 1900년경에 만들어진 아메리칸 토바코 사의 광고그림에서 이것을 착용하

고 있다. 이 시기에 그런 모델은 아주 대담한 것이었다.

50) W.G. Fischer, *Gustav Klimt und Emilie Flöge*, Wien 1987, p. 76에서 재인용.

51) C. Wetzel, "Das zweite Jahruzehnt", *Kultur-Tagebuch 1900 bis heute*, ed. E. Böhm et al., Braunschweig 1984, p. 142에서 재인용.

52) M. Scott, *Late Gothic Europe, 1400~1500*, London 1980, p. 193 참조.

53) 랑엔샤이트 사전에 따르면 'brassière de dessous'는 유아용 작은 셔츠를, 'brassière de dessus'는 유아용 작은 재킷을 의미하고, 'ensemble à brassière'는 짧은 코르셋이 달려 있는 폭넓은 치마를 의미하며, 'mailot brassière'는 투피스 수영복을 의미한다.

54) Ewing, 앞의 책, p.115 참조.

55) A. Bailey, *The Passion for Fashion*, Limpsfield 1988, p. 114 참조.

56) D. Yarwood, *English Costume*, London 1952, p. 266 참조.

57) D. Caldwell, *And All Was Revealed*, London 1981, p. 54에서 재인용. 제2차 세계대전이 발발하기 직전 코르사주 회사인 버나드 사는 처음으로 등과 옆구리에 고정장식이 붙은 어깨끈 없는 브래지어를 시장에 내놓았다. Mathy, 앞의 책, p. 70 참조.

58) J. Daves, *Ready-Made Miracle*, New York 1967, p. 153 참조.

59) *Spiegel* 35, 1969, p. 140.

60) *Spiegel* 39, 1969, p. 220.

61) 적어도 가슴이 너무 크거나 무겁지 않은 사람들에게 잘 팔렸다.

62) J. E. Dispenza, *Advertising the American Woman*, Dayton 1975, p. 98f. 참조

63) 4년 후 원뿔꼴의 가슴을 가진 최초의 인형인 바비가 세상에 나왔다. 물론 바비는 젖꼭지가 없었으며 지금까지도 그렇다. 남자 바비는 이와 마찬가지로 성기를 가지고 있지 않다.

64) E. Moog, *Are They Selling Her Lips?*, New York 1990, p. 24ff. 참조. 모그는 미국에서 브래지어 광고의 '성적 측면의 강조'에 대해 내가 아는 바로는 처음으로 글을 썼다.

65) *Brigitte* 18, 1995, p. 42ff.

66) S. Bordo, *Unbearable Weight*, Berkeley 1993, p. 20 참조.

67) J. Tozer/S. Levitt, *Fabric of Society*, Carno 1983, p. 149 참조.

68) R. Ungewitter, *Die Nacktheit*, Stuttgart 1907, p. 68.

69) B. Hedinger, "Strand- und Badeleben", *Saison am Strand*, ed. B. Hedinger, Herford 1986, p. 114f. 참조.

70) C. de Nuys-Hunkelmann("Moderne Zeiten: Der Verlust der Gemütlichkeit",

Die Kultur unseres Jahrhunderts 1918~1933, ed. H.Hoffmann/H.Klotz, Düsseldorf 1993, p. 35)에 의하면 독일에 투피스 수영복이 도입된 것은 1930년이었다. 대략 이 시기에 옷을 그렇게 입은 여자들을 볼 수 있는 만하임의 라인 강에 있는 여탕인 아놀트가 생겨났다. G. Jacob, *Mannheim- so wie es war*, Düsseldorf 1971, p. 98 참조. K. Geerken/I. Petersen/F.W. Kramer/P.Winchester, "Bombenkulte", *Bikini oder Die Bombardierung der Engel*, ed. F.W.Kramer, Frankfurt/M. 1983, p. 104 참조. 1931년 한 프랑스 회사는 여러 유럽 국가에서 어깨끈이 달린 일종의 비키니를 팔았다. V. Bertini/F. Foggi, *Il pappagallo giallo*, Firenze 1986, 그림 138 참조.

71) A. Jenkins, *The Thirties*, London 1976, p. 36 참조. 이브닝드레스에 맞게 이미 1930년 이전에 깊이 파인 등 데콜테가 있는 수영복이 있었다.

72) M. Larsson, "Från badkostym till bikini", *Fataburen* 1988, p. 156 참조.

73) P. Silmon, *Der Bikini*, Kehl 1986, p. 8f. 참조. 나중의 비키니는 천이 두 배 이상 들었다.

74) *Rhein-Neckar-Zeitung*, 1986. 6. 5.

75) 1974년 거의 전 세계적으로 시장에 나왔던 탕가나 혹은 '끈 비키니'는 젖꼭지와 음순만을 겨우 가리는, 끈에 의해 지지되는 세 개의 작은 삼각형으로 구성되어 있다.

76) R. Martin/H. Koda, *Splash! A History of Swimwear*, New York 1991, p. 83은 이렇게 말한다. "비키니가 그 시기 유럽과 미국의 문화적 차이를 미리 전조하고 있었다. 미국에서는 정숙함이라는 가치기준 때문에 서유럽과 브라질의 해변가에서 비키니를 입을 수 있게 된 이후 몇 년이 지나도록 그것이 허용되지 않았다."

19. 우리는 처진 가슴이 좋다

1) S.N. Dar, *Costumes of India and Pakistan*, Bombay 1969, p. 16 참조.

2) J.B. Bhushan, *Indian Jewellery, Ornaments and Decorative Designs*, Bombay 1964, p. 32 참조. 그것은 '프라티디'라고 불렸으며 등에서 단추를 끼게 되어 있다. M. Chandra, *Costumes, Textiles, Cosmetics Coiffure in Ancient and Mediaval India*, Delhi 1973, p. 8f. 참조.

3) G.S. Ghurye, *Indian Costume*, Bombay 1951, p. 248f, 258, 265 참조.

4) 같은 책, p. 266.

5) Dar, 앞의 책, p. 33에서 재인용. 특히 인도 북부 사람들은 가슴을 보여주는 그

런. 의복을 뻔뻔스러운 것으로 여겼다. 무굴왕조 시대(16세기 초부터 18세기 중반까지 인도의 넓은 지역을 통치했던 이슬람 왕조—옮긴이)에 라푸틴 여자들은 아주 짧아 허리가 드러나고 가슴을 정확하게 감싸는 코르셋을 입었다. 그들은 물론 사람들이 많이 모이는 곳에서는 그 위에 베일을 둘렀다.(같은 책, p. 41)

6) 예절상 원래 이런 소매는 팔꿈치까지 내려와야 했지만 가끔은 더 짧을 때도 있었다.

7) Dar, 앞의 책, p. 93 참조.

8) S.P. Ruhela, *The Gaduliya Lohar in Rajasthan*, New Delhi 1968 p. 138 참조.

9) N. C. Chaudhuri, *Culture in the Vanity Bag*, Bombay 1976, p. 62f. 참조.

10) G. S. Ghurye, 앞의 책, p. 179, 194 참조.

11) Geraldine Forbes: 1985년 6월 12일자 편지.

12) 키르티 쇼드후리(Kirti Chaudhuri)가 나에게 말했듯이 그는 그림133을 18세기 초 네덜란드 여성의 의복에 관한 풍자로 여겼다.

13) Y. Knibiehler/R. Goutalier, *La femme au temps des colonies*, Paris 1985, p. 263 참조. 물론 통치자들이 코롱고 누바족의 젊은 부인과 처녀들로 하여금 가슴을 가리도록 강요하자 이들이 자신의 몸에 브래지어와 그물셔츠를 그려넣는 경우도 가끔 있었다. F.W. Kramer/G. Marx, *Zeitmarken*, München 1993, p. 12와 Fritz Kramer: 1987년 7월 15일의 구두 전달 참조.

14) O. Olajubu, "References to Sex in Yoruba Oral Literature", *Journal of American Folklore*, 1972, p. 165 참조. 1966년 줄루족 처녀 몇몇이 브래지어를 착용했을 때 나이든 사람들은 대부분 이들을 몰염치하다고 비난했다. 왜냐하면 처녀가 가슴을 드러내고 다니는 것은 그들이 아직 처녀이고 순수하다는 증거이기 때문이다. E.J. Krige, "Girl's Puberty Songs and Their Relation to Fertility, Health, Morality and Religion Among the Zulu", *Africa*, 1968, p. 174 참조. 우리는 유럽 사회에서도 브래지어는 우선은 에로틱한 것으로 간주되며 그렇기 때문에 보수적인 부인들은 그것을 착용하지 않는다는 점을 잊어서는 안 된다.(Wolfgang Brückner: 1994년 8월 1일자 편지)

15) M. Holzach, *Das vergessene Volk*, Hamburg 1982, p. 131 참조.

16) P.J. Brewer, *Shaker Communities, Shaker Lives*, Hanover 1986, p. 37 참조.

17) B. Bachmann-Geiser, *Amische*, Bern 1988, p. 162; J.A. Nagata, *Continuity and Change Among the Old Order Amish of Illinois*, New York 1989, p. 195; H.M. Hyatt, *Folk-Lore from Adams Courty*, Illinois, Hannibal 1965, p. 192 참조.

18) L. Yalçin, "Die Frauen von Sisin", *Das Kopftuch*, ed. M. Akkent/G. Franger, Frankfurt/M. 1987, p. 218 참조.

19) L. Abu-Lughod, *Writing Women's Worlds*, Berkeley 1993 p. 242 참조.

20) E. Çeleb, *Im Reiche des goldenen Apfels*, ed. R.F. Kreutel, Graz 1987, p. 232f. B. Lewis, *Die Welt der Ungläubigen*, Frankfurt/M. 1983, p. 269 역시 참조. 말찬(H. v. Maltzan, "Sittenschilderungen aus Südarabien", *Globus*, 1871, p. 158)은 아라비아 남부의 히수와족 여자들은 염소젖 같은 가슴을 가지고 있고 대중의 면전에서 가슴을 가리지 않으며 그런 가슴을 아름다운 것으로 여긴다고 보고했다. 그들은 물론 얼굴 위는 알록달록한 머슬린 수건으로 꼭 동여맸다. 그리고 우연히 남자와 만나게 되면 몸을 피하고 땅바닥을 바라본다. 하체는 아래가 한데 묶여 있는 인디고 색의 바지로 가린다.

21) F.M. Göçek, *East Encounters West*, New York 1987, p. 45f, 65 참조. 인도의 예술가들처럼 아라비아의 예술가들 역시 데콜테 재단의 옷을 입은 여성을 그릴 때면 완전히 가슴을 노출한 것으로 그리는 경우가 드물지 않았다. 그래서 예컨대 18세기의 한 미국 여자도 그렇게 그렸다.

22) R. al-Ṭahṭāwī, *Taḫīs al-ibrīz fī talḫīṣ Bārīz*, ed. K. Stowasser, Leipzig 1988, p. 114f.

23) N. Şeni, "Symbolische Bedeutung der Frauenkleidung um die Jahrhundertwende am Beispiel der Istanbuler Satire", *Aufstand im Haus der Frauen*, ed. A. Neusel et al., Berlin 1991, p. 60 참조. 이슬람 주변의 많은 지역에서 여성들이 상체를 가리지 않고 다니는데도 불구하고 아라비아의 여행객과 터키의 여행객들은 외국 민족의 이런 관습을 대부분 매우 혐오스러운 것으로 받아들였다. 그래서 예를 들어 모로코 사람인 이븐 바투타(Ibn Battuta)는 말레디벤 섬 여자들이 사롱으로 가슴을 가리지 않는 데 무척 당황했다. K. Chaudhuri, *Asia Before Europe*, Cambridge 1990, p. 185 참조. 오늘날에도 서구 여성들의 '숨기지 않는 솔직함'은 비난을 받는다. 예를 들어 코란 선생인 쿠두시 에펜디(Kuddusi Efendi)는 이렇게 말한다. "한 국가에 가장 중요한 덕으로서 수치심과 수줍음이 존재하지 않는다면, 이 나라에 정신과 명예심이 있다고 할 수 있는가? 당신은 그것을 직접 보게 될 것이다. 우리는 어떤 여자가 처녀인지 아니면 벌써 결혼한 여자인지 알 수가 없다. 당신의 상대방이 남성인지 여성인지 불명확할 때도 자주 있다. 언젠가 나는 독일 사람 집에 가서 어떤 일을 처리해야 했던 적이 있었다. 그 집에 갔을 때 문을 열어준 부인은 얇은 잠옷을 입고 있었다……. 나는 그것이 그녀의 실수라고 생각했다. 그녀는 내 앞에서 몸을 숨겨야 했다. 그러나 내 예상은 완전히 빗나갔다. 그녀는 나와 마주보고 앉아서 다리를 꼬고 담배를 물었다. 내가 수치심으로 지옥의 고통을 견디고 있는 동안 그녀는 나에게 웃음을 지었다. 알라가 그들을 도와주길, 알라시여!"(J. de Jong, *Haremsdame und Heimchen am Herd*, Düsseldorf

1984, p. 92f.에서 재인용-)

24) F. Tiefensee, *Wegweiser durch die chinesischen Höflichkeitsformen*, Tōkyō 1924, p. 219 참조. 오늘날 많은 타이완 여자들이 옆이 아주 많이 찢어진 옷을 착용해서 심지어 유럽 사람들에게도 과감해 보일 때가 있지만 그래도 그들은 목까지 올라오는 옷을 입는다. 데콜테는 '전혀 생각할 수조차 없다.' (Gernot Prunner: 1985년 5월 30일자 편지)

25) P. Johnson, *Elizabeth I*, London 1974, p. 785 참조.

26) Yuan Tsu-chi, "In China und im Westen", *Unesco Kurier* 4, 1987, p. 29에서 재인용.

27) J. Meech-Pekarik, *The World of the Meiji Print*, New York 1986, p. 41, 50, 135: A. Fukai, "L'introduction de la mode occidentale dans le Japon Meiji", *Femmes fin de siècle 1885~1895*, ed. R.Davray-Piekolek et al., Paris 1990, p. 153f. 참조. 목선이 깊이 파인 유럽의 수영복은 부도덕한 것으로 간주되었다. 그러나 많은 일본 여자들이 해변에서 수영복을 입었기 때문에 가나가와 지사 관할구의 모든 해변에서는 남녀를 구분했다. K. Yanagida, *Japanese Manners Customs in the Meiji Era*, Tokyo 1957, p. 278 참조.

28) L. Bush, *77 Samurai*, Tōkyō 1968, p. 86에서 재인용. 몇 명의 사절단은 오아후(미국 하와이주의 화산섬—옮긴이)에서 창녀들에 의해서도 '자극을 받았다'. 그것이 그들의 폴리네시아 여자들에 대한 이미지를 완성시켰다. M. Masao, *As We Saw Them*, Berkeley 1979, p. 59 참조.

29) Masao, 앞의 책, p. 76, 78, 88: Bush, 앞의 책, p. 170. H. Wagatsuma, "The Social Perception of Skin Color in Japan", *Modern Japan*, ed. I.Scheiner, New York 1974, p. 58 역시 참조.

30) Y. Hambee, 1979, p. 182 참조.

31) V.G. Kiernan, *The Lords of Human Kind*, Harmondsworth 1972, p. 188 및 Wagatsuma, 앞의 책, p. 69 참조.

32) R. Schmidt, *Beiträge zur indischen Erotik*, Berlin 1922, p. 599에서 재인용.

33) W. Davenport, "Sexual Patterns and Their Regulation in a Society of the southwest Pacific", *Sex and Behavior*, ed. F.A. Beach, New York 1965, p. 173 참조.

34) A.C. Haddon, "Decoration of the Person and Toilet", *Reports of the Cambridge Anthropological Expedition to Torres Straits*, Cambridge 1912, p. 16f. 참조.

35) J. Schuy, "Ehe und Geburt bei den Tolai auf New Britain", *Carl Laufer MSC, Missionar und Ethnologe auf Neu-Guinea*, ed. H. Janssen et al.,

Freiburg 1975, p. 58, 61f. 참조. 부건빌 섬의 부인족의 경우 처진 가슴은 성적 매력이 없는 것으로 간주되었으며, 처진 가슴을 가진 여자는 부정적인 의미로 '노파'(maide)로 불렸다. H. Thurnwald, *Menschen der Südsee*, Stuttgart 1937, p. 133 참조. 멘데족도 마찬가지로 처진 가슴을 혐오스럽게 생각했다. 아름다운 가슴은 접시 형태여야 하며 뛰거나 춤을 출 때 출렁거리거나 이리저리 흔들려서는 안 된다. S.A. Boone, *Radiance From the Waters*, New Haven 1986, p. 104 참조. R.A. LeVine/B.B. LeVine, "Nyansongo: A Gusii Community in Kenya", *Six Cultures*, ed. B.B.Whiting, New York 1963, p. 63(구시족); T. Förster, *Divination bei den Kafibele-Senufo*, Berlin 1985, p. 72(카피벨레족, 세누포족의 하부그룹); C.E. Hopen, *The Pastoral Fulbe Family in Gwandu*, London 1958, p. 72(풀라니족 혹은 풀베족); M. Mead, *Growing Up in New Guinea*, Melbourne 1942, p. 51(마누스족); Ernest Brandewie: 1988년 2월 29일자 편지(음보왐브족) 역시 참조. 키우 호 서쪽에 살고 있는 하우족 및 반야붕구(바시)족, 훈데족 같은 이웃 종족들도 크고 무거운 가슴을 좋아하지 않았다. 그러나 너무 작은 가슴도 별로 인정받지 못했다. 그렇기 때문에 가슴이 너무 작은 여성들은 가슴을 크게 하기 위해 이용할 수 있는 식물을 모두 이용했다. 작은 가슴을 가진 여자는 '올바른' 부인이 못 되었다. 사람들은 그녀가 '중간존재'이며 그래서 순수하지 못하고 위험하다고 믿었다. 가슴이 더 커지지 않는 그런 여자들이 과거에는 생산의 신에게 희생물이 되었다. A. Kashamura, *Famille, sexualité et culture*, Paris 1973, p. 114, 144 참조.

36) R. M. Arringer, *Der webliche Körper und seine Verunstaltungen durch die Mode*, Berlin 1908, p. 56; R.J. Mehta, *Scientific Curiosities of Love-Life and Marriage*, Bombay o.J., p. 224 참조. 그럼으로써 여자는 앞에 언급한 젊은 미국 여자들처럼 '데이트'를 하기 전에 젖꼭지에 얼음 조각을 얹어놓는다.

37) Ibn Qayyim al-Ğauziyya, *Aḫbar an-nisa*, Müuchen 1986, p. 331, 336f.

38) R. Burton, "Terminal Essay", *The Book of the Thousand Nights and a Night*, o.O., o.J., p. 232.

39) A. Bouhdiba, *Sexuality in Islam*, London 1985, p. 141 참조. 물론 납작한 가슴을 선호하는 남자들은 항상 있었다.

40) V. A. Fildes, *Breasts, Bottles and Babies*, Edinburgh 1986, p. 43에서 재인용.

41) V. Newall, "The Black Outsider: Racist Images in Britain", *Folklore Studies in the 20th Century*, ed. V. Newall, Bury St. Edmunds 1980, p. 309에서 재인용.

42) K. Pinkus, *Bodily Regimes*, Minneapolis 1995, p. 40 참조.

594

43) R. Gödtel, *Die Brust*, Berlin 1993, p. 17 참조.

44) 앞의 책, p. 55; R. Gros, *Die weibliche Brust*, Berlin 1987, p. 23, 42 참조. 어떤 여자가 탄력있는 피부를 가지지 못했다면 그녀는 전문가의 조언에 따라 가슴이 작아도 브래지어를 착용해야 했다. 물론 이런 브래지어는 어떤 경우에도 너무 딱 달라붙어서는 안 된다. 몸에 너무 딱 달라붙으면 지지하는 결체조직이 감소하기 때문이다.

45) R. Pearsall, *The Worm in the Bud*, Toronto 1969, p. 118 참조.

46) B. de Rachewiltz, *Schwarzer Eros*, Stuttgart 1965, p. 131; E.E. Evans-Prichard: 1971년 1월 30일의 구두 전달.

47) A.G. Morice, "The Great Déné Race", *Anthropos*, 1910, p. 979 참조. 데버루(G. Devereux, *Realität und Traum*, Frankfurt/M. 1975, p. 118)에 따르면 유마족과 모하베족은 탄력있고 '봉긋한' 가슴에 아무런 가치도 두지 않는다고 한다.

48) 예를 들면 바야카족과 아샨티족이 그렇다. E. Torday/T.A. Joyce, "Notes on the Ethnography of the Ba-Yaka", *Journal of the Anthropological Institute of Great Britain and Ireland*, 1906, p. 41 참조. 파울 파린(Paul Parin)이 나에게 말했던 것처럼 서아프리카, 특히 세네갈의 전통사회에서는 대부분 처진 가슴이 아름다운 것으로 간주된다. 그래서 여자들은 가슴 마사지와 가슴 묶기로 가슴을 이런 형태로 만들려고 한다. 도시 사람들은 그동안 작고 둥근 그리고 유두가 튀어나온 '봉긋한' 가슴을 선호했다. 19세기에 프랑스 군의관인 아만드는 '코친차이나(유럽인들이 프랑스 식민지 시대의 베트남 남부지역을 일컬어 부르던 이름—옮긴이)의 안남 여자들'은 목과 등을 감는 두 개의 끈으로 심하게 졸라매는 '삼각형 가슴 밴드로' 가슴을 내리눌렀다고 보고했다. H. Ploß, "Die ethnographischen Merkmale der Frauenbrust", *Archiv für Anthropologie*, 1872, p. 216 참조. 파라과이 강변의 파야구아족은 넓은 끈으로 가슴을 눌렀다. 그리고 폴리네시아에 있는 바니코로 섬의 여자들은 이런 목적을 위해 젖꼭지 바로 위에 허리띠를 맸다. 같은 책, p. 218f. 참조.

49) E. Pechuel-Loesche, "Indiscretes aus Loango", *Zeitschrift für Ethnologie*, 1878, p. 21f. 참조. 동일한 것이 다른 아프리카 사회에서도 보고되었다. F. v. Reitzenstein, *Das Weib bei den Naturvölkern*, Berlin o.J., p. 127 참조.

50) 주 48)번 참조.

51) R. Devisch, *Weaving the Threads of Life*, Chicago 1993, p. 138 참조.

52) H. Schurtz, *Grundzüge einer Philosophie der Tracht*, Stuttgart 1891, p. 71f. 참조.

53) P. Piquereddu, "Pizzi e ricami nel costume della Sardegna", *Il Merletto*

nel folklore Italiano, ed. D.D. Poli, Venezia 1990, p. 341 참조. 같은 시기에 프랑스 북부의 시골 처녀들은 사춘기부터 '은신처 코르셋'(cache-corset)이라 불리는 일종의 브래지어를 착용했다. T. Lelen, "Scènes de la vie quotidienne: les femmes de la vallée de la Lys(0870~1920)", *Revue du Nord*, 1981, p. 644 참조.

54) C. Lindsay, *Mentawai Shaman*, London 1992, p. 114 참조.

20. 어머니 젖가슴은 섹시하지 않다?

1) H. P. Duerr, *Der Mythos vom Zivilisationsprozeß. Intimität*, Frankfurt/M. 1990, p. 266ff. 참조. 이런 수치심과 불안감을 줄이기 위해 벌써 1779년에 계몽주의자인 요한 피터 프랑크(Johann Peter Frank)는 만하임에서 출간된 『완전한 의학 정책 시스템』(*System einer vollständigen medicinischen Policy*)에서 이렇게 권했다. "부모들은 딸들에게 적어도 13세까지는 그들에게 앞으로 일어날 자연스런 변화에 관해 조심스럽게 알려주어야 한다."(A. Junker/E. Stille, *Zur Geschichte der Unterwäsche 1700~1960*, Frankfurt/M. 1988, p. 338 참조)

2) S. Scraton, "'Boys Muscle In Where Angels Fear to Tread': Girl's Sub-Cultures and Physical Activities", *Sport, Leisure and Social Relations*, ed. J. Horne et al., London 1987, p. 179 참조.

3) J.-C. Kaufmann, *Corps de femmes, regards d'hommes*, Paris 1995, p. 78ff. 참조.

4) S. Bordo, *Unbearable Weight*, Berkeley 1993, p. 148, 178ff., 188f.; P.L. Goitein, "The Potential Prostitute", *Journal of Criminological Psychopathology*, 1942, p. 360 참조.

5) 이런 태도는 물론 지금 막 솟아나오기 시작하는 여성의 가슴과 관계가 없으며, 오히려 동일한 나이의 사내아이 및 불안해하는 성인에게서도 발견할 수 있다. 누군가 가슴을 움츠리면 그것은 '나는 수동적이다. 나는 나를 주장하고 싶지 않다'를 의미한다. '기운이 빠진' 것이다. 그러나 누군가 심호흡을 하고 '가슴을 앞으로 내밀면' 그것은 활동성과 싸울 준비가 되어 있음을 나타내는 것이다. S. Molcho, *Körpersprache*, München 1983, p. 87f., 110 참조.

6) 한 민속학자는 자신이 처녀들이 머물고 있는 공간에 들어서자마자 나이가 든 처녀들 역시 바로 파카로 가슴을 가렸다고 보고했다. 이들은 그의 아내와 함께 있을 때는 그러지 않았다. R.G. Condon, *Inuit Youth*, New Brunswick

1987, p. 63 참조.

7) N.J. Gubser, *The Nunamiut Eskimos*, New Haven 1965, p. 216 참조. 케이프 호프 에스키모 여자들은 가슴이 발달하기 시작할 때 얼마나 곤혹스러웠는지에 대해 썼다. M. Freeman-Aodla, *Tochter der Inuit*, Rüschlikon 1980, p. 91f. 참조.

8) P. K. Neuhaus, *Beiträge zur Ethnographie der Pala*, *Mittel-Neu Irland*, Köln 1962, p. 313f. 참조.

9) P. Hulton, *America 1585: The Compleite Drawing of John White*, Charlotteville 1984, p. 112. 포우하탄, 아코막, 치카호미니, 포토막, 위녹과 같은 해안 알공킨족(캐나다 오타와강 남쪽에 있는 인디언 종족—옮긴이)의 평민 여자들은 거의 무릎길이의 사슴가죽으로 만든 치마를 입었다. 그것은 '뒷부분'은 상당 부분 가리지 않았다. 1611년 버지니아에 온 윌리엄 스트레이치(William Strachey)에 의하면 이와는 달리 귀족 부인들은 몸 전체를 외투로 가렸다고 한다. B.C. McCary, *Indians in Seventeenth Century Virginia*, Williamsburg 1957, p. 27. 이 시기에 버지니아 인디언들에게 납치된 존 스미스(John Smith)는 여자들이 '알몸을 보이는 것에 매우 부끄러운 얼굴을 했다'(D. de Marly, *Dress in North America*, New York 1990, I, p. 20f.에서 재인용)고 보고했다. 캐롤라이나에 거주하는 그들의 이웃부족은 여름에 나체로 강에서 목욕을 했다. 그러나 절대 '혼탕'(J. Lawson, *A New Voyage to Carolina*, London 1709, p. 191)은 아니었다.

10) M. Vanoverbergh, "Negritos of Eastern Luzon, Part I", *Anthropos*, 1937, p. 913; -, *The Isneg*, Washington 1938, p. 124 참조. -, "Negritos of Northern Luzon", *Anthropos*, 1925, p. 410; J.M. Garvan, *The Negritos of the Philippines*, Horn 1964, p. 39; W.A. Reed, *Negritos of Zambales*, Manila 1904, p. 37 역시 참조. 캐시구란 아그타족의 경우 물론 최근에는 모든 처녀들이 겨드랑이 밑까지 타피스를 끌어올리지는 않는다. T.N. Headland, "The Casiguran Dumagats Today and in 1936", *Philippine Quarterly of Culture and Society*, 1975, p. 248 참조. (나는 이런 암시를 준 데 대해 루돌프 라만 SVD 신부에게 감사한다.) 북부 팔라완의 어부들인 타그바누아족은 가끔 '나이든 그리고 결혼한 여자들은' 가슴을 드러내놓고 다닌다. 그럼에도 낯선 사람들이 있거나 시내를 돌아다닐 때는 그들도 상체를 가린다. E.R. Talaroc, *Tagbanua*, Münster 1994, p. 45f. 참조. 이스넥족의 처녀들은 아무도 자신들의 벗은 가슴을 볼 수 없도록 조심하라는 경고를 받는다. 오로지 씻을 때 혹은 강을 건널 때, 여자들끼리만 있을 경우 상체를 벗을 수 있었다. 어머니들은 젖을 먹일 때나 혹은 젖먹이를 데리고 다닐 때 대중의 면전에서 가슴을 노

출하고 다니는 것이 허용되었다. '마그카발'(magkabbal)이라 불렸던 처녀의 가슴을 만지는 것은 남자들에게 최고의 성적 만족을 주었다. 그리고 젊은 처녀들은 누군가 그런 뻔뻔스러운 짓을 하면 대부분 매우 화를 냈다. 그런 짓을 한 바람둥이는 보통 의도적으로 가슴을 건드린 것이 아니라고 변명을 했다. Vanoverbergh, "Negritos of Eastern Luzon, Part 2", *Anthropos*, 1938, p. 151ff. 참조. 이발로이족과 칸카나이족(-, "Dress and Adornment in the Mountain Province of Luzon", *Publications of the Catholic Anthropological Conference*, Washington 1929, p. 194, 198f. 참조) 및 마노보족도 비슷하다. J. M. Garvan, *The Manóbos of Mindanao*, Washington 1941, p. 44 참조.

11) G. Spannaus, "Streiflichter aus dem Leben der Kinder und Jugendlichen bei den Ndau Südost-Afrikas", *Tribus*, 1951, p. 128 참조. 콩고의 낭가족과 바야카족(R. Devisch, "Symbol and Symptom Among the Yaka of Zaire", *Body and Space*, ed. A Jacobsen-Widding, Uppsala 1991, p. 289와 D.P. Biebuyck, "Dress and Body Adornment as Status and Power Symbols in Central Africa", *Man Does Not Go Naked*, ed. B.Engelbrecht/B.Gardi, Basel 1989, p. 212 참조) 및 킬리만자로의 샤가족도 역시 비슷하다. 샤가족은 젊은 처녀들이 성년식을 하면서 그들에게 이렇게 말한다. 남자들이 '이런 육체 부위를 보면'(그림204) 거기에 '집착하게' 되므로 그때부터 가슴을 가려야 한다고. O.F. Raum, "Female Initiation Among the Chaga", *American Anthropologist*, 1939, p. 559f. 참조. 동시에 젊은 남자들에게는 여자아이의 가슴을 만지면 그것이 *여자아이*를 성적으로 자극시키므로 그것을 엄격하게 금했다. -, 1986년 3월 24일 편지 참조. B.S. Low, "Fat and Deception", *Ethology and Sociobiology*, 1990, p. 73(도곤); J. Rouch, *Les Songhay*, Paris 1954, p. 49(송하이) 역시 참조. 리베리아의 오지에 있는 그반데족의 경우 여자가 대략 15세가 되면 결혼할 능력이 있으며 그때부터 가슴을 가려야 했다. 단지 젖먹이와 아주 늙은 여자들은 '상반신을 노출한 채' 대중의 면전에 나타날 수 있다. B.G. Dennis, *The Gbandes*, Chicago 1972, p. 62 참조. 백볼타강의 수원지에 거주하는 리엘라족 처녀들은 가슴이 발달하기 시작하면 가슴을 가렸다. 가슴은 그때부터 수치심과 아주 깊은 연관이 가지며 절대 노출해서는 안 되기 때문이다. 아이를 낳고 가슴이 처지고 나면 여자는 농장 내에서는 남자들 앞에서도 상체를 노출하고 다닐 수 있었다. 이때는 여자의 가슴이 성적으로 아무런 의미가 없어졌기 때문이다.(Sabine Dinslage: 1987년 2월 15일자 편지) 마다가스카르의 타날라족은 결혼한 여자들이 대부분 가슴을 드러내 놓고 다녔다. 반면 어린 처녀들은 몸에 딱 달라붙는 짧은 재킷이나 일종의 브래지어를 착용했다. R. Linton, *The Tanala*, Chcago 1933, p. 120 참조. 더 자

세한 것은 R. Decary, *Mœurs et coutumes des Malgaches*, Paris 1951, p. 72 참조.

12) 바이가족은 가슴의 여러 가지 형태에 대한 다양한 호칭들을 가지고 있었다.

13) V. Elwin, *The Baiga*, London 1939, p. 244f. 참조.

14) C. Mukherjea, *The Santals*, Kalkutta 1962, p. 397, 412, 415f., 434f.; W.G. Archer, *The Hill of Flutes*, London 1974, p. 51, 82; G.S. Ghurye, *Indian Costume*, Bombay 1951, p. 182; P.C. Ray, *Socio-Cultural Process and Psychological Adaptation of the Santal*, Kalkutta 1975, p. 7 참조. 마찬가지로 비하르에 살고 있는 파하리아족도 (완전히 가려지지 않은) 가슴을 매우 에로틱하게 생각했다. 처녀가 젊은 남자를 유혹하려 할 때면 남자의 손을 가져다가 자신의 벌거벗은 가슴 위에 올려놓았다. L. P. Vidyarthi, *The Maler*, Kalkutta 1963, p. 92 참조. 예를 들면 싱붐의 콜족이나 호족 등 다른 인도 '종족'의 남자들은 가슴을 별로 중요시하지 않는 듯하다. D.N. Majumdar, *The Affairs of a Tribe*, Lucknow 1950, p. 83 참조.

15) Dr. Sachchidananda, *Culture and Change in Tribal Bihar*, Kalkutta 1964, p. 12. 참조. 마리아 곤드족의 결혼한 여자들에게는 가슴을 가리는 것이 금지되었다. 그러나 결혼하지 않은 여자들은 가슴을 가려도 됐으며 속옷을 자주 이용했다. S.G. Deogaonkar, *The Madia of Bhamragad*, Delhi 1982, p. 6ff. 참조.

16) P. Konrad, "Zur Ethnographie der Bhils", *Anthropos*, 1939, p. 64 참조. 인도차이나 반도, 동남아시아, 그리고 히말라야에서도 처녀들은 결혼한 여자들, 특히 젖먹이가 있는 부인들과는 달리 가슴을 가리는 관습이 널리 퍼져 있었다. 예에 관해서는 H. J. Wehrli, *Beitrag zur Ethnologie der Chingpaw (Kachin) von Oberburma*, Leiden 1904, p. 43(카친); T.H. Lewin, *Wild Races of South-Eastern India*, London 1870, p. 192(퉁타); S.N. Majumder, *Ao Nagas*, Kalkutta 1925, p. 13; W.C. Smith, *The Ao Naga-Tribe of Assam*, London 1925, p. 18; J.P. Mills, *The Ao Nagas*, London 1926, p. 40(아오나가); C. v. Fürer-Haimendorf/E. v. Fürer-Haimendorf, *The Reddis of the Bison Hills*, London 1945, p. 37(레디); -, 1948, 그림 20(라지 곤드); S. Hutchinson, *Chittagong Hill Tracts*, Allahabad 1909, p. 37(치타공 구릉지대의 티페라); W. Shaw, *Notes on the Thadou Kukis*, Kalkutta 1928, p. 18(타두 쿠키); J. Lemoine, *Un village Hmong Vert du Haut Laos*, Paris 1972, p. 116(청먀오); K.G. Izikowitz, *Lamet*, Göteborg 1951, p. 110f.(라메트); L. Milne, *Shans at Home*, London 1910, p. 69; O. Rheinwald, "Die nichtchinesischen Stämme Södchinas", *Mitteilungen der*

204. 샤가족의 젊은 처녀.

Deutschen Gesellschaft für Natur- und Völkerkunde Ostasiens, 1942, p. 35(샨); H. Stübel/P. Meriggi, *Die Li-Stümme der Insel Hainan*, Berlin 1937, p. 125f.(하이난섬의 키); H. Stübel, *Ein Dorf der Ta-hua Miao in Yünnan*, Hamburg 1954, p. 13(위난의 타후아 먀오); H.O. Mawrie, *The Khasi Milieu*, New Delhi 1981, p. 83(카시) 참조.

17) H. A. Bernatzik, *Akha und Meau*, Innsbruck 1947, p. 329; B.C. Srisavasdi, *The Hill Tribes of Siam*, Bangkok 1963, p. 104; F.V. Grunfeld, *Wayfarers of the Thai Forest: The Akka*, Amsterdam 1982, p. 40f.; R. Bökenmeier/M. Freidel, *Verlorene Menschen*, Hamburg 1984, p. 264f.; P. Chaturahawd, *People of the Hills*, Bangkok 1980, p. 80, 86f.; Friedhelm Scholz: 1987년 3월 7일의 구두 전달 참조

18) -: 1986년 3월 7일의 구두 전달.

19) Bernatzik, 앞의 책, p. 89 참조. 히말라야의 보티아족도 젊은 처녀들은 어머니들과는 반대로 항상 상체를 가린다.(Col Dalton, "Beschreibende Ethnologie Bengalens", *Zeitschrift für Ethnologie*, 1873, p. 337; W. Chorlton/N.

Wheeler, *Felsbewohner des Himalaya: Die Bhotia*, Amsterdam 1982, p. 106f.; S.S. Shasi, *The Nomads of the Himalayas*, Delhi 1979, Tf. IX) 그리고 남자들은 여자들의 가슴을 만지는 것을 매우 좋아했으며, 그것을 '추근거린다'(nöqgyala)고 했다. 성교하는 동안에도 남자들은 가슴을 애무한다. D.J. Lichter, *Person, Action Causation in a Bhote Ethic*, Ann Arbor 1984, p. 185, 237ff. 참조. 렙차족의 남자가 젊은 처녀의 가슴을 잡는다면 그녀와 자고 싶다는 표시이다. G. Gorer, *Himalayan Village*, London 1967, p. 329 참조. 마가르족도 비슷하다. 이 부족의 신화에는 처음에 여자들만 이 땅에 살았다고 전해진다. 가끔씩 남자들 역시 하늘에서 내려왔다. 그들은 이 땅이 그다지 마음에 들지 않았기 때문에 매번 하늘로 돌아갔다. 여자들은 꾀를 짜냈다. 그들은 가슴주머니에 담뱃잎을 숨겼다. 남자들이 다음번에 다시 땅에 내려왔을 때 여자들은 영리하게 여기에 담뱃잎이 있으니 피워보지 않겠냐고 물었다. 남자들이 여자의 가슴주머니를 잡으면서 가슴을 만지게 되어 흥분하게 되었고 그래서 여자들의 가슴을 언제든지 만지려고 계속해서 땅에서 살게 되었다. M. Oppitz, *Schamanen im Blinden Land*, Frankfurt/M. 1981, p. 246 참조. 젊은 마가르족 처녀들은 가슴을 대중의 면전에서 항상 가린다. 부인들은 보통 가리지만 젖먹이를 가진 어머니들은 전혀 그렇게 하지 않는다. —, 1986년 2월 20일자 편지 참조. I. Majupuria/T.C. Majupuria, *Marriage Customs in Nepal*, Jullundur 1978, p. 64(세팡) 역시 참조. 네와르족(G.S. Nepali, *The Newars*, Bombay 1965, p. 66 참조)도 비슷하다. 여자들은 젖먹이가 젖을 먹을 수 있도록 자주 가슴(la)을 드러내놓고 다닌다. G. Toffin, *Pyangaon*, Paris 1977, p. 180 참조. 구룽족 어머니들은 여자아이가 5세 내지 6세가 되면 가슴을 가리라고 엄하게 가르친다. 그리고 어린 여자아이들은 절대 야외에서 몸을 씻지 않는다. 누군가 가슴을 볼 위험이 있기 때문이다. B. Pignède, *Les Gurungs*, Paris 1966, p. 70, 214 참조.

20) Bernatzik, *Die Geister der Gelben Blätter*, München 1938, p. 147 참조. 아카족 남자들이 실제로 점브리족 여자들의 벗은 가슴을 성교에 대한 요구로 이해했는지 아니면 단지 그것을 구실로 이용했는지는 확실치 않다. 모든 시대의 아주 다양한 사회에서 성폭력범들은 자신의 행위를 그 희생자가 음란하게 옷을 입었다든가 아니면 그러게끔 행동했다는 식으로 정당화했다. H.P. Duerr, *Der Mythos vom Zivilisationsprozeß. Obszönität und Gewalt*, Frankfurt/M. 1993, p. 452f. 참조.

21) Reinhard Grebe: 1988년 1월 15일자 편지. 나이든 부인들은 목욕할 때 남자들이 있어도 가슴을 드러낸다. 티베트의 유목민 여자들은 상체를 노출하고 기꺼이 일광욕을 한다. 마을 여자들은 이렇게 하는 경우가 드물다. 그럼에도 그들

역시 가슴을 노출하고 강이나 온천에서 목욕을 한다.(Veronika Ronge: 1987
년 5월 7일자 편지) 구룽족, 네와르족, 타칼리족 혹은 마가르족의 경우 젊은 여
자 여행객이 어깨와 젖가슴 윗부분을 보여줄 뿐 아니라 팔 위쪽을 드러내는 셔
츠를 입은 경우 이를 특별히 음란한 것으로 여겼다.(L. Tüting, "Trekking-
tourismus in Nepal", *Eingeborene* - *ausgebucht*, ed. C.Euler, Gießen
1989, p. 115 참조) 마가르족 여자의 벌거벗은 팔뚝을 보는 것은 실제로 불가
능하다.(M. Oppitz, "Verwandtschaft im Mythos", *Ethnologie als*
Sozialwissenschaft, ed. E.W. Müller et al., Opladen 1984, p. 287 참조).
여자아이도 7세가 되면 더 이상 옷을 벗지 않고 목욕을 한다.(—, 1986년 3월
17일의 편지) 젊은 처녀의 치마가 바람에 날려 위로 올라가면 이는 성적 범죄
로 간주된다. 해서 그런 일이 일어나지 않도록 주의해야 한다. 타칼족 여자들
역시 절대 맨다리를 보여주지 않는다. 네와르족 여자들은 팔뚝 외에 허리를 매
우 에로틱한 것으로 간주했다.

22) 1986년 여름에 다음과 같은 사실을 알려준 주요 정보 제공자는 베네 볼리 코텐
테나 와항(Bene Boli Koten Tena Wahang)과 파크 라무리(Pak Lamuri)였
다. 한 정보 제공자는 과거에는 가슴이 생기기 시작할 때가 아니라 성년식 때
여자의 상체를 가렸다고 나에게 알려주었다. 두 가지가 필연적으로 일치할 필
요는 없었다. 어떤 사람은 가슴이 나오려는 첫 징후가 느껴지자마자 사롱이
'높이 치켜올라간다'고 했다. E. Vatter, *Ata kiwan*, Leipzig 1932, p. 186;
B.K. Majlis, *Indonesische Textilien*, Köln 1984, p. 91f. 역시 참조

23) 오늘날 결혼하지 않은 여자들은 집에서는 사롱을 어깨가 드러나도록 묶을 수
있다.(정보 제공자: Ema Lepa, 1986년 8월)

24) 벨로길리 마을 출신의 몇몇 남자들이 나에게 전해준 바에 의하면, 극북동의 오
지인 탄종에서는 얼마 전까지도 젊은 처녀들이 상체를 가리지 않았다고 한다.
나는 그들의 말이 아주 개연성이 없다고 생각한다. 탄종은 '벽지'이다. 사람들
은 거기서는 모든 게 '원시적'이라고 믿거나 주장한다.

25) 토바 바탁족들은 첫아이를 '가슴 공개자'(si bucha badju)라고 불렀다. 이때
어머니의 사롱(hapit)은 상체를 드러낸다. J. v. Brenner, *Besuch bei den*
Kannibalen Sumatras, Würzburg 1894, p. 273 참조. 제1차 세계대전이 일
어나기 직전 토바 바탁족 여자들은 카로 바탁족 여자들과는 반대로 가슴을 가
리지 않고 다녔다.(O.J.A. Collet, *Terres et peuples de Sumatra*, Amsterdam
1925, p. 359f. 참조) 그러나 그런 상황이 곧 바뀌었던 것으로 보인다. J.
Winkler, *Die Toba-Batak auf Sumatra*, Stuttgart 1925, p. 39 참조.

26) 젖을 먹이는 어머니들이 가장 일찍 상체를 노출한다. 나이든 여자들은 집안에
서만, 일할 때 가끔은 마을길을 다닐 때 상체를 벗고 다닌다. 동로레스 동부의

아타키완족 여자들이 일반적으로 언제부터 상반신을 노출하지 않게 되었는지는 확실치 않다. 19세기의 여행자들은 플로레스 동부 여자들은 이웃섬인 아도나레의 여자들과는 반대로 가슴을 가리고 다녔다고 보고하고 있다.(A. Jacobsen, *Reise in die Inselwelt des Banda-Meeres*, Berlin 1896, p. 62 참조) 그것은 물론 그 시기의 사진사들에 의해 확인되고 있지는 않다. 예에 관해서는 M. Gittinger, *Splendid Symbols*, Washington 1979, p. 58 참조. H.J.T. Bijlmer, *Outlines of the Anthropology of the Timor-Archipelago*, Batavia 1929, Tf. XC XCIV 역시 참조. 망가라이족 여자들도 이 시기에는 모두 여전히 상체를 드러내고 다녔다.(P. Heerkens, *Flores de Mangarei*, Uden 1930, p. 29 참조) 그리고 1888년 엔데 지방에서 온 한 여행자는 아다트(adat, 이슬람 성법의 일부 원칙에 어긋나더라도 사법당국이 특별히 참작하여 인정해주는 지방의 풍습—옮긴이)만을 따르는 그곳 여자들이 모두 상체를 노출하고 다녔다고 보고했다. M. Weber, *Ethnographische Notizen über Flores und Celebes*, Leiden 1890, p. 6, 10f. 참조. 나는 젖먹이를 데리고 있는 젊은 시카족 여자들이 옷 밖으로 처진 가슴을 내놓고 다니는 것을 농장 주변에서 자주 보았다. 버스에서도 본 적이 있다. 아타키완족 여자들처럼 시카족 여자들 역시 아이가 가슴을 위해 있는 게 아니라 가슴이 아이를 위해 있다.

27) Papa Mado, 1986년 8월. 다른 정보 제공자들은 가톨릭 선교사들이 여자들의 '상반신 노출'을 허용했다고 말한다. 전체적으로 볼 때 '새로운 종교'가 아다트를 언급할 만한 정도로 몰아냈다고는 말할 수 없다. K.-H. Kohl, "Lokalreligion, Christentum und staatliche Religionspolitik in Ost-Flores", *Lokale Religionsgeschichte*, ed. H.G.Kippenberg/B.Luchesi, Marburg 1995, p. 131f. 참조.

28) Pak Lamuri, 1986년 7월.

29) 처녀의 가슴은 성적 자극을 불러일으키는 것으로 간주된다. 그리고 대부분 남자들은 그럴 기회만 되면 기꺼이 가슴을 애무하고 싶어한다. H.P. Duerr, *Der Mythos vom Zivilisationsprozeß. Obszönität und Gewalt*, Frankfurt/M. 1993, p. 344 참조. 나가다족의 젊은 처녀를 '뻔뻔스럽게 건드린' 사람은 전에는 손과 발이 말뚝(kogo)에 묶였다. 이어서 매우 높은 벌금을 무는 것을 거부하면 그는 노예로 팔려갔다. P. Arndt, *Geselschftliche Verhältnisse der Ngadha*, Mödling 1954, p. 514 참조. 타님바르 섬에서도 젊은 처녀의 가슴을 만지는 것은 '금지되었다'(moli). O. Stoll, *Das Geschlechtsleben in der Völkerpsychologie*, Leipzig 1908, p. 877 참조.

30) C. DuBois, *The People of Alor*, New York 1961, p. 98 참조.

31) 예에 관해서는 B.K. Muller/P. Zach, *Domostroi*, Leipzig 1987, p. 144f.; S.

Fraser-Lu, *Handwoven Textiles of South-East Asia*, Singapore 1988, p. 43 (숨바섬 주민); S. Eder, *Abenteuer in der Sulu-See*, Salzburg 1984, p. 171, 175, 189, 195(줄루 아키펠의 바조 라우트와 바조 시탕가이) 참조. 로드니 니덤(Rodney Needham)이 1986년 10월 25일자 편지에서 나에게 전해준 대로 숨바 섬의 코디족과 맘보루족의 젊은 처녀들 역시 추장이 그들에게 근대적이 되어보라고, 사롱의 윗솔기를 가슴 위로 끌어올리라고 요구할 때까지 '상반신을 노출'하고 다녔다. S. van Praag, *Sexualiteit en huwelijk bij de volkeren der aarde*, Amsterdam 1933, p. 288, 336 역시 참조. 티모르의 벨루족 부인과 처녀들은 어깨에서 발목까지 내려오는 긴 사롱을 착용하는데 집안에서나 마당에서 일할 때는 사롱을 가슴 밑으로 내렸다. B.A.G. Vroklage, *Ethnographie der Belu in Zentral-Timor*, Bd. I, Leiden 1952 p. 163; Bd. III, 1953, IV. 27 참조.

32) O. Rutter, *The Pagans of North Borneo*, London 1929, p. 50ff., 146; J. Staal, "The Dusuns of North Borneo", *Anthropos*, 1924, p. 962(타가스족도 마찬가지이다); I.H.N. Evans, *Among Primitive Peoples in Borneo*, London 1922, p. 91; —, *The Religion of the Tempasuk Dusuns of North Borneo*, Cambridge 1953, p. 4f.; H. Ling Roth, *The Natives of Sarawak and British North Borneo*, Bd. II, London 1896, p. 44 참조.

33) T. R. Williams, *The Dusun*, New York 1965, p. 83 참조.

34) 1966년에도 두순족 여자들은 상체를 노출하고 젖을 먹이고 목욕을 했지만 지금은 그렇지 않다. E. Koepping, "Vom Blasrohr zum Aktenkoffer: Sozialgeschichte der Kindheit in einem Dorf auf Borneo", *Kinder*, ed. M.-J. van de Loo/M. Reinhart, München 1993, p. 284 참조.

35) G. Tiemann, "Grundlegende Werte bei den Jāt von Haryānā in Nordindien", *Anthropica*, ed. W. Saake, St. Augustin 1968, p. 390 참조.

36) 집에서 일할 때 여자아이들은 가끔 수건과 끈을 가슴에서 치우기도 한다. 그러나 남자가 다가오면 다시 가슴에 두른다. 때에 따라 가슴이 '처진' 여자들은 가슴이 출렁거리지 않고 일에 방해가 되지 않도록 밧줄로 감는다. 그런 여자들은 젖을 먹일 때 가슴을 가린다. 왜냐하면 바라보기만 해도 재앙을 입히는 그런 눈초리에 두려움을 갖고 있기 때문이다. P.M. Schulien, "Kleidung und Schmuck bei den Atchwabo in Portugiesisch-Ostafrika", *Anthropos*, 1926, p. 875ff. 참조.

37) 예에 관해서는 B.W. Suhr, *Der nackte Tanz*, Egestorf 1927, p. 28 참조.

38) K. Karkosch, *Der nackte Mensch im Film*, Hamburg 1954, p. 8 참조.

39) 남자들은 그런 가슴을 손으로 잡기를 좋아했다. 그렇기 때문에 그들은 기꺼이

페니스를 뒤에서부터 질에 삽입했다.

40) R. M. Berndt/C.H. Berndt, *Sexual Behavior in Western Arnhem Land*, New York 1951, p. 24, 67 참조.

41) R. M. Berndt, "A Day in the Life of a Dieri Man Before Alien Contact", *Anthropos*, 1953, p. 176 참조.

42) R. M. Turnbull, *Molimo*, Köln 1963, p. 210 참조.

43) R. Ames et al., "Breakfast With Topless Barmaids", *Observation of Deviance*, New York 1970, p. 46f.

44) J.-C. Kaufmann, *Corps de femmes, regards d'hommes*, Paris 1995, p. 89f., 93f. 참조. 호주 해변에 온 젊은 여자들 중 87퍼센트가 누워 있을 때만 가슴을 드러냈고, 70퍼센트가 앉아 있을 때, 60퍼센트가 '상반신 노출'로 수영한다고 했다. 단지 39퍼센트만이 상의를 입지 않고 해변을 돌아다닌다. E. Herold et al., "Psychosocial Aspects of Female Topless Behavior on Australian Beaches", *Journal of Sex Research*, 1994, p. 137 참조. 물론 그러면서 다른 이유도 중요한 역할을 한다. 많은 여자들이 예를 들면 그들 자신의 '영역'을 떠날 때 더 불안하게 느낀다. 이전에 많은 나체주의자들도 일광욕을 중단하고서 돌아다니려면 수영복을 착용하는 것을 볼 수 있었다. A. Kuntz, Der bloße Leib, Bern 1985, p. 68 참조. 1987년에 캠핑지인 베네치아의 '리도 연합'은 여자들에게 상의를 벗는 것을 허용했다. '상반신을 노출한 채' 돌아다니지 않고 달리지도 않는다는 전제 하에서 말이다. Stern 30, 1987, p. 128 참조.

45) 물론 아주 많은 여자들이 이렇게 행동한 것은 아니었다. S. Anglo, "The Courtier", *The Courts of Europe*, ed. A.G. Dickens, London 1977, p. 51 참조. 페데리고 루이기니(Federigo Luigini)의 『아름다운 여인의 책』(*Libro della bella donna*)에 따르면 작은 가슴과 '떨리는 엉덩이'가 이상적이다. D. Hammer-Tugendhat, "Erotik und Geschlechtsdifferenz: Aspekte zur Aktmalerei Tizians", *Privatisierung der Triebe?*, ed. D.Erlach et al., Frankfurt/M. 1994, p. 387 참조.

46) H. Klecker, *Von der Wiege bis zur Bahre*, Waltersdorf 1994, p. 146 및 G. Mentges, *Erziehung, Dressur und Anstand in der Sprache der Kinderkleidung*, Frankfurt/M. 1989, p. 118 참조.

47) C. Baill/J. Money, "Physiological Aspects of Female Sexual Development", *Women's Sexual Development*, ed. M. Kirkpatrick, New York 1980, p. 66 참조.

48) P.A. Treckel, "Breastfeeding and Maternal Sexuality in Colonia America", *Journal of Interdisciplinary History*, 1989, p. 32 참조. 모하메드는 가슴의

이중적 기능에 어떤 문제점도 느끼지 못한 듯하다. 그는 다음과 같이 확인했다고 한다. "여자의 가슴은 아이를 양육하고 아이의 아버지를 기쁘게 한다."(R. Lothar, "Intime Körperbehandlung vom Kopf bis zur Hüfte", *Sittengeschichte des Intimsten*, ed. L.Schidrowitz, Wien 1929, p. 75 참조)

49) G. Devereux, *Ethnopsychoanalyse*, Frankfurt/M. 1978, p. 175 참조.

50) E. V. Welldon, *Mother, Madonna, Whore*, London 1988, p. 27 참조.

51) E. H. Lopez, *Eros and Ethos*, Englewood Cliffs 1979, p. 74 참조. 한 지인은 나에게 거꾸로 말했다. 자신은 수유를 연상하기 때문이며 남편이 자신의 젖꼭지를 입에 무는 것을 좋아하지 않는다고. 여기에 관해서는 N. Bischof, *Das Rätsel Ödipus*, München 1985, p. 131 참조.

52) G. Devereux, 앞의 책, p. 176 참조. '젖 친척관계'에 관해서는 H. P. Duerr, *Traumzeit*, Frankfurt/M. 1978, p. 212 참조.

53) C. Beckwith, "Niger's Woodaabe", *National Geographic*, October 1983, p. 487 참조. 베르베르족의 속담은 이렇다. "여자는 아이를 낳기 전에는 연인이고 아이를 낳은 다음에는 어머니이다."(O.C. Artbauer, *Kreuz und quer durch Marokko*, Stuttgart 1911, p. 1980)

54) H.E. Driver/W. Driver, *Ethnography and Acculturation of the Chihimeca Jonaz of Northeast Mexico*, Bloomington 1963, p. 113 참조.

55) D.B. McGilvray, "Sexual Power and Fertility in Sri Lanka", *Ethnography of Fertility and Birth*, ed. C.P. MacCormack, London 1982, p. 62 참조. 세프위 아칸족의 경우 남자가 아내의 가슴 및 결혼한 여자 형제의 가슴을 만지는 것이 금지되었다. A.K. Mensah-Brown, "Marriage in Sefwi-Akan Customary Law", *Sociologus*, 1969, p. 56, 59 참조.

56) Elizabeth Koepping: 1989년 9월 28일자 편지.

57) N. McDowell, *The Mundugumor*, Washington 1991, p. 195f. 참조.

58) E. de Martion, *Sud e magia*, Milano 1976, 43f. 이 대목을 가르쳐준 데 대해 토마스 하우실트(Thomas Hauschild)에게 감사한다.

21. 수치심과 에로티시즘

1) F. Kurz, "Aus dem Tagebuch des Malers Friedrich Kurz über seinen Aufenthalt bei den Missouri-Indianern 1848~1852", *Jahresberichte der Geographischen Gesellschaft von Bern*, 1894, p. 55, 70f. 그는 오마하족 젊은 여자가 반나체였음에도 자신이 감히 그녀를 쳐다보자 그녀가 어떻게 화를

내며 대응했는지 기록하고 있다. "우리는 개울에서 함께 수영을 했다. 내가 호기심으로 수영복을 입은 그녀의 모습을 보려고 했기 때문에 그녀가 나를 물속에 집어넣었다."(같은 책, p. 50)

2) 블랙풋족 여자는 이렇게 말했다. "어린아이들은 일반적으로 함께 놀아도 된다. 그리고 여름에 어린아이들은 자주 벌거벗고 돌아다닌다. 그러나 사내와 여자아이의 차이를 인식하기에 충분한 나이가 되자마자 그들을 따로 떼어놓는다. 그때부터 여자아이들은 세심하게 어머니와 숙모들에 의해 감시를 당하고 사내아이들은 절대 그들 근처로 오면 안 된다."(B. Hungry Wolf, *Das Tipi am Rand der großen Wälder*, München 1985, p. 182f., 205f.)

3) T. Shakespeare, *The Sky People*, New York 1971, p. 43 참조.

4) J. D. Hunter, *Memoirs of a Captivity Among the Indians of North America*, London 1823, p. 336 참조.

5) 예에 관해서는 O. La Frage/A.M. Josephy, *A Pictorial History of the American Indian*, New York 1974, p. 114 참조.

6) T. Michelson, "Narrative of an Arapaho Woman", *American Anthropologist*, 1933, p. 600; R.J. DeMallie, "Male and Female in Traditional Lakota Culture", *The Hidden Half*, ed. P.Albers/B.Medicine, Lanham 1983, p. 253; M.W. Beckwith, "Mythology of the Oglala Dakota", *Journal of American Folklore*, 1930, p. 361; M.N. Powers, *Oglala Women*, Chicago 1986, p. 71f. 참조. 그래서 당사자인 처녀나 그 가족의 의지와 관계없이 그녀와 결혼하고자 하는 젊은 남자는 그녀가 목욕하는 것을 엿본다.

7) K.N. Llewellyn/E.A. Hoebel, *The Cheyenne Way*, Norman 1941, p. 177; E.A. Hoebel, *The Cheyennes*, New York 1960, p. 95 참조.

8) W.E. Unrau, *The Kansa Indians*, Norman 1971, p. 29; Hungry Wolf, 앞의 책, p. 205 참조.

9) Powers, 앞의 책, p. 72 참조. 물론 여자들은 남자들처럼 가슴을 '뚫는 것이' 기술적으로 불가능할지도 모른다. 밧줄에 묶인 독수리 발톱과 뼈는 틀림없이 바로 결체조직에서 빠져나갈 것이기 때문이다. 그래서 여자들은 등 근육조직에만 피어싱을 할 수 있을 것이다.

10) M. Nizhoní, *Ich liebe meine indianischen Wege*, Aachen 1990, p. 40 참조. 최근에 오글라라족은 대부분 남녀가 함께 목욕을 한다. 오두막이 아주 어두워서 옆에 있는 사람들을 거의 알아볼 수 없음에도 나이든 오글라라족은 이런 변화를 정숙치 못한 것으로 간주했다.(William K. Powers: 1987년 3월 4일자 편지) 남자들 역시 사우나 오두막에서 성기를 가죽 가리개나 적어도 손으로라도 가렸다. 1941년 6월 치스치스타스(샤이엔족)의 한 부족이 오클라호마의 와

통가 우체국을 점령했다. 그들의 선조가 그려진 우체국의 벽화가 너무 음란해 보였기 때문이다. 늙은 추장인 레드 버드는 이런 행동의 이유를 다음과 같이 설명했다. "엉덩이에 걸친 옷이 너무 짧다. 나바호처럼 보인다. 좋지 않다. 냄새 난다!"(J. Clapp, *Art Censorship*, Metuchen 1972, p. 270)

11) W. O'Meara, *Daughters of the Country*, New York 1968, p. 314 참조. 블랙풋족의 여자들처럼 만단족 젊은 여자들은 '여름'에도 '긴 가죽 치마'를 입고 종아리를 덮는 가죽 양말(mitasses)를 신었다. M. Prinz zu Wied, *Reise in das Innere Nord-America in den Jahren 1832 bis 1834*, Bd. I, Coblenz 1839, p. 566, 573; Bd. II, 1841, p. 115f. 참조.

12) J. Cook, *The Journals*, Bd. III, ed. J.C. Beaglehole, Cambridge 1955, p. 313.

13) G.T. Emmons, *The Tlingit Indians*, ed. F. de Laguna, Seattle 1991, p. 238f.; F. de Laguna, *Under Saint Elias*, Washington 1972, p. 523 참조. 영국인 항해자 두 명이 1787년에 보고했듯이 하이다족 여자들 역시 '목에서부터 장딴지까지' 옷을 걸쳤다고 한다.(G. Dixon, *Der Kapitäne Portlocks und Dixons Reise um die Welt*, Berlin 1790, p. 204 참조) 그러나 5년 후에 퀸샬로트 섬을 방문했던 에스파냐 항해자인 카아마노(Caamaño)는 결혼한 여자들이 가슴을 가리는 일에 전혀 신경을 쓰지 않음을 알아차렸다. H.R. Wagner/W.A. Newcombe, "The Journal of Jacinto Caamaño", *British Colonial Historical Quarterly*, 1938, p. 221 참조. 이런 두 가지 자료를 가르쳐준 데 대해 한스 요아힘 스페커(Hans-Joachim Schepker)에게 감사한다.

14) E.S. Curtis, *The North American Indian*, New York 1907, p. 5, 215; H. Codere, "Kwakiutl Traditional Culture", *Handbook of North American Indians*, Bd. 7, ed. W.Suttles, Washington 1990, p. 366; D. Mattison/D. Savard, "The North-West Pacific Coast: Photographic Voyage 1866~81", *History of Photography*, 1992, p. 274f. 참조. 치누크족도 비슷하다. M. Silverstein, "Chinookans of the Lower Columbia", *Handbook of North American Indians*, Bd. 7, ed. W. Suttles, Washington 1990, p. 539f. 참조. 오레곤 남동부의 아타파스켄족 여자들은 집을 나설 때면 항상 가슴을 가렸다. J. Miller, "Athapaskans of Southwestern Oregon", *Handbook of North American Indians*, Bd. 7, ed. W.Suttles, Washington 1990, p. 582 참조. 로저 윌리엄스가 1643년 보고했듯이 뉴잉글랜드 인디언 여자들은 혼자 집에 있을 때면 가끔 치부가리개까지 벗는다. 그럼에도 "여자들은 언제라도 챙겨입을 수 있도록 옷들을 몸 가까이에 두었다."(D. de Marly, *Dress in North America*, New York 1990, I, p. 23에서 재인용)

15) L. Thompson, *Reminiscences of a Yurok Woman*, Berkeley, 1916, p. 42 참조.

16) 예에 관해서는 J.B. Katz, *I Am the Fire of Time*, New York 1977, p. 20 및 E.S. Curtis, *The North American Indian*, Bd. II. New York 1908, p. 111 참조. 유마족 여자들은 대략 1880년에 상체를 가리지 않고 다녔다. 같은 책, p. 67 참조.

17) M.L. Zigmond, "Kawaiisu", *Handbook of North American Indians*, ed. W.L. D'Azevedo, Washington 1986, p. 403 참조.

18) K.P. Wells, "Victorian Costuming of the Southern Sierra Miwok: 1851-1875", *Journal of California and Great Basin Anthropology*, 1982, p. 273ff., 286 참조.

19) J. L. Rawls, *Indians of California*, Norman 1984, p. 98ff., 187f. 참조.

20) L. Spier, *Havasupai Ethnography*, New York 1928, p. 183ff.; J.W. Powell, *Anthropology of the Numa*, ed. D.D.Fowler/C.S.Fowler, Washington 1971, p. 41; S. Jahn, *Die Irokesen*, Wyk 1992, p. 16; O. La Farge, *A Pictorial History of the American Indian*, New York 1974, p. 73; D.M. McCall, "The Dominant Dyad: Mother-Right and the Iroquois Case", *Theory and Practice*, ed. S. Diamond, The Hague 1980, p. 239 참조.

21) W. D. Baird, *The Quapaw Indians*, Norman 1980, p. 11f.에서 재인용.

22) W. O'Meara, 앞의 책, p. 141 참조. 적어도 모하베족에게는 가슴이 에로틱한 의미를 지녔다. G. Devereux, *Ethnopsychoanalyse*, Frankfurt/M. 1978, p. 87 참조.

23) J. Gillin, "Social Life of the Barama River Caribs in British Guiana", *Scientific Monthly* 1935, p. 233 참조.

24) ZDF-방송, 1992년 9월 22일.

25) O. O. Howard, *My Life and Experiences Among Our Hostile Indians*, Hartford 1907, p. 94 참조.

26) I.M. Peithmann, *The Unconquered Seminole Indians*, St. Petersburg 1957, p. 66 참조.

27) S.D. Gill, *Songs of Life*, Leiden 1979, Tf. XVc XXXf.; W. Dyk, *Son of Old Man Hat*, New York 1938, p. 248f.; J. Ladd, *The Structure of a Moral Code*, Cambridge 1957, p. 247; D. Leighton/C. Kluckhohn, *Children of the People*, Cambridge 1948, p. 127 참조. '주위에 있는 사람들의 기분이 상하게 하지 않기 위해' 나바호족은 그런 종류의 노출을 피했다. C. Kluckhohn, *Culture and Bihavior*, New York 1962, p. 174; -/D. Leighton, *The*

Navaho, Cambridge 1946, p. 91 참조.

28) M. Titiev, *The Hopi Indians of Old Oraibi*, Ann Arbor 1972, p. 51 및 E.S. Curtis, 앞의 책, Bd. XVII, p. 96(주니) 참조. 리하르트 클레머(Richard O. Clemmer)는 1986년 11월 4일 편지에서 이렇게 썼다. 호피족, 서부 쇼쇼넨족, 파이우테족, 우테족의 경우 여자의 몸은 목과 팔, 종아리만 제외하고는 모두 수치심과 연관이 있었으며 현재도 그렇다. 최근 (오글라라족과 비슷하게) 남자들과 함께 사우나 오두막에 들어가는 여자들도 있었다. 그러나 그들은 그런 경우에도 절대 가슴을 노출하지 않았다.

29) M. Titiev, *Old Oraibi*, Cambridge 1944, p. 205 참조.

30) F.A. Latorre/D.L. Latorre, *The Mexican Kickapoo Indians*, Austin 1976, p. 83. 1689년 인디언 전사에게 사로잡혔던 청교도 존 가일스(John Gyles)는 케이프 세이블 인디언에 관해 이렇게 보고한다. "남자와 여자가 어쩌다가 함께 물속에 있을지라도 그들은 각자 어떤 식으로든 옷을 걸치고 있고 정숙하고 고상하게 행동한다."(J. Gyles, "Memoirs of Odd Adventures, Strange Deliverances, Etc.", *Puritans Among the Indians*, ed. A.T.Vaughan/E. W.Clark, Cambridge 1981, p. 111)

31) 게다가 그들의 동향인인 동 후안 오냐테(Don Juan Oñate)는 1601년 가슴을 노출하고 다니는 아파치 인디언 여자들을 보았다고 말했지만 그것은 아마도 젖먹이를 데리고 있는 어머니일 것이다. J.U. Terrell, *Apache Chronicle*, New York 1972, p. 37, 65, 77, 87 참조. C.G. Salz, *La pintura colonial en el Museo de América*, Bd. I, Madrid 1980, p. 149 역시 참조.

32) G. Goodwin, *The Social Organization of the Western Apache*, Tucson 1942, p. 289, 303, 564ff. 참조. 잉갈리크족 역시 여성의 가슴에 대해 커다란 성적 관심을 가지고 있었다.(C. Osgood, *Ingalik Social Culture*, New Haven 1958, p. 217 참조) 그러나 남자들이 어떤 전희도 없이 바로 '본론으로' 들어가는 오지브와족은 그렇지 않다. A.I. Hallowell, *Culture and Experience*, Philadelphia 1955, p. 298 참조. 나바호족도 비슷하다. W. Dyk, "Notes and Illustrations of Navaho Sex Behavior", *Psychoanalysis Culture*, ed. G.B.Wilbur/W. Münsterberger, New York 1951, p. 109 참조.

33) 브라이스 보이어(L. Bryce Boyer)가 1986년 2월 18일자 편지에서 나에게 알려주었던 것처럼 심지어 메스칼레로 아파치의 '제정신이 아닌' 한 부부는 다른 사람들 앞에서 성행위를 했다고 한다.

34) G. Goodwin, 앞의 책, p. 54f. 참조. 치리카후아족 여자는 성기를 절대 다른 여자에게 보이지 않았으며 남자에게는 말할 것도 없다. M.E. Opler, *An Apache Life-Way*, Chicago 1941, p. 140 참조.

35) F.F. Berdan, "Trauma and Transition in Sixteenth Century Central Mexico", *The Meeting of Two* Worlds, ed. W. Bray, Oxford 1993, p. 187 참조. 아스테크족은 '뻔뻔스러운' 후악스테크족을 경멸했다. 왜냐하면 그 종족의 남자들은 옷 아래 어떤 가리개도 착용하지 않기 때문이다. 그리고 그들을 '항상 매달려 있는 것하고만 함께 있다'(can tla-pilo-ti-nemi)라고 불렀다. G. Höltker, "Vom Leben im späten Mittelalter: Aby Warburg und Norbert Elias zum 'Hausbuchmeister', *Norbert Elias und die Menschenwissenschaften*, ed. K.-S.Rehberg, Frankfurt/M. 1930, p. 471 참조. 이들은 타라스크족 역시 경멸했다. 타라스크족은 무릎까지 오는 겉옷 아래 치부가리개를 착용하지 않기 때문이다. E. Seler, *Gesammelte Abhandlungen*, Bd. IV, Berlin 1923, IV, p. 428 참조.

36) M. León-Portilla/R. Heuer, *Rückkehr der Götter*, Frankfurt/M. 1986, p. 105f.에서 재인용. 여자의 가슴을 잡는다는 것은 아스테크족에게는 그녀와 자고 싶다는 것을 의미한다. 예를 들면 그림에서 호치필리(Xochipilli)가 사랑의 여신에게 그러는 장면을 볼 수 있다.

37) 예에 관해서는 D. Fabre, "Familles: Le privé contre la coutume", *Histoire de la vie privée*, ed. P. Ariès/G. Duby, Paris 1986, p. 550 참조.

38) N. Quezada, "The Inquisition's Repression of Curanderos", *Cultural Encounters*, ed. M.E. Perry/A.J. Cruz, Berkeley 1991, p. 49, 51 참조. 잉카족 여자도 보통은 가슴을 가린다. 그리고 이들은 절대 옷을 벗고 자지 않고 숄(likla)만 벗고 난 후에 튜니카(anaku)를 입고 잔다. L. Baudin, *Der sozialistische Staat der Inka*, Reinbek 1956, p. 47 참조. 우리가 모체(기원전200경~서기600년의 안데스 문명-옮긴이)의 예술에서 추측할 수 있듯이 적어도 남미의 고원사회에서는 대부분 가슴이 매우 에로틱한 것으로 간주되었던 것처럼 보인다. 왜냐하면 남자들이 자주 여자의 가슴을 입과 손으로 자극하는 모습이 그려져 있기 때문이다. P.H. Gebhard, "Sexual Motifs in Prehistoric Peruvian Ceramic", *Studies in Erotic Art*, ed. T.Bowie/C.V.Christenson, New York 1970, p. 121 참조. 초케수소 여신의 여동생이 자신의 벌거벗은 가슴을 보여주면서 투타이키리를 유혹했는데, 남미의 고원 인디언들은 그런 행동을 '물론 비웃었다.'(H. Trimborn, "Die Erotik in den Mythen von Huarochiri", *Tribus*, 1951, p. 132)

39) O. Stoll, *Das Geschlechtsleben in der Völkerpsychologie*, Leipzig 1908, p. 572 참조. 물론 키체 마야족의 한 여자는 어머니가 자신이 10세가 되었을 때 엄하게 이렇게 가르쳤다고 말했다. "인디게나족 여자는 완전한 복장을 갖추고 있어야 존경을 받는다. 사람들은 어깨숄을 잊어버린 여자를 더 이상 존중하지

않기 때문이다."(E. Burgos, Rigoberta Menchú, *Bornheim*, 1984, p. 207)

40) H. Grimm, "Ethnobiologie der Sexualität", *Sexuologie*, ed. P.G. Hesse/H. Grimm, Leipzig 1976, p. 116f. 참조.

41) K. Helfrich, "Sexualität und Repression in der Kultur der Maya", *Baessler- Archiv*, 1972, p. 155; ─, 1986년 10월 31일자 편지 참조. 멕시코의 시골여 자들은 일반적으로 최소한의 육체만 가리지 않고 나머지는 다 가린다. 그리고 데콜테는 성적인 도발로 간주된다. 그들은 치마술기에 연 조각을 꿰메어놓는데 이것은 바람 때문에 치마가 날려 허벅지나 혐오감을 줄만한 것이 노출될까봐 그렇게 하는 것이다. C.T. de Bouchony, "Women in the Work of Rosario Castellanos", *Cultures*, 1982, p. 75 참조. 고대 마야에서도 가슴은 성적 측면 을 가지고 있었던 것으로 보인다. 왜냐하면 우악사툰(Uaxactun)에서 출토된 항아리 파편에서 탐욕스러움의 상징인 원숭이가 달의 여신의 가슴을 잡고 있는 모습을 볼 수 있기 때문이다. M. Romain, "Die Mondgöttin der Maya und ihre Darstellung in der Figurinenkunst", *Baessler- Archive*, 1988, p. 294 참조. 오토미족의 경우 사춘기가 시작되는 어린 여자아이들은 숄 없이는 더 이 상 공공장소로 가려고 하지 않는다. M. Nadig, *Die verborgene Kultur der Frau*, Frankfurt/M. 1986, p. 149 참조.

42) G. Ammon, "Beobachtungen und Erfahrungen eines Psychiaters mit den Lacandon-Maya", *Mitteilungen der Berliner Gesellschaft für Anthropologie, Ethnologie und Urgeschichte* 1966, p. 54 참조.

43) Christian Rätsch: 1986년 6월 5일자 편지.

44) Robert D. Bruce: 1986년 6월 27일자 편지.

45) Bruce, 앞의 책

46) C. Rätsch/H.J. Probst, "Ökologische Perspektiven von Sexualität und Hygiene bei den Maya", *Ethnologia Americana*, 1985, p. 1124f.에도 그렇다.

47) Felicitas Goodmann: 1986년 3월 14일자 편지. 유카탄 마야족에게 가슴은 물 론 촉각과 관련해서는 그렇게 큰 역할을 하는 것 같지 않다. 어쨌든 촉각과 관 련해서는 노출된 목이 더 큰 역할을 했다.(위와 같음)

48) M. Elmendorf, *Nine Mayan Women*, New York 1976, p. 86 참조. 적어도 과거에는 풍만한 가슴이 에로틱하지 않은 것으로 간주되었다. 오히려 사람들은 풍만한 가슴에서 젖먹이는 것을 많이 연상했다. 어쨌든 그들은 특정한 나무의 둥근 과일을 가지고 장난쳐서는 안 된다. 그러면 그들의 가슴이 너무 커지기 때 문이다. R. Redfield/A. Villa Rojas, *Chan Kom*, Washington 1934, p. 207 참조.

49) "이 인디언들은 조끼처럼 보이는 짧은 면 셔츠를 입는다. 그리고 그들이 마스텔

레스(masteles)라 부르는 나무껍질 가리개를 입는다. 우리는 그들을 쿠바의 인디언들보다 더 문명화된 것으로 간주한다. 쿠바의 인디언들은 여자들만 그들이 나구아스(naguas)라 부르는 면 가리개로 치부를 가리기 때문이다."(B. Diaz del Castillo, *Geschichte der Eroberung von Mexiko*, ed. G.A.Narciß, Frankrfurt/M. 1988, p. 22) 이런 포괄적인 여성의 나체는 특히 에스파냐 사람들에 의해 성적인 요구로 받아들여졌다. 그렇기 때문에 콜럼버스는 세번째 여행에서 30명의 여자를 미국으로 데려갔다. 물론 그것으로 수많은 강간을 막을 수는 없었다. M. Lequenne, *Christoph Columbus*, Ravensburg 1992, p. 100 참조.

50) Robert D. Bruce : 1986년 3월 22일자 편지.

22. 동아시아의 '출렁이는 두 개의 젖가슴'

1) H. P. Duerr, *Der Mythos vom Zivilisationsprozeß. Obszönität und Gewalt*, Frankfurt/M. 1993, p. 72ff. 참조.

2) V.S.R. Brandt, *A Korean Village*, Cambridge 1971, p. 133 참조.

3) Eno Beuchelt : 1986년 3월 14일자 편지.

4) Y. Kim, *Noül chin meari*, Seoul 1978, p. 38. 이 대목을 가르쳐준 데 대해 조화선씨에게 감사한다.

5) 조화선 : 1987년 2월 21일자 편지. 당시 함께 있었던 여자들은 조화선씨가 여성의 가슴을 '만지작거리는 것'이 19세기 한국에서는 일반적이었다고 추정했을 때와 마찬가지로 이 이야기를 듣고 킥킥거렸다.

6) ― : 1987년 2월 26일자 편지. 남자들끼리 있을 경우에는 별로 부끄러워하지 않았다. 그래서 그들은 가끔 고기 잡으러 갈 때도 옷을 벗었다.(Osgood, *The Koreans and Their Culture*, New York 1951, p. 78 참조) 그럼에도 다른 사람의 귀두를 보는 것은 매우 불쾌하게 생각했다.(Eno Beuchelt : 1986년 2월 25일자 편지) 한국 사람들은 일본 사람들의 얽매이지 않는 태도에 충격을 받았다. M. Nomura, "Remodelling the Japanese Body", *Culture Embodied*, ed. M.Moerman/M.Nomura, Osaka 1990. p. 261 참조.

7) 1994년에 광주시는 젖꼭지가 두드러지게 부각되며 배꼽을 드러내는 딱 달라붙는 티셔츠의 착용을 금지했다. 그런 셔츠를 착용한 두 명의 젊은 여자가 그전에 이미 체포되었다. Weser-Kurier, 1994. 8. 6. 참조.

8) Y.K. Harvey, *Six Korean Women*, St. Paul 1979, p. 267f. 참조.

9) Cho, 앞의 책 ; Beuchelt, 앞의 책.

10) M. Koike, "Zwei Jahre in Korea", *Internationales Archiv für Ethnographie*, 1891, p. 18; A. Eckardt, Korea, Nürnberg 1972, p. 111 참조.

11) W. Eberhard, *Moral and Social Values of the Chinese*, Taipei 1971, p. 294f.; B.B. Harrell, "Lactation and Menstruation in Cultural Perspective", *American Anthropologist*, 1981, p. 809; M.C. Yang, *A Chinese Village*, New York 1968, p. 127; Shenyi Luo: 1989년 11월 30일의 구두 전달 참조

12) P. Hsieh, *Girl Rebel*, New York 1940, p. 46 참조.

13) H.S. Levy, *Chinese Footbinding*, New York 1966, p. 176, 207 참조. 중국 당나라 현종의 애첩이었던 유명한 양귀비가 8세기에 가슴을 밀어올리는 코르셋을 궁정 패션으로 도입했다고 한다. 어느 날 아침 그녀가 거울 앞에서 머리를 빗고 있는데 그녀의 젖가슴 중 하나가 코르셋에서 빠져나왔다. 그것이 멀리서 그녀를 바라보던 황제의 정욕에 불을 붙였다고 한다. 전설에 의하면 이어서 그녀가 데콜테 패션을 만들어냈다고 한다. E. Chou, *Les jeux de l'amour en Chine*, Paris 1974, p. 229 참조. 실제로 당나라에서는 초기의 송 왕조처럼 궁녀들은 가슴 윗부분 및 목을 드러내는 목선이 깊이 파인 옷을 착용했던 것으로 보인다. 13세기에 이런 복장은 몰염치한 것으로 여겨졌으며, 그래서 전형적인 중국적인 것으로 간주되는 높은 깃의 재킷으로 돌아갔다. R.H. van Gulik, *Sexual Life in Ancient China*, Leiden 1961, p. 219; D. Bodde, "Sex in Chinese Civilization", *Proceedings of the American Philosophical Society*, 1985, p. 166; I. Veith, "The History of Medicine Dolls and Footbinding in China", *Clio Medica*, 1980, p. 259 참조. 가슴을 밀어올리는 코르셋은 물론 1930년대까지 존재했다. 그것이 점차 서구의 브래지어에 의해 밀려 사라져 버렸다.

14) N. A. Chance, *China's Urban Villagers*, New York 1984, p. 109 참조. 정숙한 중국 여자가 가슴을 노출하는 드문 기회 중의 하나는 시체숭배였다. 죽은 사람의 영을 몰아내기 위하여 리지(Li Chi, 중국의 현대 고고학자)가 썼듯이, 여자들은 가슴을 '밖으로 밀어낸다'(fa hsiung). E.H. Schafer, "Ritual Exposure in Ancient China", *Harvard Journal of Asiaitc Studies*, 1951, p. 145f. 참조.

15) 11세기 송 왕조 시대에 그런 여자아이들이 상체를 벗은 채 격투를 벌여야만 했다고 한다(fu-jen lo-t'i hsing-p'u). 그러나 결국 정치 지도자인 사마광이 그런 '음란한' 공연을 금지시켰다. van Gulik, 앞의 책, p. 186, 229f., 237 참조.

16) C. Osgood, *The Chinese*, Tucson 1975, p. 993 참조.

17) Wang Shi-Tcheng, *Djin Ping Meh*, Berlin 1961, p. 131. 당나라 전성기의 한 왕자는 애첩의 가슴을 만짐으로써 손을 따뜻하게 녹이곤 했다고 하는데

(H.S. Levy, "T'ang Women of Pleasure", *Sinologica*, 1965, p. 105 참조),
추측컨대 이 왕자는 그러면서 실용적인 것과 즐거운 것을 결합시킨 것 같다.

18) B. Hinsch, *Passions of the Cut Sleeve*, Berkeley 1990, p. 101에서 재인용.

19) Chou, 앞의 책, p. 156 참조.

20) "댄스 호스티스들은 그렇게 해야만 한다. 나와 춤추기 위해 돈을 지불한 교활한 건달들은 대체로 나에게서 무엇인가를 가질 수 있다고 생각한다. 그 더러운 돈을 지불했다는 이유로. 전기 불빛의 이점을 살려 눈곱만치의 부끄럼도 없이 손을 뻗쳐 내 가슴을 만진다. 처음에는 이중으로 된 두꺼운 속옷을 입었지만 실제로 그들은 단추를 열고 얼음처럼 차가운 악마의 손을 내 가슴 깊숙이 집어넣을 수 있었다."(M. Elvin, "Tales of Shen and Xin", *Fragments for the History of the Human Body*, ed. M. Feher et al., New York 1989, p. 306)

21) Chou, 앞의 책, p. 251f. 참조.

22) M. Rudolph, *Die Prostitution der Frauen der taiwanesischen Bergminderheiten*, München 1993, p. 101 참조.

23) J. Mollée, "China hautnah", *China der Frauen*, ed. A. Gerstlacher/M. Miosga, München 1990, p. 244 참조. 공식적인 서양의 가슴 및 등 데콜테가 자본주의의 타락한 성도덕의 예로 비난을 받았음에도 이미 1980년대 중반 중공의 여성잡지에서 가슴이 커지고 '처지는' 것을 막을 수 있는 그런 도구를 선전하는 수많은 광고를 발견할 수 있었다. E. Honig/G. Hershatter, *Personal Voices: Chinese Women in the 1980s*, Stanford 1988, p. 47, 68f., 71 참조.

24) D. Bochow, "Die Äpfel der Venus", *Stern* 41, 1967, p. 203. 많은 일본 여자들은 납작한 가슴 때문에 열등감을 느꼈던 것으로 보인다. 내가 언젠가 일본 여성에게 오늘날 일본 사람들의 가슴에 대한 수치심에 관해 물었을 때 그는 부끄러워하면서 이렇게 대답했다. "우리는 가슴이 전혀 없어요!" 그리고 그녀의 남편은 이렇게 덧붙였다. "건포도 하나가 붙은 빨래판이지요." 미의 이상이 '미국화' 되는 과정에서 많은 일본 여자들은 엉덩이를 좀더 부각시키려고 애썼다. 오늘날 수많은 여자들이 '원더 슬립'이나 '힙 브라'(엉덩이 아래를 지나며 엉덩이를 밀어올리면서 허리 주위에서 잠그게 되어 있는 넓은 천 모서리이다)를 착용한다. Pfeifer, *Bodywear des 20. Jahrhunderts*, München 1996, p. 43 참조.

25) E. Bachmeyer, "'Gequälter Engel': Das Frauenbild in den erotischen Comics in Japan", *Aspekte japanischer Comics*, ed. M. Maderdonner/E. Bachmeyer, Wien 1986, p. 142ff. 참조. 더 자세한 것은 K. Funabashi, "Das Frauenbild in der japanischen Pronographie", *Japanein Land der Frauen?*, ed. E. Gössmann, München 1991, p. 172 참조. 전통적으로 여자들은 가슴이 더 이상 튀어나오지 않도록 손수건을 흉곽 주위에 묶는다. 나중에

사람들은 이런 목적을 위해 브래지어를 이용했다(기모노브래지어). M. Braw/
H. Gunnarsson, *Frauen in Japan*, Frankfurt/M. 1982, p. 26; S. Noma,
Japanese Costume and Textile Arts, Tōkyō 1974, p. 12 참조.

26) R. Linhart, *Onna da kara*, Wien 1991, p. 239 참조

27) 예에 관해서는 G. Chesi, *Geistheiler*, Wörgl o.J. p. 180 참조.

28) *Tempo* 8, 1995, p. 40.

29) P. Kapitza, *Japan in Europa*, München 1990, p. 65에서 재인용.

30) L. Frois, *Kulturgegensätze Europa-Japan(1585)*, Tōkyō 1955, p. 122.

31) M. Hane, *Peasants, Rebels and Outcasts*, New York 1982, p. 62f. 참조.

32) 요코하마에서 멀지 않은 에노시마 섬에서는 1892년에도 조개를 파는 여자들이
상체를 벗은 채 조개를 팔았다. C.H. Stratz, *Die Rassenschönheit des
Weibes*, Stuttgart 1902, p. 88 참조. —, *Die Körperformen in Kunst und
Leben der Japaner*, Stuttgart 1925, p. 116; S. Greenbie, *Japan: Real and
Imaginary*, New York 1920, p. 419 역시 참조. 다른 한편으로 여행자들은
이 시기에 공중목욕탕에서 많은 여자들이 성기 부위뿐 아니라 가슴도 손과 팔
로 가렸다고 보고하고 있다. E. v.Hesse-Wartegg, *China und Japan*, Leipzig
1897, p. 539 참조.

33) J.W. Dower, *A Century of Japanese Photography*, New York 1980, p.
279, 328 참조.

34) 예에 관해서는 E. Norbeck, *Takashima*, Salt Lake City 1954, p. 74 참조.

35) E. Saito, *Die Frau im alten Japan*, Leipzig 1989, p. 106, 110 참조.

36) Y. Kawashima, "America Through Foreign Eyes: Reactions of the
Delegates from Tokugawa Japan, 1860", *Journal of Social History*, 1972,
p. 502에서 재인용.

37) P.F.v. Siebold, *Nippon*, Berlin 1897, p. 185f.

38) A. Wernich, *Geographisch-medicinische Studien nach den Erlebnissen einer
Reise um die Erde*, Berlin 1878, p. 135.

39) F. Henriques, *Prostitution and Society*, New York 1963, p. 307 참조.

40) W.H. Masters/V.E. Johnson/R.C. Kolodny, *Liebe und Sexualität*, Berlin
1987, p. 48.

41) D.P. Martinez, "Tourism and the ama", *Unwrapping Japan*, ed. E. Ben-
Ari et al., Honolulu 1990, p. 100 참조.

42) 1920년대 중반까지 많은 지역에서 심지어는 그 이후에도(그림205) 아마는 잠
수할 때 오로지 가리개(koshimaki)와 머리를 묶는 면수건(tenugui)만 착용했
다. 전쟁 후에 처음에는 긴팔의 흰색 웃옷과 바지를 착용했으며 대략 1980년

205. 보소의 아마 잠수부 여인. 포스코 마라이니의 사진을 복사한 신문 사진. 1937.

이후 카바다에서는 '웨트슈트'와 그 밑에 면 속옷을 입었다. R. Linhart, "Bei den Muscheltaucherinnen von Katada", *Die Frau* 37, 1983, p. 18f.; —, "Die ama von Katada1", *Japan*, ed. S. Linhart, Wien 1985, p. 89ff. 참조.

43) 그래서 18세기 이후로는 성교하는 아마를 그린 많은 목판화들이 있다. R. Lane, *Hokusai*, London 1989, p. 165f. 참조. 1814년 호쿠사이의 유명한 목판화에 그려진 벌거벗은 익사체 역시(그녀의 입사체에는 작은 문어가, 음순에는 큰 문어가 '입을 맞추고' 있대H. P. Duerr, *Der Mythos vom Zivilisationsprozeß. Intimität*, Frankfurt-M. 1990, p. 218 참조) 그런 조개 잠수부였다.

44) P. Constantine, *Japan's Sex Trade*, Tōkyō 1994, p. 112, 133f., 193 참조.

45) Weser/Kurier, 1994. 7. 8.

46) 1956년에 벌써 상대 여자의 젖꼭지를 손 혹은 입으로 자극하는 것이 결혼 전이나 결혼하고 나서 매우 많이 행해지고 있다는 설문조사결과가 있었다. S. Asayama, "Adolescent Sex Development and Adult Sex Behavior in Japan", *Journal of Sex Research*, 1975, p. 102ff.

47) I. Buruma, *Japan hinter dem Lächeln*, Frankfurt/M. 1985, p. 85 참조.

48) 오키나와에서도 특히 젊은 남자들이 상대 여자의 가슴을 입으로 자극하는 것을 좋아했다. 나이든 남자들은 대부분 바로 '본론으로' 들어간다. T.W. Maretzki/ H. Maretzki, "Taira: An Okinawan Village", *Sex Cultures*, ed. B. B.

Whiting, New York 1963, p. 430 참조.

23. 동남아시아와 인도네시아의 '상반신 노출'

1) R. G. Brown, "Burman Modesty", *Man*, 1915, p. 135; S. Fraser-Lu, *Handwoven Textiles of South-East Asia*, Singapore 1988, p. 86f.; C.H. Stratz, *Die Rassenschönheit des Weibes*, Stuttgart 1902, p. 165 참조.

2) Brown, 앞의 책 참조.

3) J.E. de Young, *Village Life in Modern Thailand*, Berkeley 1966, p. 40; H. Tichy, "'Pasin' oder Wie Damen baden", *Merianheft Thailand*, Hamburg 1977, p. 162 참조. 타이의 여자들 역시 원래는 가슴을 상체에 감은 수건(pa-hom)으로 가렸다. M. Smith, *Physician at the Court of Siam*, London 1947, p. 79 참조.

4) E. Diezemann, *Birma*, Pforzheim 1979, p. 298 참조.

5) 상당수의 잡지에는 그동안 아주 다른 그림, 즉 타이 여자들이 나체나 성에 대해 '자연스럽게' 행동하는 그림들이 많이 퍼져 있었다. 여기에 대해서는 S. Lipka, *Das käufliche Glück in Südostasien*, Münster 1985, p. 22 참조.

6) M. H. Mouhot, *Travels in the Central Parts of Indo-China, Cambodia, and Laos*, London 1864, p. 134, 146 참조. 100년 후 라오스의 마을에서는 사춘기 이전의 여자아이와 늙은 부인들만 상반신을 경우에 따라 가리지 않았다. J.M. Halpern, *Economy and Society of Laos*, Detroit 1964, p. 89 참조. 말레이시아 여자들은 19세기에 해안과 비교적 넓은 장소에서는 가슴을 가리기 위해 사룽을 착용했다. 그리고 공공장소에 갈 때면 벗은 어깨를 수건(selendang 혹은 tudung)으로 가렸다. J. M. Gullick, *Malay Society in the Late Nineteenth Century*, Singapore 1987, p. 190 참조. 반도의 내륙에서는 물론 지금까지도 집이나 가까운 주변에서 사룽을 엉덩이 주위에 옆으로만 걸치고 있는, 나이든 여자들을 볼 수 있다. W. Wilder, "Socialization and Social Structure in a Malay Village", *Socialization*, ed. P.Mayer, London 1970, p. 260; R.O. Winstedt, *The Circumstances of Malay Life*, Kuala Lumpur, 1909, p. 38 참조.

7) M.E. Spiro, *Kinship and Marriage in Burma*, Berkeley 1977, p. 232 참조.

8) O.K. Hutheesing, *Emerging Sexual Inequality Among the Lisu of Northern Thailand*, Leiden 1990, p. 95, 149 참조.

9) H. Eichberg, "Blumen im Haar sind verboten. In einem Dorf der

618

Mentawaier in Indonesien", *Unter dem Pflaster liegt der Strand 8*, 1981, p. 25: ㅡ, "Die Schönheit des Sitakigagailau, der Kreisel und das Kind im Arm", *Der gläserne Zaun*, ed. R. Gehlen-B. Wolf, Frankfurt/M. 1983, p. 163: ㅡ, *Eine andere Sinnlichkeit: Körper und Gesellschaft in Mentawai*, Mentawae 1989, p. 182 참조. 1980년대 초가 되어서야 인도네시아 정부는 멘타와이족 여자들에게 해안지역에서 가슴을 가리도록 했다. 섬 내부에서 여자들은 (어쨌든) 자바식의 웃옷을 자주 가슴이 드러나게 해서 입었다.(Reimar Schefold: 1986년 8월 19일의 편지)

10) P. Schmid, *Paradies im Drachenschlund*, Stuttgart 1956, p. 341f. 참조. 네덜란드 군대의 도덕을 위험에 빠뜨리지 않도록 하기 위해 이미 당국은 발리네시아 북부의 여자들에게 가슴을 말레이 웃옷(badju)으로 가리도록 했다. M. Covarrubias, *Island of Bali*, New York 1956, p. 111 참조.

11) A. Duff-Cooper, "Notes About Some Balinese Ideas and Practices Connected With Sex from Western Lombok", *Anthropos*, 1985, p. 405 참조.

12) A. Leemann, *Bali*, Innsbruck 1979, p. 44, 51 역시 참조.

13) A. Rein, *Tempeltanz auf Bali*, Münster 1994, p. 12.

14) 멘타와이 아키펠에서도 많은 처녀들이 어머니와 늙은 여자들과는 반대로 가슴을 가린다. O. Lelièvre, *Mentawaï*, Paris 1992, p. 18, 36 참조.

15) 발리네시아의 여자 정보 제공자, 1986년 8월.

16) W. Forman/R. Mrázek/B. Forman, *Bali*, Luzern 1984, p. 16f, 120 참조.

17) 여자 정보 제공자 및 Duff-Cooper, 앞의 책, p. 415. 『아스 와라 와니타』, 즉 '여자의 성욕 자극'이라는 제목의 이 책은 남자에게 상대 여자의 가슴을 애무하도록 권하고 있다. H. Grimm, "Ethnobiologie der Sexualität", *Sexuologie*, Bd. II, ed. P.G.Hesse/H.Grimm, Leipzig 1976, p. 123f. 둥글고 탄력있는 가슴은 특히 성적 자극을 불러일으키는 것으로 간주되었다. W. Weck, *Heilkunde und Volkstum auf Bali*, Stuttgart 1937, p. 104 참조.

18) 이런 발리네시아의 창녀들을 자바 출신인 원래의 창녀들과 구분해야 한다. 물론 많은 안마사들이 돈을 받고 고객에게 수음을 하도록 해준다.

19) 많은 어머니들이 젖을 먹일 때도 가슴을 가린다.(예에 관해서는 Leemann, 앞의 책, p. 94: 반대의견에 대해서는 G. Bateson/M. Mead, *Balinese Character*, New York 1942, p. 125 참조) 그들은 추측컨대 바라보기만 해도 재앙을 부르는 눈초리에 대한 두려움에서 이렇게 했을 것이다. K. Birket-Smith, *The Paths of Culture*, Madison 1965, p. 181 참조. 과거에는 결혼한 여자가 항상 가슴을 가리면 그것을 비도덕적이며 성관계가 문란한 것으로 간주했다.(Duff-Cooper, 앞의 책, p. 405 참조) 비교적 넓은 지역의 창녀들 역시

이렇게 했기 때문이다. L. Blank, "Nudity as a Quest for Life the Way It Was Before the Apple", *Psychology Today*, June 1969, p. 19 참조. 왜 공창들이 가슴을 가렸는지는 명확하게 설명되지 않는 듯하다. 아마도 그들은 먼저 돈을 받지 않고는 성적 매력을 발산할 준비가 되지 있지 않았던 것 같다.

20) M. Covarrubias, 앞의 책, p. 48, 110 참조.

21) 예에 관해서는 C.H. Stratz, *Die Frauen auf Java*, Stuttgart 1897, p. 27; P. Guichonnet, *Indonesien*, Lausanne 1975, p. 39 참조. 과거에 자바에서 가슴을 드러내는 것이 일반적인 일이었다는 사실을 다음과 같은 전설이 반영하고 있다. 그 전설의 내용은 오래전에 먼 나라에서 온 브라만 카운딩야가 섬에 도착해서 그 지역의 여왕과 관계를 맺고 이어서 결혼했다는 것이다. 그녀는 상체를 벗고 다녔는데 이것이 왕의 마음에 들지 않았기 때문에 가운데 구멍이 난 천을 여성 의복으로 도입했다. 그래서 모든 자바 여인들이 그 의복을 머리 위로 뒤집어써야 했다. R. Maxwell, *Textiles of Southeast Asia*, Melbourne 1990, p. 154.

22) R. Maxwell, 앞의 책, p. 153 참조. 자바의 궁정에서 여성 의복에 관한 서로 상치되는 정보들이 있다. 한편으로 궁정에서는 모든 여자가 가슴을 특별한 가슴받이(selendang)로 가려야 했다고 한다.(H. Mützel, *Vom Lendenschurz zur Modetracht*, Berlin 1925, p. 69; A. van Beek, *Life in the Javanese Kraton*, Singapore 1990, p. 59 참조) 다른 한편으로는 19세기 말에도 남성이나 여성이나 자주 백단향 목재 풀로 노랗게 물들인 벌거벗은 상체가 의무적이었다고 한다(그림206과 207). H. Schurtz, *Grundzüge einer Philosophie der Tracht*, Stuttgart 1891, p. 127f.; C. Hooykaas, "Love in Lěṅkä", *Bijdragen tot de Taal-, Land- en Volkenkunde*, 1957, p. 278 참조. 또 한편으로는 신 앞에서 여자들은 절대 가슴을 노출할 수 없었다는 보고도 있다. 그런데 또 이런 곳도 있었다고 한다. "예식이 성스러울수록 여성과 남성 모두 옷을 적게 걸쳤다."(van Beek, 같은 책, p. 59) 예를 들면 트랑스에 있는 자바의 크리스(자바의 단검—옮긴이) 무희들의 사진에서 그들은 상반신을 벗고 있다. S. Wavell et al., *Trances*, London 1966, 그림 12 참조.

23) 자바의 여자 정보 제공자들에게 그림166을 보여주었더니 그들은 이 그림의 모델은 창녀일 것 같다고 말했다. 19세기 유럽 대도시의 일부 상류계층은 반나체의 인도네시아 여자들을 하녀로 데리고 있었다. 그래서 예를 들면 유명한 여가수 니나 파크(Nina Pack)는 파리의 대오페라장에서 상반신을 노출한 채 손님들에게 음료를 제공하고 그러면서 남자들로 하여금 가슴을 만지게 하는, '아나'라 불리는 자바의 혼혈아 역할을 했다. 그녀는 파티에서 고갱을 알게 되었고 베르생제토릭스 가에 있는 그의 작업실로 따라갔다. 거기서 유명한 나체화인 「자바 여인 아나」가 탄생되었다. H. Habe, *Der Maler und sein Modell*,

206. 자카르타의 남성 궁정복. 19세기.

München 1977, p. 221f. 참조.

24) G. Polykrates, *Menschen von gestern*, Wien 1984, p. 205 참조

25) A. Linklater, *Wild People*, London 1990, p. 70, 89 참조

26) H.P. Duerr, *Der Mythos vom Zivilisationsprozeß, Nacktheit und Scham*, Frakfurt/M. 1988, p. 144f. 참조.

27) L. Wright et al., *Vanishing World*, Hong Kong 1972, p. 59. 우리는 사진에서 젊은 이반족 여자들이 가슴을 가린 옷을 입고 있는 것을 자주 볼 수 있다. 예에 관해서는 H. Morrison, *Life in a Longhouse*, Hongkong 1962, p. 91 참조.

24. 몸에 달라붙은 인도 여자의 젖은 사리

1) M. Sharma/U. Vanjani, "The Political Economy of Reproductive Activities in a Rajasthan Village", *Gender and Political Economy*, ed. A.W. Clark, Delhi 1993, p. 35 참조.

2) P. Jeffery, *Frogs in a Well*, London 1979, p. 101 참조. 중앙 인도의 보팔에서도 어린 여자아이에게 나중에 가슴을 남에게 보이면 절대 안 된다고 엄하게 가르친다. 이미 8세나 9세가 되면 수치심과 관련된 어떤 육체 부위도 보이지 않게 옷을 갈아입거나 사리를 입고 목욕하는 데 도사가 된다. D.A. Jacobson,

207. 치레본 출신의 부인과 어린 처녀들, 자바 북서부, 19세기.

Hidden Faces, Ann Arbor 1980, p. 127 참조. 남인도 타밀의 어부들인 무쿠 바르족의 성장기 여자아이들은 힘든 일을 할 때 사람들이 사리 안을 볼 수 있도 록 몸을 구부리거나 움직이지 말라는 엄한 가르침을 받는다. K. Ram, *Mukkuvar Women*, London 1991, p. 89 참조. 동인도 비시파라의 콘드족 여 자들도 전에는 사리를 착용했으며 블라우스를 입는 경우는 아주 드물어서 가끔 특정한 각도에서 그들의 가슴을 들여다볼 수 있었다. 그러나 남자는 그런 경우 시선을 돌려야 하는 게 통례였다. 물론 많은 젊은 여자들이 특정한 태도와 자세 를 통해 자신의 가슴을 들여다볼 수 있게 유도함으로써 남자를 유혹했다. 이는 물론 극도로 예의에 벗어나는 것으로 간주되었다. 처녀의 가슴은 매우 수치스 러운 것이기 때문이다. 어느 민속학자는 한번은 16세의 여자아이가 상체를 가 리지 않고 있는 집으로 들어서자 그녀의 어머니가 급하게 여자아이의 가슴 위로 면수건을 던지는 것을 보았다. F.G. Bailey, *The Witch Hunt or The Triumph of Morality*, Ithaca 1994, p. 20, 51, 178 참조. 이는 동아프리카의 인도 사람 도 마찬가지이다. 젊은 남자에게 가슴을 잡힌 여자는 그 소문이 퍼질 경우 어떤 결혼 상대도 만나지 못하는 그런 위험을 안게 된다. A. Bharati, *The Asians in East Africa*, Chicago 1972, p. 124 참조.

3) 이것은 물론 아이가 없는 젊은 부인의 가슴이 그들의 외음부보다 더 수치스러 운 것임을 의미하지는 않는다. 외음부는 일반적으로 남편조차도 볼 수 없기 때 문이다.

4) 많은 펀자브 여자들이 사리를 착용하는데도 사리가 배를 드러내고 팔이 짧기 때문에 어떤 사람들은 그것을 몰염치한 것으로 여긴다. 이런 이유에서 시크교 도 여자들은 사리를 착용할 수 없었다.

5) Jeffery, 앞의 책, p. 20, 100f.; P. Hershman, "Virgin and Mother", *Symbols and Sentiments*, ed. I.M.Lewis, London 1977, p. 272ff.; D.G. Mandelbaum, *Women's Seclusion and Men's Honor*, Tucson 1988, p. 74f. 참조. 더 남쪽 지방인 보팔에서도 마찬가지로 많은 어머니들이 공공장소에서 수유할 때 가슴 을 노출한다. 그러나 그것 때문에 힌두교도와 이슬람교 사람들 대부분이 격분한 다. Jacobson, 앞의 책, p. 127f. 참조. 트리니다드에 살고 있는 인도인들 중 아 이가 있는 부인들은 아이들과 거리를 두고 걷는다. 그리고 아이들이 자신의 가 슴을 만질까봐 두려워해서 아이들을 품에 안으려 하지 않는다. J. Nevardom-sky, "Changing Patterns of Marriage, Family, and Kinship Among the East Indians in Rural Trinidad", *Anthropos*, 1983, p. 137 참조. 나마르 발 라히의 소녀들은 대부분 아직 젖가슴이 생기기 전에도 모든 여자들이 착용하는 가슴을 강조하는 짧은 코르셋(choli)를 입는다. 그들에게도 가슴은 아주 수치 스러운 것이지만 그럼에도 부인들은 젖을 먹일 때 공공장소에서 가슴을 드러냈 다. S. Fuchs, *The Children of Hari*, Wien 1950, p. 336 참조. 그에 비해 시 크교도 여자들은 촐리를 입을 수 없었다. 그것이 여자들의 몸을 너무 졸라매서 성적으로 자극을 받을 수 있다고 생각하기 때문이다. W.O. Cole/P.S. Sambhi, *The Sikhs*, London 1978, p. 109 참조. 아마도 이것이 프랍후스족이 과부에게 촐리를 착용하지 못하게 했던 이유일 것이다. K. Raghunáthji, *Pátáne Prabhus*, Bombay 1879, p. 12 참조.

6) F. Heiler, *Die Frau in den Religionen der Menschheit*, Berlin 1977, p. 61 참조.

7) G. Schweizer, *Abkehr vom Abendland*, Hamburg 1986, p. 238 참조.

8) L. Minturn/J.T. Hitchcock, *The Rájpüts of Khalapur*, New York 1966, p. 38; -, *The Rájpüts of Khalapur*, *Six Cultures*, ed. B.B. Whiting, New York 1963, p. 244 참조. 인도의 여러 지역에서 여자들은 원래 목욕할 때, 그들 혼자 있을 때라도 옷을 벗지 않았다. 항상 물의 신인 바루나가 그들을 볼 수 있기 때 문이다.(Eli Franco: 1989년 11월 5일의 구두 전달)

9) 남자들 역시 나체로 목욕하지 않고 항상 도티(dhotí)나 짧은 반바지를 입고 있 다. Jacobson, 앞의 책, p. 248f. 참조. C.C. Sanyal, *The Rajbansis of North Bengal*, Kalkutta 1965, p. 27f.(벵갈) 참조. 데틀레프 칸토프스키(Detlef Kantowsky)가 나에게 전해준 것처럼 북인도의 다른 지역에서는 남자들이 목 욕할 때 마찬가지로 절대 가리개를 벗지 않으며 성기를 씻을 때도 아주 조심스

럽다. 너무 오랫동안 성기를 씻을 경우에는 물론 다른 사람들로부터 고약한 오해를 살 수 있다는 것을 고려해야 한다.

10) S.N. Dar, *Costumes of India and Pakistan*, Bombay 1969, p. 152 참조. 벵골 여자들은 과거에도 그랬고 현재도 가슴에 대한 특별한 수치심을 가지고 있다. B. Hartmann/J.K. Boyce, *A Quiet Violence*, Londn 1983, p. 118 참조. 벵골 여자들은 대부분 젖가슴에 에로틱한 의미를 부여하는 데 곤혹스러워하는 듯하며 젖가슴은 단지 아이들에게 양식을 주기 위해 존재한다고 주장한다. 그렇기 때문에 마을여자들은 아이가 없는데도 풍만한 한 여성 민속학자의 젖가슴을 칼리(khali), 즉 '비어 있다'고 생각했다. 그녀의 가슴이 젖이 없는데도 젖이 많이 있는 것처럼 보이기 때문에 겉과 속이 다르다는 의미이다. J. Kotalová, *Belonging to Other*, Uppsala 1993, p. 205f. 참조.

11) N. Hasnain, *Bonded for Ever: A Study of the Kolta*, New Delhi 1982, p. 95 참조. 그럼에도 때에 따라 몇몇 미성년 소년들이 몰래 숨어들어가서 여자들을 관찰한다. 아주 오래된 그림에서 훔쳐보는 사람들 때문에 놀라는 여자들이 성기와 가슴을 손과 팔로 어떻게 가리는지를 알 수 있다. 크르스나가 옷을 훔쳤을 때 목욕하는 여자 목동(gopīs)들도 그러했다. S. Kramrisch, *Painted Delight*, Philadelphia 1986, p. 123 참조.

12) 19세기 알라하 욕탕에서 한 영국 사람이 이렇게 보고했다. "한 인도 여인은 공공장소에서 젖은 숄을 마른 것으로 바꾸어 입었는데, 그 동작이 어찌나 빠른지 마치 번개처럼 민첩하여 마법사조차 놀라게 할 정도였다. 그 순간에는 목과 어깨만 잠깐 내비쳤을 뿐이다."(Dar, 앞의 책, p. 223에서 재인용)

13) G.S. Ghurye, *Indian Costume*, Bombay 1951, 241 참조.

14) V. de Golish, *Primitive India*, London 1954, p. 24f. 참조. 이 이야기의 약간 다른 판본을 L.W. Schaposchnikowa, *Wege im Dschungel*, Leipzig 1970, p. 220f.에서 볼 수 있다.

15) 1920년대에 이미 에바가 낙원에서 '상반신 노출'로 등장한 장면이 무성영화에서 삭제되었다. 그리고 1952년에 '영화 공정 심의회'(Central Board of Film Censors)는 다음과 같은 조항 하나를 만들어 더욱 구체적으로 규정하고 있다. 영화제작자들은 '여성이나 소녀의 다리 혹은 가슴에 주의를 끌 여지가 있'는 '속이 비치는 의상' 및 옷을 입은 여배우의 가슴이 흔들거리거나 출렁거리거나 떨리는 그런 장면들은 포기해야 한다는 것이었다. 그리고 이 시기에 힌두교 영화에 대한 검열규정인 다라(Dara)에는 이렇게 적혀 있다. "유사가 지프차에 앉아 있거나 뛰어내리거나 카메라를 향해 달려오는 장면에서 가슴이 강조되는 것을 보여주는 중간 거리와 클로즈업된 숏을 삭제하시오." 완전 정지한 자세에서의 가슴 노출 장면 역시 잘려나갔다. 검열당국은 텔루구어(인도 남동부에서 사

용하는 드라비다어족의 언어로 안드라프라데시 주의 공용어이다—옮긴이) 영
화인 「펨푸두 코두쿠」(Pempudu Koduku)의 제작자에게 '순다이가 누워 있
거나 침대에서 죽어 있을 때' '순다이의 가슴 클로즈업 장면을 삭제하라'고 명
령했다. 서구의 깊이 파인 데콜테도 마찬가지의 거부감을 불러일으켰다. 그리
고 그것은 영화 검열에서만 그런 것이 아니었다. 예를 들어 「무법자」가 봄베이
에서 상영될 때 목선이 깊이 파인 옷을 입은 제인 러셀이 등장하자 분격한 많은
관객들이 영화관에서 나가버렸다. 그리고 나머지 관객들은 영화가 끝날 때까지
휘파람을 불며 야유를 보냈다. 그래서 이 영화는 상영 중지되었다. 1970년대
이후로 검열당국와 관객들은 관대해졌지만 벗은 가슴을 하고 나오는 장면이나
남자가 옷을 입은 가슴를 만지는 장면은 여전히 금지되었다. A. Vasudev,
Liberty and Licence in the Indian Cinema, New Delhi 1978, p. 23, 106,
123, 167; E. Barnouw/S. Krishmanwamy, *Indian Film*, New York 1963,
p. 209; E.J. Dingwall, *Die Frau in Amerika*, Düsseldorf 1962, p. 230;
A.S. Ahmed, "Bombay Films", *Modern Asian Studies*, 1992, p. 307f. 참
조. 이미 1925년에 인도에서 '음란한 그림, 회화, 조상, 동상'의 수입, 수출, 판
매, 제작이 금지되었다. 그리고 거기에는 풍만한 가슴을 드러낸 여자들의 그림
도 포함되었다. 물론 '종교적 목적에 잘 부합되는 드로잉이나 그림, 그리고 성
전에서, 그리고 우상을 나를 때 사용되는 들것에 부착된 조각품, 판화물, 유화
들이 종교적 목적을 위해 사용될 때는' 예외였다. 1952년 인도 법정은 그들의
문화적 맥락 외에서의 이런 묘사 역시 음란한 것으로 간주한다고 잠정적으로
수정했다. 이런 새로운 규정에 따라 같은 해에 벵골 잡지인 『나리, 나리』(*Nari,
Nari*)의 책임 편집자는 이 잡지에 음란한 사원 부조의 사진과 함께 기사를 실
었다고 해서 두 달 동안의 구류와 높은 벌금형을 선고받았다. J. Clapp, *Art
Censorship*, Metuchen 1972, p. 216, 291f. 참조.

16) Stern 40, 1982, p. 65; F. Rangoonwalla, *A Pictorial History of Indian
Cinema*, London 1979, p. 105 참조.

17) A.S. Altekar, *The Position of Women in Hindu Civilization*, Banares
1956, p. 280 참조. 우파니샤드에도 나와 있듯이 기원전 800년경에 가슴은 극
도로 성적 자극을 불러일으키는 것으로 간주되었으며 남자들은 가슴 만지는 것
을 좋아했다. W. O'Flaherty, *Women, Androgynes and Other Mythical
Beasts*, Chicago 1980, p. 105 참조.

18) T. Donaldson, "Stilistische Entwicklung der Skulpturen von Orissa",
Orissa, ed. E. Fischer et al., Zürich 1980, p. 79, 92 참조.

19) Altekar, 앞의 책, p. 282f.; B.R. Rao, "Bath in Ayurveda, Yoga and
Dharmaśāstra", *Bulletin of the Indian Institute of History of Medicine*,

1982, p. 18 참조.

20) J. Sahi, *The Child and the Serpent*, London 1980, p. 114 참조.

21) Altekar, 앞의 책, p. 283ff. 참조. 많은 그림에서 의복들이 석고 외피를 통해 묘사되었는데 그동안 그것이 사라져버린 것이며, 예를 들면 아마라오티에 그려진 여자의 부자연스러울 정도로 가는 다리도 이런 것으로 설명할 수 있다고 알테카르는 추측했다.

22) J. Fisch, *Hollands Ruhm in Asien*, Stuttgart 1986, p. 81에서 재인용. 1466년 러시아에서 인도로 이주했던 아파나시즈 니키틴(Afanasij Nikitin)은 나중에 인도 여자들이 '가슴을 드러내고' 다녔다고 보고했다.(H. Hecker, "Die Fahrt des Afanasij Nikitin über drei Meere", *Reisen in reale und mythische Ferne*, ed. P.Wunderli, Düsseldorf 1993, p. 203 참조) 그러나 이것이 어떤 지역의 여자들에 관해 진술한 것인지는 확실치 않다.

23) 오늘날은 그렇지 않다. 여자는 공공장소에서 젖을 먹일 때만 가슴을 노출한다. 마당에서 목욕할 경우 여자는 웃옷을 벗지만 사리는 벗지 않는다. M.N. Srinivas, *The Remembered Village*, Berkeley 1976, p. 17, 142 참조. 인도양의 레유니옹 섬에 사는 말라바르 출신의 이주민들 근처에서는 오로지 젖을 먹이는 맥락에서만 여성의 가슴에 관해 이야기할 수 있다. 젖을 먹이지 않으면 '그것은 존재하지 않는다'. 처녀는 초경 이후에 처음으로 브래지어를 착용한다. C. Ghasarian, *Honneur, chance destin: La culture indienne à La Réunion*, Paris 1992, p. 183, 193 참조.

24) M. M. Penzer, *Poison-Damsels*, London 1952, p. 142f. 참조. 1879년 뒤부아(Dubois) 신부는 '신의 하녀들'(devadāsī)에 관해 이들 및 사원 무희들이 일반 여성들보다 더 정숙하게 옷을 입었으며, 이들이 발랍하드라의 유혹을 공연하는 특정 제식이 있을 때만 가슴을 노출한다고 편지를 썼다. F.A. Marglin, *Wives of the God-King*, Delhi 1985, p. 4f. 참조. 아잔타의 벽화에 그려진 창녀와 무희들은 완전하게 옷을 입었다. 그리고 나르타키(nartakī)는 거기에다 바지를 착용했다. 춤을 출 때 사람들이 자신의 성기를 볼 수 없도록 하기 위해서였다. 특히 곡예 무희들(lankhikā)은 가슴이 쾌적적으로 위아래로 흔들리지 않게 하기 위하여 팽팽한 가슴 밴드를 맸다. M. Chandra, *Costumes, Textiles, Cosmetics Coiffure in Ancient and Mediaeval India*, Delhi 1973, p. 72 참조. 더 자세한 것은 V.N. Desai, *Life at Court: Art for India's Rulers*, Boston 1985, p. 77 참조. 일반 여자들과는 달리 다호미의 코지(kosi 또는 kono, 즉 '임신 불능'에서 유래됨)는 가슴을 가렸다.(F.A. Marglin, 'ierodouleia' *The Encyclopedia of Religion*, Bd. VI, ed. M. Eliade, New York 1987, p. 312 참조) 그런 사실에서 아마도 발리, 인도, 서아프리카의 창녀들은 젖이 나오지

않기 때문에 가슴을 노출하지 않았다는 결론을 내릴 수 있다. 그러나 이는 다시 여성 가슴의 '성적 측면의 제거'는 가슴이 지니는 수유기능으로 인한 것임을 알 수 있다. 다른 한편으로 창녀가 가슴을 가리는 것은 '공짜로는' 아무것도 제공하지 않는 것과 관련이 있을 수 있다. 그래서 『카마수트람』(*Kāmasūtram*)에는 창녀들에게 이렇게 권하고 있다. "우선 그녀(창녀)는 몸을 깨끗이 하고 도로를 가끔 쳐다본다. 그러면서 누가 자신을 쳐다볼 것인지에 대해 신경을 써야 한다. 그녀는 물건과 같다. 바로 그렇기 때문에 너무 많이 노출해서는 안 된다." (M. Vātsyāyana, Kāmasūtram, ed. K. Mylius, Frankfurt/M. 1987, p. 158). 러크나우 출신의 한 창녀는 돈을 내야만 가슴을 보여준다고 말했다. V.T. Oldenburg, "Lifestyle as Resistance: The Case of the Courtesans of Lucknow, India", *Feminist Studies*, 1990, p. 274 참조.

25) U.R. v. Ehrenfels, *The Light Continent*, London 1960, p. 164 참조. E. Thurston, *Ethnographic Notes on Southern India*, Madras 1906, p. 530f. 에 의하면 과거에는 코로만델 해안(인도 남부 타밀나두 주 동부에 넓게 펼쳐진 해안평야—옮긴이)의 타밀족 여자들과 말라바르 섬 여자, 나야르족, 티얀족, 체루만족, 토다족 여자들과 구분이 되었다고 한다. 즉 전자인 남동 해안의 여자들은 유럽 사람을 만나면 바로 가슴을 가렸던 반면, 후자인 남서 해안의 여자들은 그런 상황에서 전혀 부끄러워하지 않았다고 한다. S.P. Rice, *Occasional Essays on Native South Indian Life*, London 1901, p. 33은 이와는 반대로 이렇게 보고하고 있다. 우리야족 여자들은 유럽 사람을 보면 몸을 돌렸으며 가슴을 보지 못하도록 옷을 '정돈했다'. '그들의 남편처럼 그렇게 옷을 적게 입고도 부끄러운 줄 모르고 밖을 돌아다니는' 코로만델 해안의 타밀족 여자들이라면 그렇게 하지 않았을 것이라고 보고하고 있다. 물론 이미 19세기 중반에 퐁디셰리(인도의 연방직할주—옮긴이) 같은 도시에 사는 여자들 대부분은 배를 드러내는 브래지어, 즉 라부카이(ravukai)를 입었다고 한다. 의사들이 이 브래지어를 남인도에 사는 유럽 여자들에게도 추천했다. 열대 기후에서 서양 코르셋의 착용은 건강에 아주 나쁜 결과를 가져오는 경우가 많기 때문이다. Dr. Huillet, *Hygiène des blancs, des mixtes et des Indiens à Pondichéry*, Pondichéry, 1867, p. 173f., 176 참조.

26) U.R. v. Ehrenfels, *Kadar of Cochin*, Madras 1952, p. 79f., 217ff. 참조. 디터 카프(Dieter B. Kapp)가 나에게 알려준 대로 쿠룸바족 여자들은 처음에는 그의 앞에서 가슴을 가렸다. 그러나 그가 정숙하게 행동하자 며칠 후 그들은 더 이상 그러지 않았다고 한다. 니코바르족 여자들 역시 인도 사람들이 있는 자리에서 손과 팔로 가슴을 가렸다.(P. Lal, *Great Nicobar Island*, Kalkutta 1977, p. 60 참조) 그리고 세마이족 여자들 역시 말레이 사람들 앞에서 그러했다. R.

K. Dentan, *The Semai*, New York 1968, p. 17 참조. M.A. Condon, "Contribution to the Ethnography of the Basoga-Batamba, Uganda Protectorate", *Anthropos*, 1910, p. 942 참조(빅토리아 호수 북쪽의 바소가족).

27) M. J. Walhouse, "Some Account of a Leaf-Wearing Tribe on the Western Coast of India", *Journal of the Anthropological Institute of Great Britain and Ireland*, 1874, p. 370 참조.

28) C.H. Rao, "The Irulans of the Gingee Hills", *Anthropos*, 1911, p. 809 및 W. Crooke, "Nudity in India in Custom and Ritual", *Journal of the Royal Anthropological Institute*, 1919, p. 239 참조.

29) S.G. Deogaonkar, *The Madia of Bhamragad*, Delhi 1982, p. 6ff. 참조.

30) L. Dube, "Woman's Worlds", *Encounter and Experience*, ed. A. Béteille/T.N. Madan, Honolulu 1975, p. 161.

31) S. Abdulali, "Rape in India", *Women in Indian Society*, ed R. Ghadially, New Delhi 1988, p. 201 참조. 분명 강간을 한 사람들은 콜로나이카 여자들의 반나체로 성교할 준비가 되어 있는 것으로 생각하고서 그랬을 것이다. 이는 다른 경우에서도 드러난다. 남인도 하비크브라만의 어떤 여자가 젊은이 그룹에 의해 집단강간당했을 때 판사는 그들이 덮친 후에 외음부 위에 걸친 가리개를 누가 벗겼느냐고 그녀에게 물었다. 그 여자가 그녀 자신이 했다고 대답하자(그것은 분명 젊은 남자들의 협박 때문이었다) 강간범들 모두가 방면되었다. 물론 판사는 물론 성기를 노출한 그 여자가 성교에 동의했다고 생각한 것이다. H.E. Ullrich, "Caste Differences Between Brahmin and Non-Brahmin Women in a South Indian Village", *Sexual Stratification*, ed. A.Schlegel, New York 1977, p. 96f. 참조. 우르두족의 경우 '여자'(aurat)는 '감추어진 음부'와 같은 의미이다. E. Knabe, Frauenemanzipation in Afghanistan, Meisenheim 1977, p. 121 참조.

25. 가슴을 노출한 터키 황제의 첩들

1) R. Harré, "Embarrassment: A Conceptual Analysis", *Shyness and Embarrass-ment*, ed. W.R. Crozier, Cambridge 1990, p. 196에서 이렇게 주장했다.

2) H. Weigel, *Trachtenbuch*, Nürnberg 1577, CLXIIII.

3) A.B. Rugh, R*eveal and Conceal: Dress in Egypt*, Syracuse 1986, p. 142f. 참조.

4) R. v. Brunn, *Kultur-Knigge Ägypten*, Köln 1990, p. 172에서 도시 중산층의

한 이집트 여자는 그런 행동을 '타락한' 것으로 보았음을 강조했다. 남부 이라크 저지대에 사는 마단족의 결혼한 여자들은 가슴 및 목 부분을 가렸다. 그럼에도 그들은 낯선 사람들이 있는 데서도 아이들에게 젖을 먹였다. S. Westphal-Hellbusch/H. Westphal, *Die Ma'adan*, Berlin 1962, p. 100, 202, 253 참조. 터키에서도 과거에는 하층민 여자들은 남자들이 있는 데서 젖을 먹였던 것으로 보인다.(F.C. Endres, *Türkische Frauen*, München 1916, p. 91 참조) 그리고 하이델베르크의 한 의사는 터키의 나이든 여환자들은 통역으로 데려온 성인 아들이 있는 데서도 가슴을 벗었다고 나에게 이야기해주었다. 내 아내가 아이를 낳을 때 옆 침대에 있던 여자는 그리스 출신의 젊은 터키 여자였는데, 내가 방에 있을 때도 주저하지 않고 아이에게 젖을 먹였다. 언젠가 그녀의 어머니가 방문했을 때 그 어머니는 농담을 하면서 엄청나게 큰 자신의 가슴을 옷에서 꺼내어 아이에게 물렸다. 아르고스의 눈으로 아내가 그런 상황에서 가슴을 완전히 가리는지 감시하는 남편이 있을 경우에는 물론 젊은 부인들은 절대 낯선 남자들 앞에서 젖을 먹이지 않았다. 한편으로 다른 여자가 아이에게 젖을 먹이려고 가슴을 노출시킬 때면 남편과 다른 터키 남자들은 고집스럽게 그 방에 있고 싶어했다.

5) Rushdi Saïd: 1990년 3월 1일의 구두 전달. 이집트 농민 여자들이 젖을 먹일 경우 때에 따라서는 아주 가까운 친척 남자들이 있을 때도 젖을 먹였지만 가슴과 아이의 머리는 완전히 가려지도록 한다. H. Ammar, *Growing Up in an Egyptian Village*, London 1954, p. 100 참조. 아프가니스탄의 여자들 역시 가슴을 가리고 젖을 먹인다. 엘리자베트 쾨핑(Elizabeth Koepping)이 언젠가 나에게 말했듯이(1985년 11월 16일의 구두 전달) 아직 여자의 벌거벗은 가슴을 한번도 본적이 없는 그녀의 하인은 그녀가 쌍둥이에게 젖을 물리기 위해 그 앞에서 가슴을 벗었을 때 놀라서 눈이 튀어나왔다고 한다. 이집트(터키)의 고위관직자들은 여성의 가슴을 매우 에로틱한 것으로 여겼으며 남자들은 가슴을 애무하거나 만지는 것을 좋아했다.(Peter Snoy: 1986년 4월 17일의 구두 전달)

6) J.G. Frazer, *Folk-Lore in the Old Testament*, New York 1923, p. 379 참조.

7) W.S. Blackman, *The Fellāhīn of Upper Egypt*, London 1927, p. 124 참조.

8) L. Vaczek/G. Buckland, *Travelers in Ancient Lands*, Boston 1981, p. 127; P. de Fenoyl, *Chefs-d'œuvre des photographes anonymes au XIX siècle*, Poitiers 1982, p. 191; 더 자세한 것은 R. Steiger/M. Taureg, "Körperphantasien auf Reisen", *Das Aktphoto*, ed. M.Köhler/G.Barche, München 1985, p. 138 참조.

9) B. v. Dewitz, *An der süßen Ufern Asiens*, Köln 1988, p. 21f.에서 재인용. 그런 과도한 노출은 다른 이슬람교 창녀들에게도 물론 혐오감을 불러일으켰을

것이다. 그래서 예컨대 쾰른에서 일을 하는 터키의 창녀는 자기 여자 동료들 중의 한 명에 관해 이렇게 말했다. "그래서는 안 된다. 그녀는 끔찍해 보였다. 맹세하건대 당신은 그녀의 모든 것을 볼 수 있었을 것이다……그녀는 브래지어를 하지 않고 흰색 티셔츠만 입었다. 그리고 그것은 완전히 젖어 있었다. 막 비가 내렸기 때문이다!"(E. Heinser-Ueckert, "Ayse und Sevtap: Zwei türkische Prostituierte in Köln", *Bezahlt, geliebt, verstoßen*, ed. U.Holter, Bonn 1994, p. 42) 19세기에 많은 지역에서 배꼽춤 무희들조차 젖꼭지 위에 붉은 색 가리개를 착용했다. 젖꼭지가 반투명한 소재를 통해 비치지 않도록 하기 위해서이다. W. Buenaventura, *Bauchtanz*, München 1984, p. 53 참조. 귀스타브 플로베르(Gustav Flaubert)는 에스나에서 배꼽춤을 보던 여자 관중들이 무희가 막 가슴을 노출하려고 하자 연주자의 터번을 얼굴 위로 끌어내리고 연주자와 함께 온 젊은이의 '눈 위에 작은 검은색 베일'을 씌웠다고 보고하고 있다. E. Eggebrecht, *Ägypten: Faszination und Abenteuer*, Mainz 1982, p. 91 참조. 1991년에 이집트 배꼽무희인 피피 압두(Fifi Abduh)는 카이로의 법정에서 석 달의 구류 선고를 받았다. 그녀가 나이트클럽 '엉클 샘'에서 '자신의 가슴에 관심을 집중시키기 위하여' '커다란 신음소리와 함께' 음란한 동작을 했기 때문이다. 이집트에서는 무희들이 가슴, 배, 골반 등을 가려야 했다. 반면 사우디아라비아나 리비아 같은 나라에서는 배꼽춤이 완전히 금지되었다. *Spiegel* 51, 1991, p. 176 참조.

10) Ammar, 앞의 책, p. 185, 190f. 참조. 사하라 북부의 므자비트 여자들은 과거에 생사가 걸린 병이라 해도 절대 의사에게 가지 않았다. '여자의 가슴을 한번 벗게 하려면 남편 측에서 아주 사려깊게 설득하는 기술이' 필요했다. "그리고 어떤 상황에서도 가슴 노출에 그쳤지, 더 이상의 노출을 생각할 수 없었다."(K. Suter, "Der Sittenkodex der Mozabiten als Ausdruck ihrer Eigenart", *Zeitschrift für Ethnologie*, 1958, p. 267)

11) D. Chatty, "Changing Sex Roles in Bedouin Society in Syria and Lebanon", *Women in the Muslim World*, ed. L. Beck/N. Keddie, Cambridge 1978, p. 402 참조. 많은 지역에서 그동안 수단 아라비아의 어린 소녀들은 끈으로 된 치마(rahad)만 입었다. 그리고 결혼한 부인들은 추가로 상체를 톱(tob)으로 가렸다. 그러나 이런 베일이 아주 헐렁하게 걸쳐져 있기 때문에 여자들이 특정 자세를 취할 경우에는 가슴을 볼 수 있었다. 1980년대에 점점 더 많은 처녀와 부인들이 옷을 입기 시작했으며, 그래서 어떤 자세를 취해도 이제는 가슴을 들여다볼 수 없었다. 1991년 11월 혁명위원회장인 우마르 엘바시르(Umar el-Bashir) 장군이 톱을 '정숙하지 못하니' 이슬람교 의복으로 대치하라고 명령했다. 한 부인은 이에 대해 '사람들이 이슬람교도가 되어버렸다'고 논평했다. V.

Bernal, "Women and the Remaking of Islamic 'Tradition' in a Sudanese Village", *Comparative Studies in Society and History*, 1994, p. 46; Spiegel 48, 1991, p. 183 참조.

12) 물론 군대에서는 옵셋 종이에 사인펜을 사라지게 만드는 해결책이 있었다.

13) ARD, 19. März 1994.

14) *Rhein-Neckar-Zeitung*, 24. Januar 1990; Spiegel 40, 1990, p. 188. 그럼에도 다란의 아브드 엘사부르(Abd el-Sabur) 왕은 미국 여군과 관련하여 그의 백성들에게 이렇게 권했다. "그들을 쳐다보지 마라. 그리고 쳐다봐야 한다면 눈빛으로 그들을 징벌하라. 그들이 정숙한 여자들처럼 행동하지 않는다는 것을 눈빛에서 감지할 수 있도록."

15) E.A. Early, *Baladi Women of Cairo*, Boulder 1993, p. 102 참조.

16) B. Langner, *Untersuchungen zur Historischen Volkskunde Ägyptens nach mamlukischen Quellen*, Berlin 1983, p. 58에서 재인용. 예언자가 여자들은 가슴을 가려야 한다고 명령했을 때(Koran 24, 31), 그것은 가슴의 형태가 드러나지 않도록 상체를 키마르(khimar)로 가려야 한다는 것을 의미한다. 중세 후기에 이집트 사람 알수유티는 다음과 같은 말로 협상을 시작했다. "자비롭고 대자대비하신 알라의 이름으로. 남자의 수치심을 위해 여자의 상체를 납작하게 만든 알라여 찬양받으라!"(W. Walther, *Die Frau im Islam*, Leipzig 1980, p. 113 참조)

17) E. Heller/M. Mosbahi, *Hinter den Schleiern des Islam*, München 1983, p. 94 참조.

18) A. ʿA. ʿO.b.M. an-Nafzawi, *Der duftende Garten*, Hanau 1966, p. 99 참조.

19) Early, 앞의 책, p. 173 참조.

20) Y. el-Masry, *Die Tragödie der Frau im arabischen Orient*, München 1963, p. 43. 이슬람교의 영향을 받은 많은 사회에서 남자들은 전희에서 외음부와 허벅지 외에 젖가슴을 애무한다. 엔네디의 무도회에서처럼. 거기서는 사춘기 이전의 소녀들이 이미 파란색 수건으로 가슴을 가렸다. P. Fuchs, *Die Völker der Südost-Sahara*, Wien 1961, p. 72 참조.

21) I. Q. al-Ğauziyya, *Aḫbar an-nisaʾ*, ed. D. Bellmann, München 1986, p. 54f.

22) 이어서 크라프트는 한 여자가 낯선 남자 앞에서 벌거벗은 가슴을 잡혔을 때 그녀가 느껴야 하는 굴욕감을 상상해보라고 독자에게 요구했다. 그런 상황은 물론 16세기 독일의 수치심 기준에서도 아라비아의 기준에서와 마찬가지로 많은 주목을 받는다. "하나님을 모르는 이 못된 그리스도교인아, 마음속에 얼마나 큰 용기를 가져야 하는지를 한번 생각해보라. 나 자신도 눈물을 흘리면서 그 여

자들이 심하게 한숨을 쉬고 우는 것을 보았다. 그들의 눈물이 발 앞에 떨어지는 것이 보였다."(H.U. Kraft, *Gefangenschaft*, ed. K.D. Haßler, Stuttgart 1861, p. 136)

23) S. Schweigger, *Zum Hofe des türkischen Sultans*, ed. H. Stein, Leipzig 1986, p. 103.

24) K.N. Ahmed, *The Muslim Law of Divorce*, New Delhi 1978, p. 425, 430 참조.

25) F. Auari, "Sexuality and Women's Oppression in Iran", *Women of Iran*, ed. F. Azari, London 1983 참조.

26) 이는 최근에도 적용된다. 그래서 예를 들면 1950년 영화에서 가슴이 노출되어서는 안 된다는 규정이 생겼다. B. Najafi, *Film in Iran*, Stockholm 1986, p. 182 참조. 물론 이란의 정부 대변인이 세네갈의 마을에 가서 가슴을 가리는 여자에게 일정액의 돈을 주겠다고 제안했을 때 그는 비웃음의 대상이 되었다. *Stern* 8, 1986, p. 26 참조. 이란 루레스탄 서부의 시라반드족 젊은 여자들 역시 공공장소에서의 노출과 관련하여 가슴에 대해 강한 수치심을 가지고 있다. 그럼에도 그들에게는 다음과 같은 특징이 있다. 대부분 인간 사회에서 '사위와 장모' 사이는 '서로 어려워하는 관계'이지만 시라반드에서는 사위와 장모 사이에 사회적으로 어떤 거부감도 없다. 오히려 그들 사이에는 특별히 친근한 관계가 존재한다. 사위는 여자가 몸을 씻거나 옷을 갈아입으면서 가슴을 노출하게 될 때 남편 외에 그녀를 쳐다봐도 되는 유일한 남자이다. Šahnāz Nadjmabadi: 1988년 5월 8일의 편지: −, *Die Sirāvand in West-Lorestan*, Heidelberg 1975, p. 102f., 127 참조.

27) Azari, 앞의 책, p. 103 참조.

28) M. Alloula, *The Colonial Harem*, Minneapolis 1986, p. 15 참조.

29) N. Monti, *Africa Then : Photographs 1840~1918*, New York 1987, p. 113 참조.

30) P. Bourdieu, "The Sentiment of Honour in Kabyle Society", *Honour and Shame*, ed. J.G. Peristiany, London 1965, p. 224: −, *Entwurf einer Theorie der Praxis auf der ethnologischen Grundlage der kabylischen Gesellschaft*, Frankfurt/M. 1976, p. 40 참조.

31) 이 고리에는 작은 사슬이 달려 있던 것으로 보이며, 사슬에는 금으로 된 반달이 부착되어 있었다. 그것은 다시 두번째 사슬을 통해 여자가 음순에 끼어놓은 고리와 연결되었다. T. Healey, "Genitalschmuck", *Sexualmedizin*, 1982, p. 305 참조.

32) M. Makilam, *La magie des femmes kabyles*, Paris 1996, p. 93 참조.

33) Cf. G. Spittler, "Lebensalter und Lebenslauf bei den Tuareg", *Im Lauf der Zeit*, ed. G. Elwert et al., Saarbrücken 1990, p. 112. M. Gast, "Relations amoureuses chez les Kel Ahaggar", *Amour, Phantasmes et seciétés en Afrique du Nord et au Sahara*, ed. T. Yacine, Paris 1992, p. 166에 의하면 물론 켈아가르 투아레그족에게 외음부 다음으로 성적 자극을 불러일으키는 부위는 가슴이 아니라 엉덩이이다. 젊은 남자는 여자의 옷 아래로 "이른바 타마야주트라고 부르는, 프랑스에서는 '한 줌의 사랑'이라고 하는 그들의 엉덩이를 손으로 만졌다."

34) 피터 푹스(Peter Fuchs)가 1986년 12월 15일의 편지에서 나에게 전해주었던 대로 이들은 물론 하층민에 속하는 여자들이다. 반면 상류층 여자들은 좀더 예의바르게 행동했다. 가슴과 관련된 수치심의 기준은 남북의 차이가 확실히 났다. 그것을 크로이아우프뮐러(Creyaufmüller)가 1987년 1월 6일자 편지에서 나에게 확인시켜주었다. 그래서 자렐 지대의 투아레그족 여자들은 중앙 사하라의 북부 투아레그족 여자들보다 상체를 노출하는 데 수치심을 덜 느낀다.

35) H. Lhote, *Les Touaregs du Hoggar*, Paris 1984, p. 157 참조. S. J. Rasmussen, "Veiled Self, Transparent Meanings: Tuareg Headdress as a Social Expression", *Ethnology*, 1991, p. 105에 따르면 정숙한 타르기아 여자라면 대중의 면전에서 목도 드러내지 않을 것이라고 했다.

36) E. Bernus, *Touaregs nigériens*, Paris 1981, p. 147 참조. 1990년 5월에 니게르 공화국 군인들이 투아레그족 몇 명을 덮쳐서 여자들의 옷을 벗기고 몸을 만졌을 때 투아레그족은 이를 '죽음보다 더 심한' 치욕으로 느꼈다. *Spiegel* 45, 1990. p. 216 참조.

26. 가슴을 가리지 않고 다니는 지역에서도 가슴이 에로틱할까?

1) R. Gödtel, *Die Brust*, Berlin 1993, p. 39.

2) A. Groh, "Tourismus oder Terrorismus?", *Arkaden* 3, 1992, p. 135. D. Symons, "Beauty Is in the Adaptations of the Beholder", *Sexual Nature, Sexual Culture*, ed. P. R. Abramson/S. D. Pinkerton, Chicago 1995, p. 102 는 제한적으로 이렇게 말하고 있다. "가슴을 가리지 않는 것이 보통일 경우에는 그것이 겉으로는 '호색적'이지는 않지만(다시 말해 노출된 가슴을 바라보는 것이 욕정을 불러일으키지는 않지만), 그렇다고 해서 가슴이 성적 자극에서 중요하지 않음을 의미하지는 않는다."

3) J. L. Anderson, "Breasts, Hips, and Buttocks Revisited", *Ethology and*

Sociobiology, 1988, p. 320.

4) 1980년대 독일 TV에서 '상반신 노출'을 주제로 벌어졌던 인터뷰에서. 유감스 럽게도 나는 당시 방송국의 이름과 날짜를 메모하지 못했다.

5) Gilbert H. Herdt: 1986년 11월 13일자 편지.

6) G.H. Herdt/R.J. Stoller, "Theories of Origins of Male Homosexuality", *Observing the Erotic Imagination*, ed. R.J. Stoller, New Haven 1985, p. 111f.

7) J. Boelaars, *Head-Hunters About Themselves*, The Hague 1981, p. 88.

8) Cf. W. Davenport, "Sexual Patterns and Their Regulation in a Society of the Southwest Pacific", *Sex and Behavior*, ed. F.A. Beach, New York 1965, p. 168f., 172, 183f. 멜라네시아와 뉴기니의 다른 지역에서도 가리지 않 고 다니는 여성의 가슴은 에로틱한 것으로 간주된다. 와기족의 경우 남자는 자 신이 구애하는 그리고 가까이 접근하려는 여자의 가슴을 우연하게라도 건드려 서는 안 된다. 젊은이들은 대중의 면전에서 형태가 가슴과 비슷한 어떤 열매나 혹은 채소에 관한 단어들을 사용하지 않도록 엄격한 가르침을 받는다. 그런 단 어를 말하게 되면 곤혹스런 상황을 불러올 수 있기 때문이다. M. O'Hanlon, Reading the Skin, London 1989, p. 41 참조. 아이포족의 경우 남자는 전희 에서 여자의 가슴을 만진다.(W. Schiefenhövel., "Kindliche Sexualität, *Tabu und Schamgefühl bei 'primitiven' Völkern*", *Die Entwicklung der kindlichen Sexualität*, ed. T.Hellbrügge, München 1982, p. 150 참조) 그 리고 당트르카스토 제도의 노먼비 섬에서는 과거에 젊은 여자들이 남자들에게 이렇게 요구했다고 한다. "내 젖꼭지를 빨아봐. 그러면 나는 관계를 맺기 위한 가장 큰 쾌락을 얻을 테니까!" 이에 대해 남자들은 입으로는 젖꼭지를, 손가 락으로는 클리토리스를 자극한다. G. Róheim, *Psychoanalyse und Anthropologie*, Frankfurt/M. 1977, p. 143 참조. 바루야족 여자들은 아무도 그들을 보지 못할 때면 가끔 가슴을 가지고 장난을 친다. 남자들이 남자 집회소 에서 친구의 음낭과 음경을 부드럽게 만지는 것처럼. 젖먹이는 여자들 역시 남 자들이 소년에게 정액을 먹이듯, 사춘기 이전의 소녀들에게 몸이 발달하도록 젖을 먹이는 것으로 보인다. 남자들은 통통한 가슴을 가진 여자를 좋아한다. 남 자들이 여자의 가슴을 만지거나 심지어 잡으려 하면 이는 성교에 대한 요구와 같다. M. Godelier, *Die Produktion der Großen Männer*, Frankfurt/M. 1987, p. 86f., 92. 구루룸바족의 경우 한 남자가 과거에 마녀(gwumu)였던 여 자에게 그녀가 무슨 일을 했는지 마침내 알아냈다고 말하자, 그녀는 자신을 비 방하지 않는다면 그에게 자기의 가슴을 만져도 좋다고 아무렇지도 않은 듯 제 안했다. P. L. Newman, *Knowing the Gururumba*, New York 1965, p. 87.

634

마누스에서 어떤 남자가 그의 조카와 부드러운 성적 관계를 맺고 있었다. 물론 그런 관계는 너무 지나치면 안 되었다. 그는 그녀의 비위를 맞추고 짓궂게 암시하면서 그녀의 맨가슴을 잡았다. 그는 자신의 아내가 있는 데서는 이런 모든 행동을 피했다. 그는 아내와는 비낭만적이며 야만적 방식으로 관계를 가졌다. 부드러운 관계를 갈망하던 부인이 남편에게 왜 자신의 가슴을 만지지 않느냐고 묻자 그는 사납게 대답했다. "당연히 안하지! 이런 특권은 내 조카만 누릴 수 있는 거야." M. Mead, *From the South Seas*, New York 1939, II, p. 163, 166 참조. 음보왐브의 젊은 남자들은 애무를 할 때 여자의 얼굴만 만질 수 있다. 그러나 장작불이 꺼지고 어둠이 시작되면 그들은 자주 '우연히' 여자의 벌거벗은 가슴을 건드린다. 그녀가 '원하는지'를 알아보기 위해서 말이다. E. Brandwie, *Contrast and Context in New Guinea Culture*, St. Augustin 1981, p. 93; —: 1988년 2월 28일자 편지. B. Malinowski, *The Natives of Mailu*, ed. W.Young, London 1988, p. 176(마일루) 역시 참조. 북부 뉴기니 탕구족의 미혼 남자들은 기꺼이 젊은 여자의 가슴과 젖꼭지를 만지작거린다. 반면 여자들은 남자의 성기를 가볍게 쓰다듬는다. K. Burridge, *Tangu Traditions*, Oxford 1969, p. 96 참조. 뉴브리튼의 톨라이(쿠난투나)족 역시 상대 여자의 가슴에 키스를 하고 애무했던 것으로 보인다. 엡슈타인(A. L. Epstein)이 1986년 12월 18일자 편지에서 나에게 전해주었듯이 톨라이족은 극도로 정숙하기 때문에 이에 대해 신뢰할 수 있는 어떤 결론을 끌어내기가 매우 어려웠다. 트로브리안드 섬에서 가리지 않고 다니는 가슴은 아주 에로틱한 의미가 크다. 어떤 축제 때 사내녀석들이 여자들에게 몰래 숨어들어가 성적으로 자극하기 위하여 뒤에서 그들의 가슴을 만졌다고 한다. 전희에서도 남자들은 상대 여자의 젖꼭지를 애무한다. 탄력있고 잘 발달한 가슴은 가장 아름다운 것으로 간주되었으며 그런 가슴은 '마사지 받은 가슴'(nu'ulawolu)이라 불렸다. 여자들은 원하는 가슴을 원하는 대로 만들기 위해 서로 만져주었다. B. Malinowski, *Das Geschlechtsleben der Wilden in Nordwest-Melanesien*, ed. F.W.Kramer, Frankfurt/M. 1979, p. 179, 258f., 373 참조.

9) S.A. Boone, *Radiance From the Waters*, New Haven 1986, p. 104f. Nyini 는 '달콤함을 깨무는 것'을 의미한다. 젖꼭지를 지칭하는 단어는 '가슴-입-표피'(nyini la wondi) 혹은 '가슴-입-꽃'(nyini la bowa)이라고 했다.

10) 여자가 아직 가슴이 생기지 않았을 경우 사람들은 그녀의 상체에 아무 관심도 없다. "왜냐하면 그녀의 상체는 사내아이의 상체와 같기 때문이다." 같은 책, p. 102 참조.

11) O. Olajubu, "References to Sex in Yoruba Oral Literature", *Journal of American Folklore*, 1972, p. 153 참조. 젊은 헤레로족 여자가 남자를 만나면

눈을 아래로 내리깔고 가슴을 가린다. J. Irle, *Die Herero*, Gütersloh 1906, p. 64 참조.

12) J.O. Ojoade, "The White Man in African Proverbial Sayings", *Folklore Studies in the 20th Century*, ed. V. Newall, Bury St. Edmunds 1980, p. 333.

13) 그래서 예를 들면 1911년 남편과 함께 카메룬으로 지리학 원정을 떠난 마리 파울리네 토르베케(Marie Pauline Thorbecke)는 하우자족 여자들에게 사진을 찍기 전에 가슴받이를 벗으라고 요구했다. C.M. Geary, "On the Savannah' : Marie Pauline Thorbecke's Images from Cameroon", *Art Journal*, 1990, p. 154f. 참조. 오늘날 카메룬에서는 가슴을 드러낸 여자 사진을 찍는 것을 금지했다. 그로 인해 어떤 내륙지방에서는 여자들의 사진을 찍는 것이 거의 불가능해졌다. N. Barley, *Traumatische Tropen*, Stuttgart 1990, p. 106 참조.

14) 1987년 13월 1일자 ARD-방송.

15) J. Roscoe, "The Bahima", *Journal of the Anthropological Insititute of Great Britain and Ireland*, 1907, p. 281 참조. 바카족도 마찬가지이다. W. D. Hammond-Tooke, *Bhaca Society*, Cape Town 1962, p. 117, 122 참조.

16) Cf. E.J. Krige, *The Social System of the Zulus*, Pietermaritzburg 1936, p. 30; O.F. Raum, *The Social Functions of Avoidances and Taboos Among the Zulu*, Berlin 1973, p. 105ff.; R.K. Herbert, "Hlonipha and the Ambiguous Woman", *Anthropos*, 1990, p. 457 참조. 폰도족도 비슷하다. M. Hunter, *Reaction to Conquest*, London 1961, p. 38 참조. 웅고니족의 경우 장모는 사위 앞에서, 딸은 아버지 앞에서 가슴을 겨드랑이 아래 졸라맨 수건이나 진주로 테두리를 두른 동물가죽으로 가려야 했다. 어떤 남자도 절대 딸을 때려서는 안 된다. 때릴 경우 상체 가리개가 미끄러져 내려갈 위험이 있기 때문이다. H.P. Junod, *Bantu Heritage*, Johannesburg 1938, p. 93; M. Shaw, "Material Culture", *The Bantu-speaking Peoples of Southern Africa*, ed. W.D.Hammond-Tooke, London 1974, p. 101 참조.

17) G. Lindblom, *The Akamba*, Uppsala 1920, p. 89, 96f., 560 참조. 로베도족의 경우 다음과 같은 수수께끼가 있다. '이것이 무엇이냐? 네 손 안에 있으면서 동시에 네 영역 밖에 있는 것이?' 대답은 '네 여동생의 가슴'이다. 성이 다른 형제들은 서로 자유로이 이야기할 수 없었다. 사내아이가 여조카에게 하듯이 절대 과감하게 장난으로라도 여자 형제의 가슴을 잡을 수 없었다. E.J. Krige/J.D. Krige, *The Realm of a Rain-Queen*, London 1943, p. 77 참조. 은데벨레족의 경우도 젊은 남자와 처제 사이에 '희롱 관계'가 있었다. 남자는 가끔 처제의 가슴을 만지려고 했으며 이는 아주 에로틱한 의미를 지녔을 것이다.

A.J.B. Hughes/J. van Velsen, *The Ndebele of Southern Rhodesia*, London 1954, p. 87 참조.

18) G. Róheim, *Children of the Desert*, New York 1974, p. 30 참조. 호주의 아보리기네스 족 여자들의 드러내놓고 다니는 가슴은 전혀 에로틱한 의미를 가지지 않는다고 사람들은 매번 주장해왔다. 그러나 이는 잘못된 주장이다. 로리차족 및 아란다족의 경우 남자는 자신을 원하는지 알아내려고 맨 처음에는 여자의 치모를, 그리고 나서는 가슴을 잡는다. 그리고 전희를 하는 동안 두 사람은 가슴을 상대방의 가슴에 대고 문지른다. —, "Women and Their Life in Central Australia", *Journal of the Royal Anthropological Institute*, 1933, p. 240; —, Children of the Desert, New York 1974, p. 234f. 참조. 과거에 올데아 지방에서는 결혼하지 않은 여자들이 서로의 육체를 애무하는 것을 좋아했다. 그러면서 특히 상대 여자의 가슴을 만지작거리는 것을 즐겼다. R.M. Berndt/C.H. Berndt, "A Preliminary Report of Field Work in the Ooldea Region, Western South Australia", *Oceania*, 1943, p. 277 참조. 그리고 왈비리족의 경우 젊은 남자들은 에로틱하고 음란한 분위기에서 사랑의 의식(ilbindji)을 치른다. 그들은 덤불 속에 모여서 사랑의 노래를 부르고 여성의 가슴과 엉덩이를 묘사하는 작은 모래언덕을 만든다. 이 의식의 목적은 여자들이 나중에 아름다운 굴곡의 몸매를 지니게 하자는 데 있다. M.J. Meggitt, *Desert People*, Chicago 1962, p. 279 참조. 마부이아그 섬주민의 경우 가슴이 아주 에로틱한 것으로 여겨지기 때문에 남자들은 그것을 '못 본 척해야' 한다. 젊은 여자들은 남자들이 있는 자리에서는 가슴을 손으로 가리거나 몸을 돌린다. A.C. Haddon, "The Ethnography of the Western Tribe of Torres Straits", *Journal of the Anthropological Institute of Great Britain and Ireland*, 1890, p. 337 참조.

19) M.B. Emeneau, "Toda Marriage Regulations and Taboos", *American Anthropologist*, 1937, p. 109 참조.

20) S. Ottenberg, *Boyhood Rituals in an African Society*, Seattle 1989, p. 333 참조.

21) E.E. Evans-Pritchard, "Some Notes on Zande Sex Habits", *American Anthroplogist*, 1973, p. 171, 173 참조

22) S. Ottenberg, 앞의 책, p. 106, 110 참조. 앙골라의 은쿰비족의 경우 젊은 남자가 에로틱한 에쿰부에테(ekumbuete) 춤에서 잠시 상대 여자의 가슴을 만져도 사람들은 이를 못 본 체하고 넘어가준다. C. Estermann, *The Ethnography of Southwestern Angola*, Bd. II, New York 1979, p. 47 참조. 바르엘가잘의 주르루오족의 젊은 남자들은 종족 춤을 추고 난 후에 희롱할 때 젊은 여자의 가

슴을 만졌다. S. Santandrea, "Jur-Luo Texts and Comments", *Anthropos*, 1977, p. 602 참조. 단족도 비슷하다(Ulike Himmelheber: 1986년 3월 16일의 구두 전달); 누바족(S.F. Nadel, *The Nuba*, London 1947, p. 111); 엘곤 베르크의 세바이족(W. Goldschmidt, *Culture and Behavior of the Sebei*, Berkeley 1976, p. 203); 구시족(R.A. LeVine, "Gusii Sex Offenses", *American Anthropologist*, 1959, p. 975). 오토로 누바족의 경우 젊은 남자는 약혼녀의 신부값을 지불하고 난 후에야 그녀의 가슴을 만질 수 있었다.(F.W. Kramer, *Der rote Fes*, Frankfurt/M. 1987, p. 153) 그리고 이크족은 결혼식 축제 동안 '가슴'(id-itin)이라 불리는 의식을 거행했다. 이 의식은 신랑이 신부의 가슴을 만지는 것에 대한 일종의 보상이었다. B. Heine, "Das Bergvolk: Einige Bemerkungen zu den lk im Nordosten Ugandas", *Authentizität und Betrug in der Ethnologie*, ed. H.P.Duerr, Frankfurt/M. 1987, p. 78 참조. 낯선 여자의 가슴을 만지는 것은 아주 심각한 범죄이다. 그래서 19세기 딩카족 여자들은 유럽 의사들이 가슴 부위를 만지는 것을 심하게 거부했다. 그리고 가슴을 보는 것만으로도 며칠씩 부끄러워했다. C. Lombroso/M. Carrara, *Contributo all' antropología dei Dinka*, Lanciano 1897, p. 22 참조. 한 투겐족은 말한다. "여자가 남편을 심하게 때리면 그는 더 이상 어찌할 바를 몰라 아내의 가슴을 잡게 되는데, 그것은 금지되어 있다. 그러면 그녀가 그에게 올라타고, 그는 염소 한 마리를 잡아야 한다."(H. Behrend, *Die Zeit des Feuers*, Frankfurt/M. 1985, p. 100)

23) 카랑가족은 사정하면 '남자는 몰락한다', 즉 약해진다고 말한다. 어머니들은 어린 아들의 음경이 그들의 가슴과 접촉하지 않도록 조심했다. 그것이 사내아이를 약하게 할 수 있기 때문이다. H. Aschwanden, *Symbole des Lebens*, Zürich 1976, p. 44, 193 참조.

24) 결혼하지 않은 키쿠유족 여자의 '꼭 껴안기'(ngweko)는 우선은 '가슴의 온기를 즐기는 것'(orugare wa nyondo)이 목표인데, 이는 젊은 남자가 여자의 가슴에 자신의 가슴을 문지르는 것이다. 이런 방식으로 남자 및 상대방 여자는 가끔 오르가슴에 이른다. 부족법에는 남자가 음경을 여자들이 다리 사이에 꽉 끼고 있는 부드러운 가리개(mwengo)에 문지르는 것이 금지되어 있다. J. Kenyatta, *Facing Mount Kenya*, London 1938, p. 156ff.

25) L. White, *The Comforts of Home: Prostitution in Colonial Nairobi*, Chicago 1990, p. 91. 그에 비해 노르웨이 창녀들은 고객들이 자신의 가슴을 건드리지 못하게 한다고 말했다. 그들에게는 그것이 너무 은밀하기 때문이다. L. Finstad/C. Higard, "Der Hurenkunde - ein Spiegelbild", *Männerhaß*, ed. C.Meyenburg/M.-T.Mächler, München 1988, p. 120 참조.

26) F. Kröger, *Übergangsriten im Wandel*, Hohenschäftlarn 1978, p. 273 참
조. 송에족의 경우 남자가 여자의 가슴을 건드리면 그것은 이미 그가 그녀와 잤
다는 것을 의미한다. 남자들은 여자들의 가슴 위에 있는 배꼽 문신을 만지는 것
을 좋아한다. A.P. Merriam, "Aspects of Sexual Behavior Among the Bala
(Basongye)", *Human Sexual Behavior*, ed. D.S.Marshall/R.C.Suggs, New
York 1971, p. 82f., 85 참조. A. Doutreloux, *L'mbre des fétiches*, Louvain
1967, p. 102(윰베족) 역시 참조.

27) '가슴놀이'를 할 때 여자들은 무릎길이의 치마를 입는다. 청년들은 그 치마가
덮고 있는 부위를 건드려서는 안 된다. T. Förster, *Divination bei den
Kafibele-Senufo*, Berlin 1985, p. 77 참조. 많은 사회에서 어린 여자아이들끼
리도 그런 '놀이'를 한다. 예를 들면 뉴기니의 가숩족들은 서로 가슴을 애무하
고 만져준다. 그러나 성인들은 이런 데 신경쓰지 않는다. B.M. du Toit,
Akuna, Rotterdam 1975, p. 220 참조.

28) O. p'Bitek, *Lawinos Lied*, Berlin 1982, p. 27.

29) Cf. K.R. Lewald, *Unser täglicher 'Heterrorismus'*, Frankfurt/M. 1990, p.
125. 브라질 사람들은 샤방테족을 '진정시키기 위하여' 1940년대에 가슴을 드
러낸 핀업걸의 확대사진을 그들 지역에 뿌렸다. 샤방테족은 그런 사진에 반대
해서 그들의 독화살을 공급했음을 밝혔다고 한다. K.R. Lewald, *Unser
täglicher 'Heterrorismus'*, Frankfurt/M. 1990, p. 125 참조. 쿠베오족은 가
슴이 풍만하고 큰 경우 특히 에로틱한 것으로 생각했다. 그리고 젊은 여자들은
서로의 젖꼭지를 애무하면서 성적으로 자극하기를 좋아했다. I. Goldman,
The Cubeo, Urbana 1963, p. 142, 181 참조. 구아히보족의 경우 남자들은
(물론 매우 짧게 끝나는) 전희에서 여성의 가슴을 애무했다. R.V. Morey/D.J.
Metzger, *The Guahibo*, Wien 1974, p. 81 및 L.C. Watson, "Marriage and
Sexual Adjustment in Guajiro Society", *Ethnology*, 1973, p. 154(구아지로)
참조. 동일한 것이 과거에 '상반신 노출'로 다녔던 북미 사회, 예를 들면 모하
베족에도 적용된다. G. Devereux, *Ethnopsychoanalyse*, Frankfurt/M.
1978a, p. 87 참조. 19세기 말경에 우리는 타라후마라족의 부인과 처녀들이 가
슴을 노출하고 있는 것을 볼 수 있었지만(C. Lumholtz, *Unknown Mexico*,
Bd. I, New York 1902, p. 265f., 285; -, *Los Indios del Noreiste*, 1890~
1898, México 1982, p. 25, 31, 34 참조) 그래도 그들에게 가슴은 마찬가지로
성적 자극을 불러일으키는 육체 부위였다. 몇십 년 후에 그들은 가슴을 가렸으
며 한 부인은 젖을 먹일 때도 가슴이 보이지 않도록 신경을 썼다. W.C.
Bennett/R.M. Zingg, *The Tarahumaras*, Chicago 1935, p. 106 참조. 이미
어린 여자아이들도 모두 치마와 셔츠를 입었다. C. Deimel, "Scham und

Kindlichkeit der Rarámuri", *Kinderalltag in der Dritten Welt und bei uns*, ed. A.Kelm, Hamburg 1982, p. 105 역시 참조. 어린 여자아이나 혹은 부인의 가슴을 잡는 것은 심각한 모욕으로 간주되었다. 어느 민속학자는 이런 장면을 본 적이 있다. 술취한 남자가 '희롱 대상'의(그는 그 여자에 대해 약간은 외람된 행동을 할 수 있었다) 옷 아래 가슴을 만졌다. 그런데 이 여자는 그의 행동에 무척 불쾌하게 반응했다. J.G. Kennedy, *Tarahumara of the Sierra Madre*, Arlington Heights 1978, p. 173 참조. 약간 이성적인 상태에서 행동했다 하더라도 차포테케족이라면 그런 행동을 바로 음란한 것으로 간주했을 것이다. H.A. Selby, *Zapotec Deviance*, Austin 1974, p. 46 참조. 타라후마라족도 비슷하게 100년 전에 후이촐 마을에서도 가슴을 드러내고 다니는 처녀들을 만날 수 있었다.(C. Lumholtz, *Unknown Mexico*, Bd. II, New York 1903, p. 5, 83, 269 그리고 그림 208 참조) 그에 비해 결혼한 여자들은 대부분 가슴을 가렸다. 그럼에도 마라카메(mara'akame)의 치료의식에는 오늘날에도 중년 여자들은 가슴을 노출한다. G. Aldana/J. Norman, "The Huichols", *National Geographic*, June 1977, p. 846f. 참조. 성교할 때 절대로 옷을 벗지 않는 타라후마라족처럼(J. Fried, "The Tarahumara", *Handbook of Middle American Indians*, Bd. 8, ed. R. Wauchope, Austin 1969, p. 868f. 참조), 후이촐족 역시 일상복을 입고 자며 완전히 옷을 입고 남녀가 따로 목욕을 한다.(Benno Bollhardt: 1986년 5월 19일자 편지)

30) 라우트 섬의 여자들은 첫아이를 출산한 후에 가슴을 드러낸다. 그럼에도 가슴의 '성적 의미는 제거'되지 않았다. 남편은 전희를 하는 동안 계속 아내의 가슴을 자극하기 때문이다. H.A. Nimmo, "Bajau Sex and Reproduction", *Ethnology*, 1970, p. 255f. 참조.

31) 이런 '키스'는 우리의 의미에서 입으로 하는 자극이라기보다는 오히려 냄새를 맡는 것이다.(Lorenz G. Löffler: 1988년 2월 22일자 편지)

32) N.E. Parry, *The Lakhers*, London 1932, p. 39, 281 및 −, *Lushai Custom*, Shillong 1928, p. 54 참조. 랜드다야크족의 경우 젊은 남자들은 젊은 여자가 노출하고 다니는 가슴을 만지기를 좋아했다. 그러나 아무도 보지 않을 때만 그렇게 했다. W.R. Geddes, *Nine Dayak Nights*, Melbourne 1957, p. 61 참조.

33) 물론 오래된 본도족 여자들의 사진을 관찰해보면 겉으로 보기에 약간 나이든 여자들만 상체를 완전히 가리지 않고 다니는 반면, 젊은 처녀들과 부인들은 가슴을 팔짱으로, 아니면 적어도 팔로 부분적으로나마 가리고 있음을 알 수 있다. 여자들이 가슴 앞에 팔을 갖다댔다는 것은 아마도 반나체로 사진을 찍히는 것이 그들에게 불쾌했음을 의미할 수도 있다. 뉴기니의 야트뮐족 여자들이 여전히 '상반신 노출'로 다녔던 시절에 한 무리의 젊은 여자들이 여행객들에게 사

진을 찍히는 것이 두려워 풀이 무성하게 자란 곳으로 숨었다고 한다. "우리 사진을 찍어서는 안 된다." 어떤 여자가 말했다. "사진을 사방에 보여주고 우리 가슴을 훔쳐보게 될 것이기 때문이다."(F. Weiss, *Die dreisten Frauen*, Frankfurt/M. 1991, p. 141) 이런 이유에서 벌써 반세기 전에 크워마족 여자들은 사진 찍히기를 원하지 않았다. H.P. Duerr, "In der Rocktasche eines Riesen: Erwiderung auf Ulrich Greiners Polemik", *Die Zeit*, 27. Mai 1988, p. 136 참조.

34) 본도족의 결혼한 부인들의 노출된 가슴이나 어깨를 잡는 것은 심각한 실수이다. 그로 인해 아주 격렬한 싸움이 벌어질 수 있다.

35) V. Elwin, *Bondo Highlander*, Bombay 1950, p. 79ff. 참조. 사오라족과 마리아족처럼 무리아족의 경우도 가슴이 둥글고 아직 탄력이 있는 한, 노출된 가슴은 극도로 성적이며 에로틱한 것이다. "그녀의 가슴은 코코넛만큼 클 수도 있으며 레몬처럼 작을 수도 있다." 어느 무리아족은 이런 꿈을 꾸었다. "어떤 경우에도 가슴은 아주 아름답다. 그래서 우리는 가슴에 열광한다." 남자들은 성교하는 동안 무언가를 붙잡고 있을 수 있기 위해서도 가슴이 필요하다고 말했다. "가슴을 잡으면 설명할 수 없는 즐거움이 엄습한다." 여자가 처진 가슴을 가졌다면 그 상대 남자는 성교할 때 가슴이 아니라 마찬가지로 매우 매력적인 것으로 간주되는 어깨를 잡는다. V. Elwin, *The Muria and Their Ghotul*, Oxford 1947, p. 429; —, *Maisons des Jeunes chez les Muria*, Paris 1959,

208. 우이촐족의 여자아이, 19세기 후반.

p. 247 참조. 본도족처럼 무리아족에게도 젊은이 숙소(ghotul)가 있었는데, 이 안에서는 남자들이 가슴만 만지작거리는 것이 아니다. 어쨌든 한 정보 제공자는 이렇게 설명했다. "여자아이가 어린 사내아이에게(물론 이미 사춘기에 들어선) 모든 것을 가르쳐준다. 여자아이는 우선 자신의 가슴을 만지게 하며 몸을 밀착시킨다. 그러고 나서 다리를 벌린다. 다리를 벌린 채 사내아이를 자기 가슴 위에 눕힌다. 그러고서 사내아이가 옷을 어떻게 벗기고 그의 작은 고추를 손으로 어떻게 잘 삽입할 수 있는지를 보여준다. 처음에 사내아이는 어떻게 해야 할지 잘 알지 못한다. 그리고 그는 너무 빨리 사정한다." ㅡ. "The Two-Sex Dormitories of the Muria", *Primitive Heritage*, ed. M. Mead/N. Calas, New York 1953, p. 211 참조. 오리사의 디다이족의 경우 여자아이들은 전통적으로 '상반신을 노출하고' 다녔지만, 가슴은 외음부를 제외하고 여성 육체 중 가장 에로틱하고 민감한 부분이다. 애무하는 동안 남자들은 대부분 처음에는 스치듯이 여자의 가슴을 건드린다. 여자는 한편으로는 뻔뻔스럽다며 그를 비난하지만 다른 한편으로 그를 좋아하면 다시 한번 그렇게 해보라고 용기를 준다. 그가 마침내 두 개의 젖가슴을 손에 잡고 사랑스럽게 주무를 때까지. U. Guha/ M.K. Siddiqui/ P.R.G. Mathur, *The Didayi*, Delhi 1970, p. 15, 103 참조. 닐기리 고원의 바다가족의 경우에도 남자들은 여자의 젖가슴에 열광한다. 남자들은 가슴에 열정적으로 키스하고 부드럽게 깨문다. 여자들은 서로 가슴을 자극한다. 그리고 가슴이 특히 빨리, 그리고 풍만하게 자란 여자들은 그런 손장난을 자주 한 것이라고 사람들은 말한다. P. Hocking, *Sex and Disease in a Mountain Community*, New Delhi 1980, p. 39, 47 참조. 18세기에 사람들은 한 여행자에게 말라바르의 티얀족에 관해 이렇게 이야기했다고 한다. 티얀족 남자들은 과거에 성적 "행위에 너무 몰두해 있었다. 그런데 그것이 너무 부도덕해져서 그에 관해 아주 막연하게 암시만 할 수 있게 되었다." 남자들을 다시 자연이 규정한 길로 인도하기 위하여 어느 공주가 앞으로 모든 티얀족 여자들은 대중의 면전에서 가슴을 노출하고 다녀야 한다고 명령했다. E. Thurston, *Ethnographic Notes on Southern India*, Madras 1906, p. 529 참조. 물론 이것은 기원을 알려주는 전설이긴 하지만 그럼에도 당시 벌써 남서부 인도에서 여성의 벌거벗은 상체는 성적 자극을 주는 것으로 받아들여졌음을 보여준다.

36) 그래서 예를 들면 이집트의 제1중간기의 석주 비문에 그려진 지방귀족의 아내는 '가슴을 드러내는 멜빵 달린 옷'을 입었다고 한다(K. Martin, "Grabstele des Nemtiui und seiner Frau Hepi", *Nofret-die Schöne*, ed. B. Schmitz et al., Hildesheim 1985, p. 36

37) P. Munro, "Körper und Gewand", *Lexicon der Ägyptologie*, ed. W. Helck/W. Westendorf, Wiesbaden 1980, p. 665 참조. G. Krahmer, *Figur*

und Raum in der ägyptischen und griechisch-archaischen Kunst, Halle 1931, p. 74에서 '부가적인 자연을 병렬적으로 묘사한 가상의 그림'이라고 말한다. E. Brunner-Traut, "Aspektivische Kunst", *Antaios*, 1964, p. 309ff. 역시 참조. 18대 왕조와 19대 왕조 일부에서는 예술에서 사실주의 경향이 존재했으며 얼굴과 가슴은 정면에서 묘사됐다. 아크나톤의 딸은 측면에서, 그녀의 가슴은 정면에서 묘사되었다. C. Aldred, *Akhenaten*, London 1968, Pl. VI XI: C. Vandersleyen, *Das alte Ägypten*, Berlin 1975, Tf. 333a 참조. 풍자적이고 포르노적인 파피루스 55001에 그려진 성교하는 창녀의 그림에서는 대부분 두 개의 가슴을 볼 수 있다. J. A. Omlin, *Der Papyrus 55001*, Torino 1973, Tf. XIII: H.P. Duerr, *Der Mythos vom Zivilisationsprozeß. Obszönität und Gewalt*, Frankfurt/M. 1993, 그림 56 참조.

38) E. Staehelin, *Untersuchungen zur ägyptischen Tracht im Alten Reich*, Berlin 1966, p. 166 참조.

39) 예에 관해서는 A. Vigneau, *Encyclopédie photographique de l'art*, Paris 1935, p. 48 참조. 드문 경우이지만 멜빵이 가슴 사이를 가로지르는 경우도 있다. 그리고 프톨레마이오스 왕조 시대에는 가끔 가슴을 노출하고 다니기도 했다. L. Heuzey/J. Heuzey, *Histoire du costume dans l'antiquité classique*: *l'Orient*, Paris 1935, Pl., XVII.1, XVIII, XXVI: A. Erman, *Ägyten und ägyptisches Leben im Altertum*, Tübingen, 1923, p. 241: H. Bonnet, "Die ägyptische Tracht bis zum Ende des Neun Reiches", *Untersuchungen zur Geschichte und Altertumskunde Ägyptens*, 1917, p. 141f., 147f. 신왕국 시대에는 대부분의 옷이 복강 신경조직 위에서 매듭을 짓게 되어 있어서 가슴을 가렸지만 가끔은 목과 어깨를 드러내기도 했다.

40) B.V. Bothmer, *Egyptian Sculpture of the Late Period*, Brooklyn 1960, p. 13f. Pl. 11, Fig. 26: D. Dunham, *Naga-ed-Dêr Stelae of the First Intermediate Period*, Boston 1937, Pl.XX, IV.1 XXV.1. 참조. 제21왕조의 헤리투베헤트의 파피루스 두루마리(고대 이집트에서 종교적 경구를 적어 고인과 함께 묻는다—옮긴이)에는 가슴 아래서 조여지는 원피스를 입은 한 여자가 그려져 있다.(Vanderleyen, 앞의 책, Tf. XLIII) 그러나 이것은 아마도 신 앞에서 자주 가슴을 드러냈던 시체였을 것이다. W. Forman/H. Kischkewity, *Die altägypische Zeichnung*, Prag 1971, Tf. 57ff. 탄식하는 여자들 역시 그들의 가슴을 드러냈다. A. Champdor, *Die altägyptische Malerei*, Leipzig 1957, p. 91 참조.

41) E. Staehelin, "Arbeitstracht", *Lexikon der Ägyptologie*, ed. W. Helck/E. Ottl, Wiesbaden 1975, Sp. 385 참조. 완전 나체는 사정이 달랐다. 게다가 N.

de G. Davies, *The Tomb of Nakht at Thebes*, New York 1917, p. 58에서는 옷을 입지 않은, 울어주는 젊은 여자와 여자 연주자의 그림을 근거로 이집트 여자들이 '조기 결혼을 하고 짧은 기간 동안' 적어도 제한된 대중 앞에서는 나체로 있을 수 있었다고 추측한다. 그러나 예를 들면 젊은 무희들이 진짜 나체였는지, 아니면 여성의 아름다운 육체를 더 아름답게 표현하기 위하여 단지 나체로 묘사한 것뿐인지 하는 문제가 해결되지 않은 채 남아 있다. 완전 나체의, 가슴이 발달한 소녀, 무희, 하녀들의 그림은 드물며, 성숙한 여자의 나체 그림은 더더욱 드물다는 것이 이른바 '성교하는 여자들'의 무덤 그림만 제외한다면 모든 경우에서 확인된다. 어머니의 여신인 누트도 예외이다. 그녀는 사로코팍 천장 안쪽(W.H. Peck, *Drawings From Ancient Egypt*, London 1978, p. 45; H.P. Duerr, *Sedna oder Die Liebe zum Leben*, Frankfurt/M. 1984, 그림 51 참조)이나 그녀와 함께 태초에 통일을 이룬 그녀의 남자 형제인 겝과 떨어져진 곳에서 실오라기 하나 걸치지 않은 모습으로 묘사된다. H. te Velde, "The Theme of the Separation of Heaven and Earth in Egyptian Mythology", *Studia Aegyptiaca*, 1977, p. 165f. 참조. 조각들은 나체의 여자를 묘사하는 것처럼 보이는 경우가 많지만 가까이 가서 관찰해보면 솔기를 볼 때 그 여자들이 발목 길이의 옷을 착용하고 있음을 알 수 있다. Bothmer, 앞의 책, p. 120 참조. 람세스 2세 시대에 200년 전 아크나톤 2세의 통치기간 중에 세워진 테바의 무덤을 다시 이용하게 되었을 때, 거기에 그려진 옷을 거의 입지 않은 여자들 위에 덧칠을 했다. 첫번째 무덤 소유주 어머니의 노출된 가슴은 폭이 넓은 불룩한 옷 밑에 숨겨지게 되었으며, 만찬에 참여한 여자들 및 거기서 시중드는 여자들의 옷은 목까지 길게 연장을 해서 그들의 가슴도 보이지 않도록 했다. S. Schott, "Ein Fall von Prüderie aus der Ramessidenzeit", *Zeitschrift für ägyptische Sprache und Altertumskunde*, 1939, p. 102f.; H.G. Fischer, "The Mark of a Second Hand on Ancient Egyptian Antiquities", *Metropolitan Museum Journal*, 1974, p. 119 참조. 예를 들어 S. Wenig, *Die Frau im alten Ägypten*, Leipzig 1967, p. 20f.에서 말하고 있는 대로 이것이 실제로 고대 이집트 사회에서 수치심 기준의 변화를 말해주는 것인지는 나로서는 판단하기 힘들다. 왜냐하면 해리스 파피루스 500(람세스 4세가 왕위에 오르면서 펴냈던, 그의 아버지가 신에게 바친 선물, 아들에 대한 축복, 아버지의 통치에 대한 연구 등을 적은 긴 기록이다—옮긴이)이 지칭한 대로 '사랑의 사과'를 가린다고 해서 무조건 가슴이 수치스러운 것임을 의미한다고 할 수 없기 때문이다. 일반적으로 이집트 여자아이들이 사춘기에 들어서면서 더 이상 대중의 면전에 나체로 나타나지 않았다는 것만은 확실하게 말할 수 있다. E. Feucht, "Frauen", *Der Mensch im Alten Ägypten*, ed. S. Donadoni,

Frankfurt/M. 1992, p. 379 참조.

42) A. Hermann, *Altägyptische Liebesdichtung*, Wiesbaden 1959, p. 92, 122, 125, 128, 138f.; P. Derchain, "La perruque et le cristal", *Studien zur altägyptischen Kultur*, 1975, p. 71 참조. 어느 텍스트에는 가슴이 '넓기보다는 높아야' 한다고 적혀 있다. E. Brunner-Traut, *Die alten Ägyter*, Stuttgart 1974, p. 79 참조. 아크나톤 시대의 여자들 역시 처녀의 가슴을 가진 것으로 묘사되었다. J. Samson, *Amarna*, Warminster 1978, p. 24 참조.

43) C. Aldred, *Akhenaten*, London 1968, p. 108 참조. 엉덩이와 가능한 한 탱탱한 허벅지 역시 아마르나 시대에는 극도로 에로틱한 것으로 간주되었다. L. Manniche, *Sexual Life in Ancient Egypt*, London 1987, p. 25ff. 역시 참조.

44) W. Sameh, *Leben im alten Ägypten*, München 1980, p. 106 과 그림 98 참조. 어머니의 신 누트 역시 어느 경우에든 관안에서는 그런 그물 옷을 입고 있다.

45) E. Brunner-Traut, *Altägyptische Mürchen*, Düsseldorf 1963, p. 14에서 재인용.

46) M.K. Slatter, *African Odyssey*, Garden City 1976, p. 218 참조.

47) M. Fortes, *The Web of Kinship Among the Tallensi*, London 1949, p. 189 참조. 민다나오 섬의 부키드논족 여자들 역시 몸의 치수를 잴 때 가슴이 아니라 발꿈치를 건드리면 부끄러워했다는 사실을 근거로 F.-C. Cole, *The Bukidnon of Mindanao*, Chicago 1956, p. 68에서는 이 사회에서는 가리고 다니는 가슴에 어떤 에로틱한 의미도 없다고 결론짓는다. 그러나 유럽에서도 많은 여자들이 의사가 검진할 때 가슴을 만지는 것은 즉각 허용하지만, 반면 검진을 위해 성기 부위를 만지는 것은 문제시할 때가 많다. 동남아시아에서 여성의 발꿈치는 어느 정도 성기 부위에 속한다. 쪼그리고 앉을 때 발꿈치가 외음부와 아주 가까이 위치하기 때문이다. 그렇기 때문에 두순에서도 여자나 부인의 발꿈치를 잡는 남자는 그들의 가슴을 잡을 때보다 훨씬 심한 벌을 받는다.(Elizabeth Koepping: 1992년 6월 18일자 편지) 이프가오족과 이고로트족은 가슴을 에로틱한 것으로 보지 않는다고 주장되어왔다.(예에 관해서는 D. Raphael/F. Davis, *Only Mothers Know: Patterns of Infant Feeding in Traditional Cultures*, Westport 1985, p. 35 참조) 그러나 이것은 어머니의 가슴에만 해당되었고 지금도 그렇다. 예를 들어 젊은 이푸가오족 남자가 여자를 얻으려 했다면 그는 그녀의 젖꼭지를 자극하려고 시도했다. C.S. Ford/F.A. Beach, *Patterns of Sexual Behavior*, New York 1951, p. 48 참조.

48) 예에 관해서는 L. Marshall, "Marrige Among the ! Kung Bushmen", *Africa*, 1959, p. 360; —, *The !Kung of Nyae Nuae*, Cambridge 1976, p. 244(쿵); R. Kjellström, *Eskimo Marriage*, Lund 1973, p. 38(에스키모) 참조.

49) Marthias Guenther: 1986년 3월 3일자 편지.

50) I. Eibl-Eibesfeldt, *Die Biologie des menschlichen Verhaltens*, München 1984, p. 320 참조. 가슴은 아무런 에로틱한 의미를 지니지 못한다고 주장되어 왔던 야노마모족에 관해서도 그는 동일한 사실을 기록하고 있다. 그렇기 때문에 타피라페족은 가슴에 어떤 성적인 관심도 가지지 않는다는 C. Wagley, *Welcome of Tears*, New York 1977, p. 128의 주장은 조심스럽게 음미해볼 필요가 있다.

51) C. Valente-Noailles, *The Kua*, Rotterdam 1993, p. 125f. 참조.

52) 서쪽의 중앙 알래스카에 있는 에스키모 여자들은 의식에서 가끔 가슴을 노출하고 춤을 추었다. M. Lantis, *Alaskan Eskimo Ceremonialism*, Seattle 1947, p. 94 참조. 베링 해협의 에스키모 여자들은 1910년에도 집에서 상체를 벗고 있었다.(D.J. Ray, "Bering Strait Eskimo", *Handbook of North American Indians*, Bd. 5, ed. D. Damas, Washington 1984, p. 297 참조) 그리고 케이프 프린스 오브 웨일스 에스키모들도 동일하게 행동했다.

53) 우마나크 피오르드에서 북춤을 추는 동안 젊은 여자들은 이렇게 노래를 한다. "나의 연인이 나의 음부를 자주 만진다. 그는 나의 처녀막을 뚫고 내 안으로 들어온다."(Kjellström, 앞의 책, 25 참조) 고대에 서그린란드에는 젊은 남자를 위한 다음과 같은 성교육 수업이 있었다. 젊은이들이 처음으로 물개를 죽이자마자 나이가 더 많은 미혼의 처녀가 그들을 옆으로 데리고 가서 자신의 외음부를 만지게 했다. I. Kleivan, "West Greenland Before 1950", *Handbook of North American Indians*, ed. D. Damas, Washington 1984, p. 613 참조. 극 에스키모에게 여성의 성기는 남성이 보아서도 만져서도 안 되었다. 남편이 그들의 음순이나 엉덩이를 만지려고 시도하면 남편의 손을 심하게 뿌리친다고 말했다. 그들 역시 부인과 진단, 좌약, 직장으로 삽입하는 체온계의 사용에 오랫동안 거부감을 가졌다. J. Malaurie, *Die letzten Könige von Thule*, Frankfurt/M. 1979, p. 176, 130f. 참조. 여자들의 평상복은 극도로 짧은 경우가 많았다. 동그린란드 여자들(그림181)은 물개가죽으로 만든 일종의 탕가만을 착용했다.(G. Holm, "Ethnologisk Skizze af Angmagsalikerne", *Meddelelser om Gronland*, 1888, p. 64 참조) 그리고 극에스키모 여자들은 두 개의 북극여우 모피로 만든 바지를 입었으며 상체와 허벅지만을 가렸다.(G. Hatt, "Arctic Skin Clothing in Eurasia and America", *Arctic Anthropology*, 1969, p. 66 참조). 그럼에도 성기 부위는 항상 가렸다. 예를 들어 벌거벗은 키와틴 에스키모 여자를 보면 예의상 그녀를 '무시'해야 한다. R. G. Williamson, *Eskimo Underground*, Uppsala 1974, p. 34 참조. 극지 에스키모 여자들은 절대 다른 여자 앞에서, 남자 앞에서야 말할 것도 없고, 완전히 옷을 벗지 않는

다. 그리고 나파스키아가미우트 여자들이 함께 목욕할 때면 성기 부위를 가린
다. W. Oswalt, *Napaskiak*, Tucson 1963, p. 127 참조. 다른 에스키모 그룹
들 역시 증기탕에서 엄격하게 성을 구분한다. H. Himmelheber, "Ethno-
graphische Notizen von den Nunivak-Eskimo", *Abhandlungen und
Berichte des Staatlichen Museums für Völkerkunde Dresden*, 1980, p.
14f.(누니바크); E.W. Nelson, "The Eskimo About Bering Strait", *18th
Annual Report of the Bureau of American Ethnology*, Washington 1899,
p. 287(베링가 에스키모); H.M.W. Edmonds, "Report on the Eskimos of
St. Michael and Vicinity", *Anthropological Papers of the University of
Alaska*, 1966, p. 33(성 미카엘 에스키모) 참조. 다비트 다넬(David Dannel)
은 1654년 초여름에 서그린란드 고탑 지역을 여행하면서 에스키모 여자들로부
터 돈을 주면 성기를 보여주겠다는 제안을 받았다고 한다. 60년 후 로렌스 페
이케스 한(Lourens Feykes Haan)은 같은 지역에서 어떤 여자들이 그와 그의
동반자들에게 바느질실과 빵을 얻기 위해 '전능자의 이름으로 자연과 수치심
이 그 이름을 말하기를 금지하는 그런 물건을 보여주었다'고 보고했다. G.A.
Olsen, "Das Sexualleben in Grönland", *Sexualmedizin*, 1973, p. 128 참
조. '어떤 여자들'이 누구였는지는 알려져 있지 않다. 그러나 초기 여행자들과
민속학자들로부터 에스키모의 수치심의 기준에 관해 들은 것에 의하면 이 '어
떤 여자들'은 아마도 일종의 '마을 창녀'였을 것이다.

54) H.P. Duerr, *Der Mythos vom Zivilisationsprozeß. Intimität*, Frankfurt/M.
1990, 그림 143 참조. 힘멜헤버(Hans Himmelheber)가 1986년 2월 27일 나
에게 전달해주었듯이 그는 1930년대에 누니바크 에스키모의 처녀나 아이를 아
직 가지지 않은 젊은 부인이 남자들이 있는 자리에서 절대 상체를 노출하고 나
타나는 것을 본 적이 없다고 했다.

55) 우트쿠의 처녀들과 부인들은 상체를 벗고 잠을 갔다. 그럼에도 상체는 항상 침
낭 속에 숨겨져 있었다. 옷을 갈아입을 때도 그들은 사내아이와 남자들이 그들
의 가슴을 보지 못하도록 신경을 썼다. 어머니들은 대중의 면전에서 젖을 먹였
지만 여성 민속학자들이 그 모습을 사진으로 찍으려 하면 좋아하지 않았다. 그
리고 반어적으로 물었다. 그들이 오줌을 누려 할 때는 왜 사진을 찍지 않느냐
고. 마침내 여자들이 가슴을 노출하고 있는 사진을 보았을 때 그들은 사진의 얼
굴을 손톱으로 긁었다. 사람들이 누구인지 알아보지 못하도록 하기 위해서였
다.(Jean L. Briggs: 1986년 10월 30일자 편지) Malaurie, 앞의 책, p. 380에서
보고했듯이 극 에스키모 남자들 역시 젊은 여자의 가슴 만지는 것을 좋아했다.

56) 예에 관해서는 B. Danielsson, *Love in the South Seas*, London 1956, p. 78;
D.S. Marshall, "Sexual Behavior on Mangaia", *Human Sexual Behavior*,

ed. D. S. Marshall/R. C. Suggs, New York 1971, p. 110; R.C. Suggs, "Sex and Personality in the Marquesas", *Human Sexual Behavior*, ed. D. S. Marshall/R. C. Suggs, New York 1971, p. 174 참조.

57) E.N. Ferdon, *Early Tonga*, Tucson 1987, p. 5f. 참조.

58) C.W. Gailey, *Kinship to Kingship*, Austin 1987, p. 157 참조.

59) 선교사들이 통가 여자들에게 비교적 일찍 대중의 면전에서 가슴을 가리도록 요구했음에도 결혼한 여자들은 19세기 말까지 이런 규정을 대부분 완전하게 지키지 않았다. C.W. Gailey, "Putting Down Sisters and Wives: Tongan Women and Colonization", *Women and Colonization*, ed. M. Etienne/E. Leacock, Brooklyn 1980, p. 313 참조. 20세기가 지나면서 바다에서 목욕할 때 어린 여자아이들은 어머니를 따라 자주 상체를 가렸다.(G. Koch, Südsee - gestern und heute, Braunschweig 1955, p. 54 참조) 그리고 부인들보다 자신들의 가슴에 대해 훨씬 민감했던 처녀들은 결혼식 날에만 흰 팔, 어깨 그리고 가슴의 윗부분을 보여주었다. K. Bain, *The Friendly Islanders*, London 1967, p. 81 참조. 마르키즈 섬주민 여자들도 이 날에만 가슴을 노출했다. 마르키즈의 '무나틴 공주가 결혼식 치장을 한' 모습을 볼 수 있는, 1911년 라이프치히 민속 박물관의 광고 플래카드에서 확인할 수 있다. P. Probst, "Omais Erben", *Historische Anthropologie*, 1994, p. 105 참조.

60) W.T. Brigham, *Ka Hana Kapa*, Honolulu 1911, p. 187f.에서 재인용.

61) P. Grimshaw, "New England Missionary Wives, Hawaiian Women and 'The Cult of True Womanhood'", *Family nad Gender in the Pacific*, ed. M. Jolly/M. MacIntyre, Cambridge 1989, p. 31f.; 더 자세한 것은 C.E. Robertson, "The māhū of Hawaii", *Feminist Studies*, 1989, p. 316 참조.

62) G. Forster, *Werke*, II, Berlin 1965, p. 226.

63) R. I. Levy, *Tahitians*, Chicago 1973, p. 113 참조. 쿡 선장 역시 이렇게 기록했다. "몸의 어떤 부분이라도 노출되는 것 자체는 창피한 것이 아니다. 다만 모든 인류가 감추고자 하는 부분은 예외이다." (J. Cook, *The Journals*, ed. J. C. Beaglehole, Cambridge 1955, p. 126)

64) J.R. Forster, *Bemerkungen über Gegenstände der physischen Erdbeschreibung, Naturgeschichte und sittliche Philosophie auf seiner Reise um die Welt gesammelt*, Berlin 1783, p. 315 참조. J.C. Furnas, *Anatomy of Paradise*, New York 1937, p. 66 역시 참조. 쿡 선장은 남녀를 막론하고 왕 앞에서 존경심을 표현하기 위해 어깨에 걸치는 그들의 숄(ahu)를 벗었다고 보고한다. "왕이 들어서는 것을 보는 순간 그들은 서둘러서 옷을 벗는다. 다시 말해 어깨에 걸친 것을 벗는 것이다."(같은 책, p. 208 참조) 디스커

버리의 선장인 찰스 클러크(Charles Clerke)는 자신과 쿡이 통가 추장 앞에서 상체 노출을 거절했다고 언급했다. Cook, *The Journals*, Bd. III.2, ed. J.C. Beaglehole, Cambridge 1967, p. 1304 참조.

65) Lery, 앞의 책 및 Cook, *The Journals*, ed. J.C. Beaglehole, Cambridge 1955, 참조. 물론 15세에서 30세까지의 타히티 여자들이 가슴을 벗고 몸을 씻는데 남자가 지나가면 남자들은 그들을 쳐다보지 않고 못 본 척하는 것이 예의다. 여자가 젖을 먹이거나 나이가 들었을 경우에게 상황이 다르다. Levy, 앞의 책, p. 111 참조. 프랑스 선원들은 대부분 이 규칙을 지키지 않았다. 그렇기 때문에 마르키즈 제도의 누쿠하바 섬 주민들이 그들을 '미리 미리'(miri miri)라 불렀는데 그것은 '놀란 눈으로 쳐다보는 사람' '엿보는 사람' 등으로 해석될 수 있다. E.-E.-R. Ribo, *Nudisme*, Bordeaux 1931, p. 130 참조. 기이하게도 E. Beuchelt, "Sozialisation auf den Gesellschaftsinseln", *Sociologus*, 1978, p. 113에서 타히티와 그 주변지역에서 가임여성들은 가슴을 가린 반면 어린 여자아이들 및 나이든 여자들은 가슴을 드러내놓고 다녔다고 기술하고 있는데 이런 주장은 증명되지 않고 있다.

66) B. Shore, "Sexuality and Gender in Samoa", *Sexual Meanings*, ed. S.B. Ortner/H. Whitehead, Cambridge 1981, p. 196 참조.

67) 유럽 사람들이 도착하기 전에 젊은 여자들은 '상반신 노출'로 다니지 않았다는 것이 내 의견으로는 다음과 같은 관습을 강조한 데서 비롯된 것으로 보인다. 즉 결혼식에 낮은 계급의 처녀들, 이른바 '풀라 처녀들'은 외설적인 제의적 춤을 추는데 그것은 분명히 생산성의 고양에 기여한다. 그 제식을 행할 때 그들의 가슴은 노출되어 있으며 그들이 착용하는 가리개는 아주 짧아서 문신이 된 허벅지의 아래 부분을 볼 수 있었다. 제의적 맥락 외에서 이 두 가지는 음란한 것으로 간주되었을 것이다. J.M. Mageo, "Hairdos and Don'ts: Hair Symbolism and Sexual History in Samoa", *Man*, 1994, p. 146 참조. 처녀의 가슴이 틀림없이 어느 정도는 에로틱하며 수치스러운 것으로 느껴졌던 반면, 어머니와 나이든 여자의 가슴은 더 이상 그렇게 느껴지지 않았다. 오늘날에도 집에서 일을 하거나 빨래를 할 때 상체를 노출하고 있는 모습을 자주 볼 수 있다.(Lowell D. Holmes: 1986년 2월 18일자 편지) 물론 해변에서 '상반신 노출'로 일광욕을 하는 여행객들에 관해 대부분의 사모아 사람들은 격분했다. 그들은 이런 노출을 '기능적인' 것이 아니라 에로틱한 것으로 느꼈기 때문이다. '열기는 옷을 벗기 위한 변명이 되지 못한다'고 사모아의 여행잡지인 『방문객』(*Visitors*)에 적혀 있다.(Stern 12, 1989, p. 210 참조)

68) 피지 섬에서는 오늘날에도 가슴이 더 이상 성적인 자극을 주지 못하는 나이든 여자들은 대중의 면전에서도 상체를 벗고 다닌다. J. M. Varawa, *Nur ein*

paar Inseln weiter, Reinbek 1990, p. 270 참조.

69) H. P. Duerr, *Der Mythos vom Zivilisationsprozeß. Intimität*, Frankfurt/M. 1990, p. 443; B. Shore, "Incest Prohibitions and the Logic of Power in Samoa", *Journal of the Polynesian Society*, 1976, p. 292; D. Fuertes de Cabeza, "Freudloses Paradies", *Unter dem Pflaster liegt der Strand 14*, 1984, p. 148f. 참조. 유마족과 모하베족 여자들 역시 가슴을 자극받는 것을 좋아했던 것으로 보인다. 그럼에도 '성교 횟수'에만 관심이 있는 남자들은 이것을 가능한 한 짧게 했다. G. Devereux, 1985, p. 118 참조. J.C. Messenger, *Inis Beag*, New York 1969, p. 78 역시 참조.

70) 예에 관해서는 Marshall, 앞의 책(쿡 제도의 망가이어 섬주민); W.A. Lessa, *Ulithi*, New York 1966, p. 78, 85 (울리티 섬주민) 참조.

71) Marshall, 앞의 책, p. 110 및 114 참조.

72) R. Linton, "Marquesan Culture", *The Individual and His Society*, ed. A. Kardiner, New York 1939, p. 173; G. Devereux, "L'image de l'enfant dans deux tribus: Mohave et Sedang", *Revue de Neuropsychiatrie infantile*, 1968, p. 377 참조. 물론 남자들은 다른 육체 부위에서도 매력을 느낀다. 심지어 벌거벗은 가슴보다 더 많은 매력을 느끼는 경우가 많았다. 통가 사람들은 하얀 허벅지에 자극을 받았다. 그래서 젊은 여자들은 거의 바닥에까지 이르는 치마(vala)를 착용했다.(Bain, 앞의 책, p. 80 참조) 그것은 미크로네시아의 이팔루크 산호섬 주민들에게도 해당되었다. 그들은 하얀 여성 허벅지 안쪽을 수많은 사랑 노래에서 찬미하고 있다. E.G. Burrows, *Flower in My Ear*, Seattle 1963, p. 233, 256 참조. 타히티에서 'ohure'는 우리가 외음부, 회음, 엉덩이를 지칭하는 여성 하체의 일부를 의미한다. 이런 단어를 사람들이 많은 데서 입에 올리는 것은 예절에 어긋나는 것으로 간주되었다. 어느 여자가 남자에게 자신의 'ohure'를 보게 하고 만지게 하면 그녀는 남자에게 '결정적 호의'를 증명하는 것이다. Levy, 앞의 책, p. 106 참조.

73) F.C. Anders, "Hawaiis heiliger Hula", *Die Grünenthal-Waage*, 1974, p. 129 참조

74) T. Gladwin/S.B. Sarason, *Truk: Man in Paradise*, New York 1953, p. 60; W.H. Goodenough, *Property, Kin, and Community on Truk*, Hamden 1966, p. 117 참조.

75) E. G. Burrows/M.E. Spiro, *An Atoll Culture*, New Haven 1957, p. 297 참조.

27. 여성의 가슴은 도대체 왜 에로틱한가?

1) D. Morris, *Manwatching*, New York 1977, p. 239f. 참조. D. Symons, *The Evolution of Human Sexuality*, New York 1979, p. 198f.에서 가슴이 '엉덩이에 대한 대안으로서 에로틱한 기능'을 가진다고 말했다.

2) I. Eibl-Eibesfeldt, *Grundriß der vergleichender Verhaltensforschung*, München 1987, p. 738 참조.

3) I. Bloch, *Das Sexualleben unserer Ziet*, Berlin 1907, p. 157 참조.

4) R. Waldegg, *Sittengeschichte von Wien*, ed. R. Till/H. Lang, Bad Cannstatt 1957, p. 363 참조.

5) I. Gibson, *The English Vice*, London 1978, p. 286 참조. 가슴골을 더 깊어 보이게 하기 위해 데콜테 옷을 입은 많은 여성들이 가슴 안쪽을 하늘색으로 분칠했다. R. Brain, *The Decorated Body*, New York 1979, p. 111 참조.

6) E.J. Dingwall, *Die Frau in Amerika*, Düsseldorf 1962, p. 241 참조.

7) H. Bilitewski et al., *Freier*, Hamburg 1991, p. 264 참조. 학문에서는 가슴 성교(coitus mammalis)에 관해 조금 더 고상하게 이야기한다. H. Licht, *Beiträge zur antiken Erotik*, Dresden 1924, p. 21 참조. 그것은 1640년의 음탕한 네덜란드 시에도 나온다. A.M. Kettring, "Rembrandt's 'Flute Player'", *Simiolus*, 1977, p. 33 참조.

8) A. Kind, "Die Masturbation im Folklore", *Anthropophyteia*, 1908, p. 263 참조.

9) 이런 발전은 데스먼드 모리스(Desmond Morris)가 자문으로 참여했던 오락 영화인 「태초에 불이 있었다」(Am Anfang war das Feuer)에서 그려지고 있다. 네안데르탈 남자(?)는 마을의 여자 주민(!)에 의해 '역습을 당한다'. 그가 뒤에서 강제로 범했지만 그녀는 만족하지 못했으며, 그녀는 놀란 원시인에게 '얼굴을 마주하는 체위'를 가르쳐준다. 그리고 그가 문명화과정을 잘 따라오도록 도와준다.

10) 물론 뒤에서 하는 성교(coitus a tergo)는 중세 학자들 대부분이 했던 것으로 보이는 직장성교를 말하는 것이 아니라(P.J. Payer, "Early Medieval Regulations Concerning Marital Sexual Relations", *Journal of Medieval History*, 1980, p. 357f. 참조), 뒤에서부터 삽입하는 질 성교를 말한다.

11) B.G. Blount, "Issues in Bonobo(Pan paniscus) Sexual Behavior", *American Anthropologist*, 1990, p. 702ff. 참조. 보노보에게 주요 해결책은 암컷의 생리주기 대부분 동안 장미색으로 부풀어올라 있는 외음부이다. F. de Waal, *Peacemaking Among Primates*, Cambridge 1989, p. 180 참조. 오랑우탄은 '얼굴을 마주하는 체위'를 특히 선호했던 것으로 보인다. R.D. Nadler,

"Face-to-Face Copulation in Nonhuman Mammals", *Medical Aspects of Human Sexuality*, 1975, p. 173 참조.

12) 여기에 대해서는 F.E. Mascia-Lees/J.H. Relethford/T. Sorger, "Evolutionary Perspectives on Permanent Breast Enlargement in Human Females", *American Anthropologist*, 1986, p. 423 역시 참조. 여성 발정 호르몬이 분비되는 동안 비비 원숭이 암컷의 붉은색 가슴반점은 어쨌든 더 강해지지 않는다. 그래서 수컷이 이런 반점을 통해 성적으로 자극을 받는지는 알 수가 없다. C.J. Jesser, "Reflections on Breast Attention", *Journal of Sex Research*, 1971, p. 18f. 참조.

13) 그럼으로써 나는 여자들에게도 성적으로 자극을 주는 외음부 냄새가 존재한다는 것을 부정하고 싶지 않다.(R.P. Michael, "Possible Pheromones in Human Females", *Medical Aspects of Human Sexuality*, 1975, p. 178; I. Ebberfeld, "Anrüchig und anziehend zugleich: Der Geschlechtsgeruch des Weibes", *Sexualmedizin*, 1996, p. 205f.) 그럼에도 그것은 많은 동물들보다는 인간에게 본질적으로 덜 중요하다. 음부 냄새, 특히 음부 팽창은 (일반적으로 뒤에서 성교하는) 고릴라, 긴팔 원숭이류, 랑구르 같은 원숭이에게도 큰 역할을 하지 못한다.(V. Sommer, *Lob der Lüge*, München 1992, p. 153 참조) 회색 랑구르 암컷은 예를 들면 머리를 떠는 것을 통해 수컷에게 성교할 준비가 되었음을 보여준다. S.B. Hrdy, *The Langurs of Abu*, Cambridge 1977, 49 참조.

14) G.G. Gallup, "Unique Features of Human Sexuality in the Context of Evolution", *Alternative Approaches to the Study of Sexual Behavior*, ed. D. Byrne/K. Kellez, Hillsdale 1986, p. 29ff. 참조. 힐라리아나 아나스타샤와 같은 식욕부진의 성자들은 가슴이 '시들었다'고 한다. E. Patlagean, "L'histoire de la femme déguisée en moine et l'évolution de la sainteté féminine à Byzance", *Studi medievali*, 1976, p. 605f. 참조.

15) J. Anschütz/K. Meier/S. Obajdin, "Dieses leere Gefühl, und die Blicke der anderen", *Frauen in Konzentrationslagern*, ed. C. Füllberg-Stolberg et al., Bremen 1994, p. 126에서 재인용.

16) M. Harris, *Menschen*, Stuttgart 1991, p. 176f. 참조.

17) Sommer, 앞의 책, p. 153 참조.

18) 여기에 관해서는 B.S. Low/R.D. Alexander/K.M. Noonan, "Human Hips, Breasts and Buttocks", *Ethology and Sociobiology*, 1987, p. 249ff./J.L. Anderson/C.B. Crawford/J. Nadeau/T. Lindberg, "Was the Duchess of Windsor Right?", *Ethology and Sociobiology*, 1992, p. 199 참조.

19) A. Schopenhauer, *Die Welt als Wille und Vorstellung*, ed. P. Deussen, München 1911, p. 620. 물론 유선조직의 질은 이런 관점에서 지방조직의 양보다 더 중요하다. 그럼에도 아주 작은 가슴에는 대부분 유선 물질 역시 매우 빈약하게 존재한다. A. Hegar, "Brüste und Stillen", *Deutsche Medicinische Wochenschrift*, 1896, p. 540 참조.

20) Gallup, 앞의 책, p. 33 참조. 아주 커다란 가슴은 틀림없이 작은 동물도 사냥해야 하는 유목민화한 수렵민 여자들에게 유리하지 않았을 것이다. 그렇기 때문에 아이블 아이베스펠트(I. Eibl-Eibesfeldt, "The Biological Foundations of Aesthetics", *Beauty and the Brain*, ed. I. Rentschler et al., Basel 1988, p. 40)가 '커다란 가슴'은 구석기 시대의 미의 이상이었다고 말하지만 그것은 의심스러워보인다. '빌렌도르프의 비너스'가 아름다운 여성을 묘사했다는 그런 암시는 존재하지 않는다.

21) B. Preuschoff, "Kindheit im Mittelalter", *Damals*, 1989, p. 658 및 V.A. Fildes, *Wet Nursing*, Oxford 1988, p. 70 참조. G. Vigarello, "Le sein doit-il être beau?", *Communications* 60, 1995, p. 88 참조. 파이우테족의 경우 결혼에 자녀가 없는 경우 여자가 가슴이 작으면 여자에게 원인이 있다고 생각하지만 가슴이 평균적인 크기이거나 더 크다면 남자에게 불임의 책임을 지운다. B.B. Whiting, *Paiute Sorcery*, New York 1950, p. 102 참조.

22) 물론 왜 '젖먹이는 것을 흉내내는 가슴 크기', 즉 지속적으로 커지는 여성의 가슴이 관심있는 남자를 겁먹게 하지 않느냐는 질문이 제기된다. C. Knight, *Blood Relations*, New Haven 1991, p. 219에서 오로지 '빠른 섹스'에만 관심이 있으며 후속적 재정비용을 여성에게만 넘기려는 남성 상대자를 겁먹게 하는 데 가슴은 특히 기능적이었다고 말했다. M. Harris는 앞의 책, p. 177에서 그와는 반대로 우리 선조들은 젖을 먹이는 여자와는 성교를 하는 성적 태도에서 오히려 보노보와 비슷하다고 주장한다. 이것은 아마도 여성들의 가슴이 보노보 암컷과 비슷하게 성적 자극제가 아니었음을 의미할 것이다. 그것은 다시 과거에 '여성의 커다란 가슴이 지닌 자연스런 신호효과'가 현재보다 더욱 컸다고 생각하는 해리스의 의견과 일치하지 않는다.(같은 책, p. 178) 나는 그렇기 때문에 가슴이 서로 상치되는 신호를 보내기 때문에 비교적 '민감한 유인체'(P.W. Turke, "Effects of Ovulatory Concealment and Synchrony on Protohominid Mating Systems and Parental Roles", *Ethology and Sociobiology*, 1984, p. 35)라고 생각한다. 그럼에도 가슴은 인간 사회에서 기능적이었다. 지속적으로 커지는 여성의 가슴이 외음부의 노출처럼 아주 강하고 명확한 자극을 남성들에게 행사했다면 사회의 보존에 필요한 짝 결합의 형태 및 사회적 조화는 심각하게 위협을 받았을 것이다. 물론 원숭이 암컷의 가슴과

비교하여 가슴이 계속 커진다는 것은 틀림없이 모든 당사자들에게는 장점으로 작용한다. 여자는 이런 방식으로 남자를 특정한 기간 동안만이 아니라 지속적으로도 자기 자신에게 묶어들 수 있기 때문이다.

23) R.D. Guthrie, *Body Hot Spots*, New York 1976, p. 106에서 젖꼭지 주위의 검은 피부는 특별히 큰 젖꼭지가 있는 것처럼 보이게 하면서, 즉 젖먹이에게 영양과 안전을 공급할 뿐 아니라 남자들을 성적으로 자극하면서 남자들을 잡아끄는 데 있다고 생각했다.

24) Peter Prince of Greece and Denmark, *A Study of Polyandry*, The Hague 1963, p. 228 참조. 그 경우에 실제로 항상 쾌락을 동반한 발기인지는 확실치 않다. 왜냐하면 많은 젖먹이들이 만족을 느끼기 전에 어머니가 가슴에서 떼어 놓으면 그때서야 발기를 하기 때문이다. G. Devereux, *Träume in der griechischen Tragödie*, Frankfurt-M. 1982, p. 340에서 이런 경우는 남자들에게도 일어나는 '두려움을 동반한 발기'라고 설명했다. 그래서 어느 러시아 의사의 보고에 의하면, 환자 중의 한 명은 전쟁이 끝난 후 자신에게 바로 우크라이나 민족주의자를 어떻게 죽였는지를 설명했다고 한다. "그가 내 명령에 따라 판 구덩이의 가장자리에 그를 세웠다. 나는 그를 쏠 준비가 되어 있었다. 그때 나는 그의 음경이 발기하는 것, 그것도 엄청나게 크게 발기한 것을 보았다 (그는 물론 벌거벗었다)."(M. Stern/A. Stern, *Der verklemmte Genosse*, Berlin 1980, p. 108f.) 물론 두려움과 분노의 발기 역시 쾌락의 감정과 동반하는 것처럼 보인다. 그래서 여자들의 젖꼭지는 분노의 폭발에도 발기하고 이어서 오르가슴을 느낀다고 보고되고 있다. K.F. Stifter, *Der dritte Dimension der Lust*, Frankfurt/M. 1988, p. 104 참조.

25) P. Constantine, *Japan's Sex Trade*, Tōkyō 1994, p. 101 참조. J.L. Briggs, "The Origins of Nonviolence: Aggression in Two Canadian Eskimo Groups", *Psychoanalytic Study of Society*, 1975, p. 168에서 바핀랜드의 우트쿠 에스키모와 키피 에스키모의 젖먹이 대부분이 젖을 먹는 동안 그들의 음경을 잡고 있거나 문지르는 것을 보았다고 말했다.

26) 나는 많은 동성애 여자들이 아름다운 여성의 가슴을 보면 성적 자극을 받을 수 있다는 데 반박하지 않겠다. 그러나 이는 오히려 가슴을 보는 여자가 그 당사자 여자를 동일시하며 그러면서 그것이 남성들에게 어떤 쾌락을 불러일으킬 수 있는지를 상상하기 때문이다. 젖먹이의 발기에 관해서는 어린 비비원숭이들 역시 젖을 먹으면서 발기한다는 것을 확인할 수 있다.(R. D. Guthrie, 앞의 책, p. 97 참조) 그것도 암컷의 젖꼭지가 성인 수컷에게 성적 매력을 의미하지 않는데도 말이다.

27) "여성이 가슴을 공공장소에서 노출하면 체포되지만 남성은 그러한 제한을 받

지 않는 이중 잣대가 지속되는 한 웃옷을 벗는 것은 일종의 여성해방운동가들이 사용하는 한 방법이 된다. 따라서 난 여성의 가슴 노출에 대한 터부가 아주 오랫동안 지속되리라고 기대하지 않는다."(M. Harris, "What Goes Up, May Stay Up", *Natural History*, January 1973, p. 25). 콜론타이(A. Kollontai, 'Matriarchat-Patriarchat' *Frauenbilder*, ed. A. Tühne/R. Olfe-Schlothauer, Berlin 1980, p. 14)는 오늘날 여성의 '강하게 발달한' 가슴은 여자들이 '암컷'이 되어버린 가부장제도에 책임이 있다고 했다. '모권사회의 원시공산주의'에서 여자들의 가슴 발달은 '미약했다'. 해서 여자들의 가슴이 거의 드러나지 않기 때문에 '원시민족에게서는 남녀의 차이를 구분하기가' 오늘날보다 더 힘들다는 것을 알 수 있다고 했다.

28) N. Wolf, *Der Mythos Schönheit*, Reinbek 1991, p. 212. 다른 여성해방론자인 S. Brownmiller는 *Weiblichkeit*, Frankfurt/M. 1984, p. 41에서 여성 젖꼭지가 수치스러운 것은 우리에게 '모유 생산'이 '중요한 문제'이기 때문이라고 말했다. 그 말이 맞는다면 젖을 먹이는 여자의 노출한 가슴은 예를 들면 젊은 처녀의 가슴보다 더 수치스러운 것이어야 한다.

29) *Weser-Kurier*, 1994. 9. 2.

30) 특히 여류 학자들과 여성해방론자들이 이런 '이중도덕'을 거부한다는 것은 틀림없이 많은 여자들이 혐오스러워하는, 오늘날 서구 사회에서 벌어지는 여성 가슴의 에로틱한 상품화와 관계가 있을 것이다. R. Huber, "Die weibliche Brust: Fascinosum und Surrogat", *Sexualmedizin*, 1984, p. 590에서 이런 비난에 대해 이렇게 변명을 했다. 광고에서 '여성적인 에로틱한 신호의 이용'은 '좀더 영리한 자본주의자들'의 발명이 아니라 자연의 발명이다. 물론 자연스러운 모든 것이 그렇다고 해서 정당하다는 의미는 아니다. 여자와 성교하기를 원하는 남자가 그녀에게 이런 희망을 명확하게 표시하는 것은 틀림없이 자연스럽다. 그러나 어떤 사회도 그런 남자가 임의의 여자에게 그녀와 자고 싶다는 소망을 전하기 위하여 그녀의 음부를 잡도록 허용하지는 않을 것이다.

31) *Frankfurter Rundschau*, 1991. 5. 17.

32) 여자들이 때에 따라 이것을 입었다는 것에 대한 유일한 암시를 나는 W. Davenport, "Sexual Patterns and Their Regulation in a Society of the Southwest Pacific", *Sex and Behavior*, ed. F.A. Beach, New York 1965, p. 183(산타 크루스 섬주민)과 D.S. Marshall, "Sexual Behavior on Mangaia", *Human Sexual Behavior*, ed. D.S. Marshall/R.C. Suggs, New York 1971, p. 119(쿡 제도의 망가이어 섬)에서 찾았다.

33) R. Wille, "Die sexuelle Reaktion: Physiologie des Mannes", *Praktische Sexualmedizin*, ed. V. Herms et al., Wiesbaden 1984, p. 81f.; H. Meyer,

Sexualität und Bindung, Weinheim 1994, p. 202 참조. 이것은 다시 서구 남자들의 젖꼭지가 서구 여성들의 그것처럼 성적 자극을 불러일으킨다는 R.D. Mohr, *Gay Ideas*, Boston 1992, p. 161의 주장과 반대된다.

34) 이미 많은 그리스 남성 동성애자들은 소년들의 젖꼭지를 만져 자극하고자 했다.(J.Z. Eglinton, *Griechische Liebe*, Hamburg 1967, p. 183) 루키안에 의하면 연인이 소년의 젖꼭지를 애무했으며 '젖꼭지는 자극을 받자 바로 심하게 부풀어올랐다'고 한다.(O. Knapp, "Homosexuellen nach hellenischen Quellenschriften", *Anthropophyteia*, 1906, p. 256에서 재인용) 동성애적 경향은 예수로 하여금 그의 '젖꼭지를 나의 입에' 넣도록 해달라고 간청했다는 청교도 성직자인 에드워드 테일러(Edward Taylor)에게서도 감지할 수 있다. 그는 다른 한편으로 자신의 젖꼭지의 감각을 아주 죄스러운 것으로 느꼈다. 그래서 그는 하나님에게 하나님이 그의 두 '가슴'을 잘라냄으로써 그를 지상의 감옥에서 해방시켜달라고 간구했다. L. Koehler, *A Search for Power: The 'Weaker Sex' in 17th-Century New England*, Urbana 1980, p. 17 참조. 미국의 동성애자 수영장에서는 많은 방문객들이 자기 파트너에게 '얼굴을 마주하는 체위'로 성교하는 동안 젖꼭지를 빨아달라고 부탁한다. 그리고 욕객인 스티브는 성교시에 그의 젖꼭지를 힘있게 빨아주지 않으면 전혀 '오르가슴에 이르지' 못한다고 사회학자에게 말했다. 물론 근육이 있는 강한 남자가 해야지, '연약한 여자 같은 녀석'이 해서는 안 된다고 한다. 이런 동성애자 욕탕에서 가학피학적 성향의 느낌이 드는 '강력한 젖꼭지 작업' 역시 인기가 있었다. 그것은 젖꼭지를 아주 강하게 비틀고 빨고 깨물고 잡는 것이다. 그러면서 젖꼭지가 자주 헌다. E.W. Delph, *The Silent Community*, Berlerly Hills 1978, p. 144 참조. W.H. Masters/V.E. Johnson, *Homosexualität*, Frankfurt/M. 1980, p. 72, 75f.에 의하면 상대 여성이 젖꼭지를 자극하면 대부분 여성 동성애자의 질은 축축해진다. 그리고 많은 여자들이 오르가슴에 도달하기도 한다. 그에 비해 대부분 남성 동성애자들은 그런 경우에 음경이 딱딱해진다. 그렇지만 그것으로 사정에 이르는 것 같지는 않다. 더 자세한 것은 M. Springer-Kremser, "Die erotische Bedeutung der Brust", *Sexualmedizin*, 1985, p. 108; M. Röhl, *Sexualberatung*, Niederhausen 1978, p. 43; Mohr, 앞의 책, p. 162 역시 참조.

35) A. Lawrence/L. Edwards, "Self-Help in Gynecological Practice", *Women's Sexual Development*, ed. M. Kirkpatrick, New York 1980, p. 276f. 참조.

36) H. Brierley, *Transvestism*, Oxford 1979, p. 213f. 참조.

37) H. Benjamin/R.E.L. Masters, *Prostitution and Morality*, London 1965, p. 167 참조.

38) D. Jodelet, "Le sein laitier: plaisir contre pudeur?", *Communications 46*, 1987, p. 236 참조. 거꾸로 많은 여성들이 오르가슴을 느끼는 동안 젖을 분비한다는 사실이 매번 보고되고 있다. P. Anderson, "Breasts, Hips, and Buttocks Revisited", *Ethology and Sociobiology*, 1983, p. 26; S.G. Frayser, *Varieties of Sexual Experience*, New York 1985, p. 70 참조.

39) E. Badinter, *L'amour en plus*, Paris 1980, p. 46f. 참조. 롬브로소(Cesare Lombroso, 1535~1909, 이탈리아의 범죄학자)는 여성의 본질적 쾌락은 어머니에게서 인식할 수 있다고 생각했다. "왜냐하면 아이가 젖을 빠는 것이 자주 성적인 쾌락을 불러일으키기 때문이다."(P. Strasser, *Verbrechermenschen*, Stuttgart 1984, p. 71에서 재인용) 이미 1795년에 독일 의사는 젖을 먹이면서 관능적인 생각에 빠지는 여자들이 처진 가슴을 가지고 있으며 그들의 젖을 사용할 수 있기를 바란다고 말했다.

40) K. v. Sydow는 *Lebenslust*, Bern 1993, p. 103에서 근거자료도 제시하지 않고 이렇게 주장했다. '비산업화 문화권의' 여자들은 젖먹일 때 성적인 느낌 때문에 흥분하며, 거기서 심지어 '관능적인 보너스'까지 끌어낸다고.

41) N. Newton, "Interrelationships Between Sexual Responsiveness, Birth, and Breast Feeding", *Contemporary Sexual Behavior*, ed. J. Zubin/J. Money, Baltimore 1973, p. 83 참조. W. Eicher, "Gynäkologie und Geburtshilfe", *Die Psychologie im 20. Jahrhundert*, Bd. IV, ed. P. Hahn, Zürich 1979, p. 649 역시 참조.

42) B. Sichtermann, "Über die verlorene Erotik der Brüste", *Weblichkeit*, Berlin 1983, p. 66f.

43) S. Kitzinger, *Ich stille mein Baby*, München 1989, p. 140. 이스라엘에서 아들에게 젖을 먹인 적이 있는 어머니들 중에 80퍼센트가 그러면서 '최고의 기쁨'을 느꼈다고 한다. 딸에게 젖을 먹이는 어머니들은 40퍼센트만이 그런 느낌을 받았다. C. Wolff, *Bisexuality*, London 1979, p. 105 참조.

44) *Brigitte 26*, 1990, p. 121. '어떤 것이라도 좋다'는 진보적인 개념이 많은 젊은 어머니들로 하여금 그들이 어디까지 갈 수 있는지 더 이상 아무런 기준도 갖지 않게 하는 데 분명 일조를 했을 것이다. 예를 들어 과거 동독에서 '당신의 아들이 자신의 성기를 만져주기를 원한다고 상상해보십시오. 당신은 어떻게 하겠습니까?'란 질문에 11.3퍼센트가 '두말할 것 없이, 무조건' 그렇게 하겠다고 대답했으며(과거 서독에서는 6.3퍼센트였다), G. Amendt, *Wie Mütter ihre Söhne sehen*, Bremen 1993, p. 109에 의하면 '여성들은 진보적인 교육의 기대치를 요구할 때 그들 자신의 수치심을 더 이상 신뢰하지 않음을 보여준다. B. Justice/R. Justice, *The Broken Taboo*, New York 1979, p. 215 참조.

45) K. Amrain, "Bi jastambhana", *Anthropophyteia*, 1910, p. 242 및 H. Schipperges, *Der Garten der Gesundheit*, München 1985, p. 49 참조.

46) F.S. Krauss, "Südslavische Volksüberlieferungen, die sich auf den Geschlechtsverkehr beziehen", *Anthropophyteia*, 1904, p. 210. 젖꼭지를 성적으로 지속적으로 자극하기 위하여 19세기 말경에 광적인 여자들은 구멍을 뚫은 젖꼭지에 금고리를 꽂고 거기에 보석 펜던트를 달았다. 그런 여자중 한 명이 영국의 여성잡지에 보내는 독자편지에서 그녀의 젖꼭지에 달린 '고리를 가볍게 문지르고 잡아당기는 것'이 그들에게 주는 '극도로 편안하고 짜릿한 느낌'에 관해 보고하고 있다. 그리고 다른 여성 독자가 이를 확인해주었다. E. Dühren, *Das Geschlechtsleben in England mit besonderer Beziehung auf London*, Bd. II, Charlottenburg 1903, p. 257f. 참조. R.W.B. Scutt/C. Gotch, *Art, Sex and Symbol*, South Brunswick 1974, p. 86f.과 Pl.6 역시 참조. 그런 고리는 오늘날 육체의 더욱 은밀한 곳으로 옮겨갔다. 그래서 예를 들면 뮌헨 은행의 여성 지점장은 그녀의 클리토리스에 금고리를 달았다. 그리고 그 금고리를 '기꺼이 보여주었다'. 클리토리스를 뚫는 것 자체가 이미 그녀에게 '강한 성적 자극을 주었다.' 그리고 '걸으면서 지속적으로 작은 전기충격이 나의 육체를 통과해 지나갔다.' (*Stern* 42, 1993, p. 98)

47) R. Huber, 앞의 책, p. 638; ―, "Stillakt und Liebeskt", *Sexualmedizin*, 1985, p. 558 참조. 더 자세한 것은 I. Olbricht, *Verborgene Quellen der Weiblichkeit*, Stuttgart 1985, p. 94 참조. 거꾸로 흥분 단계, 안정 단계, 오르가슴 단계에서 젖꼭지 및 젖꼭지를 둘러싼 검은 피부가 부풀어오른다. 가슴 자체는 더 커지고 핏줄은 더 진해진다. J.M. Wenderlein, "Die weibliche Brust", *Sexualmedizin* 1978, p. 307 참조.

부록. 그 사이 제기된 비판에 대한 답변

1) M.S. Davis, "That's Interesting!", *Philosophy of the Social Sciences*, 1971, p. 343. 구체적인 예에 관해서는 D. Freeman, *Paradigms in Collision*, Canberra 1992, p. 7ff. 참조.

2) 엘리아스의 가장 뛰어난 제자 중의 한 명이 엘리아스 회의에서 내가 엘리아스의 문명화이론을 '완전히 망쳐놓았다'고 말했을 때 나는 이런 사실을 이미 감지했다.

3) N. Elias, "Wir sind die späten Barbaren: Über den Zivilisationsprozeß und die Triebbewältigung", *Spiegel* 21, 1998, p. 129.

4) 물론 나의 '정치적 올바름'에 대한 위반도 그 원인 중의 하나였다. V. Schenz, "Gedankenfreiheit ist nicht korrekt", *Süddeutsche Zeitung*, 19. Juni 1995, p. 44; H.P. Duerr, *Frühstück im Grünen*, Frankfurt/M. 1995, p. 141f. 참조. 문명화이론에 대한 나의 비판과 관련한 공개 토론 후에 분노한 대학교수 한 명은 나에게 자기와 함께 '밖으로 나갈' 것을 요구했다.

5) K. Rutschky, "Der cf-Schutzwall: Zum dritten Mal versucht Duerr eine Attacke auf Norbert Elias", *Die Zeit*, 1993. 8. 27., p. 50. 그녀는 그 이유로 자신에게는 그런 '협박'을 가능하게 하는 음경이 없기 때문이라고 했다. 이런 목적을 위해서라면 루츠키는 물론 어떤 음경도 필요하지 않다. 예를 들어 만꼬리 원숭이의 암컷은 허벅지를 벌리고 발기한 클리토리스를 보여줌으로써 자신의 우월함을 과시한다. R. Bösel, 1974, p. 67f. 참조. 루츠키의 기사에 대해서는 W. Pauli, "'Brüste um Brüste-Möse': Zorro Duerr reiter weiter", *Kommune* II, 1993, p. 60f. 참조.

6) 하필이면 왜 『디 차이트』(*Die Zeit*) 같은 고급 신문이 자신의 충동을 단초적으로 통제하지 못하는 한 여자의 감정 폭발을 발표해야 하는지에 대한 질문을 제기할 수 있을 것이다. 아직 책임을 물어야 할 게 남아 있는 편집장이(H.P. Duerr, "In der Rocktasche eines Riesen: Erwiderung auf Ulrich Greiners Polemik", *Die Zeit*, 1988. 5. 27.) 맹목적으로 따라하며 그것을 위해 남편 미카엘 루츠키와 번갈아가면서 10년 전부터 내가 출판한 모든 책을 혹평했던 이 흥분한 이성주의자에게 어떻게 개인적으로 봉사할 수 있단 말인가?

7) P. Parin, "Der Fortschritt der Menschheit ist eine liegende Spirale", *taz*, 1996.4.10., p. 18. 기이하게도 인터뷰 담당자들은 파린에게 나에 관해 이렇게 기분좋은 성격 규정을 한 근거를 말해달라고 부탁하지 않았다. 주목할 만한 것은 많은 비평가들이 명백히 나를 동물처럼 분류하고 싶어하는 강한 욕구를 가지고 있다는 것이다. 예컨대 나의 엘리아스 비판이 '위장한 경의 표하기'라고 주장하는 J. Goudsblom, "Introduction", *Society as Porcess*, ed. W.H. Kranendonk, Amsterdam 1990, p. 23에서 나를 여우의 탈을 쓴 양으로 여긴 데 반해 그의 동향 사람인 J. Staring은 *F.M. Alexander N. Elias over civilisatie, zelfsturing en zelfcontrole*, Bd. I, Nijmegen 1992, p. 201에서 오히려 내가 '양의 탈을 쓴 여우'라고 생각했다.

8) M. Gsell, "Von Hirschkäfern Maikäfern: Hans Peter Duerrs Angriff auf den 'Prozeß der Zivilisation'", *Die Wochenzeitung*, 18. März 1994.

9) K. Lotter, *Rezension von Hans Peter Duerrs Obszönität und Gewalt*, Widerspruch 1993, p. 91.

10) E. Böhlker, *Rezension von Hans Peter Duerrs Obszönnität und Gewalt*,

Politische Vierteljahresschrift 1995, p. 58.

11) A. Göbel, "Entzivilisierte Zivilisation: Über Duerrs neueste Attacke auf Norbert Elias", *Symptome* 13, 1995, p. 58.

12) 당시 '새로운 진보'의 대표자들 중 예증적으로 U. Pörksen은 "Vom pseudowis-sen- schaftlichen Jargon", *Neue Rundschau*, 1974, p. 219에서 특징도 없고 아무런 개성도 없는 이런 논평가들의 언어를 분석했다. "머리가 나쁜 사람은 여기서 확고한 위치를 점한 용어의 포메이션을 독자에게 굴러가게 한다. 그리고 그 자신은 식별할 수 없을 정도로 담보물로 조립된 공허한 객관성 뒤에 몸을 숨겼다."

13) R. Trefzer는 "Menschen und Graugäns: Zu Hans Peter Duerrs 'Mythos vom Zivilisationsprozeß'", *Die Wochenzeitung*, 6. Oktober 1992. K. Anders, 1995, p. 30에서 이런 '논쟁'을 잘 꿰뚫어보고 있다. "뒤르는 역사를 반역사적으로 통과해가고 있다. 그런 표현은 역사가 특정 형태로 이미 진실임이 확인되었을 때만 의미가 있다."

14) W. Bauer, *China und die Hoffnung auf Glück*, München 1971, p. 85f.에서 재인용.

15) S. Shimada, *Grenzgänge, Fremdgäng*, Frankfurt/M. 1994, p. 206f. F.X. Eder, "'Sexualunterdrückung' oder 'Sexualisierung'?", *Privatisierung der Triebe?*, ed. D. Erlach et al., Frankfurt/M. 1994, p. 17에서 나의 논거가 '본질주의의 위험'에 빠져 있다고 말했다. 그런데 그것이 왜 '위험한가'? 에더는 의견에 대해 반박하지 않고 거기에 '분류하는 꼬리표'를 붙이는 것은 아무런 소용이 없다는 엘리아스의 경고를 염두에 두지 않았다. 그런 아무런 의미도 없는 꼬리표 붙이기는 K.-S. Rehberg, "Einleitung", *Norbert Elias und die Menschenwissenschaften*, ed. K.-S. Rehberg, Frankfurt/M. 1996, p. 13에서 나의 엘리아스 비판을 '분석하면서 토론의 거부'라고 지칭했던 바로 그것이다.

16) 그런 '논거' 뒤에는 물론 여전히 유행하고 있는, 푸코가 도입한 '구조주의'라는 유행 철학이 있다. 인식론적으로 표현하자면 이 철학은 이상주의, 상대주의, 사회학의 기이한 혼합이다. 그것에 관해 R.D. Mohr는 *Gay Ideas*, Boston 1992, p. 242에서 이렇게 확인한 바 있는데 그의 말이 옳다. "그러나 그러한 사회구조주의 이론 역시 지독히 오만한 요소가 있다. 구조주의는 모든 과학의 객관성과 문화적 중립성이 그것이 처한 사회적 압력과 이데올로기에 의해 위조된다고 주장하면서 다른 한편에서는 (스스로 주장하듯이 의미 자체가 사회적으로 상대적임에도 불구하고) 스스로는 신의 관점, 즉 이데올로기에 의해 좌우되지 않는 관점, 그리고 과거와 사회변화에 대해 명철한 이해를 갖고 있다는 주장을 거

만하게도 하고 있는 것이다. 이러한 전지전능한 학문적 입장을 견지하면서 상대성에 대해 이야기하는 것은 그 지성이 얼마나 위선적인지를 극명하게 보여주는 것이 된다."

17) P. Sarasin, "Die Gretchenfrage der Ethnologie: Dritte Runde im Streit Duerrs mit Elias 'Theorie'", *Basler Zeitung*, 1993. 8. 21., p. 37. E. Englisch, "Die Ambivalenz in der Beurteilung sexueller Verhaltensweisen im Mittelalter", *Privatisierung der Triebe?*, ed. D. Erlach et al., Frankfurt/M. 1994, p. 175에서 중세부터 18세기, 19세기까지 '서로 상이한 금기의 경계'와 관련하여 '어떤 기질의 전이'도 존재하지 않았다는 나의 주장을 인정했다. 물론 나는 그런 말을 결코 한 적이 없다. 그러나 그 사실을 잠시 도외시한다면 엥글리쉬가 그의 비판의 근거를 다음과 같이 제시하는 것은 아주 흥미로운 일이다. 즉 그는 오로지 그런 개념이 '거의 진지하고 정당하게' 유지될 수 없음을 확인하면서 그래서 나의 명제는 '거의 호응을' 얻지 못했다고 주장한다.

18) J. Hohl, "Die zivilisatorische Zähmung des Subjekts", *Zugänge um Subjekt*, ed. H. Keupp, Frankfurt/M. 1994, p. 40.

19) L. Delnui, *Hans Peter Duerr und Norbert Elias*, Aachen 1992, p. 8f.

20) B. Schuster, Die freien Frauen, Frankfrut/M. 1995, p. 29.

21) N. Elias, *Über den Prozeß der Zivilisation*, Basel 1939, p. 107 참조. 엘리아스가 나에게 이미 1980년 5월 4일의 편지에서 그가 기술한 문명화과정이 '문명화 충동의 절대적인 영점이 존재하지 않는 끝이 없는 과정이 아니라'며 나에게 이의를 제기한다면, 엘리아스가 에라스무스보다 100년 혹은 200년 전, 즉 중세 후기에 '수치심과 곤혹스러운 감정'이 아직 존재하지 않는 그런 사건들, 시설들 (그리고) 행동방식이 존재했음을 번번이 암시적으로 주장했다는 입장을 고수하지는 않겠다.(N. Elias, *Über den Prozeß der Zivilisation*, Bd. I, Basel 1939, p. 107: -, "Soziologie als Sittengeschichte", *Psychologie heute*, 1978. 2., p. 34 참조) 그랬다면 그 시기에 성인들도 골목길에서 배설물을 만졌을 것이며, 그것은 오늘날 아주 어린아이들만 하는 짓이다.(-, *Über sich selbst*, Frankfurt/M. 1990) 이런 맥락에서 내게는 문명화과정의 '시작'과 '끝'이 중요한 것이 아니라 그것의 방향이 중요하다.

22) K. Anders는 앞의 책, p. 12f.에서 "'이론의 결핍'에 대한 비난'(예를 들어 U. Raulff, *Kommentar zu Duerrs Intimität*, *Bayerisches Fernsehen*, 1991. 1. 23.가 그렇다)이 계속 제기되는 '이유'를 특히 다음과 같이 추측했는데 그의 추측이 옳다. "그런 비난은 엘리아스 모델의 붕괴가 야기시킬 수 있는 불확실함과 방향감각을 잃은 데서 나온 것이다. 이제 어떤 이론이 제시되어야 한다면, 뒤르는 적어도 학자들이 그 안으로 이사할 수 있으며, 게다가 모든 가구들이 갖

추어진 대안적인 건물을 세워야 할 것이다"라고 하고 있다. 예를 들어 P. Burke, "Keine Alternative? Zur Elias-Duerr-Debatte", *Psychologie heute*, 1991. 12., p. 65에서(K.-S. Rehberg, "Mythenjäger unter sich: Zur Elias-Duerr-Debatte", *Psychologie heute*, 1991. 12., p. 66과 비슷하게) '엘리아스가 제기한 패러다임이' 도대체 '무엇으로 교체되어야 하는지'가 불분명하다고 말한 것은 틀림없이 엘리아스가 진술한 유형의 '패러다임'을 염두에 두고 있는 것이다. 그는 마치 '전혀 아무것도 없는 것보다는 차라리 틀린 것이 낫다'고 말하는 것처럼 보인다.

23) 이런 사실과 관련하여 F.M. Skowronek, *'Eigene' und 'fremde' Kultur in der Kontroverse zwischen Duerr und Elias*, Göttingen 1992, p. 83f.에서 내가 우리 문화와 이국 문화에 대해 '원칙적으로 이중적인' 관계가 존재한다고 주장했다고 한다면 나를 어떻게비판할 수 있는지 이해가 가지 않는다. 그리고 M. Spöttel, *Die ungeliebte 'Zivilisation'*, Frankfurt/M. 1995, p. 251에서 어떤 권리로 내가 전통사회를 '현재 사회와 비교해서 절대적으로 다르게' 생각하고 있다며 비난할 수 있는지도 이해가 가지 않는다. 비평가들은 내가 처음에는 아주 다른 종류이며 낯선 것으로 보이는 많은 것들이 실제로는 친숙한 것임을 보여주고자 했음을 거의 알아차리지 못하는 것 같다. 스코프로네크가 이미 '고유' 문화와 '이국' 문화에 관한 논의 자체가 공통적인 것의 분리를 범주적으로 지속시키기 때문에 '*잘못된 의식*'이라고 주장할 정도라면, 나는 동일한 권리를 가지고 스코프로네크가 더 이상 개념적으로 자신과 우유 상인을 구분해서는 안 된다고 말할 수 있다. 구분한다면 그가 우유 상인과 공통으로 가지고 있는 것이 '범주적으로 제외'되기 때문이다.

24) N. Elias, "'L'espace privé': 'Privatraum' oder 'privater Raum'?", *A propos de l'histoire de l'espace privé*, ed P. Ariès, Berlin 1983, p. 77.

25) N. Elias, *Die Gesellschaft der Individuen*, Frankfurt/M. 1987, p. 247f.

26) D. Hume, *A Treatise of Human Nature*, London 1886, p. 533, 535.

27) 물론 어느 날 아침에 잠에서 깨어서 자신이 거대한 바퀴벌레로 변신했다는 것을 확인해야만 했던 카프카의 그레고르 잠자와 같은 경우도 있을 수 있다. 그는 여전히 지금까지 자신의 삶을 인간으로서 기억하고 있다. 그러면 그레고르가 바퀴벌레의 육체를 가진 인간인가 아니면 인간의 의식을 가진 바퀴벌레인가? "단어는 아주 일반적인 경우에만 우리에게 명확한 개념을 알려준다. 우리가 이런저런 경우에 말했던 것을 전혀 의심하지 않고 있다는 것을 안다. 경우가 비정상적일수록 이제 우리가 여기서 말하는 것이 더욱 의심스러워진다."(L. Wittgenstein, *Philosophische Untersuchungen*, Frankfurt/M. 1960, p. 142) I. Berlin, "Austin and the Early Beginnings of Oxford Philosophy",

Essays on J. L. Austin, ed. G. J. Warnock, London 1973, p. 11 ; J.L. Pollock, *Knowledge and Justification*, Princeton 1974, p. 293f. ; D. Wiggins, "The Stream of Consciousness", *Philosophy*, 1976, p. 151 ; E.J. Borowski, "Identity and Personal Identity, *Mind* 1976, p. 494, 499 역시 참조.

28) N. Elias, *Was ist Soziologie?*, München 1970, p. 119ff.

29) M. Gsell, 앞의 책.

30) H.P. Duerr, *Traumzeit*, Frankfurt/M. 1978, p. 255 참조.

31) 경찰은 이렇게 말했다. "도난당한 달걀 절단기와 달걀 수저를 그는 도로 찾았다."(*Weser-Kurier*, 1993. 3. 18., p. 23) 이런 언급을 일러준 데 대해 지크린데 발터(Sieglinde Walter)에게 감사한다.

32) *Rhein-Neckar-Zeitung*, 27. Juli 1990.

33) 나는 제3권 『음란과 폭력』에서 '가슴을 보여주는 것'이 공격적이기도 하지만 진정시키는 의미도 가질 수 있다고 상술한 바 있다. 예를 들어 아그네스 블란베킨의 전기에는 성처녀가 어느 수녀의 영혼을 둘러싼 싸움에서 자신의 가슴을 보여줌으로써 악마를 물리쳤다(M. Seidel, "Ubera Matris", *Städel-Jahrbuch*, 1977, p. 74 참조)는 이야기가 들어 있다. 그러나 다른 한편으로 그녀는 이런 방식으로 분노한 하나님 아버지를 진정시켰다. 그리고 팔레스타인 여자들은 한편으로 저주할 때 가슴을 노출했으며, 다른 한편으로 신에게 무엇인가를 간구할 때도 그렇게 했다. H. Granqvist, *Child Problems Among the Arabs*, Helsingfors 1950, p. 155 참조. 중세 후기의 어느 세밀화에는 십자군의 공격을 받고 있는 도시의 탑 위에 여자 세 명이 그려져 있는데 그들 중 한 명은 손을 비비고 있고, 한 여자는 슬퍼 탄식하고, 세번째 여자는 왼쪽 젖가슴을 옷에서 끌어내고 있다. P. Bargellini, *Florence the Magnificent*, Firenze 1980, p. 157 참조.

34) 사정액과 모유 및 남성의 성기와 여성의 가슴 사이의 유사성은 많은 문화에서 존재한다. 그래서 아르노비우스가 보고했듯이 키벨레(고대 프리지아의 생산의 여신─옮긴이) 숭배자들은 남자들은 음낭을, 여자들은 가슴을 잘라낸다. C. Sterckx, *La tête dt les seines*, Saarbrücken 1981, p. 119f. 참조. 공격을 하거나 혹은 공격을 목격할 때면 발기하거나 심지어 사정하기까지 하는 사람들이 적지 않다. 로마의 암피 극장에는 항상 많은 무리의 창녀들이 돌아다닌다. 이들이 관중들이 치명적인 싸움을 보고 성적 자극을 받는다는 사실은 알려져 있다. E. Carlton, *Massacres*, Aldershot 1994, p. 63f. 참조. 투우사 후안 모라(Juan Mora)는 투우장에서 수소를 이겼을 때 여자와 잤을 때와 같은 느낌을 받았다고 말했다. 다른 투우사들은 소를 칼로 찌르는 '진리의 순간'에 마치 페니스를

질에 찔러넣은 것과 같은 느낌을 받았으며 이 순간 역시 사정했다고 고백했다. T. Mitchell, *Blood Sport*, Philadelphia 1991, p. 79f., 156, 184 참조. 어떤 젊은 여자 역시 '여기서 기분좋은 성적 자극을, 특히 황소를 공격할 때 오르가슴'을 느끼기 때문에 투우장에 간다고 말했다. D. Wulffen, *Das Weib als Sexualverbrecherin*, Flensburg 1993, p. 125 참조. 타르키니아의 무덤 프레스코화도 이런 맥락에서 이해할 수 있다(그림209).

209. '황소의 무덤'에서 나온 프레스코화. 타르키니아. 기원전 5세기.

35) 다른 비평가는 내가 인용했던, 가슴을 보여주는 영국 여자들의 예는 '그런 태도가 현존하는 전체 영국인들에게 전형적인 것'임을 증명하는 것은 아니라고 생각했다(M. Hinz, *Wie stabil sind Selbstzwänge? Ein Beitrag zur Elias-Duerr-Kontroverse*, Hannover 1995, p. 115). '가슴을 보여주는' 아스텍 여자들의 경우가 모든 아스텍 여자들이 그런 상황에서 가슴을 노출했다는 것을 증명하지는 않는다. 철학자들이란 아무것도 알지 못하는 사람이지만 그럼에도 모든 것에 무엇인가를 말해야만 하는 것을 장점으로 키우는 데 전력을 기울였던 로터(K. Lotter, 앞의 책, p. 90)는 그런 가슴 노출과 같은 행동방식이 그때마다의 사회에서 '얼마나 전형적인' 것인가 하는 결정적인 질문을 내가 '여유있게' 무시하고 있다고 말했다. 이 철학자는 물론 고대 그리스나 혹은 15세기 후반의 아스텍 사람들에게 전형적인 설문조사를 어떻게 할 수 있을지를 스스로에게 물어야 할 것이다. 아스텍에 대해 보고한 사람들이 그런 행동을 '특이하고' '눈에 띄는 것'으로 지칭했음을 확인할 수 있다. I. Eibl-Eibesfeldt, *Das verbindende Erbe*, Köln 1991, p. 164에 따르면 코르테스(에스파냐의 정복자)는 모테쿠조마가 에스파냐 사람들을 향해 여자들을 보냈는데 그들은 적에게 '가슴을 드러내고 젖을 짜내는' 장면을 연출했다고 한다. 후베르트 크로넨부르크(Hubert Kronenburg)가 친근하게 나에게 전해주었던 것처럼 이런 일

664

은 물론 1473년의 테노히티틀란과 틀라텔롤코(아스텍족의 여신—옮긴이) 사이의 전쟁에서, 모테쿠조마의 아버지인 악사야카틀이 틀라텔롤코를 점령했을 때 일어났다. 주민들은 말하자면 절망적인 상황에 처하자, 절망 속에서 '아주 이상한 전술'을 사용했다. '실오라기 하나 걸치지 않은 한 무리의 여자들'이 공격자들을 맞이했으며 '그들은 상대방 전사들에게 벌거벗은 가슴에서 젖을 짜서 뿌렸다.' 그리고 남자들은 완전히 벌거벗은 채 오로지 머리에 깃털만 달았다. 악사야카틀은 자신의 전사들이 '이런 이상한 전술'에 정신을 나간 것을 알고서 전사들에게 우선 벌거벗은 사람들을 사로잡으라고 명령했다. N. Davis, *Die Azteken*, Düsseldorf 1973, p. 124 참조. 틀라텔롤코의 여자들이 아이블 아이베스펠트가 믿었던 것처럼 나체를 통해 전사들을 '진정시키려' 한 것이 아님을, 이들 절망한 사람들이 벌거벗은 남자들로 하여금 그들에게 대항하게 했다는 사실에서 알 수 있다. 아스텍 사람들에게 하체와 가슴을 드러낸 여자는 수치의 극치였다. 그리고 그들은 이런 방식으로 후악스테크의 틀라졸테오틀, 혹은 친테오틀이라고 불렀던 정욕의 여신(그림210)을 묘사했다. R.E. Anderson, *The Fifth Sun*, Austin 1979, p. 162f. 참조. 성교는 아스텍 남자들에게 건강을 해치는 것이며 위협적인 것으로 간주되었다. 그래서 『라우드 법전』(*codex Laud*)에 여러 개의 가슴을 가진 마야후엘, 즉 용설란주 열광의 여신은 다리를 벌리고 가슴와 외음부를 드러낸 채 외음부 앞에 중요부분을 제거하는 가위를 쥐고 있다. I. Clendinnen, *Aztecs*, Cambridge 1991, p. 245 참조.

36) K. Simon-Munscheid, "Randgruppen, Bürgerschaft und Obrigkeit: Der Basler Kohlenberg, 14.-16. Jahrhundert", *Spannungen und Widersprüche*, ed. S. Burghartz et al., Sigmaringen 1992, p. 224 참조. 이 시기의 연대기 작가들은 그런 줄거리를 언급하면서 약간 부끄러워했다. 마키아벨리가 『로마사론』(*Discorsi*)에서 보고했듯이 1487년 카테리나 백작부인은 외음부를 노출함으로써(mostrò loro le membra genitali) 남편의 살인자를 위협했다. 『피렌체사』(*Istorie Fiorentine*)에서 그는 동일한 일화를 이야기하고 있지만 그녀가 적을 저주할 때 옷을 벗었다는 것은 언급하지 않았다. N. Machiavelli, *Opere*, Milano, 1966, p. 327 및 775 참조.

37) C. Heyne, *Täterinnen*, Zürich 1993, p. 298. 외음부 노출과 같은 기능을 갖는 것이 남자에게는 페니스의 노출이다. 많은 '여성해방'론자들이 이런 페니스 노출을 자주 그리고 역설적으로 모방했다. 예를 들면 팝스타인 마돈나는 자신의 유명한 다리 사이를 잡는 행동에 대해 이렇게 설명했다. "남자들은 계속 자신의 꼬리를 잡는다. 나는 그것이 우습다. 보아라, 나는 페니스가 없다. 그러나 나는 공을 잡는다!"(*Spiegel* 42, 1994, p. 228) 그리고 다른 인터뷰에서 그녀는 가장 원하는 것이 무엇이냐는 질문에 이렇게 대답했다. "다른 인간들을 지배하

210. 틀라졸테오틀이 다리를 벌리고 벌거벗은 가슴을
보여주는 모습.『라우드 법전』, 15세기.

는 것이다. 힘은 거대한 최음제이다. 그리고 나는 매우 힘이 좋은 여자이다."
(Bunte 42, 1992, p. 132)

38) U. Biermann/V. Bock, "Rabuverluste und Gewalt: Zum neuesten Werk
des Ethnologen Hans Peter Duerr", WDR, 1993. 7. 12.에서 재인용. 그런 노
출들이 최근에도 그 영향력을 별로 잃지 않았다는 것이 발터 부르케르트
(Walter Burkert)가 나에게 귀뜸해준 빌렌도르프(U. v. Wilamowitz-Moellen-
dorf, Erinnerungen 1848~1914, Leipzig 1928, p. 123)의 회상에서도 드러
난다. 고대 그리스 언어와 문학을 연구하는 젊은 학자가 1871년 파리 교외에
머물렀을 때 프랑스 여자의 살인을 목격하게 되었다. 그 여자의 시체는 수일 동
안 '가까운 초소 앞에서' 굴러다녔다. "오버슐레지엔 사람인 로스마리노비치
보병이 범인이었다. 연대장이 그를 심문했다. 명령을 문자 그대로 이행했던 것
이 그에게 그런 곤혹스런 상황을 야기시켰기 때문이다. '그래도 바로 여자들을
향해 총을 쏘지는 않았겠지!?' '대령님, 명령대로 했습니다. 그러나 여자는 뻔
뻔스럽게 엉덩이를 드러냈고 로스마리노비치가 그녀를 쏘아 쓰러뜨렸습니다.'
'좋아, 그녀가 그렇게 뻔뻔하다면, 쏴야지, 그래도 목표를 맞히면 안 되는데!'
'대령님, 로스마니로비치는 일등 사격수입니다.'"

39) H.-P. Waldhoff는 Fremde und Zivilisierung, Frankfurt/M. 1995, p. 90에
서 이렇게 말했다. '뒤르 공격의 목표는 사람들이 실제로 그의 공격의 대상이
진짜 엘리아스인지를 물어볼 수 있게 하는' 것이다. '근본적으로 당신은 핵심
을 빼놓고 나에게 이야기하고 있소'라고 엘리아스 자신이 아무런 근거도 없이
1988년 3월 21일자 편지에서 나에게 말했다. 그는 동일한 편지에서 '치명적인
비평'에 관해서도 말했다.

40) 그렇기 때문에 T. Macho는 "Häger und Sammler in der Wissenschaft:
Notizen zu Hans Peter Duerrs Der Mythos vom Zivilisationsprozeß", Der

666

Freitag 6, August 1993, p. 11에서 '학문적으로 자명한 이치'를 기억하라는 자극을 받은 것처럼 느꼈던 것 같다. "어떤 명제가 잘못될 수 있는 경험적 가능성을 의심하는 사람은 그것이 학문적 명제로서 관찰될 수 있는지도 의심한다."

41) U. Greiner, "Nackt sind wir alle: Über den sinnlosen Kampf des Ethnologen Hans Peter Duerr gegen den Soziologen Norbert Elias", *Die Zeit*, 20. Mai 1988, p. 54.

42) H. Boehncke, "Penetrant Lehrhaftes Über die Nacktheit", *Frankfurter Rundschau*, 1. Oktober 1988.

43) B. Hinz, "Nackt/Akt: Dürer und der 'Prozeß der Zivilisation'", *Städel-Jahrbuch*, 1993, p. 224. C. Marx, 1996, p. 284와 같은 좋은 의도를 가진 비평가도 나의 엘리아스 비평의 '결정적인 결점'은 내가 엘리아스의 이론을 경험적으로 반박하려고 시도했다는 데 있다고 말했다.

44) Delnui, 앞의 책, p. 20f.

45) J. Schnitzmeier, "Soziologischer Außenseiter: Über Norbert Elias", *Neue Gesellschaft*, 1988, p. 997에서 재인용.

46) K. Taschwer, "Wie Norbert Elias trotzdem zu einem soziologischen Klassiker wurde", *Amsterdams Sociologisch Tijdschrift*, 1994, p. 65. 이런 시시한 논평의 저자인 타슈버는 아무런 자료도 제시하지 않고 내가 내 '저서'의 '비평 전체'를 '직접 비평하며, 적당한 편지들을 문예란 편집자', 예를 들어 '선한 의도의' 비평가인 지크리트 뢰플러(Sigrid Löffler)의 손에 '들어가게 한다'고 주장한다. 타슈버는 이런 비난으로 독자들에게 내가 신문 편집자에게 열광적으로 편지를 보내는 신경증환자인 듯한 인상을 주려 한다. 나는 정말 뢰플러와 같은 '문예란 편집자'에게 한번도 편지를 보내 본적이 없다. 내가 『차이트』에 언젠가 비평에 답변을 보낸 것은 사실이다. 그러나 나는 편집자로부터 그렇게 해달라는 부탁을 받았기 때문이다. M. Hinz는 앞의 책, p. 19에서 내가 나의 의도대로 언론이 '대중에게 영향을 미치도록' 이용하고 있다고 비판했다. 언론이 그렇게 자주 내 '작품'에 관해 써준 것은 나 역시 유감이다. 그러나 내가 그에 대응해서 어떻게 해야 하는지를 나는 알지 못한다. 나는 힌츠 자신이 나의 엘리아스 비평에 관해 233쪽이나 되는 방대한 분량의 원고를 쓰는 것을 막을 수 없었다. '엄청난 판매부수'는 어쨌든 타슈버뿐 아니라 다른 비평가들에게도 눈엣가시였다. 그래서 그젤(M. Gsell, "Von Hirschkäfern Maikäfern: Hans Peter Duerrs Angriff auf den 'prozeß der Zivilisation'", *Die Wochenzeitung*, 18. März 1994)도 그에 대해 격분했다.

47) W. Engler, *Selbstbilder: Das reflexive Projekt der Wissenssoziologie*, Berlin 1992, p. 100. 슈뢰터(M. Schröter, "Die harte Arbeit des kreativen

Prozesses", *Norbert Elias und die Menschenwissenschaften*, ed. K.-S. Rehberg, Frankfurt/M. 1996, p. 111f.)는 이보다는 약간 사실적으로 이 사건을 보는 것 같다.

48) Kellner, 앞의 책, p. 68.

49) M. Hinz, 앞의 책, p. 10, 19. 그 비평가는 이것을(나라면 그 고고학적인 성과를 비판했을 것이다) '룽홀트 사건'에서도 인식할 수 있다고 말했다. 그러나 그는 내가 고고학적인 성과를 비판한 것이 아니라(고고학자들의 의견은 어쨌든 나에게는 아무 상관없다) 슐레스비히 홀스타인 지방의 고고학자들이 도굴 때문에 나를 비난했고 나의 생각을 말도 안 되는 소리라고 했다고 잘못 알고 있기 때문에 그렇게 말한 것이다. H.P. Duerr, *Frühstück im Grünen*, Frankfurt/ M. 1995, p. 86ff., 144ff. 참조.

50) Rutschky, 앞의 책. K. Lotter는 앞의 책, p. 89에서 '반동 뒤르'의 경우에 '도대체 학문이라고 이야기할 수 있으며 차라리 학술적인 출판사보다는 『분테』에나 실릴 그런 리포트라고 말하는 게 더 낫지 않겠는가'라고 말했다.

51) M. Schröter, "Triebkräfte des Denkens bei Norbert Elias", *Psyche* 1993, p. 692. 심리학적인 개념을 사용해도 된다면, 나는 여기서 아마도 '투사'가 일어난 거라고 추측하고 싶다. 왜냐하면 문명화이론의 추종자들은 자신의 이론에 반대되는 이념이나 입장에 대한 강한 관심으로 해서 부각되는 게 아니라 오히려 고도의 감정적 거부감으로 해서 부각되기 때문이다. 그런 거부감이 엘리아스 자신에게서는 제2권의 광고가 나간 후에 나의 (그리고 그의) 출판업자에게 반대 편지를 쓰게 했을 정도였다. 외국의 비평가들도 엘리아스와 대부분 그의 제자들이 '다른 의견에 대해 진심으로 마음을 연 경우는 매우 드물다' 것을 확인해주고 있다.(J. Horne/D. Jary, "The Figurational Sociology of Sport and Leisure of Elias and Dunning", *Sport, Leisure and Social Relations*, ed. J. Horne et al., London 1987, p. 108)

52) A. Bolaffi, "Selvaggi siamo noi", *L'Espresso 36*, 1988, p. 120.

53) M. Hinz, 앞의 책, p. 13.

54) A. Holl, "Verfehlung der Stammeltern: Zur Elias-Duerr-Debatte", *Psychologie heute*, Dezember 1991, p. 65.

55) U. Döcker, *Die Ordnung der bürgerlichen Welt*, Frankfurt/M. 1994, p. 21.

56) 처음부터 비평가들 대부분이 엘리아스와 그의 후계자 및 옹호자에 대한 '논쟁적인 공격'에 부담을 주었다. 그래서 제1권이 출간된 후에 한 여성 비평가는 나의 '공격적 스타일'이 '책 읽는 것을 항상 불편하게' 만들었다고 비판했다.(B. Happe, *Rezension von H.P. Duerrs Nacktheit und Scham*, Zeitschrift für Volkskunde 1989, p. 119). R. Brandt, "Die Duerr-Elias-Kontroverse",

Enklaven-Exklaven : Zur literarischen Darstellung von Öffentlichkeit im Mittelalter, München 1993, p. 117, —, "Die Rezeption von Norbert in der Altgermanistik", *Norbert Elias und die Menschenwissenschaften*, ed. K. -S. Rehberg, Frankfurt/M. 1996, p. 188. 브란트는 위의 참고문헌에서 나의 '저술'의 '원래부터 공격적인 특징'이 '충분히 자극을 받은 수용을 일부 선동적으로 만들었다'고 그의 의견을 표명했다. 스웨덴의 논평가가 표현했듯이 내가 '논쟁에 유아적으로 빠져들었다'는 점에는 이의를 제기하지 않겠다.(A. Lönnroth, "Inte mer civiliserade än naturfolken", *Svenska Dagbladet*, 1990. 3. 15., p. 19) 그러나 내 저술의 제1권이 절대 공격적으로 저술되지 않았다는 것만은 말하고 싶다. 제1권에 대해 한 여성 비평가는 심지어 그 사이에 나의 '신랄함이 둔해진' 것은 아닌지 질문을 제기했다. 이 책이 '공격적으로' 저술된 것이 아니라 내 책에 대한 비평들이 공격적이다. 그 비난에 정당성이 있다면, 내가 상황을 완화시키기 위해 아무것도 하지 않았다는 점에 있다. H.-M. Lohmann, *Rezension von Hans Peter Duerrs Obszönität und Gewalt*, Luzifer-Amor 1994, p. 129에서 나의 '투쟁적인 기질'이 '내가 나의 비평가들을 개인적으로 웃음거리로 만들려 한다는 의심이 들지 않을 정도로 통제할 것을 권했다. 그렇다면 나는 그에게 나의 감정세계의 문명화를 걱정해준 데 대해 매우 감사하다. 물론 그는 정당성 때문에 학술적인 언어라는 가면을 쓴, 매우 진지해 보이는 많은 비평가들의 공격이 실제로는 *인신공격*이 아니었는지에 관해 한번은 문제를 제기할 것이다. 이런 공격에서 분노는 격렬한 방식으로가 아니라 *냉정한* 방식으로 표현되며 '학문적 객관성'이라는 덮개로 은폐된다는 유일한 차이점이 있다. 이에 관해서는 K. Anders, 앞의 책, p. 34ff. 참조.

57) M. Matzner, *Rezension von Duerrs Obszönität und Gewalt*, Intra 17, 1993, p. 73.

58) H. Heinzelmann, "Projekt Mensch gescheitert", *Nürnberger Nachrichten*, 1993. 12. 4. 인간의 '본질'에 관해 말할 수는 없다고 스코프로네크(앞의 책, p. 84)는 아도르노를 근거로 말했다. 왜냐하면 그런 진술은 '인간에게서 해방의 가능성'을 빼앗아가기 때문이다. 허락되는 것만 할 수 있다는 것을 이보다 더 정확하게 표현할 수는 없다.

59) E. Borneman, *Sexuelle Marktwirtschaft*, Wien 1992, p. 47.

60) 그래서 로만(H.-M. Lohmann은 앞의 책, p. 131f.)은 중요한 '문명화의 실제적인 이득'으로 우리가 오늘날 다른 인간의 '내부세계'에 관심을 가지고 있다는 것을 들었으며, 그는 '개인의 내부세계에 대해 단순히 무시 혹은 심지어 억압을 하는 그런 시대와 사회에 비해 볼 때 그것은 발전이다'라고 말한다. 전통 사회에서 인간들이 다른 사람들의 감정, 희망 혹은 소망에 대해 어떤 감정도 가

지고 있지 않다는 것이 사실인가? 예를 들면 수감자들을 고문해야 했을 때 자주 가슴이 터질 것 같았던 니콜로 드 알레시(Nicolò de Alessi)(J. Tedeschi, *The Prosecution of Heresy*, Binghamton 1991, p. 61 참조)처럼 심지어 많은 종교재판관들이 수감자에 대해 깊은 동정심을 가지고 있었다는 사실, 혹은 상당수의 형리들이 도둑이나 살인자를 처형해야 할 때 울었으며 그들이 마음편하게 죽을 수 있도록 자녀를 돌봐주겠다고 약속했다는 사실들이, 당시 인간들이 다른 사람에 대해 커다란 동정심을 가지고 있다는 것을 보여주지 않는가? '마녀'에 대한 재판관의 냉혹함이 그의 잔인함의 표현이었을까 아니면 냉정함 속에 오히려 고발당한 사람의 영혼 치유를 위한 걱정, 즉 더 자비롭게 의심받는 이 자를 영원히 지옥에 빠뜨려야 한다는 데 대한 두려움을 드러내는 것인가? 그리고 애정을 대중의 면전에서 보여주는 것이 당시 오늘날보다 더 일반적인 일이 아니었다고 해서 누가 그들에게 자녀나 배우자에 대한 애정이 있었음을 부정하겠는가?

61) M. Spöttel, 앞의 책, p. 216. 그는 자신의 독자들에게 특히 독일 사람인 내가 유대인인 엘리아스를 공격했다는 사실에 주목하게 했다. 수년 전에 이미 내가 '유대인 정신을 반대했으며' 이어서 '유대인 엘리아스'가 식민주의를 위해 그리고 20세기의 총체적 폭력에 대해 책임이 있는 그런 '세계관을 학문적으로 지지했다고' 내가 주장하고 있다는 것이다. 특히 내가 이 세기의 전체주의 속에서 독일 사람의 개인적 문제가 아니라 '문명화'의 문제를 보았다는 것은 독일 사람들을 나치라는 그들의 과거에서 해방시켜주려는 그런 기능을 가졌다는 것이다.(같은 책, p. 254, 257) R. Kellner는 같은 책, p. 68에서 적어도 '한쪽 부모를 수용소에서 잃어버린 유대인'을 비난하는 것은 적절한 일이 아니라고 지적하고 있다. 그렇다면 그가 아라비아 사람이거나 심지어 나 자신이 유대인이라면 그에게 이런 것에 대해 비난해도 좋은지 물어보고 싶다. 미국의 감옥에서 흑인들이 백인에 의해 강간당하는 것보다 백인들이 흑인에 의해 강간당하는 경우가 더 많다는 사실에 대한 나의 언급과 관련하여 슈뵈텔뿐 아니라 정기구독 비평가인 A. Schobert, *Rezension von Hans Peter Duerrs Obszönität und Gewalt*, Das Argument 1994, p. 834도 '누가 그것으로 이익을 보는가?'고 물었다. 그는 진보 이념에 흠뻑 빠진 비평에서 터키 여자들의 설문조사에 의하면 남자들의 반수 이상이 아내를 때리고 난 후 강압적으로 관계를 맺으려는 강한 욕구를 느꼈다는 데 대한 나의 언급은 『엠마』가 자주 선동하는 반이슬람 인종주의를 지지하는 것일 뿐이라고 말했다. 나를 질책하고 싶었지만 어떻게 질책해야 할지 잘 모르는 것처럼 보이는 R. Kößler는 *Rezension von Hans Peter Duerrs Nacktheit und Scham*, Peripherie 1988, p. 89에서 내가 '부시면' 혹은 '북로디지아'와 같은 '식민적 전문어'를 이용한다며 나를 비난했다.

그런데 왜 '부시먼'이 정치적으로 정확한 용어인 '산족'보다 더 평가절하하는 개념이라고 생각하는가? 한때나마 호텐토트족들은 경멸하는 투로 부시먼을 '산족'이라고 지칭했는데 말이다. 그리고 왜 나는 오래된 현장연구보고를 인용하면서 '북로디지아'에 관해 이야기하면 안 되는가? 예를 들어 쾨슬러는 마르코 폴로가 13세기에 몽골 민중공화국으로 여행했다고 말하지 않을 것인가? 자신이 여성해방론적인 세뇌를 성공적으로 받았음을 명백하게 보여주고 싶어하는 한 비평가는 내가 남자로서 매춘이라는 '여성의 주제'에 몰두하는 것이 '건방지고 거부감이 드는' 것으로 보였다고 한다.(K. Schneider, *Rezension von Hans Peter Duerrs Frühstück im Grünen*, Pandämonium 1, 1996, p. 41 참조) 그렇다면 여성해방론자들이 남성우월주의나 혹은 결투의 역사와 같은 '남성의 주제'에 몰두한다면 비평가가 그것을 '건방지고 거부감이 드는' 것으로 느끼겠는가? 분노한 저항의 진실한 물결, 마찬가지로 통찰력에 의한 것이라기보다는 분노에서 나온 것 같은 격분한 반대의 물결이 전쟁의 강간에 관한 나의 묘사에 퍼부어졌다. 여기서 이런 비난에 관해 더 자세히 언급할 수는 없다.

62) Spiegel 24, 1993, p. 194. G. Simmel은 *Brücke und Tor*, Stuttgart 1957, p. 236f.에서 한편으로는 전통사회의 인간들이 '현대 인간들이라면 숨을 쉴 수 조차도 없을' 사회적 통제에 예속되어 있음을 확인하며, 다른 한편으로는 새로운 '인간의 자유가 인간의 감정생활에서 즐거움으로 반영되'는 일을 절대 없으며 오히려 인간의 자유는 인간을 '고독하고 버려진 것으로' 느끼도록 이끌어갈 것이라고 강조했다. 이미 전에 É. Durkheim은 *De la division du travail social*, Paris 1930, p. 328에서 현대 문명이 더 많은 욕구를 만들어내고 만족시키는 것을 통해 인간을 더욱 행복하고 더 도덕적으로 만들어준다는 것을 의심했다. 왜냐하면 현대 문명의 혜택은 '긍정적인 성숙이나 우리 행복의 핵심을 증대시켜주는 것이 아니라, 현대 문명 자체가 이야기한 손실을 만회하게 할 뿐'이기 때문이다. 그리고 "행복이란 엄청난 쾌락과는 다른 것처럼 여겨진다." (앞의 책, p. 222) 여기에 관해서는 M. Sahlins, *Stone Age Economics*, Chicago 1972, p. 4f. 역시 참조.

63) 슈푀텔의 전체 텍스트는 바로 사실에 대한 과격한 비방과 왜곡에 다름이 아니다. 내가 한 인터뷰에서 말한 추측, 즉 원래 타고난 우리의 행동 메커니즘은 아주 왜곡되어서 우리는 문화 없이는 전혀 살아남을 수 없을 것이라는 나의 추측을, 그는 내가 현대 인간의 문화적 몰락 및 '생물학적' 몰락을 주장했다(같은 책, p. 230)고까지 왜곡했다. 그는 내가 고대의 'ἱερὸς γάμος'과 샤이엔족의 부활 오두막과 같은 부활 의식에 관해 책을 썼다는 사실만으로 내가 전통사회에서 '인간적 충동', 말하자면 성적 충동은 단지 '종교적인 목적'을 위해서만 살아남았다고(같은 책, p. 256) 주장했다고 비방했다. 더 나아가 그의 주장에

의하면 내가 '고대의 인간들'은 '주체'와 '객체'의 어떤 차이도 아직 알지 '못했다'고(같은 책, p. 252) 썼다는 것이다. 그는 또한 나의 책에서 '낯선 사람들'은 '언제나 원주민 여자들의 강간범으로' 등장한다는(같은 책, p. 252) 등의 내용을 주장했다. 이런 비평가들이 이른바 내가 주장했다는 사실을 정확한 출처를 밝히지 않고 인용했다면 그가 그것을 창작해냈다고밖에 달리 생각할 수 없다.

64) E. Gebhardt, "Nützliche Obszönitäten für Gewissen", *Süddeutsche Zeitung*, 3. September 1993. -, 1991.

65) 위와 같음. M. Spöttel, 앞의 책, p. 255. 마치 자신이 에페프의 자료들을 알고 있는 듯하게 행동한 슈푀텔은 겝하르트의 논쟁을 암시하면서 겝하르트가 나와 관련된 '진술의 정확한 복사'는 내가 '해야 될 일이 아님'을 보여주었다고 썼다.

66) H. P. Duerr, *Der Mythos vom Zivilisationsprozeß. Obszönität und Gewalt*, Frankfurt/M. 1993, p. 134ff., 525ff. 참조.

67) B. Malinowski, *The Sexual Life of Savages in English History*, Cambridge 1973, p. 234. 나는 정보 제공자들의 보고를 되도록 신빙성이 있는 것으로 여기지만 그럼에도 그 보고들이 여러 가지 환상으로 장식되어 있다는 것도 안다. 말리노프스키가 트로브리안드 사람들과 매우 친밀한 인간관계를 가지지 않았다는 것(R. Firth, "Bronislaw Malinowski", *Totem and Teachers*, ed. S. Silverman, New York 1981, p. 124 참조), 그리고 계속되는 질문으로 사람들을 신경질나게 했다는 것은 잘 알려진 사실이다. M.W. Young, *The Ethnography of Malinowski*, London 1979, p. 15 참조. 이따금 사람들이 그에게 허풍을 떨어서 그로 하여금 거짓말을 믿게 하는 것이 쉬운 일이었을 것이다. 이를 말리노프스키 자신도 느꼈다. 그는 일기에 이렇게 썼다. "그들은 거짓말을 하고 숨기고 나를 화나게 만들었다. 나는 여기에서 언제나 거짓 세계에 살고 있다." 그리고 "내가 마술이나 아주 내밀한 문제에 대해 이야기할 때면 그들이 거짓말을 하고 있음을 느낄 수 있었다. 그것이 나를 짜증나게 했다."(B. Malinowski, *A Diary in the Strict Sense of the Term*, London 1989, p. 234, 240) 그리고 다른 대목에서 트로브리안드 사람이 성에 대해 얘기한 어떤 진술을 믿지 않았다고 말했다. 그 이유는 그들이 '너무나 과장하는 경향이 있어서 거의 그로테스크할 정도'였기 때문이다. "이러한 경향은 악의에 찬 라블레식 유머의 성격을 띠고 있다고 할 수 있을 정도였다."(*The Sexual Life of Savages in North-Western Melanesia*, London 1932, p. 48f.) 그리고 사람들은 즐겨 인접한 종족의 강간하는 여자들 이야기를 했다. 예를 들어 뉴기니의 바타이나부족은 이렇게 보고한다. "우리는 타이로라와 툰투이라족 여자들이

우선 남자를 쓰러뜨리고 그의 음경 위에 올라타고 바로 관계를 맺었다는 소리
를 들었다. 우리 바타이나부족은 이런 짓을 하지 않는다. 여기서는 여자가 웃거
나 웃음을 띠면, 여자는 눕고 남자가 그녀 위에 올라탄다."(J.B. Watson/V.
Watson, *Batainabura of New Guinea*, Bd. II, New Haven 1972, p. 385)

68) 비슷한 방식으로 매번 특정한 제식들이 음탕한 성격을 지닌다고 해서 그런 음
탕한 행동들이 전혀 수치스러운 것이 아니라는 잘못된 결론이 내려지고 있다.
예를 들어 서아프리카 유카바의 나이든 여자들이 임부가 월식을 두려워하자 음
탕한 노래를 부르기 위해 벌거벗고 모였을 때는 그 전에 남자들이 주변에 없음
을 확인하고 난 뒤에야 그렇게 한 것이었다.(A. Hauenstein, "Rites et coutu-
men liés à lq nudité en Afrique Occidentale", *Baessler-Archiv*, 1994, p.
86f. 참조) 그리고 백볼타강 근처의 사모(나네르게)에서 어느 부부가 집 밖에
서 관계를 맺음으로서 땅에 모욕을 주었을 때 그 부부는 광장에서 죄인들의 노
출된 성기 위에서 수탉을 희생시켜야 하는 의식을 치러야 했다. 이런 의식이 치
러지는 시간에는 많은 사람들이 수치심에서 이 장소를 피했다. F. Héritier, "Le
charivari, la mort et la pluie", *Le Charivari*, ed. J. Le Goff/J.-C. Schmitt,
Paris 1981, p. 120 참조. 상아해안의 뱅족의 '비공식적인' 동태 복수법(lex
talionis, 고대 형법상의 형벌로 피해자가 받은 것과 똑같은 방법으로 가해자에
게 과하는 형벌—옮긴이)에 의하면 강간당한 희생자, 즉 가장 악한 성범죄의
희생자는 숲속에서 강간한 사람을 가상 성교를 통해 '강간한다'. 이런 행위는
아주 수치스러운 것으로 간주되었다. 그런 행위가 실행될 때는 주변에 여자나
어린아이, 젊은 남자들은 근처에 있을 수 없었다. A. Gottlieb, *Under the
Kapok*, Tree, Bloomington 1992, p. 35 참조. 중세 후기 북독일의 '성교'에서
는 여자들이 신혼부부 머리 위에 침대시트를 덮어씌우기 전에 처녀가 그 자리에
있는지를 꼭 확인했다.(F. Frensdorff, "Verlöbnis und Eheschließung nach
hansischen Rechts- und Geschichtsquellen", *Hansische Geschichtsblätter*,
1918, p. 11 참조) 그리고 1882년경 태어난 무루와리 여자는 어머니가 저녁에
캠프파이어 근처에 나와 앉는 것을 금했다고 말했다. 거기서 성적 희롱이 일어
났다는 이야기가 들려왔기 때문이다. L. Oates, "Emily Margaret Horneville
of the Muruwari", *Fighters and Singers*, ed. I. White et al., Sydney 1985,
p., 110 참조. 근세 초기 니더슐라인츠의 술집에서 사춘기 이전의 여자아이가
비의 제식에서 '경우에 따라 벌거벗은 채로' 우물을 '청소'할 때는 '항상 정숙
한 여자가 여자가 그 옆에서' 보초를 섰다. "젊은 남자와 나쁜 사람들이 출입할
까봐서였다."(L. Schmidt, *Volkskunde von Niederösterreich*, Horn 1972, p.
240, 385)

69) P. Spencer, *The Maasai of Matapato*, Bloomington 1988, p. 206 참조.

70) L. McDougall, "The Quest of the Argonauts", *Psychological Anthropology*, ed. T.R. Williams, The Hague 1975, p. 83 참조.

71) A.B. Weiner, *The Trobrianders of Papua New Guinea*, New York 1988, p. 23 참조.

72) B. Malinowski, *The Sexual Life of Savages in North-Western Melanesia*, London 1932, p. 48, 256, 379 참조. 어린 사내아이가 어머니나 여자 형제들이 벌거벗은 모습을 보았다는 것은 상상할 수조차 없는 일이다.(같은 책, p. 47) 여자들은 상의와 하의를 착용했다. 그리고 목욕할 때도 절대 옷을 벗지 않는다. 겝하르트가 주장했듯이 그들이 남자들에게 자신의 몸을 보여주는 것은 현실에서가 아니라 오로지 많은 트로브리안드 사람들이 서로 이야기하는 외설스런 이야기에서만 일어난다. 그렇기 때문에 말리노프스키는 여성의 하체에 문신을 새겨놓았다고 하는 들은 이야기를 보고할 수 있었을 뿐이다.(같은 책, p. 257)

73) 같은 책, p. 403. '젊은이 집'(bukumatula)에서 젊은 커플들은 '포옹 모퉁이'의 은밀함 속에서 편안한 시간을 보냈다. 그러나 그들이 그러면서 서로 쳐다보았다면 그것은 예의바르지 못한 것으로 간주되었을 것이다.(앞의 책, p. 62f.) 성인들에게는 아주 엄격한 수치심이 있었다. 말리노프스키는 결혼한 사람들로 하여금 그들의 성생활에 대해 얘기하도록 설득할 수가 없었다. 트로브리안드 사람들에게는 예를 들어 초기의 아주 작은 사랑에 관한 암시조차 조소의 대상이 되었기 때문이다. "부인의 미모에 대해 남편에게 이야기하는 것은 그것이 고의가 아니고 그저 지나가는 말일지라도 용서받지 못할 무례함에 속한다. 그 남편은 당장 자리를 떠나고 오랫동안 당신 곁에 가까이 오지 않을 것이다. 트로브리안드 사람들이 사용하는 가장 심하고 용서하기 힘든 욕 혹은 모욕의 형태는 '네 마누라와 그짓이나 해라'라는 말이다. 그것은 살인, 남을 해하기 위한 마술, 자살까지 불러일으킨다."(같은 책, p. 94f.) 이와 일치하게 결혼 상대자들도 대중의 면전에서 서로 낯선 것처럼 행동한다. 북미에서처럼 손을 잡는 것은 트로브리안드 사람에게는 생각할 수 조차 없다. Weiner, 앞의 책, p. 89f. 참조. 그러나 결혼하지 않은 남자 역시 예를 들어 실제의 여자 형제나 혹은 여자 형제뻘 되는 여자들이 근처에 있다면 오늘날까지도 성에 관해 절대 이야기하지 않을 것이다. 그래서 벨(I. Bell, "Was sich liebt, versteckt sich: Interaktionsmuster zwischen Liebenden auf Kaileuna/Trobiand-Inseln", Ms., p. 5)은 이렇게 보고했다. 한 젊은 남자는 인근 섬에서 방금 도착한 여자가 나타나자 이와 관련해서 얘기를 들려주는 것을 멈추었다. 그리고 그녀에게 속삭였다. "그녀는 내 자매라고 할 수 있지요."

74) B. Malinowski, *The Sexual Life of Savages in North-Western Melanesia*,

London 1932, p. 212, 404. I. Bell은 *Haben um zu geben: Eigentum und Besitz auf den Trobriand-Inseln*, Basel 1990, p. 78에서 동일하게 '사랑의 관계에서 조심스럽게 유지되는 비밀엄수'에 관해 보고하고 있다. 한 연인이 그런 오두막에 있는 애인을 방문했다면 그는 첫번째 닭울음소리가 날 때 다시 사라져야 했다. 그런 방문은 공식적으로 '존재하지' '않는다'. 특히 여자의 아버지와 남자 형제들 누구에게도 밤에 그녀에게 손님이 찾아왔다는 암시를 해서는 안 되었다. 그 관계가 일반적으로 알려지면 가족 전체에 치욕을 의미했다. A. B. Weiner, *Woman of Value, Men of Renown*, Atutin 1976, p. 171; —, *The Trobrianders of Papua New Guinea*, New York 1988, p. 71f., 76 참조. 한 여자가 성적으로 헤이하다는 것이 드러나면 그녀의 외삼촌들은 그녀를 '개처럼' 행동한다고 그녀를 비난한다.(같은 책, p. 72)

75) B. Malinowski, 앞의 책, p. 383. 카마시 축제에서 바쿠타 섬 남쪽에 있는 몇몇 마을에서는 젊은이들 사이에 성적 방종이 일어났다고도 한다. 그러나 말리노프스키 자신은 그런 것을 결코 체험하지 않았으며 이런 정보는 '비밀 엄수 조건'으로 전한 것이라고 말했다.(같은 책, p. 217ff.) 젊은이들이 성인들의 감시 없이 소풍을 갔을 때도 다른 사람들 눈앞에서 성적 행위가 일어나는 일은 결코 없었다(같은 책, p. 209).

76) L. Delnui, 앞의 책, p. 130.

77) W.M. Schleidt, "Protz, Mäßigkeit und Scham", *Kulturethologie*, ed. I. Liedtke, München 1994, p. 279. 내가 '사회적 사건의 생물학적인 기초공사'를 시작했다고(Döcker, 앞의 책, p. 21) 나를 비방한 비평가들에 대해서는 더 이상 언급하지 않겠다. 내가 '성적 수치심을 습관적이며 인간 모두에게 타고난 일반적인 것으로 보고자' 하는 '가설을 세우려 한다'고 나를 비난한다면 그들은 어떤 것이라고 말해야만 한다고 믿고 있는 것이다.(G. Jerouschek, "Kiabolus habitat in eis", *Ordnung und Lust*, ed. H.-J. Bachorski, Trier 1991, p. 284) C.G. Phipipp, 1991, p. 8 혹은 K. Hoffmann, "Vom Leben im späten Mittelalter: Aby Warburg und Norbert Elias zum 'Hausbuchmeister'", *Norbert Elias und die Menschenwissenschaften*, ed. K.-S. Rehberg, Frankfurt/M. 1996, p. 254도 비슷하다. 그는 나에게서 '결국 인류학적으로 신비화하는 인식의 관심'을 찾아냈다(그런 것이 존재한다면). 내가 수치심은 타고난 것이라고 주장했다며 나에게 덮어씌웠던 이탈리아의 여성 사회학자 S. Tabboni는 *Norbert Elias: Un ritratto intellettuale*, Bologna 1993, p. 254에서 '원시인'과 과거 인간의 수치심의 기준이 높다는 나의 명제는 쉽게 반박할 수 있다고(같은 책, p. 256) 썼다. 충분히 그럴 수 있다. 그런데 왜 그녀가 내 명제에 반박을 하지 않는지 궁금하다.

78) 힌츠(M. Hinz, 앞의 책, p. 113)는 사람들이 어떻게 그런 일을 하는지를 보여 주었다. 그는 내가 '남성 잡지인『플레이보이』를 녹색당 소속 여성의 성적 불만의 자료로 인용했다'(H.P. Duerr, *Der Mythos vom Zivilisationsprozeß. Obszönität und Gewalt*, Frankfurt/M. 1993, p. 71)고 독자들에게 주지시키려 했다. 나는『플레이보이』를 이 대목에서 완전히 다른 이유로, 즉 오늘날에도 '해방된 여성'에 관해 여전히 환상들이 존재한다는 것을 보여주기 위해 인용했다.

79) J. Loschek, *Mode*, München 1991, p. 94. 이 여성 비평가는 내가 '일반적인 성기에 대한 수치심의 또 다른 증거'로서 한 민속학자가 부끄러워하는 옹게족 여자에게 카메라를 쳐다보라고 강요하고 있는 사진을 보여주었다고(같은 책, p. 95) 뻔뻔스럽게 주장했다. 물론 나는 이런 이유에서 그 사진을 게재한 것이 아니라(당사자인 옹게족 여자는 볼륨이 있는 'obunga'라 불리는 풀로 엮은 치마H.P. Duerr, *Der Mythos vom Zivilisationsprozeß. Nacktheit und Scham*, Frankfurt/M. 1988, p. 143]를 입고 있었다) 많은 사회에서 여자들이 누군가의 응시를 받거나 사진을 찍히는 것을 수치심을 손상시키는 것으로서 느꼈다는 사실에 대한 예를 보여주기 위해서였다. 이미 16세기에 카플란 레이필드(Kaplan Layfield)는 콜럼버스 시절에 오로지 치부가리개만 착용했던 도미니카의 카라이베 여자들에 관해 보고하고 있다. "그러나 그러한 노출상태에서도 그들은 정숙함을 보여주었다. 왜냐하면 낯설고 옷을 잘 차려입는 남자들 앞에 나타나는 것을 꺼려했기 때문이었다. 꼭 그래야 할 경우에는 가려지는 것이 낫겠다고 생각하는 부분들을 가리느라 분주했다."(P. Hulme/N.L. Whitehead, *Wild Majesty*, Oxford 1992, p. 60에서 재인용)

80) J. van Ussel, *Intimität*, Gießen 1979, p. 77 참조; O. König, *Nacktheit*, Opladen 1990, p. 45도 비슷하다.

81) C. Niebuhr, *Teisebeschreibung nach Arabien und anderen umliegenden Ländern*, Kopenhagen 1774, p. 165.

82) E. Thurston, *Ethnographic Notes on Southern India*, Madras 1906, p. 530 참조.

83) E. v. Martens, "Im Binnenlande von Borneo", *Zeitschrift der Gesellschaft für Erdkunde zu Berlin*, 1873, p. 206 참조. 오스만 왕국의 대령인 엔드레스(Endres)는 이렇게 보고했다. "아나톨리아 강 기슭의 얕은 부분에서 나는 세 명의 여자가 강을 건너는 것을 보았다. 그들은 내가 있는 자리에서 강을 건너는 데 방해가 되는 옷을 벗었으며, 나머지 옷을 (말하자면 충분히) 높이 끌어올렸다. 그리고 내가 거기에 있음을 알고는 그때까지 벌거벗고 가던 그들은 얼굴을 머릿수건으로 덮었다."(F.C. Endres, *Türkische Frauen*, München 1916, p. 90f.) 움란 나치프의 '파티마의 명예'라는 짧은 이야기에는 한 여자가 강을 건

널 때 바지를 잃어버렸고 젊은 남자가 자신의 벌거벗은 하체를 보았다고 해서 자살했다는 내용이 나온다. P. Weische-Alexa, *Sozial-kulturelle Probleme junger Türkinnen in der Bundesrepublik Deutschland*, Köln 1977, p. 84 참조.

84) K. Haiding, "Berchtenbräuche im steirischen Ennsbereich", *Mittelungen der Anthropologischen Gesellschaft in Wien*, 1965, p. 332. 이라크 남부의 마단 및 거기서 살고 있는 아라비아 사람들은 배변할 때 사람들이 근처에 있으면 쪼그리고 앉는다. 그런 경우 그들은 물론 아무도 자신을 알아보지 못하도록 머리 위에 숄을 뒤집어쓰고 얼굴은 무릎 위에 받쳐 구부린 팔 안에 숨긴다. S. Westphl-Hellbusch/W. Westphal, *Die Ma'adan*, Berlin 1962, p. 202f. 참조. 1836년에 노스티츠(Nostitz) 백작부인이 오만 통치자의 하렘을 방문했을 때 하렘의 여자들은 '몸의 부분부분들이 완전히 들여다보이'는 '투명한 크레이프로 된 겉옷을 입고 있었지만 얼굴 가면은 벗지 않았다고 보고하고 있다. J.W. Helfer, *Reisen in Vorderasien und Indien*, ed. P. Nostitz, Bd. II, Leipzig 1873, p. 13 참조.

85) H. Alverson, *Mind in the Heart of Darkness*, New Haven 1978, p. 188.

86) R. Meringer, "Einige primäre Gefühle des Menschen, ihr mimischer und sprachlicher Ausdruck", *Wörter und Sachen*, 1913, p. 134 참조. 페루의 어느 창녀는 고객이 자신의 가슴을 애무하면 그것이 매우 자극적이었다고 말했다. 그럼에도 그럴 때 그녀는 얼굴을 가렸다고 한다. K. Arnold, "The Wohore in Peru", *Teaing the Veil*, ed. S. Lipshitz, London 1978, p. 64 참조. 늉늉이나 카라제리의 젊은 여자들이 특정 의식에서 나체로 춤을 추어야 하는데, 남자 형제가 우연히 그 자리를 지나가면 그녀는 눈을 손으로 가렸다. A.T.H. Jolly/F.G.G. Rose, "Field Notes on the Social Organization of Some Kimberley Tribes", *Ethnographisch-Archälogische Zeitschrift*, 1966, p. 105 참조. 민속학자들이 인류학적 조사를 위해 마누스족의 몇몇 여자들에게 옷을 벗도록 요구했을 때, 여자들은 얼굴을 손으로 가리고 고개를 숙이고 몸을 돌렸다. H. Nevermann, *Admiralitäts-Inseln*, Hamburg 1934, p. 85, 87 참조. 한 이집트 여자는 자신의 문신을 보여주기 위하여 가슴을 노출해야만 했을 때 우선 얼굴을 가렸다. L. Keimer, *Remarques sur le tatouage dans l'Égypte ancienne*, Le Caïre 1948, p. 112 참조.

87) H. Honour, *The Image of the Black in Westen Art*, Cambridge 1989, p. 97 참조.

88) W. Buonaventura, *Bauchtanz*, München 1984, p. 53.

89) 미국 여자인 B. Mahmoody는 *Nicht ohne meine Tochter*, Bergisch

Gladbach 1988, p. 404에서 이렇게 묘사했다. 그녀는 이런 '모순'을 이해하지 못하고 그것을 페르시아 사회가 '얼마나 부조리한'지에 대한 자료로 인용했다. 예전에 나체 모델이 사람들이 자신을 알아보지 못하도록 가면을 쓰고 있었다 (그림211)는 사실에서 미국 사회가 1912년경 '부조리' 했다는 결론을 내릴 수 있는가?

211. 뉴올리언스의 나체 모델,
E. J. 벨록의 사진, 1912년경.

90) M.M.J. Fischer, "On Changing the Concept and Position of Persian Women", *Women in the Muslim World*, ed. L. Beck/N. Keddie, Cambridge 1978, p. 213 참조.

91) D. Dirnger, *The Illuminated Book*, New York 1967, p. 14b 참조.

92) G.M. Kressel, "More on Honour and Shame", *Man*, 1988, p. 169. 신자들은 성기 부위를 가려야 한다는 사트르알아와라(satr al-ᶜawra) 규정은 여자들의 경우 물론 육체 전부와 관련이 있다. S.D. Gotein, "The Sexual Mores of the Common People", *Society and the Sexes in Medieval Islam*, ed. A.L. a.-Sayyid-Marsot, Malibu 1979, p. 43 참조. '벌거벗은'이라는 단어는 이런 경우에는 단지 '가리지 않았다'는 것을 의미하는 경우가 많다. 그래서 10세기 초

법학자 알주바이르(al-Zubair)는 서로 친하거나 결혼하지 않은 남녀 한 쌍이 한 방에서 감시자 없이 만날 경우, 게다가 여자가 '벌거벗었을 경우, 즉 가리지 않았을 경우' 각자 40대의 채찍질을 당해야 한다. 두 사람이 서로 건드리지 않아도 말이다. G. Benmelha, "Ta'azir Crimes", *The Islamic Criminal Justice System*, ed. M. Bassiouni, London 1982, p. 216 참조.

93) R.T. Antoun, "On the Modesty of Women in Arab Muslim Villages", *Amrican Anthropologist* 1968, p. 674ff. 구석기 시대의 여자들에게 누군가 그들의 성기를 보는 것보다 더 부끄러운 것은 없다. '네 어머니의 음부'(kus immak)는 남자들에게 할 수 있는 가장 나쁜 욕이었다. 곡식을 가는 것은 여자들이 그러면서 허벅지 일부를 노출해야만 하기 때문에 아주 천한 활동으로 간주되었다.(같은 책, p. 677, 680) 이집트 여자 농민들도 다리는 극도로 수치스러운 것이다. 그렇기 때문에 그들의 옷은 발끝까지 닿았다. W.S. Blackman, *Les Fellahs de la Révolution*, Paris 1948, p. 47 참조.

94) A. Bouhdiba, *Sexuality in Islam*, London 1985, p. 37f. 참조. 동시에 예언자의 시대 이후로 성애문학에서는 음순이 튀어나온 옆모습의 외음부는 아름다운 것으로 여겨졌다.(같은 책, p. 141)

95) A.H. al-Ghazāli, *Iḥyā 'ulūm al-din*, ed. M. Farah, Salt Lake City 1984, p. 106. 상대 여자의 외음부를 보는 것은 '금지'(harām)되었다. 아프가니스탄과 파키스탄에서는 부부가 성교를 할 때 원래는 옷을 입었다. "아내 및 남편 역시 원래는 길게 떨어져내리는 셔츠(qumīz)를 입었다. 남자는 아내의 바지를 묶고 있는 천 밴드의 매듭만 풀어서 바지가 약간 흘러내리도록 했다." 창녀조차도 옷을 벗지 않았다.(Jürgen Frembgen: 1989년 7월 27일자 편지) 같은 책, p. 323f. 역시 참조.

96) 카이로에서 유일하게 14세기에 여탕에서 몇 명의 욕객이 완전히 옷을 벗은 것으로 보이며 이것을 보고 이븐알하지는 충격을 받았다. H. Lutfi, "Manners and Customs of Fourteenth-Century Cairene Women", *Women in Middle Eastern History*, ed. N.R. Keddie/B. Baron, New Haven 1991, p. 109 참조.

97) E. Heller/H. Mosbahi, *Hinter den Schleiern des Islam*, München 1983, p. 94, 119 참조. 이런 이유에서 칼리프 하킴(Kalif Hakim)은 1014년에 모든 여탕을 폐쇄했다. A. Mazahéri, *So lebten die Muselmanen*, Stuttgart 1957, p. 79f. 참조.

98) L. Thornton, *Women as Portrayed in Orientalist Painting*, Paris 1994, p. 67ff. 참조.

99) W.B. Stanford/E.J. Finopoulos, *The travels of Lord Charlemont in Greece Turkey 1794*, London 1749, p. 199에서 재인용. 과거에 모로코의

젊은 여자들 대부분은 절대 여탕을 가지 않았다. 많은 사람들이 신혼날 밤까지 무릎까지만 씻었다. D.H. Dwyer, *Images and Self-Images: Male and Female in Morocco*, New York 1978, p. 132 참조. 탕헤르 해변에서는 나중에 원피스 수영복을 입은 여자들만 묵을 수 있다는 규정이 생겼는데 모로코 여자들은 그것을 이슬람 여자들로 하여금 목욕을 멀리하게 만드는 술책으로 받아들였다. 어떤 이슬람 여자들도 질라바(jillaba) 없이는 목욕하지 않을 것이기 때문이다. H. Munson, *The House of Si Abd Allah*, New Haven 1984, p. 202 참조.

100) R.A. Khan, *The Flight from a Harem*, ed. D. Ericson, Uppsala 1977, p. 44 및 V. Doubleday, *Three Women of Herat*, London 1988, p. 87 참조.

101) 그곳에 참석한 사람들 모두가 나체를 수건으로 가렸음에도 그들은 '부끄러운 것처럼 비밀스럽게' 움직였다.(L. Peets, *Women of Marrakech*, London 1988, p. 57f.)

102) N. Elias, *Über den Prozeß der Zivilisation*, Bd. II, Basel 1939, p. 397.

103) C. Wouters, "Duerr und Elias: Scham und Gewalt in Zivilisationsprozessen", *Zeitschrift für Sexualforschug*, 1994, p. 211f.

104) A. Barnard, "Sex Roles Among the Nharo Bushmen of Botswana", *Africa*, 1980, p. 117f.(부시먼); H.P. Duerr, *Der Mythos vom Zivilisationsprozeß. Obsz?nit?t und Gewalt*, Frankfurt/M. 1993, p. 241 참조. 남동 누바족의 경우 절대 원주민 남자들에 의한 강간은 일어나지 않았던 것으로 보인다. 물론 여자들은 낯선 그리고 심지어 아라비아 남자들의 성적 희생물이 되었다. 그런 행위는 특별히 치욕적인 것으로 간주되었다. 물론 희생자에게가 아니라 그 *행위자에게*! J.C. Faris, *Southeast Nuba Social Relations*, Aachen 1989, p. 119 참조.

105) 중앙 칼라하리의 산족은 아주 부끄러워하는 것으로 증명되었다. 민속학자들이 성에 관한 질문을 하자 현장조사를 완수하기가 힘들 정도였다. 산족은 육체에 대한 수치심이 없다면 인간은 함께 살아갈 수 없다고 말했다. 그리고 실제로 그들에게 성은 사회적 기폭제이다. C. Valente-Noailles, *The Kua*, Rotterdam 1993, p. 131, 134 참조. M. Gusinde, *Die Feuerland Indianer*, Bd. III, Mödling 1974, p. 189(알라칼루프) 역시 참조.

106) Elias, 앞의 책, p. 397.

107) ─, *Die Gesellschaft der Individuen*, Frankfurt/M. 1987, p. 49. 이미 1673년에 리차드 박스터(Richard Baxter)는 이렇게 썼다. "자연은 외설스러운 부분을 가리며 정숙함의 한계를 벗어나는 것에 대해 이야기할 때는 얼굴을 붉히도록 가르칩니다. 그것이 단지 관습이라고 말하지 마시오."(N.H. Keeble,

The Cultural Identity of Seventeenth-Contury Women, London 1994, p. 39 참조)

108) D. Morris, *Das Tier Mensch*, Köln 1994, p. 138; G. Dux, 1992, p. 199 참조.

109) O. König, 앞의 책, p. 52.

110) 우셀(J. van Ussel, *Sexualunterdrückung*, Reinbeck 1970, p. 63) 역시 엘리아스를 근거로 이렇게 말했다. "위협이 존재하지 않았기 때문에 수치심이 없었다." 스완(A. de Swaan, "Die Inszenierung der Intimität: Wohnverhältnisse und Familienleben", *Intimität*, ed. M. B. Buchholz, Weinheim 1989, p. 44f.)도 비슷한 주장을 했다. 그는 심지어 17세기와 18세기의 유복한 시민가정에서도 하인들이 '비인격체'로 간주되었다고 말했다. "그것이 그 가정의 남자주인 및 여자주인이 하인들 앞에서 나체로 등장하는 데 대해 전혀 당황스러움을 느끼지 않는 이유를 설명해준다." 나는 그런 주장이 대부분 다음과 같은 일화를 근거로 제기되었음을 보여주었다. 즉 나체로 욕탕에 앉아 있는 샤틀레(Châtelet) 후작부인이 놀라는 하인 앞에서 하인이 '모든 것'을 볼 수 있도록 다리를 벌리고 있었다. 물론 샤틀레 부인은 극도로 요염하고 유혹적이었으며 붉게 칠한 젖꼭지의 일부가 보일 정도로 아주 깊이 파인 데콜테 옷을 착용한 과도한 노출주의자로 여겨지는 인물이었다. 누군가 그녀에 관해 이렇게 말했다. "그녀는 관객이 필요했다. 얼간이들의 경탄, 바보들의 찬사가 그녀에게 필요했다." 그녀가 1749년 43세의 나이로 딸을 분만하자마자 사망했을 때 베르사유의 한 남자는 이렇게 그녀의 묘비명을 썼다. "이것이 그녀의 마지막 자세이기를 바라자. 그 나이에 산욕열로 죽다니. 어떤 대가를 치르더라고 다른 사람과 달라지고 싶어하는 그런 사람만이 그렇게 한다." S. Edwards, *Die göttliche Geliebte Voltaires*, Stuttgart 1989, p. 24, 29, 233, 262 참조. 샤틀레 부인은 아주 솔직하게 하인을 유혹하려 했다. 거꾸로 하녀는 그녀의 남편을 유혹하려고 했다. 그래서 17세기 '집주인 남자에게 꼬리를 쳤던' 한 젊은 하녀에 관해 이렇게 불평하고 있다. "그녀는 집에서 속옷만 입은 채 가슴을 드러내고 조끼와 코르셋도 입지 않고 다녔다. 그리고 그가 자러 갈 때면 그의 양말을 벗길 기회를 노렸다. 그녀가 몸을 구부릴 때 거의 배꼽까지 보일 수 있도록 하기 위해서였다."(M. Bauer, *Deutscher Frauenspiegel*, München 1917, p. 357에서 재인용)

111) M. Wegrainer, *Der Lebensroman einer Arbeiterfrau*, München 1914, p. 85f.

112) P. Morrah, *Restoration England*, London 1979, p. 45.

113) C. Petitfrère, *L'Œil du Maître*, Bruxelles 1986, p. 132에서 재인용.

114) 예를 들어 켄트에서는 1697년 하녀가 그녀의 주인을 고발했다. 그녀가 있는
자리에서 주인이 '셔츠 차림으로' 집에서 돌아다니며 거기다 '그녀가 잠자리
에 든 후에는 옷을 입지 않고' 다니는 습관이 있었기 때문이었다. A. Fletcher,
Reform in the Provinces, New Haven 1986, p. 261 참조. 분명 이런 태도
는 성적 '유혹'으로 느껴졌다. 그러나 많은 고위직 남자들은 옷 벗는 것을 극
도로 부끄러워했으며 하인들 앞에서만 그런 것이 아니었다. 예를 들어 알테
프리츠는 한번도 하인들이 있는 앞에서 옷을 벗지 않았다. 잠자러 가기 전에
그는 상의를 벗은 후에 긴 잠옷을 착용했다. 그러고 나서 바지를 무릎까지 내
리고는 침대 가장자리에 앉았다. 그 다음에 하인이 그의 바지를 다리에서 잡
아뺐다. W. Hoffmann, "Flegels haben Wir genug im lande", Frankfurt/
M. 1986, p. 236 참조. 1658년경 젊은 시절 자신의 풍만한 머리숱에 매우 자
부심을 느꼈으며 가발을 거부했던 루이 14세의 머리카락 숱이 점점 줄어들었
다. 그래서 그는 가발을 착용하기 시작했다. 1670년 그의 가발사인 비네테는
그를 위해 '비네테' 혹은 '알롱 가발'을 만들었다. 그것은 밝은 블론드색 머리
카락의 고수머리로 왕의 어깨와 가슴 위로 넓게 내려왔다. 누구 앞에도 루이는
절대 '가발 없이' 모습을 드러내지 않았다. 저녁에 자러 갈 때면 닫힌 침대 커
튼을 통해 하인에게 가발을 넘겨주었으며 아침이면 동일한 방식으로 돌려받았
다. 매달 세척을 하는 동안 침대에 있을 때나 면도를 할 때 착용하는 '작고 짧
은 가발'을 쓰고 있었다. L. de Saint-Simon, *Mémoires*, ed. Y. Coirault, Paris
1983, V, p. 605; P.F. de Chantelou, *Journal du voyage en France du
Cavalier Bernin*, Paris 1930, p. 153; J. Woodforde, *The Strange Story of
False Hair*, London 1971, p. 15f.; P. Burke, *Ludwig XIV.*, Berlin 1993,
p. 62 참조. 많은 중세의 지배자들도 비슷하게 부끄러워했던 것으로 보인다.
마가레트 왕비의 고해신부인 기욤(Guillaume de Saint-Pathusch)과 비슷하
게 13세기 루이 9세는 아주 정숙하게 옷을 입고 벗었다. 그의 시종은 20년 동
안 결코 그의 벗은 장딴지 이상을 볼 수 없었다. P. Dibie, *Wie man sich bet-
tet*, Stuttgart 1989, p. 78 참조.

115) Wilhelmine v. Bayreuth, *Mémoires*, Mayenne 1967, p. 60.

116) A. Cabanès, o.J., *Mœurs intimes du passé*, Bd. II, Paris, p. 304 참조. 왕
비의 시녀인 로잘리 라모를리에르(Rosalie Lamorlière)가 나중에 보고한 바
에 따르면, 마리 앙투아네트가 경비실에서 심지어 경찰들이 있는 데서 옷을
갈아입어야 했을 때 심히 부끄러워했으며 남자가 자신의 몸을 조금이라도 볼
수 없게 하고는 '아주 부끄러워하면서 조심스럽게' 옷을 갈아입었다고 한다.
G. Pernoud/S. Flaissier, *Die Französische Revolution in Augenzeugen-
berichten*, München 1976, p. 255 참조.

117) 틀링깃족의 경우 사회적으로 낮은 계급에 있는 사람들에게 벌거벗은 모습이
나 소변을 누거나 배변하는 모습을 보이면, 계급이 높을수록 그의 수치심은
더욱 커졌다. K. Oberg, "Crime and Punishment in Tlingit Society",
Indians of the North Pacific Coast, ed. T. McFeat, Seattle 1966, p. 219
참조.

118) M.-J. Roland, *Memoiren aus dem Kerker*, ed. I. Riesen, Zürich 1987, p.
102. 된호프(M. Gräfin Dönhoff, *Kindheit in Ostpreußen*, Berlin 1988, p.
60)의 부모 집에서도 '하인들 앞에서는 그렇게 하지 않았다'고 한다. 17세기
와 18세기에 남성 재단사가 여성의 코르셋을 입어보게 했으며 남성 시종 역시
부인들이 아침에 코르셋 입는 것을 도와주었다는 것은 사실이다. 그러나 그런
경우에도 남자들은 벌거벗은 가슴이 있는 '우아한' 일부분밖에 보지 못했다.
그럼에도 예를 들어 마리아 테레지아는 1660년 루이 14세와 결혼하고 난 후
에 이런 '프랑스 관습'에 경악했으며 그녀의 남편에게 이런 무례함을 금지시
키라고 요구했지만 아무 소용없었다. 평생 그녀는 코르셋, 속치마 혹은 양말
을 신을 때 벽 차양막 뒤로 들어갔으며 시녀도 속옷을 입는 그녀의 모습을 볼
수 없었다. D. de Marly, *Louis XIV Versailles*, London 1987, p. 25 참조.

119) N. Elias, *Engagement und Distanzierung*, Frankfurt/M. 1983. p. 41.

120) Elisabeth Charlotte v. Orléans, *Brife*, II, ed. H.F. Helmolt, Leipzig,
1908, p. 67f. 리젤로테는 집에 '작은 탈의실'을 가지고 있었다. 그리고 리젤
로테가 하인들이 있는 자리에서 '대변기'를 이용했음을 암시하는 것은 아무것
도 없다.

121) 리젤로테 역시 절대 '하녀'들 앞에서 목욕했던 적이 없다. 그리고 그녀는 '완
전히 옷을 입고' 졸라매고 나서야 남자들을 맞이했다. 특징적이게도 그녀는
편지에서 이렇게 썼다. "헤오폴트의 수녀원장인 나의 숙모, 팔츠의 엘리자베
스는 머리카락이 아주 검었지요. 숙모가 한번은 욕탕에서 나오면서 커다란 수
건을 몸에 둘렀어요. 그런데 수건에 구멍이 하나 있다는 것을 알았지요. 그녀
는 화를 내기 시작했고 하녀에게 말했답니다. '너는 이 세상에서 가장 게으르
고 더러운 사람이 아니냐. 어떻게 나에게 커다란 잉크 자국이 있는 수건을 줄
수 있느냐?' 하녀가 웃기 시작하면서 이렇게 말했지요. '마마, 잉크 자국 위에
손을 한번 대보십시오. 그러면 그것이 어떤 자국인지 아실 겁니다.' 숙모는 하
녀의 말대로 해보고는 너무 부끄러워서 침대로 달려갔답니다."(앞의 책, p.
314, 220)

122) Elisabeth Charlotte, 앞의 책, p. 32.

123) Louis de Saint-Simon, 앞의 책, p. 694f.

124) J. Hohl, "Die zivilisatorische Zähmung des Subjekts", *Zugänge zum*

Subjekt, ed. H. Keupp, Frankfurt/M. 1994, p. 41.

125) 예를 들어 A. Lorenzer가 "Intimität im Zeitalter der instrumentellen Vernunft", *Intimität*, ed. M.B. Buchholz, Weinheim 1989, p. 28f.에서 주장했듯이 루이 14세가 모든 것을 대중의 면전에서 했으며 그에게는 전혀 은밀함이 없었다고 한다면 그것은 심히 과장된 것이다. 그 시기에 '신분에 따른 태도'는 '사적인 것과 공적인 것의 차이가 없었기' 때문이다. 물론 왕궁에서는 사적인 것이 결핍되어 있었다. 하지만 맹트농(Maintenon) 후작부인의 편지에서 드러나듯이 왕궁에 살고 있는 사람들은 그런 사실을 고통스럽게 의식했으며 불편해했다. 그리고 맹트농 부인은 나중에 자신이 그런 곳에서 어떻게 그렇게 오래 참고 지낼 수 있었는지를 생각했다. F. Chandernagor, *L'Allée du Roi*, Paris 1984, p. 302 참조. N. *Elias, Die Gesellschaft der Individuen*, Frankfurt/M. 1987, p. 176에서 당시에 '혼자 있고자 하는' 욕구가 전혀 없었다는 주장이 제기되고 있는데 이 역시 잘못된 주장이다. 수많은 자료에서 많은 귀족들이 사적인 것을 더 많이 동경했다는 사실이 드러난다. 예를 들면 사교적이었던 리치몬드 제후의 딸인 카롤링 레녹스(Caroling Lennox)는 한 편지에서 혼자 있고 싶다고 그리고 혼자서 정원을 산책하면서 '혼자서 식물 등을 구경하거나 드레스룸에서 혼자 책을 읽거나 글을 쓰고 싶다'고 썼다.(S. Tillyard, *Aristocrats*, London 1994, p. 16, 19에서 재인용)

126) B. Cellini, *La vita*, ed. A.J. Rusconi/A. Valeri, Roma 1901, p. 472.

127) Elisabeth Charlotte, 앞의 책, II, p. 283f.

128) 내가 이런 명제를 엘리아스가 표현했던 것처럼 잘못되었다고 본 것이 아니라 너무 과장되었다고 생각했음을 다시 한번 강조한다. 그리고 틀림없이 이런 사실을 지지해주는 많은 예들이 있다. 그래서 1800년 튀니스 베이의 플래밍 출신인 시의는 많은 아라비아 여자들이 유대인을 '완전한 것'으로 여기지 않기 때문에 유대인 앞에서 베일을 벗지 않았다고 보고했다.(B. Ye'or, *The Dhimmi*, Cranbury 1985, p. 293; G. v. Bruck, "Männlichkeit und Feminisierung im Jemen", *Sprache, Symbole und Symbolverwendungen*, ed. W. Krawietz et al., Berlin 1993, p. 10 참조) 그러나 다른 한편으로 아라비아의 귀족 여성이 성장한 남성 하인 앞에서 베일을 벗는 것은 치욕적이며 수치스러운 것으로 간주되었다. 그래서 성적 매력이 이미 사라진 나이든 여자들만이 베일을 벗었다. S. Altorki, *Women in Saudi Arabia*, New York 1986, p. 54 참조. 선지자에게 속하는 종족인 카라이스족 여자가 천막 안에서 머리를 빗기 위하여 얼굴 베일을 벗었을 때 남편의 하인이 천막 안으로 들어와 그녀의 맨 얼굴을 보았다. 그러자 그녀는 머리카락을 모두 자르고 말했다. "내 남편 외의 다른 남자가 보았던 어떤 머리카락도 더 이상 내 머리 위에 있어서는 안 된다!"(Q.

al-Gauziyya, 1986, p. 236; H. Motzki, 1990, p. 29f.) 트롤럽(Frances Trollope, *Domestic Manners of the Americans*, London 1927, p. 212)은 '테이블에 한 남성과 여성 가운데에 앉게 되었고 이때 남자의 팔꿈치에 닿는 것을 피하기 위해 옆의 여자 쪽으로 몸을 기울이는' 젊은 여자에 관해 보고했다. "그런데 한번은 이 젊은 여성이 흑인 하인 앞에서 아무런 문제없이 코르셋을 착용하는 것을 보았다." M. Strobel, *European Women and the Second British Empire*, Bloomington 1991, p. 25는 적어도 백인 여성들 중 일부는 흑인 하인들 앞에서 이런 방식으로 '성욕을 느끼게' 하고 싶어했다고 말했다. 게다가 대부분 백인 여자들은 흑인들이 강한 성욕을 지니고 있다고 확신했다. 이런 사실 때문에 물론 많은 백인 여성이 흑인 남자들이 있는 자리에서 특히 다소곳하게 행동했다. 예를 들면 메리 킹슬리(Mary Kingsley)는 서아프리카로 트레킹을 갔을 때 비가 내리는 동안 흑인 안내자 뒤를 따라가겠다고 고집했다. 흑인 안내자가 젖은 블라우스를 통해 보이는 검은 코르셋 끈을 보지 못하게 하기 위해서였다.(앞의 책, p. 37)

129) 그럼에도 헬발트(F. v.Hellwald, *Ethnographische Rösselsprünge*, Leipzig 1891, p. 9)가 생각하듯이 그런 데콜테가 '경의를 표하는 것으로서의 옷 벗기'에서 비롯되었다고, 즉 자기 비하를 표현한다고 하는 것은 옳지 않다고 생각한다. 왜냐하면 데콜테는 원래 *귀족* 부인들이 착용했던 것이기 때문이다. 물론 '목선이 깊이 파인 옷은 여전히 축제에서 여성의 궁정복으로 *규정되고* 있는' 데는, 슈르츠(H. Schurtz, *Gründzüge einer Philosophie der Tracht*, Stuttgart 1891, p. 124)가 주장하듯이 여기에 비하의 동기가 포함되어 있음을 암시할 수도 있다. 라버(J. Laver, *Taste and Fashion*, London 1945, p. 147)는 예를 들어 루이 14세가 데콜테를 '신성에 대한 존경의 표시'로 느꼈기 때문에 깊이 파인 데콜테를 궁정복으로 도입했다고 주장하지만 그의 추측이 맞다는 것을 증명해주는 어떤 자료도 제시하지 않고 있다. 그의 후계자 역시 목선이 깊이 파인 여성복을 좋아했다. 그리고 뒤바리(Dubarry) 백작부인은 루이 15세가 한번은 남자가 여자를 볼 때 가장 처음 보는 것이 데콜테라고 말했다고 보고하고 있다. M.-J. Dubarry, *Die geheimen Papiere*, ed. P. Frischauer, Frankfurt/M. 1990, p. 182 참조. 나는 데콜테가 원래 주도권을 *가지고 능동적이며 자유를 쟁취하려는 여자의 온건한 가슴노출*이었다고 생각한다.(H. P. Duerr, *Der Mythos vom Zivilisationsprozeß. Obszönität und Gewalt*, Frankfurt/M. 1993, p. 33ff. 참조) 고대 타밀의 전통에 의하면 여자와 여신의 힘은 그들의 가슴에서 드러났다고 한다.(C.J. Fuller, "The Divine Couple's Relationship in a South Indian Temple", *History of Religions*, 1979, p. 326 참조) 그리고 나야르에서는 영국 사람들이 그것을 금할 때까지

특히 높은 *계급*의 여자들이 가슴을 드러냈다. U.R. v. Ehrenfels, *Mother-Right in India*, Hyderabad 1941, p. 4, 68 참조.

130) L. Wagner, Manners, *Customs, and Observances*, London 1894, p. 64 참조. 주지하다시피 유럽 사회에서는 원래 누군가에게 장갑을 벗지 않고 악수를 청하거나 남자의 경우 인사할 때 모자를 벗지 않는 것은 모욕적인 것이었다. 동양에서는 장갑을 벗는 것이 이와 일치한다. G. Freiderici, "Bemerkungen Über die Benutzung von Übersetzungen beim Studium der Völkerkunde", *Zeitschrift für Ethnologie*, 1928, p. 137f. 참조. H. Ling Roth, "On Salutations", *Journal of the Anthropological Institute of Geat Britain and Ireland*, 1890, p. 176 역시 참조. 굴종의 표시로서 사람들은 모테쿠조마에게도 맨발로 다가가야 했다. H. Cortés, *Briefe an Kaiser Karl V*, Bd. I, e. J.J. Stapfern, Heidelberg 1779, p. 143f. 역시 참조.

131) A.M. Kiki, *Ich lebe seit 10000 Jahren*, Frankfurt/M. 1969, p. 23 참조. 에웨족, 아당메족, 포포족과 토고의 다른 원시종족들은 독일 식민지 통치자 앞에서 상체를 벗었다. Schurtz, 앞의 책, p. 122 참조. 베닌의 궁정 에티켓에 따르면, 왕 앞에서 모든 남자와 여자는 완전히 벌거벗어야 한다.(R.K. Granville, "Notes on the Jekris, Sobos and Ijos of the Warri District of the Niger Coast Protectorate", *Journal of the Anthropological Institute of Great Britain and Ireland*, 1898, p. 109 참조) 그리고 폰족의 경우 남자와 여자는 추장 앞에 있을 때나 추장의 집을 지나갈 때면 어깨를 드러내야 했다. F. Wolf, "Beitrag zur Ethnographie der Fö-Neger in Togo", *Antropos*, 1912, p. 83 참조. 현장조사를 하던 나흐티갈은 아베셰의 '왕궁 앞 광장에서' '나와 함께 가던 여자가 자신의 겉옷을 오른쪽 어깨로 벗었다'(G. Nachtigal, *Sahârâ und Sûdân*, Bd. III, Leipzig 1889, p. 55)고 전한다. 그리고 바기르미의 술탄 앞에서 '신하들은 상체를 벗고 나타난다.'(─, "Reise in die südlichen Heidenländer Baghirmi's", *Zeitschrift der Gesellschaft für Erdkunde zu Berlin*, 1873, p. 336) 이비바오 왕의 여자들은 일반적인 기혼녀들과는 반대로 나체였다. 그럼에도 왕 이외의 누구도 그들을 보거나 건드려서는 안 된다. M.D.W. Jeffreys, "The Nyama society of the Ibibio Women", *African Studies*, 1956, p. 16 참조. 신들과 이야기할 때 요루바족 여자들은 그들의 가슴을 드러냈다.(R. Abioduni, "Ifa Art Objects", *Yorba Oral Traditions*, ed. W. Abimbola, Ife 1975, p. 446 참조) 그리고 이것은 에붸족의 보두 숭배에서도 일반적인 현상이었다. F.W. Kramer, *Der rote Fes*, Frankfurt/M. 1987, p. 32 참조. 남이탈리아 여자들 역시 신과 성자 앞에서 가슴을 노출했다. 그림 196 참조.

132) 나이든 여자들은 지금도 가슴을 가리지 않고 있지만 젊은 여자들은 웃옷으로 가슴을 가린다. 전에는 사리가 무릎을 덮으면 안 되었던 반면 지금은 사리가 더 길어졌다. 파라이야족 남자들에게도 비슷한 규정이 적용되었다. 그들은 터번을 착용하거나, 상체를 가리거나, 신발을 착용해서는 안 되었으며 요포는 무릎이 드러날 정도로 짧아야 한다. R. Deliège, *Les Paraiyars du Tamil Nadu*, Nettetal 1988, p. 28f. 참조. 구아나하니 섬과 다른 캐러비안 섬의 타이노 여자들 역시 콜럼버스가 그들을 발견했던 시기에 계급이 올라갈수록 더 긴 치마(nagua)를 착용했다. I. Rouse, *The Tainos*, New Haven 1992, p. 11 참조. V. Steele, *Fashion and Eroticism*, Oxford 1985, p. 114에서 확인되었듯이 중세부터 20세기 초까지 유럽에서는 '긴 법복은 높은 계급을 가리키고 짧은 의복은 낮은 계급을 가리키는 것이 일반적인 법칙이었다.'

133) G.S. Ghurye, *Indians Costume*, Bombay 1951, p. 213 참조.

134) 남자들 역시 신 앞이나 그들의 구루(원래는 '존경스러운 이'라는 뜻의 산스크리트어로 사원의 지도자나 위대한 스승에 대한 호칭임—옮긴이) 앞에서 가슴을 노출시켰다. 전에 케랄라에서는 어떤 사람도 상체를 가리고는 사원에 들어갈 수 없었다. 지금은 여자들이 성자들 앞에서 사리와 코르셋을 벗어서 한순간 신에게 자신의 가슴을 드러낸 채 서 있는다. Agehananda Bharati: 1985년 2월 5일자 편지; *Peter Prince of Greece Denmark*, 1963, p. 166f. 참조. 그와는 반대로 말라바르의 시리아 출신 그리드소교 여자들은 얼굴만 보이도록 교회에서 길고 흰 수건으로 몸을 가렸다. L.K.A Ayyar, *Antropology of the Syrian Christians*, Ernakulam 1926, p. 244 참조.

135) S.N. Dar, *Costumes of India and Pakistan*, Bombay 1969, p. 153 참조.

136) E. Thurston, *Ethnographic Notes on Southern India*, Madras 1906, p. 529 참조.

137) W. Crooke, "Nudity in India in Custom and Ritual", *Journal of the Royal Anthropological Institute*, 1919, p. 239f. 참조. 오늘날은 정반대 상황이 되었으며 신 앞에서의 너무 심한 노출은 소란을 일으킬 수 있다. 10년 전 시모가에서 레누캄바 여신에게 기도하기 위하여 남녀 다수가 옷을 벗었을 때 경찰이 개입했다. 물론 여성 경찰 2명과 경찰 8명은 그들에게 바로 잡혀 실오라기 하나 걸치지 않고 발가벗겨졌으며 이런 상태에서 순례행렬에 함께 참여했다. S. Prasad, "Karnataka: A Naked Defiance", *India Todays*, 1986. 4. 15. p. 44 참조. (이런 신문 기사를 알려준 데 대해 디터 콘라트에게 감사한다.) 비하의 표현으로서의 가슴 노출은 다른 많은 사회, 예를 들면 타히티, 사모아 그리고 하와이(J. La Farge, *An American Artist in the south seas*, ed. K. O'Connor, London 1987, p. 314; V. Valeri, *Kingship and Sacrifice:*

Ritual and Society in Ancient Hawaii, Chicago 1985, p. 360), 고대 로마
(F. Eckstein, "Verhüllen", *Handwörterbuch des deutschen Aberglaubens*,
Bd. VIII, ed. H. Bächtold-Stäubli, Berlin 1935, Sp. 868 참조) 및 아라비아
(H. Granqvist, *Child Problems Among the Arabs*, Helsingfors 1950, p.
155f. 참조)에도 있었다. 아라비아 남자들은 자기 비하를 위해 심지어 완전히
옷을 벗는다. 예를 들면 곧 닥칠 위험과 같은 불쾌한 소식을 알리는 사절이나
정찰병이 그렇다. 그래서 그들은 대부분 사람들이 이해하지 못하는 표현인
'벌거벗은 경고자'(J. Wellhausen, *Reste arabischen Heidentums*, Berlin
1897, p. 195 참조)로 불린다. 아스텍의 회개 기도는 이렇다. "신이여, 당신
앞에서 나는 나의 옷을 벗습니다. 나의 벌거벗은 몸을 보여드립니다."(H.
Hunger: 1985년 12월 17일자 편지) 1346년 바이에른 법에 의하면 여자는 맹
세를 할 때 가슴을 노출해야 한다. 그리고 그것을 건드려야 한다. 1670년에도
여자는 맹세할 때 '옷을 열고 엄지손가락 다음의 두번째 오른쪽 손가락을 왼쪽
의 벗은 가슴 위에 올려놓아야'(E. v. Künßberg, *Deutsche Rechtsw • rter-
buch*, Bd. II, Weimar 1932, p. 547에서 재인용) 했다. 다른 지역에서 남자
가 턱수염을 잡듯이 여자는 다른 '명예', 즉 맨 머리카락을 잡아야 한다. 주지
하다시피 이슬람교 남자들은 '예언자의 수염을 걸고' 맹세한다. A. Erler,
"Der Ursprung der Gottesurteile", *Paideuma*, 1941, p. 63; Fredegar,
"Chronicarum", *Quellen zur Geschichte des 7. und 8. Jahrhunderts*, ed.
A. Kusternig, Darmstadt 1982, p. 63 참조. 물론 유럽 사회에서도 때에 따라
남자들이 겸손함에서 상체를 벗을 때가 있다. 예를 들면 12세기에 100명의 남
자들이 수도원장이 신성모독이라고 파문한 베리의 대수도원 부속 교회 앞에
서 상체를 벗었다. J.B. Given, *Society and Homicide in Thirteenth-
Century England*, Stanford 1977, p. 197 참조.

138) G.M. Childs, *Umbundu Kinship Character*, London 1949, p. 104 참조.

139) W.H. Scott, "Economic and Material Culture of the Kalingas of
Madukayan", *American Anthropologist*, 1958, p. 330 참조.

140) 그는 인접한 섬인 할마헤라의 북동에서는 고위직 앞에서 어깨를 드러내는 것
이 일반적이었다고 보고하고 있다. J.G.F. Riedel, "Galela und Tobeloresen",
Zeitschrift für Ethnologie, 1885, p. 60, 81 참조. 예를 들어 사프와족은 이
런 면에서 달랐다. 거기서는 여자들이 평상시에는 드러내놓고 다니던 가슴을
추장 앞에서는 손으로 가렸다.(E. Kootz-Kretschmer, *Die Safwa in
Ostafrika*, Bd. I, Berlin 1926, p. 79 참조) 혹은 콩고의 야카족이나 마야칼라
족도 그렇다. Devisch, "Symbol and Symptom Among the Yaka of Zaire",
Body and Space, ed. A. Jacobsen-Widding, Uppsala 1991, p. 288 참조.

브라질의 칸돔블레에서는 너무 깊이 파인 데콜테 혹은 등이 없는 딱 달라붙는 티셔츠는 신에 대한 모독이었다.(E. J. de Hohenstein, *Das Reich der magischen Mütter*, Frankfurt/M. 1991, p. 274) 그리고 네게브의 베두인족 경우 남편이 천막에 들어서자마자 여자는 존경의 표시로 얼굴을 가려야 한다. E. Marx, "Relations Between Spouses Among the Negev Bedouin", *Ethnos*, 1987, p. 168 참조. 예를 들어 고대 이집트에서 여자 노예들이 계속 나체였던 반면 중세의 남자 노예와 여자 노예들은 유대인 주인 앞에서 몸을 완전히 가려야 했다.(I. Abrahams, *Jewish Life in the Middle Ages*, Philadilphia 1896, p. 278 참조) 그리고 결국 1672년의 예법서에는 이렇게 적혀 있다. '예절이란 우리가 존경해야 할 사람이 벌거벗은 우리 모습을 보는 것을' 허용하지 않는 것이다.(A. Franklin, *La Civilité*, Bd. II, Paris 1908, p. 269에서 재인용)

141) 그럼으로써 나는 다수의 비평가들이 문명화이론에 반대하는 나의 '경험적' 반박을 수용했음을 말하고자 하는 것이 아니다. 반대로 대부분 비평가들은 그들 나름대로 중세의 목욕과 매춘에 대한 상술에서, 훔쳐보기의 역사에서, 침대에서 자는 것의 양식에 관한 상술에서 문제를 제기했다. 이런 비평들이 너무 포괄적이기 때문에 나는 그 비평들에 대해 다른 책에서 대답하려 했지만, 여기서 이런 비평의 대부분이 독단적이라는 점과 놀라울 정도로 핵심에서 벗어나 있다는 점을 언급하고자 한다. 이것은 나의 문명화이론에 대한 문제제기를 거부하지 않는 학자들의 반박에도 적용된다. 예를 들면 R. Jütte, *Ärzte, Heiler und Patienten*, München 1991처럼. 그는 내가 가끔 '너무 빠른 그리고 잘못된 판단으로 이끌어간다고' 나를 비판했다. "그 판단들은 해당되는 민족의 언어와 문화에 정통한 사람들에게 평상시 뒤르의 용의주도한 자료 분석에 대해 의심을 하지 않는다 하더라도 이맛살을 찌푸리게 하는 것이다."(R. Jütte, "Schwerarbeit am Mythos", *Frankfurter Allgemeine Zeitung*, 1993. 9. 13.) 그래서 예를 들면 어떻게 '발'에 대한 히브리 단어가 때에 따라 '성기'에 대한 표현일 수도 있는지는 '뒤르의 비밀'로 남아 있다. "인용한 성서 구절(「사무엘 상」 24장 4절)은 어쨌든 그 구절에 있는 동사를 통해(이런 경우에 '덮다'가 아니라 '향유를 바르다'로 번역되어야 한다) 그 내용이 명확해지며 절대 부끄러워 가리는 것과는 관계가 없다. 「시편」 78장 66절의 해석 역시 관례적인 해석과 일치하지 않는다. 내가 알고 있는 구약 연구나 참고할 수 있는 유대의 성서 해석에서 그것을 증명해줄 수 있는 증거를 찾을 수 없다."(위와 같음) 이런 표현방식을 사용하는 사람은 그것을 아주 정확하게 알고 있을 거라고 사람들은 생각할 것이다. 그러나 유감스럽게도 그렇지 않다는 것이 드러난다. 위테(Jütte)는 자신이 제시한 지식들을 오로지 주장할 뿐이지 실제로는

「사무엘 상」 24장 4절에 대한 학문적 해석에 관해서는 전혀 모르고 있는 것처럼 보인다. 왜냐하면 모든 해석은 사울이 '그의 발을 덮기 위하여' 다윗을 찾으려 '언덕'에 올라갔을 때, 소변이든 대변이든 볼일을 보기 위해 *가려져 있는* 자신의 치부를 아무도 볼 수 없도록 동굴로 들어갔다는 점에서 일치하기 때문이다. 베르나르트 랑(Bernhard Lang)이 1996년 2월 16일자 편지에서 나에게 전해주었듯이 70인역(『구약성서』의 그리스어 번역본—옮긴이)에는 사울이 '일을 보기 위하여' 들어갔다고 되어 있으며 불가타 성서(라틴어역 성서—옮긴이)에는 '배를 비우기 위하여' 동굴에 들어갔다고 되어 있다. 역시 랑이 나에게 전해준 바에 의하면 유대인 학자들이 중세에 이미 사울이 소변을 본 것인지 대변을 본 것인지에 관한 문제를 논의했으며, 결국 소변을 본 것으로 결정되었다고 한다. 「이사야」 7장 20절("그날에는 주께서 하수 저편에서 세내어온 삭도 곧 앗수르 왕으로 네 백성의 머리털과 발털을 미실 것이요 수염도 깎으시리라")의 '발'이라는 단어가 '성기'로 번역되어야 한다는 것은 ('엉덩이'가 가끔 '음경'으로 해석되듯이) 오래전부터 일반적으로 알려져온 사실이다. 최근의 해석(H. Wildberger, *Jesaja*, Bd. I, Neukirchen-Vluyn 1980, p. 301)에는 그렇기 때문에 이렇게 번역되어 있다. "그날에 주가 칼로 면도하실 것이요……머리털과 치모를. 그리고 수염도 깎으시리라." 그리고 가톨릭 통일번역 역시 '치모'로 되어 있다.(B. Lang: 1996년 2월 27일의 편지) R. Patai, *Sitte und Sippe in Bibel und Orient*, Frankfurt/M. 1962, p. 170 역시 참조. 아마도 '발'은 그렇기 때문에 오래된 히브리 완곡어법으로 성기일 수 있다. 원래 발은 순수하지 못한 것(T. Somogyi, *Die Schejnen und die Prosten*, Berlin 1982, p. 97 참조) 및 수치스러운 것으로도 간주되었기 때문이다. 중세에 유대인 남자나 여자가 벗은 발을 보여주었다면 그 배우자는 이혼할 수 있었다. 신비주의 문헌에 성교는 '발씻기'로 완곡하게 적혀 있다.(J. Nacht, "Der Fuß", *Jahrbuch für jüdische Volkskunde*, 1923, p. 141, 156 참조) 그리고 나중에도 많은 유대인들이 양말을 벗지 않고 잠을 잤다.(M. Zborowski/E. Herzog, *Life Is With People: The Culture of the Shtetl*, New York 1952, p. 359) 한 여자는 그녀가 전에 마을에서 양말을 신지 않고서는 절대 남편과 잠을 자지 않았다고 보고했다. N.M. Cowan/R.S. Cowan, *Our Parents' Lives*, New York 1989, p. 169 참조. 나의 진술에 문제를 제기하여 반대하는 경험적인 예들을 제시하는 많은 비평가들도 이런 예들을 정확하게 인용하지 않았다. 그런데다 그들이 제시한 예들을 살펴보면 그것이 전혀 반대 예들이 아니라는 것을 확인할 수 있다. 한 가지 예를 들자면 슈뢰터 (M. Schröter, "Scham im Zivilisationsprozeß: Zur Diskussion mit Hans Peter Duerr", *Gesellschaftliche Prozesse und individuelle Praxis*, ed. H.

Korte, Frankfurt/M. 1990, p. 69)는 중세 말기에 인정한 바와 같이 화장실이 'prifet' 혹은 '비밀의 방'으로 불렸지만 실제로는 어쨌든 공적 장소였음을 보여주기 위한 예로 에벨(W. Ebel, *Bürgerliches Rechtsleben zur Hansezeit in Lübecker Ratsurteilen*, Göttingen 1954, p. 53f.)을 들었다. 슈뢰터가 인용한 대목에는 다음과 같은 사실이 언급되고 있다. 즉 1496년에 뤼베크에서 한스 무스만이 한스 브루게만을 고발했다. 부르게만이 부당하게도 고소인의 비밀의 방을 사용했기 때문이다. 브루게만은 처음에 무스만 집 바로 옆 건물에 살고 있었으며 정당한 방식으로 무스만의 화장실을 이용했다. 지금 그는 계속 그 집에 살고 있으며 계속 그 화장실을 이용했다.(같은 책, p. 53) 그러므로 우리는 이 대목을 '그 시기에' 배변이 주저없이 모든 사람들의 눈앞에서 할 수 있을 만큼 전혀 수치스러운 것이 아니었다는 예로 결코 사용할 수 없다. 왜냐하면 무스만의 화장실은 서로 다른 두 세대가 사용할 정도로 '공적'이었기 때문이다. 그리고 그런 상황은 오늘날에도 존재한다. 백화점이나 레스토랑에 수많은 사람들이 이용하는 '공중' 화장실이 존재한다는 사실이 배변이 절대 사적인 기능이 아니라는 것에 대한 증거로 인용될 수 없을 것이다. 그리고 에벨의 두번째 예는 나의 명제에 반대하는 슈뢰터의 반박을 지지하는 증거로 사용되기에는 더욱 적합하지 않다. 그 예의 내용은 이러하다. 1466년 빵집주인이 지하실에 화장실 및 돼지우리를 만들었다. 그러자 그로 인해 이웃들이 괴로워했다. "그 때문에 집에서 냄새가 났기 때문이다." 그래서 바로 빵집주인에게 그의 지하실에 돼지우리 만드는 것을 금지시켰다.(같은 책, p. 54) 슈뢰터의 나머지 반대 예들에 관해서는 다른 대목에서 언급하겠다.

142) K.-H. Kohl, *Entzauberter Blick*, Frankfurt/M. 1986, p. 294. 이 자료는 이미 1978년 출간된, 엘리아스에 대한 나의 첫번째 비평에 대한 반응으로서 그랬다.

143) N. Elias/E. Dunning, *Quest for Excitement*, Oxford 1986, p. 163.

144) Schröter, 앞의 책, p. 80f.

145) S. Tabboni, *Norbert Elias: Un ritratto intellettuale*, Bologna 1993, p. 251.

146) N. Elias, *Über die Zeit*, Frankfurt/M. 1988, p. XXXVf.; 더 자세한 것은 H. Korte, *Eine Gesellschaft im Aufbruch*, Frankfurt/M. 1987, p. 95f.

147) S. Mennell, *Die Kultivierung des Appetits*, Frankfurt/M. 1988, p. 51.

148) J. van Ussel, *Sexualunterdrückung*, Reinbek 1970, p. 40.

149) H.P. Duerr, *Frühstück im Grünen*, Frankfurt/M. 1995. p. 109 참조.

150) M. Gusinde, *Die Feuerland Indianer*, Mödling 1931, p. 519f., 524. J. Overning은 "Personal Autonomy and the Domestication of the Self in Piaroa Society", *Acquiring Culture*, ed. G. Jahoda/I.M. Lewis, London

1987, p. 188에서 피아로아의 이념이 '사회 통제가 아니라 자아 통제에 큰 스트레스를 가하는 것'이라고 썼다.

151) O.K. Hutheesing, *Emerging Sexual Inequality Among the Lisu of Northern Thailand*, Leiden 1990, p. 96 참조.

152) R.I. Levy, *Thithans*, Chicago 1973, p. 342.

153) 정보 제공자: Bene Boli, 1986년 8월. 왜 사람들이 그렇게 행동하지 않는가 하는 데 대한 근거로 민속학자들은 대부분 다음과 같은 답변을 한다. '사람들이 그렇게 하지 않기 때문에' 혹은 '그렇게 하는 것이 옳지 않기 때문에'.

154) "우리는 처음에 산족들 중에 누군가가 아편 피우는 사람들에게서 무언가를 훔쳤다고 생각했다. 이들은 일반적으로 도덕적으로 신뢰할 수 없는 종족으로 여겨졌지만 그렇다고 해서 판단력이 없는 것으로 여겨지지는 않았다."(L.G. Löffler: 1988년 12월 7일자 편지)

155) L.G. Löffler, 앞의 책

156) 특히 세마이족 남성은 피에 대해 아주 혐오감을 느끼며 분만하는 사람 옆이나 생리하는 사람들 옆에서는 견디기 힘들 거라고 말한다. 생리를 하는 여성과의 성교를 금하는 어떤 특별한 금기가 없다 할지라도 그런 행위에 대한 생각만으로도 세마이족 사람들에게는 혐오스러운 것이다.

157) C. A. Robarchek/R.K. Dentan, "Blood Drunkenness and the Bloodthirsty Semai: Unmaking Another Anthropological Myth", *American Anthropologist* 1987, p. 360f. 참조.

158) M. Baker, *Nam*, New York 1981, p. 191, 206(저자의 강조).

159) W. Gaylin, *Gefühle*, München 1988, p. 67. 나는 당연히 전통사회의 모든 소속원들이 모두 구속력있는 규범을 내면화했다고 주장하려는 것이 아니다. 왜냐하면 전통사회에서도(우리 사회와 마찬가지로) 그리고 거의 모든 시대에 많은 사람들이 규칙을 외면적으로만 지킨다는 불평의 소리가 컸기 때문이다. 예를 들면 7세기에 앵글로색슨족인 엘드헬름(Aldhelm)은 어떤 남자와도 자본 적이 없는 사람이라고 해서 진짜 처녀가 아니라고 강조했다. 진짜 수줍음은 '마음의 수줍음'이기 때문에.(D. B. Baltrusch-Schneider, "Klosterleben als alternative Lebensform zur Ehe?", *Weibliche Lebensgestaltung im frühen Mittelalter*, ed. H.-W. Goetz, Köln 1991, p. 53 참조) 그리고 1000년경 궁녀인 세이 쇼나곤(일본의 일기작가이자 여류 시인, Sei Shonagon, *Das Kofferkissenbuch*, ed. M. Watanabe, München 1992, p. 196)은 외적인 태도와 '마음의 내면'에서 일어나는 것을 구별했다. 12세기 주자학 문헌에는 이렇게 쓰여 있다. "너 혼자일지라도 네 생각의 한 가지라도 소홀히 하지 마라. '아무도 보지 않는다!'고 생각할지라도 하늘 앞에서 그것을 숨길 수 있는가?

그리고 '아무도 듣지 않아!' 라고 생각한다면 너는 네 자신의 마음을 속이는 것이다!"(G. Linck, "Aus der fruchtbaren Erde wie einsame Schatten", *Lebenswelt und Weltanschauung im frühzeitlichen China*, ed. H. Schmidt-Glintzer, Stuttgart 1990, p. 202 참조) 13세기 초에 발터 폰 데어 포겔바이데(Walther von der Vogelweide)는 아이들을 외면적으로만 제지하지 말고 그들에게 양심이 형성될 수 있도록 도와주어야 한다고 강조했다. "누구도 매로 아이들의 교육을/강화시킬 수 없다." 왜냐하면 "누가 사자를 제압하는가?/누가 거인을 제압하는가?/누가 이런저런 것들을 설득할 수 있는가?/자기 자신을 통제하는 자만이 그렇게 할 수 있다."(E. Schoelen, *Erziehung und Unterricht im Mittelalter*, Paderborn 1965, p. 155f.에서 재인용)

■ 원서에는 '주'와 '참고문헌'이 분리되어 있으나 독자들의 편의를 위해 '참고문헌'을 해당 '주'에 모두 삽입하여 재편집하였음을 밝힙니다. ─편집자

가슴의 문화사, 수치심과 에로티시즘

    독일의 문화사학자이며 민속학자인 한스 페터 뒤르는 그의 연작 『문명화과정의 신화』(*Der Mythos vom Zivilisationsprozeß*)를 통해 서구에서 확고한 학문적 패러다임이 된 엘리아스의 문명화과정의 이론을 정면으로 반박한다. 1988년 고대에서 중세까지의 전반적인 나체와 수치심의 역사를 조망한 『나체와 수치』(*Nacktheit und Scham*)로 시작되어 여성과 남성의 성기에 대한 수치심을 집중적으로 다룬 『은밀한 몸』(*Intimität*, 1990)과 『음란과 폭력』(*Obszönität und Gewalt*, 1993), 성적 매력을 지닌 것으로 간주되는 여성의 육체, 특히 가슴의 문화사라 할 수 있는 『에로틱한 가슴』(*Der erotische Leib*, 1997)에 이어 2002년 성, 육체적 성숙, 육체의 기능, 행동양식 등을 다룬 『성의 실태』(*Die Tatsachen des Lebens*)로 뒤르의 방대한 연작이 완결되었다. 약 15년간에 걸친 한스 페터 뒤르의 역작은 독일어권 영역에서 많은 논란을 불러일으키고 심한 저항에 부딪혔지만,

한편으로는 계몽주의 이래로 서양 문화권에서 지배적인 문명이론에 충격을 주고 있다.

그렇다면 그동안 사회학의 고전으로 부각되어왔으며 뒤르가 그렇게 강력하게 반박하고 있는 엘리아스의 문명화과정의 이론은 어떤 것일까.

사회는 인간들이 상호결합욕구 때문에 서로 형성한 상호의존의 고리로서, 끊임없는 변화의 흐름 속에 놓여 있다는 기본적인 사회 인식을 바탕으로 해서 엘리아스는 문명화를 사회적 행동기준의 장기적 발전과정으로 파악하고 있다.

특히 엘리아스는 일상의례에 주목하여 식사예법, 방뇨행위, 코를 풀고 침을 뱉는 행위, 잠자는 습관 등 개인의 예절이 12세기에서 19세기에 이르는 동안 점점 변화해왔으며, 그 속에서 인간의 행위에 대한 통제가 외부로부터 내면으로 옮겨가고 있음을 증명하고 있다. 개인의 행위를 외부로부터 규제하는 규범이 문명화과정을 통해 내면화된다는 것이다.

엘리아스에 의하면 서구의 중세 사회는 문명화된 사회가 아니었다. 고기를 손으로 뜯어먹었으며 술잔도 공동으로 사용했다. 길거리에서 함부로 방뇨를 했으며 젊은 남녀가 나체로 함께 목욕을 했다. 그리고 도시의 좁은 골목에서 공중목욕탕에 가는 남녀가 나체로 길거리를 뛰어다니고 공공연하게 성행위가 이루어지기도 했다. 즉 야만인들이었던 것이다. 엘리아스는 예절에 관한 관심이 싹트기 시작한 16세기이래, 문명화를 통해 이런 인간의 본능적인 삶의 양식이 동물적 또는 야만적인 것으로 규정되어 역사의 뒤편으로 사라지고 있다고 분석한다.

엘리아스가 문명화과정의 가장 중요한 동인(動因)으로 보는 것은 바로 권력의 보존과 확대이다. 상류계급은 문명화된 행동의 과시를 통해 하층계급에 대한 거리감을 강조하면서 동시에 자신들의 권력을 유지하고 위계질서를 확고히 할 수 있다. 상류층은 자신들의 신분질서를 유지하기 위해 새로운 문화를 지속적으로 발전, 확산시키게 된다는 것이다. 제국주의 시대 유럽 국가들이 다른 민족과 국가에게 '문명'을 가르치고 강요하려 한 것도 같은 맥락에서 이해할 수 있다.

뒤르는 『문명화 과정의 신화』 제1권인 『나체와 수치』에서 나체에 대한 수치심을 역사적으로 조망하면서 엘리아스의 문명화이론이 잘못된 것임을 주장한다.

뒤르는 중세 이전의 서구인들과 미개인들이 나체에 관한 수치심을 전혀 느끼지 못했으며, 사적 영역은 문명화과정에서 비교적 후기의 산물로서, 배설, 생리적 소음, 나체, 섹스 등의 신체적 기능들도 근대 초기에 와서야 비로소 곤혹스러운 것으로 의식되어 사회생활의 무대 뒷전으로 물러났다는 일반적인 주장이 사실과 어긋난다고 주장한다. 그리고 고대 그리스 신화에서부터 중세의 욕탕 문화, 비서구권과 원시 민족, 현대의 나체주의자에 이르기까지 방대한 자료와 아주 구체적인 사례들을 제시함으로써 이를 증명한다.

일본과 러시아, 스칸디나비아의 특이한 혼욕문화, 이성의 하체를 바라보는 것을 철저히 금지했던 아프리카 원주민들의 풍습, 그리고 결코 아랫도리를 쳐다보지 않는 현대 미국 나체주의자들을 소개함으로써 관습상 나체가 통용된다고 해서 그것이 수치심으로부터의 해방을 의미하지는 않는다는 사실을 확인시켜준다.

결국 뒤르는 인간은 '고대와 중세뿐 아니라 오늘날에도 이른바 미개한 이국사회에서도 나체와 수치심은 밀접하게 묶여 있으며' '인간의 나체가 역사적으로 어떻게 정의되든 간에, 나체에 대한 수치심은 인간의 본질에 속하는 것'이라고 결론짓는다.

『문명화 과정의 신화』 제2권인 『은밀한 몸』은 실제 모든 인간, 특히 여성들이 유난히 음부에 대해서만 수치심을 지니고 있는가, 그리고 출산이나 의사의 진찰을 받을 때 혹은 동성끼리 있을 때처럼 예외적 상황에서는 수치심이 감소하는가에 관한 질문으로 시작한다.

여기서 그는 19세기부터 고대로 거슬러 올라가면서 여성들이 남자 의사들에게서 느끼는 수치심의 문화사에서 시작해서 고대에서 현대 까지 여러 지역과 민족에게서 나타나는 여성들의 성기에 관한 수치심 에 관해 기술한다.

그리고 외음부를 추하게 여기는 민족과 사회뿐 아니라 외음부를 아름답고 매력적인 것으로 여기던 사회에서도 성기에 대한 이런 수치심 이 존재한다는 사실을 밝혀내면서, 왜 모든 인간사회의 소속원들, 특 히 여자들이 성기에 대한 수치심을 느끼는지에 관한 이론을 전개한 다. 즉 여성들의 육체에 대한 수치는 성적 매력을 제한함으로써 남자 들 간의 성적 라이벌 관계를 제한하고 있으며, 이는 파트너 관계에 유 리하게 작용한다는 것이다.

결국 수많은 도판과 문헌자료를 인용해가며 펼치는 뒤르의 논지는 "인간의 육체에 대한 수치심은 그것을 느끼게 되는 '벽의 높이'가 문 화적 역사적으로 차이가 있긴 하지만, 문화 고유의 현상이 아니라 인 간의 생활양식 전반에서 특징적인 현상"이라는 점이다.

제3권 『음란과 폭력』은 과거부터 현재까지 다양한 목적과 수단으로 이루어지는 인간의 성이 가지고 있는 폭력성에 주목한다. 뒤르는 유 럽 대륙으로부터 남태평양의 외딴 섬에 이르기까지 세계 곳곳에 거주 하는 종족들의 성행동에 관한 인종학적, 역사적 자료들을 수집하였다. 그러는 동안 그는 성과 관련된 행동들이 도처에서 공격적이고 폭력적인 양상으로 나타나고 있음을 목격했고, 수천 년의 역사가 흘러오는 동안 인류가 본능적이든 후천적이든 성행동 면에서는 근본적인 변화를 보이지 않았다는 사실을 깨닫게 되었다. 거꾸로 말한다면 문명인으로 자부하던 서유럽인은 계몽주의와 진보에 대한 열정에도 불구하고 스스로의 충동을 통제하지 못하는 영원한 짐승과 다름없는 존재임이 드러난 셈이다.

이 책은 '인간의 본능이 문명에 의해 통제되고 훈련되어져 본성 그대로 노출되는 것은 문명 이전의 단계다'라고 하는 일반적인 선입견에 직접적인 반론을 제시한다. 그는 이른바 문명인, 문명국이라고 하는 오늘날의 대도시에서 일어나는 갖가지 폭력적인 성의 행태를 객관적인 시각에서 하나하나 고찰해나가면서 인간의 본성인 폭력성이 과거와 현재까지 일관되게 유지되고 있는 현장을 다양하고 실제적인 사례를 통해 밝힌다.

『에로틱한 가슴』은 연작『문명화과정의 신화』제4권이면서 동시에 끝에서 두번째 책이기도 하다. 이 책에서는 지난 2000년 동안 유럽 사회가 여성 육체의 성적 매력 발산을 점점 더 강하게 제한했는지, 그리고 유럽 이외의 다른 전통 사회에서 여성 육체의 성적 '상품화'가 유럽 사회보다 덜 이루어졌는가 하는 문제를 다룬다. 그러면서 본질적으로 여성의 상체, 즉 가슴의 매력 발산이라는 점에 집중한다. 뒤르는 이 책에서 여성의 가슴과 그것을 가리고 드러내는 다양한 기술의 문화사라는 관점에서 현대인이 전근대적인 인간보다 '동물적 본능'을 더 잘 통제한다는 생각이 오늘날의 서구 사회 및 전통 사회에 대한 잘못된 이미지에 근거하고 있음을 증명하고자 한다.

가슴을 습관적으로 노출하고 다니는 지역에서는 가슴이 덜 주목을 받으며, 에로틱한 의미를 지니지 않는다는 주장에 대해 뒤르는 실제로 가슴에 대한 수치심과 에로티시즘은 상체를 가리는 것과는 아무 관계가 없다는 사실을 수많은 예를 통해 증명한다. 또한 여러 시대와 문화에서 가슴의 이상이 어떻게 변화하고 있는가를 상세히 기술하면서, 모든 시대와 사회에서 그런 것은 아니지만 대부분 사회에서는 계속 젊고, 둥글고, 탄력있는, 너무 작지도 너무 크지도 않은 여성의 가슴이 아주 매력적으로 간주되어왔고 현재도 그렇다는 사실을 확인한다. 그리고 이런 사실을 여성 가슴의 에로티시즘과 결부시킨다. 또한 여자의 가슴과 남자의 가슴 사이에는 본질적인 차이가 있으며, 여성의 가슴은 모든 인간 사회에서 남자의 가슴과 비교할 수 없을 정도로 에로틱하다는 점을 지적한다.

남녀의 성기를 수치심의 관점에서 집중적으로 다루었던 2권과 3권에 비하면 『에로틱한 가슴』은 성기보다는 부드러운 자극물에 속하는 가슴에 집중하면서 실생활과(특히 여성의) 직접적으로 관련이 있는 여러 주제들을 다루고 있어 조금은 덜 부담스럽게 접근할 수 있다. 코르셋과 브래지어의 역사, 데콜테의 변천, 토플리스 패션, 시대와 지역과 문화마다 다른 아름다운 가슴의 기준, 젖먹이는 엄마의 가슴과 에로티시즘의 관계 등은 일반 독자들도 충분히 관심을 가지고 재미있게 읽을 수 있는 내용들이다.

그리고 우리나라에서 지난 2, 30년 사이에 일어나고 있는 가슴에 대한 이상의 급격한 변화, 최근 대중문화계에서 일고 있는 섹시 열풍, 큰 가슴에 대한 열광, 충전재를 넣은 브래지어의 유행 등을 이런 가슴의 문화사와 결부시켜 생각해보는 것도 흥미로울 것이다.

뒤르의 저서를 번역하는 데서의 어려움은 이전 연작 번역자들에 의해 매번 강조되어왔다. 거의 10여 개국의 언어와 용어들, 고대, 중세, 근세, 현대 등 거의 전 시대를 망라한 인용문 등 번역상의 난제는 도처에 존재했지만, 다행히도 『은밀한 몸』의 번역 경험이 많은 도움이 되어서 2권에 비하면 비교적 빠른 시간에 번역을 마칠 수가 있었다. 2권과 3권이 2003년 8월에 출간되었으니 어쨌든 부족한 번역이나마 이 책이 뒤르의 연작을 기다리고 있는 많은 독자들에게 반가운 소식이 될 수 있을 것이다. 마지막으로 중세 독일어와 근대 독일어, 프랑스어와 영어 번역에 많은 도움을 주셨던 강원대학교의 김재명 교수님과 용인대의 박미리 교수님, 황선애 선생님께 감사의 뜻을 전한다.

2005년 용인에서
박계수